V&R

Veröffentlichungen
des Max-Planck-Instituts für Geschichte

Band 233

Vandenhoeck & Ruprecht

Claudia Steinkämper

Melusine – vom Schlangenweib zur »Beauté mit dem Fischschwanz«

Geschichte einer literarischen Aneignung

Vandenhoeck & Ruprecht

Bibliografische Information der Deutschen Nationalbibliothek

Die Deutsche Nationalbibliothek verzeichnet diese Publikation in der Deutschen Nationalbibliografie; detaillierte bibliografische Daten sind im Internet über <http://dnb.d-nb.de> abrufbar.

ISBN 978-3-525-35889-4

Gedruckt mit Unterstützung des Förderungs- und Beihilfefonds Wissenschaft der VG-Wort.

Gesamtherstellung: ⊕Hubert & Co, Göttingen

Gedruckt auf alterungsbeständigem Papier.

Inhalt

Vorwort

Die vorliegende Studie ist die stark gekürzte und überarbeitete Fassung meiner Dissertation, die ich im Mai 2005 an der Philosophischen Fakultät der Georg-August Universität Göttingen eingereicht habe. Sie ist im Rahmen des Graduiertenkollegs „International Max Planck Research School for the History and Transformation of Cultural and Political Values in Medieval and Modern Europe" in Göttingen entstanden. In diesem international und interdisziplinär ausgerichteten Graduiertenprojekt wurde in engagiert und zuweilen kontrovers geführten, aber nie unfruchtbaren Diskussionen meine Untersuchung entscheidend mitgestaltet. Die Diversität der dort vertretenen Themen, Meinungen und theoretischen Standorte haben meine Perspektive über den Tellerrand der eigenen Fachdisziplin hinaus erweitert und zugleich meinen Blick für die Schwierigkeiten des eigenen Projektes geschärft.

Zur Fertigstellung dieser Arbeit und zum Gelingen meines Dissertationsprojektes haben viele Menschen materiell und ideell, wissenschaftlich und menschlich beigetragen, denen ich an dieser Stelle ganz herzlich danken möchte.

Mein besonderer Dank gilt meinen ‚Doktoreltern' Professorin Irmela von der Lühe (Berlin) und Professor i. R. Klaus Düwel (Göttingen), die meine Dissertation in den letzten Jahren wissenschaftlich begleitet haben, für ihr offenes Ohr bei allen Fragen und Problemen sowie ihre Ermunterung in schwierigen Zeiten. Ganz entscheidend zum Gelingen meiner Arbeit hat auch das Max-Planck-Institut für Geschichte in Göttingen beigetragen, das mein Projekt großzügig gefördert und mir ein Forschungssemester an der Universität Zürich ermöglicht hat.

Ohne das Engagement und die Hilfsbereitschaft von Mitarbeiterinnen und Mitarbeitern wissenschaftlicher Bibliotheken und Institutionen wäre diese Arbeit nicht möglich gewesen. Mein besonderer Dank gilt hier Dr. Felix Heinzer, Mitarbeiter der Handschriftenabteilung der Württembergischen Landesbibliothek Stuttgart, für seine Hinweise zu ‚Reutlinger Volksbüchern' und ‚Volksbuch'-Drucken der Melusine im 19. Jahrhundert sowie allen Mitarbeiter/innen der Staats- und Universitätsbibliothek Göttingen, die bei Schwierigkeiten und Problemen stets mit Rat und Tat zur Stelle waren.

Dem kommissarischen Direktor des Max-Planck-Instituts für Geschichte, Herrn Prof. Dr. Hans-Jörg Rheinberger, möchte ich dafür danken, dass er die Aufnahme meines Buch in die Reihe des Instituts befürwortet hat. Ich danke dem Förderungs- und Beihilfefonds Wissenschaft der VG-Wort, der die Publikation durch einen großzügigen Druckkostenzuschuß ermöglicht hat.

An letzter und entscheidender Stelle möchte ich Herrn Dr. Dominik Collet danken, der durch seine kritische Lektüre meines Manuskripts und seine unermüdliche Bereitschaft zur Diskussion wesentlich zur Fertigstellung dieser Arbeit beigetragen hat.

Göttingen, im Juli 2007 Claudia Steinkämper

A. Einleitung: Melusine – „das läßt aber tief blicken“

1. Von der Fee zur aquatischen Femme Fatale

In einem der bekanntesten und bedeutendsten Romane des Bürgerlichen Realismus, in Theodor Fontanes Altersroman „Der Stechlin“ (1895), trägt eine der Protagonistinnen den Namen Melusine – einen Vornamen, den der Nixen-begeisterte Romancier nicht von ungefähr gewählt haben dürfte. Auf einem Ausritt der mit dem Romanhelden Woldemar von Stechlin befreundeten und auf Gut Stechlin weilenden Herren Rex und Czako entspinnt sich im zehnten Kapitel des Romans ein Gespräch. Thema dieser Unterhaltung sind Woldemars mögliche Heiratsabsichten gegenüber den aparten Schwestern von Barby. Auf die Eröffnung, eine der Schwestern, die unglücklich geschiedene ehemalige Gräfin von Ghiberti, heiße mit Vornamen Melusine, reagiert Czako mit der Bemerkung „‚Melusine? Hören Sie, Rex, das läßt aber tief blicken‘.“[1] Mit Czakos Replik scheint alles über Melusine von Barby gesagt, denn das Gespräch der Freunde endet mit diesem Satz. Diese für Fontane typische Formulierung, die mehr verschweigt und still voraussetzt als sie aussagt, ist inzwischen in der Fontane- und auch der Melusinen-Forschung zu einem Bonmot avanciert, das immer dann zitiert wird, wenn illustriert werden soll, was man im 19. Jahrhundert mit der Wasserfrau Melusine assoziiert habe. Doch was meint Czako mit seiner kryptischen Bemerkung eigentlich?

In Mittelalter und Früher Neuzeit war Melusine als Stamm-Mutter des Hauses Lusignan bekannt. Ihre samstägliche Verwandlung in eine Schlange vom Nabel abwärts erregte beim vormodernen Publikum ein Staunen und Grauen, garantierte ihren Status als extraordinäre Ahnherrin eines französischen Adelsgeschlechtes, brachte sie aber auch in den Verdacht eine Dämonin zu sein. Unsere heutige, moderne Vorstellung von der literarischen Frauenfigur Melusine ist die einer aquatischen Femme Fatale. Als fischgeschwänzte Nixe betört sie die Männer durch ihre Schönheit und lockt sie ins Verderben. Diese Vorstellung von der dämonischen, verführerischen Wasserfrau ist eine Entwicklung der Moderne, die sich anhand der literari-

---

[1] Theodor Fontane, Werke, Schriften und Briefe. Hg. von Walter Keitel und Helmut Nürnberger. München 1962–, Abt. I, Bd. 5. München 1966 S. 108. Im Folgenden zitiert als HA.

schen und bildkünstlerischen Gestaltungen des 19. Jahrhunderts verfolgen lässt; dem Mittelalter und der Frühen Neuzeit ist sie dagegen fremd. Bis zum Ende des 18. Jahrhunderts wurde Melusine nicht als Nixe oder Meerjungfrau aufgefasst oder mit dem antiken Sirenenmythos assoziiert. Erst im Kontext der sogenannten „mermaid craze“ des späten 18. Jahrhunderts[2], der Rezeption der französischen Feenmärchen in Deutschland und der Begeisterung der Romantiker für das ‚Volksbuch‘ lässt sich eine Vermischung der literarischen Melusinenfigur mit der Bildtradition der Meerjungfrau bzw. dem antiken Sirenenmythos beobachten. Im „Zedler“ heißt es unter dem Stichwort ‚Melusina‘ diese

„[...] soll, wie sich einige einbilden, eine Stamm-Mutter der Printzen von dem Hause Lusignan gewesen seyn, und bey nahe vor undencklichen Jahren in Frankreich gelebt haben. Die sichersten Geschlechtsregister wissen, aber nichts von dieser undencklichen Melusina. Unterdessen erzehlet man uns doch von ihr, daß sie unsäglichen Reichthum besessen und unter andern raren Wissenschaften die Rabbinische Cabbale vollkommen besessen habe. Dahero es auch gekommen wäre, daß man sie zu selbigen (nemlich undencklichen) Zeiten überaus hoch verehret habe.“[3]

Der Verfasser, der Melusines Existenz als historische Person bereits deutlich anzweifelt, verbleibt in seiner Darstellung ganz im Kontext der über Melusine in Mittelalter und Früher Neuzeit kursierenden Deutungsmuster. Die anderweltliche Fee wird zum einen in ihrer Funktion als „Stamm-Mutter“ und Spitzenahnin des Hauses Lusignan vorgestellt. Zum anderen wird sie mit zauberischen Praktiken und schwarzer Magie in Verbindung gebracht, indem ihr der Autor im Kontext der im 18. Jahrhundert viel diskutierten Konzepte des Okkultismus und der Nigromantie die Fähigkeit zuschreibt, sie habe die Kabbala beherrscht. Auffallend ist zugleich der für das ‚aufgeklärte‘ 18. Jahrhundert typische Skeptizismus gegenüber sagenhaften und phantastischen Gestalten der Vergangenheit. Der Autor hat in den „sichersten Geschlechtsregistern“ überprüft, ob Melusine existiert hat, und kann kraft seines Wissens die Herrscherin von Lusignan als Einbildung charakterisieren. Ähnlich kritisch zeigt sich der Verfasser auch gegenüber ihrem phanta-

---

[2] Zur „mermaid craze“, die im späten 18. Jh. ganz Europa erfasste und sich in unzähligen, vielbesuchten Ausstellungen und Zurschaustellungen von ausgestopften, in Alkohol konservierten und lebendigen Meerjungfrauen, Nixen und anderen phantastischen, halbmenschlichen Wasserwesen artikulierte, die von den Zeitgenossen überwiegend für echt gehalten und nur von wenigen Wissenschaftlern und Forschern als einträgliche Fälschungen entlarvt wurden, vgl. Peter S. Dance, Animal Fakes and Frauds. Maidenhead 1976 S. 45.

[3] [Eintrag] Melusina, in: Grosses vollständiges Universal-Lexikon aller Wissenschaften und Künste. [...] Hg. von Johann Heinrich Zedler. 64 Bde. 4 Supplementbände. Halle u. a. 1732–1754, Bd. 20. Halle u. a. 1739 Sp. 568. Im Folgenden zitiert als Zedler.

stischen Gestaltwandel. Indigniert aufgrund von so viel Einfalt früherer Enzyklopädisten und Historiographen fährt er fort: „Man hat sich nicht entblödet, der Nachwelt zu hinterlassen, sie wäre halb ein Mensch, halb eine Schlange gewesen, dass sie mit den unter- und überirdischen Geistern Gemeinschafft gehabt hätte, und was dergleichen Fratzen mehr sind."[4] Der theriomorphe Unterleib der Melusine wird eindeutig als Schlangenschwanz charakterisiert. Die Melusinenfigur trägt hier noch keine nixenhaften Züge. Unter den Einträgen ‚Sirenen' und ‚Meermensch' findet sich im „Zedler" ebenfalls kein Hinweis auf eine Verbindung von Melusinenfigur und Meerjungfrauenmotiv bzw. Sirenenmythos.[5] Auch in der sechsten Auflage des „Brockhaus Konversationslexikons" (1824–26) lässt sich auf den ersten Blick kein Bezug zwischen Sirenen, Nixen und Melusine ausmachen.[6] Allerdings wird Melusine hier nicht nur als „eine mächtige Fee, die sich mit einem Fürsten aus dem Hause Lusignan vermählte" und als Tochter eines „König[s] von Albanien und einer Fee" bezeichnet.[7] Der Verfasser des Artikels ‚Melusine' weiß auch zu berichten, dass die „durch ein artiges Mährchen gar wol bekannte schöne Melusine" von einigen auch als „ein weiblicher Meerdämon" angesehen wird.[8] In der nachfolgenden Zusammenfassung der Melusinengeschichte wird der Schlangen- bzw. Drachenschwanz der anderweltlichen Fee zum nixenhaften Fischschwanz umgedeutet und die Melusinenfigur damit in die Nähe einer Meerjungfrau gerückt: „Sie war, wie die meisten Feen jener Zeit, gezwungen, gewisse Tage des Monats Fischgestalt anzunehmen."[9] Eine fast identische Charakterisierung der Melusine als „ein weiblicher Meerdämon", als „eine mächtige Fee" und „Tochter eines Königs von Albanien" findet sich in der wenige Jahre später erschienenen ersten Auflage des „Meyer'schen Konversationslexikons" (1833–1841).[10] Dort wird der Gestaltwandel der Fee allerdings präziser gefasst. Er bleibt jedoch an die Vor-

---

4 Ebd.

5 Vgl. [Eintrag] Sirenen, in: Zedler, Bd. 37. Halle u. a. 1743 Sp. 1793 f und [Eintrag] Meer-Mensch, Meer-Mann, Meer-Weib, Meer-Minne, in: Zedler 20. Halle u. a. 1739 S. 189 f.

6 Vgl. [Eintrag] Sirenen, in: Allgemeine deutsche Real-Encyklopädie für die gebildeten Stände. (Conversationslexikon). In zehn Bänden. 6. Original-Auflage. Leipzig 1824–26, Bd. 9. Leipzig 1824 S. 156f und [Eintrag] Nixen, in: Allgemeine deutsche Real-Encyklopädie, Bd. 6. Leipzig [6]1824 S. 875.

7 [Eintrag] Melusine, in: Allgemeine deutsche Real-Encyklopädie, Bd. 6. Leipzig [6]1824 S. 293.

8 Ebd.

9 Ebd.

10 [Eintrag] Melusine, in: Allgemeines Conversations-Lexikon für alle Stände. Von einer Gesellschaft vaterländischer Gelehrten bearbeitet. Erste Originalausgabe. 18 Bde. Berlin 1833–1841, Bd. 12. Berlin 1837 S. 64 f.

stellung der fischgeschwänzten Nixe gebunden. Dort heißt es, die gewöhnlich in „Menschengestalt“ lebende Fee müsse „an gewissen Tagen des Monats halb als Mensch, halb als Fisch erscheinen.“[11]

Die Geschichte des Melusinenstoffes in der deutschsprachigen Literatur ist von einer spezifischen Überlieferungs- und Rezeptionssituation gekennzeichnet: Ursprünglich altfranzösischer Herkunft erfuhr der Stoff in Form der Prosahistorie „Melusine“ (1456) des Berner Ratsherrn Thüring von Ringoltingen an der Wende vom Mittelalter zur Frühen Neuzeit seine erste Gestaltung in deutscher Sprache und wurde in Thürings Adaptation in der Folgezeit zu einem der populärsten und meistgedruckten Bücher im deutschen Sprachraum. Nach den frühneuzeitlichen Dramatisierungen von Hans Sachs (1556) und Jakob Ayrer (1596) sowie einer Neufassung für das „Buch der Liebe“ (1587) entstanden bis Ende des 18. Jahrhunderts keine neuen literarischen Bearbeitungen. Die Überlieferung und Rezeption des Stoffes wurde vom ausgehenden 16. Jahrhundert bis zu seiner literarischen ‚Wiederentdekkung‘ um 1800 ausschließlich von Drucken getragen, für die um 1800 im Umkreis der Romantik der Begriff ‚Volksbuch‘ aufkam. Mit der Aufwertung des Stoffes durch die Romantiker im Kontext ihrer Begeisterung für das Mittelalter und die ‚altdeutsche‘ Literatur erlebte der Melusinenstoff zu Beginn des 19. Jahrhunderts eine Renaissance, die eine Vielzahl von Bearbeitungen in den unterschiedlichsten literarischen Gattungen und Genres und auch in den bildenden Künsten zur Folge hatte.

2. Melusinenstoff und *Motiv der gestörten Mahrtenehe*

Der Untersuchung liegt die Annahme zugrunde, dass Melusine mehr als eine literarische Figur, ein Motiv oder einen Motiv-Komplex darstellt, nämlich einen fest umrissenen, seit dem Spätmittelalter fassbaren Erzählstoff, dem als Erzähl- oder Strukturschema[12] das *Motiv der gestörten Mahrtenehe*[13] zugrunde liegt. Claude Lecouteux definiert die *Mahrtenehe* als „Verbindung ei-

---

[11] Ebd. S. 65.

[12] Vgl. Claude Lecouteux, Zur Entstehung der Melusinensage, in: Zeitschrift für deutsche Philologie 98. 1979 S. 73–84, hier 75 und Jan-Dirk Müller, Nachwort zu „Melusine“, in: Thüring von Ringoltingen, Melusine, in: Romane des 15. und 16. Jahrhunderts. Hg. von Jan-Dirk Müller. Frankfurt a. M. 1990 S. 1012–1041, hier 1031.

[13] Der Terminus ‚Motiv‘ ist hier in einem engeren Sinne als „eine durch die kulturelle Tradition ausgeprägte und fest umrissene thematische Konstellation“ zu verstehen. Christine Lubkoll, [Art.] Motiv, literarisches, in: Metzler Lexikon Literatur- und Kulturtheorie. Ansätze – Personen – Grundbegriffe. Hg. von Ansgar Nünning. Stuttgart u. a. 1998 S. 383.

nes Sterblichen mit einem überirdischen Wesen, [...] deren Dauer an die Beachtung eines Verbotes gebunden ist."[14] Für das von der Mahr[15] errichtete Verbot und die Übertretung desselben durch ihren menschlichen Partner finden sich in der Forschung auch die Begriffe ,Tabu' und ,Tabubruch'. Im weiteren Sinne bezeichnet ,Tabu' ein religiös, magisch oder rituell begründetes und allgemein respektiertes Meidungsgebot, das heißt das Verbot, bestimmte Personen und Gegenstände anzusehen oder zu berühren, bestimmte Orte aufzusuchen, über bestimmte Dinge zu sprechen oder bestimmte Handlungen auszuführen.[16] Die Verletzung einer Tabuvorschrift wird meist mit Verbannung, Krankheit oder Tod bestraft. In zahlreichen Mythen wird das Tabu thematisiert, dass eine Gottheit, die sich unter die Menschen begibt, in ihrer göttlichen Gestalt nicht geschaut und ,erkannt' werden darf.[17]

Die auf das späte 19. Jahrhundert zurückgehende Bezeichnung des von Melusine gegenüber ihrem Ehemann Reÿmund errichteten Verbotes als ,Tabu' verweist weniger auf einen konkret zu erfassenden mythischen Ursprung

---

[14] Claude Lecouteux, Das Motiv der gestörten Mahrtenehe als Widerspiegelung der menschlichen Psyche, in: Vom Menschenbild im Märchen. Hg. von Jürgen Janning u. a. (Veröffentlichungen der europäischen Märchengesellschaft 1). Kassel 1980 S. 59–71, hier 59.

[15] Der Begriff ,Mahr' ist die alte gemeingermanische Bezeichnung für den Alp. In der germanischen Mythologie ist der Alp ein übernatürliches Wesen, das in der Funktion eines Schutzgeistes oder einer Fruchtbarkeitsmacht auftritt. Im Volksglauben bezeichnete ,Mahr' seit dem Mittelalter den nächtlichen Druckgeist, der das Alpdrücken verursacht. Vgl. Lutz Röhrich, [Art.] Mahrtenehe: Die gestörte M., in: Enzyklopädie des Märchens. Handwörterbuch zur historischen und vergleichenden Erzählforschung. Begründet von Kurt Ranke. Hg. von Rolf Wilhelm Brednich u. a. Berlin 1977-, Bd. 9. Berlin 1999 Sp. 44–53, hier 45. Im Folgenden zitiert als EM; Kurt Ranke, [Art.] Mahr, Mahrt, in: Handwörterbuch des deutschen Aberglaubens. Hg. von Hanns Bächtold-Stäubli. (Handwörterbücher zur deutschen Volkskunde. Abteilung 1: Aberglaube). Berlin u. a. 1927–1942, Bd. 5. Berlin u. a. 1932/33 Sp. 1508–1512, hier 1508. Im Folgenden zitiert als HDA.

[16] Das aus der Maorisprache entnommene Wort ,tabu' (polynes. ,tapu') bezeichnet in den polynesischen Religionssystemen das ,Verbotensein' aus besonderer Ehrfurcht vor dem erhabenen oder krafterfüllten Wesen einer Sache. Was als ,tabu' gilt, darf nicht berührt und nicht angeschaut werden. Vgl. Klaus Hock, [Art.] Tabu, in: Lexikon für Theologie und Kirche. Begründet von Michael Buchberger. Hg. von Walter Kasper u. a. 3., völlig neu bearbeitete Auflage. 11 Bde. Freiburg i. Br. 1993–2001, Bd. 9. Freiburg i. Br. 2000 Sp. 1225 f. Im Folgenden zitiert als LTK; Hans-Jürgen Greschat, [Art.] Mana und Tabu, in: Theologische Realenzyklopädie. Hg. von Gerhard Müller u. a. Berlin u. a. 1976-, Bd. 22. Berlin u. a. 1992 S. 13–16. Im Folgenden zitiert als TRE.

[17] Vgl. dazu Jan-Dirk Müller, Nachwort S. 1022 f. Die wohl bekannteste Gestaltung dieses Tabus in der griechischen Mythologie ist der Mythos von Zeus und Semele. Zeus' menschliche Geliebte Semele stirbt beim Anblick des Zeus in seiner unverhüllten, göttlichen Gestalt, als er ihr mit den Insignien seiner Macht, Blitz und Donner, gegenübertritt. Vgl. Robert von Ranke-Graves, Griechische Mythologie. Quellen und Deutung. Reinbek [13]2000 S. 46.

der Melusinensage[18], als vielmehr auf das Bedürfnis des mythophilen 19. Jahrhunderts in der Melusinengeschichte wie in anderen verwandten Erzählstoffen, denen das *Motiv der gestörten Mahrtenehe* als Erzählschema zugrunde liegt, einen überzeitlichen Mythos zu sehen. Der Terminus ‚Mahrtenehe‘ geht ursprünglich auf Friedrich Panzer zurück, der seinen Märchentypus an Albrechts von Scharfenberg „Seifrid von Ardemont“ gegen Ende des 19. Jahrhunderts entwickelte.[19] Bei Panzers Typus „Märchen von der gestörten Mahrtenehe“ handelt es sich um ein Erzählschema[20], das sich am Handlungsschema des Märchens orientiert, aber auch an die ‚Doppelwegstruktur‘ des arthurischen Romans erinnert. Panzer entwirft ein Grundschema mit sechs Stationen: Verbindung von anderweltlicher Frau und Held in der Anderwelt (I); Auferlegung eines Verbotes, Trennung und Rückkehr des Helden in die Menschenwelt (II); Übertretung des Verbotes und Verlust der anderweltlichen Frau (III). Suche des Helden nach der Frau (IV); Rückkehr des Helden in die Anderwelt mit magischer Hilfe (V); erneute dauerhafte Bindung von Mensch und anderweltlicher Frau (VI).[21] Im Melusinenstoff zeigt sich dieses Erzählschema in abgewandelter Form. Es erscheint auf die ersten drei Stationen verkürzt, die Lecouteux als „Begegnung“, „Verbot“ und „Übertretung [des Verbotes]“ gefasst hat.[22] Nach Lecouteux kann das Verbot als Heirats-, Sicht- oder Redeverbot in Erscheinung treten.[23] Spezifisches Charakteristikum des Melusinenstoffes ist eine Doppelung des Tabubruches. Die spätmittelalterlichen französischen Romanversionen und die deutsche Prosahistorie Thürings von Ringoltingen, mit denen der Stoff seine charakteristische Gestalt gewinnt, sowie die auf dieser fußende deutsche ‚Volksbuch‘-Tradition weisen diesen doppelten Tabubruch auf. Im Melusinenstoff wird ein an einen bestimmten Wochentag, den Samstag, geknüpftes

---

18 Ein mythischer Ursprung der Melusinensage lässt sich nicht in ausreichendem Maße erhellen. Die bisherigen Versuche, Melusine mit bestimmten tiergestaltigen Gottheiten, totemistischen Vorstellungen und Fruchtbarkeitsgöttinnen in Verbindung zu bringen, erweisen sich bei näherer Betrachtung als unhaltbare Konstruktionen. Als Beispiel neueren Datums für einen solchen Versuch vgl. Ulrike Kindl, Feenmärchen oder historische Sage?, in: Annali della Facoltà di Lingue e Letterature Straniere di Ca 'Foscari 23. 1984 S. 115–126.

19 Friedrich Panzer, Einleitung, in: Merlin und Seifrid de Ardemont von Albrecht von Scharfenberg. In der Bearbeitung Ulrich Füetrers. Hg. von Friedrich Panzer. Tübingen 1902 S. LXXII–LXXX.

20 Panzer selbst bezeichnet es als ‚Märchentypus‘. Vgl. Panzer, Einleitung S. LXXIII. Als solches erscheint es auch im Typenverzeichnis von Aarne und Thompson. Vgl. Aanti Aarne/Stith Thompson, The Types of the Folktale. Helsinki 1964 [Nr. II. A. 400]. Müller, Nachwort S. 1031, bezeichnet es dagegen als „Erzählschema von der ‚gestörten Mahrtenehe‘.“

21 Vgl. Panzer, Einleitung S. LXXIV–LXXX.

22 Lecouteux, Motiv der gestörten Mahrtenehe S. 59.

23 Vgl. ebd. S. 60.

Sichtverbot errichtet. Stellt Reÿmunds erster Tabubruch, die heimliche Beobachtung seiner Gattin in ihrer geheimen Badekammer, die Übertretung dieses samstäglichen Sichtverbotes dar, überschreitet der Ehemann beim Zweiten Tabubruch das Verbot, mit Dritten über das ‚Geheimnis' seiner Frau, ihren temporären Gestaltwechsel, zu sprechen, indem er seine Gattin vor der versammelten Hofgesellschaft als Schlangenweib diffamiert. Sicht- und Redeverbot, die für gewöhnlich in verschiedenen Texten auftreten, werden im Melusinenstoff vereint. Dem für die Beziehung zerstörerischen Bruch des Redeverbotes muss die Übertretung des Sichtverbotes notwendig vorausgehen, denn sonst könnte Reÿmund Melusines Geheimnis nicht verraten. Das Erzählschema *Motiv der gestörten Mahrtenehe* tritt in Thürings Prosaroman nicht nur als grundlegende Struktur der Melusinenhandlung im engeren Sinne auf, sondern wird in der Elterngeneration und einer nachfolgenden Generation variierend wiederholt. Sowohl der Elterngeschichte von Helmas und Persine als auch der ‚Sperber-Aventiure', die ein Nachkomme Melusines zu bestehen versucht, liegt sie als Handlungsschema zugrunde.

Mit dem eben skizzierten Erzählschema *Motiv der gestörten Mahrtenehe* in seiner melusinentypischen Ausprägung wird es möglich, Bearbeitungen des Melusinenstoffes von anderen Wasserfrauentexten abzugrenzen. Es wird deshalb innerhalb der exemplarischen Analysen als strukturelles Leitmodell der Texterfassung herangezogen. Als Textzeugen der Rezeptionsgeschichte werden zum einen Bearbeitungen des Melusinenstoffes im engeren Sinne verstanden, denen das *Motiv der gestörten Mahrtenehe* in seiner spezifischen ‚melusinischen' Ausprägung als Strukturschema zugrunde liegt, zum anderen literarische Texte, in denen eine ‚melusinische' Frauenfigur auftritt[24], sowie Texte, die sich über ihren Titel oder Untertitel selbst als Melusinentexte ausgeben.[25] Neben Melusinentexten werden in dieser Untersuchung auch Allusionen auf die Melusinengeschichte und die Melusinenfigur als Quellen für die Rezeptionsgeschichte herangezogen, um epochenspezifische Wahrnehmungen und Deutungen der Melusinenfigur und Melusinengeschichte zu il-

---

[24] ‚Melusinische' Frauenfiguren, die einige für die Melusinenfigur der ‚Volksbuch'-Tradition typische Charakteristika aufweisen (sie sind von einem ‚Geheimnis' oder einem Tabu umgeben, haben einen imaginären ‚Schlangenschwanz') und in eine dem Melusinenstoff weitgehend fremde Handlung gestellt werden, sind typisch für die Aneignung des Melusinenstoffes in den Romanen und Erzählungen Theodor Fontanes.

[25] Beispiele für Erzählungen und Romane, die keine Bearbeitungen des Melusinenstoffes im engeren Sinne darstellen, sich aber über ihren Titel als Melusinentexte etikettieren, sind: Eduard von Bülow, Die neuste Melusine, in: Ders., Novellen. Bd. 1. Stuttgart u. a. 1846 S. 279–328; Eduard von Bülow, Eine allerneueste Melusine. Novelle. Frankfurt a. M. 1849; Eufemia von Adlersfeld-Ballestrem, Lady Melusine. Roman in zwei Abtheilungen. Berlin 1878 und Jacob Wassermann, Melusine. Ein Liebesroman. München 1896.

lustrieren. Die lyrischen Bearbeitungen des Stoffes, die etwa mit der Romantik einsetzen, bleiben unberücksichtigt, da die Abgrenzung zu anderen Wasserfrauenstoffen schwierig ist und eine Flut von Texten zu berücksichtigen wäre.

3. Bisherige Forschung

Als Wasserfrau avancierte Melusine in den vergangenen 20 Jahren zwar zu einem populären Forschungsgegenstand der Literaturwissenschaft. Studien, welche die Gesamtentwicklung des Melusinenstoffes vom Mittelalter bis in die Moderne in den Blick nehmen, sind jedoch weiterhin überaus rar. Tatsächlich ist die Rekonstruktion der Geschichte der Melusine als literarischer Stoff und literarisches Motiv mehr oder minder Desiderat. Die bisherige Forschung lässt sich hinsichtlich Fragestellung, Erkenntnisinteresse und Textkorpus als sehr heterogen kennzeichnen. Ein Abriss der Forschungsgeschichte, der auch nur die wichtigsten Arbeiten erörtern und kritisch diskutieren möchte, erscheint im Hinblick auf die vielgestaltigen Forschungsansätze als nahezu unmöglich. An dieser Stelle folgt deshalb nur eine knappe, systematisierende Skizze. Für eine ausführlichere Diskussion des Forschungsstandes zu einzelnen Epochen oder Bearbeitungen sei auf die jeweiligen Einzelkapitel verwiesen.

Neben Überblicksdarstellungen zur Geschichte des Wasserfrauen-Motivs in der deutschen Literatur, in denen der Melusinenstoff nur einen Teilaspekt darstellt[26], treten Untersuchungen zu einzelnen Melusinentexten meist namhafter Autoren[27] sowie synchron angelegte motivgeschichtliche Studien, wel-

---

[26] Zu nennen sind hier: MATTHIAS VOGEL, Melusine; ANNA MARIA STUBY, Liebe, Tod und Wasserfrau. Mythen des weiblichen in der Literatur. Wiesbaden 1992.; VOLKER MERTENS, Melusinen. Undinen. Variationen des Mythos vom 12. bis zum 20. Jahrhundert, in: Festschrift für Walter Haug und Burghart Wachinger. Hg. von JOHANNES JANOTA u.a. 2 Bde. Tübingen 1992 1 S. 201–231; MICHAEL BELLGARDT, Melusine und ihre Schwestern. Mythische Wassergeschöpfe im literarischen Diskurs. Univ. Diss. Mannheim 1997 und BEATE OTTO, Unterwasser-Literatur. Von Wasserfrauen und Wassermännern. Würzburg 2001.

[27] Vgl. bspw. KURT ERICH SCHÖNDORF, Der Melusine-Stoff bei Thüring von Ringoltingen und Franz Grillparzer, in: Franz Grillparzer 1791–1991. Vorträge anlässlich einer Grillparzer-Gedenkfeier an der Universität Oslo. 25. – 26. September 1991. Hg. von KURT ERICH SCHÖNDORF und ELSBETH WESSEL. (Osloer Beiträge zur Germanistik 15). Oslo 1993 S. 85–105; IRMELA VON DER LÜHE, Fremdheit und Moderne: Theodor Fontanes Novellenfragment Oceane von Parceval, in: „Die andere Stimme". Das Fremde in der Kultur der Moderne. FS für Klaus Scherpe zum 60. Geburtstag. Hg. von ALEXANDER HONOLD und MARKUS KÖPPEN. (Literatur – Kultur – Geschlecht. Große Reihe 13). Köln 1999 S. 123–134.

che die Ausprägung und Bedeutung des Wasserfrauen-Motivs im Gesamtwerk eines einzelnen Autors, einer Gruppe von Autoren oder in einer Epoche/Stilformation untersuchen.[28]

In den Überblicksdarstellungen zur Motivgeschichte der Wasserfrau, die zum Teil in der Antike mit dem Sirenenmotiv ansetzen und somit ein riesiges kulturgeschichtliches Feld eröffnen, liegt der Akzent auf der Herausarbeitung überzeitlicher Traditions- und Entwicklungslinien. Die Eigenarten und Charakteristika einzelner Wasserfrauenstoffe werden zugunsten größerer kulturgeschichtlicher Zusammenhänge geglättet und verwischt. Als Beispiel für einen solchen kompilatorischen Ansatz lässt sich die Studie „Melusine ... das läßt aber tief blicken" (1989) von Matthias Vogel heranziehen. Er betrachtet den Melusinenstoff und seine Entwicklung – ausgehend von seinem Wiedereintritt in die Literatur in der Romantik – im Kontext anderer Wasserfrauenstoffe, zeichnet allgemeine Traditions- und Entwicklungslinien nach, ohne jedoch eine vertiefte Analyse der einzelnen Texte bieten zu können.[29] Auffallend ist bei drei jüngeren rezeptionsgeschichtlichen Arbeiten ihr ausgeprägtes Desinteresse an einer intensiveren Auseinandersetzung mit den mittelalterlichen und frühneuzeitlichen Wasserfrauentexten und ihrer historisch-kulturellen Bedingtheit. Diese werden zwar stets als Ausgangspunkt der Untersuchung erwähnt und erläutert, zugleich aber aus einer mythologisierenden Perspektive enthistorisiert und dekontextualisiert.

Anna Maria Stuby untersucht in ihrer Studie „Liebe, Tod und Wasserfrau" (1989), in der sie auch ein Kapitel dem ‚Melusinenmythos' widmet[30], entgegen der mit dem Untertitel geweckten Erwartungen nicht „Mythen des Weiblichen in der Literatur." Sie betrachtet vielmehr, wie sie in ihrer Einleitung betont, den Sirenenmythos, der „eine zentrale motivische Konstante unserer abendländischen Kultur" bilde, und seine Rezeption in der Literatur.[31] Obgleich Stuby die Sirenenepisode der Odyssee als Ausgangspunkt wählt, ist von den Homerischen Mischwesen aus Vogel- und Mädchenlei-

---

[28] Vgl. bspw. Renate Schäfer, Fontanes Melusine-Motiv, in: Euphorion 56. 1962 S. 69–104; Oskar Seidlin, Brentanos Melusinen, in: Euphorion 72. 1978 S. 369–399. Wieder abgedruckt als: Oskar Seidlin, Melusine, in: Ders., Von erwachendem Bewusstsein und vom Sündenfall. Brentano – Schiller – Kleist – Goethe. Stuttgart 1979 S. 120–154; Inge Stephan, Weiblichkeit, Wasser und Tod. Undinen, Melusinen und Wasserfrauen bei Eichendorff und Fouqué, in: Weiblichkeit und Tod in der Literatur. Hg. von Renate Berger und Inge Stephan. Köln u. a. 1987 S. 117–139 sowie Irmgard Roebling, Nixe als Sohnphantasie. Zum Wasserfrauenmotiv bei Heyse, Raabe, Fontane, in: Sehnsucht und Sirene. 14 Abhandlungen zu Wasserphantasien. Hg. von Irmgard Roebling. (Thetis 1). Pfaffenweiler 1992 S. 145–203.

[29] Vogel, Melusine S. 134–150.

[30] Stuby, Liebe S. 68–74.

[31] Ebd. S. 9.

bern im Folgenden kaum noch die Rede. Tatsächlich geht es der Autorin um etwas anderes, nämlich die Wasserfrauenstoffe des europäischen Mittelalters und ihre modernen Bearbeitungen als Aktualisierungen des antiken Sirenenmythos zu lesen und anhand „der sich wandelnden Sirenenimaginationen vom Mittelalter bis in unsere Gegenwart hinein einige Grundprobleme des Geschlechterantagonismus“ zu beleuchten.[32] Stuby befasst sich in ihrer Arbeit vor allem mit der Bedeutung der „Sirenen- und Nixenphantasien“ des 19. Jahrhunderts für die „Dichotomisierung des weiblichen Geschlechtscharakters in die gute und die böse Frau, Heilige und Hexe/Hure, femme fragile und femme fatale.“[33] Um zu ihrem eigentlichen Thema überzuleiten, stellt Stuby die Behauptung auf, dass sich die (Homerischen) Sirenen im Übergang von der Spätantike zum Frühchristentum aufgrund der „sexuellen Besetzung“ des Bildes zu fischgeschwänzten Nixen entwickelt hätten.[34] Allerdings fehlen überzeugende Belege für diese These. Im Zusammenhang mit der spätantik-frühchristlichen Wandlung der Sirenen zu Nixen mutiert in der Einleitung der Sirenenmythos unversehens zu einem „Sirenen-Undinen-Ophelia-Mythos“[35], wobei unter dem Stichwort Undine die Melusine mitgemeint sein dürfte. Ob die Homerischen Sirenen und derart unterschiedlichen Mythologien, Literaturen und Epochen angehörende Figuren wie Undine, Melusine und Ophelia tatsächlich als Repräsentationen eines einzigen Mythos angesehen werden können – diese Frage wird von der Autorin nicht erörtert, sondern als zu bejahen vorausgesetzt[36], wenn sie schreibt:

„Daß der Sirenen-Undinen-Ophelia-Mythos seit mehr als zweitausend Jahren in den unterschiedlichsten Erscheinungsformen rezipiert und reproduziert wird, verweist

---

[32] Ebd. S. 49.

[33] Ebd.

[34] Ebd. S. 41 ff.

[35] Ebd. S. 12.

[36] Äußerst kritisch gegenüber Stubys eklektizistischer Vorgehensweise und ihrem fahrlässigen Umgang mit dem Mythos-Begriff zeigt sich auch Markus Winkler in seiner Rezension von „Liebe, Tod und Wasserfrau“. Er spricht in Bezug auf Stubys Vorgehen von einem „Mangel sowohl an historischer Einstellung zum Thema ‚Mythen‘ des Weiblichen als auch an theoretischer Reflexion über den Mythos als ‚Denkform‘ (Cassirer) oder ‚Denkgewohnheit‘ (Graevenitz)“ und moniert den Verzicht der Autorin „auf eine Auseinandersetzung mit den wichtigeren neueren Mythostheorien.“ Markus Winkler, Anna Maria Stuby: Liebe, Tod und Wasserfrau, in: Jahrbuch der Raabe-Gesellschaft. 1993 S. 159–164, hier 159 f. Zu der in der Literaturwissenschaft und anderen Disziplinen breit geführten Debatte um den Begriff ‚Mythos‘ und den seit dem ‚mythophilen‘ 19. Jh. zahlreich entstandenen Mythentheorien vgl. etwa Wilfried Barner/Anke Detken/Jörg Wäsche, Einleitung, in: Texte zur modernen Mythentheorie. Hg. von Wilfried Barner, Anke Detken und Jörg Wäsche. Stuttgart 2003 S. 8–19.

auf die tiefe Beunruhigung, die von ihm ausgeht, eine Beunruhigung, der man mit immer neuen Ausphantasierungen der Geschichte zu begegnen sucht."[37]

In anderen Fachdisziplinen, etwa der Kulturanthropologie, wird gerade die Eigenständigkeit der Melusinentradition betont und herausgestellt, dass Melusine und anderen Wasserfrauen die Identität von Sirenen bzw. Meerjungfrauen oder Nixen nachträglich zugeschrieben wurde. So stellt beispielsweise Judith Gilbert fest: „Yet the two narrative mermaids of medieval origin have little in common with the mermaid-siren of the bestiaries. Both Melusine of France and Liban of Ireland appear to be local traditions to which the mermaid icon became affixed."[38]

Stubys nur wenige Seiten umfassende Ausführungen zum „Melusinenmythos" erscheinen angesichts der Tatsache, dass die Autorin in ihrer Studie „[w]esentliche Stationen" in dem „fast 3000-jährigen Prozess der Ausdifferenzierung" des von ihr entworfenen Mythoskonstrukts „exemplarisch [...] beleuchten" wollte[39], mehr als unbefriedigend. Auffallend ist die mangelnde Bezugnahme auf konkrete Textbeispiele[40] und die fehlende Reflexion der zumindest für den spätmittelalterlichen Prosaroman und einige Rezeptionszeugen reichlich vorhandenen Forschungsliteratur.[41]

Beate Otto möchte das „Motiv der Unterwasserliteratur anhand von Textbeispielen für den Zeitraum vom 18. bis 20. Jahrhundert" untersuchen, wobei eine „systematische Analyse und Interpretation der Texte im Vordergrund" stehen soll.[42] Sie nimmt in ihrer Studie „Unterwasser-Literatur" (2001) eine ganz ähnliche Position wie Stuby ein. Im Rekurs auf Roland Barthes Essay „Mythen des Alltags" (1954–56) begreift sie die Wasserfrau zunächst als modernen „Alltagsmythos" und eine der „aufregendsten Figuren der mythischen Phantasie", die der „Kompensation der Alltagsrealität" diene und in dem

---

[37] Stuby, Liebe S. 12.

[38] Judith Gilbert, [Art.] Mermaid, in: Medieval Folklore. An Encyclopedia of Myths, Legends, Tales, Beliefs and Customs. Hg. von Carl Lindahl, John McNamara und John Lindow. 2 Bde. Santa Barbara u.a 2000, Bd. 2 S. 658–662, hier 658.

[39] Stuby, Liebe S. 12.

[40] Es lässt sich Stubys Ausführungen nicht entnehmen, welche mittelalterlichen und neuzeitlichen Bearbeitungen des Melusinenstoffes für dieses Kapitel herangezogen wurden.

[41] Tatsächlich gelangt Stuby in ihren Ausführungen zum Melusinenmythos kaum über das in einschlägigen Lexika- und Handbuch-Artikeln nachzulesende Wissen hinaus. Vgl. dazu etwa Günther Berger, [Art.] Melusine im Mittelalter und in der Frühen Neuzeit, in: Verführer. Schurken. Magier. Hg. von. Ulrich Müller und Werner Wunderlich. (Mittelaltermythen 3). St. Gallen 2001 S. 639–644 und Claude Lecouteux, [Art.] Melusine, in: EM 9. Berlin 1999 Sp. 556–561. Markus Winkler moniert somit zu Recht, Stuby „resümiere [...] die Ergebnisse der Forschungen anderer." Winkler, Anna Maria Stuby S. 161.

[42] Otto, Unterwasser-Literatur S. 16.

sich weibliche Identifikationswünsche ebenso wie männliche Sehnsüchte und Ängste vor dem Weiblichen artikulierten.[43] Zugleich will sie den „Spannungsbogen“ ihrer Arbeit „mit dem antiken Sirenen-Intermezzo“ beginnen und „mit den tauchenden Erben von Jacques-Yves Cousteau“ enden lassen. Diese Überlagerung unterschiedlicher Wertungen des ‚Mythos‘-Begriffes wird von Otto weder thematisiert noch reflektiert. Eine Auseinandersetzung mit modernen Mythentheorien findet auch hier nicht statt. Die Überlegungen Stubys aufgreifend, versteht sie Melusine als eine der „vielfältigen Metamorphosen des Wasserfrauenmythos“, der sich „in den Sirenen-Melusinen-Undinen-Ophelia-Mythos“ ausdifferenziert habe und „schließlich über zweitausend Jahre hinweg in den unterschiedlichsten Erscheinungsformen rezipiert und reproduziert wird.“[44] Otto greift auch mit ihren Kapiteln „Mythische Wasserfrauen“ und „Die Verwandlung der Sirenen“ Stubys These von der Verwandlung der Sirenen in fischgeschwänzte Nixen in frühchristlicher Zeit wieder auf. In ihren knappen Analysen einzelner ‚melusinischer‘ Wasserfrauentexte – Thürings Prosaroman „Melusine“[45] und Goethes Kunstmärchen „Die Neue Melusine“[46] – liefert Otto kaum mehr als eine Kompilation der bisher in der Forschung zusammengetragenen Einzelergebnisse.

Auch Michael Bellgardt konzentriert sich in seiner Dissertation „Melusine und ihre Schwestern“ (1997)[47] ausgehend vom Sirenenbegriff der Frankfurter Schule auf die Melusinengeschichte als überzeitlichen Mythos und versucht, diesen aus mythen-, mentalitäts- und alteritätsgeschichtlicher Perspektive zu deuten. Ebenso wie Stuby und Otto sieht er in den mittelalterlichen und neuzeitlichen Versionen der Melusinengeschichte Aktualisierungen des antiken Sirenenmythos bzw. deutet den homerischen Sirenenmythos und die mittelalterlichen Wasserfrauen-Mythen als Variationen eines übergeordneten Wasserfrauenmythos.[48] In seiner Studie treten Analyse und Interpretation einzelner Rezeptionszeugen zugunsten mythen- und gattungstheoretischer Reflexionen zurück. So widmet Bellgardt der einzigen Bearbeitung des Melusinenstoffes, die er im Rahmen seiner Arbeit untersucht, Thürings von Ringoltingen Prosahistorie „Melusine“, die neben der Versnovelle „Peter von Stauffenberg“ und Paracelsus' „Liber de Nymphis“ die spätmittelalterliche und frühneuzeitliche Tradition des ‚Melusinenmythos‘ illustrieren soll,

---

43 Ebd. S. 9f.

44 Ebd. S. 17.

45 Ebd. S. 47–51.

46 Ebd. S. 72–78.

47 Bellgardt, Melusine und ihre Schwestern.

48 Vgl. ebd. S. 136–145.

nur wenige Seiten.[49] Auch seine Ausführungen bleiben hinter dem bisher zu Thürings Adaptation in der Forschung zusammengetragenen Erkenntnisstand zurück.

Die bisher überzeugendste Darstellung der Stoffgeschichte bietet Volker Mertens' Beitrag „Melusinen, Undinen. Variationen des Mythos vom 12. bis zum 20. Jahrhundert" (1992).[50] Mertens gelingt ein Abriss der Geschichte des Melusinen- und des Undinenstoffes, der die Alterität mittelalterlicher literarischer Texte gegenüber Texten der Moderne ernst nimmt, und macht schon zu Beginn seiner Ausführungen deutlich, dass nur die Unkenntnis der mittelalterlichen Textversionen „[...] die Projektion der Geschlechterproblematik unserer Zeit auf die Melusinen und Undinen [erlaube]"[51], wie sie sich in Texten der Moderne, etwa in Ingeborg Bachmanns „Undine geht" zeige. In seinem Resümee betont Mertens, dass sich der „Melusinen-Undinen-Stoff" als „Projektionsrahmen für verschiedene Sinngebungen durch die Autoren und durch die Leser" darstelle, wobei die Art der Projektionen historischem Wandel unterliege. Er kommt zu dem Schluss, dass die Geschlechterproblematik erst „seit der Romantik in zunehmendem Maße als Verständnismuster dient."[52]

Die Eigenständigkeit der Melusinengeschichte als festumrissener Stoff, der sich hinsichtlich seiner Genese und seiner strukturellen Ausprägung signifikant von anderen Wasserfrauenstoffen unterscheidet, ist bisher in der Forschung wenig berücksichtigt worden. Ausgehend vom „sirenensüchtigsten 19. Jahrhundert"[53], für das eine starke Vermischung von Undinen- und Melusinenstoff konstatiert werden kann[54], werden auch die wichtigsten mittelalterlichen Texte, die ebenfalls das *Motiv der gestörten Mahrtenehe* (F. Panzer) gestalten, unterschiedslos unter dem Stichwort ‚Melusine' subsumiert.[55] Die spezifische Ausprägung des Panzerschen Erzählschemas – be-

---

49 Ebd. S. 176–181.

50 Mertens, Melusinen S. 201.

51 Ebd. S. 201.

52 Ebd. S. 231.

53 Stuby, Liebe S. 49.

54 Die Vermischung der beiden Stoffkreise zeigt sich v. a. darin, dass das Motiv *Mann zwischen zwei Frauen* – zentral für den Undinenstoff – Eingang in viele Bearbeitungen des Melusinenstoffes findet. Die erste Melusinenbearbeitung, in der die Fee eine Gegenspielerin aus der Menschenwelt erhält, ist Grillparzers Opernlibretto „Melusina" (1823). Zur Vermischung von Undinen- und Melusinenstoff in der Romantik vgl. auch Sabine Wienker-Piepho, Questing for Souls or Never Blame Supernatural Wives. The Stauffenberg-Poem, Clerk Colvil, Undine, Melusine and Other Waternymphs, in: Scandinavian Yearbook of Folklore 48. 1992 S. 91–104, hier 98 ff.

55 So z. B. verfahren: Bea Lundt, Melusine und Merlin im Mittelalter. Entwürfe und Modelle

deutsame Charakteristika sind der Gestaltwandel, das samstägliche Sichttabu, der doppelte Tabubruch – hebt den Melusinenstoff jedoch deutlich von anderen Texten dieses Stoffkreises ab („Amor und Psyche", „Partonopier und Meliur", „Peter von Stauffenberg").

Seit Mitte der 80er Jahre zeigt sich ein deutliches Interesse der feministischen Literaturwissenschaft bzw. der literaturwissenschaftlichen Frauen- und Geschlechterforschung an Wasserfrauentexten.[56] Feministische Ansätze zum Thema Wasserfrau in der Moderne finden sich vor allem bei Silvia Bovenschen, Inge Stephan, Irmgard Roebling und Anna Maria Stuby.[57] Auch im Bereich der feministischen Mediävistik entwickelte sich Thürings Prosaroman zu einem populären Untersuchungsgegenstand.[58]

Die Rezeptionsgeschichte des Melusinenstoffes in der deutschen Literatur ist in ihrer Gesamtentwicklung bisher nur unzureichend erforscht worden. Es gibt zwar zahlreiche Detailuntersuchungen, welche die Ausprägung des Melusinentypus bei einem einzelnen Autor oder in einer bestimmten Epoche synchron untersuchen, jedoch liegt eine Forschungsarbeit, die den Wandel des Melusinenbildes und seine Rolle innerhalb der Geschlechtergeschichte vom Mittelalter bis in die Moderne in den Blick nimmt, bisher nicht vor. Diese Untersuchung versteht sich als ein erster Versuch, diese Forschungslücke zu schließen.

4. Erkenntnisinteresse und Vorgehensweise

In dieser Studie wird die Rezeptionsgeschichte des Melusinenstoffes in der deutschsprachigen Literatur anhand der Leitkategorie ‚Geschlecht' betrachtet. Es wird untersucht, wie das Verhältnis zwischen Mensch und anderweltlicher[59] Frau in verschiedenen Epochen ausgestaltet wird. Von zentraler Be-

---

weiblicher Existenz im Beziehungs-Diskurs der Geschlechter. Ein Beitrag zur Historischen Erzählforschung. München 1991; Otto, Unterwasser-Literatur und Bellgardt, Melusine und ihre Schwestern.

[56] Eine ausführliche Diskussion der einzelnen Beiträge unterbleibt an dieser Stelle. Diese wird in den Einzelkapiteln am konkreten literarischen Text erfolgen.

[57] Anna Maria Stuby, Vom Kommen und Gehen Undines; Dies., Liebe; Silvia Bovenschen, Theodor Fontanes Frauen aus dem Meer. Auch ein Mythos der Weiblichkeit, in: Macht des Mythos – Ohnmacht der Vernunft? Hg. von Peter Kemper. Frankfurt a. Main 1989 S. 359–383; Irmgard Roebling, Nixe.

[58] Zu den Forschungsansätzen und -erträgen im Bereich der Feministischen Mediävistik bzw. zur mediävistischen Frauen- und Geschlechterforschung vgl. die Forschungsdiskussion in Kap. B.1.2.

[59] Der Begriff ‚Anderwelt' erscheint als Bezeichnung für die Lebenswelt der übernatürlichen

deutung ist dabei die Frage, wie die Autoren die zeittypische Ausprägung der Geschlechterbeziehungen in ihre Bearbeitung des Melusinenstoffes einbringen und welche Rolle philosophische, anthropologische und literarische Geschlechtermodelle bei diesem Vorgang spielen. Die in den Bearbeitungen des Stoffes zu verschiedenen Zeiten entworfenen Konzeptionen von Geschlecht sollen nicht extrahiert und losgelöst vom Textganzen betrachtet werden, sondern als Leitperspektive der Interpretation des Gesamttextes dienen.

Diese Arbeit stellt somit den Versuch dar, die Melusinengeschichte als Geschlechtergeschichte zu lesen. In exemplarischen Analysen ausgewählter Textzeugen der Rezeptionsgeschichte wird das Verhältnis von Melusinengeschichte(n) und Geschlechtergeschichte sichtbar gemacht. Die Untersuchung zielt auf die Verbindung einer motiv- und einer geschlechtergeschichtlichen Perspektive auf den Melusinenstoff ab. Die Bearbeitungen werden auf einer diachronen Ebene, welche die Rezeption vom Mittelalter bis in die Moderne in den Blick nimmt, als Repräsentanten der Stoffgeschichte angesehen, auf einer synchronen Ebene, welche die jeweilige Melusinenbearbeitung im Kontext ihrer Zeit betrachtet, als Teil des zeittypischen Diskurses über die Geschlechter bzw. als Teil der epochenspezifischen Ideologieproduktion über Männlichkeit und Weiblichkeit. In der synchronen Perspektive auf die Texte wird untersucht, wie sich die epochenspezifische Konzeption und Inszenierung von Geschlecht auf die Gestaltung des Stoffes durch eine Autorin oder einen Autor auswirkt. In der diachronen Perspektive wird der Frage nachgegangen, welche Veränderungen sich am Stoff gegenüber der älteren Tradition beobachten lassen.

Die Idee zu einer solchen Herangehens- und Betrachtungsweise, die beide Aspekte – Motivgeschichte und Geschlechtergeschichte – miteinander zu verbinden trachtet, ergab sich aus der Beobachtung der rezeptionsspezifischen Besonderheiten des Melusinenstoffes. Die literarische ‚Wiederentdeckung' der Melusinengeschichte als (hoch-)literarisches Sujet in der Romantik nach einer 180 Jahre währenden Phase, in der keine neuen literarischen Bearbeitungen des Stoffes entstehen, fällt zeitlich mit der Etablierung

---

Wesen des Volksglaubens umfassender und neutraler als ‚Jenseits' oder ‚Unterwelt'. Diese setzen immer schon ein Oben oder Unten, ein Vorher oder Nachher voraus. ‚Anderwelt' oder ‚Anderswelt' ist eine Übersetzung des engl. ‚otherworld'. In „Webster's New Encyclopedic Dictionary" wird ‚otherworld' als „a world beyond death or beyond present reality" definiert. [Eintrag] otherworld, in: Webster's New Encyclopedic Dictionary. Hg. von Noah Webster. New York [2]1995 S. 710. Der Begriff wurde vermutlich von Frederik Hetmann in das Deutsche vermittelt. Zu Topographie und Bewohnern der ‚Anderwelt' vgl. Frederik Hetmann, Die Reise in die Anderswelt. Feengeschichten und Feenglaube in Irland. Köln [2]1983 S. 9–16.

einer neuen Geschlechterideologie um 1800 zusammen. Die Vehemenz, mit der neue Bearbeitungen des Melusinenstoffes zu Beginn des 19. Jahrhunderts entstehen, die sich kaum anders als mit dem Begriff der ‚Melusinomanie' umschreiben lässt und in die allgemeine Nixen- und Nymphenbegeisterung in der zweiten Hälfte des 19. Jahrhunderts mündet, legte die These nahe, dass der Melusinenstoff als geeignetes Medium angesehen wurde, um die neue Ideologie zu transportieren, zu diskutieren und ihr gegebenenfalls eigene Entwürfe entgegenzustellen.

Es geht in dieser Untersuchung nicht zuletzt darum, eine scheinbar banale und in der jüngeren kulturgeschichtlich orientierten Frauen- und Geschlechterforschung unbestrittene Prämisse geschlechtergeschichtlichen Arbeitens in die Forschungsgeschichte zum Melusinenstoff einzuschreiben: nämlich, dass die Konzeptionen von Geschlecht und die Geschlechterbeziehungen historischem Wandel unterliegen. Betrachtet man die bisherigen Versuche, die vormodernen Versionen des Melusinenstoffes geschlechterbezogen zu analysieren, fällt auf, dass diese Prämisse der Historizität von Geschlecht nur allzu oft missachtet wurde. Gerade bei den Bemühungen in der noch jungen mediävistischen Frauen- und Geschlechterforschung der 80er und 90er Jahre um eine feministische und/oder geschlechterbezogene Lektüre des Prosaromans Thürings von Ringoltingen lässt sich die Tendenz beobachten, das moderne Differenzdenken in den mittelalterlichen Text hineinzuprojizieren, ohne zu hinterfragen, ob das für Menschen des 20. und 21. Jahrhunderts selbstverständliche Denken in zwei polaren, zugleich komplementären Geschlechtern für Mittelalter und Frühe Neuzeit als Modell von Geschlecht und Geschlechterdifferenz adäquat ist. Eine solche Herangehensweise leugnet die Geschichtlichkeit und soziokulturelle Bedingtheit der Kategorie ‚Geschlecht'.

Um der historischen Wandelbarkeit und kulturellen Verfasstheit der Kategorie ‚Geschlecht' Rechnung zu tragen, basiert diese Studie auf einem diskursiv-dekonstruktivistischen Geschlechter-Begriff, wie er sich in den 90er Jahren im Zuge der Neuformierung der Frauen- und Geschlechterforschung als kulturwissenschaftlich orientierten *Gender Studies* etabliert hat.[60] Die

[60] In den 90er Jahren vollzog sich innerhalb der Geisteswissenschaften eine Entwicklung von der Feministischen Frauenforschung hin zu den kulturwissenschaftlich orientierten *Gender Studies.* Für diese ist eine Akzentverlagerung von ‚Woman' auf ‚Gender' und eine Erweiterung der Literaturwissenschaft zu den *Cultural Studies* charakteristisch. Die innerhalb der bundesrepublikanischen Debatte wichtigste Vertreterin der dekonstruktivistischen *Gender Studies* ist die amerikanische Philosophin Judith Butler, die mit ihrem Buch „Gender Trouble", dessen Grundgedanke die radikale Verabschiedung von jeder Form eines biologischen Determinismus in der soziokulturellen und sprachlichen Konstruktion der Geschlechter ist, zu Beginn der 90er Jahre

Kategorie ‚Geschlecht' wird als eine Konstruktion angesehen, die innerhalb einer Kultur ‚hergestellt' wird. Die in den 70er Jahren etablierte Unterscheidung von *sex* (Körpergeschlecht) und *gender* (sozialem Geschlecht) wird in den *Gender Studies* aufgegriffen. Die Kategorie *sex* wird jedoch nicht mehr als biologisch determinierte, unverrückbare Konstante, sondern ebenfalls als kulturell ‚gemacht' betrachtet. Sie wird als diskursiv hergestellte, soziokulturell bestimmbare „Symbolisierung des Geschlechts"[61] aufgefasst, die in allen gesellschaftlichen Bereichen strukturell wirksam ist.[62] *Gender* bezeichnet die davon abhängige, das Selbstbild, den Selbstwert und die Selbstwahrnehmung bestimmende Geschlechtsidentität eines Menschen.[63] Die Koppelung von biologischem und sozialem Geschlecht wird heute in der Regel als *sex/gender-System* bezeichnet.[64] Auf diesem System beruht die dichotome zweigeschlechtliche Ordnung unserer Gesellschaft. Das ‚System der Zwei-

---

eine intensive Debatte um die diskursive Verfasstheit und soziokulturelle Vermitteltheit von *sex* und *gender* auslöste. Judith Butler, Gender Trouble. Feminism and the Subversion of Identity. New York u.a. 1990.

Zur Kategorie ‚Geschlecht' in den literaturwissenschaftlichen *Gender Studies* vgl.: Genus. Zur Geschlechterdifferenz in den Kulturwissenschaften. Hg. von Hadumod Bußmann und Renate Hof. Stuttgart 1995 und Renate Hof, Die Grammatik der Geschlechter. Gender als Analysekategorie der Literaturwissenschaft. Frankfurt a.M. 1995.

61 Gerhild Treusch-Dieter, [Art.] Die Geschlechterdifferenz und ihre Geschichte, in: Taschenbuch der Pädagogik. Hg. von Helmwart Hierdeis und Theo Hug. 4., vollständig überarbeitete und erweiterte Auflage. 4 Bde. Hohengehren 1996, Bd. 3 S. 746–766, hier 747 f.

62 Nach Judith Butler ist die Geschlechtsidentität eines Individuums ein kulturelles Konstrukt, das durch Diskurse hervorgebracht wird. Radikal an ihren Thesen ist die Behauptung, selbst die Erfahrung einer geschlechtsspezifischen Körperlichkeit, die gewöhnlich als Voraussetzung für die Entwicklung individueller Subjektivität – sowohl bei Frauen als auch bei Männern – angesehen wird, sei eine Fiktion. Mit dem jeweils zugeschriebenen ‚Geschlechtscharakter' wird bei Butler auch die Geschlechtlichkeit selbst ‚entnaturalisiert'. Den Körper gibt es nicht vor oder außerhalb der Kultur. Die Differenzierung von *sex* und *gender* wird (scheinbar) aufgehoben, indem *sex* als ein von der *genderization* (soziale „Geschlechtswerdung") immer schon abhängiger Begriff erscheint. Radikal abgelehnt wird Butlers Gender-Ansatz von der ‚Historikerin des Frauenkörpers' Barbara Duden; diese wolle sich „[...] von keinem Dekonstruktivisten meine Leibhaftigkeit ausreden lassen." Barbara Duden, Die Frau ohne Unterleib: Zu Judith Butlers Entkörperung. Ein Zeitdokument, in: Feministische Studien 11. 1993 S. 24–33, hier 28 f. In diesem Band der „Feministischen Studien" finden sich zahlreiche weitere Beiträge zur Kritik an Butler.

63 Ein zentraler Gedanke Butlers ist dabei die Performativität der Geschlechtsidentität. Diese entstehe nicht aus der Entwicklung einer vorgegebenen individuellen und geschlechtlichen Natur, sondern nur performativ; Subjektidentität/Geschlechtsidentität ist nichts Gegebenes, sondern ergibt sich im Vollzug.

64 Auf die Existenz eines *sex/gender-Systems* hat zuerst Rubin 1975 aufmerksam gemacht. Gayle Rubin, The Traffic in Women: Notes on the Political Economy of sex, in: Towards an Anthropology of Women. Hg. von Rayna Reiter. New York 1975 S. 157–210.

geschlechtlichkeit‘ (C. Hagemann-White) in seiner heutigen, modernen Ausprägung, die von einem polarisierenden, zugleich komplementären Differenzdenken geprägt ist, geht auf das Konstrukt des Geschlechtscharakters zurück. Den Theoriekonzepten der modernen Geschlechterforschung ist gemeinsam, dass sie von einer zweigeschlechtlichen, dichotomen Ordnung der Geschlechter ausgehen, die von den Individuen, die in dieser Kultur leben, immer wieder reproduziert wird.[65] Stimmt man mit der jüngeren, kulturgeschichtlich orientierten Geschlechtergeschichte darin überein, dass die Konstruktionen bzw. Konzeptionen von Geschlecht kulturell verfasst und damit auch historisch bestimmt sind, resultiert daraus für eine diachrone Betrachtungsweise, welche die Stoffgeschichte vom Mittelalter bis ins 20. Jahrhundert in den Blick nimmt, dass eine geschlechterbezogene Lektüre, vor allem der vormodernen Versionen, im Kontext epochenspezifischer Geschlechterdiskurse und -differenzierungen erfolgen muss.

Die Untersuchung ist kulturgeschichtlich ausgerichtet und verortet sich im weitesten Sinne im Bereich des *New Historicism*. Mit dem Versuch, eine motivgeschichtliche und eine geschlechtergeschichtliche Perspektive in dieser Untersuchung zu verbinden, ist ein zentrales epistemologisches Problem angesprochen, das die theoretische Diskussion in der literaturwissenschaftlichen Mediävistik in der vergangenen Dekade dominiert hat und noch weiterhin bestimmt: das Verhältnis von (literarischem) Text und (sozialem bzw. geschlechtergeschichtlichem) Kontext.[66] Im Anschluss an jüngere kultur-

---

[65] Die Vertreter/innen der *doing gender*-Theorie gehen davon aus, dass die einzelnen Individuen sich selbst als einem Geschlecht zugehörig darstellen und auch andere im Hinblick auf das ‚System der Zweigeschlechtlichkeit‘ einem der beiden Geschlechter zuordnen. Die Kategorie ‚Geschlecht‘ erscheint als eine tief in unsere Kultur und Gesellschaft eingelassene Struktur, die in der Interaktion immer wieder neu hergestellt wird und so die Geschlechterdifferenz perpetuiert. Die Vorstellung, dass Geschlechtsidentität in performativen Akten von den Subjekten selbst hergestellt wird, d.h. dass die Individuen ihre Zugehörigkeit zu einem Geschlecht nach außen darstellen, ist nicht neu. Bereits in den 70er Jahren hat der amerikanische Soziologe Erving Goffmann die These aufgestellt, dass die Geschlechterdifferenz in Interaktionen konstruiert wird. Im Unterschied zu den Vertreter/innen einer *doing gender*-Theorie geht Goffmann jedoch nicht davon aus, dass der Geschlechterunterschied allein durch die Individuen in Interaktionsprozessen erzeugt wird, er weist zugleich den Institutionen einer Gesellschaft normative Funktionen bei der Konstruktion des Geschlechterunterschiedes zu, denen sich die Subjekte nicht entziehen können. Das ‚Arrangement der Geschlechter‘ konstituiert sich nicht über freie Aushandlungsprozesse der Individuen, sondern auch über (tradierte) Kulturmuster, die nicht zur Disposition stehen. Erving Goffmann, Das Arrangement der Geschlechter, in: Ders., Interaktion und Geschlecht. Hg. und eingeleitet von Hubert A. Knoblauch. Mit einem Nachwort von Helga Kotthoff. Frankfurt u.a. ^{2}2001. (engl. 1977) S. 105–194.

[66] Ursula Peters sieht in der kontrovers ausgetragenen Debatte um die Bestimmung des Verhältnisses von Text und Kontext, die nicht zuletzt über die Rezeption des Greenblattschen *New*

theoretische und kulturgeschichtliche Debatten im Zusammenhang mit Bemühungen um eine Erneuerung der Altgermanistik, die unter den neuen ‚Labels' *New Medievalism, New Philology* und *New Historicism* diskutiert wird, ist die Frage nach dem Verhältnis von Literatur und Gesellschaft respektive Literatur und Geschichte neu gestellt worden. War die Erschließung der Literatur aus ihren gesellschaftlichen Hintergründen das besondere Anliegen der sozialgeschichtlich orientierten Forschungen der 70er und 80er Jahre gewesen, ist inzwischen der Versuch der literarhistorischen Sozialgeschichte, literarische Texte als Spiegel der historischen Wirklichkeit und als Dokumente historisch-gesellschaftlicher Faktizität zu lesen, in Misskredit geraten. Im Zuge des *linguistic turn*, der in den 90er Jahren die Geschichtswissenschaft erschütterte, geriet das Geschichtsverständnis bzw. der Geschichtsbegriff der Literaturwissenschaft mehr und mehr in die Kritik. Hatte sich die Literaturwissenschaft angewöhnt, von literarischen Texten und historischen Hintergründen zu sprechen, wurde diese Polarisierung von diskursanalytisch und poststrukturalistisch arbeitenden Historiker/innen massiv in Frage gestellt. So macht die Historikerin Gabrielle M. Spiegel in ihrem Aufsatz „Geschichte, Historizität und die soziale Logik von mittelalterlichen Texten" (1994)[67], der um die problematische Beziehung von Text und Kontext, Literatur und Leben kreist, den Literaturwissenschaftlern folgenden Vorwurf: „Die Literaturtheorie ha[be] sich in einem ausweglosen Labyrinth der ‚Textualität' verloren" und die „Reintegration einer kontextuellen Perspektive in die Interpretation von Literatur und Kultur" stehe noch aus.[68] Das „Bedürfnis auf Seiten der Literaturwissenschaft nach einer stabilen Kategorie, gegenüber der sich das komplexe Spiel ihrer textuellen Interpretationen absetzen läßt" solle nun die Geschichtswissenschaft befriedigen.[69] Es werde als ihre Aufgabe angesehen,

„[...] die Literaturwissenschaft mit einer ungeheuren Meister-Erzählung [auszurüsten], vor deren Hintergrund die obskuren Bedeutungen von Texten ermittelt und allegorisch rekodiert werden können. Auf diese Weise werden Historiker zu Hilfswissen-

---

Historicism in der bundesrepublikanischen Literaturwissenschaft angestoßen wurde, einen der zentralen Punkte in der gegenwärtigen Fachdiskussion. Vgl. Ursula Peters, Zwischen New Historicism und Gender-Forschung. Neue Wege der älteren Germanistik, in: Deutsche Vierteljahresschrift für Literaturwissenschaft und Geistesgeschichte 71. 1997 S. 363–396, hier 365 und 370–379.

[67] Gabrielle M. Spiegel, Geschichte, Historizität und die soziale Logik von mittelalterlichen Texten, in: Geschichte schreiben in der Postmoderne. Beiträge zur aktuellen Diskussion. Hg. von Christoph Conrad und Martina Kessel. Stuttgart 1994 S. 161–202, hier 173.

[68] Spiegel, Geschichte S. 173.

[69] Ebd. S. 174.

schaftlern degradiert, die einen eindeutigen, leicht zugänglichen – v. a. aber epistemologisch und sachlich unumstrittenen – Kontext zur Verfügung zu stellen haben, [...]. Literaturwissenschaftler sind es gewohnt, Geschichte quasi vorgekocht und vakuumverpackt geliefert zu bekommen, und neigen deshalb dazu, wenn auch nicht der Theorie nach, so doch im Rahmen ihrer Praxis, sie als etwas schlicht Gegebenes zu behandeln, das nicht hinterfragt werden muß.“[70]

Spiegel beschreibt die literaturwissenschaftliche Erwartung einer Meta-Erzählung in Form einer in sich geschlossenen, in sich widerspruchsfreien Geschichte, die den Literaturwissenschaftler/innen in ihrer Eindeutigkeit sichere Orientierungspunkte liefert und in die sie ihre literarischen Texte ‚einklinken‘ können. Eine solche Meta-Erzählung, der als Denkkonvention eine substantialistische Vorstellung von Geschichte als einem unhinterfragbar Gegebenen zugrunde liegt, das sich durch Erforschung eindeutig feststellen und beschreiben lässt, ist in erkenntnistheoretischer und methodologischer Hinsicht unhaltbar.

Mentalitätsgeschichtliche Forschungen[71], vor allem aber die aktuellen Beiträge zur *Historischen Anthropologie*[72] bemühen sich deshalb darum, von der Vorstellung einer direkten Referentialität der Literatur auf die außerliterarische Realität Abschied zu nehmen. Vielmehr werden in diesen Arbeiten literarische Texte als ‚Repräsentationen‘ verstanden, die bereits Erfahrungen, Wahrnehmungen, Deutungen, sprich Verarbeitungen von Wirklichkeit voraussetzen.[73] Eine literaturwissenschaftliche Schule, die sich bemüht, den neueren Forschungsparadigmen gerecht zu werden, ohne die Literarizität literarischer Texte, ihre ästhetische Dimension und spezifische materielle und mediale Form, zu leugnen, ist der *New Historicism*[74], der bisher in der deut-

---

70 Ebd. S. 174 f.

71 Zum Verhältnis von Literaturgeschichte und Mentalitätsgeschichte vgl. Ursula Peters, Literaturgeschichte als Mentalitätsgeschichte. Überlegungen zur Problematik einer neueren Forschungsrichtung, in: Germanistik – Forschungsstand und Perspektiven. Vorträge des deutschen Germanistentages 1984. Hg. von Georg Stötzel. 2 Bde. Berlin u. a. 1985, Bd. 2 S. 179–198.

72 Zum aktuellen Stand einer literaturwissenschaftlich akzentuierten *Historischen Anthropologie* vgl. Ursula Peters, Historische Anthropologie und mittelalterliche Literatur. Schwerpunkte einer interdisziplinären Forschungsdiskussion, in: Festschrift Walter Haug und Burghart Wachinger (wie Kap. A, Anm. 26) 1 S. 63–86 und Christian Kiening, Anthropologische Zugänge zur mittelalterlichen Literatur. Konzepte. Ansätze, Perspektiven, in: Forschungsberichte zur Germanistischen Mediävistik. Hg. von Hans-Jürgen Schiewer. Bern u. a. 1996 S. 11–129.

73 Vgl. Beate Kellner, Melusinengeschichten im Mittelalter. Formen und Möglichkeiten ihrer diskursiven Vernetzung, in: Text und Kultur. Mittelalterliche Literatur 1150–1450. Hg. von Ursula Peters. Stuttgart u. a. 2001 S. 268–295, hier 269.

74 Der von der Foucaultschen Diskursanalyse und der anglo-amerikanischen *Cultural Anthropology* inspirierte *New Historicism*, der seine Plattform in der in den späten 80er Jahren von Stephen Greenblatt u. a. gegründeten Zeitschrift „Representations“ hat, stellt nicht eigentlich ei-

schen Germanistik eher zurückhaltend rezipiert worden ist.[75] Während neuere mentalitätsgeschichtliche und historisch-anthropologische Forschungen dazu tendieren, in literarischen Texten nicht mehr als Bausteine für eine Mentalitätsgeschichte des Mittelalters und der Frühen Neuzeit zu sehen, versucht der *New Historicism*, der sich als spezifisch literaturwissenschaftliche Spielart der geschichtswissenschaftlichen *Historischen Anthropologie* verstehen lässt, das problematische Verhältnis von Literatur und Geschichte dahingehend zu lösen, dass der ,historische Hintergrund' – inspiriert von der Foucaultschen Diskursanalyse – zum ,Kon-Text' wird. Die von Historiker/innen angeprangerte Vorstellung von einem unhintergehbaren, feststehenden historischen Hintergrund wird zugunsten der Vorstellung von Texten, die mit anderen Texten kontextualisiert werden, aufgegeben. Dieser vom *New Historicism* angestoßenen Perspektive auf die Relation von literarischen Texten und historischen Kontexten wird in dieser Studie zur Rezeptionsgeschichte des Melusinenstoffes Rechnung getragen, indem nicht nur literarische Bearbeitungen, sondern auch weitere, nicht im engeren Sinne literari-

---

ne Theorie oder literaturwissenschaftliche Methode, sondern vielmehr ein Bündel von Vorannahmen und Vorgehensweisen dar. Als Vermittler des *New Historicism* im deutschsprachigen Raum fungierte v.a. Moritz Baßler, der 1995 eine Übersetzung der wichtigsten Beiträge des *New Historicism* vorlegte: New Historicism. Literaturgeschichte als Poetik der Kultur. Hg. von MORITZ BAßLER. Tübingen u.a. 1995. Zu den wichtigsten Grundannahmen des *New Historicism* vgl. MORITZ BAßLER, Einleitung: New Historicism – Literaturgeschichte als Poetik der Kultur, in: New Historicism S.7–47.

[75] Zwar ist der *New Historicism* als innovatives kulturwissenschaftliches ,Label' in aller Munde, größeren Einfluss auf die deutsche Forschungslandschaft konnte er aber bisher nicht gewinnen. Die Rezeption in der bundesrepublikanischen und deutschsprachigen Wissenschaftslandschaft war bisher v.a. eine äußerst kritische und negative. Einen Einblick in die z.T. erbittert geführte Debatte um den *New Historicism* vermittelt die Diskussion zwischen Walter Haug und Gerhart von Graevenitz: WALTER HAUG, Literaturwissenschaft als Kulturwissenschaft, in: Deutsche Vierteljahresschrift für Literaturwissenschaft und Geistesgeschichte 73. 1999 S.69–93; bes. S.85f; GERHART VON GRAEVENITZ, Literaturwissenschaft als Kulturwissenschaft. Eine Erwiderung, in: Deutsche Vierteljahresschrift für Literaturwissenschaft und Geistesgeschichte 73. 1999 S.94–115 und WALTER HAUG, Erwiderung auf die Erwiderung, in: Deutsche Vierteljahresschrift für Literaturwissenschaft und Geistesgeschichte 73. 1999 S.116–121. Gegen „modernistische Literaturmethoden" im Zeichen der Postmoderne wendet sich auch: HANS-GERT ROLOFF, Zur Spannung von ,Text' und ,Kontext' in der Mittleren deutschen Literatur, in: Text und Kontext Anleitung zur Lektüre deutscher Texte der frühen Neuzeit. Hg. von ALEXANDER SCHWARZ und LAURE ALPLANALP. Bern u.a. 1997 S.219–229, hier 219. Zur Debatte um den *New Historicism* im deutschsprachigen Raum vgl. auch CLAUDIUS SITTIG, „Was ernst an ihm ist, kann sie schon". *Die deutsche Literaturwissenschaft und der New Historicism aus der Neuen Welt*, in: Interkultureller Transfer und nationaler Eigensinn. Europäische und anglo-amerikanische Positionen der Kulturwissenschaften. Hg. von REBEKKA HABERMAS und REBEKKA VON MALLINCKRODT. Göttingen 2004 S.87–106.

sche Quellen über Melusine als Untersuchungsgegenstände betrachtet werden. So lässt sich verstehen, wie die Melusinengeschichte in einer bestimmten Epoche wahrgenommen und rezipiert wurde und in welchen diskursiven Zusammenhängen sie verortet war. Diese Vorgehensweise bietet sich vor allem im Bereich des Mittelalters und der Frühen Neuzeit an, Epochen, in denen das System ‚Literatur‘ noch nicht so weit ausdifferenziert war wie in der Moderne. Neben Texte, die als eindeutig ‚literarisch‘ wahrgenommen werden, treten Texte, die anderen Diskursen angehören. So lassen sich die spätmittelalterlichen Romanversionen des Stoffes (Jean d'Arras; Couldrette; Thüring von Ringoltingen) mit Hilfe hochmittelalterlicher Texte aus dem klerikalen Umfeld (dämonologischen, naturkundlichen und chronikalischen Werken) kontextualisieren. Hans Sachs' frühneuzeitliche Bearbeitung des Stoffes in seiner Tragedia „Die Melusina“ (1556) wird erst im Zusammenhang mit der Wahrnehmung der Melusinengeschichte in der dämonologischen Literatur des späten 15. und 16. Jahrhunderts (Hexentraktate, Luthers Tischreden, protestantische enzyklopädische Texte) verständlich.

5. Geschlechtergeschichtliche Makrotheorien

Innerhalb der kulturgeschichtlich orientierten *Gender Studies* fungiert als Makromodell geschlechtergeschichtlichen Wandels die These von der Ablösung eines *Ein-Geschlecht-Modells*, in dem die Frau als defizitärer Mann vorgestellt wurde, durch ein komplementäres *Zwei-Geschlechter-Model*, in welchem Frau und Mann als different und komplementär zueinander gedacht werden, im Laufe des 18. Jahrhunderts, wie es von Stephen Greenblatt in seinem Konzept der *teleologischen Männlichkeit* in seinem Aufsatz „Fiction and Friction“ (1988) und Thomas Laqueur in seiner Studie „Making Sex“ (1990) beschrieben wurde.[76] Laqueur vertritt als Repräsentant des *New Historicism*[77] einen diskursiv-dekonstruktivistischen geschlechtergeschichtlichen Ansatz. Seine grundlegende Prämisse ist, dass das Körpergeschlecht (*sex*) ebenso ‚gemacht‘, konstruiert bzw. ‚diskursiv erzeugt‘ ist wie das soziale Geschlecht (*gender*).[78] Laqueur zeigt in seiner Studie auf, wie sehr Konzeptionen des biologischen Geschlechts historisch von diskursiven *gen-*

[76] STEPHEN GREENBLATT, Fiction and Friction, in: DERS., Shakespearean Negotiations. The Circulation of Social Energy in Renaissance England. Oxford 1988 S. 66–93 & 175–185 [Anm.]. und THOMAS LAQUEUR, Auf den Leib geschrieben. Die Inszenierung der Geschlechter von der Antike bis Freud. München 1992. (engl. Cambridge, Mass. 1990).

[77] Vgl. LAQUEUR, Leib S. 9 und 11.

[78] Vgl. ebd. S. 20.

der-Modellen bestimmt und überformt worden sind. Interessant für meine Fragestellung ist Laqueur jedoch nicht wegen seiner Betrachtung der Historizität des Geschlechtskörpers, sondern weil er in seiner Studie ein Modell geschlechtergeschichtlichen Wandels skizziert und Thesen dazu entwickelt, wie ‚Geschlecht' in Mittelalter und Früher Neuzeit im Verhältnis zur Moderne konzipiert wurde. Seine grundlegende These zum Wandel der Geschlechterbeziehungen lautet, dass im 18. Jahrhundert, im Zeitalter der Aufklärung, ein *Ein-Geschlecht-Modell*, nach dem der weibliche Körper als die geringere Version des männlichen verstanden wurde, von einem *Zwei-Geschlechter-Modell* abgelöst wurde, nach dem die Frau als das dem Mann unvergleichliche Gegenstück begriffen wurde.[79] Nach dem alten *Ein-Geschlecht-Modell*, das Laqueur auch als „Ein-Leib-Modell" und als „Weiblich-gleich-männlich-Modell" bezeichnet[80], sind „Männer und Frauen entsprechend ihrem Ausmaß an metaphysischer Perfektion und ihrer vitalen Hitze entlang einer Achse angeordnet" und der männliche und der weibliche Körper werden als „hierarchisch bzw. vertikal angeordnete Versionen eines einzigen Geschlechts" aufgefasst[81]. Dieses Modell eines graduellen Geschlechterunterschiedes wurde im 18. Jahrhundert von einem neuen *Zwei-Geschlechter-Modell* abgelöst, dem „Modell eines radikalen Dimorphismus und der biologischen Verschiedenheit", nach dem männliche und weibliche Körper als „horizontal angeordnete Gegensätze" verstanden wurden.[82] Während es im mittelalterlichen und frühneuzeitlichen Denken zwar verschiedene soziale Geschlechter (*gender*) gegeben habe, aber nur ein körperliches Geschlecht (*sex*), sei es im späten 18. und im 19. Jahrhundert herrschende Ansicht geworden, dass es im Körperlichen zwei feststehende, inkommensurable und gegensätzliche Geschlechter (*sexes*) gebe und die polar und komplementär gedachten Geschlechterrollen (*gender*) von Mann und Frau in den biologischen ‚Fakten' gründen.[83] Laqueur geht davon aus, dass es in Mittelalter und Früher Neuzeit weder ein Differenzdenken, wie es für die Moderne typisch ist, noch ein *sex/gender-System* gegeben habe. In der Vormoderne sind biologisches Geschlecht (*sex*) und soziales Geschlecht (*gender*) nach Laqueur noch nicht in dem Sinne ‚gekoppelt', dass das Körpergeschlecht (*sex*) als eine dem sozialen Geschlecht (*gender*) vorgängige Kategorie gedacht wurde, welche die biologischen ‚Fakten' für die in den sozialen Geschlechterrollen

---

79 Ebd. S. 10.
80 Ebd. S. 17.
81 Ebd. S. 18 und 23.
82 Ebd. 19 und 23.
83 Ebd. S. 18 f.

ausgemachte Differenz liefert.[84] Vielmehr seien in Mittelalter und Früher Neuzeit die sozialen Geschlechterrollen von Mann und Frau als das Primäre, als soziale ‚Realität‘ wahrgenommen worden. Innerhalb der sozialen Ordnungssysteme spielte die Kategorie *gender* eine bedeutsame Rolle. Männer und Frauen wurden über ihre sozialen, ständisch-hierarchisch organisierten, männlichen und weiblichen Rollen als Männer und Frauen definiert. Anders gesagt: Menschen wurden als Männer und Frauen angesehen, wenn sie sich wie Männer und Frauen verhielten.

„Ein Mann oder eine Frau zu sein, hieß, einen sozialen Rang, einen Platz in der Gesellschaft zu haben und eine kulturelle Rolle wahrzunehmen, nicht jedoch, die eine oder andere zweier organisch unvergleichlicher Ausprägungen des Sexus zu *sein*. Anders gesagt, vor dem 17. Jahrhundert war der Sexus noch eine soziologische und keine ontologische Kategorie.“[85]

Von der Antike bis zum 17. Jahrhundert habe man sich die Geschlechtsorgane der Frau als nach innen gestülpte männliche Geschlechtsorgane vorgestellt: die Vagina als inneren Penis, die Schamlippen als Vorhaut, den Uterus als Hodensack und die Eierstöcke als Hoden. Das nachhaltigste und einflussreichste Modell der „strukturellen, wenngleich nicht räumlichen Identität“ der männlichen und weiblichen Geschlechts- und Reproduktionsorgane stammt von Galen. Dieser dachte Frauen prinzipiell als Männer, „[...] bei denen ein Mangel an vitaler Hitze – an Perfektion – zum Zurückbehalten von Strukturen im Inneren des Leibes geführt hat.“[86] Erst um 1800 wurde ein „fundamentaler Unterschied zwischen dem männlichen und dem weiblichen Geschlecht“ ausgemacht, dieser an „beobachtbaren biologischen Unterschiedlichkeiten“ festgemacht und in „einer radikal anderen Sprache zum Ausdruck gebracht.“[87] Laqueur betont, dass dieser Wandel in der Konzeption von Geschlecht nicht als Konsequenz und logische Folge des wissenschaftlichen Fortschritts, etwa der wissenschaftlichen Revolution des 17. Jahrhunderts, verstanden werden dürfe und könne. Denn die „Chronologie der Entdeckungen deckte sich nicht mit neuen Auffassungen über den geschlechtlichen Leib.“[88] Einer sozialgeschichtlichen Herleitung der polaren und komplementären ‚Geschlechtscharaktere‘ erteilt Thomas Laqueur aus seiner diskursgeschichtlichen Perspektive eine klare Absage.[89] Er sieht die

[84] Ebd. S. 20.
[85] Ebd. S. 21 f.
[86] Ebd. S. 16 f.
[87] Ebd. S. 17.
[88] Ebd. S. 10.
[89] Vgl. ebd. S. 25.

Ursache für die Ablösung eines *Ein-Geschlecht-Modells* durch ein *Zwei-Geschlechter-Modell* in einem im 17. Jahrhundert einsetzenden epistemologischen Wandel.

In dieses Makromodell lassen sich die Arbeiten von Karin Hausen und Claudia Honegger einfügen, die ebenfalls von einem zentralen Wandel der Geschlechterverhältnisse ausgehen, der im letzten Drittel des 18. Jahrhunderts beginnt: Während Hausen in ihrem Beitrag „Die Polarisierung der ‚Geschlechtscharaktere'" (1976) aus sozialgeschichtlicher Perspektive die Etablierung komplementärer Geschlechtscharaktere um 1800 als ideologische Antwort auf die Wandlung der Arbeits- und Familienformen am Anfang der Moderne erklärt[90], zeichnet Claudia Honegger die Diskurslinien nach, die zur Verwissenschaftlichung und Popularisierung der neuen Geschlechteranthropologie sowie zur Entwicklung einer weiblichen Sonderanthropologie im 19. Jahrhundert führen.[91]

Hausens Modell der Polarisierung der Geschlechtscharaktere ist nicht nur vertieft, bestätigt und weiterentwickelt[92], sondern inzwischen in der geschichtswissenschaftlichen Forschung vielfach kritisiert, revidiert und modifiziert worden. Während in den 80er Jahren vor allem der enge Fokus auf die Sattelzeit moniert wurde[93], kritisierte die im Kontext der *kulturalistischen Wende* in der Geschichtswissenschaft stehende Frauen- und Geschlechterforschung[94], die Frauen nicht länger als Objekte und Opfer männlichen ge-

---

[90] Karin Hausen, Die Polarisierung der „Geschlechtscharaktere" – Eine Spiegelung der Dissoziation von Erwerbs- und Familienleben, in: Sozialgeschichte der Familie in der Neuzeit Europas. Neue Forschungen. Hg. von Werner Conze. Stuttgart 1976 S. 363–393.

[91] Claudia Honegger, Die Ordnung der Geschlechter. Die Wissenschaften vom Menschen und das Weib. 1750–1850. Frankfurt a. M. u. a. [2]1991.

[92] Vgl. dazu folgende Beiträge: Barbara Duden, Das schöne Eigentum. Zur Herausbildung des Bürgerlichen Frauenbildes an der Wende vom 18. zum 19. Jahrhundert, in: Kursbuch 47: Frauen. Hg. von Karl Markus Michel und Harald Wieser. Berlin 1977 S. 125–140; Ute Frevert, Bürgerliche Meisterdenker und das Geschlechterverhältnis. Konzepte, Erfahrungen, Visionen an der Wende vom 18. zum 19. Jahrhundert, in: Bürgerinnen und Bürger. Geschlechterverhältnisse im 19. Jahrhundert. Zwölf Beiträge mit einem Vorwort von Jürgen Kocka. Hg. von Ute Frevert. Göttingen 1988 S. 17–49 und Dies., „Mann und Weib, und Weib und Mann". Geschlechterdifferenzen in der Moderne. München 1995 S. 32.

[93] Vgl. Britta Rang, Zur Geschichte des dualistischen Denkens über Mann und Frau. Kritische Anmerkungen zu den Thesen von Karin Hausen zur Herausbildung der Geschlechtscharaktere im 18. und 19. Jahrhundert, in: Frauenmacht in der Geschichte. Beiträge des Historikerinnentreffens 1985 zur Frauengeschichtsforschung. Hg. von Jutta Dalhoff, Uschi Frey und Ingrid Schöll. (Geschichtsdidaktik. Studien. Materialien 41). Düsseldorf 1986 S. 194–204.

[94] Vgl. Rebekka Habermas, Frauen und Männer des Bürgertums. Eine Familiengeschichte (1750–1850). (Bürgertum. Beiträge zur europäischen Gesellschaftsgeschichte 14). Göttingen 2000, Dies., Geschlechtergeschichte und „anthropology of gender." Geschichte einer Begegnung, in: Historische Anthropologie 1. 1993 S. 485–509; Anne-Charlott Trepp, Sanfte Männ-

schichtsträchtigen Handelns, sondern selbst als handlungsmächtige Akteurinnen zu begreifen begann, die undifferenzierte Gleichsetzung von Geschlechterdiskurs und Geschlechterrealität.[95] Auch die Forschungsergebnisse der Historischen Familienforschung, auf die Hausen ihre These von der Polarisierung der Geschlechtscharaktere als Ergebnis der fortschreitenden Dissoziation von Arbeits- und Familiensphäre und damit verbundenen geschlechtsspezifischen Arbeitsteilung im Zuge der Auflösung des ‚ganzen Hauses‘ als Lebens- und Arbeitsgemeinschaft gründet, sind inzwischen in die Kritik geraten.[96]

Unproblematisch erscheint die Rezeption des Hausenschen Modells im Bereich der geschlechterbezogenen Literaturgeschichte, solange man es ideengeschichtlich als Beschreibung einer neuartigen Kontrastierung von Männlichkeit und Weiblichkeit um 1800 liest bzw. diskursgeschichtlich als diskursives Konstrukt der Geschlechterrelation um 1800, wie dies beispielsweise Claudia Honegger tut. Problematisch erscheint es dagegen, wenn man Hausen in ihrer sozialgeschichtlichen Perspektive auf die ‚Erfindung‘ und Etablierung der Geschlechtscharaktere folgt und die Polarisierung der Geschlechtscharaktere nicht nur als soziale Realität, sondern auch – im Sinne einer klassischen Sozialgeschichte – als Spiegel oder Produkt der bestehenden bzw. im Wandel befindlichen sozialen Verhältnisse begreift.

Im Hinblick auf die Frage nach den Ausprägungen der Geschlechterbeziehungen in Mittelalter, Früher Neuzeit und Neuzeit lassen sich zwei Ebenen unterscheiden: eine Ebene Geschlechterdiskurs und eine Ebene soziale Realität der Geschlechter. Auf der Diskursebene werden in theologischen, juristischen, literarischen und anderen Diskursen Geschlechternormen, Geschlechterprojektionen, Geschlechterordnungen und -hierarchien, Männerbilder und Frauenbilder entworfen und erzeugt. In Mittelalter und früher

---

lichkeit und selbständige Weiblichkeit. Frauen und Männer im Hamburger Bürgertum zwischen 1770 und 1840. (Veröffentlichungen des Max-Planck-Instituts für Geschichte 123). Göttingen 1996.

[95] Karin Hausen hat ihre ursprüngliche Position dahingehend selbst revidiert. Vgl. Karin Hausen, „... eine Ulme für das schwanke Efeu“. Ehepaare im Bildungsbürgertum. Ideale und Wirklichkeiten im späten 18. und 19. Jahrhundert, in: Bürgerinnen und Bürger (wie Kap. A, Anm. 92) S. 85–117.

[96] Vgl. Irmintraut Richarz, Das ökonomisch autarke „ganze Haus“ – eine Legende?, in: Haushalt und Familie in Mittelalter und früher Neuzeit. Vorträge eines interdisziplinären Symposions vom 6.–9. Juni 1990 an der Rheinischen Friedrich-Wilhelm-Universität Bonn. Hg. von Trude Ehlert. Sigmaringen 1991 S. 269–279; Claudia Opitz, Neue Wege der Sozialgeschichte. Ein kritischer Blick auf Otto Brunners Konzept des ‚ganzen Hauses‘, in: Geschichte und Gesellschaft 20. 1994 S. 89–98; Valentin Groebner, Außer Haus. Otto Brunner und die „alteuropäische Ökonomik“, in: Geschichte in Wissenschaft und Unterricht 46. 1995 S. 69–80.

Neuzeit lässt er sich vor allem als Liebes- und Ehediskurs und als Diskurs über ständisch verfasste männliche und weibliche Rollenbilder fassen. In der Moderne zeigt sich eine stärkere Ausdifferenzierung in einzelne Subdiskurse. Neben dieser Diskursebene gibt es noch eine Ebene der sozialen Realität der Geschlechter. Hier geht es um die Frage nach dem Alltag der Geschlechter und dem realen Zusammenleben von Mann und Frau. Auf dieser Ebene werden die Geschlechterrollen und Geschlechternormen von historischen Subjekten in der alltäglichen Interaktion individuell ausgehandelt, werden individuelle Lebens- und Liebesentwürfe gestaltet und gelebt, entwickeln Männer und Frauen Widerständigkeit und Eigensinn im Umgang mit der herrschenden Ordnung der Geschlechter.

Was bedeutet die Annahme einer solchen – sicherlich konstruierten – Dichotomie von Geschlechterdiskurs und Geschlechterrealität für die Frage nach der Geschlechterkonzeption in mittelalterlichen, frühneuzeitlichen und neuzeitlichen Texten? Zum einen lassen sich literarische Texte wie Thürings von Ringoltingen „Melusine" (1456), Hans Sachs' Tragedia „Die Melusina" (1556) oder Franz Grillparzers Opernlibretto „Melusina" (1823) als Teil des literarischen Diskurses über die Geschlechter auffassen, zum anderen als Schnitt- oder Kristallisationspunkt, in dem literarische Tradition, Alltagswahrnehmungen des Autors und Geschlechterdiskurs zusammentreffen. Die in literarischen Texten fassbar werdende Geschlechterkonzeption erscheint somit als Substrat aus den ‚Erfahrungen' des Autors mit dem Geschlechteralltag bzw. seiner spezifischen ‚Aneignung' des zeittypischen Geschlechterdiskurses und dem von der bisherigen Überlieferung ausgehenden ‚Stoffzwang'.

Trägt man Rüdiger Schnells Überlegungen Rechnung, dass die Art, wie über die Geschlechter und ihre Beziehungen in einem Text geredet wird, diskursbedingt, textsorten- und adressatenabhängig ist[97], so gilt für die vormodernen Texte, die anders als die von einer Genie- und Autonomieästhetik geprägten ‚Werke' der Moderne stets in funktionellen, oft didaktischen Ge-

---

[97] Vgl. dazu folgende Beiträge: Rüdiger Schnell, Liebes- und Ehediskurs im 15. und 16. Jahrhundert, in: The Graph of sex and the German text. Gendered Culture in Early Modern Germany 1500–1700. Hg. von Lynne Tatlock. (Chloe. Beihefte zum Daphnis 19). Amsterdam u.a. 1994 S. 77–120; Ders., Geschlechtergeschichte und Textwissenschaft. Eine Fallstudie zu mittelalterlichen und frühneuzeitlichen Ehepredigten, in: Text und Geschlecht. Mann und Frau in Eheschriften der frühen Neuzeit. Hg. von Rüdiger Schnell. Frankfurt a. M. 1997 S. 145–175; Ders., Geschlechtergeschichte, Diskursgeschichte und Literaturgeschichte. Eine Studie zu konkurrierenden Männerbildern in Mittelalter und Früher Neuzeit, in: Frühmittelalterliche Studien 32. 1998 S. 307–364. Für eine detailliertere Darstellung und Diskussion der Thesen Schnells vgl. Kap. B.3.2.

brauchszusammenhängen stehen, Folgendes: Der Prozess der Amalgamierung der eben genannten Ebenen wird über die Gebrauchsfunktion des Textes gesteuert, das heißt die Darstellung der Geschlechterbeziehungen im Text ist wesentlich abhängig von der Kommunikationssituation, in welcher der Text entsteht sowie dem vom Autor intendierten Adressatenkreis. Um die Geschlechterkonzeption in Thürings von Ringoltingen Prosahistorie „Melusine“ und Hans Sachs’ Melusinendrama beschreiben und bewerten zu können, ist somit zunächst die Rekonstruktion der Gebrauchssituation des jeweiligen Textes notwendig.

Nimmt man die Thesen und Forschungsergebnisse Laqueurs und Hausens ernst, die beide für das ausgehende 18. Jahrhundert einen signifikanten Wandel in der Konzeption von Geschlecht konstatieren, ergibt sich im Hinblick auf die geschlechterrelevanten Aspekte der Rezeptionsgeschichte des Melusinenstoffes Folgendes: Es ist anzunehmen, dass die von mir zu untersuchenden vormodernen Bearbeitungen des Stoffes sich hinsichtlich der ihnen inhärenten Konzeption von ‚Geschlecht‘ signifikant von denen der Moderne unterscheiden. Während in Thürings von Ringoltingen und Hans Sachs’ Bearbeitungen des Stoffes Männlichkeit und Weiblichkeit auf der Folie eines *Ein-Geschlecht-Modells* konstruiert werden, liegt den modernen Melusinentexten, die nach der ‚Wiederentdeckung‘ des Stoffes um 1800 und damit nach der Etablierung eines komplementären *Zwei-Geschlechter-Modells* entstehen, eine Konstruktion von Männlichkeit und Weiblichkeit im Sinne komplementärer und polarer Geschlechtscharaktere zugrunde. Für die vormodernen Bearbeitungen des 15. und 16. Jahrhunderts gilt, dass in ihnen Männer und Frauen nicht über ihr biologisches Geschlecht (*sex*) als männlich oder weiblich klassifiziert werden, sondern dass ihnen über ihre männlichen und weiblichen sozialen Rollen, in denen sie ihr Geschlecht (*gender*) performativ darstellen, Handlungsmöglichkeiten und Handlungsspielräume eröffnet werden bzw. verschlossen bleiben. Die Möglichkeit, bestimmte geschlechterbezogene soziale Rollen einzunehmen, ist standesabhängig, das heißt adligen Männern und Frau stehen andere Rollenoptionen und damit andere Handlungsspielräume offen als beispielsweise Männern und Frauen aus der Landbevölkerung. Über den engen Konnex von Stand und Geschlecht hinaus gilt, dass die ständische Zugehörigkeit eines Menschen von größerem Einfluss für seine Handlungsmächtigkeit ist als seine Zugehörigkeit zu einem Geschlecht. Wichtig erscheint in diesem Zusammenhang der Hinweis, dass die Abwesenheit des modernen ‚Systems der Zweigeschlechtlichkeit‘ bzw. modernen Differenzdenkens nicht zugleich das Fehlen einer patriarchal geprägten Geschlechterasymmetrie bedeutet. Die Benachteiligung und Unterdrückung von Frauen ist nicht erst mit der Polarisierung der Geschlechtscharaktere in die Welt gekommen. In Bezug auf die literarische Modellierung der Geschlechterrelation gilt es deshalb zu prüfen, wie über die Zuschreibung männlicher und weiblicher sozialer Rollen Geschlechterhierarchien erzeugt und perpetuiert werden.

6. Aufbau der Untersuchung

Bedingt durch die spezifische Überlieferungs- und Rezeptionsgeschichte des Melusinenstoffes, die hinsichtlich der (hoch-)literarischen Tradierung durch Brüche und Diskontinuitäten gekennzeichnet ist, gliedert sich die Untersuchung in zwei große Abschnitte: Der Genese und Rezeption in der Vormoderne (12.–16. Jahrhundert) soll die Rezeption in der Moderne (18.–20. Jahrhundert) gegenübergestellt werden.

Am Beginn der Untersuchung der Stoffgeschichte in Mittelalter und Früher Neuzeit wird ein Überblick über die bisherige Forschungsgeschichte gegeben. Neben der Forschungsentwicklung sollen die an der Kategorie ‚Geschlecht' orientierten Forschungsbeiträge einen weiteren Schwerpunkt bilden, die auf ihre historische Angemessenheit, ihre methodische Zulässigkeit und ihre Plausibilität hin befragt werden. Im Zentrum der Betrachtung der vormodernen Rezeption stehen die Prosahistorie „Melusine" Thürings von Ringoltingen (1456) und die Dramatisierung des Stoffes durch Hans Sachs (1556). Die exemplarischen Analysen dieser beiden Textzeugen werden ergänzt durch zwei weitere Kapitel, in denen die Wahrnehmung und Deutung der Melusinengeschichte im hochmittelalterlichen dämonologischen Diskurs im genealogischen Diskurs der spätmittelalterlichen französischen Romane und im frühneuzeitlichen Hexendiskurs betrachtet werden, um aufzuzeigen, in welchem ideengeschichtlichen Kontext die Bearbeitungen von Thüring und Sachs entstehen.

Zunächst wird die ‚Vorgeschichte' der deutschen Adaptation in den Blick genommen: die innerhalb der gelehrten lateinischen Literatur des Hochmittelalters angesiedelten ‚Vor-Melusinensagen' des 12. und 13. Jahrhunderts sowie die spätmittelalterlichen französischen Romanversionen, in denen der Stoff seine charakteristische Gestalt gewinnt. Zunächst werden die protomelusinischen Erzählungen des Hochmittelalters, die sich in theologischen, dämonologischen, naturkundlichen und chronikalischen Werken von Walter Map („De nugis Curialium" (1181/1193)), Gervasius von Tilbury („Otia Imperialia" (1209/1214)), Gaufredus von Auxerre („Super Apocalypsim" (1187/1193)) und Vincent de Beauvais („Speculum naturale") finden, auf das in ihnen von Melusine entworfene Bild hin untersucht. Die Betrachtung der französischen Romanversionen von Jean d'Arras (1392/93) und Couldrette (um 1400) konzentriert sich darauf, zu zeigen, wie die beiden französischen Verfasser mit der in der klerikalen Tradition vorgefundenen dämonisierenden Darstellung der Mahrtenwesen und Melusinen-Vorläuferinnen umgehen und sie mit der Funktionalisierung der Protagonistin als ‚Stamm-Mutter‘ eines berühmten Adelsgeschlechtes in ihren genealogischen Romanen vermitteln.

Die erste exemplarische Analyse widmet sich Thürings von Ringoltingen spätmittelalterlichem Prosaroman „Melusine“ (1456). Dieser steht nicht nur am Beginn der Rezeption in der deutschsprachigen Literatur. Ihm kommt als Ausgangstext der Drucktradition des deutschen ‚Volksbuchs‘ innerhalb der Stoffgeschichte zentrale Bedeutung zu. Ausgehend von der Annahme, dass die Konzeption von ‚Geschlecht‘ in der Vormoderne sich signifikant von der in der Moderne unterscheidet und auf einem *Ein-Geschlecht-Modell* fußt, wird in diesem Kapitel eine grundlegende geschlechterbezogene, d.h. die Kategorie ‚Geschlecht‘ akzentuierende Analyse und Interpretation des Textes vorgelegt. Über die Kontrastierung zeittypischer geschlechtsspezifischer Rollenzuschreibungen mit dem tatsächlichen Handeln der Figuren wird das für die Handlungsentwicklung bedeutsame und spannungsgeladene Verhältnis von sozial erwartetem, geschlechtertypisierendem Verhalten und tatsächlichem Handeln dargestellt. Das Scheitern der Beziehung des Paares resultiert letztendlich, so meine These, aus dem die Geschlechterrollen sprengenden und damit ordnungszerstörenden Handeln der Figuren, das Straf- und Disziplinierungsmaßnahmen der höfischen Gesellschaft als Träger der sozialen Ordnungsmacht provoziert.

Am Beispiel der frühneuzeitlichen Traktat- und Kompendienliteratur wird gezeigt, dass die Melusinengeschichte in der Reformationszeit im Kontext des seit dem Mittelalter tradierten Dämonenglaubens und des sich abzeichnenden frühneuzeitlichen Hexenwahns wahrgenommen wird. Anhand des Hexentraktats „De laniis et phitonicis mulieribus“ (1489) des Rechtsgelehrten Ulrich Molitor, zweier Tischreden Martin Luthers (1566), dem von Abraham Saur herausgegebenen „Theatrum de Veneficis“ (1586), einer populären Kompilation von Hexenliteratur, sowie dem „Wendunmuth“ (1602) Hans Wilhelm Kirchhofs wird untersucht, welchen Deutungsmustern die anderweltliche Fee am Beginn der Frühen Neuzeit unterliegt.

Die zweite exemplarische Textanalyse widmet sich der Dramatisierung des Stoffes durch Hans Sachs. Seine Tragedia „Die Melusina“ (1556) stellt einen ähnlich bedeutsamen frühneuzeitlichen Rezeptionszeugen wie Thürings Text dar. Mit der Transponierung in eine andere Gattung und ein anderes literarisches Medium, nämlich die frühneuzeitliche, stadtbürgerliche Dramen- und Theaterkultur, wird der Melusinenstoff in einen neuen Rezeptionszusammenhang überführt. Sachs’ Dramatisierung entsteht im Kontext einer generellen Tendenz zur Ausweitung des Rezipientenkreises von exklusiven adligen Schichten auf ein stadtbürgerliches, sich aus wohlhabenden Kaufleuten und Handwerkern rekrutierendes Publikum. In Zusammenhang mit geschlechtergeschichtlichen Überlegungen drängt sich die Frage auf, inwieweit eine solche – angenommene – ‚Verbürgerlichung' des Rezipientenkreises auch eine ‚Verbürgerlichung' der Geschlechterkonzeption zur Folge hat und wodurch diese charakterisiert wäre. Zudem muss berücksichtigt werden, dass der Nürnberger Handwerksmeister seine Texte unter dem Eindruck der Reformation Martin Luthers schrieb. Zu untersuchen ist, inwieweit eine neue Geschlechterrelationierung, wie sie nach Auffassung der Forschung im Kontext der Reformation entworfen wurde, ihren Niederschlag in Sachs' Tragedia „Die Melusina" fand.

Eine Sonderstellung nimmt die Deutung der Melusinengeschichte im „Liber de Nymphis" des Paracelsus ein, da dieser mit seiner Deutung der Protagonistin als ‚Nympha' die Rezeption seit der Romantik nachhaltig beeinflusst hat. Die in der Forschung üblich gewordene Perspektive auf Paracelsus als Apologet der Melusine wird kritisch reflektiert. Es wird analysiert, wie auch in seiner Wahrnehmung der anderweltlichen Fee, die sich auf der Folie seiner Elementargeister- und seiner Hexenlehre vollzieht, widersprüchliche Deutungsmuster, Elementargeist und Hexe, miteinander konkurrieren.

Im Bereich der Moderne richtet sich die interpretatorische Aufmerksamkeit auf die beiden Rezeptionshöhepunkte, die Goethezeit und den Bürgerlichen Realismus. Den exemplarischen Analysen von Melusinentexten des 19. und frühen 20. Jahrhunderts wird ein Kapitel vorangestellt, das die Verbindung zwischen vormoderner und moderner Rezeption des Stoffes bildet. In diesem Abschnitt wird der Frage nachgegangen, was mit der deutschen Prosahistorie im späten 16., im 17. und 18. Jahrhundert in rezeptionsgeschichtlicher Hinsicht geschieht, welche Rolle die Drucktradition für die Tradierung des Melusinenstoffes in dieser Zeit spielt und wie die mehr als 180 Jahre anhaltende Abwesenheit des Stoffes von der literarischen ‚Bühne' zu erklären sein könnte. Um einen Eindruck davon zu vermitteln, wie sehr der spätmittelalterliche deutsche Prosaroman im 18. Jahrhundert zum einen zur Massenlektüre des ‚gemeinen Mannes' avancierte, zum anderen damit für die gelehrten und bürgerlichen Autoren zur fragwürdigen Un-Lektüre wurde, befasst sich dieser Abschnitt mit folgenden Aspekten: der Abwertung der ‚alten' Romane in Barock und Aufklärung, der ‚volksaufklärerischen' Verurteilung des sogenannten ‚Volksbuchs' als anrüchige Lektüre sowie seiner ‚Wiederentdeckung' im Kontext der frühromantischen Begeisterung für die ‚altdeutsche' Literatur

Die romantische Adaptation des Stoffes wird aus einem anderen Blickwinkel erneut betrachtet. Anhand von Texten Ludwig Tiecks, Wilhelm August und Friedrich Schlegels sowie Clemens Brentanos wird gezeigt, dass sich die Aneignung der Stofftradition durch die Romantiker nicht nur als ‚Wiederentdeckung‘ und Aufwertung eines literarischen Sujets auffassen, sondern auch als radikale Umdeutung und ‚Neu-Erfindung‘ eines Mythos im Kontext der von F. Schlegel postulierten Konzeption einer ‚neuen Mythologie‘ um 1800 verstehen lässt.

Im Mittelpunkt der Beschäftigung mit Bearbeitungen des Melusinenstoffes aus der Zeit um 1800 steht Franz Grillparzers Opernlibretto „Melusina“ (1823) – ein Text, an dem anhand einer exemplarischen Analyse die für die Rezeption im frühen 19. Jahrhundert typischen Veränderungen gegenüber der Stofftradition untersucht werden. Grillparzers Libretto ist einer der ersten Texte, indem sich eine Vermischung von Undinen- und Melusinenmotiven zeigt. Es markiert deshalb innerhalb der Rezeptionsgeschichte eine bedeutsame Entwicklung. Zugleich repräsentiert Grillparzers Textbuch die für den Melusinenstoff so wichtige musikalische Tradition (Opernlibretti und Ballette). Im Zentrum der Analyse wird die Frage nach dem Umgang des Wiener Dichters mit der romantischen Konzeption der Melusine als erotisch-verführerischer Nixe sowie der Bedeutung der zeittypischen Vorstellungen von Männlichkeit und Weiblichkeit für die Gestaltung des Melusinenstoffes stehen.

Im letzten Drittel des 19. Jahrhunderts und der Zeit der Jahrhundertwende erlebte nicht nur die Rezeption des Melusinenstoffes, sondern auch das geschlechterpolarisierende Denken einen Höhepunkt. Anhand des Melusinen-Themas im Erzählwerk Theodor Fontanes wird die spezifische Wahrnehmung und literarische Aneignung des Melusinenstoffes am Ende des ‚Bürgerlichen Zeitalters‘ beleuchtet. Nach einem Blick auf die Bedeutung des Melusinen-Themas in Leben und erzählerischem Oeuvre Fontanes sowie auf die bisherige Forschungsliteratur zu Fontanes Melusinen wird eine frühe Erzählung des Autors in den Mittelpunkt dieses Kapitels gestellt: die Kriminalnovelle „Ellernklipp“ (1881). Anhand dieses Erzähltextes lässt sich zum einen mit Hilfe der Protagonistin Hilde Rochussen ein Bild des ‚melusinischen Frauentyps‘ im Frühwerk Fontanes entwerfen und der Wandel sichtbar machen, den die Melusinenfigur in der zweiten Hälfte des 19. Jahrhunderts durchmacht. Zum anderen lässt sich an „Ellernklipp“ deutlich zeigen, dass Melusine für Fontane – zumindest bis in die 1880er Jahre – mehr als eine Chiffre für einen spezifischen Weiblichkeitstypus war. In einer ‚Spurensuche‘ (C. Ginzburg), die darum bemüht ist, das *Motiv der gestörten Mahrtenehe* als grundlegende narrative Struktur der Erzählung offen zu legen, werden erzählmotivische Spuren von Fontanes Lektüre der ‚Geschichte von der schönen Melusine‘ sichtbar. Seine Kriminalerzählung wird so als verrätselte und vielschichtige Melusinenerzählung, als bewusst konzipierte Nacherzählung des alten Stoffes, erkennbar, die die in der Forschung oft zu findende Mutmaßung widerlegt, der Autor habe sich für die Stofftradition nicht sonderlich interessiert.

In einer Schlussbetrachtung werden abschließend, die wichtigsten Entwicklungsstufen in der Rezeptionsgeschichte des Melusinenstoffes aus geschlechterbezogener Perspektive rekapituliert.

B. Melusine in der Vormoderne

1. Bisherige Forschung

1.1 Forschungsgeschichte – Forschungsperspektiven

Den mittelalterlichen Bearbeitungen des Melusinenstoffes, nicht zuletzt der „Melusine“ Thürings von Ringoltingen als der ersten Bearbeitung in deutscher Sprache, ist sowohl in der germanistischen Mediävistik als auch in der volkskundlichen Sagen- und Erzählforschung breite Aufmerksamkeit zuteil geworden. Am Beginn der Forschungsgeschichte stehen Publikationen, die den mythologischen und sagengeschichtlichen Gehalt des Stoffes und die Herkunft des Melusinenmotivs erhellen möchten. Von besonderer Bedeutung sind hier die Arbeiten von Marie Nowack[1], Leo Hoffrichter[2], Josef Kohler[3] und Richard Kohl[4] aus dem späten 19. und frühen 20. Jahrhundert, an deren Ergebnisse in den 60er und 70er Jahren wieder angeknüpft wird. So bemüht sich Karl Heisig in seinem Beitrag „Über den Ursprung der Melusinensage“ (1960) darum, den sagen- bzw. mythengeschichtlichen ‚Kern‘ des Motivs zu seinem Entstehungsort zurückzuverfolgen.[5] Der Autor kommt bei

---

[1] Marie Nowack, Die Melusinen-Sage, ihr mythischer Hintergrund, ihre Verwandtschaft mit anderen Sagenkreisen und ihre Stellung in der deutschen Literatur. Freiburg 1886.

[2] Leo Hoffrichter, Die ältesten französischen Bearbeitungen der Melusinensage. (Romanistische Arbeiten 12). Halle 1928. Hoffrichter bietet eine vergleichende Untersuchung der Texte von Jean d'Arras und Couldrette, informiert über ihre Quellen, ihre Gönner sowie ihre literarischen Ambitionen.

[3] Josef Kohler, Der Ursprung der Melusinensage. Eine ethnologische Untersuchung. Leipzig 1895. Der Autor vergleicht die Melusinensage mit anderen Sagen und Mythen der Weltliteratur, in denen – im weitesten Sinne – die unglücklich endende Verbindung eines Menschen mit einem anderweltlichen Wesen thematisiert wird, und kommt zu der Überzeugung, dass der Melusinenstoff seinen Ursprung in totemistischen Anschauungen hat.

[4] Richard Kohl, Das Melusinenmotiv, in: Niederdeutsche Zeitschrift für Volkskunde 11. 1933 S. 183–227. Kohl beschäftigt sich in seinem Beitrag weniger mit literarischen Bearbeitungen des Melusinenstoffes. Vielmehr geht es ihm um das Melusinenmotiv als spezifischen mittelalterlichen Bildtypus, um dessen mögliche Ursprünge und seine Verwandtschaft mit anderen bildkünstlerischen Motiven.

[5] Karl Heisig, Über den Ursprung der Melusinensage, in: Fabula 3. 1960 S. 170–181.

seiner Suche nach dem Ursprungsort der Melusinensage zu dem Ergebnis, das Motiv sei bereits in indogermanischer Zeit entstanden, habe seinen Ursprung „im hellenistisch-orientalischen Heidentum" und sei über Zypern zu Beginn des 13. Jahrhunderts nach Frankreich gelangt.[6] Hinter Heisigs Thesen steht die Vorstellung, man könne mit philologischen Methoden eine ‚Ur-Melusine' rekonstruieren, die am Ausgang der Traditionsbildung steht. Dass Heisig für seinen ‚Beweis' aus einem Zeitraum, der nahezu 2000 Jahre umfasst, gerade solche Sachverhalte auswählt, die seine Argumentationsstruktur als stringent und plausibel erscheinen lassen, setzt seine Rekonstruktion der Entstehungs- und Traditionsgeschichte der Melusinensage dem Verdacht aus, nicht mehr als eine fragwürdige, spekulative Konstruktion zu sein. Auch aus der Perspektive der jüngeren Mythos-Forschung erscheint Heisigs Vorgehensweise als problematisch. Diese geht mit Hans Blumenbergs bedeutsamer Studie „Arbeit am Mythos" (1979)[7] davon aus, dass ein Mythos immer nur in seiner aktualisierten Form fassbar wird, sich aber nicht auf seinen mythologischen ‚Kern' reduzieren lässt. Heisigs Beitrag kann als Indiz dafür gelesen werden, dass die Betrachtung des Melusinenstoffes als Mythos jenseits schriftlicher Quellen ins Dunkel der Zeit führt.

Strukturalistische und mentalitätsgeschichtliche Ansätze bestimmen – ausgehend von Frankreich – die Melusinen-Forschung in den frühen 70er Jahren. Vertreter der französischen *Annales*-Schule, wie Jacques Le Goff, Emmanuel Le Roy Ladurie und Claude Lecouteux, nehmen das Verhältnis der schriftlichen lateinischen Vorstufen des 12. Jahrhunderts zu den spätmittelalterlichen französischen Versionen des Stoffes in den Blick. Sie betrachten die französischen Melusinenromane, die an der Wende vom 14. zum 15. Jahrhundert entstanden, als Dokumente volkskultureller Imaginationen. Sie betonen mit seriell angelegten, mentalitätsgeschichtlichen Forschungsarbeiten die Ähnlichkeit der hoch- und spätmittelalterlichen Melusinengeschichten und begreifen die lateinischen und französischen Bearbeitungen des Stoffes als Variationen eines einzigen Erzähltypus.[8] Ihr Ziel ist es, aus den litera-

---

6 Ebd. S. 174.

7 Hans Blumenberg, Arbeit am Mythos. Frankfurt a. M. 1979.

8 Jacques Le Goff, Melusine – Mutter und Urbarmacherin, in: Ders., Für ein anderes Mittelalter. Zeit, Arbeit und Kultur im Europa des 5.–15. Jahrhunderts. Frankfurt a. M. u. a. 1984 S. 147–174. Im Original: Jacques Le Goff/Emmanuel Le Roy Ladurie, Mélusine maternelle et défricheuse, in: Annales. Économies. Société. Civilisations 26, 4. 1971 S. 587–622; Claude Lecouteux, Motiv der gestörten Mahrtenehe; Ders., Zur Entstehung der Melusinensage, in: Zeitschrift für deutsche Philologie 98. 1978 S. 73–84. Neuere Forschungsarbeiten, die sich an den Überlegungen der *Annales*-Schule, der Mentalitätsgeschichte und der *longue durée* orientieren sind: Françoise Clier-Colombani, La fée Mélusine au Moyen Âge. Images, Mythes et Symboles. Mit einem Vorwort von Jacques Le Goff. Paris 1991 sowie Günther Berger, Die Frau

rischen Texten mit Hilfe strukturanalytischer Überlegungen den ‚Kern' des Melusinenstoffes zu extrahieren und ihn hinter den aktuellen Variationen sichtbar zu machen. Diesen strukturellen bzw. narrativen ‚Kern' verstehen sie als Baustein einer kollektiven Mentalität. Strukturalistischen Untersuchungsprinzipien ist auch die für die französische Melusinen Forschung grundlegende Studie „Les fées au Moyen Âge" (1984) von Laurence Harf-Lancner verpflichtet. Die Autorin widmet einen Untersuchungsabschnitt der Literarisierung des Melusinenstoffes im französischen Mittelalter und legt damit eine zentrale Arbeit zu den lateinischen Vorstufen und den französischen Versionen, vor allem dem Roman Jean d'Arras', vor.[9]

In der deutschen literaturwissenschaftlichen Mediävistik entstehen in den 70er Jahren Forschungsarbeiten, die den spätmittelalterlichen Prosaroman als eigenständiges literarisches Produkt mit eigenem poetologischem Gehalt auffassen.[10] In dieser Zeit gerät auch der lange in der Forschung tradierte romantische ‚Volksbuch'-Begriff als Gattungsbezeichnung für die längeren Prosaerzählungen des 15. und 16. Jahrhunderts in die facheigene Kritik. Das 15. und 16. Jahrhundert beginnt für die Mediävisten als eine eigenständige literarische Phase am Ausgang des Mittelalters interessant zu werden. Die literarischen Schöpfungen dieser Epoche werden nicht länger als Verfallsprodukte der hochmittelalterlichen höfischen Epik empfunden, sondern als nach eigenen Gestaltungsprinzipien entworfene Texte wahrgenommen. Man versucht, sie mit Hilfe sozialhistorischer Forschungsergebnisse in ihrer zeitgenössischen Intention aus ihrem Entstehungskontext heraus zu interpretieren. Die literarischen Texte avancieren in dieser Perspektive zu Produkten und gleichzeitig Zeugnissen gesellschaftlichen Wandels. Hans-Gert Roloff legt in dieser Zeit nicht nur die Edition der „Melusine" in der Fassung des „Buchs der Liebe" (1587) vor[11], sondern untersucht in seinen „Stilstudien zur deutschen Prosa des 15. Jahrhunderts" auch die sprachliche Gestaltung

---

als Herrscherin und die longue durée: Versionen der Melusine des Jean d'Arras vom Spätmittelalter bis zur Frühen Neuzeit, in: Zeitschrift für Romanische Philologie 114. 1998 S. 199–209.

9 Laurence Harf-Lancner, Les fées au Moyen Âge. Morgane et Mélusine. La naissance des fées. (Nouvelle Bibliothéque du Moyen Âge 8). Paris 1984.

10 Hans-Gert Roloff, Stilstudien zur deutschen Prosa im 15. Jahrhundert. Die Melusine des Thüring von Ringoltingen. (Literatur und Leben. N. F. 12). Köln u. a. 1970; Xenja von Ertzdorff, Die Fee als Ahnfrau. Zur „Melusine" des Thüring von Ringoltingen, in: Festschrift für Hans Eggers zum 65. Geburtstag. PBB. Sonderband 94. Tübingen 1972 S. 428–457; Jan-Dirk Müller, Melusine in Bern. Zum Problem der ‚Verbürgerlichung' höfischer Epik im 15. Jahrhundert, in: Literatur – Publikum – Historischer Kontext. Hg. von Gert Kaiser. Bern 1977 S. 29–77.

11 Thüring von Ringoltingen, Melusine. In der Fassung des Buchs der Liebe (1587). Mit 22 Holzschnitten. Hg. von Hans-Gert Roloff. Stuttgart 1969.

der „Melusine". Er widerlegt die den Prosaromanen oft unterstellte Formlosigkeit und interpretiert die von ihm in der Prosahistorie vorgefundenen Bearbeitungstendenzen als ‚Verbürgerlichung'.[12] Einige Jahre später wird ihm von Jan-Dirk Müller in seinem Forschungsbeitrag „Melusine in Bern" (1977) vehement widersprochen.[13] Müller rückt den bereits von Xenja von Ertzdorff mit dem Stichwort ‚Ahnfee' ins Spiel gebrachten genealogischen Aspekt, die Betrachtung der „Melusine" als Geschlechtersage, ins Zentrum seiner Überlegungen. Er bemüht sich – im Kontext einer dezidiert sozialgeschichtlichen Forschungsperspektive – um die Erschließung des deutschen Prosaromans aus seinen gesellschaftlichen ‚Hintergründen'. Über die sozialgeschichtliche Situierung der Melusine und die genaue Beschreibung des Wandels der Gebrauchsfunktion gegenüber den französischen Variationen bestimmt Müller die deutsche „Melusine" gerade nicht als Ausdruck eines neuen (stadt-)bürgerlichen Lebensgefühls, sondern als literarische Nobilitierungsstrategie, über die sich der Bearbeiter und der von ihm intendierte Rezipientenkreis ihrer ständischen Exklusivität versicherten.

Über den Stand der anglo-amerikanischen Forschung informiert der 1996 erschienene Sammelband „Melusine of Lusignan", der sich auf die spätmittelalterliche Prosafassung Jean d'Arras' konzentriert.[14] Die Beiträge dieses Bandes kreisen vor allem um zwei Aspekte: die Frage nach dem Verhältnis von Mythos und Historie bzw. Faktionalität und Fiktionalität sowie – eng damit verbunden – die Frage nach dem Verhältnis von Wunderbarem und Tatsächlichem, wobei die Themen Genealogie und narrative Inszenierung immer wieder berührt werden.

Seit den späten 90er Jahren zeichnet sich eine Aktualisierung der von Jan-Dirk Müller in den 70er Jahren angestoßenen Debatte um die Melusinenromane als ‚Geschlechtermythologien' ab. Nachdem in den 90er Jahren die zentrale Bedeutung von genealogischen Diskursen für die Legitimierung von Herrschaft im Mittelalter betont und die Genealogie als dominante Form der mittelalterlichen Ordnung von Wissen entdeckt worden ist[15], entstehen

---

[12] Roloff, Stilstudien.

[13] Müller, Melusine.

[14] Melusine of Lusignan. Founding Fiction in late Medieval France. Hg. von Donald Maddox und Sara Sturm-Maddox. Athens, Georgia u. a. 1996.

[15] Vgl. dazu folgenden Sammelband: Genealogie als Denkform in Mittelalter und Früher Neuzeit. Hg. von Kilian Heck und Bernard Jahn. Tübingen 2000 sowie Ralph Howard Bloch, Etymologies and Genealogies. A Literary Anthropology of the French Middle Ages. Chicago u. a. 1983 und Ders., Genealogy as a Medieval Mental Structure and Textual Form, in: La Littérature historiographique des origines. Teil I, Bd. 1. Hg. von Hans Ulrich Gumbrecht, Ursula Link-Heer und Peter-Michael Spangenberg. (Grundriß der romanischen Literaturen des Mittelalters XI/1). Heidelberg 1986 S. 135–156.

in den letzten Jahren verstärkt Studien und Forschungsbeiträge, die sich den mittelalterlichen Melusinengeschichten aus einer genealogischen Perspektive nähern.[16] So betrachtet Ursula Peters in ihrer Studie „Dynastengeschichte und Verwandtschaftsbilder" die Gestaltungen Jean d'Arras', Couldrettes und Thürings unter dem Aspekt der Genealogie.[17] Peters führt die bisherigen französischen und deutschen Forschungsergebnisse zu der sozialgeschichtlichen Situierung der Romane und ihrer Gebrauchsfunktion zusammen und ordnet die von Jan-Dirk Müller bereits festgestellte Funktionalisierung der französischen Melusinenromane als ‚Geschlechtermythologien' und ‚Haushistoriographien' in den literarisch-genealogischen Diskurs des 15. Jahrhunderts ein. Die spätmittelalterlichen Melusinenromane seien „ausgeprägte Beispiele volkssprachiger geschlechtermythologischer höfischer Romane"[18], in denen der Melusinenstoff „zur Familien bzw. Herrschaftsgeschichte zeitgenössischer Geschlechter" werde.[19]

Auch Beate Kellner widmet in ihrer Untersuchung „Ursprung und Kontinuität" (2004) ein Kapitel mittelalterlichen Melusinentexten.[20] Von den bisherigen strukturalistischen (Le Goff, Le Roy Ladurie, Lecouteux), sozialhistorischen (J.-D. Müller) und feministischen (Lundt, Junk, Kindl u. a.) Interpretationsversuchen grenzt sich Kellner, die methodisch im Bereich des *New Historicism* zu verorten ist[21], betont ab.[22] In ihrem Beitrag „Melusinengeschichten im Mittelalter" (2000), der die Überlegungen der Autorin in

---

[16] Dass die Kategorie ‚Genealogie' momentan als ein Schlüsselbegriff für das Verständnis der mittelalterlichen Melusinenromane verstanden wird, zeigt auch der Beitrag: JUDITH KLINGER, Gespenstische Verwandtschaft. Melusine oder die unleserliche Natur des adligen Geschlechts, in: Historische Inzestdiskurse. Hg. von JUTTA EMIG, CLAUDIA JARZEBOWSKI und CLAUDIA ULBRICH. Königstein, Ts. 2003 S. 46–85.

[17] URSULA PETERS, Dynastengeschichte und Verwandtschaftsbilder. Die Adelsfamilie in der volkssprachigen Literatur des Mittelalters. Tübingen 1999 S. 197–224.

[18] Ebd. S. 218.

[19] Ebd. S. 208.

[20] BEATE KELLNER, Ursprung und Kontinuität. Studien zum genealogischen Wissen im Mittelalter. München 2004 S. 397–471. Vgl. auch DIES., Aspekte der Genealogie in mittelalterlichen und neuzeitlichen Versionen der Melusinengeschichte, in: Genealogie als Denkform (wie Kap. B, Anm. 15) S. 13–37 und DIES., Melusinengeschichten im Mittelalter. Formen und Möglichkeiten ihrer diskursiven Vernetzung, in: Text und Kultur. Mittelalterliche Literatur 1150–1450. Hg. von URSULA PETERS. (Germanistische Symposien. Berichtsbände 23). Stuttgart u. a. 2001 S. 268–295.

[21] Zu Kellners Vorstellungen, wie das Schlagwort ‚Kulturwissenschaften' im Bereich der mediävistischen Literaturwissenschaft gefüllt werden könnte, ihren Überlegungen zum Verhältnis von literarischem Text und historischem Kontext sowie ihrem Verständnis des *New Historicism* und der Diskursanalyse vgl. KELLNER, Melusinengeschichten S. 268–272.

[22] Vgl. KELLNER, Ursprung S. 398–400; DIES., Melusinengeschichten S. 275f und DIES., Aspekte S. 104f.

prägnantester Form zu enthalten scheint, zeigt Kellner, dass die lateinischen Erzählungen des ‚Melusinentyps' und die spätmittelalterlichen Romane die Melusinengeschichte „[...] auf recht unterschiedliche Weise mit den zeitgenössischen Diskursen verknüpfen und insofern auch verschieden perspektivieren."[23] Aus der diskursanalytischen Perspektive der Autorin weisen die lateinischen und volkssprachigen Melusinenvariationen des Mittelalters zwar „ähnliche Motivbestände und strukturelle Gemeinsamkeiten" auf, sie sind jedoch „unterschiedlich mit den Ordnungen des Wissens verknüpft."[24] In der lateinischen Tradition werden die melusinischen Mahrtenehenerzählungen „in den Kontext gelehrter christlicher Wissensbestände ein[geordnet]." Der theologisch-dämonologische und naturkundliche Diskurs, der die lateinischen Texte bestimme, sei durch die strikte Grenzziehung zwischen Menschen- und Dämonenwelt gekennzeichnet.[25] In den spätmittelalterlichen Romanfassungen Jean d'Arras', Couldrettes und Thürings von Ringoltingen zeige sich demgegenüber eine „grundlegende Verschiebung", dort werde der „genealogisch-dynastische Diskurs" dominant.[26] Gerade „die entdifferenzierende Vermischung der Menschen- und Dämonenwelt am Ursprung des Geschlechts", d.h. die Eheschließung von Mensch und anderweltlicher Mahr, bewirke dort die Konstituierung von Herrschaft und die Machtentfaltung des Geschlechts. Das Dämonische werde in die „Normalität adliger Herrschaftsausübung überführt" und somit entschärft, zugleich sei es jedoch unterschwellig immer präsent. Über die in den Romanen so generierte Ambivalenz des Dämonischen werde der genealogische Ursprung einer Dynastie „in der Literatur in Szene gesetzt."[27] Kellners von der Foucaultschen Diskursanalyse und dem *New Historicism* inspirierter Zugriff auf die mittelalterliche Tradition des Melusinenstoffes ist für meine eigene Herangehensweise inspirierend, da die Autorin die Bedeutung des Kontextes der Melusinentexte betont.

Hildegard Elisabeth Keller verknüpft in ihrem Beitrag „Berner Samstagsgeheimnisse" (2005) über eine poetologische und narratologische Analyse der deutschen „Melusine", die mit der Erzählformel der Vertikalen operiert, die bisherigen Überlegungen der genealogischen mit den Ergebnissen der sozial- und mentalitätsgeschichtlichen Forschung.[28] Die Autorin versteht die

---

23 Kellner, Melusinengeschichten S. 293.

24 Ebd. S. 274.

25 Ebd. S. 293.

26 Ebd. S. 274 und 280. Vgl. auch Kellner, Ursprung S. 401. Ausführliche Analysen der spätmittelalterlichen Romane finden sich in: Ebd. S. 414–458.

27 Kellner, Melusinengeschichten S. 294.

28 Hildegard Elisabeth Keller, Berner Samstagsgeheimnisse. Die Vertikale als Erzählfor-

deutsche „Melusine“ als „literarische Selbstthematisierung“[29] ihres Verfassers und vertritt die These, Thüring von Ringoltingen habe in der Familiengeschichte der Lusignans die Geschichte des eigenen *harkomens* gespiegelt gesehen. Mit der ikonographischen Visualisierung der Genealogie im spätmittelalterlichen Adelsstammbaum, der das „genealogische Aufsteigen von unten (Vorfahren) nach oben (Nachkommen)“ in Form eines „von unten nach oben wachsenden (Lebens-)Baums imaginiert“ parallelisiert sie Melusines zweigeteilten Körper: Während Melusines wohlgeformter Oberkörper für die erfolgreiche Etablierung des Geschlechts der Lusignan steht, repräsentiert ihr tiergestaltiger Unterleib die dunkle Abkunft des Geschlechts. Keller deutet die „bäuerliche Herkunft“ der von Ringoltingens als ihr „Samstagsgeheimnis“. Als „Aufsteigerfamilie in der Berner Elite des 15. Jahrhunderts“ müssen sich die von Ringoltingens mit ihrem gekauften Adelsdiplom wie die Melusine davor in acht nehmen, dass ihr ‚Schlangenschwanz‘ in Form ihrer bäuerlichen Vorfahren nicht publik wird.[30]

1.2 Frauen- und Geschlechterforschung

In den 80er und frühen 90er Jahre entstehen vermehrt Forschungsbeiträge, welche die Liebesgeschichte zwischen Menschenmann und Mahr in den Vordergrund rücken.[31] Als Wegbereiter einer solchen Lesart, welche die Geschichte des Protagonistenpaares und seiner scheiternden Ehe fokussiert, kann Kurt Ruh gelten, der die Liebesgeschichte als das dominante Element

---

mel in der ‚Melusine‘, in: Beiträge zur Geschichte der deutschen Sprache und Literatur 127. 2005 S. 208–239.

[29] Keller, Samstagsgeheimnisse S. 211.

[30] Ebd. S. 238.

[31] Beiträge, die den Akzent auf die Liebesgeschichte der Protagonisten setzen, ohne einen dezidiert feministischen und/oder geschlechterbezogenen Ansatz zu haben, sind: Theresia Klugsberger, Die Einbildungen der Melusinen-Figur in der Geschichte, in: Die Zeichen der Historie. Beiträge zu einer semiologischen Geschichtswissenschaft. Hg. von Georg Schmid. (Materialien zur historischen Sozialwissenschaft 5). Köln 1986 S. 116–127; Anna Mühlherr, Geschichte und Liebe im Melusinenroman, in: Positionen des Romans im späten Mittelalter. Hg. von Walter Haug und Burghart Wachinger. (Fortuna Vitrea 1). Tübingen 1991 S. 328–337. Manuel Braun untersucht die Liebessemantik in frühneuzeitlicher Druckprosa und erkennt in der deutschen „Melusine“ einen Beleg für die „Diskursivierung der Liebe im Prosaroman“ des 15. Jhs. Er deutet die Intimisierung der (Mahrten-)Ehe von Melusine und Reÿmund – im Moment des Tabubruchs werde sie zur Liebesehe umgedeutet – vor dem Hintergrund des sich im Zeitalter des Buchdrucks wandelnden Lesepublikums und seiner Leseformen. Manuel Braun, Ehe, Liebe, Freundschaft. Semantik der Vergesellschaftung im frühneuhochdeutschen Prosaroman. (Frühe Neuzeit 60). Tübingen 2001 S. 37–52 und 212–216.

des Prosaromans hervorhebt.[32] In den folgenden Jahren avancieren die französischen Melusinenromane sowie Thürings Prosahistorie zu einem in der jungen mediävistischen Frauen- und Geschlechterforschung überaus populären Thema. So wählt Ingrid Bennewitz-Behr für ihren Forschungsbericht über die bisherigen Ansätze zu einer feministischen Mediävistik auf dem Germanistentag nicht zufällig den programmatischen Titel „Melusines Schwestern" (1988).[33] Die erste feministisch-ideologiekritische Lektüre der „Melusine" legte Irmela von der Lühe mit ihrem Beitrag „Die Frau als Naturwesen im Volksbuch von der ‚Melusine'" (1977) vor.[34] Einige Jahre später machten sich Ulrike Kindl und Silke Schilling – in dezidiert feministischer Perspektive – in ihren Forschungsbeiträgen auf die Suche nach Spuren des Matriarchats in Melusinentexten.[35] Zu den im Bereich der mediävistischen Frauen- und Geschlechterforschung angesiedelten Arbeiten gehören weiter-

---

[32] Kurt Ruh, Die ‚Melusine' des Thüring von Ringoltingen, in: Bayerische Akademie der Wissenschaften. Philosophisch-Historische Klasse. Sitzungsberichte. Jg. 1985, Heft 5 S. 5–24, hier 14 f. Ruh sieht in Thürings entdämonisierender Darstellung der Melusinengestalt die Überwindung der mittelalterlichen Ambivalenz gegenüber den Wesen aus der Anderwelt, die als glückspendende Feen betrachtet oder von der kirchlichen Dämonenlehre als „Teufelswerk" verurteilt wurden (vgl. Kurt Ruh, Melusine S. 16f und 23). Thüring erscheint Ruh damit als ‚Vordenker' des Paracelsus, der sich in seinem „Liber de Nymphis, Sylvis, Pygmaeis et Salamandris et de caeteris spiritibus" dessen „[...] humaner Beurteilung der Elementargeister angeschlossen [habe]." Ruh, Melusine S. 20.

[33] Ingrid Bennewitz-Behr, Melusines Schwestern. Beobachtungen zu den Frauenfiguren im Prosaroman des 15. und 16. Jahrhunderts, in: Das Selbstverständnis der Germanistik. Aktuelle Diskussionen. Hg. von Norbert Oellers. (Vorträge des Germanistentags Berlin 1987 1). Tübingen 1988 S. 291–300.

[34] Obgleich von der Lühes Analyse deutlich von der feministischen Ideologiekritik der 70er Jahre beeinflusst ist und damit per se dem Verdacht ausgesetzt scheint, Frauen- und Geschlechtergeschichte nur als weibliche Opfergeschichte denken zu können, scheint ihr Ansatz, die Handlungsstruktur in der „Melusine" mit Hilfe der Mann und Frau zugewiesenen Geschlechterrollen zu deuten, bedenkenswert. In das Zentrum ihrer Analyse stellt die Autorin die Überlegung, dass der Konflikt von geschlechtsspezifischer Verhaltensnorm und tatsächlichem, die Geschlechterrollen überschreitendem Verhalten der Protagonisten als Zerstörungsmoment der Bindung zwischen Mensch und Mahr fungiert. Der zweiteilige Fluch der Mutter birgt mit seinen einander ausschließenden Bedingungen das Konfliktpotential, das die Ehe zum Scheitern verurteilt: Melusine muss eine Ehe eingehen, die „die totale Verfügungsgewalt über die Frau" bedeutet. Zugleich hat sie die Ehe unter einer Bedingung zu schließen, die sie zwar vor der Entdeckung ihres geheimen Gestaltwandels schützt, aber eine Einschränkung der eheherrlichen Gewalt des Mannes impliziert. Irmela von der Lühe, Die Frau als Naturwesen in: Frauen und Wissenschaft. Beiträge zur Berliner Sommeruniversität für Frauen. Juli 1976. Hg. von der Gruppe Berliner Dozentinnen. Berlin 1977 S. 220–229, hier 221 ff.

[35] Kindl, Feenmärchen und Silke Schilling, Die Schlangenfrau. Über matriarchale Symbolik weiblicher Identität und ihre Aufhebung in Mythologie, Märchen, Sage und Literatur. (Frauen-Forschung 2). Frankfurt a. M. ^{2}1987 S. 184–197.

hin Ulrike Junks Versuch einer von der feministischen Literaturtheorie inspirierten psychoanalytischen Lesart der „Melusine", Bea Lundts Suche nach alternativen Geschlechterentwürfen und Beziehungsmodellen in mittelalterlichen Melusinentexten, Ursula Liebertz-Grüns dekonstruktivistischer Interpretationsversuch des deutschen Prosaromans, Albrecht Classens Lektüre der „Melusine" als Fallgeschichte der Ehe- und Geschlechterbeziehungen des ausgehenden Mittelalters sowie Ingrid Bennewitz' Überlegungen zu der Rolle der Frauenfiguren im frühneuzeitlichen Prosaroman.[36] Seit den späten 80er Jahren untersucht Gerhild Scholz Williams die vormodernen Gestaltungen des Melusinenstoffes als literarische Inszenierungen der Bewältigung von Magie, Dämonie und Sexualität, wobei für sie der Geschlechteraspekt eine bedeutsame Rolle spielt.[37] In ihrer jüngsten, gemeinsam mit Alexander Schwarz veröffentlichten Publikation „Existentielle Vergeblichkeit" (2003), in der sie sich mit dem Phänomen von Verträgen oder Pakten in frühneuzeit-

---

[36] ULRIKE JUNK, „So müssen Weiber sein." Zur Analyse eines Deutungsmusters von Weiblichkeit am Beispiel der „Melusine" des Thüring von Ringoltingen, in: Der frauwen buoch. Versuche zu einer feministischen Mediävistik. Hg. von INGRID BENNEWITZ. (Göppinger Arbeiten zur Germanistik 517). Göppingen 1989 S. 327–352; BEA LUNDT, Schwestern der Melusine im 12. Jahrhundert. Aufbruchsphantasie und Beziehungsvielfalt in den Texten von Marie de France, Walter Map und Gervasius von Tilbury, in: Auf der Suche nach der Frau im Mittelalter. Fragen, Quellen, Antworten. Hg. von BEA LUNDT. München 1991 S. 233–253; DIES., Thüring von Ringoltingen: „Melusine" 1467, in: DIES., Melusine und Merlin im Mittelalter. Entwürfe und Modelle weiblicher Existenz im Beziehungsdiskurs der Geschlechter. Ein Beitrag zur Historischen Erzählforschung. München 1991 S. 141–164; URSULA LIEBERTZ-GRÜN, Das Spiel der Signifikanten in der ‚Melusine' des Thüring von Ringoltingen, in: Ordnung und Lust. Bilder von Liebe, Ehe und Sexualität in Spätmittelalter und früher Neuzeit. Hg. von HANS-JÜRGEN BACHORSKI. (Literatur – Imagination – Realität 1). Trier 1991 S. 211–229; ALBRECHT CLASSEN, Geschlechts- und Ehebeziehungen im 15. Jahrhundert: Der Fall Melusine von Thüring von Ringoltingen. Eine sozial- und literarhistorische Studie aus mentalitätsgeschichtlicher Sicht, in: German Studies Review 17. 1994 S. 233–268 und INGRID BENNEWITZ, Komplizinnen und Opfer der Macht. Die Rollen der Töchter im Roman der frühen Neuzeit (mit besonderer Berücksichtigung der „Melusine" des Thüring von Ringoltingen), in: The Graph of sex and the German text. Gendered Culture in Early Modern Germany 1500–1700. Hg. von LYNNE TATLOCK. (Chloe. Beihefte zum Daphnis 19). Amsterdam u. a. 1994 S. 225–245.

[37] GERHILD SCHOLZ WILLIAMS, Magie entzaubert. Melusine, Paracelsus, Faustus, in: Entzauberung der Welt. Deutsche Literatur 1200–1500. Hg. von JAMES F. POAG und THOMAS C. FOX. Tübingen 1989 S. 53–71; DIES., Frühmoderne Transgressionen: Sex und Magie in der Melusine und bei Paracelsus, in: Daphnis 20. 1991 S. 82–101; DIES., The Death of Love: Melusine (1392) and Dr. Faustus (1587), in: Love and Death in the Renaissance. Hg. von KENNETH R. BARTLETT, KONRAD EISENBICHLER und JANICE LIEDL. Ottawa 1991 S. 183–197; DIES., Magie und der Mythos der Bannverletzung. Mélusine de Lusignan von Jean d'Arras, in: DIES., Hexen und Herrschaft. Die Diskurse der Magie und Hexerei im frühneuzeitlichen Frankreich und Deutschland. Überarbeitete Ausgabe. Übersetzt von Christiane Bohnert. (Forschungen zur Geschichte der älteren Deutschen Literatur 22). München 1998. (Ann Arbor 1995) S. 37–59.

lichen Prosaromanen befasst, widmet Gerhild Scholz Williams ein Kapitel den für den Melusinenstoff typischen Interdikten, welche die anderweltlichen Feen gegen ihre Menschenmänner errichten.[38] Die Autorin liest Jean d'Arras' Melusinenroman als ein Beispiel der literarischen Inszenierung von Verträgen.[39]

Um die Breite der Forschungsdiskussion zu Thürings „Melusine" innerhalb der mediävistischen Frauen- und Geschlechterforschung zu verdeutlichen und zugleich auf die Probleme aufmerksam zu machen, die eine feministische oder geschlechterbezogene Perspektive auf die mittelalterlichen Bearbeitungen des Melusinenstoffes aufwirft, werden zwei Forschungsbeiträge aus diesem Bereich vorgestellt und exemplarisch diskutiert.

1.2.1 Melusinenmythos als chiffrierter Ödipuskomplex

Ulrike Junk sieht in der Titelgestalt von Thürings Prosahistorie ein „Deutungsmuster von Weiblichkeit", das sie mit Hilfe „einer an psychoanalytischen Kategorien gewonnenen Sozialisations- und Literaturtheorie" erhellen möchte.[40] Sie begreift „die ambivalente Zeichnung der Melusine (Dämonisierung der Frau und Humanisierung des Dämons)" als „Reflex eines verdrängten psychischen Konflikts."[41] Die Dämonisierung der Frau sei ein Akt der Aggression des Mannes, mit dem er auf den ihm von der Gesellschaft abverlangten Triebverzicht reagiere. Er phantasiere diesen als ein ihm von der Frau gesetztes Tabu, auf das er mit Aggression, d.h. Dämonisierung der Frau reagiere. Die dämonisierte Frau werde jedoch vom Mann als bedrohlich erlebt. Die (Re-)Humanisierung und Domestizierung des Dämons zu einer „menschlich-sympathischen Romangestalt" minimierten diese Bedrohlichkeit.[42] Im Text werde Weiblichkeit mit „gespenstischem Chaos" assoziiert, Männlichkeit dagegen mit „sozialer Ordnung". Die „Vertreibung des weiblichen Dämons aus der Hofgesellschaft" symbolisiere „den Ausschluß des Weiblichen aus der patriarchalen Gesellschaftsordnung."[43] Dieses Modell der Geschlechteropposition, das der Frau die Rolle der Dämonisierten,

---

[38] Gerhild Scholz Williams/Alexander Schwarz, Existentielle Vergeblichkeit. Verträge in der Mélusine, im Eulenspiegel und im Dr. Faustus. (Philologische Studien und Quellen 179). Berlin 2003.

[39] Ebd. S. 35–66.

[40] Junk, Weiber S. 327 und 329.

[41] Ebd. S. 330.

[42] Ebd. S. 330.

[43] Ebd. S. 346.

Vertriebenen und Ausgegrenzten zuweist, versucht die Autorin mit Hilfe psychoanalytischer Erklärungsmuster aus Thürings Version abzuleiten. Dies gelingt ihr nur, indem sie den Text ihren Erklärungsmustern anpasst bzw. gegen den Textsinn liest. Dafür einige Beispiele:

Junk sieht in dem von ihr als Einschränkung der sexuellen Praxis gewerteten Sichttabu die „Chiffrierung einer ödipalen Phantasie“.[44]

> „Das Nicht-Erkennen-Dürfen der Frau bezeichnet dann die Unbewußtheit des kindlichen Inzestwunsches: Das Begehren, das sich auf das inzestuöse Objekt richtet, wird in seiner sexuellen Dimension gleichzeitig verkannt und abgewehrt; die weibliche Bezugsperson wird als nicht-erreichbares fremdes Wesen phantasiert, der latente erotische Wunsch wird, noch bevor er manifest werden kann, vom begehrten Objekt mit Tabu belegt.“[45]

Diese Deutung der Funktion des Tabus erscheint innerhalb des Systems psychoanalytischen Denkens als stringent und plausibel. Fraglich ist jedoch, ob sie an ein dafür geeignetes Objekt herangetragen wird. Die Interpretation mittelalterlicher Texte unter Zuhilfenahme psychoanalytischer Kategorien ist in der Forschung höchst umstritten. Als problematisch daran ist herausgestellt worden, dass unsicher sei, ob der psychische Apparat des Menschen, den Freud und seine Nachfolger in ihren Theorien beschrieben haben, in Mittelalter und Früher Neuzeit überhaupt schon derartig ausgebildet war. Zudem entstand Freuds Psychoanalyse erst im späten 19. Jahrhundert. Seinen Modellen der psychosexuellen Entwicklung des Kindes, auf welche die Autorin hier rekurriert, liegt die Vorstellung einer patriarchalisch organisierten Kleinfamilie zugrunde. Diese weist den einzelnen Familienmitgliedern aufgrund ihrer Geschlechtszugehörigkeit bestimmte rigide Rollen mit einem starr fixierten Verhaltensrepertoire zu. Die Übertragung der an dieser speziellen Familienkonstellation gewonnenen Theorien auf das 15. Jahrhundert, in der sich die Familie in ihrer heutigen Form gerade erst herauszubilden beginnt, erscheint fragwürdig.

Die Autorin vereindeutigt das samstägliche Sichtverbot zu einem Interdikt des samstäglichen Geschlechtsverkehrs. Auch unter Berücksichtigung der Vorgeschichte lässt der Text keine eindeutige Sicht des Verbotes als sexuell konnotiert zu. Da diese Szene auch in anderen geschlechterbezogenen Beiträgen eine zentrale Rolle einnimmt, soll sie an dieser Stelle ausführlicher diskutiert werden. In der „Melusine“[46] heißt es über den Grund für Helmas Bestrafung durch seine Gattin: „Darumb das er Presine seinen Eelichen ge-

---

[44] Ebd. S. 333 f.

[45] Ebd.

[46] Als Textgrundlage meiner Interpretation dient: Thüring von Ringoltingen, Melusine, in:

mahel in der kindtpedt hett besůcht / vnd ir geschworen vnd versprochen hett das er sÿ in der kindtpedt nit besůchen. noch ir wesen erfaren wölte [·]" (ThvRM, 135, 16–19). Fraglich ist, ob mit der Formulierung „im kindtpedt besůchen" eine Vergewaltigung umschrieben wird.[47] Es findet sich für ‚besůchen' tatsächlich die Bedeutung ‚mit jemandem geschlechtlichen Umgang haben'.[48] Die Literatur zu den Themen ‚sexuelle Praxis' und ‚Schwangerschaft und Geburt' im Mittelalter liefert widersprüchliche Hinweise. In Mittelalter und Früher Neuzeit wird die eheliche Sexualität von einer Vielzahl von Verbotsmaßnahmen und Ausschlussfristen stark reglementiert. In den mittelalterlichen Bußbüchern werden Ausschlusszeiten für den ehelichen Verkehr vor allem durch den biologischen Zyklus der Frau und den liturgischen Kalender bestimmt. Neben den hohen kirchlichen Feiertagen soll vor allem an Sonntagen Enthaltsamkeit geübt werden.[49] Ehepaare sollen während der Menstruation, der Schwangerschaft, der Geburt und dem Kindbett[50] sowie zum Teil auch in der Laktationsphase bis zum Abstillen keinen Verkehr haben.[51] Insbesondere das Verbot, während Kindbett und Laktation sexuellen Kontakt zu haben, gewinnt Ende des 14. Jahrhunderts wieder an Bedeutung in der moralischen Literatur.[52] Vor diesem Hintergrund erschiene Persines Verbot, sie im Kindbett aufzusuchen, als sexuell konnotiert;

Romane des 15. und 16. Jahrhunderts. Hg. von Jan-Dirk Müller. (Bibliothek der Frühen Neuzeit I, 1). Frankfurt a. M. 1990 S. 9–174. Im Folgenden zitiert als ThvRM.

[47] Kritisch zu einer vereindeutigenden Lesart auch: Klinger, Verwandtschaft S. 57.

[48] Vgl. [Eintrag] besuchen, in: Christa Baufeld, Kleines frühneuhochdeutsches Wörterbuch. Lexik aus Dichtung und Fachliteratur des Frühneuhochdeutschen. Tübingen 1996 S. 31. Das Verb besuchen umschreibt nur sexuellen Verkehr allgemein, keinen gewalttätigen gegen den Willen der Frau. Hans-Peter-Dürr weist allerdings darauf hin, dass in Literatur und Historiographie für Vergewaltigung und gewöhnlichen Beischlaf häufig das gleiche Wort – z. B. minnen – verwendet wurde. Vgl. Hans-Peter Dürr, Der Mythos vom Zivilisationsprozeß. Frankfurt a. M. 1988-, Bd. 3: Obszönität und Gewalt. Frankfurt a. M. 1993 S. 372. Vgl. auch Ernst Englisch, Die Ambivalenz in der Beurteilung sexueller Verhaltensweisen im Mittelalter, in: Privatisierung der Triebe? Sexualität in der frühen Neuzeit. Hg. von Daniela Erlach u. a. (Frühneuzeitstudien 1). Frankfurt a. M. 1994 S. 167–186, hier 167.

[49] James A. Brundage, Law, Sex, and Christian Society in Medieval Europe. Chicago u. a. 1987 S. 156.

[50] Gemeint ist hier die etwa sechswöchige Phase postnataler Blutungen, in der die Frau bis zur kirchlichen Aussegnung als ‚unrein' galt. Vgl. Andrea Reichart, Alltagsleben im späten Mittelalter. Der Übergang zur frühen Neuzeit am Beispiel der Stadt Essen. (1400–1700). 2., durchgesehene Auflage. (Essener kulturhistorische Studien 1). Essen 1996 S. 263.

[51] Brundage, Law S. 155ff und Bernd Hegemöller, [Art.] Sexualität I, in: Lexikon des Mittelalters. Hg. von Norbert Angermann, Robert-Henri Bautier und Robert Auty. 9 Bde. 1 Registerbd. München u. a. 1980–1999, Bd. 7. München u. a. 1995 Sp. 1812f, hier 1812. Im Folgenden zitiert als LexMa.

[52] Vgl. James A. Brundage, Law S. 508.

Helmas als Vergewaltiger in der Ehe.[53] Geburtsvorgang und Kindbett gelten jedoch in Mittelalter und Früher Neuzeit als eine Domäne der Frauen, in der Männer unerwünscht sind.[54] Es waren bis ins 16. Jahrhundert in der Regel nur Hebammen und keine männlichen Ärzte zugegen.[55] Die Wöchnerinnen wurden im 15. und 16. Jahrhundert nur von Frauen besucht, welche die glücklich überstandene Geburt miteinander feierten.[56] In diesem Sinne wäre eine Interpretation von Helmas Tat als Besuchen der Wöchnerin nicht wahrscheinlich, aber denkbar.[57] Aufschluss darüber, ob mit dem Ausdruck ,im

---

[53] Die Frage, ob Melusines Vater ein Vergewaltiger ist, erscheint angesichts der Forschungs- und Quellenlage zum Thema Vergewaltigung bzw. Notzucht im Mittelalter schwer zu beantworten. Im Zuge der anthropologischen Wende in den Kulturwissenschaften lässt sich zwar ein neu erwachtes Interesse am Phänomen Vergewaltigung erkennen, das eine Reihe von Studien zur Kulturgeschichte der Vergewaltigung hervorgebracht hat. Über die aktuelle Forschungsdebatte über Vergewaltigung als Gegenstand der Kulturgeschichte und Historischen Anthropologie informieren: CHRISTINE KÜNZEL, Unzucht - Notzucht - Vergewaltigung. Definitionen und Deutungen sexueller Gewalt von der Aufklärung bis heute. Frankfurt a. M. 2003 S. 9 f.und GESA DANE, „Zeter und Mordio". Vergewaltigung in Literatur und Recht. Göttingen 2005 S. 14–26. Doch während das Thema sexuelle Gewalt im Bereich der Frühen Neuzeit und Neuzeit in medizinisch-juridischen und literarischen Diskursen hinreichend bearbeitet scheint, bleiben Untersuchungen, die sich mit Vergewaltigung und Notzucht in der Zeit vor 1600 beschäftigen, wohl aufgrund der dürftigen Quellenlage spärlich. Einen Einblick in die Wahrnehmung und Behandlung sexueller Gewaltdelikte in städtischen Gesellschaften an der Wende vom Spätmittelalter zur Frühen Neuzeit gibt der Vergewaltigungsfall der 12-jährigen Margot Simmonet aus Rennes (1466). Vgl. JEAN PIERRE LEGUAY, Ein Fall von Notzucht im Mittelalter: Die Vergewaltigung der Margot Simmonet, in: Die sexuelle Gewalt in der Geschichte. Hg. von ALAIN CORBIN. Berlin 1992 S. 11–28. Problematisch erscheint überdies, dass es sich um eine Vergewaltigung in der Ehe handelt, eine Form sexueller Gewalt, die in der BRD erst seit wenigen Jahren einen Straftatbestand darstellt und im Spätmittelalter selten aktenkundig geworden sein dürfte. Zu den juristischen und begriffsgeschichtlichen Aspekten der Vergewaltigung im Mittelalter vgl. EVELINE TEUFERT, Notzucht und sexuelle Nötigung. Ein Beitrag zur Kriminologie und Kriminalistik der Sexualfreiheitsdelikte unter Berücksichtigung der Geschichte und der geltenden strafrechtlichen Regelung. (Kriminalwissenschaftliche Abhandlungen 14). Lübeck 1980 S. 15–35 und EKKEHARD KAUFMANN, [Art.] Notzucht, in: Handwörterbuch zur deutschen Rechtsgeschichte. Hg. von ADALBERT ERLER und EKKEHARD KAUFMANN. Mitbegründet von Wolfgang Stammler. 5 Bde. Berlin 1971–1998, Bd. 3. Berlin 1984 Sp. 1101 f. Im folgenden zitiert als HRG.

[54] Vgl. PETRONELLA BANGE, Frauen und Feste im Mittelalter: Kindbettfeiern, in: Feste und Feiern im Mittelalter. Paderborner Symposion des Mediävistenverbandes. Hg. von DETLEV ALTENBURG u. a. Sigmaringen 1991 S. 125–132, hier 126.

[55] Vgl. KLAUS BERGDOLT, [Art.] Schwangerschaft und Geburt, in: LexMA 7. München u. a. 1995 Sp. 1612–1616, hier 1612.

[56] Vgl. BANGE, Frauen S. 126.

[57] Auch Jan-Dirk Müller lässt die Deutung dieser Textstelle weitgehend offen, nimmt allerdings eine sexuelle Konnotation des Tabus an. Vgl. JAN-DIRK MÜLLER, Stellenkommentar, in: ThvRM S. 1041–1087, hier 1077 f [138, 13 mich nimmer besůchen]. Es liegt mir fern, die Möglichkeit einer Vergewaltigung in Abrede zu stellen. Wünschenswert wäre jedoch eine weitere

kindtpedt besůchen' eine Vergewaltigung angedeutet wird, könnten auch die französischen Romane geben. Ein Vergleich mit der entsprechenden Stelle in Couldrettes Versversion[58], der unmittelbaren Vorlage des deutschen Prosaromans, ergibt, dass Thüring sehr genau nach seiner Vorlage übersetzt:

„Ce noble roy fu mes maris; / Couvent m'ot, ains qu'il m'espousast / Que jamaiz jour tant qu'il durast, / Tant que de gesine gerroye, / Il n'enquerroit par quelque voye / De mon fait, ne ne me verroit, / Ne devers moy point ne venroyt / Tant que seroye relevee" (CM, Vv 4922–4929).

Auch dort spricht die Mutter Melusines ein lebenslang gültiges Besuchs- und Sichtverbot gegen ihren Ehemann für den Zeitraum aus, in dem sie im Kindbett liegt („tant que de gesine gerroye"). In der Prosafassung Jean d'Arras' findet sich eine etwas abweichende Formulierung. Hier untersagt die Fee Présine ihrem zukünftigen Gatten, bei ihrer Niederkunft anwesend zu sein:

„Se vous me voulez prendre a femme et jurer que, se nous avons enfans ensemble, que vous ne mettrez ja peine de moy veoir en ma gesine, ne ne ferez par voye quelconques tant que vous me voiez, je siuz celle qui obeiray a vous comme loyal moillier obeir a son espoux" (JdAM, 9).

Als Begründung gibt die Fee an, dass sie ihrem Mann nicht den Kummer („peine") zumuten möchte, sie in ihren Geburtsqualen zu sehen. Mit dem ‚Kindbett' („gesine"[59]) scheint hier also der unmittelbare Zeitpunkt der Niederkunft gemeint zu sein, nicht die Wochen nach der Geburt. Eine Vergewaltigung während der Niederkunft scheint mehr als unwahrscheinlich.

Deutet man Helmas Treuebruch tatsächlich als Vergewaltigung, impliziert das jedoch nicht unbedingt, dass das von Melusine gegenüber Reÿmund er-

---

Diskussion und Prüfung dieser für die Interpretation des Textes wesentlichen Szene, v.a. in semantischer und sprachgeschichtlicher Hinsicht. In der neueren kulturanthropologisch akzentuierten Forschung wird mehr und mehr die Wichtigkeit und Unabdingbarkeit einer sorgfältigen Historisierung und Kontextualisierung von Gewaltphänomenen, wie der Vergewaltigung, erkannt und eingefordert. Vgl. David W. Sabean, Property, Production, and Familie in Neckarhausen 1700–1870. (Cambridge Studies in Social and Cultural Anthropology 73). Cambridge 1990 S. 133 und Dane, Zeter und Mordio S. 33.

[58] Couldrette, Le Roman de Mélusine ou Histoire de Lusignan. Hg. von Eleanor Roach. (Bibliothèque française et romane; Série B: Édition critiques de Textes 18). Paris 1982.

[59] Das Wort ‚gesine' (von altfrz. ‚gesir' oder ‚jesir' = (im Bett) liegen) war in der Bedeutung Kindbett (‚couches d'une femme') nur im 12.–16. Jh. in Gebrauch. Vgl. [Eintrag] jesine, in: Altfranzösisches Wörterbuch. Tobler-Lommatzsch. Adolf Toblers nachgelassene Materialien, bearbeitet und hg. von Erhard Lommatzsch. Wiesbaden 1925-, Bd. 4. Wiesbaden 1960 Sp. 1622 f. Im folgenden zitiert als Tobler-Lommatzsch. [Eintrag] gesine, in: Robert Grandsaignes d'Hauterive, Dictionnaire d'Ancien Français. Moyen Âge et Renaissance. 2 Bde. Paris 1947, Bd. 1 S. 321.

richtete Sichttabu sexuell konnotiert ist. James A. Brundage gibt neben dem Sonntag auch Mittwoch und Freitag als häufige Ausschlusstage an. Das samstägliche Verbot findet sich dagegen nur selten.[60] Die Bewertung des ‚ehefreien' Samstages als Einschränkung der sexuellen Praxis erscheint somit auch vor diesem Hintergrund nicht als gerechtfertigt, da der Samstag nur ein Ausschlusstag unter vielen ist. Auch das spätmittelalterliche Publikum dürfte Melusines samstäglichen Rückzug nicht aufgrund des Wochentages mit sexueller Verweigerung assoziiert haben.

Junk interpretiert Reÿmunds Kindheitsgeschichte als Variation des „‚klassische[n]' Ödipus-Schema[s]". Der Tod des Onkels werde als „Jagdunfall, als Verkettung unglücklicher Umstände", in Szene gesetzt, Reÿmunds „unbewußte Intentionalität", nämlich den Onkel zu ermorden, werde so überdeckt.[61] Die Autorin liest den im Text ausdrücklich als Unglücksfall („von grossem vngefell"; ThvRM, 20, 4f) charakterisierten fahrlässigen Totschlag gegen den Textsinn als mehr oder minder bewusst intendierten Mord.[62] Diese Deutung ergibt sich für sie aus der Anwendung des Ödipus-Schemas auf Reÿmunds Geschichte. Die Handlung der „Melusine" wird hier dem Schema angepasst. Dieses dient nicht der Erhellung des Textes, sondern der Text der Bestätigung des Schemas. Innerhalb der Melusinengeschichte könnte nur die Prophezeiung des Grafen aus den Sternen (vgl. ThvRM, 18, 12–19, 15) als Mordmotiv fungieren. Sie stellt einem Mann, der an diesem Abend seinen Herrn töten werde, sozialen Aufstieg in Aussicht. Doch auch hier wird nichts über die (Un-)Absichtlichkeit der Tötung ausgesagt. Vielmehr erscheint die Prophezeiung in der Logik des Textes als Entlastung des Täters im Voraus, denn die Tat war ihm vorherbestimmt. Die Deutung des Jagdunfalls als – unbewussten – Mord entbehrt damit der Textgrundlage.

---

60 Brundage, Law S. 157.

61 Junk, Weiber S. 339.

62 Die rechtssprachliche Bedeutung des Wortes ‚Mord' ist ‚absichtliche heimliche Tötung'. Bezeichnete ‚Mord' in germanischer Zeit zunächst die verdeckte oder verleugnete Tötung im Gegensatz zum offenen Totschlag (ahd. ‚manslahta'), trat im Laufe der Zeit neben das Moment der Verheimlichung oder Heimlichkeit der Tat das der Vorsätzlichkeit. Wurde im Mittelalter zunächst nicht zwischen fahrlässigem und vorsätzlichen Tötungen unterschieden – man bezeichnete sie alle als ‚Totschlag' (‚manslahta'), fielen Ende des 15. Jhs. ‚Mord' und ‚vorsätzliche Tötung' weitgehend zusammen. Vgl. Ruth Schmidt-Wiegand, [Art.] Mord (sprachlich), in: HRG 3. Berlin 1984 Sp. 673ff, hier 673f und Dieter Meurer, [Art.] Tötungsdelikte, in: HRG 5. Berlin 1998 Sp. 286–290, hier 286. So wäre Reÿmund zwar nach dem germanischem Rechtsverständnis ein Mörder, da er mit der Flucht vom Tatort die Tötung zu verheimlichen sucht, im spätmittelalterlichen Sprachgebrauch jedoch nicht, da er ohne Vorsatz handelt.

1.2.2 „Melusine“ als unkonventionelles Beziehungsmodell

In den verschiedenen mittelalterlichen Varianten des Melusinenstoffes werden nach Bea Lundt „Modelle für das Zusammenleben zwischen den Geschlechtern“ und „individuelle oder zu zweit geplante Lebensentwürfe“ diskutiert.[63] Das Außergewöhnliche an Thürings „Melusine“ sei eine „neue persönliche Liebe zwischen den Geschlechtern“, die im Zentrum des Erzählinteresses stehe. Diese werde möglich, weil die „Rollenverteilung in der Beziehung nicht konventionell gestaltet wird.“[64]

Zunächst interpretiert die Autorin die Vorgeschichte für das spätere Beziehungsleben des Paares. Der mit dem Fluch eröffnete eheliche Freiraum biete Möglichkeiten für das Ausprobieren eines neuen Beziehungsmodells. Melusines im Fluch festgeschriebene Erlösungsbedürftigkeit setze dem Beziehungsmodell dagegen Grenzen. Ihr Schlangenschwanz sei zum einen Strafe der Mutter für den Tod ihres Mannes. In dieser Perspektive verhindere er ein „normales Sexualleben als Frau“.[65] Zum anderen gebe die Mutter mit dem wöchentlichen Zwang zur Verwandlung der Tochter die Möglichkeit, sich einen Freiraum in der Ehe zu schaffen, den sie selbst nicht hatte. „Nur als Schlange mit einem Unterleib aus Schuppen kann Melusine die Triebhaftigkeit beherrschen, die ihres Mannes und ihre eigene.“[66] Lundts Deutung des mütterlichen Fluchs gründet sich auf der Annahme, dass der Ehemann Helmas das Verbot übertreten habe, indem er Persine im Kindbett vergewaltigte. Auf dieser Vermutung, die dem Text an dieser Stelle eine Eindeutigkeit unterlegt, die er – wie bereits dargelegt – nicht hat, beruht ihre weitere Interpretation. Die „Initialschuld“ des Vaters habe einen „generationenüberdauernden Fluc[h]“ zur Folge. Sie beruhe auf einem der „zentralen Familienprobleme – der Konkurrenz von Ehemann und Kindern um die Aufmerksamkeit und Zuwendung der Frau und Mutter.“[67] Diese Deutung der Vorgeschichte erscheint als den Strukturen des Zusammenlebens in Mittelalter und Früher Neuzeit unangemessen. Ähnlich wie Junk geht Lundt von einer intimisierten Kleinfamilie aus, die für die adelige Gesellschaft der Zeit so nicht vorausgesetzt werden darf. Vielmehr ist davon auszugehen, dass die Kinder nicht von der Mutter, sondern von Ammen und Pflegerinnen betreut

---

63 Lundt, Thüring von Ringoltingen S. 154.

64 Ebd. S. 158.

65 Ebd. S. 151.

66 Ebd. S. 150.

67 Ebd.

wurden.[68] Ein Konflikt um die Zuwendung zwischen Vater und Kindern konnte so gar nicht entstehen.

Lundt sieht in Melusines und Reÿmunds Ehe, in der sich eine „intensive Bindung“ entwickele, die durch „starke sexuelle, aber auch emotionale Verbundenheit und gemeinsame Kreativität“ charakterisiert sei, eine vollkommen gleichberechtigte Partnerschaft, in der „[...] Geschlechtsrollen keineswegs vorab verteilt [werden].“[69] Diese Überlegung leitet sie aus einer einzigen Frage Reÿmunds an Melusine nach der Hochzeit ab: „Aller liebster gemahel wie wöllen wir nun fürbaß vnser zeÿt vertreÿben“ (ThvRM, 45, 4f). Sie deutet diese Frage als Abkehr von der normativ vorgesehenen Ehehierarchie. Lundt gesteht zwar zu, dass Melusine mit der Eheschließung Reÿmund „als dem Manne die Befehlsgewalt“ übereignet, aber zum „Zukunftsplan“ der Eheleute stellt sie fest:

> „Nichts ist da selbstverständlich, nichts entspricht der Konvention. Selbstverständlich ist nur, daß man es gemeinsam tun wird. Getrennte Männer- und Frauenwelten gibt es nicht in dieser Beziehung. Der Mann setzt nicht unbeeinträchtigt sein altes Leben fort, sondern zeigt die Bereitschaft, sich zusammen mit seiner Frau auf eine neue gemeinsam entworfene Lebensperspektive einzulassen.“[70]

Betrachtet man jedoch die der Hochzeit vorausgegangenen Ereignisse, lässt sich Reÿmunds Frage anders verstehen. Melusine hatte sich von ihrem Zukünftigen bei der ersten Begegnung Gehorsam geloben lassen (vgl. ThvRM, 24, 4 und 25, 14–17). Reÿmund hatte ihr unmittelbar vor der Hochzeit lebenslange Unterordnung unter ihren Willen angetragen, die Melusine jedoch ablehnte (vgl. ThvRM, 34, 12–16). Er fühlt sich überhaupt nicht als Melusines Gebieter, auch wenn sie sich in der Hochzeitsnacht seinem Willen unterwirft (vgl. ThvRM, 42, 15f). Denkbar wäre, dass Reÿmund in Verkennung seiner eheherrlichen Gewalt weiterhin davon ausgeht, Melusine werde wie bisher die Bestimmende und Führende in der Beziehung sein. Seine Frage erschiene dann als sein Wunsch nach Mitbestimmung, nicht als Angebot an seine Frau, gemeinsam die Zukunft zu planen. Die Autorin verkennt hier, dass Reÿmund nach der Hochzeit, wenn Melusine ihre intensive Bau- und Gebärtätigkeit beginnt, im Handlungsgeschehen stark zurücktritt. Er ist als

---

[68] Vgl. Claudia Opitz, Frauenalltag im Spätmittelalter (1250–1500), in: Geschichte der Frauen. Hg. von Georges Duby und Michele Perrot. Bd. 2: Mittelalter. Hg. von Christiane Klapisch-Zuber. Frankfurt a. M. 1993 S. 283–339, hier 301 und Valerie Fildes, Wet Nursing. A History from Antiquity to the Present. Oxford 1987 S. 34 ff. Zum Konzept der Mütterlichkeit als eines emotionalen Konstrukts der Neuzeit vgl. auch Elisabeth Badinter, Die Mutterliebe. Geschichte eines Gefühls vom 17. Jahrhunderts bis heute. München 1984.

[69] Lundt, Thüring von Ringoltingen S. 152.

[70] Ebd.

aktive, handelnde Figur nicht mehr präsent und wird zum Statisten am Rande des Erzählgeschehens. Von einer gemeinsamen Planung und Gestaltung des zukünftigen Lebens wird in der Prosahistorie nicht berichtet. Melusine allein steht im Mittelpunkt des Erzählinteresses, nicht das gemeinsame Eheleben. So muss die Autorin wenig später auch selbst eingestehen: „Von Raymonds Handeln hört man wenig."[71] Auf die Frage, warum diese „für beide Partner äußerst befriedigend[e] und stabil[e]" Beziehung dennoch scheitern muss, findet sie folgende Antwort:

> „Eine solche zärtliche und individuelle Liebesbeziehung wie Thüring sie gestaltet, übersteigt denkbare Möglichkeiten seiner Zeit. Er bedient sich der alten Fabel, um das Scheitern dieser Liebesehe dramatisch zu legitimieren."[72]

Thüring hätte demnach das von ihm selbst im Text entworfene alternative Beziehungsmodell als für seine Zeit zu progressiv empfunden und deshalb die „[...] außerordentlich liebenswerte Ehegeschichte mit dem sinnlosen Fluch belastet."[73] Gegen diese Überlegung spricht, dass die Darstellung der Geschlechterbeziehung in Thürings Melusinenversion nicht im Vordergrund des Erzählinteresses steht. Die Motivation des Verfassers, gerade den Melusinenroman zu übersetzen, ist viel eher in dem Wunsch zu sehen, mit der Übersetzung einer Sage über den Ursprung eines Herrschaftsgeschlechts an adeligem Leben zu partizipieren.[74] Thüring hätte demnach keinesfalls die „alte Fabel" ausgewählt, um das Scheitern seines progressiven Beziehungsmodells „dramatisch zu legitimieren."[75] Lundt trägt eine vorgefertigte These an den Text heran. Da sie schon als Prämisse davon ausgeht, dass der Prosaroman ein unkonventionelles Beziehungsmuster präsentiert, erscheint ihre Analyse nicht mehr als ergebnisoffen. Das Auffinden solcher Beziehungsmuster gelingt erst über das Hineinlesen derselben in den Text.

1.2.3 Melusine enthistorisiert und dekontextualisiert

An den ausführlich vorgestellten und kritisch diskutierten Beiträgen Lundts und Junks ließ sich exemplarisch zeigen, was für die überwiegende Mehrzahl der feministischen und/oder geschlechterbezogenen Forschungsbeiträge gilt[76]: Sie tendieren zu einer stark ahistorischen Perspektive auf die vor-

---

[71] Ebd. S. 155.
[72] Ebd. S. 158.
[73] Ebd.
[74] Müller, Melusine in Bern.
[75] Lundt, Thüring von Ringoltingen S. 158.

modernen Texte. Diese werden vielfach einer dekontextualisierten und damit enthistorisierenden Lektüre unterzogen. Dieser mangelnde Sinn für die Historizität der von ihnen behandelten Gegenstände lässt die Forscher/innen weder die spezifische Alterität, Literarizität und Poetizität der mittelalterlichen Gestaltungen des Melusinenstoffes in ausreichendem Maße wahrnehmen noch über die kulturellen und literarischen Kontexte, in denen diese Texte situiert sind, und deren möglichen Einfluss auf die Gestaltung der dort sichtbar werdenden Geschlechtermodelle nachdenken. Die überwiegend an literarischen Texten der Moderne entwickelte und erprobte Terminologie der Frauen- und Geschlechterforschung wird unreflektiert zur Beschreibung und Deutung der mittelalterlichen Texte eingesetzt. Die Forschenden bemühen sich darum, die moderne Liebes- und Geschlechterproblematik, die für die modernen Gestaltungen des Melusinenstoffes im 19. und 20. Jahrhundert zentral ist, auch in den vormodernen Variationen der Melusinengeschichte wiederzufinden, wobei sie von anthropologisch konstanten bzw. psychoanalytisch invarianten Geschlechterrollen (U. Junk) und/oder überzeitlichen Liebesmodellen (B. Lundt) als Prämissen ausgehen. Statt die in den mittelalterlichen Texten sichtbar werdende Geschlechterkonzeption über zeitgenössische Geschlechtervorstellungen zu kontextualisieren und so in ihrer Besonderheit zu beleuchten, wird die moderne Geschlechter- und Beziehungsthematik auf die mittelalterlichen Texte gewissermaßen ‚zurückprojiziert': Die Autoren und Autorinnen tragen moderne Vorstellungen über Partnerschaft, Liebe, Sexualität und Ehe an ihre Untersuchungsgegenstände heran, ohne zu hinterfragen, ob diese modernen Kategorien für die Gesellschaft des 15. Jahrhunderts angemessen und zutreffend sind. Die Forschenden ignorieren die historische Veränderlichkeit der Geschlechterverhältnisse und -vorstellungen und übersehen den Wandel, dem die Konstruktionen von Männlichkeit und Weiblichkeit in den vergangenen Jahrhunderten unterlagen.

[76] Ähnlich kritisch äußert sich auch Kellner, Ursprung S. 400; Dies., Melusinengeschichten im Mittelalter S. 276 und Dies., Aspekte S. 14 f.

2. Lateinische Vorstufen und französische Romane

2.1 ‚pessima creatura' – Mahrten im klerikalen Denken

In der theologischen und naturkundlichen Traktat-, Exempel- und Predigtliteratur des 12. und 13. Jahrhunderts finden sich zahlreiche Erzählungen, denen das *Motiv der gestörten Mahrtenehe* als Erzähl- bzw. Strukturschema[77] zugrunde liegt und die sich im weitesten Sinne als Variationen des Melusinenstoffes auffassen lassen, obgleich die Protagonistinnen noch nicht den Namen Melusine tragen.[78] In diesen lateinischen, im klerikalen Milieu entstandenen Texten, die in der Forschungsliteratur wegen ihres ähnlichen Motivbestandes auch als „Vor-Melusinensagen"[79] bezeichnet werden, geht es um die Verbindung von Menschenmännern mit Mischwesen und feenhaften Frauen, die nach der Entdeckung ihrer theriomorphen Gestalt oder der Übertretung eines von ihnen gesetzten Verbotes verschwinden. In diesen ‚Vorstufen' des Melusinenstoffes figurieren die anderweltlichen Feen- oder Mahrtenwesen als phantastische Erscheinungen, über deren ambivalenten Status als Mischwesen, die sowohl zu der diesseitigen, menschlichen als auch der jenseitigen, göttlichen bzw. dämonischen Sphäre Zugang haben, von den Verfassern im Kontext von dämonologischen und naturkundlichen Reflexionen spekuliert wird.[80]

---

77 Zum *Motiv der gestörten Mahrtehe* vgl. Kap. A.2.

78 LECOUTEUX, Entstehung S. 76, unterscheidet bei der Untersuchung der Texte der lateinischen, klerikalen Tradition zwei Typen oder Gruppen von ‚proto-melusinischen' Erzählungen, solche von Schlangenweibern, in denen die Verbindung von Mensch und Mahr mit der Entdekkung des geheimen Gestaltwandels des Mahrtenwesens endet und dieses verschwindet, und solche des Mahrtenehentyps, in denen die Verbindung von Mensch und Mahr an die Einhaltung eines Tabus geknüpft ist. Volker Mertens hat diese Überlegungen aufgegriffen. Er differenziert Mahrtenehenerzählungen mit Blick auf die vormodernen und modernen Bearbeitungen in solche des ‚Melusinentyps', in denen es um die Einhaltung eines Tabus als Aufgabe für den menschlichen Partner geht, und solche des ‚Undinentyps', in denen die Wahrung einer Treuebindung thematisiert wird. Vgl. MERTENS, Melusinen S. 202.

79 LECOUTEUX, Entstehung S. 76. Im Folgenden werde ich aber die Termini ‚Erzählung', und ‚Geschichte' gegenüber der Gattungsbezeichnung ‚Sage' bevorzugen, um die Literarizität und Eigenständigkeit der klerikalen Versionen zu betonen.

80 Zum hochmittelalterlichen theologischen dämonologischen Diskurs, in dem die Dämonen überwiegend als aus Hochmut gefallene Engel galten und eine Kontroverse darüber geführt wurde, ob die Dämonen Mediatoren zwischen Gott und den Menschen oder betrügerische Geistwesen seien, vgl. CHRISTOPH DAXLMÜLLER/LUDWIG HÖDL, [Art.] Dämonen, Dämonologie. B,

Die ältesten überlieferten Versionen der lateinischen Tradition finden sich in der Sammlung „De nugis curialium“[81], die Walter Map, ein Geistlicher am englischen Königshof[82], in den Jahren 1181 bis 1193 verfasste.[83] Walter Map spricht von den Mahrten- und Feenwesen als trügerischen Erscheinungen („aparicionibus fantasticis“).[84] Die für diesen Text charakteristische negative Bewertung der Mahrtenehe im Kontext der christlichen Dämonologie lässt sich an der Erzählung „Henno cum dentibus“ exemplifizieren.[85] In einem Wald in der Normandie begegnet besagter Henno, der seinen Beinamen wegen seiner auffallend großen Zähne trägt[86], auf eine wunderschöne, höfisch gewandete Dame, die angibt mit ihrer Magd nach einem schweren Sturm an dieser Küste gestrandet zu sein. Henno verfällt der unbekannten Schönen sofort, führt sie heim und heiratet sie auf der Stelle. Das Paar bekommt auffallend schönen Nachwuchs („pulcherrimam prolem“).[87] Nach einiger Zeit bemerkt Hennos Mutter, dass die Ehefrau ihres Sohnes beim Kirchenbesuch an einigen religiösen Ritualen nicht teilhat. Sie vermeidet den Kontakt mit dem Aspergill („aspersionem aque benedicte uitabat“) und verlässt bei der Messfeier vor der Wandlung das Gotteshaus („consecrationem

---

in: LexMa 3. München u. a. 1986 Sp. 477–480 und George Tavard, [Art.] Dämonen V, in: TRE 8. Berlin u. a. 1981 S. 286–300, hier 293–299.

81 Walter Map, De nugis curialium. Bearbeitet von Christopher N. L. Brooke und Roger A. B. Mynors. Hg. von Montague R. James. (Oxford Medieval Texts). Oxford 1983, Dist. II, c. 11 und 12 S. 148–159, Dist. IV, c. 9 und 10 S. 345–351.

82 Zur Person Walter Maps vgl. Laurence Harf-Lancner, Les fées S. 120ff und Jacques Berlioz, [Art.] Map, Walter, in: EM 9. Berlin 1999 Sp. 242–247.

83 Zum Inhalt der Erzählungen über Wastinius Wastiniauc (Dist. II, c. 11) und Edric, den Wilden (Dist. II, c. 12) sowie weiterer Erzählungen des späten 12. Jhs., denen ein ähnliches Handlungsschema zugrunde liegt, vgl. Lecouteux, Entstehung S. 76 und Harf-Lancner, Les fées S. 126–133.

84 Vgl. Map, De nugis curialium, Dist. II, c. 11 S. 148. Das lateinische Adjektiv ‚fantasticus‘ bedeutet ‚auf Einbildungskraft beruhend‘ bzw. ‚eingebildet‘. Vgl. [Eintrag] fantasticus, in: Wartburg, Französisches etymologisches Wörterbuch. Eine Darstellung des galloromanischen Sprachschatzes. 14 Bde. Basel 1948–1961, Bd. 8. Basel 1958 S. 365f und [Eintrag] fantasticus, in: Mittellateinisches Glossar. Hg. von Edwin Habel und Friedrich Gröbel. Paderborn u. a. ^{2}1989 S. 147.

85 Map, De nugis curialium, Dist. IV, c. 9 S. 344–348. Ausführliche Zusammenfassungen der Erzählung finden sich bei Le Goff, Melusine S. 147f; Lecouteux, Entstehung S. 77 und Harf-Lancner, Les fées S. 122–126.

86 In der Forschungsliteratur ist über mögliche Zusammenhänge zwischen der Figur des Henno cum dentibus und dem sechsten Melusinensohn (‚Geoffroy au grand dent‘ bzw. ‚Geffroÿ mit dem zan‘), dem als Signum seiner Abstammung ein Eberzahn aus dem Mund wächst, vielfach spekuliert worden.

87 Map, De nugis curialium, Dist. IV, c. 10 S. 346.

fugere").[88] Vor dem nächsten Kirchgang beobachtet sie ihre Schwiegertochter durch ein Loch in der Wand im Bad und erlebt mit, wie sie sich in eine Schlange verwandelt („draconem fieri").[89] Kurze Zeit später sieht sie das Wesen aus der Badekammer schlüpfen, einen neuen Mantel, den ihre Magd vor ihr ausgebreitet hat, mit den Zähnen in kleine Stücke zerreißen und dann ihre menschliche Gestalt wiedergewinnen („in propriam reuerti formam").[90] Danach hilft sie ihrer Zofe bei derselben Transformation. Die Mutter erzählt alles Gesehene ihrem Sohn. Dieser ruft einen Priester, der die ahnungslose Mahr mit Weihwasser besprengt. So vertreibt man das seltsame Wesen.

In „Henno cum dentibus" erscheint der Menschenmann als böswillig zur Eheschließung verführter. Das Mahrtenwesen wird von dem Erzähler als dämonische „pestilenci[a]" und als „pessim[a] creatur[a]" bezeichnet.[91] Über das exorzistische Ritual – die Besprengung mit Weihwasser – wird die Mahr als Dämonenwesen aus der Gemeinschaft der Christenmenschen ausgestoßen.[92] Die Grenze zwischen christlich bestimmter, diesseitiger Menschenwelt und dämonischer, jenseitiger Anderwelt scheint für Walter Map klar bestimmbar.[93]

Ebenfalls negativ bewertet werden die Mahrtenehen in den nur wenige Jahre später entstandenen „Otia Imperialia"[94] (1209/1214) des Gervasius von Tilbury.[95] Gervasius erzählt die Geschichte der „Dominica castri de Esperver"[96], welche die Angewohnheit hat, die Kirche mitten in der heiligen Messfeier vorzeitig zu verlassen. Ähnlich wie die Mahr bei Walter Map ver-

---

[88] Ebd. S. 348.

[89] Ebd.

[90] Ebd.

[91] Ebd. S. 346 und 348.

[92] Vgl. Kellner, Ursprung S. 402ff und Dies., Melusinengeschichten S. 276f.

[93] Vgl. dazu auch Gabrielle M. Spiegel, Maternity and Monstrosity: Reproductive Biology in the Roman de Mélusine, in: Melusine of Lusignan (wie Kap. B, Anm. 14) S. 100–124, hier 101.

[94] Gervase of Tilbury, Otia Imperialia. Recreation for an Emperor. Hg. Stanley E. Banks und James W. Binns. (Oxford Medieaval Texts). Oxford 2002.

[95] Gervasius von Tilbury wird mehrfach von Jean d'Arras in seinem Prolog unter dem Namen Gervais erwähnt. Vgl. Lecouteux, Entstehung S. 79. Der Verfasser der „Otia Imperialia" ist – wie Walter Map – ein ehemaliger Protegé Heinrichs II von England. Nach seinem Aufenthalt am englischen Königshof stand er zunächst in Diensten der Könige von Sizilien und trat später in den Dienst Kaiser Ottos IV. von Braunschweig. Als Gervasius die „Otia Imperialia" im frühen 13. Jh. verfasste, war er Marschall des Königreichs von Arles, in dem in der Diözese Valence (Department Drôme) das Chateau d'Esperver lag. Bei der Erzählung von der Herrin dieses Schlosses handelt es sich demnach um eine dort beheimatete Lokalsage, die Gervasius verschriftlichte. Vgl. dazu Le Goff, Melusine S. 148.

[96] Gervase of Tilbury, Otia Imperialia, III, c. 57 S. 664–669. Eine ausführliche Nacherzählung bietet Heisig, Ursprung S. 171f.

mag sie den Augenblick der Wandlung nicht zu ertragen. Eines Tages von ihrem Ehemann und einigen Dienern gegen ihren Willen in der Kirche festgehalten, fliegt sie während der Konsekrationsformel durch das Dach davon und verschwindet für immer: „domina spiritu diabolico leuata auolat“[97], heißt es von ihr in den „Otia Imperialia“. An diese Erzählung schließen sich umfangreiche Ausführungen zur Sakramentenlehre an, welche die „christliche Perspektivierung“ der Erzählung noch einmal deutlich machen.[98] Schon die einleitende Bemerkung des Erzählers macht unmissverständlich klar, dass die anderweltliche Frau von Gervasius im Rahmen der christlichen Dämonologie funktionalisiert und als heidnisches Wesen des Volksglaubens im Sinne einer *interpretatio christiana* diabolisiert wird: „Frequens est ut angeli Satane in angelos lucis se transforment et in humanis mentibus aliquid diabolice inmissionis nutriant.“[99]

In einer weiteren Erzählung wird von Raimundus[100], dem Burgherrn von Rousset, berichtet, der bei einem Ausritt am Fluss Lar einer schönen, höfischen Dame begegnet, die ihn beim Namen nennt, obgleich sie einander völlig unbekannt sind. Der Ritter sucht die junge Schöne mit galanter Rede dazu zu bringen, seinem Werben nachzugeben. Die Unbekannte ist aber erst bereit, seine Umarmung zuzulassen, wenn er zustimmt, sie zu heiraten. Sie stellt ihm im Fall der Hochzeit großen Reichtum in Aussicht, er dürfe sie aber niemals nackt sehen. Verstoße er gegen das Verbot, werde er all sein Glück und seinen Reichtum verlieren. Raimundus akzeptiert, das Paar heiratet und hat schöne Kinder. Bereits kurze Zeit nach der Hochzeit beginnt das Ansehen und der Reichtum des Burgherrn von Rousset zu steigen, er wird zu einem weithin geschätzten Adligen. Nach vielen Jahren kehrt Raimundus von der Jagd heim, als seine Gattin gerade badet. Der Gedanke keimt in ihm auf („spiritu militi venit in mentem“)[101], seine Frau nackt zu sehen. Seine Gattin versucht vergeblich, ihn mit Drohungen und Gebeten von seinem Plan abzuhalten. Als der Hausherr den Vorhang zurückzieht, der die Badekammer vor neugierigen Blicken abschirmt, und seine Gattin nackt im Bad erblickt, verwandelt sie sich augenblicklich in eine Schlange („statimque domina in serpentem conuersa“)[102], steckt den Kopf unter Wasser und ver-

---

97 Gervase of Tilbury, Otia Imperialia, III, c. 57 S. 664.

98 Vgl. Kellner, Ursprung S. 406 und Dies., Melusinengeschichten S. 277.

99 Es geschieht oft, dass die Engel Satans sich in Engel des Lichts verwandeln und in den Seelen der Menschen etwas teuflischen Ursprungs nähren [Übersetzung Cl. St.]. Gervase of Tilbury, Otia Imperialia, III, c. 57 S. 664.

100 Ebd. S. 88 ff.

101 Ebd. S. 90.

102 Ebd.

schwindet spurlos. Nur manchmal kehrt sie des Nachts heimlich zurück, um ihre Kinder zu säugen. Aber ihre Ammen sehen sie nie. Raimundus büßt sein Glück und sein Ansehen zu einem Großteil ein.

Die Geschichte des Burgherrn von Rousset ist in den „Otia Imperialia" im christlichen Kontext der Sünden- und Bußlehre verortet.[103] Sie fungiert als Beispiel dafür, dass Gott keine Sünde ungestraft lässt. So trägt das Kapitel 15, in das die Erzählung über Raimundus eingebettet ist, auch den Titel „De oculis apertis post peccatum" [Über die Öffnung der Augen nach der Sünde].[104] Gervasius leitet es mit der Bemerkung ein: „Peccauit Adam mandatum transgrediendo, et statim peccatum pena sequitur. Aperti enim sunt oculi eorum ut uiderent et sentirent: [...]."[105] An Raimundus wird der enge Konnex von Sünde, Reue und Strafe vor Augen geführt. Sein Fehltritt mit einer dämonischen Schlangenfrau wird mit dem Sündenfall im Paradies parallelisiert. Nach seinem Tabubruch sind ihm – wie Adam und Eva – die Augen für seine Sünde geöffnet. So wie das erste Menschenpaar aus dem Paradies vertrieben wurde, verliert Raimundus all sein Glück, sein Ansehen und seinen Reichtum. Der Burgherr von Rousset hat sich von seiner fleischlichen Begierde, dem Affekt der „concupiscentia"[106], leiten lassen und zu seinem Schaden überstürzt eine ihm unbekannte Frau geehelicht. Die Geschichte von Raimundus fungiert zudem als warnendes Exempel für die Gefährlichkeit der Verbindung von Menschen und Mischwesen. Gervasius verknüpft seine Reflexionen über den Sündenfall und die Paradiesschlange mit der Frage, was es mit den Mischwesen zwischen Mensch und Tier auf sich habe. Er führt als Autorität Beda Venerabilis (672/3–735) an, der gesagt habe, um Eva verführen zu können, habe der Teufel die Gestalt einer Schlange mit weiblichem Angesicht gewählt („elegit enim diabolus quoddam genus serpentis femineum uultum habentis").[107] Deshalb sei es möglich, dass gewisse Frauen Schlangengestalt annehmen können. Überdies werde die Existenz von solchen Schlangenfrauen über das Vorkommen anderer Mischwesen in der Welt bestätigt.[108]

An anderer Stelle, im Kapitel „De lamiis & nocturnis larvis"[109], in dem er sich mit der Natur der Dämonen befasst, schließt Gervasius weitere Überle-

---

[103] Vgl. Kellner, Ursprung S. 406 und Dies., Melusinengeschichten S. 278.

[104] Vgl. Gervase of Tilbury, Otia Imperialia, I, c. 15 S. 84.

[105] Adam sündigte, indem er gegen Gottes Gebot verstieß und die Strafe folgte unmittelbar auf die Sünde. Ihnen wurden die Augen geöffnet, damit sie sehen und fühlen: [...] [Übersetzung Cl. St.]. Gervase of Tilbury, Otia Imperialia, I, c. 15 S. 84.

[106] Ebd. S. 86.

[107] Ebd.

[108] Vgl. ebd.

[109] Gervase of Tilbury, Otia Imperialia, III, c. 86 S. 722–731.

gungen zur Natur dieser Mischwesen an, in denen er die in der dämonologischen Literatur des Hochmittelalters gängigen Kategorisierungs- und Klassifizierungsversuche aufgreift.[110] Seine Ausführungen zeigen, wie uneindeutig der Status der Mahrten- und Feenwesen in den klerikalen Denksystemen ist. Der Verfasser der „Otia Imperialia" stellt Vermutungen an, ob Wesen wie die Ehefrauen der Burgherren von Esperver und Rousset nächtliche Einbildungen sind, wie viele Naturgelehrte meinen („fisici dicunt nocturnas esse ymaginationes"), ob sie Dämonen sind, die einst Seelen waren, die Schlechtes verdienen und nun Körper aus Luft besitzen, wie Augustinus es darstellt („demones esse, qui ex animabus male meritis corpora aerea implent") oder Kreaturen, die sich zwar in der Gestalt von Menschen zeigen, obwohl sie keine Menschen sind, aber gewissermaßen mit heimlicher göttlicher Erlaubnis als Menschen erscheinen („que ymagines et figuras hominum representant, cum non sint homines, sed diuina quadam et secreta permissione hominum illusiones").[111] In diesem Zusammenhang wiederholt der Verfasser auch seine Warnung vor einer Eheschließung respektive geschlechtlichen Vermischung mit Feenwesen, die von ihm explizit unter die teuflischen Dämonen subsumiert werden:

„[...] quod quosdam huiusmodi lauarum, quas fadas[112] nominant, amatores audiuimus, et cum ad aliarum feminarum matrimonia se transtulerunt, ante mortuos quam cum superinductis carnali se copula immiscuerint; plerosque in summa temporali felicitate uidimus stetisse, qui, cum ab huiscemodi fadarum se abstraxerunt amplexibus aut illas publicauerunt eloquio, non tantum temporales successus sed etiam misere uite solatium amisserunt."[113]

---

110 Gervasius führt zum einen Augustinus an, der annehme, dass die Dämonen als böse Engel wie die guten Engel im Dienst Gottes handelten. Ebenso wie Gott die guten Engel mit Körpern aus Luft versehe („aereis corporibus induit"), gestatte er den Dämonen illusionäre und spektrale Körperformen („corporum formis fantasticis et laruatis") anzunehmen. Zur Natur der Dämonen führt er Definitionsbemühungen des Apuleius an, der gesagt habe, Dämonen seien der Gattung nach Tiere („genere animalia"), ihrer Disposition nach Subjekt von Leidenschaften („animo passiua), geistig vernünftig („mente [...] rationabilia"), mit Körpern aus Luft („corpore aerea") und besäßen ewiges Leben („tempore aeterna"). Die von Apuleius und anderen vorgetragene Meinung, die Dämonen seien Mediatoren zwischen Gott und den Menschen („medios[ ] in aere inter Deum et homines"), die in der sublunaren Sphäre lebten, lehnt Gervasius dagegen ab, da sie mit der Augustinischen Auffassung, die Dämonen seien illusionäre Trugbilder, nicht harmoniert. Vgl. ebd. S. 726.

111 Ebd. S. 722.

112 Das Wort ‚fada' ist die altprovençalische bzw. vulgärlat. Form zu lat. ‚fata' und altfrz. ‚feé'. Vgl. dazu [Eintrag] fata, in: Wartburg, Französisches etymologisches Wörterbuch 3. Basel 1949 S. 432ff, hier 432.

113 Wir haben gehört, dass einige Männer die Liebhaber derartiger larvae [= Mahr, Hausgeist] geworden sind, die man Feen nennt, und wenn sie sich zu Eheschließungen mit anderen

Auch der Zisterzienser Gaufredus von Auxerre führt in seinen Predigten „Super Apocalypsim" (1187/1193) mehrere Mahrtenehenerzählungen als warnende Beispiele an, um seinem Publikum die Gefahren einer sündhaften Verbindung von Mensch und Dämon zu vergegenwärtigen.[114] Zunächst erzählt Gaufredus die Geschichte eines jungen sizilianischen Adligen, der beim abendlichen Bad im Meer mit seinen Gefährten eine ihm völlig unbekannte Frau aus dem Wasser zieht, die sich zwar bereitwillig trösten, in seinen Mantel hüllen und von ihm zu seinem Haus führen lässt, auf seine Fragen, woher sie komme und wer sie sei, aber keinerlei Antwort gibt. Auch zuhause bei seiner Mutter beantwortet das Mädchen Fragen nur zögerlich mit Gesten und Kopfnicken und schweigt zu ihrer Abkunft und Familie. Der junge Mann entbrennt in heftiger Leidenschaft zu der jungen Schönen, und nachdem die Verwandten ihren anfänglichen Widerstand aufgegeben haben, heiratet das Paar den Sitten der Gegend entsprechend. Die junge Frau gebiert ein Kind, das sie mit übergroßer Liebe und Zärtlichkeit umsorgt. Viele Jahre nach der Hochzeit behauptet ein Freund des Adligen, bei dem dieser sich zu Besuch befindet, dass seine Gattin keine richtige Frau, sondern bloß ein Trugbild („phantasticum [...] aliquid") sei und der Bischof vor langer Zeit die Legitimität der Verbindung angezweifelt habe.[115] Der Ehemann beginnt sich für seine ‚wilde Ehe' zu schämen („super huiusmodi contubernio haesitare").[116] Sie kommen überein, dass der Ehemann seine Gattin zur Rede stellen und mit Drohungen die Wahrheit aus ihr herausbringen soll. Der Adlige kehrt nach Hause zurück, sucht Frau und Sohn mit dem entblößten Schwert in ihrem geheimen Schlafzimmer auf und tut so, als ob er den Sohn töten werde, wenn seine Frau mit der Antwort zögere. Die Gattin schreckt bei dem Anblick des blitzenden Schwertes über dem Haupt ihres Kindes zurück. Bevor sie daraufhin für immer verschwindet, lässt sie ihren Gatten wissen, sie wäre bei ihm geblieben, wenn er ihr nur erlaubt hätte, über das ihr auferlegte Geheimnis Stillschweigen zu bewahren („permitteres iniunctum mihi silentium

---

Frauen entschließen, sind sie tot, bevor sie mit ihren neuen Partnerinnen die fleischliche Vereinigung vollziehen können. Wir haben viele gesehen, die in höchstem weltlichem Glück gestanden haben, die aber, sobald sie sich den Liebesumarmungen von derartigen Feen versagten oder von jenen in der Öffentlichkeit sprachen, nicht nur ihren weltlichen Erfolg, sondern auch den Trost eines unglücklichen Lebens einbüßten [Übersetzung Cl. St]. Gervase of Tilbury, Otia Imperialia, III, c. 86 S. 730.

[114] Die Geschichten des Mahrtenehentyps finden sich in der 15. der insgesamt 20 Predigten. Zwei der Erzählungen gehören dem ‚Melusinentyp' an, eine weitere ist eine Schwanrittererzählung. Goffredi di Auxerre, Super Apocalypsim. Hg. von Ferruccio Gastaldelli. (Temi i Testi 17). Roma 1970, Sermo XV S. 183–191, bes. 184–187.

[115] Ebd. S. 185.

[116] Ebd.

observare").[117] Eines Tages soll die Frau zurückgekehrt sein und den Sohn, der gern im Meer gebadet habe, in den Wellen geraubt haben.

Wesen wie die stumme Gattin des jungen Adligen werden von Gaufredus eindeutig als Dämonen identifiziert und klassifiziert.[118]

In einer weiteren Mahrtenehenerzählung berichtet Gaufredus von einem Adligen in der Diözese Langres, der in einem entlegenen Teil des Waldes eine äußerst prachtvoll gewandete Dame auffindet, in die er sich auf der Stelle verliebt. Er raubt sie und vermählt sich mit ihr, als keiner seiner Verwandten und Freunde Einspruch dagegen erhebt. Er hat mit ihr viele Kinder und vernachlässigt wegen seiner übergroßen Liebe zu seiner Frau sogar seine Herrschaft. Seine Gattin liebt es zu baden („illa balneis plurimum delectabatur"), erträgt es aber nicht, nackt gesehen zu werden („nec patiebatur nuda videri"). Nachdem das Bad vorbereitet ist, schickt sie immer alle fort und schließt sich in ihrer Badekammer ein.[119] Eines Tages, nach vielen Jahren, beobachtet eine ihrer Mägde aus Neugier durch ein Loch in der Wand ihre Herrin. Sie sieht aber keine Frau, sondern eine Schlange, die sich durch das Badewasser schlängelt („non feminam sed serpentem, sinuosis per balneum voluminibus circuire").[120] Nachdem sie die Transformation ihrer Herrin mehrfach beobachtet hat, erzählt sie schließlich alles Gesehene ihrem Herrn. Dieser wundert sich wenig über die Geschichte und ist schnell bereit, alles Schlechte von seiner Frau zu glauben. Er wartet einen geeigneten Augenblick ab, um die Kreatur im Bad mit eigenen Augen zu sehen. Als ihr Mann wegen ihrer grässlichen Gestalt laut schreiend in ihre Badekammer eindringt, verschwindet die Frau spurlos.

Die von Gaufredus angeführten proto-melusinischen Mahrtenehenerzählungen werden von ihm in den Dienst der Bekämpfung des Affektes der ‚libido' gestellt, zu der er seine Zuhörer anhalten möchte, weil er in diesem Affekt das ursächliche Übel für die bereitwillige Vermischung der Menschen mit Dämonen sieht.[121] Die Darstellung der Mahrtenehengeschichten ist in Ausführungen über die falsche Prophetin Iezabel (Apk 2, 20) eingebettet, von der die Israeliten zu Unzucht und Idolatrie verführt worden seien.[122] Gaufredus setzt die Sünde der von den Israeliten auf Geheiß der Iezabel begangenen Hurerei mit der Sünde des sexuellen Verkehrs von Mensch und Dämon gleich. Ebenso wie die Israeliten, die gegen ihren Schöpfer sowohl

117 Ebd.
118 Vgl. ebd. S. 185.
119 Ebd.
120 Ebd.
121 Vgl. ebd. S. 187.
122 Vgl. ebd. S. 183.

spirituelle als auch fleischliche Unzucht („tam spiritalis fornicatio quam carnalis") begangen hätten, so schreckten auch die Menschen nicht davor zurück, über Götzendienst mit den Dämonen in Kontakt zu treten („daemonibus homines communicare per idolatriam non verentur"), hätten diese Spaß daran, sich im Schmutz irdischer Wollust zu verstricken („corporeae libidinis sordibus delectantur involvi") und beschmutzten sich mit ihrer unnatürlichen Lust („ab innaturali concupiscentia maculantur").[123]

Vincent von Beauvais (ca. 1190–1264) thematisiert in seinem naturkundlich ausgerichteten „Speculum naturale" proto-melusinische Mahrtenehenerzählungen im Rahmen seiner weiten Ausführungen zur Dämonologie.[124] Er behandelt in diesem Zusammenhang im Rekurs auf die Autoritäten Augustinus und Petrus Lombardus den möglichen Ursprung der Dämonen[125], ihre Natur, ihre Beschaffenheit und ihre Fähigkeiten.[126] Er unternimmt dem hochmittelalterlichen scholastisch-systematischen Denken gemäß eine Klassifizierung und Hierarchisierung der Dämonen, wobei er die Mischwesen aus Mensch und Tier, zu denen die Schlangenfrauen der Mahrtenehenerzählungen gehören, auch als dämonische Wesen ansieht.[127]

Im Mittelpunkt seiner Ausführungen steht jedoch die im Hochmittelalter breit geführte Diskussion, ob Dämonen fähig sind, Nachkommenschaft zu zeugen[128], in deren Zusammenhang er auch die Mahrtenehenerzählungen anführt. Vincent von Beauvais bringt stark verknappte Varianten[129] der in Sizilien bzw. in der Diözese Langres spielenden Sagen, die Gaufredus von Auxerre in seinen Predigten „Super Apocalypsim" sehr viel ausführlicher geschildert hatte.[130] Die in Kap. 126 und 127 des zweiten Buches wiedergegebenen Geschichten fungieren jeweils als ein „exemplum de phantastica muliere" [Beispiel für eine trügerische Frau] und werden unter der Überschrift „De incuborum vexatione" [Über die Plage der Incubi] behandelt.[131] Die

---

123 Ebd. S. 183.

124 Vincentius Bellovacensis, Speculum Quadruplex. Bd. 1: Speculum Naturale. Graz 1965. (Douai 1624), lib. 2, c. 98–130.

125 Vgl. ebd., c. 98 ff.

126 Ebd., c. 101–104.

127 Vgl. ebd., c. 112 Sp. 149f, hier 150.

128 Vgl. ebd., c. 126 ff.

129 Vgl. ebd., c. 127, Sp. 157.

130 Die Geschichte der Verbindung eines Adligen mit einer Schlangenfrau, die Vincent de Beauvais berichtet, dürfte er aus einer verlorengegangenen Schrift des Zisterziensers Hélinand de Froidmont übernommen haben, die etwa zeitgleich mit Walter Maps „De nugis curialium und Gervasius' von Tilbury „Otia Imperialia" entstand. Vgl. Le Goff, Melusine S. 150 und Lecouteux, Entstehung S. 77.

131 Vincentius Bellovacensis, Speculum Quadruplex. Bd. 1: Speculum Naturale, lib. 2, c. 127 Sp. 156 f.

Mahrten werden also zum einen als trügerische Geistwesen bestimmt, zum anderen als Sexualdämonen klassifiziert. Die Mahrtenwesen und ihr schöner Nachwuchs fungieren bei Vincent von Beauvais als Beleg dafür, dass Dämonen zeugungsfähig sind.[132]

In den lateinischen proto-melusinischen Mahrtenehenerzählungen der klerikalen Tradition geben sich die Verfasser Walter Map, Gervasius von Tilbury, Gaufredus von Auxerre und Vincent von Beauvais alle Mühe, die Feenwesen in möglichst schlechtem Licht erscheinen zu lassen. Die Mahrtenwesen des heidnischen Volksglaubens werden aus klerikaler Perspektive in einer *interpretatio christiana* zu gefährlichen dämonischen Kreaturen vereindeutigt, von denen sich die Gläubigen besser fernhalten. Die proto-melusinischen Erzählungen fungieren in der lateinischen Tradition als Beispiele für die Gefährlichkeit von Verbindungen mit Feenwesen, welche die Menschen durch Versprechungen und zu leistende Eide an sich zu binden suchen.

2.2 Entdämonisierung im Namen der Genealogie

Fast 200 Jahre nach den proto-melusinischen Mahrtenehenerzählungen der lateinischen, gelehrten Literatur entstehen kurz hintereinander zwei Romane, in denen der Melusinenstoff seine typische Gestalt annimmt. In diesen spätmittelalterlichen Versionen werden die knappen, exempelhaften Plots der proto-melusinischen Erzählungen in die Großstruktur der Gattung Roman überführt und zu einer komplexen, detailreichen Fabel erweitert. Die Geschichte der unheilvoll endenden Liebesgeschichte zwischen einem Menschenmann und einer anderweltlichen Mahr wird in diesen literarischen Texten zu einer über mehrere Generationen sich erstreckenden Familiengeschichte.

In den Jahren 1392/93 schrieb der Pariser Bibliothekar und Buchbinder Jean d'Arras[133] im Auftrag des Herzogs Jean II von Berry und seiner Schwester Marie, der Ehefrau des Herzogs von Bar, die ihren Bruder um diese Geschichte gebeten haben soll, einen Prosaroman, der in den ältesten überlieferten Manuskripten „La noble histoire de Lusignan" oder „Le Roman de Mélusine en Prose" heißt.[134] Nur wenige Jahre später, um 1400, verfasste

[132] Vgl. ebd., lib. 2, c. 127 Sp. 157.

[133] Zur Person Jean d'Arras' und seiner Identifizierung als Pariser Buchbinder und Bibliothekar vgl. Louis Stouff, Essai sur Mélusine. Roman du XIVe siècle par Jean d'Arras. (Publications de l'Université de Dijon 3). Dijon u. a. 1930 S. 21–29.

[134] Die Version Jean d'Arras' wurde zuerst Mitte des 19. Jhs. wissenschaftlich ediert: Jean d'Arras, Mélusine. Hg. von M. Charles Brunet. Paris 1854. Die heute in der Forschung maß-

Couldrette[135] für Herzog Guillaume VII. von Larchevêque-Parthenay und dessen Sohn Jean II seinen Versroman „Le Roman de Lusignan ou de Parthenay“ oder „Mellusine“, der die direkte Vorlage für Thürings von Ringoltingen gut 50 Jahre später entstandene Adaptation geworden ist.[136] Man nimmt heute an, dass die Versionen Couldrettes und Jean d'Arras' unabhängig voneinander entstanden sind und möglicherweise auf eine gemeinsame Vorlage zurückgehen.[137] Die Anbindung der Geschichte von der unglücklich endenden Verbindung eines Mahrtenwesens mit einem Sterblichen – wie sie im Umkreis des anglo-normannischen Hofes von Walter Map und Gervasius von Tilbury im 12. Jahrhundert erzählt wurde – an das poitevinische Haus Lusignan ist bereits für die Mitte des 14. Jahrhunderts, 50 Jahre vor den Romanversionen bezeugt. Der wohl im Poitou aufgewachsene Franziskaner und spätere Benediktiner Pierre Bersuire gibt in seinem „Reductorium morale“ (um 1350), einer bisher nicht edierten Materialsammlung für Prediger, an, die Geschichte von der Schlangenfrau in seiner poitevinischen Heimat gehört zu haben.[138]

---

gebliche Edition, die wissenschaftlichen Ansprüchen genügt, stammt jedoch aus den 30er Jahren: Jean d'Arras, Mélusine. Roman du XIVe siècle. Hg. von Louis Stouff. (Publications de l'Université de Dijon 5). Dijon u.a. 1932. Diese Ausgabe wird im Folgenden unter der Sigle JdAM zitiert. Inzwischen ist eine unwesentlich gekürzte neufranzösische Übersetzung der Ausgabe von Louis Stouff erschienen: Jean d'Arras, Le Roman de Mélusine ou l'Histoire des Lusignan. Übersetzt ins Neufranzösische von Michèle Perret. Mit einem Vorwort von Jacques Le Goff und einem Nachwort von Michèle Perret. Paris 1979. Alle französischen Drucke bzw. ‚Volksbücher‘ sowie literarische Neubearbeitungen fußen auf der Version des Stoffes von Jean d'Arras. Zur Überlieferung des Prosaromans von Jean d'Arras und seiner Druckgeschichte vgl. Laurence Harf-Lancner, Le Roman de Mélusine et le Roman de Geoffroy à la Grande Dent: les éditions imprimée de l'œuvre de Jean d'Arras, in: Bibliothèque d'Humanisme et Renaissance 50, 2. 1988 S. 349–366.

135 Über den Verfasser des Versromans weiß man bis heute fast nichts. Man kennt allein seinen Namen, weil er ihn in den Versen 7010 und 7020 seines Romans selbst nennt, und nimmt an, dass er Geistlicher gewesen sein könnte. Vgl. dazu Walburga Hülk, Melusine – Lusignan: Fiktive Genealogie im Namen der Mutter. Zum altfranzösischen Melusinenstoff, in: Sehnsucht und Sirene (wie Kap. A, Anm. 28) S. 35–48, hier 42.

136 Der Versroman Couldrettes wurde ebenfalls zuerst in den 50er Jahren des 19. Jhs. ediert: Couldrette, Mellusine. Poème relatif à cette Fée poitevine, composé dans le quatorzième siècle, publié pour la première fois, d'après les Manuscrits de la Bibliothèque impériale. Hg. von Francisque Michel. Niort 1854. Die heute maßgebliche Ausgabe stammt aus den 80er Jahren: Couldrette, Le Roman de Mélusine (wie Kap. B, Anm. 58). Diese Ausgabe wird im Folgenden unter der Sigle CM zitiert. Es liegt inzwischen auch eine zweisprachige (altfranzösisch-neufranzösisch) Ausgabe vor: Coudrette, Le Roman de Mélusine. Hg., übersetzt und kommentiert von Laurence Harf-Lancner. Paris 1993.

137 So zuerst: Hoffrichter, Bearbeitungen S. 15–35, bes. 32ff und 72.

138 Pierre Martin-Civat, La Mélusine, ses origines et son nom. Comment elle est devenue la mythique aieule des Lusignan. (Institut d' Histoire et d' Archéologie de Cognac et du Cognaçais,

Jean d'Arras und Couldrette erzählen oberflächlich betrachtet dieselbe Geschichte[139]: Beide berichten von der durch einen Fluch ihrer Mutter Présine zu einer temporären Existenz als Tiermensch (halb Schlange, halb Frau) verurteilten Mélusine, die auf ihre Erlösung durch die Verbindung mit einem jungen Ritter hofft, den sie mit Hilfe ihrer magischen Feenkräfte aus einer verzweifelten Situation befreit und heiratet, nachdem sie ihm das Versprechen abgenommen hat, sie des Samstags nie aufzusuchen. Sie schildern beide den Aufbau der Herrschaft Lusignan, Melusines umfangreiche Bautätigkeit, die Burgen, Schlösser und Kloster entstehen lässt, sowie die Genese eines weitverzweigten Netzes berühmter Geschlechter über die zahlreiche männliche Nachkommenschaft des Paares. In beiden Romanen scheitert die Verbindung zwischen Mélusine und Raimond, und die anderweltliche Fee sieht sich um ihre Hoffnung auf Erlösung betrogen, weil der Ehemann das gegen ihn errichtete Verbot zweimal missachtet, zunächst visuell, dann verbal. In beiden Romanen wird die Liebesgeschichte des Paares zum einen in die familiäre Vorgeschichte Mélusines eingebettet, die gemeinsam mit ihren ebenfalls von der Mutter verfluchten Schwestern ihren Vater ermordet hatte, zum anderen mit den Erzählungen um die Melusinensöhne, ihren ‚aventiure'-Fahrten und ritterlichen Bewährungstaten sowie ihren klugen Heiraten in fremde Dynastien verknüpft.

Die spätmittelalterlichen französischen Romanversionen des Melusinenstoffes sind – dies wurde inzwischen detailliert aufgearbeitet – in den genealogisch-historischen Zusammenhang des Hauses Lusignan und de Parthenay eingebettet.[140] In beiden Texten steht dieses Adelsgechlecht im Zentrum des Erzählinteresses. In beiden Romanen geht es um die Begründung der Herrschaft des Hauses Lusignan durch eine wunderbare und außergewöhnliche Stamm-Mutter und damit um den Ursprung und die Genese eines Adels-

---

Mémoires 1). Cognac 1969 S. 1, zitiert die entsprechende Seite aus dem „Reductorium morale": „in mea patria pictavia fama est [...]." Vgl. auch HARF-LANCNER, Einleitung, in: Coudrette, Le Roman de Mélusine S. 19 und LECOUTEUX, Entstehung S. 81. Auch behauptet Jean d'Arras, die „vrayes coroniques" (JdAM, 1), die er benutzt habe, durch mündlich Tradiertes („ce que nous avons ouy dire et raconter a noz anciens" (JdAM, 3)) erweitert zu haben.

139 Zu den inhaltlichen Unterschieden zwischen den französischen Versionen vgl. HOFFRICHTER, Bearbeitungen S. 15–24.

140 Als Jean d'Arras und Couldrette ihre Romanversionen Ende des 14. Jhs. verfassten, war der Niedergang des Hauses Lusignan schon weit fortgeschritten. Die poitevinische Linie des Geschlechts war im frühen 14. Jh. bereits ausgestorben. Vgl. ELEANOR ROACH, Einleitung, in: CM, S. 13–104, hier 21–52. Zum sozialhistorischen Kontext der französischen Romane vgl. auch MÜLLER, Melusine in Bern S. 48ff; PETERS, Dynastengeschichte S. 210–219 sowie KELLNER, Melusinengeschichten S. 281–284.

geschlechtes.[141] In den französischen Bearbeitungen wird die Geschichte der Melusine zu einer „Geschlechtermythologie".[142] Für beide Autoren scheint die Geschichte Mélusines identisch mit der Geschichte des Hauses Lusignan.[143] So setzt sich Jean d'Arras in seinem Prolog zwar mit anderen Erzählungen von Feen auseinander, die sich mit Menschen verheiraten. So erwähnt er auch die Ehe des Burgherren von Rousset mit einer Schlangenfrau, wie sie bei Gervasius von Tilbury erzählt wird (vgl. JdAM, 4). Zugleich grenzt er jedoch seine eigene Fassung von derlei fantastischen Erscheinungen ab und lässt keinen Zweifel daran, dass er die authentische Geschichte des Geschlechtes Lusignan zu berichten habe: „[...] selon la juste cronique et la vraye histoire, sans y appliquier chose quit ne soit veritable et juste de la propre matiere" (JdAM, 5). Auch Couldrette scheint schon mit dem Titel für seinen Versroman - er lässt seinem Publikum die Wahl zwischen „Le Romant de Partenay" (CM, V 7004) und „Le Rommant de Lusignen" (CM, V 7006) - auf die Identifizierung von Melusinenfabel und Familiengeschichte der Lusignans hinzudeuten.

Sowohl Jean d'Arras als auch Couldrette betonen die enge genealogische Verbindung zwischen dem Haus Lusignan und ihren jeweiligen Auftraggebern: Der Herzog von Berry ist als Herr der Festung von Lusignan der Amtsnachfolger der Melusinen-Nachkommen.[144] Zugleich sind Jean II und seine Schwester Marie über ihren Großvater mütterlicherseits, Johann von Luxemburg, selbst weitläufig mit der durch den Melusinensohn Antoine begründeten luxemburgischen Linie des Hauses Lusignan verwandt.[145] Eine noch engere genealogische Verbindung lässt sich bei Couldrettes Auftraggebern feststellen: die Herren von Larchevêque-Parthenay sind Familienmitglieder der Lusignans, denn das Geschlecht der Parthenays bildet einen

---

[141] Vgl. Peters, Dynastengeschichte S. 211.

[142] Müller, Melusine in Bern S. 48.

[143] Vgl. Peters, Dynastengeschichte S. 211.

[144] Jean Duc de Berry, heute v. a. als Kunstmäzen bekannt, und seine Schwester Marie Duchesse de Bar waren die Kinder des Königs Johann des Guten von Frankreich. In den Kämpfen des Hundertjährigen Krieges leitete Jean II de Berry in den Jahren 1369 und 1380 die Rückeroberung seiner Apanage Poitou und belagerte dabei auch die Festung Lusignan, die der Engländer Creswell besetzt hielt. Er konnte 1374 nach der Herrschaft Poitou auch Lusignan übernehmen und war damit zum Zeitpunkt der Abfassung des Prosaromans Jean d'Arras' Besitzer von Lusignan. Vgl. Laurence Harf-Lancner, Littérature et politique: Jean de Berry, Léon de Lusignan et le Roman de Mélusine, in: Histoire et littérature au Moyen Âge. Actes du Colloque du Centre d'Etudes Médiévales de l'Université de Picardie (Amiens 20-24 mars) 1985. Hg. von Danielle Buschinger. (Göppinger Arbeiten zur Germanistik 546). Göppingen 1991 S. 161-171, hier 163-166.

[145] Vgl. Roach, Einleitung, in: CM S. 43ff und Peters, Dynastengeschichte S. 213.

Zweig des Hauses Lusignan.[146] Couldrette macht im Hinblick auf seinen Gönner sogar die „Kontinuität der Geschlechterlinie" zum „Zentralthema" seines Textes.[147]

In den spätmittelalterlichen französischen Melusinenromanen fungiert die Liebes- und Ehegeschichte Raimonds und Mélusines als Gründungsmythos des Hauses Lusignan. Das in den lateinischen Texten als dämonisches Schlangenweib diskreditierte Feenwesen wird, eingerückt in den genealogischen Kontext der ‚Geschlechtermythologie' und ‚Haushistoriographie' (J.-D. Müller), zu einer wunderbaren und extraordinären Stamm-Mutter, die es zum Ruhme des Geschlechts zu verherrlichen gilt. Die Funktionalisierung der Melusinengeschichte als Gründungsmythos des poitevinischen Hauses Lusignan hat die Entdämonisierung der Mahr zur Folge. Dies lässt sich in beiden Romanen sehr deutlich zeigen. So bemühen sich sowohl Jean d'Arras als auch Couldrette darum, ihre Protagonistinnen als gute Christinnen zu porträtieren. Während die Schlangenfrauen der proto-melusinischen Erzählungen sich dadurch auszeichnen, dass sie kirchliche Rituale – wie das Besprengen mit Weihwasser und die Konsekration der Hostie – vermeiden, unterhalten die Melusinenfiguren der Romane freundliche Beziehungen zur Kirche. Sie weisen sich gegenüber ihrem Ritter bei der ersten Begegnung als gläubige Christinnen aus[148], bestehen auf einer kirchlichen Eheschließung (vgl. JdAM, 32 und CM, Vv 980–988) und betätigen sich als Förderinnen der Kirche (vgl. JdAM, 78 und 251 und CM, Vv 1399 und 3559f). Zwar scheinen die wöchentlichen temporären Transformationen der Melusinen auf ihre dämonische Natur hinzuweisen. Doch erstreckt sich ihre Verwandlung nicht mehr auf ihren ganzen Körper. Bei Jean d'Arras verflucht Présine ihre Tochter dazu, „[...] tout les samedis serpente du nombril en aval" (JdAM, 13) zu sein. Als Signum des Bösen besitzen die Melusinen zwar einen Schlangenschwanz, der für das zeitgenössische Publikum als Hinweis auf die Schlange im Paradies und damit den Sündenfall fungiert.[149] Zugleich

---

[146] Die Herren von Parthenay gehen in direkter Linie auf den jüngsten Melusinensohn Thierry, den Nachfolger Geffroys au grant dent, zurück. Vgl. Roach, Einleitung, in: CM S. 22–28, bes. S. 27.

[147] Peters, Dynastengeschichte S. 211. Couldrette schreibt: „Non onstant ce, dont Dieu mercie / Encore regne la lignie / De Thierry a Parthenay, voire / Ilz rengnent grandement encore" (CM, Vv 6685–6688). Er führt seine Gönner und Auftraggeber, die Herren von Parthenay, zudem als Nachkommen der Fee Mélusine in seinen Text ein. Vgl. CM, Vv 68–75.

[148] Vgl. JdAM, 25. In Couldrettes Versversion sagt die Fee ihrem Ritter ganze Glaubensartikel auf, um ihre Frömmigkeit unter Beweis zu stellen. vgl. CM, Vv 621–634.

[149] Die Schlange steht ikonographisch für das Böse. Sie geht als Bild des Teufels, der Sünde und des Todes in die christliche Symbolik ein und steht für die triumphierende Macht des Bösen. Vgl. Wolfgang Kemp, [Art.] Schlange, in: Lexikon der christlichen Ikonographie. Begründet

wird die dämonische Aura, die Melusine umgibt, ihre Nähe zum Diabolischen, im Dienst der Genealogie stark zurückgedrängt: Der samstägliche Gestaltwandel entspringt nicht länger – wie bei ihren hochmittelalterlichen Vorgängerinnen – ihrer dämonischen Natur, sondern wird mit einem Fluch ihrer Mutter Présine erklärt. Der mütterliche Fluch tritt als neues Element im Melusinenstoff hinzu und entlastet Melusine weitgehend von dem Makel, ein Dämonenwesen zu sein. Die beiden französischen Bearbeiter arrangieren ihre Fabel in diesem Punkt ganz unterschiedlich. Jean d'Arras stellt Melusines Vorgeschichte an den Anfang seiner Erzählung (vgl. JdAM, 5–15; bes. 9–15) und klärt so sein Publikum von Anfang an darüber auf, dass Melusine eher eine Mörderin und verfluchte Fee als eine Dämonin ist. In Couldrettes Versroman dagegen wird Melusines Abstammung und der auf ihr lastende Fluch erst nach Mélusines Verschwinden aufgedeckt: Der sechste Melusinensohn Geoffrey findet nach seinem Riesenkampf im Berg Awelon eine Tafel mit der Geschichte seiner Familie mütterlicherseits (vgl. CM, Vv 4915–5052). Couldrettes Leser/innen bleiben so lange im Unklaren über Melusines Natur.

Während in den lateinischen Vorstufen die Mahrtenwesen mit dem gängigen dämonologischen Begriffsrepertoire als Dämoninnen bestimmt wurden, werden die Melusinen in den französischen Romanen als Gründerinnen des Hauses und der Festung Lusignan von den Erzählern als Feenwesen („une faee"; JdAM, 5 und „une fee"; CM, Vv 70) angesprochen.[150] Als Dämoninnen und gefährliche teuflische Kreaturen werden sie nicht von den Erzählern, sondern nur von Figuren der erzählten Welt interpretiert, die in ihren Deutungen des ihnen unerklärlichen, wunderbaren Geschehens klerikale Interpretationsmuster zu reproduzieren scheinen. So bezeichnet bei Jean d'Arras der junge Graf von Poitiers jene Frau, die Remondin an der „Fontaine de Soif" getroffen haben will, als „phantosme" (JdAM, 37).[151] Sein Bruder be-

von Engelbert Kirschbaum. Hg. von Wolfgang Braunfels. 8 Bde. Freiburg i. Br. 1968–1976, hier Lexikon der christlichen Ikonographie 4. Freiburg i. Br. 1972 Sp. 75–81, hier Sp. 75 und [Art.] Schlange, in: Gerd Heinz-Mohr, Lexikon der Symbole, Bilder und Zeichen der christlichen Kunst. München [10]1988 S. 256.

150 Das altfrz. Wort ‚feé' bzw. ‚faé' geht auf lat. ‚fata' (abgeleitet von lat. ‚fatum'; Schicksalsgöttin, Parze) zurück. Es wird bestimmt als „être fantastique qu'on se représente comme une femme douée d'un pouvoir surnaturel". Es findet sich in abgewandelter Form in allen romanischen Sprachen und wurde über die hochmittelalterliche Artus-Epik auch ins Mhd. entlehnt (mhd. ‚feie, feine'). Das Wort bezeichnet überall ein das menschliche Schicksal in gutem oder bösem Sinne beeinflussendes Wesen weiblichen Geschlechts. Vgl. Wartburg, Französisches etymologisches Wörterbuch, Bd. 3. Basel 1949 Sp. 432 ff.

151 Das altfrz. Wort ‚phantosme' bzw. ‚fantosme' (neufrz. ‚fantôme') wird als „chose trompeuse", als „chimère qu'on se forme dans l'esprit" bzw. „apparition offrant l'image d'une person-

richtet Remondin bei seinem Besuch auf Schloss Lusignan, es gebe Gerüchte, seine Frau sei „un esperit fae, qui le samedi fait sa penance" (JdAM, 241). Remondin selbst nennt seine Gattin beim Zweiten Tabubruch eine „tres faulse serpente", die nichts als ein „phantosme" sei, und behauptet, sein Sohn Fromont sei durch „l'art demoniacle" getötet worden (JdAM, 255).

In Couldrettes Versversion ist Melusines Nähe zur Sphäre des Dämonischen und Satanischen deutlich gegenüber Jean d'Arras' Prosafassung abgeschwächt. Die nach Poitiers zurückkehrenden Beamten, die Raimondin sein Lehen zugemessen haben, unterhalten sich über das an der „Fontaine de Soif" Beobachtete. Sie nennen das Geschehen dort eine „chose fayee" (CM, V 928), und dort habe es schon ein „aultre merveille" gegeben (CM, V 932). Der „conte de Forests" berichtet seinem Bruder Raimondin bei seinem Besuch in Lusignan, man glaube, an Melusines ‚ehefreien' Samstagen spiele sich „faerie" in ihrer geheimen Kammer ab (CM, V 3034).[152] Beim Zweiten Tabubruch nennt Raimondin seine Mellusigne zwar eine „serpente" (CM, V 3879). Andeutungen, sie habe mit dem Teufel zu schaffen oder sei ein Dämonenwesen, fehlen jedoch an dieser Stelle im Text Couldrettes.

Das dämonische ‚Erbe' der von Jean d'Arras und Couldrette für ihre Versionen zum Teil als Quellen verwendeten proto-melusinischen Erzählungen lässt sich jedoch nicht ganz tilgen und ist in den Romantexten in Form von Leerstellen, Brüchen und Widersprüchen immer wieder präsent, die deutlich machen, das der Melusinenstoff, als er um die Wende des 14./15. Jahrhunderts seine typische Gestalt gewinnt, schon auf eine lange Vorgeschichte zurückblicken kann.[153] Als Beispiel für ein solches ‚Durchschimmern' des dämonischen ‚Erbes' lässt sich das Erscheinen des Teufels im Melusinenstoff anführen. Während Jean d'Arras seine Melusinenfigur in ihrer Abschiedsrede den Teufel nicht erwähnen, sondern sie häufig Gott nennen lässt (vgl. JdAM, 256ff), gibt Mellusigne bei Couldrette nach dem Zweiten Tabubruch zu, dass sie mit Raimondins öffentlicher Diffamierung dem Teufel anheim gefallen sei, was die Herrin von Lusignan wiederum in die Nähe des Dämo-

---

ne qui n'est plus ou le simulacre d'une personne réelle" bestimmt. Es geht auf griech. ‚phantasma' zurück, das ‚Trugbild', ‚Täuschung' oder ‚gespensterhafte Erscheinung' bedeutet und immer wieder im Kontext dämonologischer Diskurse im Mittelalter auftaucht. Vgl. [Eintrag] phantasma, in: Wartburg, Französisches etymologisches Wörterbuch, Bd. 8. Basel 1958 S. 363ff und [Eintrag] phantasma in: Karl Ernst Georges, Ausführliches lateinisch-deutsches Handwörterbuch. 2 Bde. Darmstadt 1988. (Hannover u. a. ^{8}1913–1918), Bd. 2 Sp. 1681.

152 Das altfrz. ‚faerie' wird mit „monde fantastique où figerent les fées" bzw. „l'art des fées" wiedergegeben. Vgl. [Eintrag] fata, in: Wartburg, Französisches etymologisches Wörterbuch, Bd. 3. Basel 1949 Sp. 432.

153 Vgl. dazu auch Lecouteux, Entstehung S. 84, der die Widersprüche in Jean d'Arras' Version „[...] auf einen Kampf zwischen Kirche und Volksmeinung zurück[führt]."

nischen rückt. Sie hätte als „femme naturelle", als „femme mortelle" (CM, 3953f) sterben können, hätte Raimondin ihr Geheimnis nicht preisgegeben. Denn „l'anemy ne le savoit pas" (CM, V 3950).

Die französischen Versionen erzählen die Melusinensage als ‚Geschlechtermythologie' des mit den Lusignan verwandten Hochadels. Die Autoren der französischen Melusinenromane, Jean d'Arras und Couldrette, schrieben im Auftrage der Grafen von Parthenay bzw. des Herzogs von Berry, hochadeliger Herren, die mit dem Hause Lusignan verwandt waren. Die Melusinenromane sollten als ‚Haushistoriographien' den Nachkommen des Geschlechts ihre eigene Gegenwart ‚erklären'.[154] In ihnen verbinden sich Lokalsage und Familienchronik miteinander. Die Adressaten der französischen Versionen sind über ihre Genealogie zugleich Teil des Erzählten.

[154] Vgl. MÜLLER, Melusine in Bern S. 48.

3. Thüring von Ringoltingen: „Melusine" (1456)

3.1 Melusine in Bern

Am 28. Januar 1456 beendete der Berner Ratsherr und spätere Schultheiß Thüring von Ringoltingen seine Prosahistorie „Melusine", die er „zů eren vnd zů dienste" (ThvRM, 11, 19) des Markgrafen Rudolf von Hochberg verfasste.[155] Thürings Version lässt sich als eine stark bearbeitende Übersetzung auffassen, wobei dem Berner Patrizier nicht die Prosafassung Jean d'Arras', sondern die Versversion Couldrettes als unmittelbare Vorlage diente.[156] Über den Begriff der „hystori" oder „historia", mit dem diese Romane von den Zeitgenossen bezeichnet wurden, wird der historiographisch orientierte Wahrheitsanspruch des Erzählten deutlich artikuliert.[157] Thürings Übersetzung steht im Kontext der sogenannten ‚Prosaauflösungen' des Spätmittelalters.[158] Für diese Gruppe von längeren Erzähltexten in Prosa aus dem 15. und 16. Jahrhundert war in der Romantik der Begriff ‚Volksbuch' geprägt worden. Er erhielt im Verlauf des 19. Jahrhunderts innerhalb der Germanistik den Rang einer Gattungsbezeichnung. Der Terminus ist von der jüngeren Forschung jedoch als problematisch erkannt worden, da sich die betreffenden Texte nicht durch eine gattungsgemäße Homogenität, sondern gerade durch ein hohes Maß an formaler, thematischer und qualitativer

---

[155] Es ist in diesem Zusammenhang nicht von einem Auftragsverhältnis auszugehen. Es handelt sich vielmehr um eine Widmung an Rudolf von Hochberg. Vgl. Müller, Nachwort S. 1022. Markgraf Rudolf von Hochberg, Graf von Neuchâtel, hatte enge Verbindungen nach Westen, v. a. zum Hof Herzog Philipp des Guten von Burgund, der um die Mitte des 15. Jhs. das Zentrum höfisch-ritterlicher Kultur bildete. Markgraf Rudolf könnte die französische Vorlage nach Bern vermittelt haben. Vgl. dazu Müller, Nachwort S. 1021 f.

[156] Einen Überblick über die Veränderungen, die Thüring von Ringoltingen gegenüber seiner Vorlage vornimmt, gibt: Elisabeth Pinto-Mathieu, Le Roman de Melusine de Coudrette et son adaptation allemande dans le roman en prose de Thüring von Ringoltingen. (Göppinger Arbeiten zur Germanistik 524). Göppingen 1990.

[157] Auch Thüring nennt die Geschichte des Hauses Lusignan eine „fremde hÿstorÿen"(ThvRM, 11, 18). Vgl. Jan-Dirk Müller, Volksbuch/Prosaroman im 15./16. Jahrhundert – Perspektiven der Forschung. In: Internationales Archiv für Sozialgeschichte. Sonderheft 1: Forschungsreferate. Tübingen 1985 S. 1–122, hier 65 ff. Zur Begriffsgeschichte vgl. Joachim Knape, ‚Historie' in Mittelalter und Früher Neuzeit. Begriffs- und Gattungsgeschichtliche Untersuchungen im interdisziplinären Kontext. (Saecula Spiritalia 10). Baden-Baden 1984.

[158] Zum Begriff ‚Prosaauflösungen' und zur frühen deutschen Druckprosa vgl. Alois Brandtstetter, Studien zur Rezeption der höfischen Epik im frühneuhochdeutschen Prosaroman. Frankfurt a. M. 1971.

Heterogenität auszeichnen. Allein die ihnen gemeinsame Form der Tradierung verleiht den Texten einen Zusammenhang. Der Begriff ist zudem irreführend hinsichtlich der im 15. und 16. Jahrhundert bestehenden literatursoziologischen Position der Texte. So gilt für die „Melusine", dass sowohl der Autor als auch sein Publikum nicht ‚volkstümlich' waren, sondern aus dem Adel bzw. der städtischen Oberschicht stammten. In der neueren Forschung ist deshalb der scheinbar pleonastische Terminus ‚Prosaroman' – in Abgrenzung zum höfischen Versroman des Hoch- und Spätmittelalters – üblich geworden.[159]

Thürings Adaptation markiert den Eintritt des Melusinenstoffes in die deutsche Literatur des 15. Jahrhunderts und den Beginn einer umfangreichen Rezeption im deutschsprachigen Raum. Schon für das 15. Jahrhundert ist eine reiche Überlieferung in Papierhandschriften und Drucken zu konstatieren. Die handschriftliche Überlieferung lässt sich bereits ab 1467 nachweisen und setzte sich parallel zu den Drucken fort.[160] Für die frühe literarische Tradition des Stoffes ist jedoch kennzeichnend, dass sie vor allem von einer Überlieferung der „Melusine" Thürings in Drucken getragen wird.[161] Der älteste erhaltene Inkunabeldruck der „Melusine" ist die Ausgabe von Johann Bämler 1474 in Augsburg, nur 18 Jahre nach Fertigstellung der Übersetzung.[162] Nach Auffassung Hans-Gert Roloffs ist die Drucktradition da-

---

159 Einen Einblick in die Problematik des Begriffes ‚Volksbuch' geben: MÜLLER, Volksbuch/Prosaroman S. 1–15 und HANS JOACHIM KREUTZER, Der Mythos vom Volksbuch. Studien zur Wirkungsgeschichte des frühen deutschen Romans seit der Romantik. Stuttgart 1977.

160 Zu den Abhängigkeitsverhältnissen der Handschriften und Inkunabeln vgl. KARIN SCHNEIDER, Einführung, in: Thüring von Ringoltingen, Melusine. Nach den Handschriften kritisch hg. von KARIN SCHNEIDER. (Texte des späten Mittelalters 9). Berlin 1958 S. 7–35, hier 19–28 und HANS-GERT ROLOFF, Nachwort, in: Thüring von Ringoltingen. Melusine. Stuttgart ^{2}1991 S. 153–176; hier 175.

161 Über die Druckgeschichte informieren: BODO GOTZKOWSKY, „Volksbücher". Prosaromane, Renaissancenovellen, Versdichtungen und Schwankbücher. Bibliographie der deutschen Drucke. Teil 1: Drucke des 15. und 16. Jahrhunderts. (Bibliotheca Bibliographica Aurealiana 125). Baden-Baden 1991 S. 105–125; DERS., „Volksbücher". Prosaromane, Renaissancenovellen, Versdichtungen und Schwankbücher. Bibliographie der deutschen Drucke. Teil 2: Drucke des 17. Jahrhunderts. Mit Ergänzungen zu Bd. 1. (Bibliotheca Bibliographica Aurealiana 127). Baden-Baden 1994 S. 39ff und THOMAS VEITSCHEGGER, Das „Buch der Liebe" (1587). Ein Beitrag zur Buchs- und Verlagsgeschichte des 16. Jahrhunderts. Hamburg 1991 S. 96. Bämlers Ausgabe bildet die Grundlage für die Edition der „Melusine" von Jan-Dirk Müller. Zur Bedeutung der Drucke für die Präsenz der Melusinengeschichte im Bewusstsein der Frühen Neuzeit vgl. BRAUN, Ehe S. 37–52.

162 BODO GOTZKOWSKY, Volksbücher, Bd. 1. Baden-Baden 1991 S. 106, sieht in Bämlers Ausgabe die älteste erhaltene Druckversion. THOMAS VEITSCHEGGER, Buch der Liebe S. 96, dagegen nimmt an, dass der Druck des Basler Druckers Bernhard Richel – er wird in der Regel auf 1475 datiert – bereits 1473 und damit früher als Bämlers Druck entstanden ist. Unterstützung für sei-

durch gekennzeichnet, dass „[t]rotz der vielen Neudrucke [...] Thürings von Ringoltingen Fassung relativ geringfügig von einzelnen Druckern überarbeitet worden [ist]." Die „Melusine" sei - abgesehen von lautlichen, syntaktischen und formalen Veränderungen - in „ziemlich konstanter Form" tradiert worden.[163] Alle Druckversionen des Stoffes scheinen auf Thürings Prosaübersetzung zu fußen.[164] Die „Melusine" war eines der beliebtesten Bücher des 15. und 16. Jahrhunderts[165] und wurde in das Kompendium „Buch der Liebe"[166] des Frankfurter Verlegers Sigmund Feyerabend aufgenommen, das 1587 zur Herbstmesse erschien. Feyerabend verwendete wahrscheinlich einen Druck der „Melusine", der 1577 von Paul Reffeler für Kilian Han in Frankfurt a. M. gedruckt worden war. Feyerabends umfangreiches Kompendium im Folioformat vereinigte 13 volkssprachliche, zur unterhaltenden Literatur der Zeit gehörende Werke aus dem ‚ritterlich-höfischen Milieu'. Diese vorwiegend im 15. und 16. Jh. entstandenen Übersetzungen aus dem Französischen, die bereits in Separatdrucken überliefert waren und nach Herkunft, Art und Beliebtheit stark differierten, erscheinen lediglich über die ritterlich-höfische Liebesthematik miteinander verbunden. Das „Buch der Liebe" richtete sich vermutlich an ein wohlhabendes Publikum, den Hof- und Landadel sowie die stadtbürgerliche Oberschicht. Im 16. Jahrhundert entstanden mit Hans Sachs' Tragedia „Die Melusina" (1656) und Jakob Ayrers Tragedia „Melusina" (1596) zwei dramatische Bearbeitungen des Stoffes.[167]

---

ne These hat Veitschegger in jüngster Zeit von Martina Backes erhalten. Diese hat die Holzschnittillustrationen des Basler und des Augsburger Druckes miteinander verglichen und Hinweise darauf gefunden, dass sich Bämler in seinem Bildprogramm auf die Ausgabe Richels gestützt haben könnte. Vgl. MARTINA BACKES, Fremde Historien. Untersuchungen zur Überlieferungs- und Rezeptionsgeschichte französischer Erzählstoffe im deutschen Spätmittelalter. (Hermaea. Germanistische Forschungen. N.F. 103). Tübingen 2004 S. 177–181. Seit kurzem liegt eine Edition des Basler Druckes vor: THÜRING VON RONGOLTINGEN, Melusine (1456). Hg. von ANDRÉ SCHNYDER und URSULA RAUTENBERG. 2 Bde. Wiesbaden 2006, die für diese Studie nicht mehr eingesehen werden konnte.

[163] Vgl. ROLOFF, Nachwort S. 176.

[164] Vgl. GOTZKOWSKY, Volksbücher, Bd. 1 Baden-Baden 1991 S. 106.

[165] Zu „Melusine" als ‚Bestseller' der Frühen Neuzeit vgl. REINHARD WITTMANN, Geschichte des deutschen Buchhandels. 2., durchgesehene Auflage. München 1999 S. 80.

[166] Vgl. VEITSCHEGGER, Buch der Liebe S. 1; 3; 110; 194 und 331 (Sigle I 119a) und JOHN LEWIS FLOOD, Sigmund Feyerabends ‚Buch der Liebe' (1587), in: Liebe in der deutschen Literatur des Mittelalters. St. Andrews-Colloquium 1985. Hg. von JEFFREY ASHCROFFT u. a. (Anglo-deutsches Kolloquium 9; Publications of the Institute of German Studies 40). Tübingen 1987 S. 204–220, hier 206.

[167] Zu Hans Sachs' Dramatisierung vgl. Kap. B.5. JAKOB AYRER, Melusina. Tragedi Erster Theil von der schönen Melusina vnd ihrem verderben vnd untergang. Mit 37. Personen vnd hat

Mit der Adaptation durch den Berner Patrizier wird der Melusinenstoff nur scheinbar in einen städtischen und damit frühbürgerlichen Kontext transponiert. Der Verfasser der ersten deutschen Bearbeitung stammte nämlich aus einem Umfeld, das über ein ausgeprägtes adliges Selbstverständnis verfügte und an adliger Kultur und Lebensweise des 15. Jahrhunderts zu partizipieren suchte. Die Familie von Ringoltingen gehörte im 15. Jahrhunderts zur politischen Führungsschicht Berns.[168] Durch Handel, Geld- und Kreditgeschäfte reich geworden und mit dem Erwerb einer Twingherrschaft in die Oberschicht aufgestiegen, erlebte die Familie um die Mitte des 15. Jahrhunderts den Höhepunkt gesellschaftlicher Anerkennung. Thürings Vater, Rudolf von Ringoltingen, wird im „Tellbuch" von 1448 als zweitreichster Mann Berns genannt. Er ist einer der führenden Politiker der Stadt und bekleidet als Twingherr regelmäßig das Schultheißenamt. Thürings Vorfahren, die ursprünglich Zigerli hießen, sich seit Beginn des 15. Jahrhunderts Zigerli von Ringoltingen und schließlich seit 1431 nur noch von Ringoltingen nannten, knüpften durch *connubium* Verbindungen zu den alteingesessenen Geschlechtern des Landadels. Eine Urkunde von 1439, die eine Verwandtschaft mit dem Geschlecht derer von Ringoltingen ‚nachweist', sollte die Nobilitierung der Familie bestätigen, welche mit der Umwandlung der Herkunftsbezeichnung von Ringoltingen in ein Adelsprädikat de facto schon vollzogen war. Auch der Sohn Thüring, der die typische Laufbahn eines Sohnes der Oberschicht durchlief, spielte eine bedeutende Rolle im Berner Rat. Er bekleidete nach dem Tod seines Vaters im Wechsel mit anderen Vertretern der bedeutendsten Berner Geschlechter insgesamt viermal das Schultheißenamt. In der zweiten Jahrhunderthälfte büßte die Familie stark an Vermögen ein.

---

6. Actus; Tragedi Ander Theil von der Melusina wie Goffrius gehauset vnd sein endt genommen hat. Mit 27. Personen vnd hat 6. Actus,. in: Ders., Opus Theatricum: Dreißig Außbündtige schöne Comedien vnd Tragedien von allerhand Denckwürdigen alten Römischen Historien vnd andern Politischen geschichten vnd gedichten Sampt noch andern Sechs und dreissig schönen lustigen und kurtzweiligen Faßnacht oder Possen Spilen. durch [...] Jacobum Ayrer [...] zusammencolligirt vnd in Teutsche Reimen Spilweiß verfasset [...]. Nürnberg, Balthasar Scherffen 1616, Bl. 323r-355r. Der Text ist auch in einer Edition aus dem 19. Jh. zugänglich: Ayrers Dramen. Hg. von Adelbert von Keller. 5 Bde. Stuttgart 1865, Bd. 3 S. 1615–1778.

[168] Zur Geschichte der Familie von Ringoltingen vgl. Urs Martin Zahnd, Die Bildungsverhältnisse in den bernischen Ratsgeschlechtern im ausgehenden Mittelalter. Verbreitung, Charakter und Funktion der Bildung in der politischen Führungsschicht einer spätmittelalterlichen Stadt. (Schriften der Berner Burgerbibliothek). Bern 1979 S. 114f und 149–153 und Jan-Dirk Müller, Melusine in Bern S. 39f. Zur Sozialstruktur Berns im Spätmittelalter vgl. auch François de Capitani, Sozialstruktur und Mechanismen der Herrschaft in der spätmittelalterlichen Stadt Bern, in: Nürnberg und Bern. Zwei Reichsstädte und ihre Landgebiete. Hg. von Rudolf Endres. (Erlanger Forschungen. Reihe A: Geisteswissenschaften 4). Erlangen 1990 S. 39–48.

Warum ist Thüring von Ringoltingen überhaupt an der Übersetzung des französischen Versromans interessiert? Warum behält er die genealogische Struktur seiner Vorlage, die Einbettung der Melusinengeschichte als Ehegeschichte in eine über mehrere Generationen sich erstreckende Familiengeschichte weitestgehend bei? Mit der Überführung der Melusinengeschichte, die von den französischen Bearbeitern als identisch mit der Geschichte des Hauses Lusignan angesehen worden war, in einen neuen Adressatenkreis scheint doch die Herauslösung aus der Gebrauchssituation als ‚Haushistoriographie‘ verbunden zu sein. Mit dem Wegfall des engen Konnexes zwischen literarischem Text und Adressatenkreis – in den französischen Romanen ließen sich die Nachkommen des Hauses Lusignan ihre eigene Geschichte erzählen – scheinen Anlass und Motivation des Erzählens verloren.

Jan-Dirk Müller konnte zeigen, dass die Vorstellungswelt der Twingherren-Geschlechter, der stadtbürgerlichen Oberschicht Berns, in deren Händen de facto die politische Macht in der Stadt ruhte, von einem adeligen Selbstverständnis geprägt war, in welchem den Begriffen *harkomen*, *ere* und *vszeichnung* zentrale Bedeutung zukam.[169] Die Familien der Oberschicht waren daran interessiert, ihr *harkomen*, die adelige Abstammung ihrer Familie, zu erforschen und schriftlich in Form einer Urkunde zu dokumentieren. Das Herkommen diente der Klärung der sozialen Stellung innerhalb des patrizisch-landadeligen Heiratskreises, der Absicherung der feudalen Herrschaftsrechte gegenüber der Stadt sowie als Legitimation für die eigenen Privilegien.[170] Die Berner Oberschicht verstand sich als „kraft Herkommen zur Führung berufene Gruppe“.[171] Die Twingherren waren durch ihre Standesehre miteinander verbunden. Sie strebten nach Anerkennung in der Feudalwelt und orientierten sich an den dort geltenden Normen. *Erlich* und *ere* sind Begriffe, mit denen sie „Vorgänge und Haltungen aller Art, die sie als geburtsständisch herausgehobene Gruppe, ihre politischen Unternehmungen, ihre Lebensführung und ihre Teilhabe an der Welt des Feudaladels betreffen“[172], bezeichneten. Sie markierten ihre soziale Sonderstellung und ständische Exklusivität, mit der sie sich gegen den ‚gemeinen Bürger‘ abgrenzen.[173] Romane, in denen die Frage nach der genealogischen Legitimierung von Herrschaft literarisiert wurde, mussten damit im Berner Stadtpatriziat auf ein breites Interesse stoßen, auch wenn der enge Konnex zwischen literarischem Text und Adressatenkreis mit der Überführung in diesen neuen Rezipientenkreis verloren ging.

---

[169] Vgl. dazu MÜLLER, Melusine in Bern S. 41–45.

[170] Vgl. ebd. S. 42 f.

[171] Ebd. S. 44.

[172] Ebd. S. 45.

[173] Ebd. S. 46 f.

Als „adlige[r] Emporkömmlin[g]“[174] sieht Thüring von Ringoltingen den Versroman Couldrettes als erzählens- und übersetzenswert an, weil in ihm die Melusinengeschichte als Herrschaft und sozialen Rang legitimierende ‚Geschlechtermythologie‘ erzählt wird und am Anfang adliger Herrschaftsbegründung eine ähnliche ‚Aufsteigergeschichte‘ steht, wie sie seine eigene Familiengeschichte geprägt hat. Der Berner Patrizier versteht den Gründungsmythos des Hauses Lusignan als Erzählung von adeliger Herkunft schlechthin und ordnet sich selbst mit der Öffnung der Hausüberlieferung in Richtung auf die Geschichte von Adel überhaupt in diesen größeren genealogischen Zusammenhang ein.[175] In Thürings Adaptation tritt die Melusinengeschichte im engeren Sinne nicht deutlicher gegenüber den historisch-genealogischen Passagen des Romans hervor. Der Berner Patrizier bemüht sich sogar darum, die genealogischen Zusammenhänge zwischen den Figuren noch stärker zu verdeutlichen.[176] In seiner Vorrede fügt er gegenüber seiner Vorlage Couldrette noch den Zusatz „freÿen Ritter vnd knecht“ (ThvRM, 11, 9) ein und erweitert so die Liste derer, die sich auf Melusina zurückführen. Indem er ausdrücklich die unterste Schicht innerhalb der adligen Hierarchie, zu der auch der Berner Stadtadel zählte, mit in seine Aufzählung aufnimmt, wird die landadelig-patrizische Gesellschaftsschicht, der er selbst angehörte, zum Teil der Geschichte, die er erzählt: „[...] Es seind auch von ir kommen gar grosse mächtige geschlächt / von künigen vnd fürsten Grauen / freÿen ritter vnd knecht ernampt seind [...]“ (ThvRM, 11, 6–9). Auch mit dem Hinweis, Nachfahren der Fee lebten auch „Jn Teútschen landen“ (ThvRM, 12, 13), schreibt sich Thüring in die Genealogie des Romans ein. Im Melusinenroman, der wieder und wieder die Begründung und Absicherung von Herrschaft thematisiert und den überkommenen Mustern eines feudalen Geschichtsverständnisses folgt[177], findet sein Interesse am eigenen Herkommen, das sich aus dem adeligen Selbstbewusstsein der Berner Twingherren speist, Bestätigung und Antwort. Thüring hat zwar als „jüngerer Chronist“[178] ein Bewusstsein von Distanz zu seinem Vorgänger Couldrette, dem französischen Verfasser des Romans, er sieht sich jedoch selbst als Teil der Geschichte. Mit der Übersetzung des Romans, in der er die genealogischen Zusammenhänge noch verdeutlicht und vertieft, vergewissert er sich seines eigenen Status als ‚Adliger‘.[179]

---

174 KELLNER, Melusinengeschichten S. 284.

175 Vgl. MÜLLER, Melusine in Bern S. 51–55.

176 Vgl. dazu auch PETERS, Dynastengeschichte S. 219 f.

177 Vgl. MÜLLER, Melusine in Bern S. 55.

178 Ebd. S. 53.

179 Vgl. ebd. S. 56.

3.2 Geschlechtsidentität und Geschlechterrolle

Die Analyse der Geschlechterkonzeption wird in dieser Bearbeitung des Melusinenstoffes dadurch erschwert, dass die in Thürings „Melusine“ fassbar werdenden Vorstellungen über die Geschlechter und die den Figuren zugeschriebenen Geschlechterrollen sich aus verschiedenen Quellen speisen bzw. sich im Text verschiedene Modelle von Männlichkeit und Weiblichkeit überlagern. Berücksichtigt werden muss, dass die Melusinengeschichte in der feudalen Oberschicht der mittelalterlichen Gesellschaft spielt und zunächst auch in dieser Schicht tradiert wurde.[180] Auch wenn die hochmittelalterliche Adelskultur im 13. und 14. Jahrhundert bereits ihren Niedergang erlebt hatte, blieben doch die in der höfischen Kultur entwickelten poetischen Idealbilder der ‚höfischen Dame‘ und des ‚höfischen Ritters‘ als „gesellschaftliche Leitbilder“ in Geltung.[181] Diese literarischen Entwürfe spiegelten zwar nie das reale Verhalten der feudalen Oberschicht wider, prägten jedoch das Selbstverständnis des Adels nachhaltig.[182] Die Handlung der „Melusine“ entfaltet sich vor dem Hintergrund der höfischen Kultur. Die „hÿstorÿ“ (ThvRM, 12, 23), verstanden als für wahr erachtete, historische Begebenheit, spielt in einer für den Autor und sein Publikum längst vergangenen Zeit, die nur noch in der literarischen Tradierung der Ritterepik lebendig ist[183], deren Verhaltensweisen nur noch bedingt verstanden und anhand der zeitgenössischen Wirklichkeit gedeutet werden.[184] Mit dem Interesse an der Melusinengeschichte bekundet die landadelig-patrizische Gesellschaftsschicht ihr adeliges Selbstbewusstsein und ihren Wunsch nach Partizipation an adeliger Kultur und Lebensführung. Die höfischen Leitbilder ‚Ritter‘ und ‚Dame‘ dürften deshalb Thürings Geschlechtervorstellungen beeinflussen. Anzunehmen ist aber auch, dass Thüring in seiner Wahrnehmung der Geschlechter von dem stadtbürgerlichen Milieu beeinflusst wird, in dem er lebt.

---

[180] Zu Funktion und Adressatenkreis der französischen Melusinentexte vgl. Kap. B.2.2.

[181] Vgl. Joachim Bumke, Höfische Kultur. Literatur und Gesellschaft im hohen Mittelalter. ⁷München 1994 S. 380.

[182] Ebd. S. 80.

[183] Die Literatur des 14. Jhs. ist durch Traditionspflege bestimmt. Die für die höfisch-feudale Kultur des Hochmittelalters repräsentativen Texte werden in großen Sammelhandschriften zusammengefasst und bewahrt. Thomas Cramer, Geschichte der deutschen Literatur im späten Mittelalter. München ²1995 S. 21.

[184] Müller, Melusine in Bern S. 56, nimmt an, dass das hochmittelalterliche Ritterbild und die Art, wie Ritterschaft im 15. Jh. „erfahren werden kann“, immer mehr auseinanderdriften.

Dies gilt besonders für den ‚privaten' Bereich der Geschlechterbeziehung, Ehe und Familie[185].

Die Ausprägung des Geschlechterverhältnisses und vor allem der im Text präsentierten Geschlechterhierarchie wird nicht zuletzt auch von der Stofftradition bestimmt. Das dem Melusinenstoff zugrunde liegende *Motiv der gestörten Mahrtenehe* impliziert ein Geschlechterverhältnis, in welchem das außerhalb der menschlichen Ordnung lebende übernatürliche Wesen den Menschen in der Liebesbeziehung dominiert. In den dem Melusinenstoff zugehörigen Gestaltungen des Motivs ist das übernatürliche Wesen immer weiblichen Geschlechts. Die so entstehende Geschlechterhierarchie – Frau dominiert Mann – ist dem mittelalterlichen normativ-rechtlichen Verständnis des Geschlechterverhältnisses, das die Frau der Geschlechtsvormundschaft des Mannes (*munt*) unterstellt[186], damit diametral entgegengesetzt. Die Geschlechterrollen in der „Melusine" setzen sich demnach aus in der höfischen Ritterepik tradierten Mustern, aus Thürings Alltagswahrnehmung

---

185 Die Opposition ‚öffentlich'/‚privat', wie sie im heutigen Sprachgebrauch semantisch gefasst wird, ist für das Mittelalter und die Frühe Neuzeit nicht zutreffend. In der jüngeren Forschung wird deshalb für einen bewussten Umgang mit diesen Termini plädiert, der zum einen der Alterität mittelalterlicher und frühneuzeitlicher Gesellschaften Rechnung trägt, zum anderen aber die Existenz einer Opposition einer ‚öffentlichen' und einer ‚privaten' Sphäre nicht völlig negiert. Diese Überlegungen zu einer Historisierung der Kategorien ‚öffentlich' und ‚privat' werden in der Forschung unter dem von Peter von Moos ins Spiel gebrachten Schlagwort ‚kontrollierter Anachronismus' debattiert. Vgl. dazu: Peter von Moos, Das Öffentliche und das Private im Mittelalter. Für einen kontrollierten Anachronismus, in: Das Öffentliche und Private in der Vormoderne. Hg. von Gert Melville und Peter von Moos. (Norm und Struktur 10). Köln u. a. 1998 S. 3–83 und Ders., Die Begriffe „öffentlich" und „privat" in der Geschichte und bei den Historikern, in: Saeculum 49. 1998 S. 161–192. Zur aktuellen Diskussion um die Begriffe ‚öffentlich' und ‚privat' in Mittelalter und Früher Neuzeit vgl. Fridrun Freise, Einleitung. Raumsemantik, Rezeptionssituation und imaginierte Instanz – Perspektiven auf vormoderne Öffentlichkeit und Privatheit, in: Offen und Verborgen. Vorstellungen und Praktiken des Öffentlichen und Privaten in Mittelalter und Früher Neuzeit. Hg. von Caroline Emmelius u. a. Göttingen 2004 S. 9–32. Im Folgenden möchte ich die Begriffe ‚öffentlich' und ‚privat' deshalb im Sinne eines ‚kontrollierten Anachronismus' weiter verwenden.

186 Auch im Spätmittelalter untersteht die Frau weiterhin der *munt*, der Geschlechtsvormundschaft des Mannes über die Frau. Der sog. *muntwalt*, bei unverheirateten Frauen der Vater oder der nächste männliche Verwandte, bei verheirateten Frauen der Ehemann, vertritt die Frau in öffentlichen, besonders gerichtlichen Angelegenheiten, verfügt über ihr Vermögen, hat das Recht sie zu züchtigen und zu verheiraten. Mit der Eheschließung geht die *munt* an den Ehemann der Frau über. Sie ist ihm zu Unterordnung und Gehorsam verpflichtet. In Mitteleuropa beginnt die Geschlechtsvormundschaft des Mannes gegenüber der Frau mit dem Spätmittelalter langsam zu schwinden. Besonders die Handlungs- und Entscheidungsfreiheit unverheirateter und verwitweter Frauen nimmt zu. Vgl. Opitz, Frauenalltag S. 285 ff.

entnommenen Vorstellungen über die Geschlechter und den Vorgaben des Stoffes zusammen.

Problematisch für meinen eigenen Interpretationsversuch erweist sich, dass die dem Text immanente Geschlechterkonzeption nur mit dem in der Forschung vorgefundenen Begriffsinventar – ‚Geschlechterrolle‘, ‚Geschlechtsidentität‘ et cetera – beschrieben werden kann, das für die Geschlechterverhältnisse der Moderne entwickelt wurde. Dieses trägt aber dem Vorhandensein einer dichotomen zweigeschlechtlichen Ordnung Rechnung, wie sie seit der Etablierung geschlechterpolarisierenden Denkens im späten 18. Jahrhundert existiert.[187] Thürings Text liegt weit vor der Etablierung einer Geschlechterdichotomie, welche die Frau als Naturwesen, das weibliche als das andere und ausgegrenzte Geschlecht entwirft. Die Begriffe ‚Geschlechterdifferenz‘, ‚Geschlechterrolle‘ und ‚Geschlechtsidentität‘ können deshalb nicht an jüngsten feministischen Forschungsergebnissen orientiert sein. Sinnvoller erscheint es, die Begriffe unter Zuhilfenahme der traditionellen soziologischen Rollentheorie für meine Analyse neu mit Bedeutung zu füllen.[188]

Innerhalb der soziologischen Rollentheorie meint der Begriff ‚Rolle‘ ein „Bündel normativer Verhaltenserwartungen, die von einer oder mehreren Bezugsgruppen an Inhaber sozialer Positionen herangetragen werden.“[189] Die Verhaltenserwartungen beziehen sich dabei nicht auf den Menschen als Individuum, sondern als Positionsinhaber. Die Bezugsgruppen, d.h. die so-

---

[187] Die Moderne erscheint v.a. durch die Ausbildung des Menschen als bürgerliches Individuum gekennzeichnet. Das Individuum war jedoch von Anbeginn männlich konnotiert. Die Geschichte der Entwicklung des bürgerlichen Individuums ist zugleich die Geschichte der Ausgrenzung der Frau aus dieser neuen Ordnung. Vgl. Helga Bilden, Geschlechterverhältnis und Individualität im gesellschaftlichen Umbruch, in: Verunsicherungen. Das Subjekt im gesellschaftlichen Wandel. Hg. von Reiner Keupp und Helga Bilden. (Münchner Universitätsschriften. Psychologie und Pädagogik). Göttingen 1989 S. 19–46, hier 24 ff.

[188] Der traditionellen, streng soziologischen Rollentheorie, die am Strukturfunktionalismus Talcott Parsons orientiert ist, wird gegenüber der am Symbolischen Interaktionismus orientierten Rollentheorie der Vorzug gegeben. Sie problematisiert stärker das konflikthafte Moment bei der Zuschreibung von Rollen und betont das normative Element bei der Rollenerfüllung. Der interaktionistische Ansatz hebt dagegen stärker das aktive und kreative Moment bei der Rollenübernahme und -ausfüllung hervor. Deshalb scheint der funktionalistische Rollenbegriff für diese Analyse brauchbarer, da innerhalb ständischer Gesellschaften die Bedeutung aufgrund von Geburt, Geschlecht, Herkunft und Heirat zugeschriebener Rollen wesentlich größer ist als in modernen Gesellschaften. Vgl. Meinrad Ziegler, [Art.] Rolle, in: Taschenbuch für Pädagogik (wie Kap. A, Anm. 61), Bd. 4. Hohengehren 1996 S. 1256 und Rüdiger Peuckert, [Art.] Rolle, soziale, in: Grundbegriffe der Soziologie Hg. von Bernhard Schäfers. Opladen 1986 S. 252–256, hier 253.

[189] Peuckert, [Art.] Rolle, soziale S. 252.

zialen Gruppen, mit denen ein Mensch interagiert, kontrollieren, strafen und belohnen das Rollenverhalten eines Rollenträgers.[190] Mit der Übernahme einer sozialen Rolle werden Menschen zu „Mitgliedern des Netzwerkes sozialer Beziehungen“[191], d. h. Rollen haben für den Einzelnen integrierende Funktion in die Gemeinschaft. Mit seinem rollenkonformen Verhalten trägt der Rolleninhaber zur Erhaltung der Gesellschaft als sozialem System bei.[192] Innerhalb dieses Rollenmodells lässt sich die Geschlechterrolle als „Gesamtheit der Rollenerwartungen, die an einen Menschen im Hinblick auf sein Verhalten als männliches oder weibliches Mitglied einer Gesellschaft gestellt werden“ auffassen.[193]

Der Begriff ‚Identität‘ bezeichnet die „innere Gewißheit des Subjekts, daß es trotz wechselnder Lebenssituationen und -phasen und immer neuen Orientierungen in der Außenwelt ein und dieselbe Person bleibt.“[194] Identität lässt sich mit dem Begriff ‚Selbstkonzept‘ wiedergeben. Es bezeichnet das Bewusstsein eines Menschen, dass er ein Ich im Kreise der vielen anderen ist. Identität wird im Wesentlichen mit der Übernahme bestimmter sozialer Rollen und Gruppenmitgliedschaften und der aus diesen sozialen Positionen resultierenden gesellschaftlichen Anerkennung hergestellt.[195] Identität kann sich demnach nur im Austausch des Einzelnen mit seiner Umwelt entfalten. Identitätsentwicklung und Identitätserfahrung sind an soziale Teilhabe und an Zugangsmöglichkeiten zu sozialen Positionen gebunden.[196] Büßt ein Mensch eine für ihn wichtige soziale Rolle oder Bezugsgruppe ein, droht Identitätsverlust, das Wissen darum, wer man ist und wohin man gehört,

---

190 Vgl. Lothar Krappmann, [Art.] Rolle, in: Pädagogische Grundbegriffe Hg. von Dieter Lenzen. 2 Bde. Reinbek 1989 (Stuttgart 1984), Bd. 2 S. 1314–1319, hier 1314.

191 Ebd.

192 Vgl. Peuckert, [Art.] Rolle, soziale S. 254.

193 Annette Degenhardt, [Art.] Geschlechtsrolle, in: Wörterbuch der Pädagogik in drei Bänden. Hg. vom Willmann-Institut München – Wien. Freiburg u. a. 1977, Bd. 2 S. 17 ff.

194 Horst Schaub/Karl G. Zenke, [Art.] Identität, in: Dies., Wörterbuch zur Pädagogik. München 1995 S. 183.

195 Vgl. Edgar Hörnig/Rolf Klima, [Art.] Identität, in: Lexikon zur Soziologie Hg. von Werner Fuchs-Heinritz u. a. 3., völlig neu bearbeitete und erweiterte Auflage. Opladen 1994 S. 286.

196 In modernen Gesellschaften muss der Mensch eine Balance zwischen Vergesellschaftung durch Internalisierung sozialer Rollen, Normen und Werte und Individuation, der Distanzierung von eben diesen Rollen, Normen und Werten, herstellen. Für ständisch organisierte Gesellschaften ist dagegen anzunehmen, dass ein Bewusstsein von Individualität, das Wissen darum, dass man ein Individuum ist, noch kaum ausgebildet ist. Vgl. Wilhelm Brinkmann, [Art.] Identität. II. soziologischer Begriff, in: Wörterbuch der Pädagogik in drei Bänden (wie Kap. B, Anm. 193), Bd. 2 S. 82.

geht verloren.[197] Geschlechtsidentität konstituiert sich demnach aus der Übernahme der in einer Gesellschaft vorhandenen männlichen und weiblichen Geschlechterrollen, aus den für beide Geschlechter festgelegten sozialen Verhaltensmustern.[198]

Grundlegende Prämisse der Analyse ist, dass eine Identitätsbildung jenseits von geschlechtsspezifischen Rollen (auch) in Mittelalter und Früher Neuzeit nicht möglich ist. Erst mit der Übernahme geschlechtsspezifischer männlicher und weiblicher Rollen wird ein Leben in der (höfischen) Gesellschaft möglich. Die weiblichen Rollen sind die der Ehefrau und Mutter. Die männlichen Rollen sind die des Ritters und Herrschers, des Ehemannes und Vaters. Auffallend ist die Trennung eines öffentlichen und eines ‚privaten‘ Bereiches. Der ‚private‘ Bereich umfasst die Familie, der öffentliche Politik und Herrschaft. Sind im Bereich Familie beiden Geschlechtern spezifische Rollen zugewiesen, scheint im öffentlichen Bereich dagegen für die Frau keine geschlechtspezifische Rolle vorgesehen. Das Konfliktpotential des Textes entwickelt sich daraus, wie die Protagonisten die für sie vorgesehenen männlichen und weiblichen Rollen ausfüllen, ob und inwieweit sie ihren Rollen inhaltlich gerecht werden, ob sie sich also der Rollenanforderung entsprechend verhalten oder die Grenzen der Rolle überschreiten. Die zeittypische Ausprägung der Geschlechterrollen wird im Text immer dort sichtbar, wo eine der handelnden Figuren gegen die an ihre Geschlechterrolle geknüpften Verhaltenserwartungen verstößt und die ‚Bezugsgruppe‘, die höfische Gesellschaft, auf das normabweichende Verhalten mit Bestrafung – sozialer Ächtung, übler Nachrede – reagiert.

Für die Analyse der Geschlechterkonzeption in der „Melusine“ Thürings von Ringoltingen erscheinen mir vor allem Rüdiger Schnells zentrale Prämissen zu den Geschlechterbeziehungen im 15. und 16. Jahrhundert als fruchtbar.[199] Schnell nimmt für die Frühe Neuzeit – anders als die sozialgeschichtlich orientierte geschlechterbezogene Frühneuzeitforschung[200] – keinen Wandel der Eheauffassung zur ‚Liebesehe‘ an, sondern eine Kontinuität in dem Bestreben, Liebe und Ehe zu integrieren. Er geht nicht von einem Nach-

---

[197] Vgl. ROLF KLIMA, [Art.] Identitätsverlust, in: Lexikon zur Soziologie (wie Kap. B, Anm. 195) S. 287.

[198] Vgl. ILONA OSTNER, [Art.] Geschlecht, in: Grundbegriffe der Soziologie (wie Kap. B, Anm. 188) S. 109.

[199] Vgl. folgende Aufsätze: SCHNELL, Liebes- und Ehediskurs; DERS., Geschlechtergeschichte und Textwissenschaft und DERS., Geschlechtergeschichte, Diskursgeschichte.

[200] Vgl. dazu folgende Sammelbände: Wandel der Geschlechterbeziehungen zu Beginn der Neuzeit. Hg. von HEIDE WUNDER und CHRISTINA VANJA. Frankfurt a. M. 1991; Eheglück und Liebesjoch. Bilder von Liebe, Ehe und Familie in der Literatur des 15. und 16. Jahrhunderts. Hg. von MARIA E. MÜLLER. Weinheim u. a. 1988.

einander verschiedener Geschlechterkonzepte in Spätmittelalter und Früher Neuzeit aus, sondern von einem diskursbedingten, textsortenspezifischen und adressatenabhängigen Nebeneinander von Geschlechtermodellen. In der Frühen Neuzeit werde die prinzipielle Gegensätzlichkeit von freiem Liebesverhältnis und Ehe weitertradiert. Bei dem Versuch, Liebes- und Ehediskurs zu harmonisieren, werden die gegensätzlichen Hierarchieverhältnisse – in einem freien Liebesverhältnis ist der Mann „ergebener Diener" der Frau, in der Ehe herrscht er über sie – im 15. und 16. Jahrhundert deutlicher wahrgenommen.[201] Die Frage nach der Hierarchie von Mann und Frau erhalte im Liebes- und Ehediskurs der Frühen Neuzeit so eine neue Relevanz und werde verstärkt debattiert. Zum Schauplatz der verstärkten Diskussion werde die Institution Ehe gemacht. Dabei bestimmten zwei Problemkreise die Diskussion: Der Ehemann vermag seine „Herrschaftspflicht" nicht auszuüben, da er von seiner Frau „erotisch-sexuell abhängig" ist. Die in der Gesellschaft als Norm geforderte Hierarchie wird von der „angeblich angeborene[n] Widerspenstigkeit der Frau" bedroht.[202] Die „leidenschaftliche Liebe" gilt als gefährlich in ihren „ordnungspolitischen Folgen", d.h. die sinnliche Liebe wird als eine die „natürliche, religiöse und rational begründete Herrschaft des Mannes über die Frau und damit die gesellschaftliche Ordnung" erschütternde Gefahr angesehen.[203] Schnell sieht im Ehediskurs des 15. und 16. Jahrhunderts einen „Teil des öffentlichen Ordnungsdiskurses". Die „Gefährdung der patriarchalischen Herrschaft im Haus" wird als eine „Gefährdung des Ordnungsgefüge[s] des ganzen Gemeinwesens" angesehen. Es gehe deshalb von der Öffentlichkeit ein verstärkter „Erwartungsdruck" an den Ehemann aus, seine unumschränkte Autorität im Haus auszuüben. Ein „allzu großes sexuelles Verlangen des Ehemanns" werde in der frühen Neuzeit nicht mehr aus moraltheologischen, sondern „vor allem aus ordnungspolitischen Gründen" verurteilt.[204]

Schnell stellt die These auf, dass im 15. und 16. Jahrhundert die Verbindung von Liebes- und Ehediskurs mit dem „Entwurf eines Liebesideals [...], das keine Bedrohung mehr für die öffentliche Ordnung darstellt", erreicht worden sei.[205] Im spätmittelalterlichen Liebesdiskurs werde die erotische Liebe ihres „leidenschaftlich-sexuell-irrationalen Moment[es]" fast vollständig beraubt, so dass die in dieser Weise „diszipliniert[e] und zivilisiert[e]"

201 Schnell, Liebes- und Ehediskurs S. 96.
202 Ebd. S. 97 f.
203 Ebd. S. 98.
204 Ebd. S. 98 f.
205 Ebd. S. 100.

Liebe keine Gefährdung des Ordnungsdiskurses mehr bilde.[206] Liebe wird dadurch in die Ehe integriert, dass sie auf eine „gesellschaftskonforme, tugendhafte Liebe" beschränkt wird.[207]

Auch in der „Melusine" entfaltet sich der Konflikt in dem Aufeinandertreffen konfligierender Hierarchieausprägungen. In der Prosahistorie dokumentiert sich ein von Schnell angesprochener Aspekt der frühneuzeitlichen Hierarchie-Diskussion: „Der von seiner Frau erotisch-sexuell abhängige Mann kann seine Herrschaftspflicht nicht erfüllen." Aus der Diskrepanz von gesellschaftlicher Norm – in der Ehe beherrscht der Mann die Frau – und tatsächlich gelebter Beziehungswirklichkeit – die Frau dominiert den Mann – entsteht der Druck, der Reÿmund zum Handeln zwingt. Nur ist Reÿmund nicht – zumindest nicht vordergründig – „erotisch-sexuell" von seiner Gattin abhängig, sondern aufgrund eines Treuegelöbnisses an diese und ihre Gebote gebunden. Zu überlegen wäre auch, inwieweit sich das Konfligieren der von Melusine und Reÿmund individuell ausgehandelten Beziehungs- und Ehekonditionen mit den gesellschaftlichen Ordnungsvorstellungen des 15. Jahrhunderts als Reaktion oder Reflex auf die beginnende Sozialnormierung und Sozialdisziplinierung des Spätmittelalters und der Frühen Neuzeit begreifen lässt.

3.3 Das Leben in der Mahrtenehe

3.3.1 Außenseiter am Rande der höfischen Welt

Beide Protagonisten befinden sich zum Zeitpunkt ihrer Begegnung außerhalb oder am Rande der höfischen Gesellschaft. Der junge Ritter Reÿmund hat auf der Jagd aus Ungeschick („von grossem vngefell" (ThvRM, 20, 4f))[208] seinen Herrn und Ziehvater getötet. Er muß befürchten, für den Mörder seines Onkels[209] gehalten zu werden, ohne die Absichtslosigkeit seines Tuns beweisen zu können, da es keine Zeugen gab (vgl. ThvRM, 21, 15–19). Mit dem fahrlässigen Totschlag eines Verwandten hat Reÿmund gegen die Verhaltenserwartungen der höfischen Gesellschaft an ihn als Gefolgsmann

---

[206] Ebd. S. 102.

[207] Ebd. S. 104.

[208] Zur Diskussion, ob es sich beim Tod des alten Grafen von Poitiers um einen vorsätzlichen Mord oder um einen fahrlässigen Totschlag handelt, vgl. Kap. B, Anm. 62.

[209] Der Graf vom Forst wird als „vetter" des Grafen von Poitiers bezeichnet (vgl. ThvRM, 16, 14). Reÿmunds Ziehvater wäre damit der Großonkel seines Ziehkindes.

und adeligen Ritter schwer verstoßen.[210] Ihm droht als Bestrafung die soziale Ächtung und Ausgrenzung aus der höfischen Welt. Mit der Einbuße seiner sozialen Position am Hofe von Poitiers und der Beschädigung seiner ritterlichen Ehre aufgrund des Verwandtentotschlages gerät der junge Mann in Gefahr, seine Identität zu verlieren. Nach der Unglückstat irrt der Verzweifelte fast besinnungslos vor Kummer und Zukunftsangst durch die Natur. Reÿmunds willenloses und zielloses Umherstreifen verdeutlicht, dass der junge Ritter von Selbstverlust bedroht ist.[211] Mit der Einbuße seiner sozialen Position ist er zu einem gesellschaftlichen Niemand geworden. Reÿmund weiß nicht mehr, wer er ist und wohin er sich wenden soll. Der Rückweg in die höfische Gesellschaft, in der er in stabilen Bindungen lebte, ist ihm mit der Unglückstat versperrt, seine zuvor günstigen Aussichten auf sozialen Aufstieg sind scheinbar irreversibel zerstört.[212] Ein Leben nach Maßgabe der ritterlichen ‚Normalbiographie' scheint für den jungen Mann unerreichbar. Außerhalb des Hofes ein gesellschaftlicher Niemand, kann Reÿmund nicht als ehrenhafter Ritter auf *aventiure*-Fahrt ausziehen und mit ritterlicher Bewährung Frau und Landesherrschaft erwerben. Geht man davon aus, dass die männliche Identität des adeligen Kriegers im Mittelalter von den geschlechtsspezifischen Rollen Ritter, Herrscher und Ehemann konstituiert wurde, erscheint der junge Mann in seiner Geschlechtsidentität beschädigt, da er von diesen Rollen aufgrund seines unhöfischen Verhaltens ausgeschlossen ist. Reÿmund tritt in der Rolle des ‚gestrauchelten' ritterlichen Helden auf, die dem Verfasser und dem Publikum des Prosaromans aus der höfischen Ritterepik wohlbekannt gewesen sein dürfte (vgl. ThvRM, 176, 2–9). Dieses Motiv verweist auf die für den arthurischen Roman typische Er-

210 Im Mittelalter schuldete der Täter im Falle eines fahrlässigen Totschlags den Verwandten des Opfers die Zahlung eines ‚Wehrgeldes'. Diese Regelung geht noch auf germanisches Recht zurück, das stärker auf den Erfolg einer Tat abstellte (sog. ‚Erfolgshaftung'). Unabhängig davon, ob ein Täter vorsätzlich oder fahrlässig handelte, galt er als Verursacher des Todes und musste die Verwandten seines Opfers entschädigen. Da Reÿmund nicht beweisen kann, dass er ohne Vorsatz handelte, die Umstände der Tat – Dunkelheit, Einsamkeit des Waldes – auf eine ‚heimliche, vorsätzliche Tötung', also einen Mord hinweisen, droht dem jungen Mann nach spätmittelalterlichem Recht die Todesstrafe oder Verbannung und Ächtung. Die Verwandtentötung – der Graf ist zudem noch sein ‚Herr' – stellt eine ‚qualifizierte Tötung' dar, die bei Vorsätzlichkeit mit dem Tode bestraft wird. Vgl. Dieter Meurer, [Art.] Tötungsdelikte, in: HRG 5. Berlin 1998 Sp. 286–290, hier 286 und 288 f.

211 Thüring greift hier auf einen Topos des Artusromans zurück: Das Loslassen der Zügel versinnbildlicht, dass der Held die Herrschaft über das eigene Leben und Schicksal verloren hat. Vgl. ThvRM, 21, 25–28.

212 Reÿmund ist vom Grafen von Poitiers nicht nur an Kindesstatt angenommen worden, sondern auch zu dessen besonderem Günstling geworden. Vgl. ThvRM, 16, 17.

zählstruktur des ‚doppelten Weges‘[213]: Der Held verliert aufgrund eines Fehlverhaltens seine bereits erworbene hohe soziale Position. Nachdem er eine ihn an den Rand des Todes führende existentielle Krise überwunden hat, muss er sich seine Stellung durch erneute ritterliche Bewährung erst wieder verdienen. Schließlich wird er erneut in die höfische Gesellschaft integriert, sein ritterliches Ansehen hat er meist noch vergrößert. Auch Reÿmund befindet sich in einer existentiellen, identitätsbedrohenden Krise, doch abweichend vom Schema wird ihm die Möglichkeit zur Reintegration in die höfische Gesellschaft ohne Notwendigkeit zu ritterlicher Bewährung geboten.[214] Die Frau und der mit ihr verbundene soziale Aufstieg muss nicht erworben werden. Sie bietet sich ihm selbst unter bestimmten Bedingungen an.

Melusina ihrerseits bedarf ebenfalls der Integration in die höfische Gesellschaft. Auch ihre Biographie ist mit dem Tod eines männlichen Verwandten belastet. Allerdings tötete sie nicht fahrlässig, sondern beging vorsätzlich gemeinsam mit ihren Schwestern einen Mord (vgl. ThvRM, 139, 9–14). Für ihre Rache am Vater wird sie von der Mutter, die mit der Intensität der Tat ihrer Töchter nicht einverstanden ist (vgl. ThvRM, 140, 32–141, 2), ebenso wie ihre Schwestern mit einem Fluch belegt. Die Mutter bestraft als Bezugsperson und Repräsentantin der höfischen Gesellschaft Melusinas normabweichendes Verhalten. Diese verstößt aus Zorn und Rachsucht gegen die christlichen Gebote ‚Du sollst nicht töten‘ und ‚Du sollst Vater und Mutter ehren‘, die Teil der höfischen Norm sind. Der mütterliche Fluch hat beträchtliche Auswirkungen auf Melusinas Leben als Frau. Sie muss sich zeit ihres Lebens jeden Samstag vom Nabel abwärts in eine Schlange verwandeln. Während ihres temporären Gestaltwandels ist sie ihrer Geschlechtlichkeit als Frau beraubt.[215] Der aus dem Gestaltwandel resultierende Zwang, sich des Samstags aus der Öffentlichkeit kommentarlos zurückziehen zu müssen, schränkt Melusinas Möglichkeiten, die für sie am Hofe vorgesehenen, geschlechtsspezifischen Rollen der Ehefrau und Mutter auszufüllen, erheblich ein. Sie muss einen Mann finden, der bereit ist, ihre Abwesenheit am Samstag zu akzeptieren, die eine erhebliche Beschränkung der eheherrlichen Gewalt des Mannes über die Frau bedeutet. Aufgrund der temporären Defor-

---

213 Zur Erzählstruktur des Artusromans vgl. WALTER HAUG, Chrètiens de Troyes ‚Erec‘-Prolog und das arthurische Strukturmodell, in: DERS., Literaturtheorie im deutschen Mittelalter von den Anfängen bis zum 13. Jahrhundert. 2., überarbeitete und erweiterte Auflage. Darmstadt 1992 S. 91–107.

214 LIEBERTZ-GRÜN, Spiel S. 215, vertritt die – meiner Meinung nach zutreffende – Auffassung, dass in Thürings „Melusine“ „[...] das Erzählschema des Artusromans Chretienscher Prägung dekonstruiert bzw. dezentriert [wird].“

215 Vgl. LUNDT, Thürings Melusine S. 151.

mation ihres weiblichen Körpers, die sie an dem Ausleben ihrer Weiblichkeit in den Rollen der Ehefrau und Mutter hindert, erscheint Melusina als in ihrer Geschlechtsidentität beschädigt.

Beide Protagonisten sind zum Zeitpunkt ihrer Begegnung gesellschaftliche Außenseiter, die wegen nicht normgerechten Verhaltens außerhalb der höfischen Gemeinschaft stehen. Beide sind von den sozialen Rollen, die ihre geschlechtliche Identität als Mann und Frau konstituieren, ausgeschlossen. Sie scheinen aufeinander angewiesen.

3.3.2 Eheliche Partnerschaft als ‚Heilungschance'

Die erste Begegnung der beiden Protagonisten findet außerhalb des Hofes, auf der Grenze zwischen Menschenwelt und Anderwelt statt. Innerhalb des Erzählschemas *Motiv der gestörten Mahrtenehe* entspricht die Szene am ‚Durstbrunnen' der Begegnung und der Tabuerrichtung der Mahr gegenüber dem Menschen. Reÿmund und Melusina treffen sich in der unzivilisierten Natur[216], in der die Normen der höfischen Gesellschaft keine Geltung haben. Ihr Dasein als Außenseiter wird in dieser Sphäre besonders deutlich. Reÿmunds selbstverschuldete Ausgrenzung aus der höfischen Welt macht ihn für die Begegnung mit der anderweltlichen Melusina erst empfänglich. Ebenso wie der fahrlässige Totschlag erscheint das Treffen auf die unbekannte Frau in der Einöde des ‚Durstbrunnens' als Teil des Reÿmund vorherbestimmten Schicksals.[217] Schon bei ihrem ersten Treffen stellt sich Melusina als die Aktive und Dominante innerhalb der Beziehung dar. Sie spricht den in sich versunkenen Ritter zuerst an und macht ihn auf sein mangelndes höfisches Verhalten aufmerksam (vgl. ThvRM, 22, 9ff). Melusina und ihre Schwestern sind ihrem Erscheinungsbild nach höfische Damen.[218] Auch mit der Einforderung höfischen Benehmens gibt sich Melusina als solche zu erkennen.[219] Dennoch fragt sich Reÿmund, „[…] ob das ein gespenst oder fraw wär" (ThvRM, 23, 1). Bereits hier wird auf Melusinas Halb-

---

216 Vgl. von der Lühe, Frau S. 220f.

217 Der Graf von Poitiers hatte kurz vor seinem Tod den Aufstieg eines Mannes aus den Sternen gedeutet, der auf einer Missetat beruhen sollte. Vgl. ThvRM, 18, 15–19, 6. Das weitere Geschehen nach dem ‚Jagdunfall' scheint Reÿmund damit vorherbestimmt.

218 Die drei Frauen werden von Thüring als „dreÿ schön junckfrawen hochgeboren von adelicher gestalt" (ThvRM, 22, 6f) charakterisiert.

219 Gerade Melusinas Insistieren auf höfische *courtoisie* reißt Reÿmund aus seinem einer Trance ähnlichen Zustand der Verzweiflung. Indem sie vom ihm die Rolle eines höfischen Ritters einfordert, leitet sie Reÿmunds ‚Rückkehr ins Leben' ein (vgl. ThvRM, 23, 1–5).

menschlichkeit hingewiesen. Der Verdacht des jungen Mannes, es handle sich bei der schönen jungen Frau um ein übernatürliches Wesen, gründet sich wohl vor allem auf ihren für höfische Damen unpassenden Aufenthaltsort.[220] Auch Melusinas die Grenzen der Rolle ‚höfische Dame‘ überschreitendes Verhalten dürfte zu Reÿmunds Befremden beitragen: sie spricht als Frau den Mann zuerst an und trägt ihm später auch noch die Ehe an. Melusina bietet Reÿmund ein vertragsähnliches Abkommen an.[221] Orientiert an der damaligen Eheschließungspraxis erinnert Melusinas und Reÿmunds Gespräch am ‚Durstbrunnen‘ an das Aushandeln eines Ehevertrages. Ungewöhnlich ist, dass Melusina anscheinend als ihr eigener *muntwalt* auftritt. Gewöhnlich handelte der Brautvater oder ein männlicher Vertreter der Familie mit dem zukünftigen Schwiegersohn die Bedingungen für die Eheschließung aus.[222] In der feudalen Eheschließungspraxis der Zeit blieben die zu vermählenden Kinder zweier Familien in der Regel an den Unterhandlungen unbeteiligt und ungefragt.[223]

Grundbedingung Melusinas für das Zustandekommen eines Bündnisses zwischen den beiden ist, dass der Mann den Anordnungen und Vorstellungen der Frau widerspruchslos Folge leistet. Als Gegenleistung verheißt die unbekannte Frau dem Ritter Glück, Reichtum und sozialen Aufstieg:

„[...] vnd ist das du meiner lere wilt folgen vnd nachkommen / so soll dir gůttes vnd eren / gelückes vnd sälden nymmer gepresten / sunder du solt gelückhafftiger mächtiger vnd reicher werden dann keÿner deiner freünd oder vordren ÿe wurden“ (ThvRM, 24, 4–8).

Erst als der junge Mann sein Versprechen gegeben hat, sich ihr unterzuordnen und ihr gehorsam zu sein (vgl. ThvRM, 25, 14–16), nennt Melusina die von Reÿmund zu erfüllenden Bedingungen, die an das Glücksversprechen geknüpft sind. Die Mahr versichert sich also zunächst der bedingungslosen Unterwerfung des Mannes unter ihren Willen, bevor sie das Sichtverbot als zweiten Teil ihrer Forderungen ausspricht. Mit der Akzeptanz von Melusi-

---

220 Im höfischen Roman tauchen in der Regel höfische Damen außerhalb der höfischen Sphäre nur in männlicher Begleitung auf, es sei denn sie befinden sich in einer Notlage oder sie sind Zauberinnen.

221 Die für das *Motiv der gestörten Mahrtenehe* charakteristische Tabuerrichtung wird von Melusina in einen wechselseitige Forderungen und Leistungen umfassenden mündlichen Vertrag eingebunden.

222 Vgl. Opitz, Frauenalltag S. 289f.

223 Vgl. ebd. und Claudia Opitz, Vom Familienzwist zum sozialen Konflikt. Über adlige Eheschließungspraktiken im Hoch- und Spätmittelalter, in: Weiblichkeit in geschichtlicher Perspektive. Fallstudien und Reflexionen zu Grundproblemen der historischen Frauenforschung. Hg. von Ursula A. J. Becher und Jörn Rüsen. Frankfurt a. M. 1988 S. 116–149, hier 125–135.

nas Gehorsamsforderung hat Reÿmund sich im Grunde bereits verpflichtet, allen weiteren Ansprüchen zuzustimmen. Gehorsamsforderung und Tabuerrichtung scheinen eng aufeinander bezogen. Mit dem samstäglichen Sichtverbot verlangt Melusina von Reÿmund nämlich, dass er nicht der gesellschaftlichen Norm - Ausübung der männlichen Verfügungsgewalt über die Frau - gehorche, sondern ihre Forderung nach samstäglicher Ungestörtheit erfülle. Die Akzeptanz des Tabus erscheint somit als Teil der Gehorsamsforderung der anderweltlichen Frau. Reÿmund muss ihr schwören, sie zu einem „eelichen gemahel" (ThvRM, 25, 19) zu nehmen, zugleich aber akzeptieren, dass er sie an einem Tag der Woche nicht sehen und ihr auch nicht nachfragen darf.[224] Melusina bedingt sich aus, jeden Samstag den ganzen Tag „freÿ vnd vnbekümert" sein zu dürfen(ThvRM, 25, 24).

In seiner Rolle als Ehemann kann Reÿmund von seiner Ehefrau Gehorsam und Unterordnung unter seine Gewalt fordern. Die Herrschaft des Mannes über die Frau in der Ehe lässt sich als Teilaspekt der männlichen Identität auffassen. Mit dem samstäglichen Sichtverbot mutet Melusina dem Ritter somit eine erneute Beschädigung seiner männlichen Geschlechtsidentität zu. Um ihre Forderung zu entschärfen, ist sie bereit, Reÿmund ihrerseits zu schwören, dass sie an ihrem ‚ehefreien' Samstag nichts tun werde, was ihren Gatten beleidige, schädige oder seinem Ansehen Schaden zufüge (vgl. ThvRM, 25, 25–28). Sie scheint sich demnach dessen bewusst zu sein, dass ihre Forderung eine Zumutung für den Mann darstellt. Für den Fall der Missachtung ihres Verbotes stellt sie dem zukünftigen Gatten den Verlust ihrer Person und das Dahinschwinden des von ihr gebrachten Wohlstandes und sozialen Aufstieges für ihn selbst und seine Nachkommen in Aussicht (vgl. ThvRM, 26, 4–9). Reÿmund stellt keine weiteren Fragen, sondern wiederholt seinen schon zuvor geleisteten Schwur nach Melusinas Androhungen erneut (vgl. ThvRM, 25, 28–26, 1 und ThvRM, 26, 9–11). Seine ohne Zö-

---

224 Auffallend ist hier, dass Thüring das schlichte Verbot, Melusina am Samstag zu sehen, wie es die Vorlagen präsentieren, in einen komplizierten, jede Ausnahme und Umgehung des Verbotes ausschließenden Vertragstext ausformuliert. Vgl. ThvRM, 25, 19–24. Der Autor präsentiert sich in diesen ‚verklausulierten' Formulierungen als ‚Virtuose' des zeitgenössischen Kanzleistils. Die in Melusinas Schwurtext formulierten Ausnahmen scheinen im weiteren Verlauf der Handlung keine Rolle mehr zu spielen. Reÿmund bricht das Tabu schlicht, indem er Melusina im Bad beobachtet (vgl. ThvRM, 97, 10–22). Auch Melusinas Mutter formuliert das von dem Mann einzuhaltende Verbot einfacher: „[...] das er an keinem samstag sÿ nymmer ersůchen noch nach ir fragen [...] sölt" (ThvRM, 139, 29ff). Die für das Schicksal des Paares entscheidende Klausel des mütterlichen Fluches, dass nämlich der Mann über „dise geheÿm" (ThvRM, 139, 32) mit niemandem sprechen darf, ist nicht Teil des Reÿmund von Melusina auferlegten Schwurs, scheint jedoch in das Sichtverbot impliziert. Vgl. auch MÜLLER, Stellenkommentar S. 1073 [113, 12 mit ir ritter vnd knechtt].

gern geleisteten Schwüre sind zum einen dem ‚Sagenmechanismus' des Mahrtenehen-Motivs verpflichtet: Der Held muss unbesonnen seinen Treueid leisten, damit er ihn später unbedacht übertreten kann.[225] Zum anderen wird Reÿmund hier als äußerst willfähriger Mann gezeigt. Es kommt ihm in seiner verzweifelten Notlage gar nicht in den Sinn, gegen die Anweisungen der Fee zu protestieren.

Die Bedingungen scheinen von Melusina kraft eigener Entscheidungsfreiheit gestellt zu werden, die Risiken des Bündnisses bei dem Mann zu liegen. Melusina wird in der Szene der ersten Begegnung als ein dem Mann überlegenes, mit magischen Fähigkeiten ausgestattetes Wesen präsentiert. Ihr bestimmendes, überlegenes Auftreten resultiert aus ihrem Wissensüberschuss.[226] Obwohl beide einander nie zuvor begegnet sind, nennt sie Reÿmund bei seinem Namen (vgl. ThvRM, 23, 18). Sie weiß, was ihm zuvor zugestoßen ist und macht Prophezeiungen über seine Zukunft (vgl. ThvRM, 23, 29–24, 4 und 24, 10–13). Melusina scheint von ihm alles zu wissen, er weiß und erfährt von ihr dagegen nichts, denn auf seine Fragen nach ihrer Identität und ihrem Wissen gibt sie nur ausweichende Antworten.[227] Schon aus Reÿmunds Wissensdefizit ergibt sich Melusinas Machtstellung in der Beziehung. Sie steht außerhalb der menschlichen Ordnung und kann deshalb das normative Verhältnis der Geschlechter – der Mann dominiert die sich unterordnende Frau – außer Kraft setzen. Melusina vermag am ‚Durstbrunnen' so zu agieren, weil das Protagonistenpaar sich noch außerhalb der höfischen Welt befindet.

Tatsächlich stellt Melusina jedoch Bedingungen, weil sie durch die Verwünschung ihrer Mutter dazu gezwungen ist. Aufgrund dieses Fluches erscheint sie in doppelter Hinsicht von ihrem zukünftigen Ehemann abhängig. Zum einen ermöglicht ihr die Eheschließung mit ihm die Integration in die höfische Welt, da sie an seiner Seite ein Leben als gewöhnliche Frau in den Rollen der Ehefrau und Mutter führen kann. Zwar ist sie weiterhin in ihrer Weiblichkeit temporär deformiert, doch kann sie innerhalb der Ehe ihre weibliche Identität leben und sich nach außen als gewöhnliche Frau präsentieren. Zum anderen ist ihr Seelenheil von der Fähigkeit des Mannes abhängig, die ihm gesetzten Verbote nicht zu missachten. Nur wenn sie an der Seite ihres Ehemannes „als ein ander natürlich weib" stirbt und „der erden bevolhen" wird, kann ihre „sele von meinem leib gewißlich zů der ewigen freüd kommen" (ThvRM 117, 16 ff).

---

225 Vgl. Müller, Nachwort S. 1034.

226 Zur engen Verbindung von Wissen und Macht bzw. Herrschaftsfähigkeit im Melusinenstoff vgl. Berger, Frau S. 203.

227 Vgl. ThvRM, 24, 29–25, 1.

Melusina gibt Reÿmund Anweisungen, wie er sich bei seiner Rückkehr an den Hof des Grafen verhalten soll, damit er nicht mit dem Tod seines Herrn in Verbindung gebracht wird (vgl. ThvRM, 26, 15–27, 21). Mit einem Trick verhilft sie ihm zu einem ansehnlichen Lehen. Mit Hilfe von Melusinas Ratschlägen gelingt Reÿmund die Reintegration in die höfische Gesellschaft. Mit der Eheschließung, die in der Anwesenheit von Reÿmunds Verwandten und unter Beteiligung der Kirche als rechtsgültiger Akt vollzogen wird (vgl. ThvRM, 39, 3f)[228], übernimmt Reÿmund die geschlechtsspezifischen Rollen des Hausherrn, Ehemanns, Vaters und Herrschers. Er wird über diese Rollen von der Gesellschaft als Mann definiert und akzeptiert und verfügt wieder über eine intakte Geschlechtsidentität. Die unter den von Reÿmund akzeptierten Bedingungen geschlossene Ehe scheint für beide Partner von Vorteil. Indem sie sich als Paar zusammenfinden, können sie ihren Status als gesellschaftliche Außenseiter überwinden und sich als Mann und Frau, als Ritter und *frouwe* in die Gesellschaft integrieren. In der Ehe scheinen die für beide bezeichnenden Beschädigungen ihrer Geschlechtsidentität aufgehoben.

3.3.3 Die entdämonisierte Fee

Die Tendenz zur Entlastung der Begründerin des Hauses Lusignan von dem Verdacht, eine Dämonin oder ein Geschöpf Satans zu sein, die sich in den französischen Bearbeitungen des Melusinenstoffes beobachten ließ[229], setzt sich in Thürings Adaptation fort.[230] Als Berner Patrizier ist Thüring – anders als die Verfasser der Kompendien von Wundergeschichten des 12. Jahrhunderts, die Geistliche waren – an einer Diskreditierung der anderweltlichen Feenwesen des Volksglaubens nicht interessiert. Er folgt seiner unmit-

---

[228] Melusina veranlasst Reÿmund, seinen Lehnsherrn und seine Verwandten zu der Eheschließung einzuladen, um ihr einen offiziellen Charakter zu verleihen. Die Ehe kam üblicherweise mit dem im Kreise der Verwandten und Freunde gegebenen Ja-Wort der Brautleute rechtsgültig zustande. Vgl. Mikat, [Art.] Ehe, in: HRG 1. Berlin 1971 Sp. 809–833, hier 820.

[229] Vgl. dazu Kap. B.2.2.

[230] Martina Backes konnte in ihrer Untersuchung zu Illustrationen der Melusinehandschriften des 15. Jhs., die im deutschen Sprachraum entstanden, herausstellen, dass sich die Bemühungen um eine nachhaltige Humanisierung und Entdämonisierung der Melusinenfigur auch in den Illustrationen, v. a. in den Darstellungen der semi-theriomorphen und der in Drachengestalt davonfliegenden Melusina fortsetzt. Martina Backes, „[...] von dem nabel hinauff ein menschlich vnd hübsch weyblichs bilde / vnd von dem Nabel hin ab ein grosser langer wurm." Zur Illustrierung deutscher Melusinehandschriften des 15. Jahrhunderts, in: Literaturwissenschaftliches Jahrbuch. N. F. Im Auftrag der Görres-Gesellschaft 37. 1996 S. 67–88, hier 79f.

telbaren Vorlage, Couldrettes Versroman, darin, die Fee Melusina zu entlasten und als Spitzenahnin eines Adelshauses repräsentabel zu machen. Er bemüht sich deshalb im gesamten Roman darum, Melusina von dem ihr anhaftenden Makel zu befreien, sie sei ein dämonisches Wesen oder teuflischen Ursprungs. So betont Thüring Melusinas außergewöhnliche Schönheit, die er als Zeichen ihrer außermenschlichen Existenz deutet und die für ihn göttlicher Natur ist: „[...] Vnd also was nun Melusina auß der massen schön / vnd geleichet sich baß einem schönen engel denn einem töttlichen menschen / [...]“ (ThvRM, 38, 8 ff). Wie der Verfasser seiner unmittelbaren Vorlage bemüht sich der Berner Patrizier darum, seine Protagonistin als gottgefällige und fromme Christin darzustellen.[231] Auch hier wird Melusina schon bei der Begegnung mit Reÿmund als vorbildliche Gläubige präsentiert, welche die wichtigsten Glaubenstatsachen und das Glaubensbekenntnis aufzusagen weiß (vgl. ThvRM, 25, 3–11). Gegenüber der Melusinenversion Jean d'Arras' treten bei Thürings Bearbeitung des Melusinenstoffes die zauberischen und magischen Elemente stark zurück.[232] Thüring nimmt an Melusina vor allem ihr Herausgehobensein und ihre Außergewöhnlichkeit gegenüber anderen Wesen wahr. Er gibt zwar zu, „[...] das sÿ nit nach ganczer menschlicher natur ein weyb gewesen ist [...]“ (ThvRM, 12, 3 f), betont jedoch, dass Melusinas temporärer Schlangenschwanz als eine „gar fremde vnd selczame außzeÿchnung“ (ThvRM, 12, 5 f) anzusehen sei, die „von gottes wunder“ (ThvRM, 12, 4 f) herrührt. Im Selbstverständnis der Berner Oberschicht ist die *außzeÿchnung* eng mit der Vorstellung von Adel verknüpft. *Sich außzeÿchnen* hieß seine Zugehörigkeit zum Adel vor der Bürgergemeinde zum Ausdruck zu bringen.[233] Melusinas Schlangenschwanz erscheint aus dieser Perspektive gerade nicht als Stigma, das sie für ihren Vatermord brandmarkt, sondern als Signum, das sie mit seiner Außergewöhnlichkeit zur Ahnherrin des Hauses Lusignan erst prädestiniert. Ihr Gestaltwandel ähnele „einem fast grossen gottes wunder oder gespenst“ (ThvRM, 12, 7). Bei Thüring ist der Schlangenschwanz demnach nicht Zeichen des Bösen, sondern eine von Gott erhaltene Besonderheit, die sie von anderen Wesen unterscheidet. Die Bedeutung seiner Geschichte schätzt der Verfasser selbst so ein:

„[...] wann auch Dauid in dem psalter spricht zů latein Mirabilis deus in operibus suis Vnd das ist so vil in teütsch gesprochen Got ist wunderlich in seinen wercken Das beweÿset sich gar eÿgenlich an dieser fremden figur vnd hÿstorÿen [...]“ (ThvRM, 12, 15–19).

---

[231] Vgl. Hülk, Melusine S. 42.

[232] Zur Melusinenbearbeitung des Jean d'Arras vgl. Kap. B.2.2.

[233] Vgl. Müller, Melusine in Bern S. 46.

Die Melusinenfigur und ihre Geschichte werden von Thüring – mit Berufung auf diesen Psalm – als Beispiel für das wunderbare Wirken und die Allmacht Gottes angesehen. Melusina erscheint als Teil der göttlichen Schöpfung. Sie ist Gottes Werk und damit gut und daseinsberechtigt.

Auch die Deformationen und körperlichen Defekte, mit denen die Melusinensöhne zur Welt kommen[234], werden von Thüring nicht als Makel verstanden, welche auf Melusinas änigmatische, unheimliche oder dämonische Existenz hinweisen, sondern ebenfalls als *außzeÿchnungen*, die auf ihre zukünftigen Rittertaten hindeuten.[235] Thüring bemüht sich darum, den schlechten Eindruck zu mildern, den die Entstellungen der Gesichter bei seinem Publikum hinterlassen könnten. Schließlich war die Vorstellung, die äußere Gestalt eines Menschen sei ein Spiegel seiner inneren Qualitäten, körperliche Hässlichkeit ein Hinweis auf einen schlechten Charakter ein beliebtes Argumentationsmuster im höfischen Roman. Überdies finden sich in der zeitgenössischen antijudaistischen Ikonographie, vor allem in spätmittelalterlichen Judas- und Kain-Darstellungen, Parallelen zu den Entstellungen der Melusinensöhne: beispielsweise werden sowohl Judas als auch Kain mit der feurig-roten Gesichtshaut dargestellt, die auch den zweiten Melusinensohn Gedes entstellt (vgl. ThvRM, 47, 25f). Auch Reÿnharts einziges Auge, das sich in der Mitte seiner Stirn befindet (vgl. ThvRM, 49, 9f), findet sich auf zeitgenössischen Judasbildern.[236] Deshalb betont Thüring die sonstige

---

[234] Woher das Motiv der die Melusinensöhne entstellenden Makel stammt und wie es in den Melusinenstoff gelangt ist, ist unbekannt. Da dieses Motiv jedoch bereits in beiden französischen Versionen des Melusinenstoffes vorhanden ist, die unabhängig voneinander entstanden sein sollen, liegt die Vermutung nahe, dass die Makel der Melusinensöhne von dem Bearbeiter der heute verlorenen, von Jean d'Arras und Couldrette als Quelle genutzten Version in den Stoff eingefügt worden ist. Denn in den proto-melusinischen lateinischen Erzählungen des Hochmittelalters fehlt dieses Motiv. Vgl. dazu auch Uta Störmer-Caysa, Melusinas Kinder bei Thüring von Ringoltingen, in: Beiträge zur Geschichte der deutschen Sprache und Literatur 121. 1999 S. 239–261, hier 243.

[235] Eine Ausnahme bildet in dieser Reihe der einäugige Sohn Horibel. Über ihn heißt es: „[...] dieser was und ward böser sitten / vnd alles sein gemůt vnd hercz stůnd nur auff arges [...]" (ThvRM, 50, 22ff). In der Prosafassung Jean d'Arras' beißt er sogar zwei seiner Ammen tot, bevor er drei Jahre alt ist (JdAM, 294). Das literarische Motiv des Kindes, das seine Amme erschöpft oder verstümmelt, erscheint in anderen Texten der Zeit, z.B. „Robert le Diable", als Eigenschaft von Teufelskindern. Couldrette spart es in seiner Versversion aus. Horibel wird nach Melusinas Verschwinden von einem Höfling mit Billigung Reÿmunds getötet. Auf Anweisung Melusinas wurde dieser Sohn aus der Linie der Nachfahren getilgt. Er hat keine Nachkommen gezeugt und spielt für die Genealogie des Hauses Lusignan somit keine Rolle. Thüring kann bei ihm auf eine Apologie seiner Missbildung verzichten.

[236] Catherine Léglu, Nourishing Lineage in the Earliest French Versions of the Roman de Mélusine, in: Medium Aevum 74. 2005 S. 71–85, hier 78f.

vollkommene Wohlgestaltigkeit (vgl. ThvRM, 47, 10ff und 47, 26f) oder außergewöhnliche Körperkraft der Söhne (ThvRM, 50, 3f), macht eine Vorausdeutung auf die ritterlichen Bewährungstaten, die dieses Kind später vollbringen wird (vgl. ThvRM, 49, 5ff und 49, 12ff) oder deutet die entstellende Behinderung zum Vorteil um: „[...] der selb hett nit mer dann ein aug / vnd das stůnd jm in der mitte seiner Stirnen / [...] / Doch sach er vil baß mit dem einen auge dann hette er zweÿ gehebt [...]" (ThvRM, 49, 9–14). Von den beiden jüngsten Söhnen, Dietrich und Reÿmund, werden im Roman keine körperlichen Missbildungen mitgeteilt, sondern nur, dass sie vortreffliche Ritter waren. Von Dietrich, „[...] der gar ein türer ritter ward [...]" (ThvRM, 50, 25), leiten sich die Herren von Parthenay, die Auftraggeber des „Roman de Lusignan ou de Parthenay" in direkter Linie ab. Schon Couldrette bemühte sich hier um einen makellosen Ahnen.[237]

Die Leser und Leserinnen werden bereits zu Beginn der Vorrede mit Melusinas samstäglichem Gestaltwandel konfrontiert (vgl. ThvRM, 11, 4ff). Er erscheint als das wesentliche Charakteristikum der Figur, als Anreiz, der die Geschichte in den Augen des Publikums hörens- oder lesenswert macht. Betont wird hier die Andersartigkeit der Frau. Als Mischwesen aus Tier und Mensch ist sie unerhört anders als gewöhnliche Frauen.[238] Innerhalb der Geschichte werden Melusina und das mit ihr verbundene magische Geschehen häufig mit dem Begriff „gespenst"[239] belegt und mit den Attributen „fremd",

[237] Couldrette erwähnt keine Missbildungen an Thierry und Raimonnet. Die beiden jüngsten Melusinensöhne werden erst nach dem Zweiten Tabubruch als Säuglinge von Couldrette in den Text eingeführt, als Melusina sie zu Erben der Grafschaft vom Forst und der Herrschaft Lusignan bestimmt (vgl. CM, Vv 4134–4150).

[238] Zur Melusinenfigur als Repräsentation des ‚Anderen' vgl. auch ALBRECHT CLASSEN, Love and Fear of the Foreign. Thüring von Ringoltingen's *Melusine* (1456). A Xenological Analysis, in: Daphnis 33. 2004 S. 97–122.

[239] Die Bedeutung des Wortes ‚gespenst' lässt sich in Thürings Prosahistorie nicht eindeutig fixieren. Es fungiert zunächst einmal als frühnhd. Entsprechung des altfrz. ‚phantosme' (griech. ‚phantasma'), das ‚Trugbild, Blendwerk, gespenstische Erscheinung' bedeutet. Vgl. dazu auch Kap. B, Anm. 151. Thüring benutzt es allerdings auch als Entsprechung für altfrz. ‚fae' bzw. ‚faerie'. So übersetzt er das vom Comte de Forez kolportierte Gerücht „Autres dïent qu'en faerie / va celui jour, sachez pour voir" (CM, Vv 3035f) mit „Ettliche sprechen es seÿ ein gespenst vnd vngeheẅr wesen vmb sÿ" (ThvRM, 96, 21ff). Die mhd. Entsprechung zu ‚fae', nämlich ‚feie' oder ‚feine', bedeutet ‚Lockung, Verlockung', aber auch ‚teuflisches Trugbild'. In volkssprachlichen theologischen Texten wird es häufig zur Umschreibung von Dämonen oder Geistern des Volksaberglaubens verwendet. ‚Gespenst' leitet sich von ahd. ‚gi-spanan' (‚antreiben, verlocken, verführen') ab. Vgl. [Eintrag] gespanst, in: MATTHIAS LEXER, Mittelhochdeutsches Handwörterbuch. Zugleich als Supplement und alphabetischer Index zum Mittelhochdeutschen Wörterbuch von Benecke-Müller-Zarncke. 3 Bde. Stuttgart 1974. (Leipzig 1872–78), Bd. 1 Sp. 921 und [Eintrag] spanan, in: JOCHEN SPLETT, Althochdeutsches Wörterbuch. Analyse der Wortfamilienstrukturen des Althochdeutschen, zugleich Grundlegung einer zukünftigen Strukturgeschichte

„abentewrlich" oder „ungehewr" kommentiert.[240] Mit Ausnahme von Reÿmund beziehen die erzählten Figuren ihr Wissen über Melusina vom Hörensagen. Melusinas Andersartigkeit rückt sie in den Augen ihrer Umwelt in den Bereich des Unheimlichen und Nicht-Geheuren. Ihr Wesen und das sich im Zusammenhang mit ihr vollziehende magische Geschehen liegen außerhalb der Alltagserfahrung der Menschen. Nur indem sie diese als „gespenst" bezeichnen, als unheimliche Erscheinung, deren Wirklichkeit bezweifelt werden kann, wird ihre Existenz für sie erklärbar. Die anderweltliche Frau wird nicht mehr wie in den lateinischen proto-melusinischen Erzählungen des 12. Jahrhunderts als Dämonin entlarvt und stigmatisiert, sondern in ihrer Seltsamkeit und Andersartigkeit bestaunt, aber auch als unheimlich empfunden.

3.3.4 Die faktische Herrschaft der Frau als Konfliktpotential

Mit der Hochzeit wechselt Melusina aus der Rolle der außerhalb der höfischen Ordnung stehenden Mahr in die Rolle der ihrem Mann gehorsamen Ehefrau über. Hatte sie ihrem zukünftigen Ehemann zu Beginn ihrer Bekanntschaft noch Gehorsam abverlangt, lehnt sie sein Angebot ab, sich für immer ihrem Willen zu unterwerfen, das er ihr nach seiner Rückkehr vom Hofe des Grafen von Poitiers macht. Reÿmund sagt: „[...] ich bin bereÿt zů allen zeÿtten allein ewern willen ze tůn vnd auch zů erfüllen [...]" (ThvRM, 34, 12f). Melusina entgegnet ihm: „[...] lieber Reÿmund, neÿn / es můß ein andere gestalt haben [...]" (ThvRM, 34, 14f). Sie ist es, die auf eine ordnungsgemäße Eheschließung dringt, die sie als rechtliche Konsequenz Reÿmunds Gewalt unterstellt (vgl. ThvRM, 34, 14–19). In der Hochzeitsnacht gibt sie ihrem Mann zu verstehen, dass sie ihn als ihren Herrn anerkennt und sich ihm unterordnet (vgl. ThvRM, 42, 12–16). Melusina bedingt sich jedoch noch einmal ihren ‚ehefreien' Samstag als Ausnahme von der an den

des deutschen Wortschatzes. 2 Bde. Berlin u. a. 1993, Bd. 2 S. 897. Im Frühnhd. behält ‚gespenst' die alten Bedeutungen ‚teuflische Lockung' und ‚Blendwerk' bei, wird jedoch auch für Fabelwesen und unheimliche Erscheinungen überhaupt verwendet. Vgl. [Eintrag] gespenst, in: Baufeld, Wörterbuch S. 109. Das Wort beginnt sich also der nhd. Bedeutung anzunähern und kann auch ‚Gespenst' im heutigen Sinn bedeuten. Als ‚gespenst' werden nicht mehr nur Dämonenwesen bezeichnet. Welchen Inhalt Thüring und sein Publikum dem Wort beimessen, lässt sich nicht entscheiden. Da Thüring jedoch die Außergewöhnlichkeit und Andersartigkeit seiner Protagonistin hervorhebt, der Text eine Tendenz zur Entdämonisierung der anderweltlichen Frau aufweist und die Figuren v. a. die Unheimlichkeit des Geschehenen betonen, scheint ‚gespenst' hier nicht mehr eine ‚Teufelserscheinung' zu bezeichnen. Vgl. auch von Ertzdorf, Fee S. 442f, Anm. 43. Sie schlägt als Übersetzung „Feenwesen" vor.

[240] Vgl. ThvRM, 33, 4–7; 11, 5f; 23, 1; 34, 4; 36, 29 sowie 44, 15f.

anderen Wochentagen geltenden Hierarchie aus. „Vnd ich sten in deinem willen vnd gebotte / doch also das du mir haltest das / das du mir gelopt vnd geschworen hast“ (ThvRM, 42, 15–43, 1). Ihre Untertanen hatten Reÿmund bereits zuvor als ihren Herrn anerkannt (vgl. ThvRM, 33, 29–34). Mit der Eheschließung scheint die Dominanz der Frau, die dem Mann Gehorsam abverlangt, der für die Ehe im Spätmittelalter normativ vorgesehenen Hierarchie der Geschlechter zu weichen. Doch sie dauert auch nach der Eheschließung – de facto – an. Reÿmund wird zwar – de jure – mit der Heirat offiziell in seine Position als Ehemann und Herrscher eingesetzt. Doch er erhält bei den von Melusina unmittelbar nach Abreise der Hochzeitsgäste entfalteten Tätigkeiten, die der Befestigung und dem Ausbau der gerade begründeten Herrschaft dienen, allenfalls die Rolle eines Statisten. Die am Anfang des gemeinsamen Ehelebens stehende Frage Reÿmunds: „[...] Aller liebster gemahel, wie wöllen wir nun fürbaß vnser zeÿt vertreÿben [...]“ (ThvRM, 45, 4f), kann nicht darüber hinwegtäuschen, dass Melusinas Ehemann im Erzählgeschehen von den ersten Ehejahren des Paares an praktisch nicht mehr vorkommt. Melusina als Architektin der neuen Herrschaft und Begründerin eines neuen Adelsgeschlechts gebührt das gesamte Erzählinteresse. Ihre immense Bautätigkeit scheint in engem Konnex zu ihrer Rolle als Gebärerin zu stehen. Geburten und die Errichtung von Burgen, Schlössern und Klöstern wechseln einander in den ersten Ehejahren ab.[241] Reÿmunds Rolle als Erzeuger seiner Söhne gerät in Vergessenheit, da Melusinas zehn Geburten mit der sich leicht wandelnden Formel ‚gewan sÿ einen sun‘ umschrieben werden.[242] Reÿmund tritt nur als Erzeuger des ersten Kindes ausdrücklich in Erscheinung.[243] Sowohl die Melusina scheinbar unbegrenzt zur Verfügung stehenden finanziellen Mittel[244] als auch die Geschwindigkeit, mit der ihre Bauwerke Gestalt annehmen[245], machen deutlich, dass die Fee

241 Der in der Hochzeitsnacht gezeugte Sohn Vriens kommt nach der Fertigstellung des Rohbaus von Schloss Lusinien zur Welt (vgl. ThvRM, 46, 16–47, 4). Nach der Geburt des zweiten Sohnes Gedes baut Melusina die Schlösser Melles, Fauentt und Merfend, den Turm zu Mauent und das Kloster Malliers, zuletzt das Schloss und die Stadt Partenach (vgl. ThvRM, 47, 24–48, 7). Der Geburt des Sohnes Gÿott folgt die Errichtung von Schloss Alarotschelle und der Burg Sonÿtes (vgl. ThvRM, 48, 11–16).

242 Vgl. ThvRM, 47, 24; 48, 11; 49, 1; 49, 9; 50, 15f; 50, 20f; 50, 24; 50, 24f; Ausnahmen sind die erste und die sechste Geburt. Dort heißt es: „[...] do genaß sÿ eines sunes [...]“ (ThvRM, 47, 3f) und „[...] DArnach da bracht sÿ aber einen sun [...]“ (ThvRM, 50, 1).

243 Über die Hochzeitsnacht erfährt man: „[...] so lebten die zweÿ so freüntlich zesamen das Melusina der selben nacht eins suns schwanger ward [...]“ (ThvRM, 43, 23f).

244 Bei den Bauarbeiten zu Schloss Lusinien bezahlt Melusina ihre Handwerker und Arbeiter „alle tag mit bereÿtem gelt“ (ThvRM, 45, 13f). Woher dieses Bargeld stammt, wird nicht mitgeteilt. Melusina steht als Fee immer so viel Geld zur Verfügung, wie sie braucht.

245 Die Bauarbeiten zu Schloss Lusinien werden innerhalb der beiden ersten Schwangerschaf-

ihre magischen Fähigkeiten mit der Eheschließung nicht verloren hat. Sie erst machen Melusinas Produktivität möglich.

Die Fee verkörpert aus der Sicht des Erzählers in dem Frauen ihrer Zeit zugestandenen Bereich, den Rollen der Ehefrau und Mutter, ideale Weiblichkeit. Sie ordnet sich – zumindest formal – ihrem Ehemann unter, schenkt ihm viele Kinder und trägt für deren Erziehung Sorge (vgl. ThvRM, 49, 7f). Ein besonderer Ausweis für Melusinas ideale Mütterlichkeit scheint zu sein, dass sie aus der Anderwelt zurückkehrt, um ihre beiden Jüngsten zu stillen: „[...] vnd hůb eins nach dem andern auff [...] vnd wermete sÿ gegen dem fewr / vnd sewgete sÿ lieplich vnd legte sÿ denn nÿder [...]" (ThvRM, 126, 24–27). Im Hochadel Westeuropas war das Stillen von Säuglingen durch angeworbene Ammen seit dem Hochmittelalter weit verbreitet.[246] Im 15. und 16. begann es sich auch im Stadtpatriziat und reichen Bürgerhaushalten auszubreiten, wo es als vornehm galt.[247] Zugleich war man aber überzeugt davon, dass dem Säugling nur durch die Milch seiner eigenen adligen Mutter die Identität und der soziale Rang des eigenen Geschlechts eingeflößt werden könne.[248] Indem Melusina ihre jüngsten Söhne mit ihrer eigenen Milch stillt, wird sie ihrer Rolle als Begründerin und Wahrerin eines Adelsgeschlechtes gerecht. „Melusine's action is that of a noble woman imprinting her heirs with lineage identity."[249] Catherine Léglu hat darauf hingewiesen, dass nur in Couldrettes Versversion Melusina zurückkehre und ihre Kinder stille. In der Prosafassung Jean d'Arras' dagegen werden die Söhne von bezahlten Ammen genährt.[250] Couldrettes Inszenierung seiner Protagonistin als stillende Mutter lässt sich zum einen damit erklären, dass die Kleriker im Spätmittelalter das eigenhändige Stillen der adligen Mütter befürworte-

---

ten begonnen und abgeschlossen. Melusina ist nicht nur Auftraggeberin, sondern auch Architektin und Bauherrin des umfangreichen Werks (vgl. ThvRM, 45, 14). Die Geburten von Vriens und Gedes erfolgen in demselben Kalenderjahr (vgl. ThvRM, 47, 24). Die Schwangerschaften müssen also unmittelbar aufeinanderfolgen. Es ergibt sich daraus eine Bauzeit von ungefähr 18–20 Monaten. Zwischen der zweiten und dritten Geburt errichtet Melusina sogar drei Schlösser, einen Wehrturm, ein Kloster und eine ganze Stadt.

246 Valerie Fildes, Wet Nursing. A History from Antiquity to the Present. Oxford 1987 S. 34ff und Mary Martin McLaughlin, Überlebende und Stellvertreter: Kinder und Eltern zwischen dem neunten und dreizehnten Jahrhundert, in: Hört ihr die Kinder weinen. Eine psychogenetische Geschichte der Kindheit. Hg. von Lloyd deMause. Frankfurt a. M. 1977. (New York 1974) S. 147–262, hier 167 f.

247 James Bruce Ross, Das Bürgerkind in den italienischen Stadtkulturen zwischen dem vierzehnten und dem frühen sechzehnten Jahrhundert, in: Hört ihr die Kinder weinen (wie Kap. B, Anm. 246) S. 263–325, hier 267.

248 Ross, Bürgerkind 266 ff.

249 Léglu, Lineage S. 81.

250 Ebd. S. 71.

ten.[251] Zum anderen weist Léglu noch auf einen anderen möglichen Grund hin, warum Couldrette Melusine als Ernährerin ihres jüngsten Sohnes Thierry zeige, der der direkte Vorfahr seiner Auftraggeber, der Grafen von Parthenays, ist. Couldrette wolle die Gattin von Jean von Larchevêque-Parthenay, die Tochter des Grafen of Périgord, dazu bewegen, die gemeinsamen Kinder selbst zu stillen und so das Geschlecht der Lusignan zu perpetuieren und mit dem eigenen Blut zu verfeinern.[252]

Der Melusinas Weiblichkeit stark deformierende Gestaltwandel wird bis zum ersten Tabubruch im Roman nicht mehr erwähnt. Reÿmunds Gattin erscheint als makellose Frau. Auch der mit entstellenden Missbildungen im Gesicht zur Welt kommende Nachwuchs verdirbt das schöne Bild nicht. Die späteren Heldentaten der erwachsenen Melusinensöhne lassen ihre körperlichen Deformationen als *außzeÿchnungen* erscheinen und wirken ausgleichend.[253] Der enge Konnex von Bautätigkeit und Gebären verweist auf eine Verbindung von Mütterlichkeit und Herrschaft in der Figur Melusinas. Ebenso wie Melusina liebevoll ihre Kinder großzieht und sich um ihre Zukunft sorgt, kümmert sie sich auch um das Wachsen und Gedeihen ihres Landes, indem sie mit ihrer Bautätigkeit die Öde des ‚Durstbrunnens‘ in ein fruchtbares und blühendes Reich verwandelt.[254] Sie scheint ihre Rolle der Kindesmutter auf die der Landesmutter auszudehnen.

Mit Melusinas faktischer Herrschaftsausübung entsteht in der Beziehung des Paares eine Diskrepanz zwischen dem, was sie aus dem Blickwinkel der höfischen Öffentlichkeit leben sollten, und dem, was sie tatsächlich leben. Melusina sollte sich auf ihre Rollen als Ehefrau und Mutter beschränken, Reÿmund die Herrschaft als sein Ressort betrachten.[255] Doch Melusinas Ehemann nimmt diese zu seinen Ungunsten bestehende Diskrepanz gar nicht wahr. Er scheint mit der Rolle des Ehemannes einer dominanten, krea-

---

251 Vgl. Fildes, Wet Nursing S. 34ff und Ross, Bürgerkind S. 266.

252 Léglu, Lineage S. 76 und 81 f.

253 Abweichender Auffassung ist: von der Lühe, Frau S. 224. Die Autorin sieht in den Deformationen der Söhne Melusinas eine „offenbar stark reduzierte Gebärfähigkeit“. Melusinas Erfolg als mächtige und produktive Herrschaftsbegründerin werde ihre geschlechtsspezifische Impotenz als Gebärende entgegengesetzt. Melusina bestehe als Politikerin, aber versage als Geschlechtswesen.

254 Auf den Zusammenhang von Bautätigkeit und Gebären, in dem sich Melusinas schöpferische Kraft und Fruchtbarkeit erweisen, hat als erster Le Goff, Mutter und Urbarmacherin S. 163f, hingewiesen. Für ihn ist Melusina „Urbarmacherin“, „Erbauerin“ und der „Bauch, aus dem ein edles Geschlecht entsteht.“ In ihrer Bautätigkeit sieht er „den Aufschwung der Wirtschaft im Mittelalter“ symbolisiert.

255 Zur Diskrepanz zwischen Melusinas Machtposition und den Handlungsspielräumen adliger Frauen im Spätmittelalter vgl. auch Berger, Frau S. 206 ff.

tiven und produktiven Frau nicht unzufrieden. Zumindest teilt der Erzähler nicht mit, dass die Ehe in den ersten Jahren in irgendeiner Form von der Unzufriedenheit eines Partners getrübt wäre.

3.4 Der Erste Tabubruch – verbotener Blick und Entmachtung der Fee

Melusina und Reÿmund führen viele Jahre lang eine überaus glückliche Ehe, die vom liebevollen Umgang der Ehepartner miteinander und körperlicher Lust aneinander bestimmt ist.[256] Die faktische Dominanz seiner Gattin scheint Reÿmund nicht zu stören. Diese Situation ändert sich erst mit einem Besuch des Bruders auf Schloss Lusinien. Dessen Visite fällt, ausgerechnet, auf einen Samstag. Der Bruder macht Reÿmund darauf aufmerksam, dass Melusina ihre Pflichten als Hausherrin und Ehefrau vernachlässige. Er hält den Hausherrn dazu an, sie ihre Rolle als Gastgeberin wahrnehmen zu lassen (vgl. ThvRM, 96, 6–9). Schon hier wird deutlich, dass Reÿmund als Hausherr und ehelicher Gebieter aus dem Blickwinkel der höfischen Gesellschaft dazu verpflichtet wäre, gegen den ‚ehefreien' Samstag seiner Frau einzuschreiten und von Melusina Rechenschaft über ihre Abwesenheit zu fordern. Doch der Bruder wird deutlicher: Das von Melusina dem Ehemann gesetzte Sichtverbot ist nicht länger eine geheime Abmachung zwischen den Eheleuten, sondern als ein im Land umgehendes Gerücht nach außen gedrungen (vgl. ThvRM, 96, 14–19).

---

[256] Melusina spricht ihren Gatten in der Hochzeitsnacht mit den Worten „Liebster freünd und gemahel" (ThvRM 42, 12) an. Die Bezeichnung „freünd" (frühnhd. ‚Liebster, Geliebter') spricht dafür, dass sie in Reÿmund nicht nur den Gatten sieht, der ihr die Rückkehr in die höfische Gesellschaft ermöglicht, sondern ihm auch emotional zugetan ist. Zu der Problematik, inwieweit Liebe innerhalb der Ehe Bestandteil einer neuen Ehekonzeption des 15. und 16. Jhs. ist, vgl. Kap. A.5. In der Ehepraxis des Adels fand die Zuneigung der zukünftigen Gatten wohl selten Berücksichtigung. Die Heirat diente meist der dynastischen Politik der einzelnen Familien. Sowohl auf Männer als auch auf Frauen übte die Familienpolitik gleichermaßen Druck aus. Obgleich sich unter Einfluss der Kirche ab dem 11. Jh. der Konsensgedanke durchzusetzen begann, der die Zustimmung der Frau als Gültigkeitserfordernis für die Ehe etablierte, dürfte die Liebe in den unter solchen Bedingungen geschlossenen Adelsehen auch des Spätmittelalters und der Frühen Neuzeit nur eine geringe Rolle gespielt haben. Vgl. Mikat, [Art.] Ehe, in: HRG 1. Berlin 1971 Sp. 818 ff und Joachim Bumke, Höfische Kultur S. 534 ff. Doch handelt es sich auch bei Melusina und Reÿmund nicht um eine „Liebe aus freiem Herzen", die in eine Liebesheirat mündet, sondern um eine zärtliche Zuneigung, die erst aus der zuvor geschlossenen Ehe, einem für beide Partner vorteilhaften Vertrag, erwächst. Anders als in anderen verwandten Stoffen wird nicht davon berichtet, dass Reÿmund an Melusina schon bei der Begegnung ein sexuelles Interesse zeigt. Zur Eheschließungspraxis des Spätmittelalters vgl. auch Opitz, Familienzwist S. 116–149, bes. 125–134.

Der Bruder weist Reÿmund darauf hin, dass er dadurch „grosse unere vnd viel nachrede“ (ThvRM, 96, 20) habe. Reÿmunds äußeres Ansehen als Ehemann und Landesherr erscheint also in Gefahr. Mit der Formulierung „ir seÿdt nit wol bedacht das ir nit süllent noch getürrent eẅrem gemahel nachfragen“ (ThvRM, 96, 15 f) wird angedeutet, er sei ein Feigling, wenn er sich nicht traue, seiner Frau am Samstag nachzuforschen. Indem der Bruder ihm die über seine Frau kursierenden Gerüchte zuträgt, macht er ihm die Diskrepanz von normativ geforderter und tatsächlich in der Ehe gelebter Geschlechterhierarchie bewusst. Reÿmunds männliche Geschlechtsidentität, die sich aus der nach außen präsentierten Rolle des mutigen Ritters und Beherrschers von Land und Frau speist, ist in Gefahr. Sein Selbstwertgefühl gerät mit der Gefährdung seines Ansehens als Ritter und Herrscher in der höfischen Gesellschaft ins Wanken. Als der Bruder ihm weiterhin mitteilt, Melusina begehe während ihrer samstäglichen Abwesenheit „bübreÿ“ (ThvRM, 96, 21), zwingt dieser direkte Angriff auf seine männliche Ehre Reÿmund zum Handeln. Er muss den Ehebruchsvorwurf entkräften oder gegebenenfalls seine Entehrung rächen. Ein Stillhalten nach dem Publikwerden von Melusinas Aushöhlung seiner eheherrlichen Gewalt hätte eine irreversible Beschädigung seines Ansehens als Mann zur Folge. Er wäre von seiner Frau „zů einem toren gemacht“ und „von ir geeffet“ worden (vgl. ThvRM, 96, 24 ff).

Das Gerücht deutet Melusinas samstägliche Abwesenheit vor einer im Spätmittelalter omnipräsenten, die Geschlechter typisierenden Folie: die verschlagene, triebhafte Ehefrau betrügt ihren ahnungslosen Ehemann. Diese Konstellation ist Thema vieler Ehebruchsschwänke der spätmittelalterlichen Märendichtung.[257] Das *übel wîp*, die böse und zänkische Ehefrau, welche die Herrschaft im Haus an sich bringen will und keine Gelegenheit zum Ehebruch vorüberziehen lässt, ist der literarische Gegenentwurf zur fügsamen Haus- und Ehefrau.[258] Reÿmund reagiert auf den Vorwurf der „bübreÿ“

---

[257] Das schwankhafte Märe des Spätmittelalters entwickelt seine Handlung v. a. aus dem Themenkomplex ‚Liebe, Ehe und Ehebruch‘. Der Ehebruchsschwank mit der typischen Dreieckssituation zwischen der listigen Ehefrau, dem Liebhaber und dem betrogenen Ehemann stellt den wohl häufigsten Typ dar. Die Ehefrau wird geschlechtertypisierend als lüstern, verschlagen, genusssüchtig und geldgierig dargestellt, der Ehemann als dumm, misstrauisch oder gutgläubig und v. a. rachsüchtig. Vgl. Joachim Bumke, Geschichte der deutschen Literatur im hohen Mittelalter. München [3]1996 S. 287 f und Gudrun Aker, Göttin, ‚Frouwe‘, ‚Übel Wîp‘. Zur Konstituierung des neuzeitlichen Frauenbildes im sozialen und literarischen Konflikt, in: Gegenwart als kulturelles Erbe. Ein Beitrag der Germanistik zur Kulturwissenschaft deutschsprachiger Länder. Hg. von Bernd Thum. (Publikationen der Gesellschaft für Interkulturelle Germanistik 2). München 1985 S. 85–122, hier 109.

[258] Vgl. Aker, Göttin S. 110 f. Zur Figur des *übelen wîbes* als Exemplifizierung der bedrohten

dem Schema entsprechend. Als vermeintlich gehörnter Ehemann wird er rasend und stürzt gezückten Schwertes los, um die Ehebrecher in flagranti zu stellen (vgl. ThvRM, 96, 26–30) und – das Muster weiterdenkend – seine Ehre durch Tötung oder Misshandlung seiner Frau und des Nebenbuhlers wieder herzustellen. Der Ehemann ist ganz von Zorn beherrscht. Die für die Überschreitung des Verbotes angedrohten Konsequenzen sind ihm nicht mehr präsent. Er handelt als in seiner ‚privaten' Ehre gekränkter, in seinem öffentlichen Ansehen gefährdeter Mann.

Die Beziehung von Melusina und Reÿmund unterliegt aus ihrem Inneren heraus einer Gefährdung, da die Bindung auf zwei einander ausschließenden Bedingungen beruht: der Institution Ehe, die Reÿmund die absolute Gewalt über seine Frau zuweist, und dem samstäglichen Sichtverbot, das die männliche Verfügungsgewalt über die Frau zumindest zeitweilig außer Kraft setzt.[259] An Reÿmund werden somit paradoxe oder doch zumindest diametral entgegengesetzte Handlungsaufforderungen herangetragen: Er soll Melusina aufgrund seiner absoluten Verfügungsgewalt kontrollieren und zugleich ihr Recht auf einen ‚ehefreien' Samstag anerkennen, an dem seine eheherrliche Gewalt nicht gilt. Der Held gerät in einen Rollenkonflikt, den er mit dem Rückgriff auf bewährte Interpretations- und Handlungsmuster zu lösen trachtet. In diesem Sinne sind die Mitteilungen des Bruders zwar der Anlass für Reÿmunds Verbotsüberschreitung, die Ursache seines Handelns liegt jedoch in der Diskrepanz von normativ geforderter und tatsächlich gelebter Geschlechterhierarchie.[260] Melusinas ‚ehefreie' Samstage, an denen sich die gesellschaftliche Kritik entzündet, sind der sichtbare und fassbare

---

Ordnung und negatives Gegenbild der guten Frau vgl. auch folgenden Sammelband: Böse Frauen – Gute Frauen. Darstellungskonventionen in Texten und Bildern des Mittelalters und der Frühen Neuzeit. Hg. von Ulrike Gaebel und Erika Kartschoke. (Literatur – Imagination – Realität 28). Trier 2001.

259 Vgl. von der Lühe, Frau S. 221.

260 An dieser Stelle scheint eine – nach Rüdiger Schnell – für die Frühe Neuzeit brisante Diskussion, nämlich die um die Hierarchieverhältnisse in der Ehe, durchzuschimmern. Mit der Aushöhlung der eheherrlichen Gewalt des Mannes und der faktischen Herrschaft der Frau scheint eines der zentralen Themen angesprochen: die Kollision von öffentlichem Erwartungsdruck der Gesellschaft gegenüber dem Ehemann, seine Herrschaftspflicht auszuüben und seine Frau zu kontrollieren, und den ‚privaten' Beziehungen des Paares, in denen vielleicht andere Abmachungen gelten. In der Frühen Neuzeit sah man in der Gefährdung der patriarchalen Ordnung im Haus eine Gefährdung der öffentlichen Ordnung. Ein besonderes Problem stellt aus dieser Perspektive der von seiner Frau erotisch und/oder sexuell abhängige Ehemann dar, der die als Norm geforderte Hierarchie nicht gegenüber seiner Gattin durchzusetzen vermag. Reÿmund ist von seiner Frau weniger sexuell, als existentiell abhängig. Hält er sich nicht an die Abmachungen, drohen Glückswechsel und sozialer Abstieg.

Ausdruck für die in der Ehe der beiden Protagonisten auf den Kopf gestellte Hierarchie der Geschlechter. Doch das daraus resultierende Konfliktpotential ist dem Ehemann nicht bewusst. Es kommt erst zum Tragen, als die höfische Gesellschaft von Reÿmund die Wahrnehmung seiner Geschlechterrolle an allen sieben Tagen der Woche verlangt. Repräsentant der höfischen Welt ist der Bruder, der Reÿmund die Gerüchte zuträgt, in denen sich niederschlägt, dass man an der Lebensweise des Paares Anstoß nimmt.

Die Überschreitung des Sichtverbotes wird als Szene mit voyeuristischem Charakter inszeniert.[261] Reÿmund beobachtet seine nackte, badende Frau durch ein Loch in der Tür ihrer geheimen Kammer (vgl. ThvRM, 96, 29–97, 22). Er glaubt sich hinter der Tür für die Betrachtete unsichtbar und von niemandem beobachtet. Sein Blick auf die Gattin erfolgt aus der Sicherheit der scheinbaren Unsichtbarkeit. Der verbotene Blick macht den Mann machtvoll, die Frau machtlos. Das kleine, mit dem Schwert gebohrte Loch schützt die Frau vor weiteren Beobachtern. Reÿmund ist bei der Aufdeckung des Geheimnisses seiner Frau allein. Dass Melusina, die Allwissende, auch von dieser Tat Kenntnis haben könnte, kommt ihm erst später in den Sinn. Sein Bruder ist ihm nicht gefolgt. Es sind keine Diener und kein Hofstaat zugegen, da das Gespräch zwischen den Brüdern unter vier Augen stattfand. Es gibt demnach für die Überschreitung des Sichtverbotes keinerlei Zeugen. Über Melusinas Kenntnis des Treuebruchs werden die Leserinnen und Leser bald informiert. Reÿmund erfährt jedoch nichts davon. Die aus dem Treuebruch des Mannes resultierende eheliche Krisensituation gestaltet sich noch ganz als ‚privater‘ Konflikt zwischen den Ehepartnern. ‚Privatheit‘ und Intimität der Ehekrise werden dadurch betont, dass die erste Begegnung nach dem Verbotsübertritt zwischen Melusina und Reÿmund hinter verschlossenen Türen stattfindet. Die Öffentlichkeit bleibt – im wörtlichen und übertragenen Sinne – ausgeschlossen (vgl. ThvRM, 100, 22ff).

Für den Ehemann Reÿmund scheint die von ihm begangene Überschreitung des Verbots, entgegen der Ankündigung seiner Frau, keine Konsequenzen zu zeitigen. Die zurückkehrende, von der Verbotsüberschreitung wis-

261 Hans-Peter Dürr hat herausgestellt, die Annahme, der Voyeur sei als Figur erst im 17. Jh. entstanden, sei nicht zutreffend. Das Voyeur-Motiv war schon in Mittelalter und Früher Neuzeit Gegenstand zahlloser bildlicher Darstellungen. Auf Miniaturen, Kupferstichen und Holzschnitten wurde dargestellt, wie Diener oder heimliche Verehrer durch einen Türspalt oder ein Loch die Hausherrin beim Bad beobachteten. Die Szene der Verbotsüberschreitung spiegelt somit eine zeittypische Konstellation wider, die in der Regel erotisch konnotiert war: die nackte, badende Frau und der heimliche Beobachter, der das Objekt seiner Lust mit seinem ‚verbotenen Blick‘ erobert. Vgl. Hans-Peter Dürr, Der Mythos vom Zivilisationsprozeß 1: Nacktheit und Scham. Frankfurt a. Main [2]1988 S. 39–42.

sende Melusina (vgl. ThvRM, 101, 2) signalisiert ihrem Mann, sie wünsche das gewohnte Eheleben wieder aufzunehmen (vgl. ThvRM, 100, 22–26). Sie legt sich nackt zu ihm ins Bett, ist zärtlich zu ihm und liebevoll besorgt um seine vor Kummer angegriffene Gesundheit. Reÿmund muss annehmen, dass seine Frau seine Aktivitäten vor ihrer Kammertür nicht bemerkt hat. Es scheint so, als habe er den Tabubruch mit dem Wiederverschließen des Loches tatsächlich ungeschehen gemacht. Doch der Erzähler teilt den Leserinnen und Lesern mit, dass Melusina deshalb so handele, weil „[...] sÿ verstůnd das er noch keinem menschen nichcz dauon gesaget" (ThvRM, 101,4f). Melusina berührt das Thema Tabu gar nicht. Dennoch hat sich etwas in der Beziehung zwischen den Partnern geändert. Reÿmund kennt jetzt Melusinas Geheimnis. Zwar ändert dieses Wissen nichts an seiner positiven Einschätzung seiner Gattin (vgl. ThvRM, 99, 6f), doch Melusina erscheint in ihrer Erlösungsbedürftigkeit als gefährdeter, Reÿmund als potentieller Zerstörer der Erlösungshoffnung als gefährdender. Ohne es zu wissen oder gar zu wollen, hat Reÿmund die erste Bedingung für Melusinas ewige Verdammnis bereits erfüllt. Melusina ist nach der Übertretung des Sichtverbotes in größerem Maße als je zuvor von ihrem Ehemann abhängig geworden. Sie präsentiert sich ihrem Mann als liebevolle, in ihrer Nacktheit vollkommen menschliche Gattin. Sie signalisiert ihm auf diese Weise, dass das in der geheimen Badestube Gesehene vorüber und sie selbst Frau ist wie zuvor. Doch der unausgesprochene Konflikt schwelt weiter. Reÿmund wird nicht vergessen, was er gesehen hat, Melusina kann seine Verbotsüberschreitung nicht ungeschehen machen. Zu diesem Zeitpunkt wissen weder Reÿmund noch die Leser und Leserinnen von Melusinas Fluch. Melusinas Stillhalten und die ausbleibende Ahndung des Tabubruchs erscheinen als Schwäche des dominanten Feenwesens.

In den Vorstufen des Stoffes, die noch nicht die Verschmelzung mit dem Typus von Erzählungen über Schlangenweiber zeigen, erscheint die Mahr als Glück und Wohlstand bringende Fee, welche die Beziehung mit dem Menschen aufgrund ihrer magischen Fähigkeiten dominiert. Sie vermag das Tabu kraft ihrer übernatürlichen Magie ohne Widerspruch des Mannes zu setzen. Nach dem Tabubruch löst sie die Bindung nach eigener Entscheidung wieder. In den Melusinengestaltungen Jean d'Arras', Couldrettes und Thürings wird die selbstbestimmt handelnde, den Männern überlegene Fee mit dem Fluch der Mutter zur erlösungsbedürftigen und in ihrer Erlösungsbedürftigkeit von einem Mann abhängigen Frau. Melusina wird mit dem ungesühnten Tabubruch ihres Mannes als die machtvolle Fee des Mahrtenehen-Motivs entmachtet. Die Machtverteilung innerhalb der Ehe schlägt zugunsten des Mannes um. Der Wechsel in der Hierarchie der Geschlechter wird darin sichtbar, wie die Protagonisten miteinander umgehen. Auffällig an den Äußerungen der nach dem Tabubruch zu ihrem Mann zurückkehrenden Melusina ist ein Wechsel in der Anredeform.

Melusina hatte Reÿmund seit ihrer ersten Begegnung durchgehend geduzt, Reÿmund seine Gattin dagegen ‚geirzt'.[262] Seit dem 12. Jahrhundert dienten die beiden Anredeformen du und ‚ir' primär der „soziale[n] Markierung" der Anredenden und Angeredeten.[263] In der ständisch organisierten Gesellschaft des Spätmittelalters gab es feste Regeln für die Verwendung der Anredeformen. Personen geringeren Standes durfte und sollte der Anredende duzen, Personen gleichen oder höheren Standes ‚irzen'.[264] Auch in Thürings „Melusine" dienen die Anredeformen der sozialen, ständischen Markierung der Personen.[265] Dass Melusina Reÿmund duzt, er sie aber ‚irzt', spiegelt zunächst ihre tatsächlichen Standesverhältnisse wider. Melusina ist eine „geborne künigin" (ThvRM, 11, 2f), Reÿmund dagegen der Sohn eines verarmten Grafen. Obgleich beide adeliger Herkunft sind, steht Melusina in der feudalaristokratischen Hierarchie weit über ihrem zukünftigen Mann. Überdies scheinen die Anredegewohnheiten der Protagonisten typisch für

---

262 Reÿmund ‚irzt' Melusina bei der ersten Begegnung (vgl. ThvRM, 23, 7–17; 23, 21–28; 24, 18–25; 25, 14–17), Melusina dagegen duzt Reÿmund (vgl. ThvRM, 22, 14ff; 23, 17ff; 23, 28–24, 13; 25, 3–14; 25, 17–28).

263 Vgl. Werner Besch, Hierarchie und Höflichkeit in der deutschen Sprache, in: Brücken schlagen... Weit draußen auf eigenen Füßen. Festschrift für Fernand Hoffmann. Hg. von Joseph Kohnen u.a. Frankfurt a.M. 1994 S. 250. Im Ahd. gab es nur das Du als Anredeform. Mit der allmählichen Verbreitung des lateinischen Amtsstiles in der Volkssprache entwickelte sich im Frühnhd. ein Unterschied zwischen dem Höflichkeit, Distanz und Respekt vor ranghöheren Personen ausdrückenden ‚ir' und dem vertraulichen, aber auch sozial erniedrigenden Du. Vgl. Gerhard Augst, Sprachnorm und Sprachwandel. Vier Projekte zu diachroner Sprachbetrachtung. (Studienbücher zur Linguistik und Literaturwissenschaft). Wiesbaden 1977 S. 24f.

264 Vgl. Besch, Hierarchie S. 251 und Jakob Grimm, Deutsche Grammatik. 4 Theile. 2. Ausgabe. Neuer vermehrter Abdruck. Besorgt von Wilhelm Scherer, Gustav Roethe und Edward Schroeder. Berlin u.a. 1898, Bd. 4. Besorgt von Gustav Roethe und Edward Schröder. Gütersloh 1898 S. 363.

265 Wie seit dem 12. Jh. üblich, werden in der „Melusine" Personen höheren von Personen niedrigeren Standes ‚geirzt', Personen niedrigeren von Personen höheren Standes geduzt. So ‚irzt' Reÿmund den Grafen Emerich von Poitiers als seinen Herrn und Ziehvater (vgl. ThvRM, 19, 24) sowie dessen Sohn Bertram von Poitiers (vgl. ThvRM, 30, 9f), der sein Lehnsherr ist, wird aber selbst von beiden geduzt (vgl. ThvRM, 19, 6f und 28, 7f). Melusinas Sohn Vriens wird vom König von Zypern geduzt (vgl. ThvRM, 56, 3f) und ‚irzt' diesen (ThvRM, 58, 13f). Reÿmund und sein Bruder, der Graf vom Forst, ‚irzen' einander als Gleichrangige (vgl. ThvRM, 96, 7f und 96, 10). Auffallend ist, dass Thüring hier das Rangverhältnis über das Verwandtschaftsverhältnis stellt, hatte doch Jacob Grimm bei der Auswertung der mittelhochdeutschen höfischen Epik festgestellt, dass sich Geschwister und Geschwisterkinder in der Regel duzen. Vgl. dazu Grimm, Grammatik, Bd. 4. Gütersloh 1898 S. 362.

die Machtkonstellation in der Mahrtenehe zu sein.[266] Dass Reÿmund Melusina ‚irzt', obwohl sie ihn schon geduzt hat, ließe dann darauf schließen, dass er die ihr als Mahrtenwesen gebührende ‚natürliche' Dominanz akzeptiert.[267] Melusina redet Reÿmund unmittelbar mit dem vertraulichen Du an. Darin kann sich zum einen ausdrücken, dass sie in ihm eine Person niedrigeren sozialen Ranges sieht, aber auch, dass sie sich ihm als vertraute Freundin und Retterin nähert.[268] Melusina verwendet das vertrauliche Du, weil sie mit Reÿmunds Leben und Schicksal schon vertraut ist. Auch nach der Eheschließung ändert sich an den Anredeformen der Ehegatten nichts. Melusina duzt Reÿmund weiterhin, obwohl mit der Besteigung des Brautbettes in der Regel die Standesgemeinschaft der Ehegatten verbunden war und sich Eheleute zudem gewöhnlich gegenseitig ‚irzten'.[269] Sie behält ihre bestimmende Rolle in der Ehe bei und wird von Reÿmund weiter ‚geirzt'. Die innerhalb der Ehe fortgesetzte unterschiedliche Anredeweise der Protagonisten legt nahe, dass hier tatsächlich der Unterschied in der Standeshierarchie bzw. das Machtgefälle in der Beziehung deutlich gemacht werden soll. Erst bei ihrer Rückkehr nach der Verbotsübertretung, ‚irzt' Melusina ihren Gatten das erste Mal: „[...] Sÿ sprach zů im / reÿmund aller liebster herre vnd gemahel wie gehabet ir eüch oder wie ist es eüch ‹/› seÿt ir plöde oder was gepricht eüch / vörchtent oder besorgent ir eẘch" (ThvRM, 100, 28ff).

Es ist davon auszugehen, dass ein Wechsel der Anredeform „symptomatische[n] Charakter" besitzt, d.h. eine ‚Anredeprogression' „[...] kann als Symptom innerer Vorgänge verstanden werden."[270] In dem ‚Irzen' ihres Ehemannes spiegelt sich Melusinas gesteigerte Abhängigkeit von diesem wider. Melusina ‚irzt' ihren Gatten, um ihm ihren Respekt als Ehefrau auszudrücken. Sie hat ihr Geheimnis und damit das sie umgebende magische

---

[266] Auch in anderen mittelalterlichen Texten, denen das *Motiv der gestörten Mahrtenehe* zugrunde liegt, findet sich diese Konstellation in den Anredeformen. Auch die namenlose *frouwe* des Ritters Peter von Stauffenberg duzt den ihr unbekannten jungen Mann, während er sie ‚irzt'. Hier beruht die sich in der Anredeweise niederschlagende Überlegenheit der Frau allein auf ihrem Status als übernatürliches Wesen. Welchen Standes sie ist, erfährt man nicht. Vgl. Der Ritter von Staufenberg. Hg. von Eckhard Grunewald. (Altdeutsche Textbibliothek 88). Tübingen 1979 S. 17, Vv 313–329.

[267] Allerdings sollten Frauen, Geistliche und Fremde generell ‚geirzt' werden. Vgl. Grimm, Grammatik, Bd. 4. Gütersloh 1898 S. 363.

[268] Nach Jakob Grimm duzte man sich auch unter befreundeten, gleichrangigen Personen, auch ‚Minnewerbende' und Liebende gingen bei wachsender Intimität leicht zum vertraulichen Du über. Vgl. ebd.

[269] Vgl. Micat, [Art.] Ehe, in: HRG 1. Berlin 1971 Sp. 820 und Grimm, Grammatik, Bd. 4. Gütersloh 1898 S. 363.

[270] Besch, Hierarchie S. 251.

Charisma verloren, das den Mann ihre Überlegenheit widerspruchslos anerkennen ließ. Die Tabuverletzungen endet nicht mit der Bestrafung des Verletzenden, sondern mit der Entmachtung der tabuierten Person. Reÿmunds unerlaubter Blick hat das dominante Feenwesen zur gewöhnlichen Ehefrau reduziert.[271]

3.5 Der Zweite Tabubruch – Brudermord und öffentliche Diffamierung der Fee

Als Reÿmund von der Besichtigung der schwelenden Ruinen des Klosters Malliers zurückkehrt, besitzt er Gewissheit darüber, dass Geffroÿ die schrecklichen Verbrechen, tatsächlich begangen hat. Reÿmund zieht sich allein in eine Kammer zurück, um das Geschehene zu verarbeiten. Im Nachdenken stellt er einen inneren Zusammenhang zwischen der Untat des Sohnes und dem eigenen früheren Handeln her:

> [...] vnd *klagte* do gar ser sein herczenleÿde vnd iamer vmb *das groß übel / so geffroÿ* hat an dem closter vnd seinem průder vnd auch an allen münchen begangen ‹/› [...] vnd *klagete das übel, so er selbs* am grafen von Poÿtiers seinem vettern begangen hett (ThvRM, 112, 24–29; Hervorhebungen Cl. St.).[272]

Geffroÿs Verbrechen erscheint ihm als Folge des eigenen Fehlverhaltens. Reÿmund erkennt zwar seine Initialschuld in der Ereigniskette an, sieht jedoch in der Begegnung mit Melusina den Beginn seiner Strafe[273], die sich in seinem Sohn Geffroÿ fortsetzt. Melusina erscheint ihrem Mann nicht mehr als seine Retterin aus einer ausweglosen Situation, sondern als seine Verderberin. Hatte die Entdeckung des geheimen Gestaltwandels noch keine Abwertung der Frau zur Folge, bewirkt sie nun die Kenntnis des vom Sohn begangenen Brudermordes. War sie für Reÿmund nach der Entkräftung des Ehebruchverdachtes trotz ihrer Halbschlangengestalt noch die ehrbare Hausfrau gewesen, die „frumm vnd aller schand vnschuldig“ (ThvRM, 99,

---

[271] Melusinas übernatürliche Fähigkeiten treten nach dem Ersten Tabubruch nicht mehr in Erscheinung. Erst als sie wegen Reÿmunds Zweitem Tabubruch endgültig zur Verdammten wird, tritt ihre Sehergabe wieder hervor.

[272] Auffallend sind hier die Ähnlichkeit der Wortwahl und die Parallelität des Satzbaus, mit der das Tun von Vater und Sohn charakterisiert wird. Beide Taten erscheinen als zu beklagendes „übel“.

[273] Melusina zählt in Reÿmunds Sicht ebenfalls zu den ihm widerfahrenen „übeln“, denn der Nebensatz „[...] vnd das er darnach ein merfeÿ vnd gespenst weÿb genommen hett [...]“ (ThvRM, 112, 30f) ist Objektsatz zu dem Hauptsatz „[...] vnd klagete das übel [...]“ (ThvRM, 112, 28).

6f) ist, gilt sie ihm nun als „merfeÿ vnd gespenst weÿb“ (ThvRM, 112, 31). Er übernimmt während der zweiten Krisensituation in ihrer Ehe die negative Perspektive auf Melusina, die zuvor die Vertreter der höfischen Welt eingenommen hatten. Als der Bruder Reÿmund die im Lande kursierenden Gerüchte kolportierte, richtete sich seine Betroffenheit zunächst nur auf den Verdacht der Untreue. Der Hinweis, dass es mit Melusina eine unheimliche Bewandtnis habe, wovon er sich in der Badeszene selbst überzeugen konnte, war für ihn zunächst bedeutungslos. Erst als Geffroÿ den für den Vater ungeheuren und in seiner Brutalität unerklärlichen Mord am Bruder und den Mönchen verübt, erhalten Melusinas Gestaltwandel und die an ihn geknüpfte Unheimlichkeit ihres Wesens neues Gewicht in seinem Denken. Ebenso wie die Menschen im Land die Vorgänge um den ‚Durstbrunnen‘ nicht anhand ihrer Alltagserfahrung erklären können, kann Reÿmund Geffroÿs Verhalten nicht ‚rational‘ deuten. Genau wie die höfische Gesellschaft greift er auf Deutungsmuster zurück, die Melusina als unheimliche Spukgestalt klassifizieren: „Es ist gancz ein gespenst vmb diß weib ‹/› das mag ich wol prüfen. wann sÿ sich in dem pad erzeigete also ein halber mensch vnd ein halber wůrm. Das doch ein grewsenlich angesicht was [...]“ (ThvRM, 113, 5-9). Reÿmund übernimmt die ihm zuvor angebotene Deutung des Wesens seiner Frau, weil ihn die Tat Geffroÿs überfordert. Er deutet das ihm Widerfahrene nach alttestamentarischen Mustern aus: dem Brudermord Kains an Abel und dem Sündenfall.[274] Mit der Parallelisierung von alttestamentarischem Brudermord und Geffroÿs Tat wird dem Elternpaar, Melusina und Reÿmund, die Rolle der Ur-Eltern, Adam und Eva, zuteil. Reÿmund greift bei seiner Interpretation des Geschehenen auf das Deutungsschema der mittelalterlichen Theologen für den Sündenfall zurück.[275] Auch hier werden wiederum geschlechtertypisierende Rollenzuschreibungen wirksam. In der christlichen

---

[274] Vgl. Gen 2, 15-3, 24 und Gen 4, 1-17, in: Die erste deutsche Bibel. Hg. von William Kurrelmeyer. 10 Bde. Tübingen 1904-1915, Bd. 3: Genesis, Exodus. Leviticus. (Bibliothek des litterarischen Vereins in Stuttgart 243). Tübingen 1907 S. 50-56. Geffroÿ verbrennt seinen Bruder Freÿmund, wie Kain seinen Bruder Abel erschlug. Sowohl Freÿmund als auch Abel scheinen näher bei Gott zu sein als ihre Brüder. Abel hat die besseren Opfergaben vorzuweisen und erregt so den Neid Kains; Freÿmund ist ein Mönch – eine Lebensführung, die den Ritter Geffroÿ herausfordert. Bedeutsam erscheint mir in diesem Zusammenhang auch Geffroÿs körperliche Missbildung, der Eberzahn. Obgleich von Thüring nur als individuelle Besonderheit herausgestellt, die dem vorbildlichen Rittertum des jungen Mannes keinen Abbruch tut, erscheint sie doch als Hinweis auf den ‚Jagdunfall‘ des Vaters und dessen ‚Schuld‘ am Tod eines Blutsverwandten. Aus dieser Perspektive trägt Geffroÿ das Kainsmal schon als väterliches ‚Erbe‘, bevor er selbst zum Brudermörder wird.

[275] Vgl. Liebertz-Grün, Spiel S. 221.

Theologie des Mittelalters wurde die Frau vielfach mit Eva gleichgesetzt[276] und vor allem das weibliche Geschlecht für die Vertreibung des Menschengeschlechts aus dem Paradies und die Erbsünde verantwortlich gemacht.[277] Die Frau galt als verführbarer und triebhafter als der Mann, besonders in Bezug auf die Sexualität.[278]

Melusina als Mischwesen aus Mensch und Schlange erscheint als doppelte Verführerin. Sie ist die Eva verführende Schlange, die den Sündenfall erst möglich werden lässt, und zugleich Eva, die mit der Verführung Adams die Erbsünde über das Menschengeschlecht gebracht hat.[279] Wie Adam von Eva dazu verführt wurde, die Frucht vom Baum der Erkenntnis zu essen, so hat Reÿmund sich mit Melusina eingelassen, sich von ihrer Schönheit und der Aussicht auf Rettung und sozialen Aufstieg verführen lassen. Dadurch ist sein Geschlecht, wie die Nachkommen Adams, von der Erbsünde betroffen. Die Glück, Wohlstand und sozialen Aufstieg bringende Fee wird in der Sicht Reÿmunds zur Verderben über ihre Nachkommen bringenden Eva. Für Reÿmund nimmt mit der Mordtat Geffroÿs der von Melusina für den Fall der Verbotsübertretung prophezeite Niedergang der Familie seinen Anfang. Der Zorn des Mannes richtet sich nun nicht mehr, wie unmittelbar nach der Tat, gegen den Sohn, sondern gegen die Frau, die er als eigentliche Verursacherin des „übels" ausgemacht zu haben glaubt.

Ebenso wie nach der Entdeckung ihres Geheimnisses versucht Melusina auch nach der ungeheuren Tat des Sohnes, ihren Mann zu trösten. Sie greift aber zur Deutung des Geschehens gerade auf solche christlichen Erklärungsmuster zurück, die nicht geschlechtertypisierend verfahren und nicht nur ei-

---

276 Vgl. Hans-Georg von Mutius, [Art.] Eva, in: LexMA 4. München u. a. 1989 Sp. 124ff, hier 124.

277 Im kanonischen AT wird die Frau in der Regel noch nicht mit dem Beginn von Sünde und Tod in der Welt in Zusammenhang gebracht. Erst spätere, apokryphe Vereinfachungen der Sündenfallgeschichte stellen einen solchen Konnex her. Im NT wird Eva in 2 Kor 11, 3 und 1 Tim 2, 13 in Zusammenhang mit Schlange und Verführung negativ beurteilt. Die spätere Tradition hat die Erschaffung Evas aus einer Rippe Adams sowie ihre aktivere Rolle in der Sündenfallgeschichte dahingehend gedeutet, dass sie – und mit ihr das gesamte weibliche Geschlecht – gegenüber dem Mann subsidiär und anfälliger für Verführung und Sünde sei. Vgl. Helen Schüngel-Straumann, [Art.] Eva, in: LTK 3. Freiburg i. Br. 1993 Sp. 1025f, hier Sp. 1026.

278 Zu konkurrierenden Geschlechterentwürfen von Mann und Frau in der mittelalterlichen Theologie vgl. den Beitrag: Schnell, Geschlechtergeschichte. Das skizzierte Modell ordnet Schnell dem normativ-spekulativen Diskurs in der mittelalterlichen Theologie zu. Vgl. ebd. S. 312f.

279 In apokryphen Darstellungen der Sündenfallgeschichte wird zum einen Evas Verführung durch die Schlange als sexuelle Verführung gedeutet, zum anderen Eva selbst als erotische Verführerin Adams dargestellt. Vgl. Schüngel-Straumann, [Art.] Eva, in: LTK 3. Freiburg i. Br. 1993 Sp. 1026.

nem Geschlecht, nämlich dem weiblichen, die Schuld zuweisen.[280] Melusina rekurriert darauf, dass alle Sünder - egal ob Männer oder Frauen - erlösungsfähig sind, wenn sie Reue zeigen und Buße tun. Sie begreift sich und ihren Mann als Sünder, die beide schuldig geworden sind, und sieht in Geffroÿs Tat eine Prüfung Gottes und eine Möglichkeit zur Buße ihrer Sünden (vgl. ThvRM, 113, 19–34). Melusina erreicht den Gatten mit ihren Deutungen des Geschehens jedoch nicht mehr. Das in ihren Worten implizierte ‚wir', mit dem sie sich und den Ehemann als Paar, als zusammengehörige Einheit, gegen die Gesellschaft abgrenzt, besteht in seinem Denken nicht mehr. Der Mord hat Reÿmund einen tiefen Graben zwischen sich und seiner Frau ziehen lassen.

Auffallend ist die Ähnlichkeit zwischen der Szene unmittelbar nach Reÿmunds erster Verbotsüberschreitung und der Szene unmittelbar vor Reÿmunds zweitem Tabubruch. Die Ehefrau sucht ihren vor Kummer kränkelnden Ehemann auf, der sich in der ‚Privatheit' seiner Kammer von den für ihn schockierenden Anblicken zu erholen sucht, um ihn zu trösten. Konnte die erste Ehekrise noch im intimen Gespräch der Ehegatten beigelegt werden, von dem die Öffentlichkeit ausgeschlossen blieb, tritt diesmal der gesamte Hofstaat mit Melusina herein.[281] Die innerlich von Reÿmund bereits vollzogene Abwendung von seiner Ehefrau, die in seinen Augen zum „gespenst weÿb" geworden ist, das ihn betrogen hat, wird von Reÿmund mit einer wütenden Beschimpfung Melusinas öffentlich gemacht: „[...] O du pöse schlang vnd schemlicher wůrm Dein sam noch dein geschlecht thůt nymmer mer gůt / Sich was schönen anfangs dein sun Geffroÿ mit dem grossen czan hat gethan" (ThvRM, 114, 16–115, 2).

Auch hier ist wieder der Wechsel der Anredeform bedeutsam. Reÿmund tut, was er noch nie zuvor getan hat: er duzt Melusina. Dies deutet zum einen auf ein hohes Maß an emotionalem ‚Beteiligtsein' an dem Geschehen hin. Reÿmund ist außer sich vor Wut. Höflichkeits- und Standesregeln sind für ihn in diesem Augenblick unwesentlich. Zum anderen wird an seinem Du das gewaltige Ausmaß deutlich, in dem seine Frau in seiner Wertschätzung gesunken ist. Die Anwesenheit der Hofleute hat demonstrativen Charakter. Reÿmunds Entgleisung ist nicht wieder gut zu machen, denn er hat sich nicht gegenüber einem einzelnen im intimen Gespräch ‚verplappert', sondern den gesamten Hofstaat zu Zeugen gemacht.

---

[280] Vgl. Liebertz-Grün, Spiel S. 220.

[281] Die Frage, warum Melusina in dieser zweiten Krise nicht wie zuvor die Tür hinter sich verschließt und die Öffentlichkeit aussperrt, lässt der Text unbeantwortet. Als Begründung ließe sich erneut der schon zuvor bemühte ‚Sagenmechanismus' heranziehen, der für die Mahr ein schlimmes Ende vorsieht.

Die Konsequenzen von Reÿmunds erneutem, diesmal folgenreichen Tabubruch sind vor allem ‚privater‘ Natur. Es tritt nicht so sehr ein äußerer Glückswechsel ein, Reÿmunds erneuter Tabubruch zerstört vielmehr das ‚private‘ Glück der Protagonisten.[282] Der Glückswechsel darf nicht zu extrem ausfallen, da im Roman die Geschichte eines noch existierenden Geschlechts erzählt und dieses verherrlicht werden soll.[283] Die Reÿmund angedrohten öffentlichen und politischen Konsequenzen, der soziale Niedergang seines Geschlechts, bleiben weitgehend aus, denn seinen älteren Söhnen ist es allein aufgrund ritterlicher Bewährung gelungen, eigene Dynastien zu begründen, ohne dass sie die von Melusina in die Ehe gebrachte magische ‚Fortune‘ gebraucht hätten. Mit der erneuten Tabuverletzung wird das Schicksal der beiden Protagonisten nicht mehr von ihnen selbst bestimmt. Hauptleidtragende ist Melusina. Sie hat ihre Aussicht auf Erlösung endgültig verloren, da der „poß veint“ (ThvRM, 117, 8)[284] erst von Reÿmunds Tabuverletzung erfährt, als dieser sein Wissen über die Andersartigkeit seiner Frau offen ausspricht (vgl. ThvRM, 117, 6–9). Die Koppelung von Sicht- und Redeverbot, die erst zusammentreten müssen, um die Zerstörung der Beziehung zwischen Mensch und Mahr zu bewirken, scheint auf die hochmittelalterliche theologische Vorstellung zurückzugehen, Dämonen könnten nicht in den Menschen hinein sehen.[285] Reÿmunds verbotener Blick auf die badende Melusina genügt nicht; der Mann muss das Gesehene erst laut aussprechen, damit Melusina dem „poß veint“ verfällt und die Trennung unvermeidlich wird. Jan-Dirk Müller hat darauf hingewiesen, dass dieser Zusammenhang schon im 16. Jahrhundert nicht mehr verstanden und in der Fassung der „Melusine“ im „Buch der Liebe“ bereits getilgt worden ist.[286]

Vielleicht zeichnet sich schon in Thürings Version aus dem 15. Jahrhundert ein Wandel in der Funktion des Zweiten Tabubruchs ab. Die Tabubrüche Reÿmunds unterscheiden sich vor allem in der Art ihrer Inszenierung. Ihre Konsequenzen oder ihre scheinbare Konsequenzlosigkeit scheinen von den Kategorien ‚Öffentlichkeit‘ bzw. ‚Privatheit‘ bedingt zu sein. Reÿmunds erster Tabubruch und die darauffolgende eheliche Krisensituation zeigen sich noch ganz als ‚privater‘ Konflikt des Paares. Melusinas „geheÿm“ bleibt vor der Öffentlichkeit gewahrt. Erst mit der Diffamierung der Ehefrau vor

---

282 Vgl. Dirk Müller, Nachwort S. 1033.

283 Vgl. ebd. S. 1032 f.

284 Der ‚böse Feind‘ war im Frühnhd. die Bezeichnung für den Teufel. Vgl. [Eintrag] feind, in: Baufeld, Wörterbuch S. 78.

285 Vgl. Müller, Stellenkommentar S. 1074 [117, 8 *der pos veint*].

286 Vgl. ebd. So ist in der Fassung der „Melusine“ im „Buch der Liebe“ der ‚pos veint‘ bereits durch ‚niemand‘ ersetzt. Vgl. Thüring von Ringoltingen, Melusine. Stuttgart ²1991 S. 87.

einer Vielzahl von Zeugen wird ihr Gestaltwandel öffentlich. Folgt man Rüdiger Schnells These, dass der Ehediskurs im 15. Jahrhundert Teil des öffentlichen Ordnungsdiskurses war, sich zugleich aber eine verstärkte Separierung von öffentlicher und privater Sphäre abzeichnete, scheinen privater und öffentlicher Tabubruch diese Entwicklung widerzuspiegeln. Melusinas Geheimnis, das ihre samstägliche Abwesenheit notwendig macht und somit die eheherrliche Gewalt ihres Mannes ‚demontiert', ist so lange für das Paar ungefährlich, wie es ‚privater' Teil der Paarbeziehung bleibt. Mit dem Öffentlich-Werden des Gestaltwandels gerät das die weibliche Geschlechterrolle überschreitende Verhalten Melusinas in den Blick der Öffentlichkeit und wird als Gefährdung der öffentlichen Ordnung wahrgenommen. Indem Reÿmund die Öffentlichkeit zu Zeugen macht, dass es in seiner Ehe ‚nicht mit rechten Dingen zugeht', macht er aus dem privaten Konflikt einen öffentlichen. Was zuvor nur „lantmer" (ThvRM, 96, 15) war, wird mit Reÿmunds zorniger Diffamierung öffentlich bekanntes Faktum.

3.6 Geschlecht und Herrschaft

In der Adelsliteratur des 15. Jahrhunderts wird Herrschaft in der neuen Form des höfischen Romans verstärkt zum Thema gemacht.[287] In der Abkehr vom Artus-Modell und der Anknüpfung an die ‚Chanson de geste'-Tradition wird eine handlungsmächtige, starke Herrschergestalt vorgeführt, die ihr Recht auf Herrschaft aus ihrer Abstammung legitimiert und gegen ihre Vasallen verteidigt.[288] Auch in der „Melusine" scheint das Thema Herrschaft bedeutungsvoll zu sein. In der Melusinengeschichte werden zwei unterschiedliche Formen von Herrschaftserwerb und -ausübung präsentiert. Die vorgeführten Herrschaftsformen dokumentieren zum einen die im Spätmittelalter einsetzende Entwicklung vom ritterlich-militärisch orientierten Kriegeradel zum Hofadel. Zum anderen differieren sie hinsichtlich ihres impliziten Geschlechterverhältnisses.[289] In den Nebenhandlungen der „Melusine", den *aventiure*-Fahrten der Söhne, gibt es zwei ähnliche Modelle von Herrschaftserwerb, die sich folgendermaßen skizzieren lassen: Der alte Herrscher liegt im Sterben. Ein junger Ritter heiratet auf Wunsch des Herrschers oder seiner Berater die schöne Tochter und erhält damit verbunden die Herrschaft. Frau und Herrschaft sind der Lohn für seine militärische Be-

---

287 Vgl. Cramer, Geschichte S. 69 f.

288 Vgl. ebd.

289 Vgl. dazu auch Liebertz-Grün, Spiel S. 225.

währung im Kampf gegen einen diese Herrschaft bedrohenden Aggressor.[290] Das andere Modell: Der alte Herrscher ist bereits verstorben und hinterlässt keinen männlichen Erben. Seine Tochter übt die Landesherrschaft aus. Sie wird jedoch von einem brutalen Freier bedrängt. Der Ritter eilt ihr zu Hilfe und wird dafür mit ihrer Hand belohnt, die ihn zum neuen Herrscher macht.[291] Abstrahierend lässt sich sagen, dass Herrschaftserwerb und Erwerb einer Ehefrau zusammenfallen und als Belohnung für ritterliche Bewährung vergeben werden. Der soziale Aufstieg erfolgt über die Heirat mit einer Frau höheren Standes, die dem Ritter verpflichtet ist und die Herrschaft – quasi als Mitgift – mit in die Ehe bringt. Weibliche Herrschaft erscheint nur als Stellvertretung möglich, solange kein potentieller männlicher Nachfolger erschienen ist, der den Platz des alten Regenten einnehmen könnte. Die Rollen bei der Herrschaftsausübung sind nach der Einheirat des Ritters klar verteilt: Der Mann herrscht, die Frau ist für die Herrschaft bedeutungslos geworden. Allenfalls tritt sie in der Abwesenheit ihres Ehemannes als Führerin der Regierungsgeschäfte in Erscheinung.

Die Nebenhandlungen präsentieren somit das Herrschaftsmodell der höfischen Ritterepik, genauer des arthurischen Romans des Hochmittelalters.[292] Sozialer Aufstieg ist für den Ritter an ritterliche Bewährung gebunden. Herrschaft ist Auszeichnung für den Beweis militärischer Fähigkeiten im Kampf. Dieses Herrschaftsmodell ist repräsentativ für das Selbstverständnis des hochmittelalterlichen Kriegeradels. Herrschaft erscheint hier als männliche Domäne, an der Frauen nur als Erbtöchter von Regenten und Heiratsobjekte partizipieren. Weibliche Herrschaft ist ein gefährdeter und das Land gefährdender Zustand vorübergehender Natur.

In der Haupthandlung der Melusinengeschichte wird dagegen keine bereits bestehende Herrschaft vom jugendlichen Helden erheiratet und ererbt. Vielmehr wird hier davon erzählt, wie ein weitläufiges, jedoch unkultiviertes und ödes Lehen zu einem mächtigen, blühenden Reich ausgebaut wird. Reÿ-

290 Vriens erhält die Hand der Tochter des siechen Königs von Cypern, und damit die Landesherrschaft, da der König unmittelbar vor der Eheschließung stirbt. Er hatte dem König zuvor im Kampf gegen die Heiden beigestanden (vgl. ThvRM, 57, 20–59, 4). Gÿot darf als Belohung für seine Bewährung im Heidenkampf die Tochter des verstorbenen Königs von Armenien ehelichen (vgl. ThvRM, 60, 24–61, 14). Reÿnhart gewinnt im Kampf gegen die Türken mit seinen Bewährungstaten Herrschaft und Hand der Tochter des Königs von Böhmen, die ihm als Lohn für sein Engagement ausgesetzt worden waren (vgl. ThvRM, 86, 7–89, 20).

291 Anthoni heiratet die Herzogin von Lützelburg, nachdem er ihren Freier, den König von Elsaß, im Kampf besiegt, gefangengenommen und zu seinem Freund gemacht hat. Der König selbst schlägt den tapferen Ritter den Beratern der Herzogin als Heiratskandidaten vor (vgl. ThvRM, 71, 6–73, 5).

292 Vgl. auch Liebertz-Grün, Spiel S. 216 f.

mund erhält sein Reich nicht aufgrund ritterlicher Bewährung. Im Gegenteil, als Gefolgsmann, der seinen Herrn schützen sollte, hat er als fahrlässiger Verursacher des Todes seines Herrn gerade versagt. Sein Lehen bekommt er nur aufgrund der Klugheit und des politischen Geschicks seiner zukünftigen Frau. Sie hilft ihm, den fahrlässigen Totschlag zu vertuschen. Auch hier erfolgt der Herrschaftserwerb über die Frau. Doch Reÿmund partizipiert nur an der von Melusina auf- und ausgebauten Herrschaft. Sie geht mit der Heirat nur formal vollständig an ihn über. Seine Herrschaftspartizipation – Reÿmund erscheint aus dem Blickwinkel der höfischen Gesellschaft als Herrscher – ist Melusinas Gegenleistung für die an ihre Ehe geknüpften Bedingungen. Die Herrschaftsausübung und -befestigung liegt in den Händen der Fee. Ohne ihre finanziellen Mittel wäre der Ausbau des Lehens zum Reich nicht möglich. So werden denn Reÿmunds ritterliche Eroberungstaten auch nur am Rande erwähnt.

Die Herrschaftsverhältnisse im deutschen Spätmittelalter sind durch eine Zentralisierung und Bündelung der Macht auf wenige Adelsgeschlechter an Territorialhöfen charakterisiert. Herrschaft beruht nicht mehr auf ritterlicher Bewährung, sondern dem Verfügen über materielle Ressourcen, politisches Feingefühl und geschicktes Auftreten bei Hofe. Der Kriegeradel entwickelt sich langsam zum Hofadel. Herrschaft ist somit nicht mehr an männlich konnotierte Verhaltensweisen gebunden, wird jedoch weiterhin als männliche Domäne betrachtet. Die Ritterepik des Hochmittelalters, die den Ritter als sich im ritterlichen Kampf bewährenden Krieger inszeniert, zeigt im 14. und 15. Jahrhundert ein bereits überkommenes Bild. In der „Melusine“ dominiert eine andere Form von Herrschaftsbegründung und -befestigung. Melusina entspricht dem neuen Herrschertyp. Sie besitzt in hohem Maße politische Klugheit, weiß die höfische Gesellschaft in der Nachbarschaft für sich zu gewinnen und verfügt über genug finanzielle Mittel und Kreativität, um die Öde beim Durstbrunnen in ein blühendes Land zu verwandeln. Sie scheint viel eher zur Landesherrscherin prädestiniert als der politische Statist Reÿmund. Dennoch ist die von Melusina begründete – weibliche – Herrschaft nicht von Dauer. Sie ist mit dem Scheitern der privaten Beziehung des Protagonistenpaares beendet.

In der „Melusine“ zeigt eine Frau sowohl in ihrer Rolle als Landesherrin als auch als Ehefrau Dominanz gegenüber ihrem Mann. Das gewöhnliche Verhältnis der Geschlechter, das dem Mann die Rolle des über die Frau Herrschenden in Ehe und Politik zuweist, wird, wenn nicht in das Gegenteil verkehrt, so doch zumindest stark aufgeweicht. Dies scheint möglich, weil Melusina keine gewöhnliche Frau, sondern ein übernatürliches Wesen ist. Sie steht zu Beginn der Handlung außerhalb der menschlichen und höfischen Ordnung und entfaltet ihr Wirken am Rande der feudalen Welt. Erst als sie in den für adelige Frauen ihrer Zeit vorgesehenen Rollen die höfische Welt betritt, machen die über sie kursierenden Gerüchte deutlich, dass sie sich nicht ihrer Geschlechterrolle gemäß verhält. Melusina, die Herrscherin, scheitert nicht an ihrer Dominanz im politischen Leben, sondern im Privatleben. Sie ist nur in ihrer Beziehung zu Reÿmund verletzbar. Die höfische Gesellschaft bemängelt nicht, dass sie sich als Herrscherin geriert, sondern, dass sie in der privaten Beziehung ihren Mann ‚gängelt‘ und – scheinbar – hintergeht. Indem die Gesellschaft mit Gerüchten in die harmonische Beziehung eingreift und Reÿmund quasi ‚zwingt‘, Melusinas Geheimnis zu ergründen, zerstört sie auf lange Sicht auch die weibliche Herrschaft. Melusina scheitert in ihrer gesellschaftlichen und politischen Führungsrolle daran, dass Herrschaft in der Ehe und Landesherrschaft aneinander gekoppelt erscheinen und die beiden Herrscherrollen aus der Sicht der Zeit in Personalunion auf den Mann vereinigt werden. Auch wenn Herrschaft nicht mehr an die männlichen Funktionen – Ritter und Krieger – gebunden scheint und damit auch von Frauen ausgeübt werden könnte, bleibt sie männliche Domäne. Melusinas Versuch, weibliche Dominanz in der Politik mit – soweit möglich – weiblicher Unterordnung in der Ehe zu verbinden, misslingt.

4. Melusine in der Reformation: Succubus und Teufelsbuhle

Während die spätmittelalterlichen Melusinenromane Jean d'Arras', Couldrettes und Thürings von Ringoltingen sich darum bemühen, ihre Protagonistin als Ahnherrin eines Adelsgeschlechtes vom Vorwurf der Dämonie zu entlasten, wird die Melusinenfigur in der frühen Rezeption im deutschen Sprachraum, zumindest im gelehrten Diskurs, gerade vor dem Hintergrund mittelalterlichen Dämonenglaubens wahrgenommen. In Hexentraktaten, in Tischreden Martin Luthers und in der Kompendienliteratur wird die Melusinengeschichte, ähnlich wie die proto-melusinischen Erzählungen des Hochmittelalters, als Exempel für das gefährliche Wirken von Dämonen in der Welt der Menschen funktionalisiert. Die ‚Kulisse' für die ‚Redämonisierung' und Diabolisierung der Melusinenfigur und ihrer Nachkommen in der Reformationszeit bildet der frühneuzeitliche Hexenwahn, der von der Entwicklung einer spezifischen Hexenlehre geprägt ist, in deren Zentrum das kumulative Hexenbild steht.

4.1. Hexenstereotyp – das kumulative Hexenbild

Der Hexenglaube der Frühen Neuzeit entstand durch die im 14. Jahrhundert einsetzende Verschmelzung von Ketzer- und Zaubereiprozesstraditionen und die Verbindung volksläufiger Magie- und Zaubervorstellungen mit gelehrten Dämonen- und Teufelstheorien.[293] Ein wichtiger Impuls für die Ausprägung dieser Lehre ging von dem Kampf der Kirche gegen die Ketzer- und Häretikerbewegungen des 13. Jahrhunderts aus. Die um 1230 eingerichtete Ketzer-Inquisition amalgamierte das typische Ketzerbild Teufelsanbetung und Teilnahme an nächtlichen Orgien mit den bis dahin entwickelten Zaubereivorstellungen. Seit Mitte des 13. Jahrhunderts stellten sich die Theologen die Hexen[294] als neue Sekte vor, die sich regelmäßig zur Teufelsanbetung zusammenfand und vom Teufel Anweisungen zum Schadenszau-

---

[293] Peter Segl, [Art.] Hexen II, in: LTK 5. Freiburg i. Br. 1996 Sp. 79f, hier 79.

[294] Zur ungeklärten Etymologie des Wortes ‚Hexe', das im 16. und 17. Jh. im Bereich der Volkssprache auf deutschem und von da aus auch auf nordischem Gebiet alle anderen Zauberer- und Dämonennamen verdrängte, vgl. Waltraut Jilg, „Hexe" und „Hexerei" als kultur- und religionsgeschichtliches Phänomen, in: Teufelsglaube und Hexenprozesse. Hg. von Georg Schwaiger. München 1991 S. 37–55, hier 41.

ber bekam.[295] Zaubereiprozesse richteten sich gegen Einzelpersonen, die Hexenprozesse wandten sich gegen ein Kollektiv. Während die frühmittelalterliche Kirche noch entscheidende Elemente der Lehre als heidnischen Aberglauben bekämpfte, der karolingerzeitliche „Canon episcopi" (906 n. Chr.) wies zum Beispiel die Vorstellungen von der Luftfahrt von Frauen und der Verwandlung von Menschen in Tiere als heidnischen Irrglauben zurück, bauten die hoch- und spätmittelalterlichen Theologen diese volksläufigen Vorstellungen immer mehr in ihre Glaubenssysteme ein.

In den Jahrzehnten um 1400 wurde in scholastischen Abhandlungen aus bereits bekannten Elementen eine „elaborierte Hexenvorstellung" zusammengefügt.[296] Die voll entfaltete Hexenlehre wies folgende Merkmale auf: den aus theologischer Perspektive unabdingbaren Teufelspakt, den geschlechtlichen Verkehr von Hexen und Dämonen (Teufelsbuhlschaft), den strafrechtsrelevanten Schadenszauber sowie den Flug durch die Luft (Nachtfahrt, Unholdenflug) und den Besuch der großen Hexenversammlung (Teufelstanz, Hexensabbat).[297] Die Hexe schloss unter Abschwörung Gottes und Abfall vom Christentum einen Bund mit dem Teufel in Form einer Eheschließung, der mit Beischlaf, der Teufelsbuhlschaft, besiegelt wurde. Im Auftrag des Teufels verübte sie Malefizien (verschiedene Formen von Schadenszauber wie Wettermachen zur Zerstörung der Ernten, Tötung von Menschen und Vieh).[298] Von einer Hexenliteratur im engeren Sinne kann seit etwa 1430 gesprochen werden. 1435 schrieb Johannes Nider seinen „Formicarius", 1458 erschien „Flagellum Haereticorum Fascinariorum" von Nicolaus Jaquier, ein Werk, in dem erstmals die Hexen als eine neue Sekte, die *secta stringarum*, bezeichnet wurden. 1487 verfasste der Dominikaner Heinrich Institoris, der 1479 zum Inquisitor für Oberdeutschland ernannt worden war, wohl gemeinsam mit Jakob Sprenger,[299] den „Malleus maleficarum", um der Ablehnung der Hexenlehre im Reichsgebiet und dem Widerstand, auf den er bei der Durchführung von Hexereiprozessen zunächst stieß, entgegen zu wirken.[300] Der „Malleus maleficarum" gilt in der Forschungsliteratur als

---

[295] Wolfgang Behringer, Erhob sich das ganze Land zu ihrer Ausrottung...". Hexenprozesse und Hexenverfolgungen in Europa. In: Hexenwelten. Magie und Imagination vom 16.-20. Jahrhundert. Hg. von Richard van Dülmen. Frankfurt a.M. 1987 S. 131-169 und S. 316f [Anm.], hier 134.

[296] Wolfgang Behringer, Hexen. Glaube, Verfolgung, Vermarktung. München 1998 S. 35.

[297] Ebd.

[298] Gerhard Schormann, [Art.] Hexen, in: TRE 15. Berlin u. a. 1986 S. 298.

[299] Zu Heinrich Institoris als vermutlichem Hauptverfasser vgl. Christoph Daxelmüller, Aberglaube, Hexenzauber, Höllenängste. Eine Geschichte der Magie. Zürich 1993 S. 18 und Gerhard Schormann, [Art.] Hexen, in: TRE 15. Berlin 1986 u. a. S. 298.

[300] Daxelmüller, Aberglaube S. 188.

„Schlußstein im Gebäude der wissenschaftlichen Hexenlehre“,[301] weil in diesem Werk die oben genannten Elemente des Hexenstereotyps Teufelspakt, Teufelsbuhlschaft, Flug und Hexensabbat sowie Schadenszauber (Malefizien) in paradigmatischer Weise zum „Sammelbegriff“ der Hexe zusammengefügt wurden.[302] Als originäre Leistungen des „Malleus Maleficarum“ gelten die besondere Betonung des Schadenszaubers und die Zuspitzung auf das weibliche Geschlecht. Das Werk ist nicht mehr und nicht weniger als eine „spätscholastische ‚Summe‘ des ‚Wissens‘ über Hexen“,[303] eine von zahlreichen Autoritäten abgesicherte Kompilation und Systematisierung der bis dahin entwickelten Vorstellungen über Magie und Zauberei.[304] Erst aufgrund seiner Wirkung wurde es zum „unheilvollsten Buch der Weltliteratur“.[305] Gemeinsam mit der päpstlichen Bulle „Summis desiderantes affectibus“ (1484), der sogenannten „Hexenbulle“, mit der Papst Innozenz VIII. die Erzbischöfe von Mainz, Trier, Köln und Salzburg ausdrücklich zur Hexenverfolgung aufforderte[306], markiert der „Hexenhammer“ den Beginn der Epoche von Massenverfolgungen und damit einen Wendepunkt in der Geschichte der Hexenwahns.[307] Neben der Durchsetzung dieser Hexenlehre war die Übernahme des römischen Rechts eine weitere zentrale Voraussetzung für die massenhafte Durchführung von Prozessen.[308]

H. C. Eric Midelfort unterscheidet im Hinblick auf die Hexenverfolgungen der Frühen Neuzeit in allen drei Konfessionen einen gemäßigten Flügel – von ihm als „Episcopi-Tradition“ bezeichnet – und einen radikalen Flügel

---

301 Gerd Schwerhoff, Rationalität im Wahn. Zum gelehrten Diskurs über die Hexen in der frühen Neuzeit, in: Saeculum 37. 1986 S. 45–82, hier 55.

302 So das Ergebnis der klassischen Studie: Joseph Hansen, Zauberwahn, Inquisition und Hexenprozeß im Mittelalter. München 1900 S. 34.

303 Dieter Harmening, Hexenbilder des späten Mittelalters – Kombinatorische Topik und ethnographischer Befund, in: Der Hexenhammer. Entstehung und Umfeld des Malleus maleficarum von 1487. Hg. von Peter Segl. Köln u. a. 1988 S. 177–194, hier 177.

304 Daxelmüller, Aberglaube S. 188.

305 Sigmund von Riezler, Geschichte der Hexenprozesse in Bayern. Stuttgart 1968. (Stuttgart 1896) S. 102.

306 Behringer, Land S. 138.

307 Schwerhoff, Rationalität S. 56.

308 Mit der Einführung der Peinlichen Halsgerichtsordnung Kaiser Karls V. (Carolina) 1532 wurde der Akkusationsprozess vom Inquisitionsprozess abgelöst, bei dem nicht mehr aufgrund der Klage einer Privatperson ein Verfahren eröffnet wurde, sondern „von Staats wegen“. Das neue Hexereiverbrechen galt als *crimen exceptum*, bei dem die von den Rechtsgelehrten entwickelten Maßstäbe für die Anwendung der Tortur außer Kraft gesetzt waren. In die „Constitutio Criminalis Carolina“ fand das neue Hexereidelikt keinen Eingang. Nach Art. 109 sollte nur der objektiv nachweisbare Schadenszauber mit dem Tode bestraft werden. Schormann, [Art.] Hexen, in: TRE 15. Berlin u. a. 1986 S. 299 und Behringer, Hexen S. 45.

– von ihm „Malleus-Tradition“ genannt.[309] Jene gemäßigte, eigenständige Richtung in Fragen des Hexenwesens war im Südwesten des Reiches, vor allem in Tübingen, beheimatet. Als prominenter Vertreter der ‚Episcopi-Tradition‘ kann der Tübinger Stiftsprediger Martin Plantsch gelten, der in seinem Werk „Opusculum de sagis maleficis“ (1507) eine von der *via moderna*, dem Nominalismus, geprägte Sicht auf das Hexenwesen entwickelte.[310] Die Vertreter der ‚Episcopi-Tradition‘ gestanden dem Teufel keine eigenständige Macht zu. Zentral für Plantsch' Auffassung ist sein auf dem *permissio dei*-Gedanken beruhendes, nominalistisches Zaubereiverständnis.[311] Er geht davon aus, dass ein Malefizium nur mit dem Willen, der Übereinstimmung oder sogar der Zusammenarbeit Gottes durchgeführt werden könne.[312]

Mit dem Ausbau des volksläufigen Dämonismus zu einer systematischen theologischen Dämonenlehre durch die spätmittelalterliche Scholastik wurde die Teufelsbuhlschaft neben Flug, Sabbat und Malefizium Kern des frühneuzeitlichen Hexenbildes und einer der häufigsten Anklagepunkte – etwa seit der zweiten Hälfte des 13. Jahrhunderts zur unwidersprochenenen Realität. Der Glaube an die Realexistenz von Dämonen, die mit den Menschen mit deren Einverständnis buhlen, avancierte zur communis opinio unter Theologen.[313] Die Buhlschaft der Hexe mit dem Teufel fußt auf der Lehre von den Incubi und Succubi.[314] Vor allem über den Kirchenvater Augustinus (354–430), der sich auf die antike Überlieferung berief, fand die Vorstellung

---

309 H. C. Eric Midelfort, Witch-hunting in Southwestern Germany, 1562–1684. The Social and Intellectual Foundations. Stanford 1972 S. 64f. Die Bezeichnungen beziehen sich auf den karolingerzeitlichen „Canon Episcopi“, der in den Hexentaten Vorspiegelungen des Teufels und Wahnvorstellungen sah und diese volksmagischen Vorstellungen als heidnischen Irrglauben ablehnte, und den „Malleus Maleficarum“, mit dem die gelehrte Hexenlehre geschlossen vorlag.

310 Zu Martin Plantsch als Vertreter der ‚Episcopi-Tradition‘ vgl. Heiko Augustinus Oberman, Werden und Wertung der Reformation. Vom Wegestreit zum Glaubenskampf. 2 Bde. Tübingen 1977 2: Spätscholastik und Reformation S. 206–233.

311 Vgl. ebd. S. 212.

312 Jörg Haustein, Martin Luthers Stellung zum Zauber- und Hexenwesen. (Münchener Kirchenhistorische Studien 2). Stuttgart u. a. 1986 S. 172.

313 Hansen, Zauberwahn S. 187f.

314 Die Begriffe ‚Incubus‘ und ‚Succubus‘ bezeichnen in der gelehrten christlichen Überlieferung Dämonen, die den Menschen dazu verführen, mit ihnen den Koitus zu vollziehen. Während der ‚Incubus‘ (lat. incubare = auf etwas liegen) als männlicher Dämon begriffen wurde, der sich mit Frauen paarte, fungierte der ‚Succubus‘ (lat. succubare = unter etwas liegen) als sein weiblicher Gegenpart. Daniela Müller, [Art.] Incubus und Succubus, in: EM 7. Berlin 1993 Sp. 113–117, hier 113f und Adolf Jakoby, [Art.] Inkubus, in: HDA 4. Berlin u. a. 1931/32 Sp. 695f, hier 695.

von buhlenden Incubi Eingang in das mittelalterliche Denken. In seinem Werk „Vom Gottesstaat" findet sich eine Bemerkung über die heidnischen Pane, Sylvane und anderen Dämonen, die im Volksmund ‚incubi' hießen,[315] die zum zentralen Bezugspunkt bei der Entwicklung der Incubuslehre geworden ist.[316] Augustinus dehnt das Theorem von Dämonen als Kindern von Engeln und irdischen Frauen auf alle Geistwesen aus und setzt Dämon und Engel des Teufels gleich.[317] Bereits im 11. Jahrhundert hatte der byzantinische Theologe Michael Psellus (1018–1078) die Vorstellung entwickelt, dass ein – anthropomorph oder theriomorph gedachter Satan in leiblicher oder vorgetäuschter Gestalt sexuellen Kontakt mit den Menschen sucht.[318] Grundlegend für die Frage nach der Möglichkeit des Geschlechtsverkehrs zwischen Dämonen und Menschen war das in der Angelogie angesiedelte Problem der Körperlichkeit der Engel. Petrus Lombardus (um 1100–1160) beantwortete diese Frage in Anknüpfung an Augustinus, nach dessen Vorstellung die Engel einen ‚dünnen Leib aus dünner Luft' besitzen, der bei den bösen Engeln nach ihrem Himmelssturz dichter geworden sei.[319] Die Scholastik des 13. Jahrhunderts kam zu dem Schluss, dass die Engel ‚reine Geister' und damit körperlose Wesen seien, sie aber in der Lage wären – falls sie dies wollten – sich einen realen Körper zu schaffen und in diesem zu erscheinen. In ihren Scheinleibern vermögen sich die Dämonen sehr rasch zu bewegen, in einer Art Flug, sie können sprechen und Nahrung zu sich nehmen, diese jedoch nicht verdauen. Man war davon überzeugt, dass die Dämonen in diesen Körpern mit den Menschen geschlechtlich verkehren können, jedoch keine Nachkommen zu zeugen vermögen.[320] Denn da sie Nahrung nicht verdauen konnten, vermochten sie es auch nicht, Samen hervorzubringen.[321] Um die Zeugung von Teufelskindern zu erklären, bemühte man das

---

315 „Et quoniam creberrima fama est multique es expertos uel ab eis, qui experti essent, de quorum fide dubitandum non essent, audisse confirmant, Silvanos et Panes, quos uulgo incubos uocant, inprobos saepe extitisse mulieribus et earum appetisse ac peregisse concubitum; [...]". Sanct Aurelii Augustini De civitate Dei. Libri XI-XXII. (Corpus Christianorum. Series Latina XLVIII: Aurelii Augustini Opera. Pars XIV, 2). Turnhout 1955 S. 489.

316 Haustein, Stellung S. 81.

317 Vgl. Daxelmüller, [Art.] Dämonologie, in: EM 3. Berlin 1981Sp. 237–259, hier 245.

318 Ebd. Sp. 247.

319 Vgl. Isabel Grübel, Die Hierarchie der Teufel. Studien zum christlichen Teufelsbild und zur Allegorisierung des Bösen in Theologie, Literatur und Kunst zwischen Frühmittelalter und Gegenreformation. (Kulturgeschichtliche Forschungen 13). München 1991 S. 118.

320 Stuart Clark, Thinking with Demons. The Idea of Witchcraft in Early Modern Europe. Oxford 1997 S. 190 f.

321 Vgl. Hansen, Zauberwahn S. 182 ff.

Bild vom ‚Samenstehlen', eine Vorstellung, die von den drei scholastischen Autoritäten Albertus Magnus (um 1200–1280), Thomas von Aquin (1225–1274) und Bonaventura (1221–1274) bejaht wird. Der Dämon wohne zunächst einem Mann als Succubus geschlechtlich bei, empfange beim Geschlechtsakt den männlichen Samen, verwandle sich mit Hilfe der ihm eigenen Schnelligkeit in einen Incubus, verkehre in dieser Gestalt mit einer Frau, die den noch fortpflanzungsfähigen Samen empfängt.[322] Die in dieser Weise gezeugten Kinder waren nun einerseits aus dem Geschlechtsverkehr von Mensch und Dämon hervorgegangen, andererseits aber - ‚genetisch' betrachtet - Menschenkinder. Verbreitung fand die Lehre von den Incubi und Succubi durch Johannes Duns Scotus (1266–1308), Wilhelm Durandus von St. Pourcain (um 1270–1334) und Petrus von Aquila (1275–1361). Sie blieb bis weit in die Frühe Neuzeit hinein das grundlegende Theorem in der theologischen Dämonologie im Hinblick auf die Buhlschaft der Dämonen.

4.2 Molitors „De laniis et phitonicis mulieribus" (1489)

Im Hexentraktat „De laniis et phitonicis mulieribus"[323], das der Rechtsgelehrte Ulrich Molitor (1442–1507/08) am 10. Januar 1489 fertig stellte[324], findet sich eine der frühesten Allusionen auf die Melusinengeschichte im deutschen Sprachraum. Molitor schrieb nur gut 30 Jahre, nachdem Thüring von Ringoltingen seine Adaptation des französischen Versromans beendet hatte und die deutsche „Melusine" in zahlreichen Papierhandschriften und Inkunabeln kursierte. Woher Molitor den Stoff kannte, lässt sich nicht mehr nachvollziehen. Dass er aber die Melusinengeschichte kannte und auch bei seinen Adressaten die Kenntnis der „Melusine" voraussetzte, deutet wiederum auf eine große Beliebtheit des Stoffes schon im späten 15. Jahrhundert hin. Der Traktat „De laniis et phitonicis mulieribus" war im 15. und 16. Jahrhundert ein populärer, oft nachgedruckter Text. Die lateinische Fassung wurde wahrscheinlich 1489/90 in Ulm bei Johannes Zainer veröffentlicht. Bis Ende des 15. Jahrhunderts erschienen nicht weniger als 13 Drucke, allein im Jahr der Erstveröffentlichung 1490 drei weitere Inkunabeln. Auch im 16.

---

322 Vgl. ebd. S. 185 f.

323 Molitors Schriften sind in einer kritischen Edition erschienen: Ulrich Molitoris. Schriften. Hg. von Jörg Mauz. Konstanz 1997. Die Edition wird im Folgenden unter der Sigle UMS zitiert. Der lateinische Traktat ist abgedruckt in: UMS S. 68–132.

324 Jörg Mauz, Ulrich Molitoris aus Konstanz (ca. 1442–1507). Leben und Schriften. Univ. Diss. Konstanz 1983 S. 81.

Jahrhundert erlebte das Werk zahlreiche Neuauflagen.[325] Ab 1580 fand es als Anhang zum „Malleus Maleficarum" Verbreitung.[326]

Ebenfalls 1489/90 bei Johannes Zainer in Ulm erschien eine volkssprachliche Bearbeitung des Werkes unter dem Titel „Von den unholden oder hexen",[327] die Molitor wohl nicht selbst besorgt hat.[328] Die volkssprachige Übertragung erfreute sich ebenfalls einer gewissen Popularität. Sie erlebte bis 1508 drei weitere Auflagen (Reutlingen, Johann Otmar um 1490; Straßburg, Johann Prüß um 1493; Augsburg, Johann Otmar 1508). Die Übersetzung hält sich zum Teil eng an das lateinische Original, zum Teil bietet sie den Inhalt aber auch in freier Bearbeitung. Spätere volkssprachige Ausgaben, teilweise unter dem Titel „Hexenmeisterei", zeigen starke Eingriffe, die Zweifel an der Authentizität des Textes aufkommen ließen.[329] Vielleicht regten diese Zweifel 1575 Konrad Lautenbach, Pfarrer von Hunaweiler, zu einer um wortgetreue Nähe zum lateinischen Original bemühten Zweitübersetzung an. Lautenbachs Übertragung erschien zunächst separat 1576 in Köln und wurde noch im selben Jahr der Schrift „Von den Zauberern, welche man Lateinisch Sortilegos oder Sortarios nennet" angefügt.[330]

Molitor trat mit seinem Rechtsgutachten in die heftig diskutierte Kontroverse der 1580er Jahre um das angebliche Hexenwesen ein, wie es der Generalinquisitor Heinrich Institoris gerade auch in Tirol ausgemacht zu haben glaubte. Die „Hexenbulle" (1484) und der zwei Jahre zuvor erschienene „Hexenhammer" bilden den Kontext seiner Abhandlung.[331] Molitors Traktat ist neben dem „Malleus maleficarum" „eine der frühesten Schriften über das Hexenwesen, der die Kenntnis des fast vollständig entwickelten Kollek-

---

325 Peter Assion, [Art.] Molitoris, Ulrich, in: Die deutsche Literatur des Mittelalters. Begründet von Wolfgang Stammler. Fortgeführt von Karl Langosch. Zweite, völlig neu bearbeitete Auflage. 11 Bände. Hg. von Kurt Ruh u. a. Berlin 1993–2000, Bd. 6. Berlin 1987 Sp. 641. Im Folgenden zitiert als VL.

326 Vgl. ebd. sowie Joseph Hansen, Quellen und Untersuchungen zur Geschichte des Hexenwahns und der Hexenverfolgung im Mittelalter. Bonn 1901 S. 243.

327 Eine moderne Edition ist ebenfalls in dem von Jörg Mauz besorgten Band abgedruckt und legt den Druck Augsburg, Johan Otmar 1508 zugrunde. UMS, 138–185.

328 Jörg Mauz kam in seiner Dissertation noch zu dem Schluss, Molitor selbst habe die lateinische Fassung ins Deutsche übertragen und sie dabei „ungezwungen bearbeitet". Jörg Mauz, Ulrich Molitoris S. 100. In seiner kritischen Edition geht er dagegen davon aus, dass die volkssprachige Übersetzung wahrscheinlich nicht von Molitor selbst stamme, aber wohl von diesem gebilligt, vielleicht sogar initiiert worden sei. Jörg Mauz, Einführung zu „Von den unholden oder hexen", in: UMS, 135 ff.

329 Ebd. Mauz, Einführung zu „Von den unholden oder hexen", in: UMS, 135 ff.

330 Vgl. Jörg Mauz, Einführung zu „De laniis", in: UMS S. 65ff und Peter Assion, [Art.] Molitoris, Ulrich, in: VL 6. Berlin 1987 Sp. 641.

331 Mauz, Ulrich Molitoris S. 80 f.

tivbegriffes Hexe voraussetzt".[332] Der Verfasser geht als einer der ersten von einem weiblich eingegrenzten Hexenbegriff aus, schon der Titel zeigt eine „einseitige Zuspitzung auf Frauen".[333] Dennoch kann Molitor als Vorläufer des gemäßigten Flügels gelten.[334] Mit der ‚Episcopi-Tradition' hat er die Berufung auf den „Canon Episcopi", und die Betonung des *permissio dei*-Gedankens gemeinsam.

Molitor wählt für seine Abhandlung über das Hexenwesen, die sich in die vier Abschnitte Einleitung, Problematik, Antwort (mit Zusammenfassung) und Schlussermahnung gliedert, die in dieser Zeit übliche Form des Dialogs bzw. des fiktiven Gesprächs.[335] An der gelehrten Disputation sind drei Personen beteiligt: Herzog Sigismund, der Konstanzer Schultheiß Konrad Schatz sowie der Autor selbst. Während der Herrscher die Position eines „radikalen Skeptikers" einnimmt, der den Anschauungen eines aufgeklärten italienischen Humanismus verpflichtet ist, strittige Fragen aufwirft und die Realität des Hexenwesens anzweifelt, agiert der Schultheiß als leichtgläubiger Befürworter des Hexenglaubens, der seine Auffassung mit Zitaten theologischer Gelehrsamkeit, Heiligenviten und Bibelexempla zu untermauern

---

332 Wolfgang Ziegeler, Möglichkeiten der Kritik am Hexen- und Zauberwesen im ausgehenden Mittelalter. Zeitgenössische Stimmen und ihre soziale Zugehörigkeit. Köln u.a. 1973 S. 111.

333 Ebd. S. 112.

334 Während die einen in Molitor einen Gegner der Hexenverfolgungen sehen, der sich aus Angst vor Repressionen nicht getraut habe, die Hexenlehre völlig abzulehnen und seine radikal aufklärerischen Positionen Herzog Sigismund in den Mund gelegt habe, sehen andere in ihm einen Befürworter der Verfolgungen, da er in seinem Schlussurteil die Todesstrafe für die Hexen forderte. Molitors Auffassung zum Hexenwesen wirkt auf den ersten Blick überaus widersprüchlich. Er erkennt in seinem Traktat zwar Teufelspakt und Teufelsbuhlschaft der Hexen als Realitäten an und sieht in den Hexen von Gott abgefallene Ketzerinnen. Mit Berufung auf den „Canon episcopi" lehnt er zugleich jedoch die Vorstellung von der realen Nachtfahrt der Hexen, von den Verwandlungen in Tiere und der Existenz von Teufelskindern trotz bejahter Buhlschaft als teuflische Verblendung ab. In Molitors Vorstellung geschieht auf der Welt nichts ohne die Zulassung und Billigung Gottes (*permissio dei*). Die Hexen sind deshalb weder allein noch mit Hilfe des Teufels in der Lage, Malefizien ohne die Zustimmung Gottes zu begehen. Gestehen sie, solche Schadenszaubereien verübt zu haben, dann gaukele ihnen der Teufel nur vor, dass sie solche bewirkten. Den unter Folter erzwungenen Geständnissen misst er wenig Bedeutung zu. In Molitors Denken zeichnet sich schon die Vorstellung von den Hexen als Opfern teuflischer Verführung und Verblendung ab, die später die Argumentationen der Gegner der Hexenverfolgungen bestimmen sollte. Vgl. Stefan Christoph Saar, [Art.] Molitor, in: Literaturlexikon. Autoren und Werke deutscher Sprache. Hg. von Walter Killy. Gütersloh 1988ff, Bd. 8. Gütersloh 1990 S. 194. Im Folgenden zitiert als Killy; Peter Assion, [Art.] Molitoris, Ulrich, in: VL 6. Berlin 1987 Sp. 641; Schwerhoff, Rationalität S. 65; Hansen, Quellen S. 246, Anm. 1.

335 Mauz, Ulrich Molitoris S. 81.

sucht.[336] Molitor selbst fungiert als Vermittler zwischen den beiden Positionen. Er bringt sich schlichtend in den Disput ein, wobei seine Gesprächspartner sich im Laufe des fiktiven Dialogs seinen Argumenten beugen müssen. Seine Meinung stellt eine Synthese der konträren Auffassungen Sigismunds und Konrads her.[337]

Die Melusinengeschichte wird von Molitor in seinem Hexentraktat im 7. Kapitel im Kontext der Fragestellung eingeführt, ob Dämonen fähig seien, Nachkommen zu zeugen.[338] Unter der Überschrift „an ex coitu demonum cum mulieribus patrato possint nasci pueri" (UMS, 84) [„Ob aus dem vollzogenen Koitus der Dämonen mit den Frauen Kinder geboren werden können"], disputieren Sigismund und Konrad darüber, ob es ‚Wechselbälger' gibt. Im vorausgehenden 6. Kapitel, das unter der Überschrift „Utrum diabolus in forma hominis apparere et cum huiusmodi maledictis mulieribus incu[n]bando possit commiscere" (UMS, 82) [Ob der Teufel in menschlicher Gestalt erscheinen und mit den derartig verderbten Frauen durch ‚Beschlafen' geschlechtlich verkehren kann] die Realität der Teufelsbuhlschaft behandelt, hatten sich die drei Disputanden dieser Frage bereits angenähert. Konrad ist von der Existenz von Satanskindern überzeugt, als ‚Nachweis' für seine These führt er die Melusinengeschichte als Beispiel an.

„CUNRADUS. Tritum est sermone prouerbium ex huius modi concubito filios natos esse. Quos vulgus abiectos nominat. Qui etiam alamanico ideomate wechselbalg appellantur. Unde fabulatur a quadam melusina incuba. Que cuidam comiti adhesisse dicitur. Pluresque filios ex ea natos fuisse. At unumquemque huiusmodi filiorum aliquid prodigij in membris habuisse Illum nanque tres oculos. Alium dentes aprinos contraxisse fama est.

SIGMUNDUS Fabula hec ab incerto autore orta fidem non facit" (UMS, 84).[339]

---

336 Vgl. ebd. und Ziegeler, Möglichkeiten S. 111 f.

337 Vgl. Schwerhoff, Rationalität S. 65.

338 Molitor lässt auf seine Einleitung „Epistola" unter der Überschrift „Capittula presentis tractatus" eine Gliederung des Inhalts folgen, in der er, in direkte Fragen gekleidet, die einzelnen Themenkomplexe nennt, die er behandeln möchte: 1. Wettermachen, 2. Krankheitszauber, 3. Impotenz in der Ehe, 4. Gestaltwandel, 5. Hexenritt, 6. Teufelsbuhlschaft 7. ‚Wechselbälger'/Satanskinder 8. Zukunftsdeutung, 9. Bestrafung der Hexen. Vgl. UMS, 140.

339 *Konrad.* Es ist im Volksmund ein Sprichwort gebräuchlich, dass aus derartigem Beischlaf Söhne geboren worden sind, welche das Volk ‚abiectos' [=Weggeworfene] nennt. Diese werden in der alemannischen Mundart auch ‚Wechselbalg' genannt. Und es wird von einem gewissen weiblichen Incubus Melusina erzählt. Die – wie man sagt – einem gewissen Grafen angehangen habe. Mehrere Söhne sind von ihr geboren worden. Aber jeder einzelne dieser derartigen Söhne habe irgendein Wunderzeichen an seinen Körper gehabt, einer habe nämlich drei Augen, ein an-

Der Schultheiß führt als Beleg für die reale Existenz von Satanskindern die im Volksglauben verbreitete Vorstellung vom Wechselbalg an. In Mittelalter und Früher Neuzeit war als Erklärungsmuster für die Existenz missgebildeter und geistig zurückgebliebener Kinder der Glaube weit verbreitet, dass dämonische Wesen wie Zwerge, Wichtel, Erdmännchen oder Wasserleute der Wöchnerin anstelle ihres eigenen menschlichen Kindes ein anderes, ähnlich aussehendes unterschieben.[340] Mit der Diabolisierung der Geister des Volksglaubens aus christlicher Perspektive seit dem frühen Mittelalter und der Verbindung der Wechselbalg-Vorstellung mit der dämonologischen Incubuslehre wurde der Teufel mit seinen Helfern und Helferinnen, den Hexen und Dämonen, zum Kindervertauscher und Kinderräuber gemacht.[341] Man glaubte, dass der untergeschobene Wechselbalg von dämonischen Mächten oder dem Teufel selbst gezeugt worden war.[342] Die Auffassung der scholastischen Dämonologie, die seit dem 13. Jahrhundert die gelehrte Diskussion um die Teufelskinder bestimmte, dass der Teufel und die Dämonen zeugungsunfähig bzw. unfruchtbar seien, spielten im Volksglauben zunächst keine Rolle.

Die Melusinengeschichte wird von Konrad als prominentes Beispiel dafür angeführt, dass aus dem geschlechtlichen Verkehr von Mensch und weiblichem Dämon Kinder gezeugt werden können, die allerdings aufgrund ihrer semi-dämonischen Natur körperliche Missbildungen und Defekte aufweisen. Die bei den Melusinensöhnen vor allem an den Sinnesorganen, also im Bereich des Kopfes auftretenden Deformationen werden mit dem Kopf des Wechselbalges assoziiert, der in den zeitgenössischen Quellen als unförmig und gegenüber den Gliedmaßen unproportional groß beschrieben wird.[343]

Molitor verwendet nicht die in der gelehrten theologischen Dämonologie gebräuchliche Form ‚Succubus' für den weiblichen Sexualdämon, sondern bezeichnet Melusina mit dem Neologismus ‚Incuba'. An die Stelle des Begriffes ‚Succubus' (lat. *succubare* unter etwas liegen), der die weiblich konnotierte Position beim Geschlechtsverkehr zum Ausgangspunkt hat[344], setzt er die grammatikalisch feminisierte Form des männlichen Sexualdämons ‚Incubus'. Während der Dämon im gelehrten Diskurs im Hinblick auf sein

---

derer habe Eberzähne an sich gehabt. *Sigmund.* Dieser Erzählung, die von einem unzuverlässigen Autor herrührt, schenkt man keinen Glauben. [Übersetzung Cl. St.].

340 Oskar Rühle, [Art.] Wechselbalg, in: HDA 9. Berlin u.a. 1938/41 Sp. 835–864; hier 838.

341 Vgl. ebd. Sp. 846 und Daniela Müller, [Art.] Incubus und Succubus, in: EM 7. Berlin 1993 Sp. 115.

342 Vgl. Rühle, [Art.] Wechselbalg, in: HDA 9. Berlin u.a. 1938/41 Sp. 835.

343 Vgl. ebd. Sp. 840.

344 Müller, [Art.] Incubus und Succubus, in: EM 7. Berlin 1993 Sp. 114.

grammatisches Geschlecht als männlich gedacht wird, sein ‚natürliches' Geschlecht jedoch veränderlich ist, es hängt nämlich davon ab, ob er beim Geschlechtsverkehr den spendenden oder empfangenden Part übernimmt, strebt Molitor die Kongruenz von natürlichem und grammatischem Geschlecht an. Möglicherweise deutet diese ungewöhnliche Form darauf hin, dass der Jurist Molitor mit dem gelehrten theologischen Diskurs um Teufelsbuhlschaft und Teufelskinder nur mangelhaft vertraut war. Den Terminus ‚Incubus' kannte er aus der Bemerkung des Kirchenvaters Augustinus, die er den Schultheißen Konrad als Beleg für die Buhlschaft der Dämonen mit den Menschen anführen lässt.[345] Das weibliche Pendant ‚Succubus', das in der bekannten Stelle aus „De Civitate Dei" nicht vorkommt, war ihm möglicherweise unbekannt. Für die eingeschränkte Kenntnis Molitors der Lehre von den Incubi und Succubi spricht auch, dass er die Zeugungsfähigkeit der Dämonen bejaht, zumindest in der Position des Schultheißen Konrad. Der aufgeklärte Sigmund lehnt Konrads Beleg nicht ab, weil er die Zeugungsfähigkeit des Teufels in Abrede stellt, wie ein scholastischer Dämonologe dies täte, sondern weil er den Melusinenroman, sei es nun in seinen französischen oder in seiner deutschsprachigen Fassung, nicht für eine seriöse Quelle hält. Während Sigmund auf die antiken und die gelehrten lateinischen Autoren des Mittelalters als Gewährsmänner vertraut, erscheint ihm eine ‚Historia' in der Volkssprache als „fabula [...] ab incerto autore" (UMS, 84).

In Molitors Hexentraktat „De laniis et phitonicis mulieribus" (1489) wird die Melusinenfigur in den Kontext des frühneuzeitlichen Zauberei- und Hexereidiskurses eingerückt. Die Melusinengeschichte fungiert als Beispiel für die Realität der Teufelsbuhlschaft und die Existenz von Teufelskindern, die aus dieser Verbindung von Mensch und Teufel bzw. Mensch und Dämon hervorgehen. Melusine kommt hierbei nicht die Rolle einer Hexe und Teufelsbündlerin zu, sie ist vielmehr selbst eine Dämonin, die einen Menschenmann verführt und mit ihm Dämonenkinder zeugt. Die körperlichen Missbildungen der Melusinensöhne werden im Rekurs auf die im Volksglauben verbreitete Vorstellung vom Wechselbalg als Zeichen ihres semi-dämonischen Ursprungs gedeutet. Molitor verwendet zwar, wenn auch in eigenwilliger Weise, die Terminologie der gelehrten Dämonologie. Er stützt sich in seiner Argumentation jedoch nicht auf die Dogmen Lehre von den Incubi und Succubi, also die Zeugungsunfähigkeit des Teufels und der Dämonen sowie das Samenstehlen, sondern auf volksläufige Erklärungs- und Deutungsmuster. Im Rekurs auf Augustinus' Bemerkung über die Pane, Sylvane und anderen Dämonen, die jener als Incubi bezeichnete, aktualisiert Molitor

[345] Vgl. UMS, 83. Für das betreffende Augustinus-Zitat vgl. Kap. B, Anm. 315.

ein traditionelles Deutungsmuster für anderweltliche Wesen wie die Melusine oder die namenlose *frouwe* in der Versnovelle „Peter von Stauffenberg", die Kontakt zu den Menschen suchen. Indem Molitor die Melusine als ‚Incuba' bezeichnet, als weiblichen Sexualdämon, der mit den Menschen buhlt, um ihnen zu schaden, knüpft er also an ältere christliche gelehrte Deutungstraditionen an. Er negiert die Bemühungen Couldrettes und Thürings von Ringoltingen um Entdämonisierung, die aus dem namenlosen anderweltlichen Mahrtenwesen der lateinischen Vorstufen, das deutlich dämonische Züge trug, eine vorzeigbare, untadelige, christliche Stammutter machten.

4.3 „auch ein solcher *Succubus* und Teufel" - Martin Luther

Zwei weitere Anspielungen auf die Melusinenfigur finden sich in den zuerst 1566 von Johannes Aurifaber unter dem Titel „Tischreden oder Colloquia"[346] herausgegeben Tischgesprächen Martin Luthers.[347] Aurifabers vor allem erbaulichen Zwecken dienende Ausgabe war ein großer buchhändlerischer Erfolg beschieden.[348] Mit der Übertragung der auf lateinisch oder in jener lateinisch-deutschen Mischsprache, die Luther benutzte, geschriebenen Nachschriften in die Volkssprache schuf Aurifaber die Voraussetzung für den Erfolg der Tischreden als „eines populären Erbauungsbuches".[349] Obgleich es sich um einen gut 650 Blätter umfassenden, kostspieligen Folioband handelte, wurde die Ausgabe in den folgenden zehn Jahren zwölfmal in Eisleben und Frankfurt am Main nachgedruckt.[350] 1571 erschien zum ersten Mal die ebenfalls vielfach wieder aufgelegte Ausgabe Andreas Stangwalds, die sich vor allem in der Gliederung und Anordnung des Materials von Aurifabers Ausgabe unterschied.[351] 1577 folgte schließlich in Leipzig ei-

---

346 Der vollständige Titel lautet: Tischreden Oder Colloqvia Doct. Mart. Luthers So er in vielen Jaren gegen gelarten Leuten auch frembden Gesten vnd seinen Tischgesellen gefüret Nach den heubtstücken vnserer Christlichen Lere zusammengetragen. [...] Eisleben, Urban Gaubisch 1566.

347 Luther-Zitate stammen im Folgenden aus: D. Martin Luthers gesammelte Werke. Kritische Gesamtausgabe. Weimar 1883ff. Die Ausgabe wird unter der Sigle WA bzw. WA TR für die Tischreden zitiert.

348 Nach Birgit Stolt strebte Aurifaber mit der Herausgabe der Tischreden die „Erbauung weiter, grösstenteils lateinunkundiger Kreise" an. Birgit Stolt, Die Sprachmischung in Luthers Tischreden Studien zum Problem der Zweisprachigkeit. (Acta Universitas Stockholmiensis. Stockholmer Germanistische Forschungen 4). Stockholm 1964 S. 20.

349 Vgl. WA 59, 749.

350 Vgl. WA 59, 748–753.

351 Die Ausgabe erschien ohne Nennung des Herausgebernamens. Stangwald gab sich erst 20

ne neue von dem Theologieprofessor Nikolaus Selnecker (1530–1592) herausgegebene Ausgabe, die bis 1606 in Frankfurt, Leipzig und Jena sechsmal nachgedruckt wurde.[352] Mit Aurifabers Edition wurden Luthers mündliche Äußerungen, wenn auch in stark bearbeiteter Form, einem breiteren Rezipientenkreis zugänglich gemacht, dessen Bild von Luther und seiner Lehre diese Ausgabe prägte und mitbestimmte.[353]

Aurifaber ließ die Tischreden nicht nach ihrem Entstehungsdatum chronologisch aufeinander folgen, sondern ordnete sie nach dem Sachprinzip. Er stellte Luthers Äußerungen zu bestimmten Themen in 80 umfangreicheren und weniger umfangreichen Kapiteln zusammen. Die Anspielungen auf die Melusinengeschichte finden sich beide im zweiten Abschnitt, den „Tischreden vom Teufel und seinen Werken". Unter der Überschrift „Wie der Teufel die Leute betrügen und Kinder zeugen kann" (A. 299[b]) lässt Aurifaber Martin Luther eine „Historien" erzählen, die der Reformator „selbs von H. Johanns Friederich, Kurfürsten zu Sachsen, [...] gehört" haben soll (WA TR 3, 517, 12f). Die Erzählung, die an dieser Stelle wiedergegeben wird (vgl. WA TR 3, 517, 16–38), hat folgenden Inhalt: Die schöne junge Frau eines Edelmannes stirbt und wird begraben. Als Wiedergängerin erscheint sie dreimal im Schlafgemach ihres Mannes, bevor sie von diesem bemerkt wird. Sie gibt sich ihm als seine Hausfrau zu erkennen und erklärt ihm, sie habe „seines Fluchens halben und um seiner Sünden willen sterben müssen" (WA TR 3, 517, 25f). Unter der Bedingung, dass er nicht mehr fluche, lebt sie wieder als seine Frau mit ihm zusammen und hat mehrere Kinder mit ihm. Eines Abends - das Paar hat Gäste - bleibt die Frau des Hauses ungewöhnlich lange fort, um einen Pfefferkuchen für die Gäste zu holen. Der Ehemann stößt verärgert seinen üblichen Fluch aus und seine Frau bleibt von Stund an verschwunden. Man findet nur noch ihr Gewand, eingeklemmt in dem Kasten, in dem der Kuchen aufbewahrt wurde.

Der Erzählung liegt ebenso wie dem Melusinenstoff als Erzählschema das *Motiv der gestörten Mahrtenehe* zugrunde. Die Beziehung zwischen Mann und anderweltlicher, von den Toten auferstandener Frau unterliegt einem Tabu, das die Frau zur Bedingung für die erneute Beziehung gemacht hat. Der Mann übertritt das ihm gesetzte Verbot und verliert seine Partnerin. Allerdings fehlt dem Text die für den Melusinenstoff typische Doppelung des Tabubruchs. Darüber hinaus gibt es weitere Parallelen: Thürings Roman und die Erzählung spielen beide im Adelsmilieu, beide Ehemänner brechen

Jahre später, im Vorwort zur Jenaer Ausgabe Tobias Steinmanns von 1591 als Herausgeber zu erkennen. Vgl. WA 59 S. 753–756.

352 Vgl. WA 59 S. 757f.

353 Vgl. WA 59 S. 747.

das ihnen auferlegte Tabu zornig in der Gegenwart von Gästen und die beiden anderweltlichen Partnerinnen verschwinden unwiederbringlich.

Der Reformator deutet diese „Historien" einleitend als eine Erzählung, welche die Realität des geschlechtlichen Verkehrs von Menschen und Dämonen belegt. Die adlige Wiedergängerin wird von ihm im Sinne der scholastischen Dämonenlehre als weiblicher Sexualdämon gedeutet: „Doctor Martin Luther sagte, dass ein Geschlechte vom Adel im Deutschlande gewesen, dieselbigen wären geboren von einem Succubo" (WA TR 3, 517, 13f). Erklärend wird an dieser Stelle hinzugefügt: „Denn so nennet mans; wie denn die Melusina zu Lucelburg auch ein solcher succubus oder Teufel gewesen ist." (WA TR 3, 517, 14f). Aurifaber hat am Rand zu dieser Erzählung vermerkt: „Die Todten von Losschenaw".[354] Es könnte sich demnach bei dieser „Historien" um eine bekannte lokale Sage handeln.[355] Auch die Dreizahl des Erscheinens der Wiedergängerin am Bett ihres Mannes betont den Sagencharakter des Erzählten.

Luther deutet diese Erzählung vor dem Hintergrund der Teufelsbuhlschaft und der scholastischen Lehre von den Incubi und Succubi aus. Sein Argumentationsgang entspricht den von ihm an anderen Stellen in seinem Werk zu diesem Thema gemachten Äußerungen.[356] So bejaht er zunächst die Fähigkeit des Teufels, menschliche Gestalt anzunehmen: „Das thut der Teufel, er kann sich in einer Frauen und Mannes Gestalt verkehren" (WA TR 3, 517, 38f). Der geschlechtliche Verkehr zwischen Menschen und Dämonen ist für ihn eine nicht zu hinterfragende Realität. Mahrtenwesen wie die adelige Wiedergängerin in der von ihm erzählten Historie und wie die Melusinenfigur werden von ihm ausnahmslos als Kreaturen teuflischen Ur-

---

354 Vgl. Tischreden oder Colloquia 299[b].

355 Bisher ließ sich leider keine Sage finden, deren Protagonisten aus dem Adelsgeschlecht derer von Lostenaw oder Loschenaw stammen.

356 So argumentiert Luther in seiner frühen Schrift „Decem praecepta Wittenbergensi praedicata populo" (1518) bei der Behandlung der Teufelsbuhlschaft ganz im Sinne der scholastischen Tradition. Er bejaht im Sinne der scholastischen Lehre von den Incubi und Succubi, dass der Teufel und seine Dämonen sich den Menschen nähern, um mit ihnen geschlechtlich zu verkehren und erklärt die Zeugung von Satanskindern mit Hilfe des Bildes vom ‚Samenstehlen' (vgl. WA 1, 410, 7ff). Auch in seinen späteren Schriften, in denen er die Teufelsbuhlschaft thematisiert, seiner Genesispredigt vom 14. Juni 1532 und seiner Genesisvorlesung (1535–1545), bewegt er sich ganz im Rahmen der scholastischen Auffassung. Während in der Forschung die Bibel als Grundlage des protestantischen Hexenbildes angesehen wird, gilt in Bezug auf die Teufelsbuhlschaft, dass Luther – abweichend vom Grundsatz *sola scripta* – die Bibel als Autorität beiseite schiebt. Zu Martin Luthers Verständnis der Teufelsbuhlschaft und der scholastischen Lehre von den Incubi und Succubi vgl. HAUSTEIN, Stellung S. 62f und 78–84.

sprungs gedeutet. Der Teufel gaukele seinen Opfern, Männern wie Frauen, nur vor, dass sie mit einem menschlichen Wesen zusammen sind.

„Iam est Quaestio: Ob das rechte Weiber seien? Und obs rechte Kinder seien? Davon sind das meine Gedanken, daß es nicht rechte Weiber sein können, sondern es sind Teufel. Und gehet also zu: der Teufel macht ihnen die Geplärr fur die Augen, und betreuget sie, daß die Leute meinen, sie schlafen bei einer rechten Frauen, und ist doch nichts. Deßgleichen geschichts auch, wenns ein Mann ist" (WA TR 3, 517, 40–44).

Die aus der Verbindung von Mensch und Succubus hervorgehenden Kinder – dies lässt sich sowohl auf die nur nebenbei erwähnten Kinder in der „Historien" als auch die Melusinensöhne beziehen – erklärt Luther ebenfalls zu Teufeln, die körperlich wie ihre Mütter beschaffen sind: „Wie werden aber die Kinder gezeuget? Darauf sag ich also, daß diese Söhne sind auch Teufel gewesen, haben solche Leibe gehabt wie die Mutter" (WA TR 3, 517, 45f). Im Folgenden wird es als „gräulich schrecklich Exempel" bezeichnet, „daß der Satan so kann die Leute plagen, daß er auch Kinder zeuget" (WA TR 3, 517, 46f), so dass zunächst der Eindruck entsteht, Luther bejahe die Zeugungsfähigkeit des Teufels. Tatsächlich lehnt er jedoch auch hier wie in seinen übrigen Schriften die Zeugungsfähigkeit des Teufels in Übereinstimmung mit der spätscholastischen Lehre ab, da „Kinder zeugen allein ein göttlich Werk ist" (WA TR 3, 517, 50–518, 1). „[...] denn er [Gott; Cl. St] gebraucht zur Schöpfung der Menschen als ein Mittel, und durch dieselbige wirkt er allein, und nicht durch den Teufel." (WA TR 3, 517, 3f). Für die Existenz von Satanskindern bietet Luther abschließend zwei Erklärungen an:

„Darum so müssens gestohlene Kinder sein, wie denn der Teufel wol Kinder stehlen kann; wie man denn bisweilen wol Kinder in Sechswochen verleuret, oder müssen suppositii sein, Wechselkinder, die denn die Sachsen nennen Kielkropf" (WA TR 3, 518, 4–7).

Luther führt an dieser Stelle als Erklärungsmuster für die Existenz von Satanskindern gerade nicht das Samenstehlen der Dämonen an, wie es in der elaborierten scholastischen Dämonologie des Spätmittelalters als Erklärungsmuster fungierte, sondern greift auf die volksläufige Vorstellung vom Wechselbalg zurück.[357] Nach Luthers Auffassung gibt es keine Teufelskin-

[357] Luther verwendet anstelle des schon im Mhd. belegten, derberen Wortes Wechselbalg das sprachlich gehobenere Wechselkind, welches aber ebenso wie die Bezeichnung Kielkropf dasselbe meint. Neben der wörtlichen Übersetzung *infantes suppositi*, die Luther in der Kurzform *suppositii* verwendet, finden sich in der zeitgenössischen Literatur noch andere lateinische Begriffe, z. B. *campsores* (cambare = wechseln, tauschen) im „Malleus maleficarum". An den lateinischen Formen zeigt sich, dass dieser volksläufige Aberglaube in theologische und speziell dämonologi-

der im Sinne einer genetischen Vaterschaft Satans. Der Teufel kann nicht selbst Kinder zeugen, er kann nur Kinder rauben, die er dann als seine eigenen ausgibt. Satan stiehlt die Kinder entweder pränatal aus dem Leib einer Schwangeren oder vertauscht den Säugling nach der Geburt gegen einen Wechselbalg.[358] Dieser musste nicht durch magische oder dämonische Zeugung geschaffen worden sein, dies lehnt Luther schließlich ab. Er konnte auch ein lebloses Ding, zum Beispiel ein Lehmklumpen oder ein Stück Holz sein, das die Gestalt des Kindes imitierte.[359] Der Affe ist ein von Martin Luther gern verwendetes Bild für das Wirken des Teufels. Satan ist der ‚Affe Gottes', der diesem alles nach zu machen sucht.[360] Der Wechselbalg ist eines der Imitate, mit denen der Teufel Gottes Schöpferkraft imitieren will, um die Menschen zum Narren zu halten.

Die zweite Allusion auf die Melusinenfigur begegnet in einem ganz ähnlichen Kontext. Unter der Überschrift „Historia von einem Wechselkinde zu Dessau" (A. 300[b]) berichtet Luther, wie er einige Jahre zuvor in Dessau selbst ein zwölfjähriges Kind gesehen habe, das er für einen Wechselbalg hielt und auch retrospektiv noch für einen solchen hält. Dieses Kind habe zwar äußerlich einem Menschenkinde geglichen, so „[...] daß man meinete, es wär ein recht Kind." (WA TR 5, 9, 13). Es zeigte jedoch auffällige Verhaltensweisen: Sein Dasein beschränkte sich auf übermäßige Nahrungsaufnahme und -ausscheidung. Auf Berührungen reagierte es empfindlich[361]: „Dasselbige thät nichts, denn daß es nur fraß und zwar soviel als irgends vier Bauern oder Drescher. Es fraß, schiß und seichte, und wenn mans angriff, so schrie es" (WA TR 5, 9, 13ff). Zudem zeigte das Kind der Situation unangemessene Emotionen. „Wenns ubel im Hause zuging, daß Schaden ge-

---

sche Debatten Eingang gefunden hatte. Vgl. Müller, [Art.] Incubus und Succubus, in: EM 7. Berlin 1993 Sp. 115 und Rühle, [Art.] Wechselbalg, in: HDA 9. Berlin u. a. 1938/41 Sp. 835 sowie [Eintrag] Wechselbalg, in: Jacob Grimm/ Wilhelm Grimm, Deutsches Wörterbuch. 33 Bde. München 1984. (Leipzig 1854–1971), Bd. 27. München 1922 Sp. 2705 ff. Im Folgenden zitiert als Grimm. [Eintrag] Kielkropf, in: Grimm 11. München 1984 Sp. 680 f.

358 Der Diebstahl der Leibesfrucht durch den Teufel oder Dämonen fungierte in Mittelalter und Früher Neuzeit als ein Deutungsmuster für den zu Beginn einer Schwangerschaft gelegentlich auftretenden spontanen Abort.

359 Vgl. Rühle, [Art.] Wechselbalg, in: HDA 9. Berlin u. a. 1938/41 Sp. 835.

360 Vgl. Jörg Haustein, Zwischen Aberglaube und Wissenschaft. Zauberei und Hexen in der Sicht Martin Luthers, in: Martin Luther und der Bergbau im Mansfelder Land. Aufsätze. Hg. von Rosemarie Knape. Eisleben 2000 S. 327–337, hier 328. Vgl. auch Alfred Adam, Der Teufel als Gottes Affe. Vorgeschichte eines Lutherwortes, in: Luther-Jahrbuch 28. 1961 S. 104–109.

361 Die von Martin Luther angeführten Kennzeichen des Wechselbalgs – speziell seine unersättliche Nahrungsgier und seine Trägheit – finden sich auch in der zeitgenössischen Literatur und späteren Volkssagen. Vgl. Rühle, [Art.] Wechselbalg, in: HDA 9. Berlin u. a. 1938/41 Sp. 840.

schah, so lachete es und war fröhlich; gings aber wol zu, so weinete es" (WA TR 5, 9, 15f). Der Reformator empfahl der Obrigkeit, das Kind durch Ertränken zu töten, was aber die Fürsten zu Anhalt und der Kurfürst von Sachsen, der zu diesem Zeitpunkt gerade in Dessau weilte, ablehnten (vgl. WA TR 5, 9, 16–20). Als Alternative schlug der Reformator vor, man solle die Gemeinde in der Kirche ein Vaterunser beten lassen, „[...] daß der liebe Gott den Teufel wegnehme" (WA TR 5, 9, 21). Das Kind starb tatsächlich im folgenden Jahr, nachdem täglich gebetet worden war.

Luther meint weiterhin, dass diese Ereignisse sich mit der Lehre von den Incubi und Succubi erklären ließen. „Also muß es da auch sein. Es hat einer sonst von den succubis und incubis fein geschrieben, denn es ist nicht seltsam" (WA TR 3, 9, 22f). Wiederum wird an dieser Stelle eine Erklärung eingefügt, die den Lesern und Leserinnen die lateinischen Termini Incubus und Succubus verständlich machen sollen, wobei erneut die Melusinenfigur als Beispiel herangezogen wird. Auffällig ist hierbei, dass der Vergleichssatz wörtlich identisch ist mit der Melusinenallusion in der bei Aurifaber vorangehenden Tischrede (A. 299^{b}).

„Und sind die *Succubi* Weiber, welche mit dem Teufel zu thun haben und denselbigen alten Huren und Wettermacherinnen die Lust büßet, *wie die Melusina zu Lucelburg auch ein solcher Succubus und Teufel gewesen ist*" (WA TR 5, 9, 23–26; Hervorhebung Cl. St.).

Allerdings bietet die Erläuterung des Begriffes ‚Succubus' keine zutreffende Erklärung im Sinne der scholastischen Incubuslehre an, vielmehr scheinen die Begriffe ‚Succubus', ‚Teufel' und ‚Hexe' – letzterer präsent in den Synonymen „alt[e] Huren"[362] und „Wettermacherinnen" – in ihrer Bedeutung ineinander überzugehen. Während der Terminus Succubus in der Formulierung „Weiber, welche mit dem Teufel zu tun haben" als Synonym für die Teufelsbündlerin bzw. die mit dem Teufel buhlende Hexe erscheint, werden in dem Vergleichssatz, in dem Melusina als Succubus bezeichnet wird, Succubus und Teufel äquivalent gesetzt. Hier wird der Succubus als Unterteufel oder dämonischer Mitstreiter Satans begriffen. Sowohl die widersprüchliche Argumentation bei der Erklärung des Begriffes ‚Succubus', die auf eine bei Luther entschieden zu verneinende Unkenntnis der scholastischen Incubuslehre hinweist, als auch das Übereinstimmen der Melusinenallusion im Wortlaut mit der vorangegangenen Tischrede (A. 299^{b}) legen den Verdacht nahe, dass es sich nicht um Luthers eigene Worte, sondern um einen eigen-

---

362 Hier vermischt sich die Vorstellung von der Hexe als alter Frau, als *vetula*, und als Teufelshure, die beide in Luthers Hexenvorstellung präsent sind. Vgl. dazu HAUSTEIN, Stellung S. 37f und 177f.

mächtigen Zusatz des Herausgebers Aurifaber oder eines anderen Tischgenossen handelt.

Die Authentizität der Anspielungen auf die Melusinenfigur in der Tischreden-Ausgabe Aurifabers ist nicht nur aus intratextueller Perspektive, sondern auch aus überlieferungsgeschichtlicher Sicht fragwürdig. Es ist bekannt, dass Aurifaber sich bei seiner Edition nicht auf die Tischredenüberlieferung im engeren Sinne beschränkte, sondern häufig auch Ausschnitte aus bereits gedruckt vorliegenden Luthertexten in seine Ausgabe aufnahm, ohne diese kenntlich zu machen. Zudem erweiterte er die Texte vielfach durch eigene Zusätze.[363] Anhand der vorliegenden Ausgaben von Martin Luthers Tischreden lässt sich weder nachweisen, dass Martin Luther tatsächlich in einem seiner Tischgespräche, in denen er sich mit der Frage der Teufelsbuhlschaft und der Teufelskinder beschäftigt, die Melusinengeschichte als Beispiel angeführt hat, noch dass diese Allusion auf die Melusine ein Zusatz von Aurifaber ist. Für A. 299[b] „Wie der Teufel die Leute betrügen und Kinder zeugen kann" hat Ernst Kroker als mögliche Vorlage eine Tischrede aus der Sammlung von Johannes Mathesius[364] ausgemacht, Math. L. (152) „Sathanae potentia"[365] (vgl. WA TR 3, 515, 21–516, 17 [Nr. 3676]), die sich auf den 5. Dezember 1536 bzw. 1537 datieren lässt.[366] In dieser Tischrede wird neben anderen Begebenheiten, die um das Thema ‚Der Teufel und seine Fähigkeit die Menschen in menschlicher Gestalt zu foppen' kreisen, auch die Geschichte von der adligen Wiedergängerin erzählt:

„Dein recitavit factum, quod elector Saxoniae illi retulisset: Nobilem quendam habuisse uxorem quae mortua et sepulta rediit ad maritum seque vivam esse asseruit et

---

[363] Aurifabers gedruckte Sammlung enthält ca. 600 Texte, für die Ernst Kroker, der Herausgeber der kritischen Edition der Tischreden, keine Vorlagen finden konnte. Vgl. WA TR 6, XI–XV. Kroker konstatierte schon für Aurifabers eigene Mitschriften aus den Jahren 1545/46: „Seine unleidliche Sucht, Luthers Worte durch eigne Zutaten aufzuputzen, lässt es zuweilen fast unmöglich erscheinen, festzustellen, wo Luthers Worte aufhören und Aurifabers Zusätze anfangen". WA TR 6, XXI.

[364] Die Tischrede mit dem Titel „Sathanae Potentia" ist in der Handschrift Rep. III. Fol 20[aa] der Leipziger Stadtbibliothek überliefert. Der Sammler und Schreiber ist vermutlich Johannes Krüginger, ein Schüler von Johannes Mathesius. Dem Text dieser Handschrift liegen die von Johannes Mathesius selbst nachgeschriebenen Tischreden aus dem Jahr 1540 sowie andere Sammlungen aus den Jahren 1536/37 und 1542/43 zugrunde. Die als ‚Mathesische Sammlung' bekannte Handschrift wurde 1903 von Ernst Kroker ediert und kommentiert. Vgl. auch WA TR 1, XXI und WA TR 4, XXIX–XXXII.

[365] Diese Tischrede, Math. L. 152, welche die Vorlage für A. 299[b] gewesen sein könnte, findet sich im 1. Abschnitt der Handschrift, der Johannes Krügingers eigene Sammlung enthält. Sie gehört zu einem Unterabschnitt, dessen Inhalt von Abschriften von Tischreden aus Sammlungen der ersten Hälfte der dreißiger Jahre gebildet wird. Vgl. WA TR 4, XXX.

[366] Vgl. WA TR 3, XXVI.

tandem recepta est a marito ea conditione, das er sich eines fluchs enthalten wolt" (WA TR 3, 516, 3–6).[367]

Die bei Aurifaber unmittelbar folgende Tischrede (A. 300^{b}), welche die zweite Melusinenallusion enthält, hat ebenfalls in der Mathesischen Sammlung ihre mögliche Quelle, unter dem Titel „Supposititius puer; kilkropf, das es stets in kropf kilt; wexell balck" (WA TR 5, 8, 33–9, 9 [Nr. 5207 (Math. L. 352 (32b))] wird die Geschichte des missgebildeten und geistig behinderten Zwölfjährigen erzählt, die sich bei Aurifaber unter dem Titel „Historia von einem Wechselkinde zu Dessau" findet.[368]

In beiden lateinischen Versionen der Mathesischen Sammlung, die wahrscheinlich die Vorlagen für die beiden Tischreden bei Aurifaber bilden, finden sich keine Allusionen auf die Melusine. Entweder hat Luther diese niemals in diesem Kontext erwähnt und Aurifaber hat die Allusion eigenständig hinzugefügt. Oder die Tischgenossen, deren Mitschriften in der ‚Mathesischen Sammlung' tradiert worden sind, waren an Melusine nicht interessiert und haben deshalb Luthers Bemerkung über sie ausselektiert. Dann hätte Aurifaber die Melusinenallusion aus einer anderen Sammlung, die nicht überliefert worden ist, beziehen können. Überlegungen dieser Art müssen allerdings angesichts der Überlieferungssituation spekulativ bleiben. Es lässt sich nicht entscheiden, ob Luther die Bemerkung über Melusine selbst gemacht hat oder ob sie ein Zusatz des Herausgebers Aurifaber ist, der seinen Lesern und Leserinnen mit Hilfe einer im 16. Jahrhundert populären literarischen Figur ein anschauliches Beispiel für den der gelehrten Tradition entstammenden Terminus Succubus geben wollte. Unabhängig von der tatsächlichen Urheberschaft der Allusion ist die Deutung der Melusinenfigur als weiblicher Sexualdämon in der zweiten Hälfte des 16. Jahrhunderts als Diktum Luthers aufgefasst und verbreitet worden.

---

[367] Dann erzählte er einen Vorfall, den der sächsische Kurfürst ihm berichtet hatte: Ein Adliger habe eine Frau gehabt, die, obgleich sie tot und begraben gewesen, zu ihrem Ehemann zurückgekehrt sei und sich ihm lebend zugesellt habe und schließlich unter der Bedingung, das er sich eines Fluchs enthalten wolle, vom Ehemann zurückgewonnen worden ist [Übersetzung Cl. St.].

[368] Diese Tischrede, Mat. L. 352 (32b), findet sich im 8. Abschnitt der Leipziger Handschrift Math. L., einem engbeschriebenen Anhang mit neuer Paginierung 1–46, der eine andere Handschrift zeigt als die übrigen Abschnitte und von Mathesius selbst geschrieben sein könnte, wie Ernst Kroker vermutet. Vgl. WA TR 4, XXXII. Sie gehört zu den von Mathesius im Jahre 1540 nachgeschriebenen Tischgesprächen. Kroker datiert ihre Entstehung auf die Zeit zwischen dem 2. und 17. September 1540. Vgl. Luthers Tischreden in der Mathesischen Sammlung. Aus einer Handschrift der Leipziger Stadtbibliothek. Hg. von Ernst Kroker. (Schriften der Königlich Sächsischen Kommission für Geschichte 7). Leipzig 1903 S. 26–38 und 198.

1586 erschien in Frankfurt am Main das von Abraham Saur (1545–1593)[369] herausgegebene „Theatrum de veneficis"[370], ein Kompendium verschiedenster Schriften über Hexerei und Zauberei, in das sowohl die Tischrede A. 299^{b}, in der Melusine als Succubus bezeichnet wird, als auch die Schrift „Von den Hexen und Unholden", die volkssprachige Übersetzung des Hexentraktats von Ulrich Molitor, Eingang fanden. Die Luther-Tischrede A. 299^{b} findet sich als Anhang zur ersten Schrift des Kompendiums, einem Bericht über eine Hexenverbrennung in Schlettstadt, als deren Autor Reinhard Lutz genannt wird.[371] Unter der Überschrift „D. Martinus Lutherus im Buch/ das Colloquia oder Tischgesprech genannt wird. Capit 24. Von Zauberey/ Teuffelsgespenst/ vnd Hexerey/ campsionibus vnd Wechselkindern" findet sich unter dem Titel „Wie der Teufel die Leuth betriegen/ vnnd Kinder zeugen kann" die schon bekannte Tischrede Luthers abgedruckt.[372] Der Text stimmt mit der Ausgabe Aurifabers von 1566 überein und enthält auch die Erläuterungen Luthers. Molitors Abhandlung „De laniis et phitonicis mulieribus" ging unter dem Titel „Von Hexen und Unholden" als der vierte Text in der Neuübersetzung des Pfarrers Lautenbach in das von Saur herausgegebene Kompendium ein.[373]

Auch in Hans Wilhelm Kirchhofs[374] umfangreicher Erzählsammlung „Wendunmuth" fand die Melusinendeutung Luthers Eingang.[375] Der „Wen-

---

[369] Zur Biographie Abraham Saurs vgl. HEINRICH REIMER, [Art.] Saur: Abraham, in: Allgemeine Deutsche Biographie. Hg. von der Historischen Commission bei der Königlichen Akademie der Wissenschaften. Leipzig 1875–1912, Bd. 30. Leipzig 1890 S. 419 f. Ein Verzeichnis der von Abraham Saur verfassten und herausgegebenen Schriften findet sich in: FRIEDRICH WILHELM STRIEDER, [Art.] Saur, (Abraham), in: DERS., Grundlage zu einer Hessischen Gelehrten und Schriftsteller Geschichte 12. Kassel 1799 S. 207–215.

[370] ABRAHAM SAUR, Theatrum de veneficis. Das ist: Von teufelsgespenst Zauberern vnd Gifftbereitern Schwarzkünstlern Hexen vnd Unholden vieler fürnemmen Historien vnd Exempel bewärten glaubwirdigen Alten vnd Newen Scribenten was von solchen iederzeit disputiert vnd gehalten worden mit sonderm fleiß (derer Verzeichnuß am folgenden blat zu finden an Tag geben. [...] Frankfurt a. M., Nikolaus Basseus 1586.

[371] SAUR, Theatrum S. 1–14.

[372] Ebd. S. 11 f.

[373] SAUR, Theatrum S. 70–98.

[374] Zu Vita und Werk dieses Autors vgl. BODO GOTZKOWSKY, Einleitung, in: Hans Wilhelm Kirchhof. Kleine Schriften. Kritische Ausgabe. Mit einer Bibliographie der „Wendunmuth"-Drucke. Hg. von BODO GOTZKOWSKY. Stuttgart 1981 S. 5–19.

[375] Kirchhof fasste mit dieser sieben Bände umfassenden Kompilation von insgesamt 2083 Geschichten die verschiedenartigsten Werke der Zeit in Auswahl zusammen. Der „Wendunmuth" erschien zuerst 1563 in Frankfurt bei Georg Rab und Weygand Hans Erben. Er enthielt 550 Geschichten in zwei Teilen. Das Buch hatte beachtlichen Erfolg, wurde 1565 im selben Verlag erneut aufgelegt und verkaufte sich auf der Fastenmesse 1569 118 mal. Eine dritte Auflage (Frankfurt, Kilian Han 1573), eine vierte (Frankfurt, Hans Spiess/Johann Feyerabend 1581)

dunmuth" versammelt neben den Facetien Heinrich Bebels zahlreiche weitere Erzählgattungen und Genres: Schwänke, historische Anekdoten, Tierfabeln. Kirchhof schöpft nicht nur aus der antiken, deutschen, italienischen und französischen literarischen Tradition, sondern lässt auch mündliche Überlieferung und persönliche Erfahrungen einfließen. Neben Erzählungen von wunderbaren Ereignissen treten Berichte über das aktuelle Tagesgeschehen, über die aktuellen politischen und vor allem kirchenpolitischen Auseinandersetzungen.[376] Kirchhof war überzeugter Protestant, der auch in seinen Erzählungen die protestantische Lebensauffassung und Weltsicht zum Ausdruck bringen wollte.[377] Kirchhofs „Wendunmuth" erscheint zugleich als „der letzte Aufschwung und Ausläufer der Schwanksammlungen im 16. Jahrhundert" und eine „Enzyklopädie unterschiedlichster Wissensbereiche".[378]

Eine der von Kirchhof benutzten Quellen war auch die Ausgabe der Tischreden Martin Luthers von Johannes Aurifaber. Kirchhof fügt die Tischrede „Wie der Teufel die Leute betrügen und Kinder zeugen kann" (A. 299[b]), in der auf die Melusinenfigur alludiert wird, unter dem Titel „Teuffels list, kinder zu zeugen" als Nr. 256 in das fünfte Buch des „Wendunmuth" (1602) leicht verändert und gekürzt ein (vgl. WU 3, 515f). Als Urheber des Berichts über die dämonische Wiedergängerin aus dem Adelsgeschlecht der „Losschenaws" wird hier nicht Luther genannt, sondern nur der sächsische Kurfürst, der dem Reformator die Geschichte erzählt haben soll. Kirchhof fügt die Randbemerkung Aurifabers, dass mit dem „Geschlechte vom Adel im Deutschlande" (WA TR 3, 517, 13f) die „Losschenaws" gemeint sind, in seinen Text ein.

„H. J. F. churfürst zu Sachsen etc., sol weiland in gegenwertigkeit fürnemer, gelehrter leuthe eine historien erzehlet haben, daß ein geschlecht vom adel im Teutschland, die Toden von Lostenaw (ist mir recht) genennet, gewesen; dieselbigen weren geboren von einem succubo, wie man sie nennet, wie denn die Melusina auch ein solcher succubus oder teuffel gewesen ist. Es ware aber also zugegangen: [...]" (WU 3, 515).

---

und eine fünfte Auflage (Frankfurt, Wolf Richter, Peter Fischers Erben 1602) folgten. 1602 wurden Buch II-V, von Romani Beati Erben, 1603 Buch VI und VII von Nicolaus Hoffmann gedruckt. Gotzkowsky, Einleitung S. 12f. Kirchhofs Erzählsammlung liegt seit den späten 60er Jahren des 19. Jhs. in einer modernen, von Hermann Österley besorgten Edition vor: Wendunmuth von Hans Wilhelm Kirchhof. 5 Bände. Hg. von Hermann Österley. Tübingen 1869. (zitiert als WU).

376 Vgl. Werner Röcke, [Art.] Kirchhof, Hans Wilhelm, in: Killy 6. Gütersloh 1990 S. 333.

377 Vgl. Gotzkowsky, Einleitung S. 11.

378 Ebd. S. 13 und Röcke, [Art.] Kirchhof, Hans Wilhelm, in: Killy 6. Gütersloh 1990 S. 333.

An dieser Stelle folgt die schon bekannte, nach dem Erzählschema *Motiv der gestörten Mahrtenehe* strukturierte Erzählung (vgl. WA TR 3, 517, 16–38). Allerdings fehlt die Ausdeutung der Erzählung durch Luther, wie sie sich bei Aurifaber findet. An ihre Stelle setzt Kirchhof ein Gedicht über die Lügenhaftigkeit und Verschlagenheit des Teufels, dessen Herkunft sich nicht ermitteln ließ und das vielleicht von ihm selbst stammt. Dieses Gedicht zeigt schon in den Anfangsversen ein deutlich lutherisches Teufelsverständnis: Der Teufel kann nur demjenigen gefährlich werden, der nicht rechten Glaubens ist und sich um Hilfe nicht an Gott, sondern an magische Mächte wendet: „Wie ist der teuffel nur geschäfftig / Und bey unglaubens kindern kräfftig!“ (WU 3, 516).

Als Nr. 257 folgt bei Kirchhof unter dem Titel „Historia von einem wechselbalg“ (WU 3, 516) die Tischrede A. 300[b], welche die zweite Melusinenallusion enthält. Der Text beginnt medias in res mit „Zu Dessaw war auff ein zeit auch dieser kinder eines [...]“, wobei der Verfasser in Klammern hinzufügt: „was sie aber für anfang, herkommen und ursach haben, ist ohnnöthig allhie zu erzelen“ (WU 3, 516). Luther wird nicht als Erzähler der Begebenheit genannt. Da Kirchhof Aurifabers Text auf die Erzählung an sich reduziert und die Einleitung fortlässt, fehlt bei ihm folgerichtig die zweite Erwähnung der Melusine.

Die Erzählungen Nr. 256 und 257 wurden von Kirchhof mit einer Reihe von anderen Tischreden der Aurifaber-Ausgabe, die benachbart abgedruckt sind, in den fünften Band des „Wendunmuth“ aufgenommen. Im weiteren Kontext finden sich Erzählungen und Berichte über Meerwunder, Teufelstrug, Zauberei und Hexerei - zum Beispiel Nr. 242 „Meerwunder zu Rom gefangen“ (WU 3, 507), Nr. 243 „Ein ander waßerwunder“ (WU 3, 507 f), Nr. 246 „Teuffels art und list“ und Nr. 261 „Von zweyen zäuberinen“. Die aquatischen Wesen, das „Meerwunder“ und das „waßerwunder“, zu denen auch die „merfaÿm“ Melusine (ThvRM, 11, 2) gehört, werden von Kirchhof in einen engen Zusammenhang mit Hexerei und Teufelswerk gerückt. Die Erzählung Nr. 245 „Von einem andern Teuffelsgespenst“ (WU 3, 508), die von einer „meerfraw“ handelt, setzt sogar Wasserfrauen und Teufelsgespenster äquivalent. Ein weiterer Beleg dafür, dass die Deutung der Melusine als teuflische Dämonin im Bewusstsein der frühneuzeitlichen Leser und Leserinnen etabliert war. Mit der Aufnahme der Melusinendeutungen Molitors und Luthers in volkssprachige und im Hinblick auf den zeitgenössischen literarischen Markt der Frühen Neuzeit weitverbreitete Sammelwerke wie den „Wendunmuth“ und das „Theatrum de veneficis“ erreichte dieses Deutungsmuster ein großes Publikum.

Die nachhaltige Wirkung der negativen Deutung Melusines als Succubus und Mutter von Satanskindern im protestantischen Milieu bezeugt in gewisser Weise auch der Roman „Melusinens Sommer-Abende“ (1806)[379] von Sophie von La Roche. Dieser Briefroman stellt keine literarische Neubearbeitung des ‚Volksbuches‘ von der Melusine dar, sondern er spielt mit dem Namen Melusine als dem Taufnamen der Protagonistin. Der Briefwechsel[380] zwischen der jungen, kaum zwanzigjährigen, verwaisten Melusine, die bei ihrem Onkel aufgewachsen ist, und ihrer mütterlichen Freundin, Frau von L, beginnt mit einem Antwortschreiben der Frau von L, auf zwei Briefe. In ihrem ersten Schreiben hatte Melusine ihrer mütterlichen Freundin zunächst die Änderung ihres Vornamens angekündigt, in ihrem zweiten, wenig später eintreffenden Brief diese Absicht aber wieder zurückgezogen. Frau von L fasst Melusinens Motivation, ihren Taufnamen zu ändern, folgendermaßen zusammen. Sie schreibt,

> „[...] daß Ihr gütiger Oheim die Phantasie begünstige, Ihren Namen Melusine, in den von Meliosa zu verändern, da der letztere Sie wohltönender und nicht so gemein dünke, Sie auch ganz neuerlich entdeckt hätten, daß der Name Melusine einer Zauberin angehört habe, welcher in einem alten Volksmährchen viel Böses nachgesagt werde.“[381]

Mit dem „alten Volksmährchen“ dürfte das ‚Volksbuch‘ von der Melusine gemeint sein, das zu Beginn des 19. Jahrhunderts in Form von einfachen Heftchendrucken in der Bevölkerung kursierte und zu diesem Zeitpunkt bereits von den Romantikern wiederentdeckt worden war.[382] Die junge Heldin des Briefromans, die denselben Vornamen wie die Protagonistin des ‚Volksbuches‘ trägt, scheint allerdings weniger auf dieses zu rekurrieren, dort wird Melusine nämlich nicht „viel Böses nachgesagt“, sondern die an der Wende zur Neuzeit mit dem Namen Melusine verknüpften Assoziationen aufzugreifen.

---

[379] SOPHIE VON LA ROCHE, Melusinens Sommer-Abende. Hg. von CHRISTOPH MARTIN WIELAND. Halle 1806.

[380] Frau von L, hinter der sich Sophie von La Roche verbirgt, gibt sich in „Melusinens-Sommerabende“ als Empfängerin von Briefen ihrer Freundin Melusine aus. Aber nicht die erhaltenen Briefe des jungen Mädchens werden mitgeteilt, sondern lediglich die Antwortbriefe Frau von Ls. Zu Struktur und Bedeutung innerhalb des Gesamtwerks dieses Briefromans vgl. MARIGRIT LANGNER, Sophie von La Roche – die empfindsame Realistin. (Reihe Siegen. Beiträge zur Literatur-, Sprach- und Medienwissenschaft 126). Heidelberg 1995 S. 317–324 und BERND HEIDENREICH, Sophie von La Roche – eine Werkbiographie. (Frankfurter Hochschulschriften zur Sprachtheorie und Literaturästhetik 5). Frankfurt a. M. 1986 S. 258–271.

[381] VON LA ROCHE, Melusinens Sommer-Abende S. 3.

[382] Vgl. dazu Kap. C.2.

5. Hans Sachs: „Die Melusina“ (1556)

5. Melusine in Nürnberg

Als Hans Sachs Anfang des Jahres 1556 seine dramatisierte Version des Stoffes niederschrieb[383], war Thürings von Ringoltingen hundert Jahre zuvor entstandener Prosaroman bereits zu einem ‚Bestseller‘ der frühneuzeitlichen Literatur geworden.[384] Der Rezipientenkreis war zu diesem Zeitpunkt aber weitgehend auf ein adeliges Publikum sowie die patrizischen Oberschichten der Städte beschränkt, zu deren Bildungswissen er gehörte. Allerdings zeichnete sich ab Mitte des 16. Jahrhunderts eine Tendenz zu weniger prachtvoll aufgemachten Drucken im Oktav-Format ab, die auf eine andere Käuferschicht abzielten: wohlhabende Kaufleute und Handwerker aus den stadtbürgerlichen Mittelschichten.[385] Aus lesersoziologischer Perspektive könnte man hier von einer ‚Verbürgerlichung‘ der Gattung Prosaroman sprechen. Auch Sachs gehörte als vermögender Schuhmachermeister dieser neuen Rezipientenschicht an. Seine dramatische Bearbeitung lässt sich als wichtige Station innerhalb der Rezeptionsgeschichte des Melusinenstoffes ansehen: Mit der Transformation des Stoffes in eine andere Gattung veränderte sich auch die soziolitetarische Verortung des Textes. Während der Stoff in den Romanversionen als ‚Geschlechtermythologie‘ (J.-D. Müller) fungierte und adeliger Repräsentation und Selbstverständigung diente, überführte ihn Hans Sachs’ Dramatisierung in einen stadtbürgerlichen Kontext jenseits patrizischer, den Adel nachahmender Oberschichten.

Im Folgenden wird gezeigt, wie sich die Überführung des Melusinenstoffes in die stadtbürgerliche Dramen- und Theaterkultur der Frühen Neuzeit auf die im Text zur Darstellung gelangende Inszenierung der Geschlechter und Geschlechterbeziehungen auswirkt. Schreibt der Handwerker und Stadtbürger Sachs ein frühbürgerliches, protestantisch geprägtes Selbstver-

---

383 Als Textgrundlage wird verwendet: Hans Sachs. Hg. von Adelbert von Keller und Edmund Goetze. 26 Bände. (Bibliothek des litterarischen Vereins Stuttgart). Hildesheim 1964–82. (Tübingen 1870–1908), die im Folgenden unter der Sigle KG zitiert wird. Die primäre Interpretationsquelle – Hans Sachs, Die Melusina. Tragedia mit 25 personen zu agiern, in: KG 12. Hildesheim 1964. (Tübingen 1879) S. 526–564 – wird dagegen unter der Sigle HSM erscheinen.

384 Sachs gibt selbst an, die Tragedia „Die Melusina“ am 15. Februar 1556 fertiggestellt zu haben. Vgl. HSM, 564.

385 Zu dieser Ausweitung des Rezipientenkreises und des Lesepublikums der Romane vgl. Müller, Volksbuch/Prosaroman S. 43 ff und Wittmann, Geschichte S. 78 ff.

ständnis und Selbstbewusstsein in seinen Text ein? Nutzt Sachs den Stoff, um aktuelle, ihn oder sein Publikum betreffende Probleme mit der Ordnung der Geschlechter zu reflektieren und zu diskutieren? Findet mit der Adaptation des Stoffes eine bereits von Hans-Gert Roloff für die „Melusine" Thürings von Ringoltingen behauptete, von Jan-Dirk Müller jedoch widerlegte ‚Verbürgerlichung' des Stoffes in dem Sinne statt, dass Melusina und Reÿmund zu einem Handwerker-Ehepaar umgedeutet werden, in deren Beziehung sich der Liebes- und Ehealltag des Publikums widerspiegelt? In der Forschung wird nämlich häufig der Vorwurf geäußert, Sachs lasse seine Helden im „Alltagsgewand des biederen Nürnberger Bürgers" auf die Bühne treten.[386]

Die Darstellung der Geschlechterbeziehungen im Text ist wesentlich abhängig von der Kommunikationssituation, in welcher der Text entsteht, sowie dem vom Autor intendierten Adressatenkreis. Um die Darstellung der Geschlechter in Sachs' Melusinendrama beschreiben und bewerten zu können, ist zunächst die Rekonstruktion der Gebrauchssituation des Textes, seine Verortung in der frühneuzeitliche Theaterpraxis Nürnbergs als Teil stadtbürgerlicher literarischer Kommunikation im Nürnberg der Reformationszeit, notwendig. Es ist zu fragen, an welchen Geschlechterdiskursen Hans Sachs partizipierte, welche Geschlechtenormen für ihn verpflichtend waren. Überdies gilt es zu prüfen, welchen Einfluss die literarische Form des Textes auf die Präsentation des Melusinenstoffes und damit auf die Geschlechterkonzeption ausübt. Zwingen die Gattungsnormen des frühneuzeitlichen Dramas bzw. die von Sachs seinen Dramen selbst zugrunde gelegte poetologische Konzeption den Dichter dazu, den Melusinenstoff in einer ganz bestimmten Weise zu behandeln? Hat dies Auswirkungen auf die Darstellung der Geschlechterbeziehungen?

5.1.1 Hans Sachs und „Die Melusina"

Sachs' Lebenszeit fiel in eine Phase radikaler mediengeschichtlicher, religionsgeschichtlicher und sozialer Umbrüche: Buchdruck und Medienwandel, Reformation und Konfessionalisierung, Urbanisierung und Sozialdisziplinierung. Auch die Literatur befand sich in einer Übergangs- und Umbruchsphase, die sich in der Dichtung des Hans Sachs widerspiegelt. Die mittel-

386 Vgl. dazu Niklas Holzberg, Tragedis und Comedis des Hans Sachs. Forschungssituation – Forschungsperspektiven, in: Hans Sachs und Nürnberg. Bedingungen und Probleme reichsstädtischer Literatur. Hans Sachs zum 400. Todestag am 19. Januar 1976. Hg. von Horst Brunner, Gerhard Hirschmann und Fritz Schnellbögl. Nürnberg 1976 S. 105–136, hier 107.

alterlich-volkstümliche Dichtungstradition wurde von der wesentlich auf romanischen und lateinischen Mustern fußenden Renaissancedichtung gelehrter Autoren allmählich verdrängt. Die Theaterkultur des 15. und 16. Jahrhunderts war durch das Nebeneinander von spätmittelalterlichen Spieltraditionen und den neuen Tendenzen des neulateinischen Humanistentheaters sowie des von ihm inspirierten volkssprachlichen Theaters gekennzeichnet.[387] Mit seiner dramatischen Produktion knüpfte Sachs an zwei literarische Traditionen an: die volksläufige, aus dem Spätmittelalter herüberreichende Tradition des Fastnachtsspiels und die Erneuerungsbemühungen der Humanisten um das antike Drama.[388] Mit der Übernahme der Gattungsbezeichnungen ‚Tragoedia‘ und ‚Comoedia‘ stellte er seine Dramen in die Tradition humanistisch-lateinischer Dramatik und hob sie deutlich von seinen Fastnachtspielen als etwas Eigenes ab.[389] Sachs war der erste volkssprachige Dramenautor, der die im neulateinischen Drama übliche Terminologie konsequent auf deutschsprachige Dramen übertrug.[390] Als Autodidakt erwarb sich Sachs in lebenslanger Lektüre ein Wissen, das neben der mittelalterlichen und zeitgenössischen deutschsprachigen Dichtung die Übersetzungen antiker Autoren, italienischer Renaissanceliteratur und populärwissenschaftliches Schrifttum des 16. Jahrhunderts beinhaltete.[391] In stofflicher Hinsicht hat Sachs das gesamte Bildungsgut seiner Zeit be- und verarbeitet, soweit es in deutscher Übersetzung vorlag.[392] Das Stoffrepertoire seiner

---

[387] Manfred Brauneck, Die Welt als Bühne. Die Geschichte des europäischen Theaters, Bd. 1. Stuttgart u. a. 1993 S. 513.

[388] Vgl. Erika Kartschoke, Hans Sachs, in: Deutsche Dichter. Leben und Werk deutschsprachiger Autoren. Hg. von Gunter E. Grimm. Stuttgart 1988-, Bd. 2: Reformation, Renaissance und Barock. Stuttgart 1988 S. 63–77, hier 70. Der Dichter dürfte über den Besuch der Lateinschule von seinem siebten bis zu seinem fünfzehnten Lebensjahr in Kontakt mit der lateinischen und neulateinischen Dramatik gekommen sein. Vgl. KG 26, 398.

[389] Vgl. Dorothea Klein, Bildung und Belehrung. Untersuchungen zum Dramenwerk des Hans Sachs. (Stuttgarter Arbeiten zur Germanistik 197). Stuttgart 1988 S. 112 f.

[390] Die Bezeichnung ‚Comoedia‘ wurde ab dem späten 15. Jh. von deutschen Humanisten für Stücke verwendet, in denen Schüler zur Übung des Lateinischen mit verteilten Rollen deklamierten. Im Laufe des 16. Jhs. breitete sich der Gattungsname ‚Comoedia‘ weiter aus und verdrängte das bis dahin gebräuchliche ‚spi(e)l‘. Hans Sachs bezeichnete zuerst um 1530 eines seiner Stücke als ‚Comedia‘, den Begriff ‚Tragedia‘ benutzte er zuerst 1527 für sein Lucretia-Drama. Er verwendet die Bezeichnungen ‚Tragedi‘ und ‚Comedi‘ und ‚Tragedia‘ und ‚Comedia‘ nebeneinander, wobei die Endung auf ‚i‘ in der Regel den Plural meint. Vgl. Karl Adolf Schild, Die Bezeichnungen der deutschen Dramen von den Anfängen bis 1740. (Gießener Beiträge zur Deutschen Philologie 12). Gießen 1925 S. 15ff und 19.

[391] Barbara Könnecker, Hans Sachs. Stuttgart 1971 S. 5.

[392] Klein, Bildung S. 3.

Dramen umfasst historische und biblische Stoffe sowie solche aus der volkssprachigen deutschen Erzählliteratur.[393]

Zu welchem Zeitpunkt und anhand welcher konkreten Quelle Sachs den Melusinenstoff kennengelernt hat, lässt sich nicht mehr ermitteln. Aus dem Prolog der Tragedia „Die Melusina“ geht jedoch hervor, dass der Dichter den Prosaroman Thürings von Ringoltingen kannte. Dort nennt er nämlich die Melusinengeschichte „ein wunderbarlich histori“, in der ein „Welch geschlecht in frantzösischer sprach / Beschrieben ward“ und die „lang hernach / In teusche sprach ward tranßverirt“ (HSM, 527, 1–5). Die Entstehungsgeschichte der deutschsprachigen „Melusine“ könnte er Thürings Vorrede (vgl. ThvRM, 11, 1–20) entnommen haben. Hans Sachs war selbst Besitzer eines Druckes der Prosahistorie, die er als Vorlage für seine dramatische Bearbeitung des Stoffes benutzt haben dürfte. In seinem von ihm selbst niedergeschriebenen Bücherverzeichnis aus dem Jahre 1562 wird ein solcher Melusinendruck aufgeführt.[394] Dort heißt es unter dem Buchstaben M: „Melusina ein vertewtsch franczosisch gedicht“.[395] Das Verzeichnis enthält – wie in dieser Zeit üblich – keine Informationen über das Jahr der Drucklegung, den Drucker oder Druckort sowie den Zeitpunkt der Erwerbung. Eine bibliographische Identifikation erscheint vor diesem Hintergrund als schwierig.[396] Wahrscheinlich ist aber, dass Sachs einen Druck des 16. und nicht des 15. Jahrhunderts besaß.[397] Orientiert am VD 16 ermittelt Angelika Wingen-

---

[393] Vgl. KARTSCHOKE, Hans Sachs S. 72 f.

[394] Es handelt sich bei diesem Verzeichnis der Büchersammlung des Hans Sachs um eines der wenigen überlieferten Inventare einer deutschen Privatbibliothek des 16. Jahrhunderts. Vgl. WOLFGANG MILDE, Das Bücherverzeichnis von Hans Sachs, in: Handwerker, Dichter, Stadtbürger. 500 Jahre Hans Sachs. Ausstellung in der Bibliotheca Augusta vom 19. November 1994 bis 29. Januar 1995. Hg. von DIETER MERZBACHER. (Ausstellungskataloge der Herzog-August-Bibliothek 72). Wiesbaden 1994 S. 38–55, hier 38.

[395] Das alphabetische Verzeichnis der Bibliothek des Hans Sachs, die der Dichter am 28. 01. 1562 inventierte, ist Teil seines handschriftlichen Generalregisters und umfasst dort die Bl. 122r-124r. Das Generalregister liegt inzwischen als Faksimile-Ausgabe vor: Das handschriftliche Generalregister des Hans Sachs. Reprintausgabe nach dem Autograph von 1560 des Stadtarchivs Zwickau von Hans Sachs. Hg. von REINHARD HAHN. (Literatur und Leben. N.F. 27). Köln u. a. 1986.

[396] Vgl. dazu auch ANGELIKA WINGEN-TRENNHAUS, Die Quellen des Hans Sachs. Bibliotheksgeschichtliche Forschungen zum Nürnberg des 16. Jahrhundert, in: Hans Sachs im Schnittpunkt von Antike und Neuzeit. Akten des interdisziplinären Symposions vom 23./24. September 1994 in Nürnberg. Hg. von STEPHAN FÜSSEL. (Pirckheimer Jahrbuch). Nürnberg 1995 S. 109–149, hier 110.

[397] Ältere, prachtvolle Drucke und Handschriften dürften für den Dichter nicht erschwinglich gewesen sein. Auch Danielle Buschinger geht davon aus, dass Hans Sachs als Vorlagen für seine Dichtungen eher Drucke des 16. Jhs. als Papierhandschriften des 15. Jhs. und Inkunabeln verwendet hat. Vgl. DANIELLE BUSCHINGER, Zur Mittelalter-Rezeption bei Hans Sachs, in: Wis-

Trennhaus für das 16. Jahrhundert insgesamt zehn Melusinendrucke, die in der Bibliothek des Hans Sachs gestanden haben könnten.[398] Der Erwerb des Druckes und der Zeitpunkt der Niederschrift des Dramas dürften relativ eng zusammengefallen sein: Aus der Lektüre des Druckes erwuchs die Motivation zur Bearbeitung. Als Vorlage erscheint deshalb ein Druck aus den 1540er oder frühen 1550er Jahren als pausibel.[399]

Hans Sachs besaß bereits vor der Niederschrift des Dramas Kenntnis vom Melusinenstoff. In einem Prosadialog vom September 1554 mit dem Titel „Die unmüessig fraw schalckheit" begegnet das dichtende Ich auf einem Waldspaziergang einem unbekannten „weibspild" (KG 23, 52, 24), das es wegen seines Aussehens und seines Gebarens irrtümlich für „[...] die merfein / Fraw Melusina, die greffin zart, / Welche also verflüechet wart, / das sie ir lebenlang allein / mues also in der wiltnus sein" (KG 23, 53, 7–11) hält, denn die fremde Dame besitzt „[...] zwen Flügel in dem rüeck / aller ding wie ein fledermaus / Unden hat sie ein schwanz hinaus / eben gleich ainem lintwurm / Den verpargs mit hofflichem fuerm" (KG 23, 53, 1–5). Ob Sachs bereits zu diesem Zeitpunkt eine genaue, auf selbständiger Lektüre eines Melusinendruckes beruhende Textkenntnis besaß oder die genannte Textstelle nur eine allgemeine, ungenaue Kenntnis des Stoffes vom Hörensagen widerspiegelt, lässt sich anhand dieser Allusion auf die Melusinengeschichte nicht entscheiden.[400] Da sich kein Druck zweifelsfrei als Bearbeitungsvor-

---

senschaftliche Beiträge der Ernst-Moritz-Arndt-Universität-Greifswald. Deutsche Literatur des Mittelalters 3: Deutsche Literatur des Spätmittelalters. Ergebnisse, Probleme und Perspektiven der Forschung. Hg. von der Sektion Germanistik, Kunst- und Musikwissenschaft. Direktor Wolfgang Spiewok. Greifswald 1986 S. 362–375, hier 363. Allerdings könnte Sachs durch Schenkung, Erbschaft oder andere Zufälle in den Besitz eines älteren Druckes oder einer Papierhandschrift gelangt sein.

398 Vgl. Wingen-Trennhaus, Quellen S. 143 f. Zu den Drucken der „Melusine" des 16. Jhs. vgl. Gotzkowski, Volksbücher, Bd. 1. Baden-Baden 1991 S. 111–122.

399 Für die 1540er Jahre sind vier Drucke bei Heinrich Steiner in Augsburg überliefert (1540, 1543 1545 und 1547) sowie ein Druck bei Hermann Guelfferich von 1549. Der bei Weigand Han in Frankfurt 1556 entstandene Druck dürfte nach der Abfassung der Sachsschen Tragedia gedruckt worden bzw. käuflich zu erwerben gewesen sein. Vgl. Gotzkowski, Volksbücher, Bd. 1. Baden-Baden 1991 S. 114 ff.

400 In dem kurzen Textabschnitt, der um die Figur Melusina kreist, finden sich einige für den Melusinenstoff, wie er mit Thürings Übersetzung in der deutschen Literatur vorlag, charakteristische Elemente: 1. Der Menschenmann trifft auf die anderweltliche Fau in der einsamen Natur fernab der (höfischen) Gesellschaft, „in ain wiltnus, / fer hin-hinter an weg und stras" (KG 23, 52, 17f). 2. Die Unbekannte besitzt einen „lintwurm"-artigen Schwanz, den sie zu verbergen sucht. 3. Das Dichter-Ich erschrickt ebenso wie Reymund beim Anblick der anderweltlichen Frau (vgl. KG 23, 53, 6). 4. Es irrt zwar nicht wie Reymund in tiefster Verzweiflung über die fahrlässige Tötung seines Onkels durch den Wald, befindet sich jedoch „in unmuet" (KG 23,

lage identifizieren läßt, wird für die vergleichende Analyse von Prosaroman und Drama der Erstdruck der „Melusine" Thürings von Ringoltingen verwendet. Diese Verfahrensweise erscheint vor dem Hintergrund als legitim, dass die Textgestalt - zumindest in der frühen Tradierung des 15. und 16. Jahrhunderts - im Wesentlichen konstant blieb.[401]

Die Bearbeitung des Melusinenstoffes fiel in die Hauptschaffensphase der dramatischen Produktion des Hans Sachs. Seine Auseinandersetzung mit dem Drama als literarische Form vollzog sich in zwei Phasen: Am 1. Januar 1527 vollendete der Dichter sein erstes Drama, die „Tragedia von der Lucretia", das zugleich das erste neuzeitliche Drama in deutscher Sprache überhaupt ist.[402] Nach einer Pause in der dramatischen Produktion, in der Sachs vor allem Meisterlieder verfasste, trat er ab 1530 erneut mit Dramen hervor. In dieser ersten Phase zwischen 1530 und 1536 beschäftigte er sich intensiv mit Werken deutscher Humanisten und machte sie ebenso wie antike Komödien zu seinen Vorlagen.[403] Nach einer längeren Pause, in der auch nur wenige Fastnachtspiele entstanden, setzte seine dramatische Produktion 1545 mit der Bearbeitung von drei Boccaccio-Novellen wieder ein. In dieser zweiten Phase zwischen 1545 und 1560 scheint der Dichter stärker vom protestantischen Schuldrama beeinflusst.[404] Sachs hat insgesamt mehr als 120 Tragedi und Comedi verfasst, die überwiegende Zahl, etwa 100, in der Zeit zwischen 1550 und 1560.[405] Er verfügte in dieser Zeit über feste Spielorte und eine eigene Spieltruppe.[406]

Neben der Tragedia „Die Melusina" hat Sachs in den 50er Jahren zahlreiche Prosahistorien als Tragedi oder Comedi bearbeitet: „Tristant" (1553)[407], „Fortunatus" (1553)[408], „Die schöne Magelone" (1555)[409], „Hug Schapler"

52, 5), da „in dem Teutschlant angst und kumer / fast auf 8 jar het than refiern" (KG 23, 52, 3f).

401 Zu dieser Einschätzung gelangte schon Roloff, Nachwort S. 176. Der Befund Roloffs bestätigte sich auch bei der Untersuchung der in der SUB Göttingen vorhandenen Melusinendrucke des 16. und 17. Jhs., die bis auf orthographische Eingriffe mit dem Erstdruck übereinstimmen und für eine hohe Textkonstanz der frühen Tradierung sprechen.

402 Vgl. Brigitte Stuplich, Zur Dramentechnik des Hans Sachs. (Arbeiten und Editionen zur Mittleren Deutschen Literatur. N. F. 5). Stuttgart-Bad Cannstadt 1998 S. 37.

403 So übersetzt er 1531 Reuchlins „Henno".

404 Kartschoke, Hans Sachs 1988 S. 72.

405 Vgl. Klein, Bildung S. 38, Anm. 48 und abweichend: Stuplich, Dramentechnik S. 38 f.

406 Vgl. Kartschoke, Hans Sachs S. 72.

407 KG 12, 142–186 (07. Februar 1553).

408 KG 12, 187–226 (04. März 1553).

409 KG 12, 451–487 (19. November 1555).

(1556)[410], „Kaiser Julianus“ (1556)[411], „Wilhelm von Österreich“ (1556)[412] „Olivier und Artus“ (1556)[413], „Der hürne Seyfried“ (1557)[414] sowie „Pontus und Sidonia“ (1558)[415]. Der Dichter war demnach sehr an im 16. Jahrhundert populären Texten interessiert, die vor allem im Adel und den höheren bürgerlichen Schichten der Städte kursierten. Er besaß überdies bei der Adaptation eines umfangreicheren Prosaromans an die Gattung Drama bereits eine gewisse Erfahrung, als er Thürings Prosahistorie dramatisierte.

Die im Februar 1556 beendete Tragedia „Die Melusina“ wurde in den 1561 erschienenen, dritten Band der Nürnberger Folioausgabe aufgenommen.[416] Als ein in nahezu allen Genres seiner Zeit bewanderter und stofflich vielseitig interessierter Dichter, der eine immense literarische Produktivität aufwies, schrieb Sachs meist zeitgleich an mehreren Texten. Auch zu Beginn des Jahres 1556 war er überaus produktiv: In der Zeit von Anfang Januar bis Ende Februar stellte er nicht weniger als 17 Texte unterschiedlichster Gattungen fertig. Der Schwank „Das unhulden-bannen“, die Vershistorien „Von der unmenschlichen that der zweyen brüder Thiestis und Athrey“ und „König Artaxerxis mit seym bruder Ciro und seinen sünen unglückhafftigen bösen stücken“, die fünfaktige Comedia „Der Gideon“ und die fünfaktige Tragedia „Der Richter Simson“, das Fastnachtspiel „Eulenspiegel mit dem peltzwaschen zu nügstetten“ – um nur die umfangreicheren Texte zu nennen – sowie weitere kleinere Texte wie Meisterlieder, Dialoge und Streitgespräche entstanden innerhalb dieser wenigen Wochen. Dieser kurze Überblick über sein Schaffen in den ersten beiden Monaten des Jahres 1556 macht deutlich, dass die Tragedia „Die Melusina“ nur eine literarische Arbeit neben anderen und Melusine nur ein Stoff unter vielen war, die Sachs gerade beschäftigten.

410 KG 13, 1–51 (02. Juni 1556).
411 KG 13, 110–141 (29. September 1556).
412 KG 12, 488–525 (03. Dezember 1556).
413 KG 18, 219–260 (31. Dezember 1556).
414 KG 13, 334–377 (14. September 1557).
415 KG 13, 378–426 (17. Januar 1558).
416 Die Nürnberger Folioausgabe erschien zwischen 1558 und 1579 in fünf Bänden. Zu Nachdrucken und Neuausgaben vgl. KG 26, 108–119. Die Tragedia „Die Melusina“ ist abgedruckt in: Das dritt vnd letzt Buch. Sehr Herrliche Schöne Tragedi, Comedi vnd schimpf Spil, Geistlich vnd Weltlich, vil schöner alter warhafftiger Histori, auch kurtzweiliger geschicht auff das deutlichst an tag geben. [...] Nürnberg, Christoff Heußler 1561 Bl. 141r–150v [falsch paginiert: 149v].

5.1.2 Sozioliterarische Verortung

Welche Rolle spielten Literatur und literarische Praxis in der frühneuzeitlichen Stadt? Welche Möglichkeiten hatten die einzelnen Bevölkerungsgruppen, an Bildungsgut und literarischem Wissen ihrer Zeit zu partizipieren? Welche Bevölkerungsgruppen kommen als Publikum der Theateraufführungen des Hans Sachs und damit als Adressaten seiner Lehren in Betracht?

Horst Brunner und Erich Straßner gelangten 1971 noch zu der Auffassung, dass Sachs' „Fastnachtsspiele eindeutig auf den einfachen Menschen abgestimmt sind“, während er „[...] mit den übrigen Dramen das gebildete Publikum seiner Zeit ansprechen [wolle].“[417] Zur gleichen Zeit meinte Ingeborg Glier, „[...] daß sich das Publikum aus allen sozialen Gruppen der Stadt zusammensetzt.“[418] Die neuere Forschung ist sich dagegen weitgehend darüber einig, dass als potentielles, von Sachs anvisiertes Publikum seiner Theateraufführungen im Wesentlichen die städtischen Mittel- und Unterschichten in Frage kommen. Maria E. Müller kommt zu dem Ergebnis, dass sich in den Dramen, den Meisterliedern und Spruchgedichten der für die Handwerkerschaft verpflichtende Ehren- und Moralkodex widerspiegele, dessen Normen und Werte Sachs seinem dieser Bevölkerungsgruppe zugehörigen Rezipientenkreis vermitteln wollte.[419] Auch Dorothea Klein nimmt in ihrer Untersuchung zum Dramenwerk des Hans Sachs an, dass sich das Publikum vor allem aus der breiten Mittelschicht der Handwerker rekrutierte, der sozialen Gruppe, der der Dichter selbst angehörte. Für die Autorin scheiden das Patriziat und die „begütert-gebildet[e] Oberschicht“ als Rezipientenkreis aus, da diese sich zur Zeit des Hans Sachs bereits zu einer „starren stadtadeligen Kaste“ zusammengeschlossen hatten. Als Besucher der öffentlichen Aufführungen in der Martha-Kirche kommt für sie vor allem der ‚gemeine Mann‘ in Frage. Sie versteht darunter in Abgrenzung von der marxistischen Geschichtswissenschaft und literarhistorischen Forschung nicht nur Bauern und Handwerker, sondern alle Stadt- und Landbewohner, die

---

[417] Horst Brunner/Erich Straßner, Hans Sachs, in: Nürnberg – Geschichte einer europäischen Stadt Unter Mitwirkung zahlreicher Fachgelehrter hg. von Gerhard Pfeiffer. München 1971 S. 207–211, hier 209.

[418] Ingeborg Glier, Die „Dramen“ des Hans Sachs. Wandlungen des frühen deutschen Theaters, in: Dichtung. Sprache. Gesellschaft. Akten des IV. Internationalen Germanisten-Kongresses 1970 in Princeton. Hg. von Viktor Lange und Hans-Gert Roloff. (Jahrbuch für Internationale Germanistik. Reihe A. Bd. 1). Frankfurt a. M. 1971 S. 235–242, hier 239.

[419] Maria E. Müller, Der Poet der Moralität. Untersuchungen zu Hans Sachs. Bern u. a. 1985 S. 250 f.

nicht zu den politischen, sozioökonomischen und intellektuellen Führungsschichten gehören.[420] Wer die dramatischen Darbietungen tatsächlich besucht hat, lässt sich anhand der dürftigen Quellenlage nicht rekonstruieren.

Literarische Texte wie die Prosahistorie „Melusine", die in der Tradition und Nachfolge der höfischen Literatur des Hoch- und Spätmittelalters stehen, blieben in den städtischen Gesellschaften des 16. Jahrhunderts weitgehend den patrizischen Oberschichten vorbehalten. Es ist zwar davon auszugehen, dass im Zusammenhang mit der zunehmenden Verschriftlichung des Lebens in den Städten ein Großteil der Stadtbewohner - zumindest über elementare - Lese- und Schreibkenntnisse verfügte.[421] Hindernisse auf dem Weg zu einer Beschäftigung mit literarischen Texten in individueller oder gemeinschaftlicher häuslicher Lektüre stellten somit nicht so sehr mangelnde Lesekenntnisse, sondern eher hohe Bücherpreise und ein Mangel an Freizeit dar. In den städtischen Mittel- und Unterschichten kamen deshalb akustischen und visuellen „Formen der Literaturvermittlung wie Gesang, Schau-

---

420 Klein, Bildung S. 99.

421 Die Lese- und Alphabetisierungsforschung ist inzwischen von der These, in der Frühen Neuzeit 1770 habe nur eine Bildungselite von 15% der Bevölkerung das Lesen beherrscht, abgerückt. Aufbauend auf die Forschungen Engelsings und Scribners zeichnet Rudolf Endres anhand regionalgeschichtlicher Studien ein anderes Bild: Er nimmt ein deutliches Bildungsgefälle von den Städten zum Land an, kritisiert, dass die ältere Forschung zu stark auf die Lateinschulen abgehoben, die gemischtgeschlechtlichen, teutschen' Schulen dagegen ignoriert habe, und kommt daher zu dem Schluss, dass „[...] in der Reichsstadt Nürnberg zur Reformationszeit das Analphabetentum nicht sehr verbreitet gewesen sein" dürfte. Rudolf Endres, Sozial- und Bildungsstrukturen fränkischer Reichsstädte im Spätmittelalter und in der frühen Neuzeit, in: Literatur in der Stadt. Bedingungen und Beispiele städtischer Literatur des 15.–17. Jahrhunderts. Hg. von Horst Brunner. (Göppinger Arbeiten zur Germanistik 343). Göppingen 1982 S. 37–72, hier 63 und Ders., Nürnberger Bildungswesen zur Zeit der Reformation, in: Mitteilungen des Vereins für Geschichte der Stadt Nürnberg 71. 1984 S. 109–128. Vgl. ferner Robert W. Scribner, How many could read?, in: Stadtbürgertum und Adel in der Reformation. Studien zur Sozialgeschichte der Reformation in England und Deutschland. Hg. von Wolfgang J. Mommsen. (Veröffentlichungen des Deutschen Historischen Instituts London 5) Stuttgart 1979 S. 44f und Rolf Engelsing, Analphabetentum und Lektüre. Zur Sozialgeschichte des Lesens in Deutschland zwischen feudaler und industrieller Gesellschaft. Stuttgart 1973 S. 32 f. Auch die neuere geschichtswissenschaftliche Forschung zu Reformation und Bauernkrieg aus dem Bereich der Historischen Anthropologie geht von höheren Alphabetisierungszahlen aus. Die rasche Verbreitung der Konfessionspolemik über das ‚Massenmedium' Flugschrift legt die Vermutung nahe, dass größere Teile der Bevölkerung lesen konnten. Auch Hans Medick geht - in Abgrenzung von evolutionistischen Entwicklungsmodellen - davon aus, dass Alphabetisierung und Lesefähigkeit im Kontext der konfessionellen und ständischen Auseinandersetzungen des 17. Jhs. einen ersten Höhepunkt erreicht hätten, danach aber wieder im Niveau zurückgegangen wäre. Hans Medick, Weben und Überleben in Laichingen 1650–1900. Lokalgeschichte als Allgemeine Geschichte. 2., durchgesehene Auflage. (Veröffentlichungen des Max-Planck-Instituts für Geschichte 126). Göttingen 1997 S. 447–560, bes. 447–450.

spiel und Holzschnittillustration“ große Bedeutung zu. Die für das mittlere Bürgertum typischen Gattungen Meisterlied, Einblattdrucke mit Spruchgedichten, Fastnachtspiel zielten auf öffentliche Aufführung und einen „kollektiven Adressaten“. Theateraufführungen boten – neben Meisterlied und Spruchdichtung – für die Mittel- und Unterschichten der Stadt Teilhabe am literarischen Leben der Zeit.[422]

5.1.3 Das lutherische Liebes- und Eheideal bei Sachs

Den Geschlechtervorstellungen des Hans Sachs ist bisher wenig Beachtung zuteil geworden. Diesem Desinteresse steht die mehrfach gemachte Beobachtung entgegen, dass die Themen Liebe, Ehe, Sexualität und Familie in seinen Dichtungen, vor allem in den Dramen und Fastnachtspielen, von großer Bedeutung sind.[423] Albrecht Classen hat in seinem Beitrag „Der verkannte Meister?“ (2004) darauf hingewiesen, wie schwer eine Beurteilung der Geschlechtervorstellungen des Hans Sachs anhand seiner Texte falle und wie wenige Rückschlüsse auf den Geschlechteralltag des 16. Jahrhunderts seine Fastnachtspiele, Dramen und Meisterlieder erlaubten.[424] Der Dichter habe „eine erstaunliche Fülle“ an Frauenfiguren geschaffen, die „extrem kontroverse Schlaglichter auf das Verhältnis der Geschlechter werfen.“ Sachs' „eigene Position“ sei nur „schwerlich präzise“ zu benennen. Die Art und Weise, wie Frauenfiguren präsentiert und inszeniert werden, hänge stark von „Stoff und Thematik“ ab. In seinen Texten zeige Sachs „einen vielfach in sich gebrochenen Alltag, indem sich Frauen allemal behaupten konnten, wenngleich sie innerhalb eines patriarchalen Systems lebten.“[425]

Das Weltbild des Hans Sachs und somit auch seine Geschlechtervorstellungen scheinen wesentlich von zwei Faktoren geprägt: der Sozialisation im städtischen Handwerkermilieu und der Reformation Martin Luthers. Sachs kann als ein herausragender Vertreter der Reformationsbewegung des ‚ge-

---

422 Erich Kleinschmidt, Literatur und städtische Gemeinschaft. Aspekte einer literarischen Stadtkultur in der Frühen Neuzeit, in: Literatur in der Stadt (wie Kap. B, Anm. 422) S. 73–93, hier 73.

423 Vgl. Klein, Bildung S. 179 und Barbara Könnecker, Die Ehemoral in den Fastnachtspielen von Hans Sachs. Zum Funktionswandel des Nürnberger Fastnachtspiels im 16. Jahrhundert, in: Hans Sachs und Nürnberg (wie Kap. B, Anm. 386) S. 219–244, hier 223.

424 Albrecht Classen, Der verkannte Meister? Eine Schlüsselfigur des 16. Jahrhunderts im Kreuzfeuer der Kritik. Die Darstellung von Frauen im Werk von Hans Sachs, in: Études Germaniques 59. 2004 S. 5–39.

425 Classen, Meister S. 38 f.

meinen Mannes‘ und als ein „faszinierter Anhänger Luthers“ gelten.[426] Zu Beginn der 1620er Jahre hat er sich intensiv mit den Schriften des Reformators auseinandergesetzt.[427] Seine Vorstellungen über Liebe, Ehe und Familie dürften daher stark durch die Ehe- und Familienauffassung Luthers geprägt sein. Die Geschlechtervorstellungen des Hans Sachs speisen sich somit zum einen aus der protestantischen Ehe- und Familienauffassung, zum anderen gehen sie über diese hinaus und spiegeln die rigide Ehe- und Sexualmoral des Handwerkerstandes wider.[428]

Luthers Aussagen über die Ehe lassen sich als „Konsequenz aus seiner Theologie“ auffassen.[429] Seine Neubewertung und Neubestimmung der Institution Ehe resultierte aus seinem „Kampf gegen den weltlichen Herrschaftsanspruch der Kirche und gegen ihre hierarchische Ordnung, gegen Priesterstand und monastische Lebensform.“[430] Aus dem Grundsatz des *sola fide*, d.h. der Vorstellung, man könne nur mittels des Glaubens zum Heil gelangen, nicht aber aufgrund von guten Werken, resultiert für Luther die Gleichwertigkeit des Ehestandes gegenüber dem Zölibat der Priester.[431] In Abgrenzung zur mittelalterlichen Theologie, die in der Ehe ein notwendiges Übel sieht, wertet er den Ehestand gegenüber anderen Lebensformen – dem

---

426 Zu dem Themenkomplex Hans Sachs und die Reformation vgl. BERNDT HAMM, Sachs' Stellung als Handwerker und Autor in der Reformation Nürnbergs, in: DERS., Bürgertum und Glaube. Konturen der städtischen Reformation. Göttingen 1996 S. 181–231, hier 181ff.

427 Vgl. BERNDT HAMM, „Ist das gut evangelisch?“. Hans Sachs als Wortführer und Kritiker der Reformation, in: Luther. Zeitschrift der Luther-Gesellschaft 65. 1994 S. 125–140, hier 128.

428 MÜLLER, Poet S. 250, hat darauf hingewiesen, dass „im Handwerk rigidere sittliche Maßstäbe als in anderen weltlichen Ständen“ galten. In der neueren Forschung wird häufig betont, dass ein Grund, warum die Reformation in der städtischen Handwerkerschaft sich so erfolgreich etablieren konnte, die wesentliche Übereinstimmung von zünftischen Ehr- und Moralvorstellungen und reformatorischer Ehe- und Familienauffassung war. Vgl. HEINZ DIETER HEIMANN, Über Alltag und Ansehen der Frau im späten Mittelalter – oder: Vom Lob der Frau im Angesicht der Hexe, in: Frau und spätmittelalterlicher Alltag. Internationaler Kongress Krems an der Donau. 2. bis 5. Oktober 1984. Hg. von M. HEINRICH APPELT. (Österreichische Akademie der Wissenschaften. Philosophisch-Historische Klasse. Sitzungsberichte 473; Veröffentlichungen des Instituts für mittelalterliche Realienkunde 9). Wien 1986 S. 243–282, hier 279.

429 BARBARA HENZE, Kontinuität und Wandel des Eheverständnisses im Gefolge von Reformation und Katholischer Reform, in: „In Christo ist weder man noch weyb“. Frauen in der Zeit der Reformation und der katholischen Reformation. Hg. von ANNE CONRAD. (Katholisches Leben und Kirchenreform im Zeitalter der Glaubensspaltung) Münster 1999 S. 129–151, hier 129.

430 BARBARA BECKER-CANTARINO, Der lange Weg zur Mündigkeit. Frau und Literatur (1500–1800). Stuttgart 1987 S. 38. Dem priesterlichen Zölibat als verpflichtender Lebensnorm der Geistlichen stand im Spätmittelalter eine soziale Realität gegenüber, in der die Mehrzahl der Priester im Konkubinat lebte. In der Regel gingen auch Kinder aus diesen ‚wilden Ehen‘ hervor, die mit im Pfarrhaushalt lebten.

431 HENZE, Kontinuität S. 129f.

Zölibat der Priester, der monastischen Lebensform sowie dem Witwenstand – auf.

In seinem „Sermon von dem ehelichen Stand" (1519) thematisiert er die Gottgewolltheit der Ehe, die er aus 1. Mose 2, 18ff ableitet.[432] Der Sexualtrieb von Mann und Weib ist für ihn ein aus dem Sündenfall resultierendes Übel, das hingenommen werden muss. Nach Luther haben beide Geschlechter, Mann und Frau, Anteil an der Sünde der fleischlichen Lust, nicht allein die Frau ist die Verführerin und das Gefäß der Sünde (vgl. WA 2, 167). Luther unterscheidet hier „dreyerlei liebe, falsche, naturliche, eeliche" (WA 2, 167). Die ‚natürliche Liebe' ist die Liebe zwischen Eltern und Kindern, Geschwistern sowie anderen Verwandten, die ‚falsche Liebe' ist die selbstsüchtige Liebe, die nach Befriedigung der eigenen Gelüste strebt, zum Beispiel wenn ein Ehemann „weyber außer der Ehe liebet widder gottis gepot" (WA 2, 176). Von dieser egoistischen Liebe unterscheidet Luther die weit über ihr stehende eheliche, bräutliche Liebe („brawt liebe") (WA 2, 167). Die Institution der Ehe dient nach Luther dazu, „die sundlich lust", d.h. den mit dem Sündenfall in die Welt gekommenen menschlichen Sexualtrieb, zu kanalisieren (WA 2, 168). Die „böse fleischliche lust" ist allein unter Eheleuten zulässig. Nur wenn sie in „ehelicher pflicht" ausgeübt wird, ist sie „nit vordamlich" (WA 2, 168). Das Wesen der Institution Ehe sieht Luther in einem monogamen Treuebündnis. Mit der Eheschließung erklären sich die Ehepartner bereit, einander die „trew zu halten" und „sich an eynem bettgenossen gnugen" zu lassen (WA 2, 168f). Das „furnhemlich ampt der Ehe" bestehe darin, „Frucht" zu bringen. Doch genüge es nicht, Kinder zu haben, vielmehr ist es die vordringliche Aufgabe der Eheleute, ihre Nachkommenschaft im christlichen Glauben zu erziehen (vgl. WA 2, 169f).

In seinem Sermon „Vom ehelichen Leben" (1522)[433], einer gegenüber der drei Jahre zuvor entstandenen Predigt wesentlich umfangreicheren Schrift, in der sich Luther vor allem mit Ehegründen und -hindernissen (vgl. WA 10, II, 275–287) sowie möglichen Scheidungsgründen (WA 10, II, 287–292) auseinandersetzt, affirmiert der Reformator erneut die Gottgewolltheit und Gottgefälligkeit der Ehe (vgl. WA 10, II, 292f). Er unterstreicht wiederum ihre Funktion, die menschliche Sexualität in produktive Bahnen zu lenken (vgl. WA 10, II, 300) und betont noch einmal, dass der Hauptzweck der Ehe für ihn in der Erzeugung von christlichen Nachkommen liege (vgl. WA 10, II, 301). Gegenüber der Predigt von 1519 verneint der Reformator nun den

---

[432] In: WA 2, 162–171.

[433] In: WA 10, II, 267–304.

Sakramentscharakter der Ehe.[434] Für ihn ist die Ehe ein „eußerlich leyplich ding […] wie andere weltlich hanttierung" (WA 10, II, 283). Damit meint er, dass sie ein Teil der Schöpfungsordnung ist und „dem weltlichen Regiment Gottes" untersteht, d.h. von der weltlichen Obrigkeit als Repräsentantin der göttlichen Ordnung auf Erden reglementiert wird.[435]

In seiner „Predigt vom Ehestand" (1525) thematisiert der Reformator im dritten Abschnitt (vgl. WA 17, I, 22–28) die Rechte und Pflichten von Mann und Frau im Stand der Ehe.[436] Den Ehemann sieht Luther in der Rolle des Patriarchen und Haushaltsvorstandes. Er weist dem Ehemann die Aufgabe zu, seinen Hausstand durch seine Arbeit zu unterhalten und seine Familie zu ernähren, sowie die Herrschaft im Haus auszuüben, indem er seine Frau nachsichtig und freundlich leite, gegebenenfalls aber auch züchtige (vgl. WA 17, I, 22ff). Während der Mann nicht auf die Rolle des Ehemannes eingeschränkt wird, sondern auch einen weltlichen Beruf und Kirchenämter als Lebensinhalt zugestanden bekommt, sieht Luther für die Frau als einzig legitimen Beruf die Rolle der Ehefrau und Mutter vor.[437] Da die Legitimation des Ehestandes in der Hervorbringung von Nachkommenschaft liegt, wird die Funktion der Frau auf das Gebären festgelegt: „Darumb soll man die weiber in kindesnöten vermanen, das sie iren müglichen vleis alda beweisen, das ist ir höchste krafft unnd macht dran strecken, das das Kind genese, ob sie gleich darüber sterben" (WA 17, I, 25). Ihre Pflichten sind die Haushaltsführung, die Versorgung und religiöse Erziehung ihrer Kinder. Der Reformator hält an der Gehorsamspflicht der Ehefrau gegenüber ihrem Mann fest:

> „Zum andern so soll des Weibes Wille, wie Gott saget, dem Manne unterworffen sein unnd der soll ir Herr sein, Das ist: daß das Weib soll nicht ires freyen willens leben, wie denn geschehen were, wo Eva nicht gesündiget, so hette sie mit Adam dem Mann zu gleich regiret und geherschet als sein mit gehülffe. Jetzt aber, nu sie gesündiget und den Mann verfüret, hat sie das Regiment verloren und mus ohne den Mann nichts anfangen oder thun, Wo der ist, mus sie mit und sich für im tücken als für irem Herrn, den sie soll fürchten, unterthan und gehorsam sein" (WA 17, I, 26).

Luther reproduziert hier die mittelalterliche theologische Begründung für die hierarchische Unterordnung der Frau unter die Herrschaft ihres Mannes.

---

434 Dies wurde fälschlich oft dahingehend interpretiert, dass der Reformator in der Ehe ein „weltlich Ding" sehe, dass mit Gott nichts zu tun habe. Tatsächlich sprach Luther der Ehe den Sakramentscharakter als Folge seiner Sakramentsdefinition ab: Für ihn ist nur das ein Sakrament, „[…] was in Wort und Zeichen im Neuen Testament wurzelt." Henze, Kontinuität S. 130.

435 Henze, Kontinuität S. 130.

436 In: WA 17, I S. 12–29.

437 Becker-Cantarino, Weg S. 39.

Diese wird aus dem Sündenfall gerechtfertigt. Gemeinsame Pflicht und Aufgabe von Mann und Frau in der Ehe ist es, Kinder zu zeugen und diese im christlichen Glauben zu erziehen und ihre Seelen auf diese Weise Gott zuzuführen (vgl. WA 17, 1, 27 f).

Luther nimmt in seinen Schriften zwar eine Neubestimmung der Institution Ehe vor, in der der Ehestand gegenüber Zölibat und monastischer Lebensform aufgewertet wird. Eine Neubestimmung der Geschlechterrollen in der Ehe im Sinne eines Wandels der Geschlechterhierarchie hin zu mehr Partnerschaftlichkeit und Gleichberechtigung der Eheleute lässt sich dagegen nicht ausmachen. Mit Luther wird die Ehe zu einer „von Gott sanktionierte[n] Institution, in der die Hurerei (wilde Ehe, Konkubinat) und Unkeuschheit überwunden und die Sexualität als Kindererzeugung fruchtbar gemacht wird.“[438]

In ihrer Studie „The Holy Household“[439] beschreibt Lyndal Roper die Auswirkungen der Reformation auf Ehe und Familie am Beispiel der Stadt Augsburg.[440] Sie wendet sich gegen die Stimmen in der Reformationsforschung, die aus der Aufwertung der Institution Ehe und der reformatorischen Doktrin von der Priesterschaft aller Gläubigen ableiten, „[...] that women's status improved“.[441] Aus ihrer Sicht artikulierten sich in der Geschlechterpolitik der Reformatoren die Interessen der städtischen Handwerkerschaft. Diese strebte in einer Periode wirtschaftlichen Umbruchs die ideologische Absicherung des Familienbetriebs im ‚ganzen Haus‘ an, das eine Einheit von Wohnen und Arbeiten bildete.[442] Im städtischen Handwerksbetrieb sieht sie „the nurturing soil of populist Protestantism“.[443] Von zentraler Bedeutung für die Institutionalisierung der Reformation in den deutschen Städten sei der Prozess der „Verhäuslichung“ („domestication“) gewesen. Mit „Verhäuslichung“ beschreibt die Autorin den Umstand, dass das Haus bzw. die Familie des Hausherrn zum Lebensmittelpunkt der Hausfrau wurde. Mit der Festschreibung der Frau auf das Haus als Ort ihrer ‚eigentlichen Bestimmung‘ wirkte die reformatorische Lehre für Handwerkerschaft und mittleres Stadtbürgertum im Hinblick auf die Geschlechterpolitik durchaus anziehend:

---

438 Ebd. S. 40.

439 Lyndal Roper, The Holy Household. Women and Morals, in Reformation Augsburg. (Oxford Studies in Social History). Oxford 1989.

440 Vgl. Roper, Household S. 4.

441 Ebd. S. 1.

442 Ebd. S. 3

443 Ebd.

„In a real sense, therefore, as the Reformation was domesticated – as it closes convents and encourages nuns to marry, as it lauded the married state exemplified by the craft couple, and as it execrated the prostitute – so it was accomplished through a politics of reinscribing women within the ‚family‘“.[444]

Aus der Bedeutung der „Verhäuslichung im Prozess der Reformation leitet Roper als ihre zentrale These ab, dass „[...] the moral ethics of the urban reformation, both as a religious credo and a social movement, must be understood as a theology of gender.“[445]

In ihrem Beitrag „Was there a crisis in gender relations in sixteenth century Germany?“[446] stellt Roper die in der bisherigen Reformationsforschung vertretene Auffassung in Frage, in der ersten Hälfte des 16. Jahrhunderts habe es eine von der Reformation hervorgerufene und mit der Etablierung neuer verbindlicher Geschlechternormen wieder gelöste „crisis in gender relations“ gegeben.[447] Sie meint, das 16. Jahrhundert sei gerade nicht der Ursprungsort einer stabilen patriarchalen Geschlechterhierarchie gewesen, sondern vielmehr eine Periode der andauernden Krise der Geschlechterverhältnisse, welche die Reformation aufgeworfen und etabliert, nicht aber gelöst habe.[448] Die Protestanten hätten zwar den „gottgefälligen Hausstand“ („godly household“) propagiert, aber die davon vielfach abweichende soziale Realität, konnten sie nicht zwingen, sich diesem Modell zu unterwerfen.[449] Gerade in dem Versuch, die patriarchale Geschlechterhierarchie mit Hilfe von rigiden Männlichkeits- und Weiblichkeitsidealen fort- und festzuschreiben, zeige sich, wie stark diese Ordnung der Geschlechter in der sozialen Realität des 16. Jahrhunderts bedroht war. Roper befragt die in den reformatorischen Schriften entworfenen Männlichkeits- und Weiblichkeitsideale auf ihren möglichen Realitätsgehalt hin. Sie sieht in dem Eintreten der Reformatoren für die Institution Ehe und ihr Insistieren auf sexueller Disziplin zentrale Faktoren für die Entwicklung einheitlicher, in sich geschlossener Männlichkeits- und Weiblichkeitsentwürfe.[450] Das reformatorische Weiblichkeitsideal sei „the pious married woman“ gewesen. Davon abgegrenzt als die Verkörperung schlechter Weiblichkeit galten die Gegenbilder

---

[444] Ebd.

[445] Ebd. S. 1.

[446] Lyndal Roper, Was There a Crisis in Gender Relations in Sixteenth Century Germany, in: Dies., Oedipus and the Devil. Witchcraft, Sexuality, and Religion in Early Modern Europe. London u. a. 1994 S. 37–52.

[447] Roper, Crisis S. 38 f.

[448] Ebd. S. 46.

[449] Ebd. S. 47.

[450] Ebd. S. 46.

der Prostituierten und der „lüsternen Nonne" („lusting nun").[451] Für die Ausprägung eines (veränderten) Männlichkeitsbildes war das „Konzept der brüderlichen Liebe" („concept of brotherly love") als grundlegende Norm bürgerlicher Stadtgesellschaften von besonderer Bedeutung in der reformatorischen Rhetorik. Diese entwarf über den rein männlichen Gemeinschaftsentwurf der „Brüderschaft" („brotherhood") Männer als gleichwertige und gleichrangige Wesen, schloss Frauen jedoch aus. Mit der Heirat trat der Mann - auch der ehemalige Mönch - in diese weltliche männliche „Bruderschaft" ein, erhielt den Bürgerstatus und damit Zugang zu Zünften und Gilden.[452] Das einheitliche Männlichkeitsideal sei der Mann als Patriarch und Haushaltsvorstand gewesen.[453] Die Herrschaft eines Mannes über seine Frau garantierte diesem Mann seinen Status als ‚echter' Mann und als Mitglied der Bruderschaft.[454] Dem von den Reformatoren entworfenen Männlichkeitsideal habe die soziale Realität keineswegs entsprochen. Den Alltag der Geschlechter bestimmten Prostitution und Ehebruch. Männer tranken, spielten und misshandelten ihre Frauen. Oft mussten sie von der Obrigkeit diszipliniert werden, statt dass sie selbst im Hause herrschten.[455]

Charakteristisch für Sachs' Denken über die Geschlechterbeziehungen ist die Dichotomie von ‚ehelich lieb' und ‚unorndtlich lieb', mit der er an die reformatorische Liebes- und Ehevorstellung anknüpft. Sachs lehnt ebenso wie die Reformatoren vor- und außereheliche Liebe und Sexualität ab.[456] Er propagierte die ‚ehlich lieb' und verteufelt die ‚unorndtlich lieb', da sie die gesellschaftliche Ordnung gefährdet. ‚Unorndtlich lieb' ist zum einen die Liebe als ‚passio', die sich über gesellschaftliche Normen und Moralvorstellungen hinwegsetzt, zum anderen die ‚bulerey', die Befriedigung des Geschlechtstriebes vor und außerhalb der Ehe.[457] In seinen Fastnachtspielen und Dramen schärft Sachs seinem Publikum immer wieder die Gefahren der leidenschaftlichen Liebe ein, die den sozialen Aufstieg des Einzelnen im Handwerkerstand gefährdet und die Gefahr sozialer Ächtung und Ausgrenzung in sich birgt. Die ‚unorndtlich lieb' macht die Betroffenen zu gesellschaftlichen Außenseitern und gefährdet sie ökonomisch. Sachs propagiert deshalb die auf Vernunft beruhende, nach ökonomischen Grundsätzen geschlossene, von den Eltern befürwortete Eheschließung, die dem Paar einen Platz inner-

451 Ebd. S. 43.
452 Ebd. S. 45.
453 Vgl. ebd. S. 46.
454 Ebd.
455 Ebd.
456 Vgl. Klein, Bildung S. 181.
457 Vgl. Müller, Poet S. 243.

halb der Gesellschaft garantiert.[458] Die Dichotomie von ‚ehlich lieb‘ und ‚unorndtlich lieb‘ entspricht der Aufwertung der Institution Ehe und der Monopolisierung der Sexualität in der Ehe im Protestantismus. An die Auffassung Luthers anknüpfend, der in der Institution Ehe vor allem eine Möglichkeit sah, den beiden Geschlechtern eignenden Sexualtrieb zu kanalisieren, propagiert Sachs den Ehestand als Bollwerk gegen die Versuchungen der lasterhaften Frau Venus (vgl. KG 20, 558, 30).

Sachs orientiert sich am einheitlichen Männlichkeitsideal seiner Zeit, dem Mann als „household head“ und „little patriarch ruling over wife, children, servants, journeymen and apprentices“.[459] Für ihn sind die Machtverhältnisse in der Ehe wie für Luther klar verteilt. Dem Mann kommt schon allein wegen seiner physischen Überlegenheit die Autorität zu. Mit Luther stimmt der Dichter darin überein, dass die Herrschaft des Ehemannes über seine Frau nicht in willkürliche Tyrannei ausarten dürfe, sondern mit Vernunft und Maß geübt werden müsse. Allerdings empfiehlt er oft „die rigorose Brechung des weiblichen Eigenwillens“.[460]

Sachs akzeptierte die soziale und politische Ordnung, die sich mit der Reformation herausgebildet hatte und von Martin Luther ideologisch begründet worden war und versuchte sie seinem Publikum zu vermitteln. Die Lehren des Hans Sachs orientieren sich zwar an abstrakten Moralvorstellungen, haben jedoch eine praktische Ausrichtung: sie sollen seinem Publikum „Hilfestellung bei der Bewältigung des täglichen Lebens und seiner Probleme leisten.[461] Barbara Könnecker konnte in ihrem Beitrag „Die Ehemoral in den Fastnachtspielen von Hans Sachs“ (1976) zeigen, dass der Autor zwischen Ehenorm bzw. Eheideal und der Eherealität im Alltagsleben seiner Zuschauerinnen und Zuschauer zu vermitteln suche. Sachs propagiere in seinen Fastnachtspielen nicht den auf Martin Luthers Ehe- und Familienlehre beruhenden „offiziell herrschenden Sittenkodex“, sondern er zeige sich pragmatisch und mache Zugeständnisse an sein Publikum, weil er ihm „konkrete Lebenshilfe“ geben möchte.[462] Er zeigt die Ehe wie sie tatsächlich ist: als eine soziale Institution, die im Alltagsleben der Menschen verankert ist und sich dort bewähren muss. Er behandelt vor allem ihre negativen Aspekte, ihr Misslingen und Scheitern: Ehestreit, Liederlichkeit, Trunksucht, Ehebruch, Eifersucht, zum Teil in gattungstypischer Überzeichnung. Die eigentliche Moral, die Sachs in der überwiegenden Mehrzahl seiner Fastnachtspiele ver-

---

458 Vgl. ebd. S. 252 und Klein, Bildung S. 192 ff.

459 Roper, Crisis S. 46.

460 Müller, Poet S. 255.

461 Klein, Bildung S. 178.

462 Könnecker, Ehemoral S. 228.

mittele, sei die Mahnung an die Ehepartner, im Bewusstsein der eigenen Schwächen die des Partners zu akzeptieren, sich mit der gegebenen Lebenssituation abzufinden und das Beste aus ihr zu machen. Sachs orientiere sich gerade nicht an den strengen sittlichen Maßstäben der Zeit, sondern propagiere die „Tendenz zu Versöhnung und Ausgleich, zu Nichteinmischung in bestehende Konflikte und stillschweigende Duldung menschlicher Schwächen".[463] Zu ganz ähnlichen Ergebnissen kommt Albrecht Classen in seinem Beitrag „Women, Wives and Marriage in the World of Hans Sachs" (2004).[464] Auch er meint, dass Sachs die oft problematische Beziehung zwischen Eheleuten erkannt und versucht habe, Wege aufzuzeigen, um eheliche Auseinandersetzungen und häusliche Gewalt zu vermeiden und ein friedliches Zusammenleben der Geschlechter zu befördern. Obgleich er an der Dominanz des Mannes über die Frau festhalte, gebe er den Frauen in seinen Stücken dennoch die Möglichkeit ihre Probleme zu artikulieren.[465] Ähnlich wie die mit der Ehedisziplin befassten Presbyter strebte Sachs nämlich die Aufrechterhaltung der Ehe unter allen Umständen an.[466]

In seinen stets im Dienst der Didaxe stehenden Dichtungen entwickelte Sachs nicht so sehr eine individuelle, eigene Geschlechterkonzeption, vielmehr präsentiert er sich als Verfechter und Vermittler der Ordnungs- und Sittlichkeitsvorstellungen der stadtbürgerlichen Handwerkerschaft. Sachs sieht in einer funktionierenden Ordnung der Geschlechter den Garanten sozialer Ordnung. Aus dieser Perspektive kann man in Sachs und seiner frühneuzeitlichen Theaterpraxis eine Vorstufe zu der vor allem in der zweiten Hälfte des 16. Jahrhunderts im Prozess der Konfessionalisierung immer bedeutsamer werdenden, durch die Presbyterien der protestantischen Gemeinden ausgeübte Kirchenzucht sehen, die nicht zuletzt auf dem Gebiet der frühneuzeitlichen Ehe- und Sexualitätsdisziplinierung wirkte. Sachs erscheint damit als ein frühneuzeitlicher Agent der konfessionellen Sozialdisziplinierung.[467] Die innerhalb der Spielhandlung zur Darstellung gebrachten Geschlechterbeziehungen dienen dem Dichter im Epilog als löbliches oder

---

463 Ebd. S. 223.

464 ALBRECHT CLASSEN, Women, Wives, and Marriage in the World of Hans Sachs, in: Daphnis 32. 2003 S. 491–521.

465 CLASSEN, Women S. 519 ff.

466 Vgl. MÜLLER, Poet S. 248.

467 Ähnlich hatten es schon Dorothea Klein und Ingeborg Glier formuliert, ohne dass sie auf die Forschungsparadigmen Konfessionalisierung und Sozialdisziplinierung Bezug genommen hätten. KLEIN, Bildung S. 183, nannte Hans Sachs den „Anwalt einer ordnungs- und wertestiftenden Öffentlichkeit". GLIER, Dramen S. 241, sah in ihm einen „Vermittler weltliterarischer Stoffe und stadtbürgerlicher Verhaltensnormen".

warnendes Beispiel für das eigene Handeln. Das Dramengeschehen exemplifiziert in positiver oder negativer Weise das von Männern und Frauen geforderte geschlechtsspezifische Verhalten.

5.1.4 Sachs' Tragedi und die Gattungskonventionen

Die Tragedi und Comedi des Hans Sachs genossen lange Zeit nur wenig Anerkennung in der Germanistik. Waren sie in der älteren Forschung aus der Perspektive neuzeitlicher Dramenpoetik und Dramentheorie, die wesentlich auf der aristotelischen Poetik fußen, als minderwertig und misslungen angesehen worden, bemühten sich die jüngeren Sachs-Forscher seit den 80er Jahren um eine Wahrnehmung der Dramen, welche die Theaterpraxis und Dramenpoetik des 15. und 16. Jahrhunderts in ihrer Eigenständigkeit ernst nimmt.[468]

Tatsächlich fügen sich Sachs' Dramen nicht den neuzeitlichen dramenpoetologischen Normen. So hielt sich der Dichter nicht an die obligatorische Fünfaktigkeit des lateinischen Dramas, sondern verfasste auch zahlreiche Sieben, Zehn- und Einakter. Die Einteilung des Bühnengeschehens in Akte und Szenen erscheint willkürlich, die Aktschlüsse fallen oft nicht mit inhaltlichen Zäsuren zusammen. Den einzelnen Akten sind anders als etwa im klassizistischen Drama des 18. Jahrhunderts keine konkreten Funktionen beim Voranschreiten der Handlung zugeordnet. Die Drei-Einheiten-Regel und die Ständeklausel waren Sachs ebenso unbekannt wie die Forderung nach Exposition, steigender und fallender Handlung, Höhepunkt und Peripetie. Die Verwendung der Gattungsbezeichnungen Tragedi und Comedi schien bei ihm allein „[...] davon abhängig, ob in dem Stück eine Person starb oder nicht.“[469]

Bei dem Vorwurf, Sachs missachte dramenpoetologische Normen, wurde außer acht gelassen, dass das neuzeitliche Drama im 16. Jahrhundert noch keine feste Literaturgattung bildete, deren Normen in einer Regelpoetik ka-

---

[468] Niklas Holzberg hat in seinem Forschungsabriss zu den Tragedi und Comedi des Hans Sachs moniert, dass gerade die Dramen nach der communis opinio der Forschung stark abgewertet wurden. Eckehard Catholy hatte in seiner Arbeit zur Geschichte des deutschen Lustspiels vernichtend geurteilt, dass Sachs' Dramen „[...] nicht ohne Grund von der Dichtung später vergessen und von der Forschung kaum untersucht worden sind.“ Holzberg, Tragedis S. 105 und Eckehard Catholy, Das Deutsche Lustspiel 1: Vom Mittelalter bis zum Ende der Barockzeit. Stuttgart 1969 S. 341.

[469] Herbert Walz, Deutsche Literatur der Reformationszeit. Eine Einführung. Darmstadt 1988 S. 117.

nonisiert worden wären. Die Einteilung in Akte und Szenen, die dem Mittelalter noch unbekannt war, erfreute sich zwar im 16. Jahrhundert einer weiten Verbreitung, sie war jedoch „eine rein technische Einteilung, ohne jede dramatische Logik".[470] Das neulateinische Drama sei zwar ein „völlig neuer Dramentyp", so Hans-Gert Roloff, der zentrale Unterschied zum mittelalterlichen geistlichen und weltlichen Spiel bestehe aber allein in der „äußerliche[n] Nachahmung der antiken Kunstform".[471] Im 16. Jahrhundert wurde keine selbständige Dramentheorie entwickelt.[472] Die von Sachs zugrundegelegten Kriterien der Gattungsunterscheidung entsprechen ebenfalls den dramenpoetologischen Vorstellungen seiner Zeit. Im 16. Jahrhundert waren zwar die klassischen Bezeichnungen bekannt, aber nicht ihre antike Bedeutung.[473] Die Differenzierung zwischen Tragödie und Komödie richtete sich in dieser Zeit noch nach dem Ausgang der Fabel: Während die Komödie einen guten Ausgang hatte und meist mit einer Heirat schloss, endete die Tragödie mit dem Tod des Protagonisten. So könnte Erasmus von Rotterdam als prominenter Gewährsmann fungieren, denn auch er stellte fest: „Tragoedia semper habet tristem exitum, comoedia laetum."[474]

Versuche, die Tragedi und Comedi mit einer klassischen Dramenanalyse in ihrem Aufbau zu analysieren, müssen misslingen. Eher wäre zu fragen, inwieweit Sachs Dramentypen mit spezifischen Formen des Aufbaus entwickelt hat und welche Funktion die von ihm verwendeten Segmentierungseinheiten dabei haben.

Das Bühnengeschehen in der Tragedia „Die Melusina" wird von einem Prolog (526, 3–528, 11) und einem Epilog (562, 15–563, 34) umrahmt, die beide von der Figur des Herolds („ehrnholdt" (526, 3)) vorgetragen werden. Der Herold gehört nicht zu den dramatis personae und unterstützt so den

---

470 David E. R. George, Deutsche Tragödientheorien vom Mittelalter bis zu Lessing. Texte und Kommentar. München 1972 S. 45. Die Übernahme der klassischen Form wurde wesentlich von Melanchthon angeregt, dessen dramentheoretische Essays die poetologischen Vorstellungen zum Drama bis ins frühe 17. Jh. wesentlich mitbestimmten und viele Dramenschreiber beeinflussten.

471 Hans-Gert Roloff, [Art.] Neulateinisches Drama, in: Reallexikon der deutschen Literaturgeschichte. Begründet von Paul Merker und Wolfgang Stammler. Hg. von Werner Kohlschmidt u. a. 2. Auflage, Bd. 2. Berlin u. a. 1965 S. 645–677, hier 645.

472 George, Deutsche Tragödientheorien S. 46. Die einzelnen Autoren, die sich dramentheoretisch geäußert haben, waren keine eigentlichen Theoretiker, die eine Regelpoetik verfassen wollten – wie später Opitz oder Gottsched – sondern meist selbst Praktiker, Dichter, die ihren Dramen, Übersetzungen und Editionen einleitende Bemerkungen voranstellten.

473 Vgl. Schild, Bezeichnungen S. 18.

474 Erasmus von Rotterdam, Ausgewählte Schriften. Ausgabe in 8 Bänden. Lateinisch und deutsch. Hg. von Werner Welzig. Darmstadt 1968–1980, Bd. 7. Darmstadt 1972 S. 600 [IV 3, 40].

„handlungsexternen Charakter“ und die „kommentierende Funktion“ von Prolog und Epilog.[475] Die von Sachs selbst verwendete Gliederungseinheit ist der Akt. Der Dichter nennt die Aktzahl meist schon im Titel – so heißt es auch über „Die Melusina“ „und hat 7 actus“ (526, 2) – und macht die Akte, mit Ausnahme des ersten Aktes im Text kenntlich.[476] Das Aktende wird dem Publikum bei der Aufführung optisch durch totalen Konfigurationswechsel bzw. das Mittel der leeren Bühne und akustisch durch abschließenden Dreireim vermittelt.[477] Fraglich ist, ob Sachs innerhalb eines Aktes weitere Segmentierungseinheiten verwendet, die man – in der Nomenklatur des neuzeitlichen, aristotelischen Dramas – als Szenen oder Auftritte bezeichnet.[478] Brigitte Stuplich hat vorgeschlagen, den Terminus ‚Szene‘ auch für Sachs-Dramen zu verwenden und zwar als „die dem Akt untergeordnete nächst kleinere Segmentierungseinheit“.[479] Als Kriterien der Szenensegmentierung bzw. -abgrenzung für die Sachs-Dramen nennt sie: das Mittel der leeren Bühne und den partiellen Konfigurationswechsel – spezifiziert als „partielle[r] Austausch handlungstragender Figuren“ – bei gleichzeitigem Themenwechsel.[480]

5.1.5 Bildung und Belehrung – Adaptation als ‚szenisches Nacherzählen‘

In der „Vorred“ zum dritten Band der Nürnberger Folioausgabe[481], mit der Sachs einen Großteil seiner dramatischen Produktion der Öffentlichkeit vorlegte, entwickelte der Dichter in Bezug auf sein Dramenschaffen ein rudimentäres Dichtungsprogramm.[482] Er unterteilte seine dramatischen Texte nach Art und Herkunft der bearbeiteten Stoffe in drei Kategorien: „die geist-

---

475 Stuplich, Dramentechnik S. 101.

476 Ebd. S. 111.

477 Die Kombination von leerer Bühne und Dreireim anstelle von Paarreim zum Abschluss eines Aktes verwendet Hans Sachs konsequent seit den 30er Jahren. Vgl. ebd. S. 112.

478 Manfred Pfister definiert den ‚Auftritt‘ als „kleinste makrostrukturelle Segmentierungseinheit, die sich aufgrund des Kriteriums einer partiellen Konfigurationsveränderung ergibt“, und nennt als die zwei Kriterien, die einen Auftritt bedingen, die „raum-zeitliche Kontinuität“ und die „unveränderte Konfiguration“. Diese Definition nach der etablierten Konvention entspricht dem Begriff der *scène* in der klassischen französischen Terminologie. Vgl. Manfred Pfister, Das Drama. Theorie und Analyse. München [8]1994 S. 314 f.

479 Stuplich, Dramentechnik S. 114.

480 Ebd. S. 118.

481 Wieder abgedruckt in: KG 10, 6 ff.

482 Ich folge hier der von Klein 1988, S. 41, entwickelten Auffassung, die ich für sehr plausibel erachte. Auch Glier, Dramen S. 236, spricht Hans Sachs „eine eigenständige Poetik des Dramas“ zu, die „aus Texten und Titeln in großen Zügen rekonstruierbar“ sei.

lichen spiel, auß altem und newem testament, figur, geschicht der könig und prophetn, auch evangelia und ander geistlich materi", „weltlich [spiel], alt histori, auß den poetn und geschicht-schreibern" und „die faßnacht-spiel mancherley art, mit schimpflichen schwenken gespicket (doch glimpflich ohn alle unzucht)" (KG 10, 7, 15–24). Die Wirkungsabsicht, die Sachs in seiner Vorrede bekundete, entspricht dem in der Formel *delectare et prodesse* gefassten Streben nach religiöser und sittlich-moralischer Unterweisung und Erbauung, wie sie für Dramenproduktion und Theaterpraxis der Reformationszeit kennzeichnend ist. Die Stücke sollten „[...] dem nechstn zu nutz guter lehr, ermanung und zimlicher freudt fürderlich sein" (KG 10, 7, 1f). Die „weltlich spiel", zu denen auch die Tragedia „Die Melusina" gehört, sollten zudem „zu anreitzung der guten tugendt unnd zu abschneidung der schendlichen laster dienstlich" sein (KG 10, 7, 21f).

„Nun dise spil dreyerley art werden dir die histori unnd geschicht, warvon ein iedes fürgenommen ist, auf das deutlichst an tag geben mit anfang, mittel und endt, samb man die augenscheinlich im werck sech geschehen" (KG 10, 7, 25–29).[483]

Während die Formel „mit anfang, mittel und endt" von der älteren Forschung als Hinweis auf ein Bewusstsein für Form und Aufbau der Gattung Drama gedeutet wurde[484], gehe ich mit Dorothea Klein davon aus, Sachs habe hier lediglich betonen wollen, dass er seine Quelle vollständig wiedergibt. Die Autorin leitet aus Sachs' editorischer Vorbemerkung ab, dass der Dichter seine Tragedi und Comedi als „sorgfältige und möglichst vollständige Nacherzählung der Vorlage verstanden" habe. Es sei ihm nicht um „planvolle, schöpferische Umarbeitung der Quelle" gegangen, sondern um deren „Vermittlung".[485] Mit der Adaptation und Dramatisierung geistlicher und weltlicher Stoffvorlagen versteht er sich als „Vermittler" literarischer Stoffe an ein stadtbürgerliches, vor allem den Mittel- und Unterschichten zuzurechnendes Publikum, das zwar weitgehend alphabetisiert, jedoch bis dahin von der Partizipation an Literatur weitgehend ausgeschlossen war.

Sachs' Dramen gliedern sich in zwei unterschiedliche Teile mit differierenden Wirkungsabsichten: In der mit einem ‚Bildungsauftrag' verbundenen

---

[483] Diese drei Typen von Spielen werden dir die Historien und Erzählungen, die jeweils als Vorlage dienten, auf das genaueste mit Anfang, Mitte und Schluss wiedergeben, was man am Werk selbst überprüfen kann [Übersetzung Cl. St.]. Im „Deutschen Wörterbuch" findet sich für das Verb ‚fürnehmen' unter dem zweiten Bedeutungsaspekt folgendes: „vor sich nehmen, vor Augen nehmen, vor die hand nehmen zur behandlung, beschäftigung und dgl." Vgl. [Eintrag] fürnehmen, in: Grimm 4. München 1984 Sp. 776ff; hier 776.

[484] Vgl. Helmut Krause, Die Dramen des Hans Sachs. Untersuchungen zur Lehre und Technik. (Deutsche Sprache und Literatur 1). Berlin 1979 S. 135.

[485] Klein, Bildung S. 41.

Spielhandlung strebt er nach stoffgetreuer Wiedergabe des Geschehens, im Epilog verfolgt er einen ‚Erziehungsauftrag' und liefert die für sein Publikum verpflichtende Verstehensanleitung des Vorgespielten. Überträgt man diese Differenzierung auf das Problem der in „Die Melusina" zu findenden Inszenierung der Geschlechter(beziehungen), müsste sich zeigen lassen, dass Sachs im Bühnengeschehen die Geschlechterkonzeption Thürings von Ringoltingen übernimmt und sie in dramatischer Form ‚nacherzählt', eine Stellungnahme und Wertung, in der seine spezifischen Geschlechtervorstellungen und die seiner Zeit zum Tragen kommen, erst im Epilog stattfindet.

Bei der Bearbeitung der Melusinengeschichte als Drama steht Sachs vor einem Dilemma: Auf der einen Seite möchte er seinem ‚Bildungsauftrag' nachkommen, der ihn zu einer minutiösen ‚Nacherzählung' des Prosaromans ohne Auslassungen verpflichtet, zum anderen sind ihm gattungsbedingt und bühnentechnisch Grenzen gesetzt. Der Stoff lässt sich nicht vollständig in Bühnenhandlung – verstanden als das Miteinanderagieren von Schauspielern – umsetzen.[486] Um zwischen diesen widersprüchlichen Anforderungen zu vermitteln, bedient sich Sachs spezieller Verfahren, die Brigitte Stuplich unter dem Terminus ‚narratives Drama' gefasst hat. Als narrative Dramen definiert die Autorin „solche, deren Vorlagen stofflich umfangreiche Geschichten erzählen, deren Haupthandlung von oft mehreren Nebenhandlungen umrankt wird."[487] Bedingt durch Sachs' Bemühen um eine umfassende Wiedergabe seiner Vorlage ist für narrative Dramen charakteristisch, dass die Fülle der Ereignisse nur selektiv in Bühnenhandlung umgesetzt wird und ein großer Teil der für den Fortgang des Geschehens notwendigen Informationen „mittels Vorgriff und Bericht" geliefert werden.[488] Das „szenische Erzählen" im narrativen Drama ist durch zahlreiche Berichtmonologe, Zeitaussparungen und Schauplatzwechsel gekennzeichnet.[489] Im narrativen Drama wird der Stoff keiner vorgegebenen Form angepasst, vielmehr ordnet sich die Form dem Inhalt unter.[490]

---

[486] Die Tragedi und Comedi des Hans Sachs dürften nicht als ‚Lesedramen', sondern für die öffentliche Aufführung bestimmt gewesen sein, stand dem Dichter doch seit den 50er Jahren eine eigene Schauspielertruppe zur Verfügung. Sachs musste deshalb großes Interesse daran haben, ‚spielbare' Stücke zu schreiben.

[487] Stuplich, Dramentechnik S. 238.

[488] Ebd. S. 238. Im Drama kann die Geschichte, die entfaltet werden soll, entweder unmittelbar szenisch präsentiert oder in den Repliken der Figuren narrativ vermittelt werden. Im ‚narrativen Drama' überwiegt die ‚narrative Vermittlung' deutlich gegenüber der ‚szenischen Präsentation'. Vgl. Pfister, Drama S. 276 ff.

[489] Stuplich, Dramentechnik S. 239. Der Botenbericht als konventionalisierte Form des Berichts verdeckter Handlung ist der dominante Typus der narrativen Vermittlung im ‚narrativen Drama'. Vgl. Pfister, Drama S. 280 f.

[490] Stuplich, Dramentechnik S. 241 f.

Die Tragedi und Comedi des Hans Sachs sperren sich gegen eine gängige Dramenanalyse, die das aristotelische Drama als normgebendes Vorbild zur Grundlage hat. Um der Aneigung des Prosaromans „Melusine" durch Hans Sachs auf die Spur zu kommen, wird die vergleichende Analyse der beiden Texte auf zwei Untersuchungsebenen durchgeführt:

Auf einer Makroebene werden Roman und Tragedia in ihrer motivischen Struktur als Umsetzungen des Melusinenstoffes verglichen. Hier geht es um die Frage, welche Auswirkungen der Wechsel des literarischen Darstellungsmodus auf die Darbietung des Stoffes hat. In einer quantitativ-qualitativen vergleichenden Analyse wird untersucht, wie Sachs den Melusinenstoff nach Thürings Vorlage auf die einzelnen Akte und Szenen seines Dramas verteilt hat. Es wird gezeigt, welche Umakzentuierungen er vornimmt, welche Erzählmotive und -sequenzen er ausspart und welche er ausbaut, um den Stoff ‚spielbar' zu machen. In einem zweiten Schritt werden auf einer Mikroebene zentrale Erzählmomente – orientiert am *Motiv der gestörten Mahrtenehe* – aus Prosahistorie und Drama in einem *close-reading* miteinander verglichen, um subtile Bearbeitungstendenzen sichtbar zu machen, die auf der Makroebene nicht erfasst werden konnten.

5.2 Makro-Ebene

5.2.1 Inhalt – Akte und Szenen

Akt I (HSM, 528, 11–534, 7)

1. Szene (HSM, 528, 1–529, 31)

Der Graf von Poitiers und sein Neffe Raymund werden auf der Jagd von ihrem Gefolge getrennt und irren im Dunkeln durch den Wald. Der Graf weissagt aus den Sternen, noch in dieser Nacht werde jemand seinen Herrn töten und zu einem mächtigen Herrscher aufsteigen. Kurz darauf werden die beiden von einem wilden Keiler angegriffen

2. Szene (HSM, 529, 31–533, 7)

Raymund kehrt allein auf die Bühne zurück und berichtet, er habe den Grafen anstelle des Ebers mit seinem Spieß tödlich verwundet, als er ihm zu Hilfe eilen wollte. Eine am Wegesrand stehende schöne Dame bietet dem Unglücklichen einen Kontrakt an: Sie werde ihm helfen, wenn er bereit sei, sie zur Frau zu nehmen. Er müsse ihr aber schwören, sie – ohne nach dem Grund zu fragen – an jedem Samstag allein in einem Gemach zu lassen und dürfe auch niemand sonst erlauben ihr nachzuforschen. Im Gegenzug verspricht sie ihm, an diesem Tag nichts zu tun, was ihm oder ihr zur Schande gereiche. Raymund schwört ihr das Verlangte. Melusina stellt ihm Glück in Aussicht, droht aber mit Verlust desselben, wenn er meineidig werde. Er bekräftigt seinen Treueid. Die Unbekannte gibt ihrem Verlobten genaue Instruktionen, wie er sich am Hof verhalten soll und trägt ihm auf, vom Sohn des Grafen nach der Beerdigung ein Lehen am ‚Durstbrunnen‘ zu erbitten.

3. Szene (HSM, 533, 7–534, 7)
Der Sohn des alten Grafen erkundigt sich bei Raymund nach dem Verbleib seines Vaters. Wie Melusina ihm geraten hat, erzählt Raymund, er sei bei der Jagd von ihm getrennt worden. Zwei Jäger berichten, dass sie den alten Grafen tot im Wald gefunden hätten. Bertram von Poitier ordnet ein feierliches Begräbnis an.

Akt II (HSM, 534, 8–537, 20)

1. Szene (HSM, 534,8–30)
Raymund steckt mit Hilfe einer zerschnittenen Hirschhaut nach den Anweisungen Melusinas am ‚Durstbrunnen‘ sein Lehen ab.

2. Szene (HSM, 534, 30–536, 12)
Raymund berichtet Graf Bertram, er habe sich am ‚Durstbrunnen‘ mit einer jungen Dame verlobt, und lädt ihn zu seiner Hochzeit ein. Als Raymund zugeben muss, dass er nichts über die Herkunft seiner Zukünftigen weiß, macht ihm der Graf wegen seiner Naivität Vorwürfe. Am ‚Durstbrunnen‘ sei er von einem „trügnuß“ und „gspenst“ (HSM, 535, 22) genarrt worden. Raymund widerspricht dem Grafen: Melusina müsse eine reiche und mächtige Adlige sein, da sie über viel Dienerschaft verfüge. Bertram lenkt ein und verspricht zur Hochzeit zu kommen.

3. Szene (HSM, 536, 12–33)
Der „ehrnholdt“ beschreibt dem Publikum die festliche Hochzeit und kündigt ihr baldiges Ende an.

4. Szene (HSM, 536, 33–537, 20)
Graf Bertram segnet das Brautpaar und verabschiedet sich. Raymund begleitet ihn ein Stück seines Weges.

Akt III (HSM, 537, 2–542, 24)

1. Szene (HSM, 537, 21–538, 16)
Melusina erzählt ihrem Ehemann von ihrem Plan, das mächtige Schloss Lusinien zu erbauen, das zum Stammschloss ihres Geschlechtes werden soll.

2. Szene (HSM, 538, 16–35)
Die Melusinensöhne Uriens und Giot beschließen, dem in seiner Hauptstadt eingeschlossenen König von Zypern gegen die türkischen Belagerer beizustehen.

3. Szene (HSM, 538, 35–542, 24)
Als der König von Zypern erfährt, dass zwölf Schiffe aus Frankreich zu seiner Hilfe in den Hafen von Famagusta einlaufen, fasst er wieder Mut und befiehlt den Ausfall. In dem daraufhin entbrennenden Kampf wird der Sultan getötet und der König durch

einen vergifteten Pfeil tödlich verwundet. Als der sieche König erfährt, dass seine Retter zu dem berühmten Haus Lusignan gehören, bietet er Uriens die Hand seiner Tochter Hermina an und bestimmt ihn zu seinem Nachfolger.

Akt IV (HSM, 542, 25–547, 11)

1. Szene (HSM, 542, 25–544, 9)
Melusina und Raymund erhalten durch Boten Nachricht von den Heldentaten ihrer Söhne. So erfahren sie nicht nur, dass Uriens König von Zypern geworden ist, sondern auch, dass Giot die Königstochter Florya geheiratet hat und König von Armenien geworden ist. Anthonius hat den König von Elsaß besiegt und so Christina, die Fürstin von Luxemburg, für sich gewonnen. Reychhart hat für seinen heldenhaften Kampf gegen die Türken vor Prag die Königstochter Eßglanthina zur Frau bekommen.

2. Szene (HSM, 544, 9–32)
Freymund bittet seine Eltern, in das Kloster Malliers eintreten zu dürfen. Während Raymund den Sohn lieber als Ritter sähe, hat Melusina Verständnis für den Wunsch ihres Kindes und willigt ein.

3. Szene (HSM, 544, 32–547, 11)
Der Graf vom Forst kommt zu Besuch nach Schloss Lusinien. Als er sich nach seiner abwesenden Schwägerin erkundigt, erfährt er von seinem Bruder Raymund, dass sich seine Frau samstags immer allein in ein Gemach zurückziehe und er ihr bei der Hochzeit einen Eid geschworen habe, sie dort nicht aufzusuchen. Der Graf ist empört, dass sein Bruder seine Gattin gewähren lässt. Er weiß zu berichten, dass bereits Gerüchte über Melusinas samstägliches Gebaren kursieren und fordert Raymund zum Handeln auf. Dieser lässt sich dazu überreden, ein Loch in die Tür ihres geheimen Zimmers zu bohren, um zu erforschen, was sie dort mache. Zornig kehrt er zurück und wirft den Bruder hinaus. Der Hausherr berichtet dem Publikum von Melusinas Gestaltwandel.

Akt V (HSM, 547, 1–553, 8)

1. Szene (HSM, 547, 12–548, 15)
Raymund hat Sorge, Melusina könnte herausfinden, dass er seinen Eid gebrochen hat. Seine Frau fragt besorgt, warum er so traurig sei, als ein Bote erscheint und berichtet, dass ihr Sohn Goffroy den Riesen Gedeon im Land Garanda getötet hat.

2. Szene (HSM, 548, 1–549, 14)
Goffroy will gegen den Riesen Grimholt in Norhemeland kämpfen. Von einem Boten aus Lusinien erfährt er, dass sein Bruder ins Kloster eingetreten ist. Er empfindet es als große Schande, dass Freymund den „ritterlichen orden“ (HSM, 549, 1) verschmäht, und will das Kloster Malliers niederbrennen, um die Mönche zu bestrafen.

3. Szene (HSM, 549, 14–553, 8)
Ein Bote überbringt Raymund die Nachricht, Goffroy habe das Kloster Malliers mit allen Mönchen darin niedergebrannt. Als Melusina ihn „mit dem hoffgesind“ (HSM, 550, 13) aufsucht, macht er sie für sein Unglück verantwortlich und enthüllt ihr geheimes Wesen. Melusina beklagt seinen Treuebruch, teilt ihm mit, dass sie sich trennen müssen und sein Glück sich in Unglück verkehren werde. Raymund fleht sie an, bei ihm zu bleiben. Diese klärt ihn auf, dass diese Entscheidung nicht mehr bei ihr liege, da „der böß geyst“ (HSM, 551, 31) Kenntnis von seinem „maynayd“ (HSM, 551, 17) habe. Sie legt ihrem Mann die Tötung des Sohnes Heribel ans Herz und prophezeit, Goffroy werde das Kloster wieder aufbauen und Buße tun. Melusina verwandelt sich in eine geflügelte Schlange und fliegt unter vielen Segenswünschen davon.

Akt VI (HSM, 553, 9–558, 30)

1. Szene (HSM, 553, 9–554, 15)
Zwei Knechte unterhalten sich über Gerüchte, die besagen, die Hausherrin kehre nachts oft zurück, um ihre kleinen Söhne zu stillen. Als der Herr einmal versucht habe, sie dabei anzutreffen, sei sie durch das Fenster davongeflogen und seitdem ferngeblieben. Einer der beiden will gehört haben, Raymund wolle barfuß nach Rom pilgern, um Buße zu tun.

2. Szene (HSM, 554, 16–556, 25)
Goffroy lässt sich in Norhemeland von einem „kundtman“ (HSM, 554, 16) zur Behausung des Riesen führen. Als sie bei einem großen Berg ankommen, an dessen Fuß der Riese lebt, verabschiedet sich der ängstliche Führer. Grimholt erscheint, und nach einem verbalen Schlagabtausch beginnt der Kampf. Der Riese flüchtet schließlich schwer verwundet in das Felsmassiv. Goffroy verfolgt ihn und lässt sich an seiner Lanze in den hohlen Berg hinabgleiten.

3. Szene (HSM, 556, 25–558, 30)
Ritter und Riese treffen erneut aufeinander. Diesmal gelingt es Goffroy, Grimholt zu töten. Der tote Riese wird auf einem Karren im Land herumgezeigt. Goffroy schlägt die Königskrone aus und kehrt in sein Heimatland zurück.

Akt VII (HSM, 558, 31–562, 15)

1. Szene (HSM, 558, 31–560, 30)
Goffroy bittet seinen Vater um Vergebung und verspricht Malliers wieder aufzubauen. Raymund verzeiht ihm aufgrund seiner ritterlichen Taten. Goffroy berichtet dem Vater vom Grab seiner Vorfahren Helmas und Persina, das er im Berg Abelon gesehen, und der traurigen Familiengeschichte, die er dort gelesen hat. Er will sich am Grafen vom Forst rächen, den er für das Familienunglück verantwortlich macht.

2. Szene (HSM, 560, 30–561, 16)
Als Goffroy vor seinem Onkel mit gezücktem Schwert erscheint, läuft der Graf davon und stürzt aus einem Turmfenster zu tode.

3. Szene (HSM, 561, 16–562, 15)
Raymund bereitet sich auf seine Wallfahrt und sein Leben als Klausner vor. Er überträgt Goffroy die Regierungsgewalt und vertraut ihm den jüngsten Sohn Dietlieb an. Goffroy begleitet den Vater mit dem Gesinde von Lusinien ein Stück seines Pilgerweges.

5.2.2 Quantitativ-qualitative, vergleichende Analyse

Der (gesprochene) Dramentext besteht aus 1115 Versen, die durch knappe Regieanweisungen ergänzt werden. Auf Prolog und Epilog entfallen je circa 5% des Textes, auf die Dramenhandlung im engeren Sinne demnach etwa 90%.

Der vom „ehrnholdt" vorgetragene Prolog gliedert sich – wie in dieser Zeit im lateinischen und deutschen Drama üblich – in drei Teile: Auf die Begrüßung des Publikums, der Nennung der Gattung und der Quelle (HSM, 526, 4–9) folgt das *argumentum*, die knappe Zusammenfassung des Inhalts der Spielhandlung (HSM, 527, 1–528, 8), und schließlich die Aufforderung an die Zuschauer/innen, leise zu werden und dem dargebotenen Spielgeschehen Aufmerksamkeit zu schenken (HSM, 528, 9f). Sachs beschränkt sich nicht auf eine Zusammenfassung der Vorgeschichte und eine kurze Skizzierung der Ausgangssituation, sondern gibt dem Publikum ‚in nuce' die gesamte Handlung des Prosaromans wieder. Die *aventiuren* der Melusinensöhne werden nicht erwähnt, es sei denn sie berühren wie der Brudermord die Geschichte der Eltern.

Der erste Akt erstreckt sich inhaltlich von der Jagd des alten Grafen von Poitiers und seiner Tötung durch Reÿmund bis zur Auffindung der Leiche und der Anordnung der Beerdigung durch seinen Sohn und Nachfolger, wobei Sachs das Geschehen auf vier Szenen verteilt. Der Akt umfasst etwa 16% des Dramas und entspricht dem Textabschnitt ThvRM, 17, 4–29, 21 der Prosahistorie, der einen Anteil von etwa 8% am Roman hat. Die dritte Szene des ersten Aktes, die Reÿmunds Begegnung mit Melusina, den Pakt der beiden und die Tabuerrichtung auf der Bühne präsentiert, ist die umfangreichste der vier Szenen. Sie hat einen Anteil von circa 44% am Sprechtext dieses Aktes. Sachs legt demnach viel Wert auf diesen Erzählabschnitt und folgt der erzählerischen Schwerpunktsetzung Thürings. Im Prosaroman macht die entsprechende Erzählepisode (ThvRM, 22, 1–26, 1) gut 50% des durch den ersten Akt repräsentierten Erzählverlaufs aus.

Der zweite Akt umfasst inhaltlich die Etablierung von Reÿmunds Herrschaft am ‚Durstbrunnen‘ durch den Lehenserwerb und die Hochzeit mit Melusina. Sachs gliedert den Akt wiederum in vier Szenen. Der zweite Akt hat einen Anteil von circa 9% am Gesamttext. Er entspricht der Textpassage ThvRM, 30, 1–44, 15 des Prosaromans, welche etwa 8% des Romantextes (325 Textzeilen) ausmacht. Obgleich der zweite Akt innerhalb des Dramas ein ähnliches quantitatives Gewicht hat wie die entsprechende Erzählsequenz innerhalb des Romans, nimmt Sachs innerhalb der einzelnen Szenen deutliche Akzentverschiebungen vor: Während Thüring im Roman viel Wert auf den rechtmäßigen Lehenserwerb Reÿmunds legt und die Gewährung des Lehens durch Graf Bertram mit seinen juristischen Implikationen detailliert schildert und auch der Trick mit der in Riemen geschnittenen Hirschhaut ausführlich beschrieben wird (vgl. ThvRM, 30, 4–32, 11), beschränkt sich Sachs an dieser Stelle auf das rein Faktische: In der ersten Szene des zweiten Aktes (HSM, 534, 8–30) steckt Raymund mit Hilfe zweier Diener und der Ratschläge gebenden Melusina mit der zerschnittenen Hirschhaut sein Lehen ab. Die Kürzung und Vereinfachung dieses Erzählabschnitts lässt sich auch bühnentechnisch begründen. Im Roman gibt es in diesem Textabschnitt einen häufigen Schauplatzwechsel, das Geschehen spielt abwechselnd am Hofe und in der zivilisationsfernen Einöde des ‚Durstbrunnens‘. Indem Sachs die Ereignisse zwischen der Beerdigung des alten Grafen und dem Abstecken des Lehens ausspart, vermeidet er auch die Szene, in der Melusina Reÿmund seine Gefolgschaft vorstellt (vgl. ThvRM, 33, 15–35, 6) und damit eine Massenszene.

Die umfangreichste ist die zweite Szene (HSM, 534, 30–536, 12), die einen Anteil von 43% am gesamten zweiten Akt hat. In dieser Szene kommt es zu einer Auseinandersetzung zwischen Raymund und seinem Vetter und neuen Lehnsherren Bertram über die Verlobung und bevorstehende Hochzeit mit einer schönen Unbekannten ohne gesellschaftliche Reputation. Diese Erzählsequenz wertet Sachs gegenüber dem Prosaroman deutlich auf. Im Roman hatte der Dialog zwischen Bertram und Reÿmund (vgl. ThvRM, 35, 6–36, 13) nur einen Anteil von knapp 12% an dem vom zweiten Akt repräsentierten Erzählabschnitt. Dieser Erzählsequenz, in der sich bereits andeutet, dass der von Reÿmund und Melusina ausgehandelte Liebes- und Ehepakt mit den Ordnungsvorstellungen der höfischen Gesellschaft nicht kompatibel ist, räumt Sachs weitaus mehr Raum ein, als den Hochzeitsfeierlichkeiten des Paares. Während Thüring die prachtvolle, standesgemäße Hochzeit in allen Einzelheiten schildert, lässt Hans Sachs in der dritten Szene des zweiten Aktes den Herold auf die Bühne treten, der dem Publikum die Hochzeit in 20 Versen vor das innere Auge bringt. In Szene gesetzt wird nur der Ausklang des Festes, als die Verwandtschaft Reÿmunds sich verabschiedet. Auch hier wiederum dürften bühnentechnische Überlegungen Sachs' Vorgehen motiviert haben. Um eine Hochzeitsfeier auf die Bühne zu bringen, hätte es vieler Requisiten, Kostüme und Statisten bedurft.

Hauptthemen des dritten Aktes sind Melusinas Bautätigkeit und die *aventiure*-Fahrt der ältesten Melusinensöhne Vriens und Giot. Der Akt gliedert sich in drei Szenen und hat einen Anteil von 13% am Gesamtumfang des Dramas. Er entspricht dem Textabschnitt ThvRM, 45, 1–62, 19, der etwa 9% des gesamten Romans ausmacht. In Thürings Prosahistorie stehen die Geburten der zehn Melusinensöhne in einem engen Konnex zu Melusinas Bautätigkeit als Landesherrin. Während Thüring 32% dieses Erzählabschnittes auf die Darstellung der Geburten und Bauten verwendet, hat die erste Szene nur einen Anteil von 15% am gesamten Akt. Sachs kürzt den Stoff, indem er die zahlreichen Bauwerke Melusinas auf den Bau des Schlosses Lusinien reduziert. Von der Geburt der Melusinensöhne erfährt das Publikum nur aus einer Nebenbemerkung der Protagonisten (vgl. HSM, 538, 10f). Sachs vermittelt seinem Publikum in der ersten Szene wiederum nur die wichtigsten Fakten: Aus der Ehe sind männliche Nachkommen hervorgegangen, die inzwischen in waffenfähigem Alter sind, Melusina baut ein Schloss zur Herrschaftssicherung. Die zweite und dritte Szene bringen die *aventiure*-Fahrt Uriens und Giots zur Darstellung. Die in der dritten Szene auf die Bühne gebrachten Ereignisse in Zypern (vgl. HSM, 538, 35–542, 23) nehmen nahezu $^3/_4$ des gesamten Aktes ein. Damit erscheint diese Episode gegenüber dem Prosaroman sogar als ein wenig aufgewertet, wo sie nur 63% dieses Erzählabschnittes umfasst. Sachs bringt vor allem die aktionsreichen Kampfhandlungen auf die Bühne, lässt den Tod des Königs von Zypern, die ‚stille' Hochzeit und die Brautnacht von Vriens und Hermina (vgl. ThvRM, 59, 1–60, 17) jedoch aus. Die Geschichte, wie Gÿot die Hand von Florÿe, der Cousine Herminas, und die Herrschaft in Armenien (vgl. ThvRM, 60, 20–61, 13) erringt, wird nur als knapper Botenbericht in das Drama eingespeist (vgl. HSM, 543, 15–20).

Der vierte Akt hat einen Anteil von etwa 12% am Gesamttext des Dramas. Er gibt das Romangeschehen von ThvRM, M, 63, 1–99, 21 wieder, was einem Gesamtanteil von knapp 23% am Roman entspricht. Inhaltlich erstreckt sich der Akt von dem Botenbericht, der Melusina und Reÿmund von den Heldentaten ihrer Söhne Vriens und Gÿot unterrichtet, bis zum Ersten Tabubruch Reÿmunds. Dieser Akt gliedert sich wiederum in drei Szenen. Sachs kürzt gegenüber Thüring vor allem in der ersten Szene. Auf den ersten Botenbericht aus Zypern (HSM, 543, 6–20) lässt er einen zweiten folgen, der die Geschehnisse um Reÿnhart und Anthoni in wenigen Versen zusammenfasst (HSM, 543, 21–544, 2). Die *aventiuren* der jüngeren Melusinensöhne, auf deren Schilderung Thüring nahezu 30 Druckseiten verwendet, ist bei

Hans Sachs nur noch in Form eines Botenberichts präsent. Hieraus erklärt sich, dass die erste Szene, die de facto nur aus zwei Botenberichten besteht, zwar fast 80% des vom vierten Akt verarbeiteten Erzählabschnitts abdeckt, aber nur einen Anteil von knapp 35% am Gesamtumfang des vierten Aktes hat. Während die zweite Szene, die Freÿmunds Wunsch nach einem Leben im Kloster thematisiert, anteilig etwa der betreffenden Erzählepisode im Prosaroman entspricht – sie hat mit 18 Versen einen Anteil von 13%, der 100 Textzeilen umfassende Erzählabschnitt einen von 11%, zeigt sich in der dritten Szene wiederum eine deutliche Umakzentuierung. Die Szene thematisiert den Besuch des Grafen vom Forst im Schloss Lusinien, der zu Reÿmunds Erstem Tabubruch führt. Bei Thüring macht dieser Erzählabschnitt (ThvRM, 95, 28–99, 21) lediglich circa 11% des Gesamttextes aus, die Szene bei Sachs dagegen etwa 53%. Dieser zeigt demnach deutlich mehr Interesse am Fortgang der Melusinengeschichte im engeren Sinne, die mit der Überschreitung des Sichtverbots einen ersten Höhepunkt erreicht, als an der Nebenhandlung, die sich um die jüngeren Melusinensöhne entspinnt.

Der fünfte Akt erstreckt sich inhaltlich von Reÿmunds Verzweiflung nach seinem Ersten Tabubruch bis zum Verschwinden Melusinas nach dem Zweiten Tabubruch. Er hat einen Anteil von etwa 17% am Gesamtdrama, der von diesem Akt repräsentierte Romanabschnitt (vgl. ThvRM, 99, 21–124, 14) entspricht einem Anteil von 16% am Gesamttext. Der Akt gliedert sich wieder in drei Szenen. Hans Sachs konzentriert sich inhaltlich auf den Zweiten Tabubruch. Während im Prosaroman der Tabubruch und das Verschwinden Melusinas gut 50% des vom fünften Akt repräsentierten Textabschnittes ausmachen, hat die dritte Szene einen Anteil von knapp 70% am Gesamtumfang des fünften Aktes. Die erste und die zweite Szene haben dementsprechend einen geringeren Umfang am Gesamtakt als die entsprechenden Romanpassagen an dem vom fünften Akt verarbeiteten Erzählabschnitt. In der ersten Szene, die Reÿmunds und Melusinas erste Begegnung nach dem Treuebruch des Mannes gestaltet (ThvRM, 99, 21–101, 13) sowie Geffroÿs Sieg über den Riesen Gedeon thematisiert (ThvRM, 101, 14–105, 9), ist letzterer nur in Form eines Botenberichts (HSM, 547, 30–548, 8) in das Dramengeschehen eingebracht, wie er sich auch in Thürings Text findet (ThvRM, 105, 9–13). Die zweite Szene, die sich inhaltlich von Geffroÿs Entschluss, den Riesen Grimolt aus Norhemeland herauszufordern, bis zum Niederbrennen des Klosters und Geffroÿs Aufbruch nach Norhemeland erstreckt (ThvRM, 105, 19–111, 8), kann Sachs wiederum mit Hilfe von Kürzungen knapp halten: Er lässt zwar Goffroy vor das Publikum treten und voller Wut seine Mordtat androhen (HSM, 548, 31–549, 13), die tatsächliche Zerstörung des Klosters, der noch eine Auseinandersetzung zwischen Geffroÿ und den

Mönchen vorausgeht (ThvRM, 108, 9–109, 14), spart er jedoch aus. Auch Geffroÿs Verzweiflung über die eigene Tat sowie sein Aufbruch nach Norhemeland (ThvRM, 110, 1–111, 8) finden keinen Eingang in das Drama.

Der sechste Akt beginnt mit einer Szene (HSM, 553, 10–554, 15), in der die Geschehnisse in Lusinien nach Melusinas Verschwinden thematisiert werden. Sachs wendet sich hier ungewöhnlich stark von seiner Vorlage ab. Er lässt zwei Knechte auftreten, die miteinander über die Ereignisse nach Melusinas Verschwinden sprechen. Das Gespräch der Knechte hat eine ähnliche Funktion wie die Botenberichte: Ereignisse der Romanhandlung, die Sachs nicht aussparen möchte, in das Drama einzuspeisen. Inhaltlich konzentriert sich der Dialog der Knechte auf die Trauer des Schlossherrn und seines Gefolges (ThvRM, 125, 1–14) sowie Melusinas heimliche Besuche bei ihren jüngsten Kindern (ThvRM, 126, 20–127, 6). Auch hier weicht Sachs von seiner Vorlage ab: Dass Raymund in seiner Verzweiflung versucht hat, Melusina beim Stillen der Söhne abzupassen (vgl. HSM, 553, 28–32), ist ein Detail, das er hinzufügt. Ausgespart wird der von einem Höfling durchgeführte, von Reÿmund gebilligte Mord am Sohn Horribel (ThvRM, 125, 14–126, 15). Der sechste Akt wird inhaltlich von Geffroÿs zweitem Riesenkampf dominiert, den Sachs in der zweiten und dritten Szene gestaltet. Auf diese verwendet der Dichter gut $^{3}/_{4}$ des Aktes. In Thürings Roman umfasst diese *aventiure* etwa 20 Druckseiten (vgl. ThvRM, 125, 1–146, 3). Das entspricht etwa 12% des Gesamtumfanges des Romans und 90% des von dem sechsten Akt repräsentierten Erzählabschnittes. Der Autor legt den Akzent demnach ebenfalls auf die Gestaltung dieser *aventiure.*

Der siebte Akt behandelt in drei Szenen drei Ereignisse: die Wiederbegegnung von Vater und Sohn, die Rache Geffroÿs am Grafen vom Forst und Reÿmunds Aufbruch nach Rom. Er hat einen Anteil von 10% an der Tragedia. Das in ihm verarbeitete Erzählgeschehen macht dagegen nur knapp 4% des Prosaromans aus. Das Drama endet mit einer Szene, in der Raymund abdankt, die Regierungsgeschäfte Goffroy überträgt und im Büßergewand nach Rom aufbricht. Diese Szene findet sich auch im Roman (ThvRM, 149, 11–151, 1), sie bildet jedoch nicht dessen Ende. Auf Reÿmunds Abreise folgen in der Prosahistorie noch 26 Druckseiten, die etwa 16% des Gesamtumfangs des Romans entsprechen (ThvRM, 151, 26–176, 21). Sachs beendet sein Drama, als beide Protagonisten der Melusinengeschichte im engeren Sinne die erzählte Welt verlassen haben. Die nachfolgenden Geschehnisse, deren Protagonisten und Protagonistinnen Nachfahren oder Verwandte der Lusignans sind, spart er aus: den Wiederaufbau des Klosters durch Geffroÿ sowie dessen Pilgerfahrt und Abdankung zugunsten von Ditterich, Reÿmunds Tod und Beerdigung (ThvRM, 152, 4–156, 4), die *aventiure*-Erzählungen um die Schwestern Melusinas (ThvRM, 157, 8–171, 20), Geffroÿs

Tod (ThvRM, 171, 21–172, 30) sowie Thürings Epilog (ThvRM, 173, 1–176, 21), in dem er die Geschichte der Lusignans bis zu den französischen Auftraggebern nachzeichnet.

Der Epilog wird wiederum vom „ehrnholdt“ auf der leeren Bühne gesprochen. Mit der formelhaften Einleitung „Auß der wunderbaren histori / Lehr wir zu bhalten die memori / [...]“ (HSM, 562, 17f) wird dem Publikum signalisiert, dass nun die moralische Belehrung folgt. Die im Epilog vorgetragenen ermahnenden und moralisierenden Sentenzen haben keine Entsprechung im Prosaroman. Mit dem Ende der Spielhandlung hat sich Sachs von seiner Verpflichtung zu stoffgetreuer Nacherzählung gelöst.

5.2.3 Von der ‚hÿstori‘ zur Liebesgeschichte

In der quantitativ-qualitativen vergleichenden Analyse ließ sich zeigen, dass Sachs seine Tragedia „Die Melusina“ als vorlagengetreue „szenische Nacherzählung“ von Thürings Prosahistorie gestaltet und sich um eine möglichst vollständige Umsetzung des Handlungsgeschehens des Romans bemüht. Dennoch muss Sachs Kürzungen vornehmen, um der Stoff-Fülle der Prosahistorie Herr zu werden und eine spielbare Tragedia zu schaffen. Der Nürnberger Dichter verfolgt in seinem Text vor allem zwei Kürzungsstrategien: Zum einen spart er Anfang und Ende des Romans aus. Das Dramengeschehen setzt – medias in res – mit der Jagdszene, der Weissagung des alten Grafen aus den Sternen sowie der fahrlässigen Tötung durch Raymund ein, die den jungen Mann zum gesellschaftlichen Außenseiter macht, der nicht in die höfische Welt zurückkehren kann (Akt I, Szene 1 und 2). Der Totschlag eines Verwandten lässt sich als Vorbedingung für die Begegnung mit der anderweltlichen Melusina verstehen, die aufgrund des mütterlichen Fluchs und ihres temporären Gestaltwandels ebenfalls eine gesellschaftliche Außenseiterin ist. Ausgespart wird die Vorgeschichte des jungen Ritters, sein Aufstieg vom Armen Grafensohn ohne Aufstiegschancen zum Ziehkind und Günstling seines Onkels, des Grafen Bertram, von Poitiers (vgl. ThvRM, 14, 1–17, 4). Der siebte Akt endet mit Raymunds Abreise nach Rom, während im Roman noch etwa 25 Druckseiten folgen, auf denen die Schicksale von Melusinas Schwestern und die Geschichte des Geschlechts Lusignan bis in die Gegenwart erzählt werden.

Zum anderen speist Sachs lange Erzählpassagen seiner epischen Vorlage in Form von Botenberichten in das Bühnengeschehen ein. „Die Melusina“ erscheint aus dieser Perspektive als ‚narratives Drama‘ (B. Stuplich). Stark betroffen von dieser Form der Kürzung sind jene Erzählsequenzen, die von den *aventiuren* der Melusinensöhne, ihrem Herrschaftserwerb, ihrer Heirat und Dynastiebildung sowie ihrer Nachkommen und deren Heldentaten berichten. Während bei Thüring die Erzählungen über die Melusinensöhne sehr breiten Raum einnehmen und als nahezu gleichberechtigte Erzählstränge neben der Melusinengeschichte im engeren Sinne fungieren, kürzt und komprimiert Sachs gerade bei diesen Erzählsequenzen seine Vorlage und simplifiziert die Erzählzusammenhänge. So wird die erste *aventiure*-Fahrt der Melusinensöhne Vriens und Gÿot – ihr Kampf gegen die Heiden auf Zypern – noch, wenn auch stark gekürzt auf die Bühne gebracht. Sachs konzentriert sich auf den heldenhaften Kampf der Brüder, die tödliche Verwundung des Königs und Bestimmung von Vriens zum Bräutigam der unverheirateten Tochter Hermina. Die dritte Szene des dritten Aktes endet mit dem Tod des Königs und der Ankündigung der Hochzeit. Die von Thüring geschilderten Hochzeitsfeierlichkeiten und die Zeugung des ersten Nachkommen im Brautbett (ThvRM, 59, 1–60, 8) werden ausgespart.[491] Auch die von Thüring geschilderte Verheiratung Gÿots mit Florÿe, der Tochter des Königs von Armenien (ThvRM, 60, 20–62, 17) wird von Sachs nicht auf die Bühne gebracht. Sie findet in das Drama nur Eingang in Form eines Botenberichts zu Beginn des vierten Aktes (HSM, 543, 6–20). Dieser Botenbericht ist bereits als Erzählmotiv in Thürings Roman enthalten (ThvRM, 63, 1–14). Hierdurch entsteht eine Doppelung des Geschehens im Erzählverlauf für das Publikum. Die Rezipientinnen und Rezipienten erleben die *aventiuren* der beiden Melusinensöhne in szenischer Darstellung (Darstellungsmodus *showing*) mit und bekommen sie in Form eines an Melusina und Reÿmund gerichteten Botenberichts noch einmal verknappt (nach-)erzählt (Darstellungsmodus *telling*).[492] Die aufgrund dieser Verdoppelung entstehende Redundanz an Information – das Publikum erhält keine neuen Informationen über das Geschehen – wird von Sachs nur bei der*aventiure* der ersten beiden Melusinensöhne in den Dramentext übernommen. Die *aventiuren* und Hochzeiten der Melusinensöhne Reÿnhart und Anthoni, die bei Thüring sehr ausführlich geschildert werden, sogar mehr Erzählraum einnehmen als die Erzählung um Vriens und Gÿot und ebenfalls in Form eines Botenberichts gedoppelt werden, sind bei Sachs nur noch als knapper Botenbericht in der zweiten Szene des vierten Aktes repräsentiert (HSM, 543, 21–544, 2). Ebenso verhält es sich mit Geffroÿs erster *aventiure*, dem Kampf gegen den

---

[491] Hierbei dürften auch bühnentechnische Überlegungen keine geringe Rolle gespielt haben: Die Darstellung einer Hochzeit auf der Bühne hätte zahlreiche Requisiten, Kostüme und Statisten erfordert. Hans Sachs ist jedoch gerade darum bemüht, die dramatis personae in seinen Dramen auf eine kleine Zahl zu beschränken.

[492] Aus erzähltheoretischer Perspektive handelt es sich hierbei um eine *repetitive Erzählung*, d. h. es wird etwas wiederholt erzählt, was sich einmal ereignet hat.

Riesen Gedeon von Garande. Bei Thüring wird diese Erzählung in drei Erzählsequenzen aufgeteilt: erstens, Entschluss Geffroÿs, den Riesen herauszufordern und Aufbruch nach Garande (ThvRM, 91, 20–92, 9), zweitens, Geffroÿs Suche nach Gedeon, Riesenkampf, Sieg und Freude der Bevölkerung Garandes (ThvRM, 101, 14–105, 9), drittens, ein Bote mit Nachrichten über Geffroÿs tapfere Tat erreicht Melusina und Reÿmund in Favent (ThvRM, 105, 9–13). Auch hier zeigt sich also wiederum eine Doppelung des Erzählten. Sachs beschränkt sich im Drama darauf, Goffroys Riesenkampf als Botenbericht in der ersten Szene des fünften Aktes zu präsentieren (HSM, 547, 30–548, 8). Anders verhält es sich mit Geffroÿs zweiter *aventiure*, dem Kampf gegen den Riesen Grimmolt von Norhemeland. Auffallend ist, dass Sachs die Zweiteilung des Riesenkampfes nachahmt, wie sie sich im Prosaroman findet. Die zweite Szene des sechsten Aktes endet mit Goffroys Hinabgleiten an der Lanze durch das „vinster Loch" in den Berg (HSM, 556, 32f). Erst in der dritten Szene vermag Goffroy den Riesen zu besiegen. Den Grund dafür, dass Sachs Geffroÿs zweiten Riesenkampf so detailliert auf die Bühne bringt und auch die bühnentechnisch aufwendige Kampfszene nicht scheut, könnte darin zu sehen sein, dass der Sieg des jungen Ritters über Grimmolt in engem Zusammenhang mit der Melusinenhandlung im engeren Sinne steht: Die Behausung des Riesen ist der Berg, in dem der junge Ritter die Geschichte seiner Vorfahren erfährt. Während Thüring im Roman Geffroÿs Auffinden der Familiengeschichte eine eigene Erzählszene widmet, die der zweiten Kampfszene mit Grimmolt unmittelbar vorausgeht (vgl. ThvRM, 137, 19–141, 11), erfährt das Publikum des Hans Sachs nur indirekt, dass Goffroy im Berg Abelon Informationen über seine Großeltern und ihre drei Töchter erhalten hat. In der ersten Szene des siebten Aktes berichtet Goffroy seinem Vater über die Geschichte ihres Geschlechts (HSM, 559, 22–560, 18). Auch diese Szene hat eine Entsprechung bei Thüring. Im Prosaroman werden jedoch die Informationen, die das Publikum schon kennt, von Geffroÿ dem Vater bei zwei Gelegenheiten mitgeteilt: Bei ihrem Treffen in Garande erzählt Geffroÿ dem Vater, wer seine Vorfahren waren und in welches Geschlecht Reÿmund eingeheiratet hat (vgl. ThvRM, 146, 30–147, 3). Als er den Vater auf seiner Pilgerfahrt die erste Tagesreise begleitet, berichtet er dem Vater von seinem Kampf gegen Grimmolt und den drei Flüchen, die Persina ihren Töchtern auferlegt hat (vgl. ThvRM, 151, 2–26). Indem Sachs die im Prosaroman mehrfach gegebene Information nur einmal als Figurenbericht in sein Drama einspeist, vermeidet er Redundanzen.

Die skizzierten Kürzungsstrategien zeigen deutlich, dass Sachs in seiner Dramatisierung des Stoffes den Akzent auf die Melusinengeschichte im engeren Sinne verschiebt. Während bei Thüring die verschiedenen Erzählstränge nahezu gleichberechtigt waren, drängt Sachs die Erzählungen um die Melusinensöhne zugunsten der Melusinengeschichte im engeren Sinne zurück, wie sie mit dem Erzählschema *Motiv der gestörten Mahrtenehe* konturiert ist.

Mit der dramatischen Bearbeitung des Hans Sachs wird die Melusinengeschichte in einen neuen Rezipientenkreis überführt. Während Thüring für ein stadtbürgerliches Publikum schrieb, das jedoch über ein adliges Selbstverständnis verfügte, sich in die Tradition der mittelalterlichen Ritterkultur stellte und die „Melusine" als ihre Geschichte, die Geschichte ihres ‚Herkommens' interpretierte[493], gelangt der Prosaroman nun tatsächlich in ein bürgerliches Umfeld. Autor und Adressat ist der ‚gemein man', eben jene Bürger, von denen sich Thüring von Ringoltingen und seine Standesgenossen gerade abgrenzen wollten. Für beide Verfasser sind das Rittertum und die mit ihm verbundenen Ehrvorstellungen eine Kultur aus vergangenen Zeiten, die nur noch in der Literatur und in überkommenen Ritualen (zum Beispiel Turnieren) lebendig ist. Während Thüring sich jedoch darum bemüht, an dieser entfernten, legendenhaften Welt der Vorfahren teilzuhaben, indem er sich über den genealogischen Konnex mit ihnen verbindet, betrachtet Sachs die Erzählwelt des Romans mit historischer Distanz. Zwischen der erzählten Welt und seiner Lebenswelt gibt es keine Verbindung mehr. Der hundert Jahre nach Thüring schreibende Sachs sieht im Melusinenroman nicht mehr eine ‚Geschlechtermythologie' (J.-D. Müller), mit der sich der Berner Verfasser über seinen Status als Adliger und die Legitimität seiner Privilegien selbst vergewissern wollte. Er liest die „Melusine" nicht als Erzählung von adligem ‚Herkommen', sondern als leidvolle Liebesgeschichte. Für ihn rückt deshalb die Melusinengeschichte im engeren Sinne in den Vordergrund.

5.3 Mikro-Ebene – Bearbeitungstendenzen

5.3.1 Die Mahrtenehe im Handwerkermilieu

In vielen seiner Fastnachtspiele, seiner Tragedi und Comedi hat Sachs sein Publikum vor den gesellschaftlichen Konsequenzen einer ‚unorndtlich lieb' eindringlich gewarnt. Auch die Melusinengeschichte lässt sich als Beispiel einer solchen ‚falschen lieb' verstehen. Raymund geht eine Verbindung mit einer Frau ein, die von Graf Bertram von Poitiers, seinem Lehnsherren und Repräsentanten der höfischen Gesellschaft, missbilligt wird. Er setzt sich über die Norm, dass man sich eine Ehepartnerin auswählt, die auf eine edle Abstammung verweisen kann und dementsprechend über gesellschaftliche

---

493 Vgl. dazu Kap. B.3.1.

Reputation verfügt, hinweg und gefährdet so seinen eigenen Status in der höfischen Gesellschaft. Auch wenn die Beziehung Reÿmunds und Melusinas zunächst nicht so sehr von leidenschaftlicher, erotischer Liebe und Anziehungskraft bestimmt wird, sondern ein Pakt ist, in dem beide Vertragspartner, Pflichten auf sich nehmen und Vorteile genießen, wird Reÿmund am Hofe seines Vetters Bertram als leidenschaftlich verliebter Jüngling inszeniert, dem die ‚passio‘ sein Urteilsvermögen geraubt hat. Gegen die Vorhaltungen Bertrams – „Mich verwundert nicht klein lieber öheim [Vetter; Cl. St.] das du ein weÿb nÿmest vnd nit wissen magst wer sÿ ist / noch irer freünd kein kuntschafft hast [...]“ (ThvRM, 35, 29–36, 3) – bringt Reÿmund zunächst vor, dass allein ihre schöne Gestalt und ihre vollendeten Sitten seine Braut als Königstochter ausweisen und stellt dann unmissverständlich klar: „Vnd sÿ ist gancz nach meinem geuallen / vnd ich will sÿ auch haben“ (ThvRM, 36, 7 f). Graf Bertram begreift, „[...] das der marckt [Handel; Cl. St.] mer dann halber getroffen vnd gemachet wär [...]“ (ThvRM, 36, 9f) und willigt ohne weitere Diskussion ein, bei der Hochzeit zu erscheinen. Graf Bertrams Reaktion zeigt, dass er in Reÿmund nicht länger eine Person sieht, die rationalen Argumenten noch zugänglich wäre. Auch bei Sachs gilt die erste Frage des Grafen, als Raymund ihm seine Hochzeitspläne mitteilt, der Herkunft und Abstammung der Braut. „Ja gern, ich bitt dich aber: sag! / Von was geschlecht, adel und stamb / Ist dein Braut und wie heist ir namb?“ (HSM, 535, 12ff). Seine Kritik an Raymunds Wunsch, eine Unbekannte zu heiraten, fällt drastischer aus als im Roman: „Vetter, du hast gleich thon eim thorn. / Nimbst du ein weib, das du nit kenst?“ (HSM, 535, 20 f). Während Graf Bertram im Roman nur gegenüber seinen Vertrauten den Verdacht äußert, die Frau am ‚Durstbrunnen‘ „mag wol ein gespenst sein“ (ThvRM, 33, 4 f), konfrontiert er im Drama Raymund damit direkt: „Wart, das ein trügnuß aber gspenst, / Dich hab betrogn bey dem Durstbrunnen!“ (HSM, 535, 22 f). Im Drama argumentiert Raymund nicht mit Melusinas äußerer Wohlgestalt, die auf ihre edle Abstammung verweise, sondern rückt die materiellen und pekuniären Vorteile sowie den Machtzuwachs, welche die Verbindung ihm bietet, in den Vordergrund: „Darzu ist sie edel und mechtig, / Hat mir zeigt schätz, köstlich und brechtig, / Auch vil diener und dienerin.“ (HSM, 535, 32 ff). Graf Bertram lenkt ein. Als Zeichen seines Einverständnisses reicht er Raymund die Hände und wünscht ihm Glück zu seiner Hochzeit (vgl. HSM, 535, 36–536, 1 f). Sachs spart Reÿmunds trotziges Aufbegehren gegen seinen Lehnsherren aus und nimmt so der Konfrontation die Spitze. Indem Sachs Raymund nicht als liebestollen Jüngling inszeniert, der sich über die Einwände seiner Familie gegen seine Auserwählte hinwegsetzt, sondern als vernunftgeleiteten jungen Mann, der seinen Lehnsherrn mit handfesten, rationellen Gründe davon zu überzeugen weiß, dass die Verbindung mit dieser Unbekannten vorteilhaft ist, nämlich Geld und Macht einbringt, vermeidet er eine Szene, die seinem Publikum ein Vorbild für renitentes Verhalten gegenüber ihren Eltern und Vormündern geben könnte. Als akzeptable Argumente für eine Eheschließung werden nicht Verliebtheit und körperliche Anziehungskraft, sondern die materiellen und pekuniären Vorteile der Verbindung vorgeführt, die in der Welt der Handwerker, in der Sachs und sein Publikum sich bewegen, für das Gelingen männlicher und weiblicher Biographien von zentraler Bedeutung sind.

Für die These, dass Sachs bewusst Szenen des Romans umarbeitet, welche die Gehorsamspflicht der Kinder gegenüber ihren Eltern und Vormündern, vor allem in Liebes- und Heiratsfragen, in Frage stellen, lässt sich noch eine weitere Szene anführen. In der dritten Szene des dritten Aktes wird Uriens vom sterbenden König mit dessen Tochter Hermina verlobt. Während diese im Roman überhaupt nicht zu Wort kommt, sondern ihr Einverständnis zur Eheschließung vorausgesetzt wird (vgl. ThvRM, 55, 1–58, 18), reagiert Hermina im Drama mit folgender Replik auf die Aufforderung ihres Vaters „Volg mir und nimb den ritter du / Zu einem ehlichen gemahel, [...]“ (HSM, 541, 34f):

„Hertz-aller-liebster vater mein, / Ich will ghorsam und willig sein / In alle dem, was du zeigst an, / Wie ich hab all mein lebtag than / Dein willen gehorsam und gern / Solt ich dich den ietz nit geweren“ (HSM, 542, 5–10).

Sachs verfolgt mit der Umsetzung des stummen Einverständnisses der Königstochter in Figurenrede wohl ein didaktisches Ziel: Die junge Frau wird von ihm als ideale Tochter inszeniert, die sich widerspruchslos in die Ehepläne ihres Vaters fügt und den für sie aus Gründen der Staatsräson ausgewählten Gemahl ohne zu murren akzeptiert. Sie fungiert als positives Beispiel für das Publikum. Sachs führt in diesem Szenenausschnitt zum einen vorbildlichen Gehorsam gegenüber den Eltern vor, zum anderen zeigt er, wie eine „reht[e] eh“ (HSM, 542, 13) gestiftet wird, nämlich indem die Eltern die Partner aus Vernunftgründen zum richtigen Zeitpunkt zusammengeben.

In Thürings Prosaroman erscheint Melusina von Beginn an als die Dominante und Aktive in der Beziehung. Reÿmund hat zwar de iure die Herrschaft in der Ehe und über das Land Lusinien inne, de facto erscheint jedoch Melusina als diejenige, welche die wichtigen Entscheidungen trifft, die Landesherrschaft etabliert, sichert und ausübt, ihre Söhne zu tapferen Rittern erzieht und schließlich ihre Nachfolge regelt, als sie die Menschenwelt verlassen muss.[494] Melusinas Dominanz speist sich aus ihren magischen Poten-

[494] Vgl. Kap. B.3.3.4.

zen und der sie umgebenden anderweltlichen, numinosen Aura. Ihr Status als glücksspendende Fee setzt die gewöhnlich geltende Geschlechterhierarchie, die dem Mann die Rolle des Herrschers und Entscheidungsträgers zuweist, in der Mahrtenehe außer Kraft. Sachs übernimmt die Dominanz der anderweltlichen Frau in seinen Text. In Kontrast zum zeitgenössischen protestantischen Familienmodell, das Sachs favorisierte und in seinen Texten propagierte, das dem Mann als dem Hausvater und Patriarchen die Entscheidungsmacht über Haus und Familie einräumt, wird Raymund als devoter ‚Ja-Sager', Melusina als die Bestimmende vorgeführt. So endet die dritte Szene des ersten Aktes damit, dass Raymund auf Melusinas Anweisungen, was er bei seiner Rückkehr nach Poitiers tun soll, um den Verdacht von sich abzulenken, nur antwortet: „Hertz-liebe spons, ich will es than, / Was ir mir gezeyget an" (HSM, 533, 5f). Auch am ‚Durstbrunnen' zeigt der junge Mann am folgenden Tag bedingungsloses Vertrauen zu seiner Melusina: „Mein hertzentrawt, als, was ir wolt, / Will ich nach ewrem rath verbringen" (HSM, 534, 26f). Sachs übernimmt in seine Tragedia, geleitet von seinem Wunsch nach Stofftreue, die ihm mit seiner Quelle vorgegebene exzeptionelle Machtkonstellation der Geschlechter in der Mahrtenehe. Allerdings bemüht er sich darum, die Diskrepanz von offizieller Herrschaft des Mannes und faktischer Herrschaft der Frau nach der Eheschließung des Paares abzumildern. Mit der Aussparung der Geburten und der Reduzierung der Bautätigkeit Melusinas auf die Erwähnung der Errichtung des Stammschlosses (vgl. HSM, 537, 22–538, 15) wird die Dominanz der anderweltlichen Frau im Drama deutlich zurückgedrängt. Die Diskrepanz zwischen juristischer Unterordnung Melusinas unter den Willen ihres Mannes bei der Eheschließung und faktischer Herrschaft der Frau in Lusinien tritt weniger deutlich hervor. Um so auffallender ist darum eine Szene, welche die üblichen Rituale bei einer Eheschließung geschlechterbezogen auf den Kopf stellt. In der vierten Szene des zweiten Aktes verabschiedet sich der Lehnsherr Raymunds, Graf Bertram von Poitiers, von dem neu vermählten Paar, nachdem er den üblichen Segen in seiner Funktion als Landesherr und Kirchenoberhaupt ausgesprochen hat (vgl. HSM, 536, 35–38).[495] Beim Abschied wendet sich

[495] Während in Thürings „Melusine" das Paar von einem Bischof getraut wird (vgl. ThvRM, 39, 1–4) und Reÿmunds Lehnsherr nur als Brautführer agiert (vgl. ThvRM, 38, 12–15 und 39, 4f), ist es in der Tragedia des Hans Sachs Graff Bertram, der als Landesfürst das Paar zusammengibt und die Verbindung segnet. Möglicherweise reflektiert hier Sachs das im Protestantismus bzw. Luthertum mit dem Aufbau eines eigenen Kirchenwesens aufkommende Verständnis des Landesfürsten als Kirchenoberhaupt und sog. ‚Notbischof', das mit dem Augsburger Religionsfrieden von 1555 und dem dort festgesetzten Ius reformandi- ‚cuius regio, eius religio' – bestätigt wird. Vgl. dazu Joachim Mehlhausen, [Art.] Landeskirche, in: TRE 20. Berlin u.a. 1990

der Graf mit folgenden Worten an Melusina: „Ach edle brawt, seit wolgemut! / Last euch mein vetter bevohlen sein!“ (HSM, 537, 6f). Diese antwortet ihm daraufhin: „[...] Ewr vetter, mein gmahel Raymund, / Soll mir ietz und zu aller stund / Und ewigklich bevolhen sein“ (HSM, 537, 12ff). Raymunds Lehnsherr vertraut also dessen frisch angetrauter Ehefrau seinen Vasallen zum Schutz an.[496] Auffallend ist die repetitive Aufnahme der Formel durch Melusina, durch welche diese Szene einen rituellen Charakter erhält. Unterstrichen wird diese Wirkung noch durch die Klimax „ietz und zu aller stund / und ewigklich.“ Die formelhafte, ritualisierte Wendung legt nahe, dass hier eine rechtswirksame Handlung vollzogen wird. Im höfischen Roman werden gewöhnlich junge Frauen und Kinder, deren Eltern verstorben sind, mit dieser Formulierung in die Obhut von Vormündern gegeben.[497] Bei den anbefohlenen Personen handelt es sich durchweg um Menschen, die aufgrund ihres Alters oder Geschlechts keinen selbständigen Rechtsstatus besitzen und deshalb eines Vormundes bedürfen. Diese Form des ‚bevelhens‘ findet sich auch noch in Sachsens Drama. Dort vertraut Raymund bei seinem Aufbruch nach Rom seinen jüngsten Sohn Goffroys Obhut mit eben dieser Formel an: „Dietlieb, den jungsten bruder dein, / Den laß dir auch befolhen sein!“ (HSM, 562, 5f).

Es wäre demnach eher zu erwarten gewesen, dass der – zugegeben nicht vorhandene – Brautvater als *muntvalt* Melusinas diese ihrem neuen Ehemann ‚anbefiehlt‘, um anzuzeigen, dass seine Tochter nun aus seiner Machtsphäre in die seines Schwiegersohnes übergegangen ist. Möglicherweise ist die Szene aber dahingehend zu deuten, dass das Geschlecht der beteiligten Personen hier nur eine untergeordnete Rolle gegenüber dem Stand spielt. Mit der Formulierung „Last euch mein vetter bevohlen sein!“ spricht

---

S. 429f und Gerhard Pfeiffer, [Art.] Augsburger Religionsfriede, in: TRE 4. Berlin u.a. 1979 S. 643f.

[496] Das mhd. Verb ‚bevëlhen‘, ahd. ‚pifëlahan‘, in der Bedeutung ‚übergeben, anempfehlen, anbefehlen zum Schutz anvertrauen‘ pflegt den befohlenen Gegenstand oder die anbefohlene Sache als direktes Objekt neben einen Dativ der Person zu setzen. So schreibt noch Luther im 16. Jh.: „Ich bite euch umb Gottes willen, wöltet die leutlin ynn Diedmar euch lassen befolhen sein, [...]“ (WA 18, 229, 10f). Vgl. [Eintrag] bevëlhen, in: Lexer, Mittelhochdeutsches Handwörterbuch, Bd. 1. Stuttgart 1979 Sp. 248 und [Eintrag] befehlen, in: Grimm 1. München 1984 Sp. 1253–1256.

[497] Vgl. bspw. Hartmanns von Aue „Gregorius“. Als Gregorius’ Vater im Sterben liegt, beschließt er seine Kinder in die Obhut seiner Gefolgsleute zu geben: „zehant er besande / die besten von dem lande / den er getrûwen solde / und in bevelhen wolde / sîne sêle und ouch diu kint.“ Hartmann von Aue, Gregorius. Hg. von Hermann Paul, neubearbeitet von Burghart Wachinger. 14., durchgesehene Auflage. (Altdeutsche Textbibliothek 2). Tübingen 1992 S. 7, V. 192 – S. 8, V. 199.

der Graf Melusina nicht als Ehefrau seines Vasallen an, sondern als rangmäßig – im Wortsinn – ‚Ebenbürtige‘. Graf Bertram tritt ihr als „ein[er] geborne[n] künigin“ (ThvRM, 11, 2f) seinen Vasallen ab. Erst mit der Auflösung der Lehensabhängigkeit ist die Begründung einer selbständigen Herrschaft am ‚Durstbrunnen‘ möglich.[498] In dieser Szene zeigt sich deutlich, dass in der Frühen Neuzeit – und dies gilt bis ins 18. Jahrhundert hinein – die ständische Ordnung stets die Geschlechterordnung überbietet. Melusinas Status als Person weiblichen Geschlechts tritt in dieser Situation, in der sie eine repräsentative Funktion bei einem öffentlichen Festakt übernimmt, hinter ihren Status als Person von hohem Stand zurück.

In der Analyse des Prosaromans „Melusine“ konnte gezeigt werden, dass die Verwendung der Anredeformen Du und ‚ir‘ von Thüring von Ringoltingen sehr bewusst gehandhabt wird.[499] Das Bedürfnis des Berner Ratsherren und zeitweiligem Schultheißen, sich als ‚Adliger‘ von den einfachen Bürgern abzugrenzen, dürfte sein Bewusstsein für hierarchische Unterschiede enorm geschärft haben. In Thürings Roman dienen die Anredeformen zum einen – wie im Spätmittelalter üblich – der sozialen, ständischen Markierung der Personen, zum anderen kodieren sie die Machtverhältnisse in der Mahrtenehe und den Wandel, den diese im Hinblick auf die Tabubrüche durchmachen.[500] Sachs verwendet Anredeformen in der Tragedia „Die Melusina“ nur in der Funktion der sozialen Markierung. Auch bei ihm werden Personen höheren Standes ‚geirzt‘, Personen niedrigeren Standes geduzt: Raymund ‚irzt‘ Graf Bertram, wie es ihm als seinem Lehnsherrn zukommt (vgl. HSM, 534, 2), dieser duzt den Vetter (vgl. HSM, 534, 31); Uriens ‚irzt‘ den König von Zypern (vgl. HSM, 541, 14) und empfängt von diesem als Ritter das Du (vgl. HSM, 541, 10ff); die Boten ‚irzen‘ Raymund (vgl. HSM, 543, 7f). Während bei Thüring das duale System du/‚ir‘ stärker der Markierung der Ständehierarchie dient, scheint Sachs mit diesem eher die Opposition Distanz/Vertraulichkeit ausdrücken zu wollen. Im Drama duzen einander solche Figuren, die miteinander vertraut sind – wie enge Verwandte oder Ehepartner. Eine Kommunikationssituation, in der sich die Gesprächspartner wechselseitig ‚irzen‘, um sich so ihrer Gleichrangigkeit zu versichern, kommt nicht vor. Reÿmund und sein Bruder, der Graf vom Forst, die sich in

---

498 Die Szene bleibt jedoch merkwürdig, weil eine vergleichbare Erzählsequenz in Thürings Roman nicht vorkommt. Dass Raymund als Vasall mit Melusinas Hilfe ein großes Reich begründet, welches das seines Lehnsherrn weit überragt, bleibt bei Thüring unkommentiert.

499 Zur Differenzierung in ein Höflichkeit, Distanz und höheren sozialen Rang des Angeredeten gegenüber dem Sprecher ausdrückenden ‚ir‘ und ein vertrauliches, aber auch sozial erniedrigendes Du in der Volkssprache seit dem 11. Jh. vgl. Kap. B.3.4.

500 Vgl. Kap. B.3.4.

der Prosahistorie gegenseitig ‚irzen', duzen einander im Drama (vgl. HSM, 543, 3 und 543, 13). Hier mag auch eine Rolle spielen, dass Thüring das Gespräch der Brüder in der Öffentlichkeit des Hofes ansiedelt – die Brüder müssen sich in Gegenwart der Höflinge der Hofetikette entsprechend verhalten, während Sachs diese Szene als vertrauliches Zwiegespräch ohne Zeugen anlegt.[501] Die subtile Kodierung der sich wandelnden Machtverhältnisse in der Mahrtenehe übernimmt Sachs nicht in seinen Text. Bei ihrer ersten Begegnung ‚irzt' Raymund Melusina, während sie ihn duzt. Das sich hierin bei Thüring wie auch bei Sachs ausdrückende Machtgefälle – Raymund ‚irzt' eine fremde höfische Dame, die er ihrem Gebaren und Aussehen nach für eine Königstochter und damit für höheren Standes hält, gemäß der Etikette, als „geborne Künigin" und machtvolles Mahrtenwesen duzt sie den verarmten Grafensohn – endet bei Sachs mit der Hochzeit des Paares. Als sie verheiratet sind, fragt Raymund seine Frau, als sie ihm den Bauplatz für ihr Stammschloss zeigt: „Wie dunckt dich, der felß hoch und groß / Wer zu eim schloß starck, vest und gut?" (HSM, 537, 27f). Im Drama sind demnach nicht die Tabubrüche Umschlagpunkte des Anredeverhaltens, sondern die offizielle Eheschließung des Paares in Gegenwart ihrer Verwandten macht sie zu Gleichrangigen, die einander mit vertraulichem Du anreden. Dieses vertrauliche Du zeigt an, dass die Mahr mit der Heirat den Anspruch auf Dominanz verloren hat, der ihr in ihrer ambivalenten Existenz als zugleich Hilfe und Glück spendendes, aber auch unheimliches anderweltliches Wesen – in den älteren Textstufen – naturgemäß zukam.

In Thürings Melusinenroman besteht ein enger Konnex zwischen der Reproduktionstätigkeit (Schwangerschaften und Geburten) der Melusina und ihrer Bautätigkeit als Landesherrin (Produktivität).[502] Sachs greift das Motiv von Melusinas wunderbarer Bautätigkeit in seinem Drama auf und widmet ihm die erste Szene des dritten Aktes. Er löst jedoch den engen Konnex zwischen Reproduktivität und Produktivität der Melusina. Er konzentriert sich auf den im Roman ausführlich beschriebenen Bau des Schlosses Lusinien, Melusinas andere Bauten, von denen der Autor Thüring jeweils nur das Faktum ihrer Errichtung in repetitiver Erzählweise mitteilt (vgl. oben), lässt er unerwähnt. Sachs komprimiert den breit angelegten, etliche Jahre umfassenden Erzählfluss in eine nur 22 Verse umfassende Szene, die eine kurze Zeitspanne von wenigen Minuten, eine ‚Momentaufnahme' aus dem Eheleben des Paares wiedergibt. Melusina und Raymund betreten die Bühne. Melusina zeigt ihrem Gatten den Felsen, den sie als Ort für das Stamm-

501 Vgl. Kap. B.3.5.
502 Vgl. Kap. B.3.3.4.

schloss ihrer Familie ausgewählt hat, und entwirft für ihn und das Publikum ein Bild der fertiggestellten Schlossanlage (HSM, 537, 30–538, 7). Zu dem Zeitpunkt, als Melusina mit Raymund den Bauplatz besucht, scheinen die Bauarbeiten bereits begonnen zu haben, denn Melusina antwortet auf Raymunds Frage, ob ihr der Platz geeignet erscheine (HSM, 537, 26 ff): „Ja, ich hab auch in meinem mut [Sinn; Cl. St.] / Das schloß lassen setzen darauff“ (HSM, 537, 30 f). Das Schloss ist noch nicht fertiggestellt, Melusina möchte es jedoch binnen drei Monaten vollenden: „[...] Und eh drey monat thun vergehen, / Soll gemelt schloß schon aufrecht stehn [...]“ (HSM, 538, 12f). Anders als im Roman spielt sich die Szene nicht unmittelbar nach der Hochzeit ab, sondern etliche Jahre später. Sachs spart die Geburten der Melusinensöhne und auch Thürings Bericht über ihre körperlichen Deformationen und ihr zukünftiges Schicksal völlig aus. Dass Melusina inzwischen männliche Nachkommen zur Welt gebracht hat, die zu waffenfähigen jungen Männern herangewachsen sind, erfährt das Publikum nur aus folgender Bemerkung Melusinas:

> „[...] Das schloß will ich Lusinnien nennen. / Bey dem wird man unser gschlecht kennen, / Weil wir schon haben ehrlich sühn, / Die auch ritterspil treiben thün“ (HSM, 538, 8–11).

Während bei Thüring die Bautätigkeit der Melusina von einer Aura des Wunderbaren umgeben ist – die zauberische Geschwindigkeit, die nie versiegenden Geldmittel – drängt Sachs den Aspekt des Wunderbaren mit der Verschiebung der zeitlichen Abläufe deutlich zurück. Das Stammschloss der Familie wird erst fertiggestellt, als die (ältesten) Melusinensöhne bereits herangewachsen sind. Da der Beginn der Bautätigkeit nicht erwähnt ist, dürfte das Publikum annehmen, dass Jahrzehnte bis zur Fertigstellung vergangen sind. Melusina wird auf diese Weise zu einer gewöhnlichen Bauherrin ohne übernatürliche Fähigkeiten. Auch Melusinas Kindersegen wird das wundersame und übernatürliche genommen. Außergewöhnlich sind aus zeitgenössischer Perspektive nicht ihre zahlreichen Schwangerschaften und Geburten, sondern dass sowohl Melusina als auch all ihre Kinder – angesichts der hohen Kinder- und Kindbettsterblichkeit in Mittelalter und Früher Neuzeit – diese unbeschadet überstehen. Indem Sachs die Existenz von Nachkommen, die aus der Ehe hervorgegangen sind, Melusina nur beiläufig erwähnen lässt, den Geburten aber keinen eigenen Stellenwert in seinem Drama zubilligt, negiert er die Bedeutung dieses Erzählabschnitts für die Funktionalisierung des Romans als Geschlechtermythos. Melusina wird von ihm in ihrer Funktion als exzeptionelle und wundersame Stamm-Mutter des Hauses Lusignan nicht mehr verstanden. Anders als der Berner Patrizier hat er nicht das Bedürfnis, sich in diese Traditionskette adligen ‚Herkommens‘ einzuschreiben. In Melusinas Söhnen, auf deren Individualisierung Thüring größten Wert legt, sieht Sachs, orientiert an einem protestantischen Eheverständnis, lediglich das natürliche Produkt des Ehelebens.

5.3.2 Die Tabubrüche – Dämonisierung und Verteufelung

Thüring von Ringoltingen bemüht sich im gesamten Roman darum, Melusina von dem ihr anhaftenden Makel zu befreien, sie sei ein dämonisches Wesen oder teuflischen Ursprungs. Auch die Deformationen und körperlichen Defekte, mit denen die Melusinensöhne zur Welt kommen, werden von Thüring nicht als Makel verstanden, welche auf Melusinas dämonische Existenz hinweisen, sondern als *außzeÿchnungen*, die auf ihre zukünftigen Rittertaten hindeuten.[503] Thürings Interesse, Melusina als Stammherrin eines Adelsgeschlechts und als vorbildliche Herrscherin zu präsentieren, und sein Bemühen, das ‚Gespenstische' und Unheimliche an der Melusinenfigur zurückzudrängen, speist sich aus dem Bewusstsein, dass er selbst Teil dieser Geschichte adligen ‚Herkommens' ist, an deren Anfang Melusina steht.[504] Sachs dagegen ist an der genealogischen Funktion des Textes nicht mehr interessiert. Für ihn gibt es keine Motivation, Melusina als Ahnfee zu verherrlichen und ihre dunklen Seiten zurückzudrängen. Bei ihm zeigt sich eine deutliche Tendenz zur Dämonisierung und Verteufelung der Figur, die sich vor allem in den beiden Tabubruch-Szenen nachweisen lässt.

5.3.2.1 Diabolisierung der schlechten *hausfrouwe*

Sowohl im Roman als auch im Drama wird der Erste Tabubruch des Ritters dadurch ausgelöst, dass der Ehemann sich von seinem Bruder, dem Grafen vom Forst, dazu aufstacheln lässt, seiner Frau nachzuspionieren. Die Situationen, aus denen der Tabubruch sich entwickelt, sind jedoch sehr unterschiedlich angelegt.[505] Im Roman erscheint der Graf vom Forst „zů einer hochczeit" bei seinem Bruder, zu der auch „die grafen vnd landesherren [...] geriten waren" (ThvRM, 96, 4–6). Im Drama dagegen findet kein Fest auf Schloss Lusinien statt. Der Graf vom Forst ist ohne offiziellen Anlass zu einem spontanen Besuch vorbeigekommen, wie er bei seiner Ankunft erklärt:

---

503 Vgl. dazu Kap. B.3.3.3.

504 Vgl. Kap. B.3.1.

505 Zur Inszenierung des Ersten Tabubruchs in Thürings „Melusine" vgl. Kap. B.3.4.

„Gott der grüs dich, o bruder mein! / Ich kumb ein mal zu dir herein / Vom forst ins schloß Lusinien, / Zu sehen, wie es dir ist gehn.“ (HSM, 545, 3–6). Er fordert von Melusina auch nicht die Wahrnehmung ihrer Pflichten als Hausherrin ein, sondern fragt nur: „Wo ist mein liebe geschwey, dein fraw?“ (HSM, 545, 11), als er ihr Fehlen bemerkt. Im Roman bittet Reÿmund seinen Bruder um Geduld und vertröstet ihn auf den morgigen Tag, an dem er Melusina sehen werde (vgl. ThvRM, 96, 9f). Gründe für Melusinas Abwesenheit nennt er aber nicht. Im Drama dagegen berichtet Raymund seinem Bruder freimütig von dem Tabu und dem Eid, den er seiner Frau vor der Ehe schwören musste:

„Heut ist sambstag, mein bruder, schaw! / Daran den almal freyheit hat / Mein fraw und sich nit sehen lat / Und ist allein in eim gemach / Und ich darff ir nit forschen nach. / Solichs hab ich der ausserkorn / In dem anfang ein eid geschworn“ (HSM, 545, 13–19).

Während in Thürings Prosahistorie ein großes Fest, bei dem alle Repräsentanten der Aristokratie Lusiniens zugegen sind, den Hintergrund bildet, vor dem sich die Brüder begegnen, überführt Sachs das Gespräch zwischen den beiden Verwandten in eine intime *face to face*-Kommunikationssituation.[506] Fraglich ist, ob diese Intimisierung der Szene die Lebens-, Wohn- und Kommunikationsverhältnisse der Handwerkerschaft in der frühneuzeitlichen Stadt reflektiert[507] oder allein aus bühnentechnischen Erwägungen des Autors resultiert.[508]

---

506 Die Anwesenheit von Höflingen oder Dienern wird zumindest nicht erwähnt.

507 Müller, Poet S. 272, stellte bei ihrer Untersuchung fest, dass in den Fastnachtspielen und Dramen des Hans Sachs „[d]as Haus [...] als privilegierter Raum in einer ganz neuen Weise definiert [werde].“ Im Rekurs auf Habermas’ Theorie der Öffentlichkeit konstatiert sie für das 16. Jh. eine „Verschiebung von der Männergeselligkeit zur Familienintimität, deren Herstellung als Aufgabe des Mannes definiert wird.“ Die ‚eigenen vier Wände‘ würden ganz bewusst als intimer, von der Öffentlichkeit abgegrenzter Bereich wahrgenommen, an dem Mann und Frau jenseits der von ihnen öffentlich geforderten männlichen und weiblichen Rollen agieren könn(t)en. Allerdings erscheint mir die Konstatierung eines solchen tiefgreifenden Wandels anhand einer schmalen Quellenbasis und im Rekurs auf inzwischen kritisierte Makrotheorien fragwürdig. Als neueren Versuch, den Status des Hauses als Ort des ‚Öffentlichen‘ und ‚Privaten‘ in der Frühen Neuzeit zu beschreiben vgl. auch Joachim Eibach, Das Haus: Zwischen öffentlicher Zugänglichkeit und geschützter Privatheit (16.–18. Jahrhundert), in: Zwischen Gotteshaus und Taverne. Öffentliche Räume in Spätmittelalter und Früher Neuzeit. Hg. von Susanne Rau und Gerd Schwerhoff. Köln u. a. 2004 S. 183–205.

508 In der Tragedia „Die Melusina“ vermeidet Sachs solche Szenen, in denen er ein größeres Aufgebot an Personal, v. a. stummen Figuren bzw. Statisten benötigt. So präsentiert er z. B. die Hochzeitsfeier von Raymund und Melusina nicht als Bühnengeschehen, sondern speist sie in Form eines vom „ernholdt“ vorgetragenen Botenberichts (vgl. HSM, 536, 12–32) in das Drama ein. Erst die Verabschiedung des Grafen von Poitiers am Ende der Feierlichkeiten wird szenisch

Während der Graf vom Forst im Roman als Vertreter seines Standes einen Besuch mit repräsentativer Funktion unternimmt und das verwandtschaftliche Verhältnis (zunächst) nur eine untergeordnete Rolle spielt[509], werden bei Sachs die verwandtschaftliche und die vertrauliche Beziehung der Männer in eins gesetzt. Während Reÿmund in der repräsentativen Atmosphäre eines Adelshofes bei einem festlichen Empfang dem Grafen die Gründe für Melusinas Abwesenheit nicht offenbart und auch gar nicht offenbaren kann, scheint Raymunds offenes Eingeständnis, dass sich seine Frau am Samstag seiner Aufsicht entzieht, in der Intimität brüderlicher Zweisamkeit eher vorstellbar. Auffallend ist hier wiederum die Differenz der Anredeformen. Im Roman ‚irzen' sich die Brüder, wie es sich für Personen ihres Standes gehört. Im Drama duzen sich die beiden dagegen.[510]

Im Roman kommt es erst zum Konflikt zwischen der in der Mahrtenehe geltenden, individuell zwischen den Ehepartner ausgehandelten Geschlechterordnung und der höfischen Geschlechternormierung, als Melusina ihre Rolle als Hausherrin auf Lusinien für alle sichtbar verletzt. Ihre Abwesenheit beim Fest verärgert den Grafen vom Forst und führt zur Ermahnung seines Bruders, seine Pflichten als Ehemann und Hausherr auszuüben. In der Tragedia wird nicht Melusinas Pflichtverletzung als Gastgeberin zum Auslöser. Allein das Faktum, dass Melusina des Samstags tut, was sie will, ohne ihren Mann davon in Kenntnis zu setzen, beurteilt der Graf vom Forst als verabscheuungswürdiges Skandalon: „Mein bruder, das ist gar abschewlich, / Das du ir nit nach schawen thust, / Ir iren willen lassen must" (HSM, 545, 22ff), teilt er Raymund nach dessen Eingeständnis über die Verabredung mit, auf der seine Ehe beruht.

Innerhalb der höfischen Romanwelt kursieren zwei Gerüchte als Deutungsmuster dessen, was Melusina hinter dem Rücken ihres Mannes am Samstag tut: Der eine Teil der höfischen Gesellschaft ist überzeugt, „sÿ treib bübreÿ [Ehebruch; Cl. St.] / vnd hab ander leẅt lieber" als ihren Mann, der andere Teil meint, es „seÿ ein gespenst vnd ein vngeheẅr wesen umb sÿ" (ThvRM, 96, 20ff). Das Motiv des ‚Gehörnten', auf das mit dem Ehebruchsverdacht angespielt wird, ist Sachs aus Schwanksammlungen und Fastnachtspielen nur allzu vertraut. Er übernimmt die Formulierung fast wörtlich in seinen Text (vgl. HSM, 545, 27f). Die zweite Verdächtigung

---

dargestellt (vgl. HSM, 536, 33–537, 20). Klein, Bildung S. 61f, spricht in diesem Zusammenhang von einer Tendenz zur Reduzierung des Personals und der Schauplätze in den Comedi und Tragedi.

509 Im Roman wird darauf hingewiesen, dass der alte Graf vom Forst erst kurz zuvor gestorben ist und Reÿmunds Bruder die Nachfolge eben erst angetreten hat (vgl. ThvRM, 96, 1f).

510 Vgl. Kap. B.5.3.1.

fasst er dagegen anders auf, als der Verfasser des deutschen Romans sie ursprünglich gemeint hat. Während Thüring mit der Formulierung „es seÿ ein gespenst und ungeheẅer wesen umb sÿ" zum Ausdruck bringen wollte, dass Melusina von einer übermenschlichen und befremdlichen Aura umgeben sei und in ihrer Gegenwart nicht alles mit rechten Dingen zugehe[511], versteht Sachs die Stelle dahingehend, dass Melusina den Samstag in Gesellschaft einer Geistererscheinung verbringt[512]. „Ander sprechen, die du wol kenst, / Wie das ein teufflisch gespenst / Mit deinem weib gemeinschafft hab" (HSM, 545, 29ff), legt der Dichter seiner Figur des Grafen vom Forst als Vorwurf in den Mund.

Sachs deutet diese Stelle bei Thüring – ausgehend von dem missverstandenen ‚wesen'- vor dem Hintergrund der frühneuzeitlichen Hexenlehre um. Während das Wort ‚gespenst'[513] bei Thüring ambivalent gefasst war und sowohl Melusinas Existenz als anderweltliche Fee mit magischen Fähigkeiten umfasste als auch den Verdacht, sie könnte nicht menschlicher Natur, sondern ein verführerisches Blendwerk teuflischen Ursprungs sein, kodierte, wird es bei Sachs durch den Zusatz „teufflisch" auf seine negative Bedeutungskomponente der dämonischen Geistererscheinung reduziert. Doch nicht sie selbst ist ein „teufflisch gespenst", sondern ihr imaginärer Liebhaber. Hier ist Melusina nicht mehr nur des Ehebruchs verdächtig, sondern sogar der Teufelsbuhlschaft, die im Zentrum des frühneuzeitlichen kumulativen Hexenbegriffes stand.[514] Der Verdacht, des Paktierens und Buhlens mit dem Teufel war in der Frühen Neuzeit ein gängiges Deutungsmuster für Frauen, die allein lebten, sich der Normalbiographie als Ehe- und Hausfrau durch eine Heirat verweigerten oder sich einen individuellen Freiraum jenseits von Haushalt und Kindererziehung suchten.[515] Als per se verdächtig

---

511 Zur Bedeutungsvielfalt von ‚wesen' in Mittelalter und Früher Neuzeit vgl. [Eintrag] wesen, in: Grimm 29. München 1984 Sp. 510–581. Das Verbalsubstantiv ‚wesen', das nach seiner idg. Wurzel soviel wie ‚das Verweilen' (vgl. Sp. 510), im Ahd. und Mhd. ‚Aufenthaltsort' und ‚Wohnstätte', aber auch ‚Existenz, Dasein, Leben' bedeuten kann (vgl. Sp. 511), wird im Frühnhd. seit dem 15. Jh. v. a. in der Bedeutung ‚Tun und Treiben, Tun und Lassen, Verhalten' benutzt (vgl. Sp. 511), gebräuchlich ist daneben aber auch die Verwendung im Sinne von ‚genuine Beschaffenheit, Art' sowie ‚eigentliche Natur einer Sache' (vgl. Sp. 512). Dass Thüring an dieser Stelle Melusinas von Zauberkräften und Unheimlichkeit bestimmte Aura gemeint hat, geht auch aus seiner französischen Vorlage hervor. Bei Couldrette heißt es an dieser Stelle: „Autres dïent qu'en faerie / va celui jour, sachez pour voir" (CM, Vv 3035f).

512 Sachs versteht ‚wesen' wohl bereits in der Bedeutung ‚ens, animans, etwas selbständig Existierendes', die sich erst Ende des 17. Jhs. durchzusetzen beginnt, aber schon für das frühe 15. Jh. nachweisbar ist. Vgl. [Eintrag] wesen, in: Grimm 29. München 1984 Sp. 558.

513 Vgl. Kap. B, Anm. 239.

514 Vgl. Kap. B.4.1.

515 Der Hexereiverdacht richtete sich oft gegen ältere und/oder alleinlebende Frauen, die

galten Frauen, die sich temporär der Verfügungsgewalt und Kontrolle ihrer Ehemänner und damit der Gesellschaft entzogen. In der Kriminalisierung der samstags abwesenden Melusina als Teufelsbuhle manifestiert sich der Disziplinierungsversuch einer weiblichen Normabweichung durch die Gesellschaft.

Beide Bruderfiguren fordern den Ehemann dazu auf, das Geheimnis der samstäglichen Abwesenheit ihrer Frau zu lüften. Im Drama gibt der Graf seinem Bruder sogar noch eine konkrete Handlungsanweisung: Wäre er an seiner Stelle, wollte er „[h]aimlich in thür boren ein loch" (HSM, 545, 35). Während der Ehemann im Roman nach dem Muster des schwankhaften Ehebruchsmotivs „in gar grosser grymmikeyt" (ThvRM, 96, 28) mit gezücktem Schwert zu der geheimen Kammer der Gattin aufbricht, um den imaginierten Nebenbuhler zu stellen, wird Raymund im Drama nicht als rasender (vermeintlich) Gehörnter inszeniert. Als handlungsmotivierend erweist sich vielmehr allein der soziale Druck, der auf den Ehemann ausgeübt wird. Raymund macht sich nicht aus Eifersucht zu Melusinas Kammer auf, sondern weil er als Mitglied der Gesellschaft dazu verpflichtet ist, zu prüfen, ob Melusina gegen soziale Normen verstößt: „Bruder, *du vermanst mich so hoch*, / Das ich besehen will mein frawen, / Der ich doch keins argen thu trawen." (HSM, 546, 1ff; Hervorhebung Cl. St.). Bei Sachs steht nicht die individuelle Ehrverletzung des Mannes im Zentrum, sondern seine Pflicht als Hausvater, seine Hausfrau zu kontrollieren und ihre Verstöße gegen die soziale Ordnung zu sanktionieren und zu beenden. Sowohl im Roman als auch im Drama werden Melusinas samstägliche Verstöße gegen ihre Pflichten als Hausherrin und Hausfrau als Bedrohung einer funktionierenden sozialen Ordnung verstanden. Im Drama gewinnt der von der Gesellschaft ausgehende soziale Druck gegen den Ehemann jedoch eine neue Qualität. Es bedarf nicht mehr der Inszenierung des Ehemannes als rasender Gehörnter, um Raymunds Ersten Tabubruch zu motivieren. In der Tragedia genügt der – vertraulich unter vier Augen ausgesprochene – Hinweis, dass über das Paar Gerüchte kursieren und Raymunds Status als Hausvater in Gefahr ist, um Raymund handeln zu lassen. Die individuelle Ehrverletzung des Mannes durch einen möglichen Ehebruch, sei es nun mit einem Liebhaber aus Fleisch und Blut oder einem Geistwesen, tritt hinter die überindividuelle Bedrohung des bestehenden Ordnungsgefüges zurück.

---

nicht unter der kontrollierenden Aufsicht eines männlichen Familienmitgliedes standen. Vgl. Susanna Burghartz, Hexenverfolgung als Frauenverfolgung? Zur Gleichsetzung von Hexen und Frauen am Beispiel der Luzerner und Lausanner Hexenprozesse des 15. und 16. Jahrhunderts, in: Der Hexenstreit. Frauen in der frühneuzeitlichen Hexenverfolgung. Hg. von Claudia Opitz. (Frauen – Literatur – Geschichte). Freiburg i. Br. u. a. 1996 S. 147–173.

Im Roman lässt der Erzähler sein Publikum gemeinsam mit seinem Protagonisten durch das Loch in der eisernen Tür blicken, indem er beschreibt, was der Ritter sieht (vgl. ThvRM, 97, 14f). Das Publikum wähnt sich als unmittelbarer Beobachter und Mitwisser des geheimen Wesens der Melusina, auch wenn das Geschehen nur mittelbar von der Erzählerinstanz mitgeteilt wird. Im Drama wird der Tabubruch nicht in Bühnengeschehen umgesetzt. Raymund entfernt sich mit den Worten „Bleib da! ich will bald wider kummen" (HSM, 546, 5) von der Bühne. Die Übertretung des Sichtverbotes spielt sich – in der Imagination des Publikums – im Verborgenen hinter der Bühne ab. Dass Raymund tatsächlich seine Gattin heimlich in ihrer Kammer beobachtet hat, während sein Bruder auf der Bühne einen Monolog über seine Naivität und die Arglist der „weiber" (HSM, 546, 13) hielt, erfährt das Publikum erst, nachdem der Hausherr seinen Bruder der Lüge bezichtigt und voller Zorn des Hauses verwiesen hat (vgl. HSM, 546, 21–28): „O jamer groß ob hertzenleid! / Ich hab brochen trew, ehr und aid / An meiner hertzlieben gemahel, / Die trew ob mir vest helt wie stahel" (HSM, 546, 30–34). Im Drama wird Raymund selbst zum Erzähler. Als Augenzeuge berichtet er dem Publikum in einem narrativen Monolog das zuvor Gesehene. Der Tabubruch wird als ‚verdeckte Handlung' in das Drama eingespeist. Bei der Beschreibung der semi-theriomorphen Gestalt Melusinas hält sich Sachs sehr genau an seine Vorlage.

„Die itzt dort sitzt, doch mir an schad, / In einer wannen im Wilbad, / Ober der gürtel zart und mild / Ein-helt solches weibes bild; / Aber unterhalb hats ein furm / Gleich eim ungheuren, gifftigen wurm, / Gemengter farb, blob, gelb und grün, / Mit silber-farb gesprenget schön. / Solchs hab ich durch ein loch gesehen" (HSM, 546, 34–547, 6).

5.3.2.2 Melusina als Succubus

Auslöser des Zweiten Tabubruchs ist in beiden Texten der Brudermord. Während Reÿmund und Melusina im Roman gemeinsam zu Tisch sitzen, als der Bote die schreckliche Nachricht überbringt (vgl. ThvRM, 111, 10ff), ist Raymund im Drama allein. Als ein neues Motiv fügt Sachs in das Geschehen ein, dass Raymund von bösen Vorahnungen gequält wird, bevor der „postbot" erscheint: „Mein hertz ist mir gleich vol unmuts. / Mich andet warlich nichtsen guts." (HSM, 549, 16f), spricht er zu Beginn der Szene zu sich selbst. Sachs lässt einige Erzählmotive Thürings aus: das Zögern des Boten, die schlimme Nachricht zu überbringen (vgl. ThvRM, 111, 12–17), Reÿmunds Ritt zu Pferde nach Malliers, um sich mit eigenen Augen von der Freveltat zu überzeugen (vgl. ThvRM, 112, 12–17), sein Zorn gegen Geffroÿ und sein Wunsch, ihn zu töten, (vgl. ThvRM, 112, 17–21) sowie seine ‚besunderung' in einem Gemach, mit der er seine Frau und die höfische Öffentlichkeit von seinem Kummer – im wörtlichen Sinne – ausschließt (vgl. ThvRM, 112, 23f). Die Parallelität der Situation nach dem Ersten und vor dem Zweiten Tabubruch – Reÿmund zieht sich aus der Sphäre der höfischen Gesellschaft in die Intimität seines Gemachs zurück, wo er sich durch Einschließen ‚besundert' – wird so im Drama verdeckt. Richtete sich Reÿmunds Wut im Roman zunächst gegen den Sohn Geffroÿ, beginnt er die Tat seines Sohnes als zwangsläufigen Endpunkt in einer Kette von Ereignissen zu sehen, an deren Anfang seine eigene Missetat steht (vgl. ThvRM, 112, 24–113, 1).[516] In der Begegnung mit Melusina sieht er nicht länger ein Glück und Rettung aus bedrängter Lage, sondern die eigentliche Strafe für die Tötung seines Onkels. Während er nach dem Ersten Tabubruch noch an seiner positiven Sicht auf seine Gattin festhielt (vgl. ThvRM, 100, 8ff), übernimmt er nun die negative Perspektive der höfischen Gesellschaft auf Melusina (vgl. ThvRM, 113, 5–8).

Sachs übernimmt diesen radikalen Umschlag in Reÿmunds Denken in sein Drama. Den Konnex zwischen dem Verwandtentotschlag des Vaters und des Sohnes, der bei Thüring mit der syntaktischen Parallelisierung nur angedeutet wird, lässt Sachs in seiner Tragedia deutlicher hervortreten. In Raymunds verzweifeltem Monolog sieht der Ritter im Brudermord seines Sohnes die göttliche Nemesis für den eigenen Totschlag am Onkel und seinen Pakt mit Melusina, der ihn vor den Konsequenzen seiner Tat bewahrte. „Herr Gott, erst findet sich die rach / Das ich mein herr vettern erstach, […]" (HSM, 549, 36f). Raymund verneint nun den Anteil, den er an dem Paktschluss bei der Begegnung mit Melusina hatte, und leugnet die Verantwortung am weiteren Geschehen.

> „[…] Doch on mein willn; mir zu unfrummen / Hab ich hernach ein weyb genummen, / Ein lauter gespenst und zauberey, / wie ichs denn in dem bad gar frey / Gesehen hab in menschlich furm, / Unterhalb ein grawsamen wurm" (HSM, 550, 1–6).

Während Raymund Melusinas samstäglichen Gestaltwandel – analog zum Roman – unmittelbar nach dem Ersten Tabubruch noch als „an schad" (HSM, 546, 34) für ihn beurteilt, wird Melusina vor dem Hintergrund des Brudermordes von ihm zu einem Dämonenwesen teuflischen Ursprungs, zu „lauter gespenst und zauberey", vereindeutigt, das er „zu unfrummen" geheiratet hat. Raymund erklärt sich zum Opfer teuflischer, dämonischer Machenschaften: „on [s]ein willn" sei dies alles passiert. Die körperlichen De-

[516] Vgl. dazu auch die Ausführungen in Kap. B.3.5.

formationen der Melusinensöhne, die Thüring bewusst als *außzeÿchnungen* gedeutet hatte, die sie zu tapferen Rittern bestimmen, werden von Sachs als Teufelsmale und Ausweis ihrer dämonischen Abstammung interpretiert: „Die [Melusina; Cl. St.] hat mir zen sön geborn; / All dadelhafft an leib sind worn, / Teufflischer art, wie man ietzt kend“ (HSM, 550, 7ff).

Während im Roman an dieser Stelle von Reÿmund nur das Faktum erwähnt wird, dass Melusina ihrem Mann zehn Söhne geboren hat, lässt Sachs Raymund von der Dämonen-Existenz der Mutter auf die der Söhne schließen. Vor dem Hintergrund, dass Melusina aus der Sicht ihres Ehemannes zu einer Dämonin geworden ist, werden auch die Melusinensöhne zu teuflischen Wesen. Auch der auf Raymunds Monolog folgende Zweite Tabubruch zeigt die Tendenz zur Diabolisierung der Melusinenfigur. Als Melusina „mit dem hoffgesind“ (HSM, 550, 13) zu Raymund geht, auch im Drama wird der Zweite Tabubruch als ‚öffentliche‘ Diffamierung der anderweltlichen Frau inszeniert, erweitert der Autor die diffamierende Rede des Hausherrn, mit der er das geheime Wesen seiner Gattin enthüllt:

> „Geh eylend, bald und schnell von mir, / Du ungehewer teuffels-künder, / Du erschröcklich grawsam meerwunder, / Du gifftiger wurm, trach und schlang! / Du gspenst hast mich geblendet lang. / All dein geschlecht thut doch kein gut“ (HSM, 550, 20–25).

Während sich Reÿmund im Prosaroman darauf beschränkt, Melusina als „pöse schlang vnd schemliche[n] wůrm“ (ThvRM, 114, 16f) zu betiteln, akkumuliert Sachs an dieser Stelle eine Vielzahl von Bezeichnungen. Neben „schlang“ und „wurm“ tritt noch „trach“, das Synonym für „wurm“ ist.[517] Darüber hinaus ergänzt der Autor noch die beiden Bezeichnungen „meerwunder“ und „teuffels-künder“. Der Begriff „meerwunder“ dürfte von der von Thüring verwendeten Bezeichnung „merfaÿm“ bzw. „merfeÿ“ (ThvRM, 11, 2 und 112, 31)[518] herrühren und verweist auf die Entdeckung vermeintlicher Meerjungfrauen in der Neuen Welt, die im 16. Jahrhundert eine Vielzahl von Berichten über solche „meerwunder“ provozierten.[519] Bei dem Wort „teuffels-künder“ handelt es sich dagegen um ein wenig gebräuchliches

517 Vgl. [Eintrag] wurm, in: Grimm 30. München 1984 1960 Sp. 2226–2257, bes. 2230–2234.

518 Der Begriff ‚Meerfee‘ oder ‚Meerfeine‘ bezeichnet nach Grimm die im Meer wohnende Fee. Vgl. [Eintrag] meerfee und [Eintrag] meerfeine, in: Grimm 12. München 1984 Sp. 1849. Der Begriff ‚Meerwunder‘ dagegen steht für wunderbares Wesen des Meeres. Vgl. [Eintrag] meerwunder, in: Grimm 12. München 1984 Sp. 1862f.

519 Zu dieser Verknüpfung von wunderbaren Naturwundern wie den als ‚Meerwunder‘ bezeichneten Wassermännern und -frauen vgl. [Eintrag] Meer-Mensch, in: Zedler 20. Halle 1739 Sp. 189f und Lorraine Daston/Katherine Park, Wonders and the Order of Nature. 1150–1750. New York 1998 S. 146–159.

Synonym für Teufelsgespenst, das in der Volkssprache den Dämon bezeichnete.[520] Das Kompositum „teuffels-künder" verweist mit dem zweiten Wortbestandteil ‚künder' in der Bedeutung ‚Wesen, Tier' auf die Doppelnatur Melusinas, ihre Existenz als Mischwesen zwischen Mensch und Schlange.[521]

Auffallend ist die Formulierung „wie man jetzt kend" (HSM, 550, 9). Sie deutet darauf hin, dass Sachs bei seinem Publikum den Glauben an die Realität von Dämonen, Hexen und Teufelskindern voraussetzen konnte.[522] Die Deutung, Melusina sei eine Dämonin, ihre Söhne Satanskinder oder Wechselbälger wird gerade dadurch plausibel gemacht, dass Sachs auf die unmittelbare Aktualität solcher Phänomene in der Lebenswirklichkeit seines Publikums hinweist. Die Vorstellung, dass Menschen, insbesondere Frauen, Bündnisse mit dem Teufel eingingen und dann mit diesem gemeinsam Schadenszaubereien an ihren Mitmenschen verübten, die Ernte zerstörten und das Vieh krank machten, gehörte unbestritten zum allgemeinen Vorstellungsrepertoire der frühneuzeitlichen Bevölkerung.[523] In der Frühen Neuzeit gab es keine Trennung von magischem, religiös-christlichem und wissenschaftlichem Denken, magische Praktiken und Vorstellungen waren in die konkrete Lebenspraxis der Menschen eingebunden und in allen Bevölkerungsgruppen verbreitet.[524] Die Hexen und ihre Werke beschäftigten die Phantasie der Menschen, die Zauberei- und Hexereiverdächtigung bot ihnen plausible Deutungsmuster für Missernten, den Tod von Kindern und Verwandten und anderes Unglück sowie Möglichkeiten, interpersonelle Konflikte zu lösen, die aus dem Zusammenleben in dörflichen und städtischen Gemeinschaften erwuchsen.[525] Teufel und Dämonen waren in den Predigten

---

520 Vgl. [Eintrag] teufelskünder, in: Grimm 21. München 1984 Sp. 287. Es wird zwar auf die mhd. Form ‚tiuvelkunder' verwiesen, einzige Belegstelle für das 16. und spätere Jahrhunderte ist jedoch Sachsens Tragedia „Die Melusina". Vgl. [Eintrag] teufelsgespenst, in: Grimm 21. München 1984 Sp. 284.

521 Das mhd. ‚tiuvelskunder' deutet Lexer als teuflisches ‚kunder', wobei mhd. ‚kunder' Wesen oder Tier bedeutet. Vgl. Einträge ‚tiuvel-kunder', in: Lexer, Mittelhochdeutsches Handwörterbuch, Bd. 2. Stuttgart 1979 Sp. 1450 und ‚kunder, kunter', in: Lexer, Mittelhochdeutsches Handwörterbuch, Bd. 2. Stuttgart 1979 Sp. 1772 f.

522 Es besteht auch die Möglichkeit, dass Raymund mit dieser Bemerkung zum Ausdruck bringen möchte, dass ihm mit dem Brudermord die Augen für die ‚wahre' Melusina geöffnet wurden, er ihre teuflische Natur ‚erkannt' hat und um diese weiß. Zum Verb kennen in der Bedeutung von wissen im 16. und 17. Jh. vgl. [Eintrag] kennen, in Grimm 11. München 1984 Sp. 532–546, hier 538. Allerdings lässt sich mit dieser Deutung nicht erklären, warum er statt des Personalpronomens ich das unpersönliche man verwendet.

523 Vgl. Richard van Dülmen, Kultur und Alltag in der Frühen Neuzeit 3: Religion, Magie, Aufklärung. 16.–18. Jahrhundert. München 1994 S. 78–96.

524 Ebd. S. 79 und 82.

525 Vgl. dazu Ingrid Ahrendt-Schulte, Hexenprozesse als Spiegel von Alltagskonflikten,

an die Gemeinde präsent, in Kunst und Literatur wurden volksläufige Hexenbilder aktualisiert und mit dem gelehrten Hexenstereotyp der Theologen vermischt.[526] Die Hexe wurde im 15. und 16. Jahrhundert zu einem „beliebten Sujet der Frauendarstellung".[527] Die Hexen gehörten zu den beliebtesten und verbreitetsten Bildthemen dieser Zeit.[528] Wie aber stand Sachs selbst zum Hexenglauben seiner Mitbürger?

Nürnberg war als humanistisch geprägtes urbanes Zentrum und überregionaler Handels- und Produktionsknotenpunkt vom Hexenwahn der Frühen Neuzeit nur peripher betroffen. Es ist in Nürnberg in der Frühen Neuzeit zwar zu einigen Anklagen und Prozessen im Zusammenhang mit Hexerei- und Zaubereivorwürfen gekommen, aber im Vergleich mit anderen Regionen und auch anderen Reichsstädten im deutschsprachigen Raum kann nur von einer moderaten, zurückhaltenden Verfolgung gesprochen werden.[529] Der Glaube an Hexen, Zauberer und ihre Malefizien dürfte in der

---

in: Hexenverfolgung. Beiträge zur Forschung – unter besonderer Berücksichtigung des südwestdeutschen Raumes. Hg. von Sönke Lorenz und Dieter R. Bauer. (Quellen und Forschungen zur europäischen Ethnologie 15). Würzburg 1995 S. 347–358, hier 348 f.

526 Während die Hexe in volksläufigen Vorstellungen stärker als eigenständig handelnde Täterin gedacht wurde oder doch als Mittäterin des Teufels, war sie im dämonologischen Denken „Ausführungsorgan satanischer Macht und gleichzeitig ihr Opfer". Im Laufe des 16. Jhs. wird das volksläufige Bild der Hexe immer mehr dämonologisch überformt. Das Hexenhafte der Hexen sah man weniger in dem von ihnen angerichteten Schaden und immer stärker in ihrer Teilnahme am Teufelskult: „Aus der Schadenstifterin wird die Ketzerin und Dienerin des Teufels, dessen Macht nur durch den Tod der Hexe gebrochen werden kann". Richard van Dülmen, Die Dienerin des Bösen. Zum Hexenbild in der frühen Neuzeit, in: Das Böse. Eine historische Phänomenologie des Unerklärlichen. Hg. von Carsten Colpe und Wilhelm Schmidt-Biggemann. 2. Auflage. Frankfurt a. M. 1993 S. 187–203, hier 188 f.

527 Behringer, Hexen S. 43.

528 Zur Popularität des Hexensujets in der frühen Druckgraphik vgl. Jane P. Davidson, Hexen in der nordeuropäischen Kunst. 1470–1750. Freren 1988 S. 11–38.

529 Behringer, Land S. 140, spricht in Bezug auf Nürnberg von einer „dezidiert ablehnenden Haltung" gegenüber der Hexenverfolgung, während es in den umliegenden Städten zu Massenverfolgungen gekommen sei. Birke Grießhammer meint dagegen: „Die Hexenverfolgung in der Freien Reichsstadt Nürnberg wurde lange Zeit von angesehenen Historikern verschwiegen oder verharmlost." Birke Grießhammer, Die Orte der Verfolgung. Nürnberg, in: Drutenjagd in Franken. 16.–18. Jahrhundert. Katalog zur Wanderausstellung: Hexenverfolgung in Franken. Hg. von Birke Grießhammer. 3., vollständig überarbeitete und erweiterte Auflage. Nürnberg 1999 S. 143. Berücksichtigt man, dass es z. T. Verfolgungen mit mehr als 250 Opfern innerhalb von 3 Monaten gab, wird deutlich, warum die Forschung in Bezug auf Nürnberg nicht von einer Massenverfolgung spricht und dem Nürnberger Rat zurückhaltendes Verhalten attestiert: In einem Jahr wurden nie mehr als 3–5 Personen angeklagt, die zudem meist sehr milde bestraft wurde. Vgl. Behringer, Hexen S. 59f und Hartmut H. Kunstmann, Zauberwahn und Hexenprozeß in der Reichsstadt Nürnberg. (Nürnberger Werkstücke zur Stadt- und Landesgeschichte 1) Erlangen u. a. 1970 S. 202.

Bevölkerung der Freien Reichsstadt ebenso weit verbreitet gewesen sein wie in anderen Landesteilen. Berichte über Hexenhinrichtungen und Hexenverbrennungen kursierten in der Bevölkerung in Form von illustrierten Einblattdrucken.[530]

In dem 1531 entstandenen Gedicht „Ein wunderlich gesprech von fünnff unhulden“[531], das thematisch im weitesten Sinne der Visionsliteratur zuzuordnen ist, nahm Sachs gegenüber dem Hexen- und Dämonenglauben seiner Zeitgenossen eine aufgeklärte, von Humanismus und Toleranz beeinflusste Position ein.[532] Der Ich-Erzähler dieses Textes verirrt sich des Nachts in einer ihm unvertrauten Gegend in einem dichten Wald und kauert sich unter einen Busch, um unter diesem den Morgen abzuwarten. Als ihm die Augen zufallen, vermeint er vor sich „in qualmes traum“ (KG 5, 285, 11) eine Versammlung von „Fünnf weibs-bild undter einem baum, / Alt geruntzelt unnd ungehewer“ (KG 5, 285, 12f) zu sehen. Er belauscht das Gespräch der fünf Hexen, die sich voreinander mit ihren zauberischen Fähigkeiten und den von ihnen verübten Malefizien brüsten, wobei die eine die andere in der ‚schwarzen Kunst‘ zu übertreffen sucht. Bei Tageslicht betrachtet erscheint dem Ich-Erzähler das zuvor Gehörte und Gesehene als „ein traum und fantasey“ (KG 5, 287, 13). Er sieht in den von den Hexen vorgebrachten zauberischen Fähigkeiten „lauter betrug unnd lügen“ (KG 5, 287, 16). Er glaubt nicht an Liebeszauber, denn „[z]u lieb sie nyeman zwingen mügen“ (KG 5, 287, 17), Liebesraserei sei selbstverschuldet. Das vom Teufel den Hexen verliehene ‚Gesichte‘ und ihre Wahrsagerei, Teufelspakt und -buhlschaft so wie das „bockfaren“ und die Tierverwandlung erklärt er für Trugbilder, die sich die Hexen nur einbildeten und die der Teufel ihnen vorgaukele.

„Der teuffel thuts mit gspenst betauben, / Das sie ligt schlaffen in eym qualm / Maint doch, sie far umb allenthalbm / Und treyb diesen und jhenen handel / Und in ein katzen sich verwandel“ (KG 5, 287, 37f – 288, 1ff).

---

530 Im Nürnberger Stadtarchiv befindet sich z. B. ein Holzschnitt aus dem Jahr 1555, der eine Hexenverbrennung thematisiert: Ein erschröckliche geschicht/ so zu Derneburh in der Graffschafft Reinsteyn/ am Hartz gelegen/ von dreyen Zauberin/ vnnd zwayen Mannen/ Jnn ettlichen tagen des Monats Oktobris Jm 1555. Jahre ergangen ist. Vgl. Hexenwahn – Hexenverfolgung. Zeugnisse aus der Stadtbibliothek und dem Stadtarchiv Nürnberg. Katalog zur Ausstellung der Stadtbibliothek und des Stadtarchivs Nürnberg von Mitte Januar bis Ende April 1987. Hg. von Günther Thomann u. a. Nürnberg 1987 [ohne Seitenzahlen]. Vgl. dazu auch Daxelmüller, Aberglaube, der zwei ähnliche Einblattdrucke aus dem Nürnberg der 1550er Jahre abdruckt (Abb. 15 und 20).

531 Abgedruckt in: KG 5, 285–288. Sachs stellte das Gedicht am 9. April 1531 fertig. Vgl. KG 5, 288, 8.

532 Vgl. dazu auch Kunstmann, Zauberwahn S. 171.

Sachs benutzt hier eine ganz ähnliche Argumentation wie die Figur des Sigismund in Ulrich Molitors „De laniis et phitonicis mulieribus“, der als Vertreter eines humanistischen und aufgeklärten Denkens die Realität der Teufelsbuhlschaft der Hexen ebenfalls als Hirngespinste der geschwätzigen ‚Weiber‘ gedeutet hatte. Sachs gibt sich mit diesem Text als Vertreter des gemäßigten Flügels der Hexenverfolgung, der ‚Episcopi-Tradition‘ zu erkennen. Seine Ablehnung aller zauberischen Praktiken, seien sie nun ‚weiße‘ oder ‚schwarze‘ Magie, als Verirrung vom rechten Glauben, verrät eine vom Luthertum und Protestantismus beeinflusste Einstellung zur Volksmagie. Wie Luther lehnt nämlich Sachs den Hexen- und Dämonenglauben seiner Zeit als heidnischen Aberglauben ab, mit dem sich die Menschen von Gott entfernen. Die Teufel und Dämonen können den Menschen nichts anhaben, solange sie im Glauben fest bleiben, so lautet die Ermahnung des Hans Sachs am Schluss seines Gedichtes. „Diß als ist haidnisch und ein spot / Bey den, die nicht glauben in Got./ So du im glauben Gott erkenst, / So kann dir schaden kein gespenst.“ (KG 5, 288, 4–7).

Wie lässt sich nun aber der Widerspruch zwischen der ablehnenden Position des Hans Sachs gegenüber dem Phänomen des Hexenglaubens zu Beginn der 30er Jahre und seiner Kriminalisierung und Dämonisierung Melusinas als „teuffels-künder“ und Satansbraut 25 Jahre später verstehen? Geht man nicht davon aus, dass der Dichter in fortgeschrittenem Alter seine Auffassung zum Phänomen der Hexerei grundlegend verändert hat, dürfte die Erklärung in den unterschiedlichen Funktionszusammmenhängen der beiden Texte zu suchen sein.

Das Gedicht „Ein wunderlich gesprech von fünnff unhulden“ entstand am Ende einer Periode, in der auch in Nürnberg die Hysterie des Hexenwahns um sich zu greifen drohte und Gerüchte und Verdächtigungen in der Bevölkerung den Rat vielfach zwangen, einen Prozess wegen Hexerei durchzuführen, um die öffentliche Ordnung in der Stadt aufrecht zu erhalten.[533] In diesem Kontext ließe sich das Gedicht, mit dem Sachs seine Mitbürger – in gut protestantischer Manier – dazu aufruft, sich mehr auf Gott und ihren Glauben und weniger auf Hexen und Teufel zu konzentrieren, als ordnungspolitisches Instrument eines in seiner Stadt sehr engagierten Dichters verstehen, mit dem er die Nürnberger Bürger zu einem besonneneren und weniger ordnungszersetzenden Umgang mit dem Phänomen der Hexerei bewegen möchte. Dass Sachs sich in dieser Weise – durch die Abfassung von literari-

---

[533] Für eine zauber- und hexengläubige Stimmung in der Bevölkerung Nürnbergs zu Beginn der 30er Jahre spricht, dass im Jahre 1531 zwar mehrere Zauberreidelikte vor den Rat der Stadt gebracht und die der Zauberei verdächtigten Personen zur Untersuchung festgenommen wurden, es jedoch nicht zu einer Anklage kam. Vgl. KUNSTMANN, Zauberwahn S. 53 f.

schen Texten – in das tages- und gesellschaftspolitische Geschehen in Nürnberg einmischte, ist angesichts seiner „engagierte[n] Parteinahme für die Reformation“ und der „zentrale[n] Rolle“, die der „Frage nach dem rechten Glauben und dem frommen Leben“ in seinem Denken zukam[534], keineswegs unwahrscheinlich, gilt der Dichter doch als „Wortführer der Reformation“, der sein poetisches Können als „Laientheolog[e]“ in den Dienst der Reformationsbewegung gestellt hatte.[535]

Die Entstehung der Tragedia „Die Melusina“ fällt in Bezug auf die Hexenverfolgungen in Nürnberg und Franken dagegen in eine Phase der Ruhe: die zur Anklage gebrachten Hexereifälle in Nürnberg lagen Jahrzehnte zurück und die zweite Verfolgungswelle um 1590, die auch Nürnberg peripher erreichte, lag noch in weiter Ferne.[536] Anders als 1531 musste der Dichter nicht befürchten, mit seinem Stück die Hexen- und Dämonenfurcht der Einwohner Nürnbergs neu anzufachen und eine neue Verfolgungswelle zum Ausbruch zu bringen. Mit der Diffamierung der Melusina als Succubus und „teuffels-künder“ dürfte Sachs die Erwartungen seines Publikums erfüllt haben. Mit der Darstellung der Melusina als buhlender Dämonin und ihrer Söhne als Satanskinder greift der Dichter die für das späte 15. und das gesamte 16. Jahrhundert bestimmende Deutung der Melusinenfigur auf, wie sie sich in den Schriften Ulrich Molitors und Martin Luthers findet und in Sammelschriften des späten 16. und frühen 17. Jahrhunderts Verbreitung fand. Die Melusinengeschichte wird auch von ihm in den Kontext des frühneuzeitlichen Hexereidiskurses eingerückt.

5.3.3 Die Entlastung des Patriarchen – der Epilog

Das zentrale Anliegen, das Sachs mit seinen Tragedi und Comedi verfolgt, ist ein didaktisches. Es geht ihm, um die Beantwortung der „Frage, wie ein gutes Leben zu führen sei vor Gott und den Menschen.“[537] Ähnlich wie die hoch- und spätmittelalterlichen didaktischen Kleinformen formal in einen erzählenden und einen kommentierenden bzw. interpretierenden Teil gegliedert sind, teilen sich Sachs' Dramen in eine eigentliche Spielhandlung und einen kommentierenden lehrhaften Monolog, mit dem der ‚ernholdt‘ die

[534] Hamm, Evangelisch S. 125 f.

[535] Ebd.

[536] Seit den späten 30er Jahren gab es bis zum Beginn der großen Verfolgungswelle um 1590 keinen bedeutenderen Hexereiprozess mehr. Es gelangten lediglich einige kleinere Fälle vor den Rat. Vgl. Kunstmann, Zauberwahn S. 72 f.

[537] Klein, Bildung S. 142.

Spielhandlung beschließt. Dieser Monolog dient der Versittlichung und moralischen Erziehung des Publikums.[538] Die „konsequente ‚Didaktisierung' der Dramenhandlung im Epilog" hat die Funktion, den literarischen Stoff, den das Dramengeschehen vermittelt, den Rezipienten mit Hilfe „moralische[r] Erläuterungen verständlich" zu machen.[539]

Moderne Leserinnen und Leser, die vielleicht erwartet hatten, Sachs werde sich in seinem Epilog damit auseinandersetzen, wer am Scheitern der Mahrtenehe die Schuld trage oder gar die männlichen Protagonisten Raymund und Goffroy als negative Beispiele vorführen, deren mangelnde Affektkontrolle alles Unglück ausgelöst habe, werden enttäuscht. Tatsächlich macht der Dichter die Wankelmütigkeit des Glücks zum Thema seiner Moralisation:

„Auß der wunderbaren histori / Lehr wir zu bhalten die memori / Bey Raymund und Melusina, / Das man wol lehr erkennen da / Das unstät und wanckel gelück, [...]" (HSM, 562, 17–21).

Sachs knüpft mit seiner Moralisation an den in Mittelalter und Früher Neuzeit überaus populären literarischen Topos vom ‚Rad des Glücks' an.[540] Das Glücksrad ist Sinnbild für die Veränderlichkeit des Glücks. Schon in antiker Dichtung und bildender Kunst war Fortuna, der Göttin des Schicksals, als Symbol ein Rad beigegeben. Das Symbol des Rades (Kugel, Globus, Erdscheibe) erklärt sich aus dem Kontext der vormodernen Kosmologie: Fortuna mit dem Rad steht für die Vorstellung vom zyklischen Umlauf der Himmelskörper, an den indirekt der Vorgang des Wechsels und Werdens auf Erden gebunden ist.[541] Die grundlegende Schrift, mit der die von den Kirchenvätern abgelehnte und vehement bekämpfte heidnisch-antike Fortuna-Tradition im Mittelalter neu einsetzt, ist Boethius' „Consolatio philosophiae" (524 n.Chr). Boethius knüpft an die ältere, antike Tradition an, formuliert jedoch ein wesentlich neues Konzept, bei dem Fortuna in das christliche Denkgebäude eingepasst und mit dem Grundgedanken des Christentums, das Gott die letzte Ursache aller Dinge ist, kompatibel gemacht wird: Boethius deutet in der „Consolatio philosophiae" das Handeln der als unberechenbar, unbeständig und launisch imaginierten Göttin, die beim Verteilen der irdischen Güter ungerecht verfährt, als Ausdruck univer-

---

538 Ebd. S. 139.

539 Ebd. S. 140.

540 Das ‚Glücksrad' als Motiv mittelalterlicher Literatur wurde zuerst Mitte des 19. Jhs. untersucht: Wilhelm Wackernagel, Das Glücksrad und die Kugel des Glücks, in: Zeitschrift für deutsches Alterthum 6. 1848 S. 134–149.

541 Elisa Miranda, [Art.] Fortuna, in: EM 5. Berlin 1987 Sp. 1.

saler göttlicher Gerechtigkeit. In Boethius' Schrift wird Fortuna von ihrem Status als autonome Macht des Zufälligen entmachtet. Sie figuriert nun als Werkzeug der göttlichen ‚providentia'. Die von ihr repräsentierte Unbeständigkeit und Willkür alles Irdischen wird zum programmatischen Teil des göttlichen Heilsplans erklärt, zum ersten Schritt des Menschen auf dem Weg zur ‚deificatio'.[542] Boethius' Fortuna-Konzeption wird in Mittelalter und Früher Neuzeit vielfach ausgestaltet und abgewandelt.[543] Ausgehend von Boethius verband sich mit dem Bild vom Glücksrad die Vorstellung, dass Fortuna die Menschen auf ihr Rad setze und sie mit dessen Umschwung auf und nieder steigen lasse.[544]

„Haec nostra vis est, hunc continuum ludum ludimus: rotam volubili orbe versamus, infima summis, summa infimis mutare gaudemus. Ascende, si placet, sed ea lege, ne, uti cum ludicri mei ratio poscet, descendere iniuriam putes."[545]

Auch in Thürings von Ringoltingen „Melusine" liegt dem Geschehen die Vorstellung zugrunde, dass der Lauf der Gestirne menschliche Schicksale auf Erden bestimme. Reÿmunds fahrlässige Tötung seines Onkels und Ziehvaters ist ihm in den Sternen vorherbestimmt (vgl. ThvRM, 18, 15–19, 14). Melusina selbst alludiert mit einem Ausspruch, den sie während ihres leidvollen Abschiedes von Raymund nach dem Zweiten Tabubruch macht, auf die Unstetigkeit und Wankelmütigkeit des Glücks: „Diß alles kommt von gelückes zůualle. das einen höhet den andern nÿdert" (ThvRM, 119, 16f).

---

542 Zu Boethius' Fortuna-Konzeption und ihrer Bedeutung für das mittelalterliche Fortuna-Motiv vgl. Walter Haug, O Fortuna. Eine historisch-semantische Skizze zur Einführung, in: Fortuna. Hg. von Walter Haug und Burghart Wachinger. (Fortuna vitrea 15). Tübingen 1995 S. 1–22, hier 4.

543 Miranda, [Art.] Fortuna, in: EM 5. Berlin 1987 Sp. 2 und Haug, Fortuna S. 21 f.

544 Wackernagel, Glücksrad S. 136. Der Bildtypus der mit königlichen Insignien versehenen Fortuna, neben sich ein Rad, auf dem eine menschliche Gestalt sitzt, lässt sich seit dem 11. Jh. nachweisen. Die ikonographische Tradition des Fortuna-Rades wird von der ‚Viererformel' – ‚regnabo' (ich werde herrschen); ‚regni' (ich herrsche); ‚regnavi' (ich habe geherrscht) und ‚sum sine regno' (ich bin ohne Herrschaft) – begleitet, welche die vier Stationen analog zu den vier Himmelsrichtungen auf dem Glücksrad und die Bewegung des ‚Höhens' und ‚Nyderns' beschreibt. Vgl. Haug, Fortuna S. 1.

545 „Dies ist unsere Macht, dies ununterbrochene Spiel spielen wir, wir drehen das Rad in kreisendem Schwunge, wir freuen uns, das Tiefste mit dem Höchsten, das Höchste mit dem Tiefsten zu tauschen. Steige aufwärts, wenn es dir gefällt, aber unter der Bedingung, dass du es nicht für ein Unrecht hältst, herabzusteigen, wenn es die Regel meines Spiels fordert." Anicius M. S. Boethius, Consolatio philosophiae 2, 29–33, in: Boethius. Consolatio Philosophiae. Trost der Philosophie. Lateinisch-deutsch. Hg. und übersetzt von Ernst Gegenschatz und Olof Gigon. Düsseldorf u. a. 2004 S. 48 f.

Der Epilog in „Die Melusina" exemplifiziert diese Sentenz im Rekurs auf die mittelalterliche Glücksrad-Allegorie, die schon in der Dichotomie von ‚höhen' und ‚nydern' anklingt.[546]

„Und wenn er an dem höchsten steht / Mit all seinem gantzen geschlecht / An mangel, herrlich und auff-recht, / So wend sich denn des Glückes rad, / Das der mensch felt in sein ungnad, / Das von ich weichet alles glück / Und nembt im wider alle stück / Und gibt im armut für reichthumb, / Auch schand und schmach für ehr und rum" (HSM, 562, 28–563, 4).

Sachs blendet allerdings in seiner Moralisation aus, dass im Roman unmittelbar auf diesen Ausspruch eine erneute Anklage gegen Reÿmund folgt. „Aber du pist selbs schuldig daran vnd von deiner grossen vnwarheit und vntreẅ wegen so wirdest du dein herczliebes liep verlieren vnd vmb sÿ kommen", wirft ihm seine Frau vor. (ThvRM, 119, 17–120, 2). Glück und Unglück werden in der „Melusine" Thürings von Ringoltingen gerade nicht als im neuzeitlichen Sinne ‚zufällig' vorgeführt. Während Reÿmunds Glück ihm von den Gestirnen vorbestimmtes Schicksal ist, ‚zufal' im mittelalterlichen Sinne, resultiert sein Unglück, die Peripetie seines Glücks, aus persönlicher Schuld. Thüring stellt im Roman dezidiert heraus, dass seine männlichen Protagonisten Reÿmund und Geffroÿ aufgrund der mangelhaften Kontrolle ihrer Affekte das Glück ihrer Familie und ihres Geschlechts zerstören. Brudermord und Zweiter Tabubruch geschehen, weil die Männer ihres Zorns nicht Herr werden können. Die Melusinengeschichte erscheint aus dieser Perspektive für eine Exemplifizierung der Wankelmütigkeit des Glücks wenig geeignet. Der Epilog der Tragedia bietet dem Publikum nur eine unzureichende Anleitung zum Verständnis des zuvor Gesehenen.

Fraglich ist, warum Sachs für seine Moralisation an eine Stelle im Roman anknüpft, die in ihrer Aussage sofort wieder relativiert wird und keinen Deutungsansatz bietet, aus dem sich der Roman erschließt. Beschäftigt man sich mit den moralischen Lehren der Tragedi und Comedi des Sachs in ihrer Gesamtheit, fällt ihre inhaltliche und sprachliche Gleichförmigkeit auf. Man stößt auf die immer gleichen Interpretations- und Deutungsmuster, die wie

[546] Die Vorstellung von Fortuna, die den Lauf des Glücksrades bestimmt, das die Menschen ‚höhet' und ‚nidert', war Sachs vertraut und findet sich in seinen Texten häufiger. So verwendete er das Fortuna-Motiv in den Moralisationen zu zwei Verserzählungen. In der „Historia. Der König Agatoclis in Sicilia" (abgedruckt in: KG 8, 446–552) heißt es im „Beschluß" auf S. 451: „und wenn er meint, er steh am vesten [...] / so stürzt das Glück seine Liebhaber / oben von dem Glücks rad herabet." Auch in der „Historia: Magnus der dritte König in Nortwegen, den Haraldus blenden und außschneiden lies und in ein closter verstieß" (abgedruckt in: KG 16, 320–324) wird mit dem Glücksrad der Fortuna argumentiert: „plötzlich wend fortuna den rück [...] / und kehret ihm umb das Glücksrad" (324).

„festgefügte Formeln“ oder „Versatzstücke“ auf die Stoffe appliziert werden.[547] Sachs greift bei der Formulierung seiner Lehren auf einen festen Kanon moralischer Grundsätze zurück, der außerhalb der literarischen Stoffe existiert und sich aus den biblischen Lehr- und Weisheitsbüchern speist.[548] Dorothea Klein kommt zu dem Ergebnis,

> „[...] daß die Lehren bis zu einem gewissen Grad beliebig austauschbar sind. Gleiche moralische Anweisungen eignen sich für die unterschiedlichsten literarischen Stoffe. Die Formeln haben sich von der konkreten literarischen Situation abgelöst und verselbständigt.“[549]

Der Epilog soll also gar nicht echte Verstehensanleitung für das Publikum sein. Es genügt Sachs, wenn er aus dem festen Repertoire von Moralisationen, über das er verfügt, eine auswählt, die sich auf das Drama beziehen lässt. In Thürings „Melusine“ bietet sich ihm die sentenzhafte Äußerung Melusinas über die Launenhaftigkeit des Schicksals als Anknüpfungspunkt an. Der Epilog dient nicht dazu, dem Publikum das Bühnengeschehen zu erklären, sondern umgekehrt, das Bühnengeschehen illustriert – im Idealfall – die im nachhinein ausgesprochene Lehre.

In Thürings Roman trifft die männlichen Protagonisten Reÿmund und Geffroÿ die alleinige Schuld am Unglück. Melusina dagegen erscheint als unschuldiges Opfer männlicher Unzulänglichkeit.[550] Der unmäßige, unkontrollierbare Zorn, an dem es Vater und Sohn nicht mangelt, wird als männliches Verhaltensmuster vorgeführt, als Teil einer männlichen, am mittelalterlichen Rittertum orientierten Identität, der in einer höfischen Umwelt, in welcher der ‚Höfling‘ den ‚Ritter‘ als Ideal ersetzt hat, obsolet geworden ist. Die unterschwellige Botschaft des Romans ist: Wer seinen Affekten freien Lauf lässt, wird dafür mit dem Verlust seiner gesellschaftlichen Stellung und Reputation büßen müssen.[551]

Indem Sachs die Launenhaftigkeit des Schicksals zum Thema seines Epilogs macht und damit die Geschehnisse in der Melusinengeschichte als überindividuelle Wandlungen des Glücks präsentiert, auf welche die Protagonisten keinen Einfluss haben, entlastet der Autor die männlichen Protagonisten von ihrer individuellen Schuld. Nicht Reÿmund selbst wird wegen seiner

---

547 Klein, Bildung S. 165.

548 Vgl. ebd. S. 171.

549 Ebd. S. 167.

550 Thüring blendet hier seinerseits wiederum die unrühmliche Vergangenheit der Melusine aus, die erst wegen des gemeinsam mit den beiden Schwestern begangenen Vatermordes und des daraus resultierenden mütterlichen Fluches überhaupt dazu gezwungen ist, am ‚Durstbrunnen‘ auf einen geeigneten Ehemann zu warten.

551 Vgl. dazu Kap. B.3.1.

mangelnden Affektkontrolle zum Auslöser des Glücksverlustes und des Niedergangs seines Hauses, sondern die launische Fortuna dreht das Glücksrad und stürzt ihn ins Unglück.

Neben die Entlastung des Patriarchen Raymund tritt die Belastung der Melusina. Während diese im Roman vom Vorwurf der Dämonie entlastet wird und ihre Verbindungen zum „poß veint" (ThvRM, 117, 8) ungeklärt und verschwommen bleiben, wird die Melusinenfigur bei Sachs – dem Zeitgeist entsprechend – zur buhlenden teuflischen Dämonin vereindeutigt, die Raymund verführt hat, um ihm zu schaden, und ihm Satansbälger als Nachkommen beschert hat. Mit der Kriminalisierung und Dämonisierung der Melusina als „ungehewer teuffels-künder" (HSM, 550, 21) wird Raymunds Zweiter Tabubruch, die öffentliche Diffamierung seiner Frau, gerechtfertigt. Er erscheint als Teufelsaustreibung, mit der sich Raymund von seinem Dämon befreit, nachdem er das wahre Wesen seiner Frau erkannt hat.

6. Elementargeist und Hexe – Melusine im „Liber de Nymphis“

In seinem „Liber de Nymphis, Sylphis, Pygmaeis et Salamandris et de Caeteris Spiritibus“, in dem er eine eigenständige Naturgeschichte der Elementargeister entwickelt, eröffnet Paracelsus sein Verständnis der Melusinengeschichte mit folgender Bemerkung: „Nun ist nicht minder, mit der Melosina ist ein treflich aufmerken zu han; dan sie ist nit dermaßen gesein, als sie geachtet worden von den Theologen, sonder ein nympha.“[552] Er dürfte hier auf die Deutung der Melusinenfigur als Succubus anspielen, wie sie sich seit dem Hochmittelalter vor dem Hintergrund der spätscholastischen Lehre von den Incubi und Succubi abzeichnete, in spätmittelalterlichen Hexenschriften sowie reformatorischen Texten findet und im späten 16. Jahrhundert im protestantischen Umfeld popularisiert wurde.[553] Paracelsus erteilt der für das 16. Jahrhundert als communis opinio anzusehenden Wahrnehmung der Melusine als buhlender Dämonin eine Absage. Er sieht in ihr eine „nympha“ und ordnet sie damit wie die namenlose Protagonistin des „Peter von Staufenberg“ den aquatischen Elementargeistern zu.

In der Forschung wird in bezug auf die Melusinenfigur vor allem Paracelsus' Auflehnung gegen die bisherige Deutungstradition hervorgehoben. Schon Kurt Ruh sah in der paracelsischen Bewertung der Melusine eine Entlastung der anderweltlichen Frau und betonte die Entdämonisierungstendenz gegenüber der mittelalterlichen Verdammung und Verteufelung der Figur als teuflische Dämonin, wie sie sich sonst im deutschen Sprachraum nur

---

552 Eine kritische Edition erfolgte zuerst in: Theophrast von Hohenheim gen. Paracelsus. Sämtliche Werke. Hg. von Karl Sudhoff und Kurt Goldammer. München u. a. 1922–, Abt. I, Bd. 14 S. 115–155, hier 142. Aus dieser Ausgabe wird im Folgenden unter der Sigle ThvHSW zitiert. Seit kurzem liegt auch eine Faksimile-Ausgabe des ersten vollständigen Druckes (Basel 1590) vor: Theophrast von Hohenheim, Das Buch von den Nymphen, Sylphen, Pygmaeen, Salamandern und den übrigen Geistern. Faksimile der Ausgabe Basel 1590. Übertragen und mit einem Nachwort versehen von Gunhild Pörksen. Marburg 1996. Eine aktuelle, umfassende Darstellung der paracelsischen Elementargeisterlehre bietet: Isabelle Gloria Stauffer, Undines Sehnsucht nach der Seele. Über Paracelsus' Konzeption der Beseelung von Elementargeistern im *Liber de Nymphis, sylphis, pygmaeis et salamandris, et de caeteris spiritibus*, in: Nova Acta Paracelsica. N. F. 13. 1999 S. 49–100.

553 Zur Deutung der Melusine als Dämonin in den proto-melusinischen Texten des Hochmittelalters sowie im gelehrten theologisch-dämonologischen Diskurs des 16. Jhs. vgl. Kap. B.2.1 und B.4.

in Thürings Prosaroman finde.[554] Der „Liber de Nymphis“, so Kurt Ruh, „[lese] sich wie ein Schlüssel zur ‚Melusine‘.“[555] Die bisherigen Erkenntnisse der Forschung resümierend stellte Bea Lundt fest: „Während Luther diese Figur als Beispiel für einen teuflischen Gestaltwandel betrachtete, entdämonisierte P[aracelsus] sie nachdrücklich.“[556] Diese einseitige Wahrnehmungsweise des Paracelsus als Apologet der Melusine scheint mir jedoch problematisch. Die unmittelbar auf die Entlastung der Melusine folgende erneute Diffamierung der anderweltlichen Mahr als Hexe wird dabei zu wenig beachtet. So lässt Paracelsus seine Rezipienten wissen: „[...] und aber das ist war, besessen mit dem bösen Geist [war sie; Cl. St.], [...] der hexerei ist ‹sie› nicht losgesein; sie hat ein teil domit gehabt“ (ThvHSW I, 14, 142). Somit steht im „Liber de Nymphis“ der Entdämonisierung der Melusinenfigur eine erneute Diabolisierung gegenüber. Während die namenlose *frouwe* aus „Peter von Stauffenberg“ von jeder Verbindung mit dem Teufel nachdrücklich freigesprochen wird, scheint sich der Hohenheimer im Hinblick auf Melusine nicht von den zeitgenössischen negativen Urteilen über diese freimachen zu können.

Der Schlüssel zu einem Verständnis, warum Paracelsus die Melusinenfigur entdämonisiert, sie zugleich aber wieder als Hexe diffamiert und sie somit erneut in Zusammenhang mit dem Teufel bringt, scheint in der eigentümlichen Hexenvorstellung des Hohenheimers zu liegen. Sein Hexenbild, das er in seiner Schrift „De sagis et earum operibus“[557] darlegt, weicht in einigen markanten Punkten deutlich von den zeitgenössischen Hexenlehren ab. Melusine stimmt aufgrund bestimmter Merkmale mit Paracelsus' Bild der Hexe überein und wird deshalb von ihm als solche betrachtet, während die namenlose *frouwe* aus der Stauffenberg-Sage für ihn keine hexenhaften Merkmale aufweist. Während die Vorläuferin der Undinenfigur allein dem Deutungs-

---

[554] Ruh, Melusine S. 19.

[555] Ebd.

[556] Bea Lundt, [Art.] Paracelsus, in: EM 10. Berlin 2002 Sp. 552.

[557] Abgedruckt in: ThvHSW I, 14, 1–27. Paracelsus' Hexenvorstellung und seine Schrift „De sagis et earum operibus“ fanden bisher wenig Beachtung: Mechthild Jacob, Die Hexenlehre des Paracelsus und ihre Bedeutung für die modernen Hexenprozesse. Ein Beitrag zur Geschichte der Entwicklung des Hexenglaubens seit dem Mittelalter unter besonderer Berücksichtigung der Überlieferung aus dem Raum Gifhorn. Diss. masch. Göttingen 1959; Klaus Schneller, Paracelsus: Von den Hexen und ihren Werken, in: Aus der Zeit der Verzweiflung. Zur Genese und Aktualität des Hexenbildes. Beiträge von Gabriele Becker, Silvia Bovenschen, Helmut Brackert u. a. Frankfurt a. M. 1977 S. 240–258; Otto Nowotny, Paracelsus und das Hexenwesen, in: Österreichische Apotheker-Zeitung 41. 1987 S. 682–687; Udo Benzenhöfer, Hexenzeichen und Hexenwerke. Bemerkungen zur Hexenlehre des Theophrast von Hohenheim, in: Geschichte der Pharmazie 47, 1. 1995 S. 11ff und Petra Blöchlinger/Guido Zemp, Das Hexenbild des Paracelsus, in: Nova Acta Paracelsica. N. F. 8. 1994 S. 3–32.

muster Elementargeist unterliegt, überlagern sich in der Bewertung der Melusina zwei Wahrnehmungsweisen, das Bild des Elementargeistes und das der Hexe.

6.1 „nympha" – die eine Seele begehrende Geistfrau

Paracelsus' Deutung der Melusinengeschichte findet sich im vierten Traktatus des „Liber de Nymphis" als letztes Beispiel für das Erscheinen von Elementargeistern und ihr Wirken in der Welt der Menschen (vgl. ThvHSW I, 14, 142f). Der Hohenheimer zeigt sich von der Existenz der in den Elementen lebenden „geistmenschen" (ThvHSW I, 14, 118) fest überzeugt. Die zeitgenössischen Erzählungen über anderweltliche Wesen wie die Versnovelle „Peter von Stauffenberg", die Tannhäusersage (Venusberg-Motiv) sowie weitere volksläufige Sagen und Märchen nimmt Paracelsus, der als „Kenner der zeitgenössischen und älteren Literatur" gelten kann[558], als Dokumente, welche die Existenz solcher Geschöpfe belegen. Er legt sie als empirisches Material seiner Elementargeisterlehre zugrunde. Für den Hohenheimer ist die Melusinengeschichte ebenso wie die Stauffenberg-Sage ein „warhaftig historien" (ThvHSW I, 14, 140), welche die Existenz von Elementargeistern beglaubigt.

Die Vorstellung von Elementargeistern, die in den Elementen wohnen, geht nicht auf Paracelsus zurück, sondern hatte schon vor ihm eine lange philosophie- und theologiegeschichtliche Tradition.[559] Im „Liber de Nymphis" finden sich viele Elemente dieser Tradition wieder, Paracelsus eignet sich das Material jedoch in eigener Weise an und formt es eigenwillig um.[560] Die Elementargeister spielen im kosmologischen und kosmosophischen Weltbild des Hohemheimers eine hervorragende Rolle.[561] Schon in seinen

---

[558] Gunhild Pörksen, Die Bewohner der Elemente nach Paracelsus' Liber de Nymphis, in: Nova Acta Paracelsica. N. F. 6. 1991 S. 29–50, hier 29. Vgl. auch Gerhard Eis, Hohenheims Priamel von den Elementargeistern, in: Ders., Vor und nach Paracelsus. Untersuchungen über Hohenheims Traditionsverbundenheit und Nachrichten über seine Anhänger. (Medizin in Geschichte und Kultur 8). Stuttgart 1965 S. 45–50, hier 48.

[559] Zur Entwicklung der Elementargeisterlehre und der Vorstellung von der Belebtheit der Elemente als communis opinio der humanistischen Naturphilosophie vgl. Lutz Röhrich, [Art.] Elementargeister, in: EM 3. Berlin 1981 Sp. 1316f und Josef Strebel, Prolegomena zum paracelsischen Buch über die Elementargeister, in: Nova Acta Paracelsica 2. 1945 S. 173–186, hier 173.

[560] Vgl. dazu Kurt Goldammer, Die paracelsische Kosmologie und Materietheorie in ihrer wissenschaftsgeschichtlichen Stellung und Eigenart, in: Ders., Paracelsus in neuen Horizonten. Gesammelte Aufsätze. Wien 1986 S. 288–320.

[561] Zu Paracelsus' kosmologischen und kosmosophischen Vorstellungen vgl. Walter Pagel,

frühen Schriften dokumentiert sich sein Interesse für die Wesen, welche die vier Elemente bewohnen.[562] Bevor er ihnen mit dem „Liber de nymphis“ gegen Ende seines Lebens eine eigenständige Schrift widmete, die seine bisherigen Überlegungen systematisierte, kam er in verschiedensten Texten, theologischen, naturkundlichen und medizinischen Schriften auf sie zurück.[563]

Schon zu Beginn seiner Ausführungen lässt Paracelsus seine Leser und Leserinnen wissen: „Dorbei auch so sind solche geschöpf von nöten und vertreten auch ir stat und ir lucken, und sind nit vergebens beschaffen“ (ThvHSW I, 14, 119). Im sechsten *Traktatus* benennt er als „ursach“, warum die Elementargeister existieren, dass Gott der Schöpfer die Elementargeister zu Wächtern und Beschützern der Elemente bestimmt habe (ThvHSW I, 14, 148f). Paracelsus weist den Elementargeistern aber nicht nur eine handfeste Aufgabe, sondern auch eine heilsgeschichtliche Funktion und damit eine Existenzberechtigung in der Schöpfungsordnung zu. Die Elementargeister sind für ihn von Gott geschaffene Wesen, die existieren, um den Menschen, in dem Paracelsus das Zentrum und die Quintessenz der göttlichen Schöpfung sieht[564], die Allmacht Gottes sinnfällig vor Augen zu führen: „aber dem menschen dem erscheinen sie wie obstêt, das er erkenn und sech, wie wunderbarlich got sei in seinen werken“ (ThvHSW I, 14, 124). Der in dieser Formulierung anklingende David-Psalm „Mirabilis deus in operibus suis“, den schon Thüring von Ringoltingen als Deutungsmuster und Erklärungsansatz für die Existenz solcher Geschöpfe angeführt hatte[565], kann alsGrundaussage des *liber* gelten, die in variierter Form im Sinne eines Leitmotivs den gesamten Text durchzieht.[566]

Das medizinische Weltbild des Paracelsus. Seine Zusammenhänge mit Neuplatonismus und Gnosis. (Kosmosophie 1). Wiesbaden 1962; Kurt Goldammer, Bemerkungen zur Struktur des Kosmos und der Materie bei Paracelsus, in: Ders., Paracelsus in neuen Horizonten (wie Kap. B, Anm. 563) S. 263–287 und Heinz Schott, Magie – Glaube – Aberglaube: Zur „Philosophia Magna“ des Paracelsus, in: Paracelsus und seine internationale Rezeption in der frühen Neuzeit. Beiträge zur Geschichte des Paracelsismus. Hg. von Heinz Schott und Ilona Zingner. Leiden u. a. 1998 S. 24–35.

562 Vgl. ThvHSW I, 1, 250.

563 Vgl. Gunhild Pörksen, Zum Prolog des *Liber de Nymphis*, in: Nova Acta Paracelsica N. F. 10. 1996 S. 77–88, hier 77 und Erwin Jaeckle, Der Exodus der Elementargeister, in: Nova Acta Paracelsica N. F. 1. 1987 S. 33–64, hier 33 ff.

564 Vgl. Kilian Blümlein, Naturerfahrung und Welterkenntnis. Der Beitrag des Paracelsus zur Entwicklung des neuzeitlichen, naturwissenschaftlichen Denkens. (Europäische Hochschulschriften. Reihe XX: Philosophie 300). Frankfurt a. M. 1992 S. 143.

565 Vgl. ThvRM 12, 3ff und ThvRM 12, 15–19 sowie Kap. B.3.3.3.

566 Vgl. ThvHSW I, 14, 122; ThvHSW I, 14, 126; ThvHSW I, 14, 130 und ThvHSW I, 14, 138.

Paracelsus sieht in den Elementargeistern Menschen oder doch menschenähnliche Wesen[567], die nicht von Adam abstammen. Er nennt sie „geistmenschen" (ThvHSW I, 14, 118) – ein Ausdruck, mit dem er versucht, den Status der Elementargeister als Mischwesen zwischen Menschen und Geistern zu erfassen.[568] Der Elementargeist ist „ein sondere creatur außerthalb deren zweien, […] ein gemischts gemacht von beiden", der sowohl menschliche als auch „geistisch[e]" Merkmale aufweist (ThvHSW I, 14, 121). Mit den Menschen haben diese Wesen, auf den ersten Blick, ihre leibliche Beschaffenheit gemeinsam (vgl. ThvHSW I, 14, 120). Paracelsus unterscheidet aber ein „fleisch aus Adam", das dem Menschen eigen ist, und ein fleisch „so nit aus Adam".[569] Während der menschliche Leib „ein grob Fleisch" ist, „das zu binden und zu fassen ist wie ein holz oder stein", haben die Elementargeister „ein subtil fleisch", das ihnen erlaubt, durch solide Mauern hindurchzugehen wie Geister (ThvHSW I, 14, 120).[570]

Aufgrund ihrer nicht-adamitischen Natur besitzen die Elementargeister keine unsterblichen Seelen und sind von der Auferstehung in Christo am Tage des jüngsten Gerichts ausgeschlossen. Sie gehören für Paracelsus zwar zur Gattung der Menschen, sind aber ‚homines inanimati'.[571] Wie die ada-

---

567 Zu Paracelsus' Konzept des nicht-adamitischen Menschen und seiner spezifischen Anthropologie, in der verschiedene Bilder des Menschen miteinander konkurrieren – ein in der Theologie fußendes dualistisches Leib-Seele-Modell und ein trichotomisches Leib-Geist-Seele-Modell, das aus einem christlich überhöhten medizinisch-naturwissenschaftlich ausgerichteten dualistischen Leib-Geist-Modell hervorgeht – vgl. Ernst Wilhelm Kämmerer, Das Leib-Seele-Geist-Problem bei Paracelsus und einigen Autoren des 17. Jahrhunderts. (Kosmosophie 3). Wiesbaden 1971 S. 10–40; Blümlein, Naturerfahrung S. 99–104 und Andres Furger, Das Bild der Seele im Spiegel der Jahrhunderte. Zürich 1997 S. 73–80.

568 Zu Paracelsus' Vorstellung von den Elementargeistern als spiritus ‚zweiter Ordnung' vgl. Kilian Blümlein, Naturerfahrung S. 99 und 168.

569 Der Begriff ‚Fleisch' hat bei Paracelsus gegenüber dem Mittelhochdeutschen einen größeren Bedeutungsumfang gewonnen. Er meint nicht nur das Fleisch des tierischen oder menschlichen Körpers, sondern der Begriff wird – wie in Luthers Bibelübersetzung – in einem übertragenen Sinn als Synonym für ‚Leib' gebraucht. Vgl. Pörksen, Bewohner S. 33 f.

570 Die subtile Beschaffenheit des nicht-adamitischen Fleisches der Elementargeister erklärt sich aus ihrer Herkunft aus den einzelnen Elementen. Die Elementargeister besitzen wie die Menschen einen elementischen Leib aus „blut und fleisch und gebein." Dieser ist aber dadurch, dass der Vater, das Firmament, sich nur mit einer der ‚limbischen' Element-Mütter verbindet, von ‚subtiler' Beschaffenheit. Zur paracelsischen Konzeption des „subtil Fleisch" vgl. Magdalena Nüesch-Häfelin, „ein subtil Fleisch", in: Nova Acta Paracelsica N. F. 8. 1994 S. 33ff, hier 34.

571 Vgl. Pörksen, Bewohner S. 44. Paracelsus bezeichnet die Bewohner der Elemente in der „Philosophia sagax" (1537/38) als Gattung „inanimatum" (ThvHSW I, 12, 103). Im Inhaltsverzeichnis der „Philosophia magna" erscheint der „Liber de Nymphis" unter dem Titel „De quatuor hominibus non animatis;" (ThvHSW I, 14, 3).

mitischen Menschen essen, trinken und verdauen sie, pflanzen sich fort und sterben durch Krankheiten (vgl. ThvHSW I, 129), aber sie vergehen wie das seelenlose „vich“ ohne Aussicht auf ein ewiges Leben (ThvHSW I, 14, 121). Während der Mensch aufgrund seiner adamitischen Abstammung von der Erbsünde betroffen ist, und seine unsterbliche Seele deshalb der Erlösung bedarf, sind die Elementargeister als nicht-adamitische Menschen ohne Seele nicht erlösungsfähig. Die Elementargeister, vor allem die Wasserleute, die den adamitischen Menschen hinsichtlich Aussehen, Gestalt und Lebensweise am ähnlichsten sind (vgl. ThvHSW I, 14, 129) und mit ihnen in der jeweiligen Landessprache kommunizieren können (vgl. ThvHSW I, 14, 135), nehmen Kontakt zu den Menschen auf (vgl. ThvHSW I, 14, 132). Schließen ein adamitischer Mann und eine Wasserfrau eine Ehe, erhält der Elementargeist mit dem Ehebündnis eine Seele und das ewige Leben (vgl. ThvHSW I, 14, 133). Die Kinder, die in dieser Ehe gezeugt werden, besitzen die adamitische Natur des Vaters, sind ‚homines animati‘ (vgl. ThvHSW I, 14, 132).

Paracelsus geht davon aus, dass die Elementargeister ihre Seelenlosigkeit als Mangel empfinden. Er nennt als Grund für die Kontaktaufnahme der Elementargeister ihr Streben nach einer unsterblichen Seele, die sie nur über ein Ehebündnis mit einem adamitischen Menschen erlangen können:

> „doraus folget nun, das sie umb den menschen bulen, zu im sich fleißen und heimlich machen. Zu gleicher weis als ein heid, der umb den tauf bittet und bult, auf das er sein sêl erlang und lebendig werde in Christo“ (ThvHSW I, 14, 133).

Paracelsus betont ausdrücklich, dass es unter den „wasserleuten“ wie bei den Menschen Männer und Frauen gibt (vgl. ThvHSW I, 14, 129). Auch das Seelenverlangen wird von ihm nicht prinzipiell auf ein Geschlecht beschränkt (vgl. ThvHSW I, 14, 133). Dennoch erscheint in seiner Vorstellung die Rollenverteilung von Mann und Frau bei der Seelenvergabe unmissverständlich festgelegt. Der (Menschen-)Mann fungiert als Seelenspender, die „nympha“ als Empfängerin.

> nun folgt aus dem, das sie zum menschen verheiratet werden, also das ein wasserfrau ein man aus Adam nimpt, und halt mit ihm Haus und gebiert. [...] so ist das auch in gutem wissen, zu ermessen das auch solch frauen sêl entpfahen in dem so sie vermelet werden, also das sie wie ander frauen vor got und durch got erlöst sind (ThvHSW I, 14, 133).

Der Grund, warum Paracelsus allein dem Mann die Macht und Fähigkeit zuspricht, als Seelenvermittler zu fungieren, dürfte zum einen in der literarischen Tradition begründet sein. In den mittelalterlichen, meist im höfischen Milieu spielenden Erzählungen über Feenlieben, die er als Beispiele für die Richtigkeit seiner Elementargeisterlehre heranzieht, sind es stets weibliche

Mahrtenwesen, die Kontakt zu Menschenmännern suchen.[572] Zum anderen könnte die klare, geschlechterspezifische Rollenverteilung auch in den geschlechteranthropologischen Vorstellungen des Paracelsus begründet liegen.[573] Die Frage, ob Theophrastus von Hohenheim die zeittypische Auffassung von Geschlecht teilte, die in der Forschung unter den Schlagworten *Ein-Geschlecht-Modell* (Th. Laqueur) und *Modell der teleologischen Männlichkeit* (S. Greenblatt) diskutiert wird[574], ist nicht leicht zu beantworten. Schließlich tendierte er dazu, sich in seinen Schriften in verächtlichem Ton zu den maßgeblichen Lehrmeinungen theologischer und medizinischer Autoritäten zu äußern.[575] Zudem hat er seinen Vorstellungen von Männlichkeit und Weiblichkeit keine eigene Schrift gewidmet. Vielmehr finden sich Hinweise auf sein Denken über die Geschlechter über sein gesamtes Werk verteilt. Eine einheitliche, widerspruchsfreie Position lässt sich aus diesen verstreuten Äußerungen kaum (re-)konstruieren.[576] Merry Wiesner-Hanks und Gerhild Scholz Williams gelangen zu der Auffassung, dass der Hohenheimer zu einer Annahme von „fundamentalen Geschlechtsunterschieden zwischen

[572] Vgl. dazu auch LECOUTEUX, [Art.] Mahrtenehe: die gestörte M., in: EM 9. Berlin 1999 Sp. 49.

[573] Zur Geschlechteranthropologie des Paracelsus vgl. MERRY WIESNER-HANKS/GERHILD SCHOLZ WILLIAMS, Paracelsus über Geschlecht, Weisheit und die menschliche Natur, in: Geschlechterperspektiven. Forschungen zur frühen Neuzeit. Hg. von HEIDE WUNDER und GISELA ENGEL. (Aktuelle Frauenforschung). Königstein, Ts. 1998 S. 301–312; GERHILD SCHOLZ WILLIAMS, Magie und die Wissenschaft von Mann und Frau. Theophrastus Bombastus von Hohenheim genannt Paracelsus, in: DIES., Hexen und Herrschaft (wie Kap. A, Anm. 37) S. 61–79; DIES., Die dritte Kreatur: Das Frauenbild in den Schriften von Paracelsus (1491–1543), in: Der frauwen buoch (wie Kap. B, Anm. 36) S. 353–371 sowie PAUL DIEPGEN, Paracelsus und das Problem der Frau, in: Nova Acta Paracelsica 8. 1957 S. 49–54.

[574] Zur Konstruktion von Männlichkeit und Weiblichkeit im theologischen und medizinisch-naturkundlichen Diskurs des 16. Jhs. sowie der Auseinandersetzung zwischen Aristotelikern und Galenisten um ein Festhalten an einem *Ein-Geschlecht-Modell* oder der Annahme eines komplementären *Zwei-Geschlechter-Modells* vgl. LAQUEUR, Leib S. 80–134; STEPHEN GREENBLATT, Fiction S. 66–93 und WIESNER-HANKS/SCHOLZ WILLIAMS, Paracelsus S. 303 ff.

[575] Paracelsus ist für seine eigenwillige und unorthodoxe Sicht auf tradierte und durch unangreifbare Autoritäten legitimierte Denkmuster bekannt. So schrieb er in seinem „Opus paramirum“: „Das ir euch wöllen verantworten mit Machaone, mit Apolline, Aristotele, Galeno, Averroe, Avicena, [...] etc, ist weit fel; ir müssent am ersten probiren, ob sie gelogen haben oder nicht. [...] wan ir geschriften pfeifen weren, es müßt ein guter organist sein, der mir ein liedlein darauf machen könt“ (ThvHSW I, 9, 229).

[576] Die Entfernung des Paracelsus von der zeitgenössischen Geschlechterauffassung wird am deutlichsten in zwei seiner Schriften sichtbar: in der über Naturphilosophie und weiße Magie handelnden „Philosophia sagax“ (1537/38) (ThvHSW I, 12, 1–445), in der er sich als Philosoph und *magus* über die Geschlechter äußert, und in dem medizinisch-philosophischem Traktat „Opus paramirum“ (1531) (ThvHSW I, 9, 37–230), in dem er als Arzt nach dem Wesen von Frauen und Männern fragt.

Männern und Frauen“ tendierte, wie sie mit der Durchsetzung des auf Galen fußenden *Zwei-Geschlechter-Modells* spätere Jahrhunderte dominierten.[577] Paracelsus suchte Mann und Frau in seinen kosmologischen und kosmosophischen, vom Makrokosmos-Mikrokosmos-Dualismus bestimmten Weltentwurf einzupassen und bestimmte die Frau neben der großen Welt, dem Makrokosmos, und der kleinen Welt, dem Mikrokosmos Mensch/Mann, als dritte und kleinste Welt (vgl. ThvHSW I, 9, 179 und ThvHSW I, 12, 37). Er betont im „Opus paramirum“ vielfach, wie sehr sich die weibliche Anatomie und Physiologie von der des Mannes unterscheide und deshalb eine andere Heilbehandlung nötig mache (vgl. ThVHSW I, 9, 192; ThvHSW I, 9, 206 und ThvHSW I, 9, 193). Obgleich er der unterschiedlichen Anatomie von Mann und Frau soviel Wichtigkeit beimisst und die Bedeutung des Geschlechts für die jeweilige Ausprägung des Krankheitsbildes hervorhebt, sieht er in Mann und Frau gleichwertige Geschöpfe und Kinder Gottes: „der Mann leidet als ein man, die frau leidet als ein frau und leiden beide als zwo creaturen die got lieb sind“ (ThvHSW I, 9, 193). Auch die Frau besitzt nach Paracelsus Gottesebenbildlichkeit. Doch begreift der Hohenheimer diese als über den Mann vermittelt, denn die Frau wurde nach 1 Gen 2, 21 aus der Rippe Adams gemacht: „darumb stehet er [der weibliche Körper] im [dem männlichen, Cl. St.] gleich in der bildnus [Bild Gottes, Cl. St.], dan die bildnus muß er empfahen, das ist das er im gleich sicht“ (ThvHSW I, 9, 192).

Sowohl die auf Aristoteles sich berufenden Anhänger eines *Ein-Geschlecht-Modells*, die in Frauen unvollkommene Männer erblickten, als auch die Anhänger Galens, die ein komplementäres *Zwei-Geschlechter-Modell* favorisierten und beide Geschlechter als physiologisch vollkommen betrachteten, hielten doch an der tradierten Annahme fest, dass der Mann der Frau physisch und intellektuell überlegen sei. Weder die Reformatoren noch die Humanisten oder die Vertreter der *Wissenschaftlichen Revolution* zweifelten den seit Augustinus über die hochmittelalterliche Scholastik tradierten Topos von der geistigen Minderwertigkeit der Frau gegenüber dem Mann an.[578]

---

577 Wiesner-Hanks/Scholz Williams, Paracelsus S. 310.

578 Vgl. ebd. S. 303. Die aristotelische Auffassung von der weiblichen Minderwertigkeit hängt eng mit der schon in der Patristik anzutreffenden misogynen Auslegung der *Imago-Dei*-Lehre zusammen. Während in der modernen Theologie der „Genesis-Satz von der Erschaffung der Menschheit in beiden Geschlechtern“ als eine „biblische Kernaussage theologischer Anthropologie“ verstanden wird, begann die anthropologische Tradition des Christentums früh, die Gottesebenbildlichkeit der Frau anzuzweifeln und einzuschränken. Die Verschränkung von Geschlechterhierarchie – Mann dominiert Frau – und der *Imago-Dei*-Lehre, die zu einer Abwertung weiblicher Gottesebenbildlichkeit führte, lässt sich bis in die Patristik zurückverfolgen. Schon Augustinus bemühte sich darum, Gen 1, 27 mit 1 Kor 11, 7, wo die Frau als Abglanz des Mannes

Im „Liber de Nymphis“ zeigt sich eine auffallende Parallele zwischen der zeittypischen Vorstellung von einer vermittelten Gottesebenbildlichkeit der Frau über den Mann und einer vermittelten Gottesebenbildlichkeit der Elementargeister über die Menschen. Paracelsus betont wiederholt die große Ähnlichkeit von Menschen und Elementargeistern. Letztere vergleicht er sowohl mit Affen, die den Menschen in „geberden und werken“ glichen, als auch mit Schweinen, die den Menschen in ihrer „anatomei“ ähnelten (vgl ThvHSW I, 14, 121). Ebenso wie der Mensch Gottesebenbildlichkeit besitzt, weil Gott ihn nach seinem Bilde geschaffen hat, besitzen die Elementargeister Menschenebenbildlichkeit, so ließe sich mit Paracelsus formulieren, weil sie nach dem Bilde des Menschen geschaffen wurden (vgl. ThvHSW I, 14, 122).

In der Historia über Melusina von Lusignan, einer „merfaÿm“ und „künigin“ (ThvRM, 11, 2f), die mit dem Ritter Reÿmund eine Ehe in der Hoffnung schließt, sie werde an seiner Seite „als ein ander natürlich weib“ sterben, „der erde bevolhen“ werden und ihre „sele von [ihrem] leib gewißlich zů der ewigen freud kommen“ (ThvRM, 117, 16ff), erkennt Paracelsus unzweifelhaft die Geschichte einer „nympha“, die aus ihrem aquatischen Element zu den Menschen kommt, um einen Menschenmann buhlt, um mit der Heirat eine Seele und damit die den ‚gottesebenbildlichen‘ Menschen als Quintessenz der göttlichen Schöpfung vorbehaltene Unsterblichkeit zu erlangen. Obgleich der Erlösungswunsch der Melusine scheitert, ist sie für Theophrastus von Hohenheim ein „nicht minder“ (ThvHSW I, 14, 142) als die Stauffenberg-Sage geeignetes Exempel für die Richtigkeit seiner Elementargeisterlehre gegenüber theologisch-dämonologischen Vorstellungen: „weiter ist sie ein nympha gesein mit fleisch und blut, fruchtbar und berhaft, von den nymphen komen zu den Menschen auf die erden und also do gewonet“ (ThvHSW I, 14, 142), wiederholt Paracelsus seine eingangs gegebene Einschätzung und Sicht der Melusinengeschichte. Entgegen der von Theologen seit dem 12. Jahrhundert vorgetragenen Auffassung, die Mahrtenwesen des heidnischen Volksglaubens seien bloße Trugbilder oder gespenstische Erscheinungen, betont Paracelsus die materielle Körperlichkeit der anderweltlichen Fee: Als „nympha“ besitzt Melusine „fleisch und blut“ und keinen Scheinleib aus Luft, wie er seit Augustinus den Dämonen vielfach zugeschrieben wurde.[579] Auch Melusines Fruchtbarkeit, die mit dem Pro-

---

bezeichnet wird, zu harmonisieren. Vgl. ELISABETH GÖSSMANN, Glanz und Last der Tradition. Ein theologiegeschichtlicher Durchblick, in: Mann und Frau – Grundproblem theologischer Anthropologie. Hg. von THEODOR SCHNEIDER. (Quaestiones Disputatae). Freiburg u. a. 1989 S. 25–52, hier 25 und 34 f.

579 Vgl. dazu Kap. B.2.1 und TAVARD, [Art.] Dämonen V, in: TRE 8. Berlin u. a. 1981 S. 289 f.

saroman Thürings von Ringoltingen, verbürgte Tatsache, dass Melusine als Reÿmunds Gattin zehn Söhne zur Welt bringt, fungiert für Paracelsus als ‚Beweis‘ dafür, dass Melusine keine Dämonin, sondern ein Elementargeist ist. Denn Incubi und Succubi vermögen nach Maßgabe der zeitgenössischen dämonologischen Vorstellungen selbst keine Nachkommen zu zeugen. Sie verstehen sich nur auf das Samenstehlen. Deshalb stellt der Hohenheimer heraus, Melusine sei „fruchtbar und berhaft“ wie jede „nympha“. Dass Paracelsus sich mit der Betonung der Menschlichkeit bzw. Körperlichkeit sowie der Fruchtbarkeit der Melusine gegen die Dämonisierung anderweltlicher Feenwesen durch ältere und zeitgenössische theologische Autoritäten richtet, macht seine Bemerkung deutlich, mit der er seine Deutung der Melusinengeschichte schließt: „[...] das aber drumb von solcher dingen sach wegen, solche frauen, die dan dorumb, das sie nicht aus Adam sind, wollen für teufel und gespenst geachtet sein, ist törechtig, das got in seinen werken so klein gehalten wird, [...]“ (ThvHSW I, 14, 142). Der Dummheit und Ignoranz der Theologen wird – wiederum im Rekurs auf den David-Psalm – die Allmacht Gottes entgegengestellt.

Der „Liber de Nymphis“ entsteht zu einem Zeitpunkt, als die kirchliche Dämonenlehre noch an der Vorstellung festhielt, die übernatürlichen Wesen des Volksglaubens seien Teufel, während sich in humanistischen Kreisen ein Bemühen um Entdiabolisierung dieser Wesen abzeichnete. Man versuchte, die mittelalterliche Dämonen- und Teufelslehre mit den neuen naturphilosophischen Vorstellungen in Einklang zu bringen, und erklärte die Entstehung der elementischen Wesen damit, dass beim Himmelssturz der von Gott abgefallenen Engel nicht alle in die Hölle fielen, sondern einige in den Elementen ‚hängenblieben‘.[580] Auch bei Paracelsus zeigt sich diese zeittypische Verschränkung von einer an der Schöpfungsgeschichte der Bibel orientierten und einer rationalen, im weitesten Sinne wissenschaftlichen Perspektive auf das Elementargeistthema.[581]

Im hochmittelalterlichen dämonologischen Diskurs werden die Feenlieben in einer *interpretatio christiana* stets negativ als ein ‚Sich-Einlassen‘ mit teuf-

---

580 Vgl. Röhrich, [Art.] Elementargeister, in: EM 3. Berlin 1981 Sp. 1319.

581 An der Frage, inwieweit Paracelsus bereits den Übergang zu einem ‚modernen‘ Wissenschaftler repräsentiert oder doch in mittelalterlichen Denk- und Weltbildern verhaftet blieb, scheiden sich bis heute die Geister. Während die einen in ihm den Begründer einer modernen naturheilkundlichen Medizin sehen, der das an Hippokrates und Galen orientierte Krankheitsverständnis überwand und gegenüber der scholastischen Tradition eine auf Experiment und Empirismus fußende Wissenschaft entwickelte, betonen die anderen seine Verhaftung in einem traditionellen mittelalterlichen spekulativ-intuitiven Weltbild. Vgl. Lundt, [Art.] Paracelsus, in: EM 10. Berlin 2002 Sp. 551f; Pagel, Weltbild S. 25ff sowie Goldammer, Bemerkungen S. 265.

lischen Mächten bewertet. Paracelsus nimmt gegenüber den *clerici* im Kontext seiner Elementargeisterlehre - wiederum aus christlicher Perspektive - eine Umwertung der Feenlieben vor. Er deutet mit seiner Vorstellung, die anderweltlichen Wesen seien seelenlose Elementargeister, die in der Welt der Menschen mit den Sterblichen ‚anbändeln', um durch eine Eheverbindung, in den Besitz einer Seele und damit der Unsterblichkeit zu gelangen, die Ausgangssituation um: Die Vorteile der Verbindung liegen nicht länger auf der Seite des menschlichen Partners, der mit der Verbindung zu Macht und Reichtum gelangt oder Aussicht auf Unsterblichkeit erhält. Vielmehr sind es in der Perspektive des Hohenheimers die Elementargeister, die auf eine Verbindung mit den Menschen angewiesen sind und aus der Mahrtenehe Vorteile ziehen. Denn mit dem „büntnus" (ThvHSW I, 14, 133) werden aus den ‚homines inanimati', die nach dem Tod vergehen wie das „vich" (ThvHSW I, 14, 121), ‚homines animati', deren unsterbliche Seele nach ihrem Tod in das Himmelreich gelangt. Die von Paracelsus den Mahrten zugeschriebene Erlösungsbedürftigkeit ist bereits im Melusinenstoff angelegt, wie er sich in den Versionen Jean d'Arras', Couldrettes und Thürings von Ringoltingen konstituierte. Doch während in den spätmittelalterlichen Romanen das Seelenheil der „merfaÿm" mit dem mütterlichen Fluch gefährdet ist, erklärt Paracelsus Melusine mit seiner Deutung als unbeseelter Elementargeist zu einem qua Gattung (zunächst) erlösungsunfähigen Wesen.

6.2 „besessen mit dem bösen geist" - Melusine als Hexe

Paracelsus hat der Hexenproblematik eine eigene Schrift gewidmet. In dem nur fragmentarisch überlieferten „Liber de sagis et earum operibus"[582] entwickelt er eine eigenständige, an seinem kosmologischen Weltbild und seiner Magietheorie orientierte Hexenlehre.[583] In seiner Funktion als Arzt wendet

---

582 Die Schrift lässt sich nicht genau datieren. Nach Karl Sudhoff entstand der Text „neben und bald nach dem Paragranum und dem zweiten Paramirum", also zwischen 1529 und 1532. Vgl. ThvHSW 14, V und XI. Benzenhöfer, Hexenzeichen S. 11, sowie Blöchlinger/Zemp, Hexenbild S. 4, datieren den Text ebenfalls mit Sudhoff auf die späten 20er und frühen 30er Jahre des 16. Jhs., Schneller, Paracelsus S. 240, gibt dagegen 1537/38 als Entstehungszeitraum an, begründet dies allerdings nicht. Es handelt sich bei Paracelsus' Abhandlung über die Hexen und ihre Werke nicht um einen sonderlich populären Text. Eine Einzelausgabe ist nicht bekannt. Vor seinem Abdruck im neunten Band der Ausgabe Johannes Husers von 1590 fand der „Liber de sagis et earum operibus" lediglich Eingang in einen 1567 - Jahrzehnte nach dem Tod des Paracelsus († 1541) - bei Arnold Birckmann in Köln erschienenen Teilabdruck der „Philosophia Magna". Vgl. ThvHSW 14, VIII.

583 Die Schrift gliedert sich in neun *Traktatus* mit je vier Kapiteln, denen eine einleitende

sich Paracelsus in der Rolle des „weis man“ oder „magus“, der über den entsprechenden Wissens- und Kompetenzvorsprung verfügt, an den von ihm intendierten Leser, den einfachen und „einfeltigen man“ (ThvHSW I, 14, 7).[584] Er möchte mit seinem *liber* keinen Beitrag zur gelehrten Debatte um das Hexenwesen leisten. Vielmehr geht es ihm darum, dem ‚gemein man‘ Hilfestellung im Umgang mit dem von ihm und seinen Zeitgenossen für real gehaltenen Hexenwesen zu bieten. Seine Schrift erscheint als „eine Art Handbuch des Hexen-Erkennens“.[585] Bevor Paracelsus sich der Genese der Hexen zuwendet (Traktat IV), erläutert er zunächst, unter welchen Bedingungen Hexerei überhaupt möglich ist. Nach Paracelsus kann Magie, von ihm verstanden als *magia naturalis*, in der die Natur selbst als *maga* (Magierin; Cl. St. vgl. ThvHSW I, 12, 462) fungiert, „entweder unter dem Vorzeichen des Glaubens oder aber unter dem des Aberglaubens praktiziert werden“[586]. Steht sie unter der Einfluss-Sphäre Gottes, ist sie göttliche oder doch ‚gottgewollte‘ Magie; befindet sie sich im Einflussbereich des Teufels, ist sie teuflische Hexerei.[587] Das Beherrschen der Magie spielt bei der Entschlüsselung der Geheimnisse der Natur eine große Rolle. Nur wer mit der positiven Magie, der *magia naturalis* vertraut ist, kann die Natur entziffern. Diese ‚Kunst‘ ist dem *magus* bzw. dem Arzt vorbehalten.[588] Die als Magierin verstandene Natur offenbart sich dem Kundigen nicht nur über Zeichen, sondern prägt den Kreaturen und Dingen auch Zeichen auf.[589] In Anwendung der mittelalterlichen Signaturenlehre geht Paracelsus davon aus, dass die äußeren Erscheinungsformen der Dinge und Lebewesen etwas über ihre *tugent* oder

---

Vorrede vorangestellt ist, wobei der neunte *Traktatus* nur drei Kapitel hat. Paracelsus selbst gibt am Ende des fünften *Traktatus* an, seine Abhandlung gliedere sich in zwei Teile. Der erste Teil, den er mit dem fünften Traktat abschließe, behandle „ursprung, wesen und erkantnis [Erkennen; Cl. St.]“ (ThvHSW I, 14, 14) der Hexen, „das ander halb buch“ setze sich „mit iren werken“ und den Möglichkeiten zu einer Behandlung und Heilung der Hexen („arznei“) auseinander (ThvHSW I, 14, 14). Da etwa ein Drittel des ursprünglichen Textes fehlt, muss eine Rekonstruktion des paracelsischen Hexenbildes unvollkommen bleiben. Zu Umfang und Art der fehlenden Abschnitte vgl. Blöchlinger/Zemp, Hexenbild S. 3.

584 Auf die didaktische Absicht weisen die Abfassung in der Volkssprache und die zahlreichen Leseranreden hin.

585 Blöchlinger/Zemp, Hexenbild S. 4.

586 Schott, Magie S. 24.

587 Blöchlinger/Zemp, Hexenbild S. 6. Ohne dass Paracelsus die Termini selbst benützen würde, steht hinter seiner polarisierten Magievorstellung doch die traditionelle Dichotomie von ‚weißer Magie‘ und ‚schwarzer Magie‘ bzw. Nigromantie. Vgl. Schott, Magie S. 24.

588 Vgl. ebd. S. 25 und Kurt Goldammer, Magie bei Paracelsus Mit besonderer Berücksichtigung des Begriffs einer „natürlichen Magie“, in: Ders., Paracelsus in neuen Horizonten (wie Kap. B, Anm. 563) S. 321–342, hier 326.

589 Schott, Magie S. 26.

kreft, d. h. ihre inneren, dem Blick nicht zugänglichen Eigenschaften aussagen (vgl. ThvHSW I, 12, 177). Zeichentheoretisch gesprochen heißt dies:

Die ganze äusserlich wahrnehmbare Welt der Dinge wird so zu einem Zeichensystem, in welchem Form und Aussehen des Zeichens auf seinen Inhalt verweisen. Das Verhältnis zwischen Zeichen und Bezeichnetem beruht gemäss Paracelsus auf Ähnlichkeit und Entsprechung.[590]

Aufgabe des Arztes bzw. *magus* ist es, die naturgegebene, auf Ähnlichkeit beruhende Relation zwischen äußerer Erscheinung und innerem Wesen der Dinge, also die ‚Sprache' der Natur richtig zu entziffern. In seiner Schrift „Von den natürlichen Dingen" heißt es dazu:

Die natur zeichnet ein ietlichs gewechs so von ir ausget zu dem, darzu es gut ist, darumb wan man erfaren wil, was die natur gezeichnet hat, so sol mans an dem zeichen erkennen, was tugent im selbigen sind. [...] das sol ein ieglicher arzt wissen, das alle kreft, so in den natürlichen dingen sind, durch die zeichen erkant werden. [...] und nichts ist so heimlichs im menschen, das nit ein auswendig zeichen an im hat (ThvHSW I, 2, 86f).

Die Unterscheidung von positiver, göttlicher Magie und negativer, teuflischer Magie ist bei Paracelsus geschlechterspezifisch kodiert. Der *magus* mit dem sich Paracelsus als Arzt und Naturforscher selbst identifiziert, wird von ihm männlich gedacht. Das Erkennen und Entziffern der Natur, die Ausübung göttlicher Magie sowie das Heilen mit Hilfe derselben ist Personen männlichen Geschlechts vorbehalten. Die Hexerei ist dagegen weiblich konnotiert.

Während dem Teufelspakt in der elaborierten Hexenlehre der Frühen Neuzeit zentrale Bedeutung zukommt[591], spielt die Paktvorstellung im Denken des Paracelsus nur eine sehr untergeordnete Rolle. In seiner Vorstellung ist den betreffenden Frauen ihr späteres Hexendasein angeboren. Als Verursacher der Existenz von Hexen macht er die Aszendenten aus, die in der Astrologie den in der Geburtsstunde eines Kindes aufsteigenden, das menschliche Geschick bestimmenden Stern bezeichnen. Paracelsus übernimmt diesen astrologischen Terminus in seine Makrokosmos-Mikrokos-

---

590 Blöchlinger/Zemp, Hexenbild S. 8.

591 Mit dem Teufelspakt wendet sich die Hexe von Gott und dem christlichen Glauben ab und verschreibt sich dem Satan. Der häufig in Form einer Eheschließung erfolgende und mit Beischlaf besiegelte Pakt dokumentiert die Aufnahme der betreffenden Frau in den Kreis der Hexen. Erst mit dem feierlichen Paktschluss wird eine Frau zur Hexe. Die Paktvorstellung als entscheidendes Moment der Beziehung zwischen Hexe und Teufel bzw. Dämon weist der Frau eine gewisse Entscheidungsfreiheit zu: Sie kann sich dafür oder dagegen entscheiden, eine ‚Braut Satans' zu werden. Vgl. dazu auch Kap. B.4.1.

mos-Vorstellung[592] und bestimmt den Aszendenten, ausgehend von der Vorstellung, dass der Mensch als Mikrokosmos in ständiger Beziehung zum Firmament stehe und dessen Einfluss ausgesetzt sei, als eine das menschliche Dasein lenkende ‚Kraft‘. Er sieht in der Geburtsstunde des (weiblichen) Kindes, nicht in der Stunde der Empfängnis, „die stunt und minuten des ascendenten“ (ThvHSW I, 14, 9). Der Aszendent der späteren Hexe ist für ihn „ein aufsteigend zeichen [...] der bosheit“ (ThvHSW I, 14, 9), ein böser Geist, von dem „alle ubel“ ausgehen. Er ist „der hexen vater und macher“ (ThvHSW I, 14, 9). Wenn er „[...] nit ausgetriben wird, so wurzlet es in der hexen so lang, bis er sie underricht“ (ThvHSW I, 14, 9). Er setzt die Aszendenten mit teuflischen Dämonen gleich, denn er nennt sie in späteren Abschnitten seiner Abhandlung auch die „unholdischen ascendenten“ (vgl. z.B. ThvHSW I, 14, 15). Die Kindheit des zur Hexe prädestinierten Mädchens sieht Paracelsus als eine Latenzphase an. Bis das Mädchen die Geschlechtsreife erreiche, „[...] verbirgt sich der ascendens, und lasst sich nit merken, lasst das kint ein kint bleiben“ (ThvHSW I, 14, 9). Vor dem Schicksal, später eine Hexe zu werden, könne das Mädchen nur durch eine vorbeugende Erziehung bewahrt werden (vgl. ThvHSW I, 14, 14).

Der Aszendent macht sich „neit und haß“ sowie „untreu“ zunutze, die den Menschen aufgrund ihrer adamitischen Natur angeboren sind, und befördert sie in den Hexen zu seinen eigenen Zwecken, damit „[...] sie zu der rach begeren, iren nechsten zu schedigen, wie sie könnten und möchten, und aber sie mögens aus eigner kraft nit“ (ThvHSW I, 14, 10). Um die zukünftigen Hexen im Hexenwerk zu unterrichten, schicken die Aszendenten ihren Schützlingen Träume und Phantasien, „also das in [den Hexen; Cl. St.] fürkompt, tue das oder tue im also, so wird deim feind das begegnen“, und beginnen sie in magischen Praktiken („ceremonias“) zu unterrichten (ThvHSW I, 14, 11), wobei sie sich jedoch im Verborgenen halten.

Die für das kumulative Hexenbild der Frühen Neuzeit konstitutive Buhlschaft der Hexe mit dem Teufel findet sich in modifizierter Form auch im „Liber de sagis et earum operibus“. Die Aszendenten der Hexen sind nicht bloß firmamentische Kräfte, welche in den Hexen wirksam werden und sie zu Malefizien anstacheln, sondern sie werden von Paracelsus auch als böse

---

592 Zur Makrokosmos-Mikrokosmos-Vorstellung bei Paracelsus vgl. Wolf-Dieter Müller-Jahncke, Makrokosmos und Mikrokosmos bei Paracelsus, in: Paracelsus. Das Werk – die Rezeption. Beiträge des Symposiums zum 500. Geburtstag von Theophrastus Bombastus von Hohenheim, genannt Paracelsus (1493–1541) an der Universität Basel am 3. und 4. Dezember 1993. Hg. von Volker Zimmermann. Stuttgart 1995 S. 59–66 und Alois M. Haas, Vorstellungen von der Makrokosmos-Mikrokosmosbeziehung im Denken der Zeit vor Paracelsus, in: Nova Acta Paracelsica N. F. 6. 1991/92 S. 51–76.

Geistwesen verstanden, die sich materialisieren können, um mit den Hexen sexuell zu verkehren. Es sei „nit der teufel, sonder dieser ascendens“ (ThvHSW I, 14, 23), mit dem die Hexe buhle. Im Folgenden entfaltet er eine an der spätscholastischen Lehre von den Incubi und Succubi orientierte Darstellung der Buhlschaft der Hexe mit dem Teufel. Der als Sexualdämon aufgefasste Aszendent kann mit seiner Hexe buhlen, indem er Tiergestalt annimmt. Er begattet sie in Gestalt eines Geißbocks oder eines Hundes. Die in dieser Weise geschwängerte Frau bringt allerdings tiergestaltige Missgeburten zur Welt (vgl. ThvHSW I, 14, 23). Der „hexenbuler“ kann den Hexen nicht nur beiwohnen, indem er sich in Tiere verwandelt bzw. in diese hineinfährt, sondern auch, indem er „[...] sich mit schattwerk etwas eim aufrechten menschen gleich macht“ (ThvHSW I, 14, 24). Darüber hinaus „schmidet er im [sich; Cl. St.] selbs ein cörpel“ (ThvHSW I, 14, 24). Paracelsus erklärt das Körperlich-Werden der Dämonen, ein Problem, das die gelehrte Theologie seit dem Frühmittelalter beschäftigt hatte[593], mit Hilfe eines Aggregatwechsels: Indem die bösen Geistwesen *coagulieren* (durch Hitze gerinnen) oder *congelieren* (durch Kälte gerinnen), können sie sich von Materie in anthropomorphe Incubi und Succubi verwandeln. Paracelsus verlässt hier nur scheinbar den von der spätscholastischen Lehre von den Incubi und Succubi vorgegebenen Rahmen, der Dämonen für zeugungsunfähig und unfruchtbar erklärt. Der Aszendent „[...] gebirt nichts, dan e[r] hat kein samen“, fügt Paracelsus hinzu, da die Körper und Werke der Aszendenten „nit natürlich, sonder wider die natur“ seien (ThvHSW I, 14, 23). Die Zeugung von Dämonenkindern erklärt er im Einklang mit der tradierten Lehre mit dem Vorgang des Samenstehlens. Der Samen kann sowohl tierischen als auch menschlichen Ursprungs sein. „Das ist aber wol war, das animalische spermaten hie mit genomen werden, [...]“ (ThvHSW I, 14, 23). Paracelsus ist die Lehre von den Incubi und Succubi sicherlich bekannt. So stellt er abschließend über das Buhlverhalten der Aszendenten mit den Hexen fest, dass sie sich „gleich als succubus und incubus“ (ThvHSW I, 14, 24) verhielten.

Paracelsus wendet die Signaturenlehre auf die Hexenproblematik an und kommt zu dem Schluss, dass es äußere, für jedermann sichtbare Erkennungsmerkmale gibt, mit denen die Natur die Hexen ‚gezeichnet‘ hat und an denen man sie unzweifelhaft identifizieren kann. Folgerichtig nimmt er im „Liber de sagis et earum operibus“ zunächst eine Beschreibung der Genese und des Wesens der Hexen vor, bevor er nach den äußeren Erkennungsmerkmalen der Hexen sucht, in denen sich ihr inneres Wesen abbildet.[594]

---

593 Vgl. dazu Kap. B.2.1 und B.4.1.

594 Blöchlinger/Zemp, Hexenbild S. 8.

Um seinen Adressaten das „erkennen der hexen" zu erleichtern, stellt er einen zwölf Punkte umfassenden Katalog zusammen, der „die hauptzeichen, die die hexen an ĩnen haben, so sie der geist ascendens uberwunden hat und wil sie zu meistern machen" (ThvHSW I, 14, 13), nennt:

1. mann fliehen,
2. feirtag eben observiren,
3. zeichnet an inen selbs,
4. zeichnete kinder,
5. ceremonien gebrauchen,
6. verbergen, alein sein, mann nicht fahen,
7. künstlern nachfragen,
8. an sich hengen zeuberin und lernen, darzu sie der geist treibt,
9. kein mann ansehen,
10. selten kochen, haar, stirn nicht waschen, das fleisch,
11. hinder sich in kirchen umbkeren,
12. wol ligen, allein sich versperren (ThvHSW I, 14, 12f).

In Paracelsus' Katalog der Hexenkennzeichen charakterisieren nur drei Merkmale (3, 4 und 10) das Äußere der Hexen. Die übrigen Erkennungsmerkmale beziehen sich auf das normabweichende Verhalten der Frauen.[595] Als verdächtig wird von Paracelsus vor allem die Verweigerung der weiblichen Geschlechtsrolle dargestellt. Als Hexen werden von ihm solche Frauen inkriminiert, die sich ihren Ehemännern sexuell verweigern bzw. auf die Männer generell keine sexuelle Anziehungskraft ausüben („mann fliehen"; „mann nicht fahen" und „kein mann ansehen"). Im Abschnitt über die Buhlschaft der Hexen führt Paracelsus aus, dass die Aszendenten vor allem deshalb mit den Hexen sexuell verkehren, um die Ehe als Sexual- und Fortpflanzungsgemeinschaft von Mann und Frau zu zerstören und die Zeugung von Kindern, den Hauptzweck der christlichen Ehe aus protestantischer Perspektive, zu verhindern (vgl. ThvHSW I, 14, 23).[596] Eng verbunden mit dem sexuellen Desinteresse der Hexen ist ihr Rückzug aus der Gesellschaft („allein sich versperren"). Mit dem Wunsch, allein zu sein, entzieht sich die Frau der Macht und Kontrolle des Hausvaters, verstößt gegen ihre Gehor-

---

[595] Paracelsus verwendet den Begriff ‚Zeichen' hier in einem engeren und einem weiteren Sinne. Während ‚Zeichen' zunächst ausgehend von der Signaturenlehre die naturgegebenen körperlichen Merkmale der Hexen benennt, die ihnen die Natur als Signaturen aufgeprägt hat, wird der Zeichenbegriff in „De sagis et earum operibus" in Bezug auf die Hexenmerkmale erheblich ausgeweitet. Nicht nur Aussehen und Gestalt der als Hexen angesehenen Frauen, sondern auch ihre Verhaltensweisen werden als von der Natur bewirkte Signaturen gedeutet. Vgl. Blöchlinger/Zemp, Hexenbild S. 19.

[596] Vgl. dazu Kap. B.5.1.3.

samspflicht gegenüber ihrem Ehemann oder Vater und untergräbt dessen Autorität als Familienvorstand. Unter Punkt 6 stellt Paracelsus einen engen Konnex zwischen dem weiblichen Streben nach Intimität und ihrem sexuellen Desinteresse her: „verbergen, allein sein, mann nicht fahen." Die Absonderung der Frau von der Gemeinschaft, ihr Rückzug ins Alleinsein, mündet in die sexuelle Verweigerung gegenüber dem Mann.[597] Suspekt ist dem Hohenheimer auch die Frau, die ihre Pflichten als Hausfrau vernachlässigt, der Hauswirtschaft und Haushaltung nur wenig Interesse entgegenbringt und nicht auf ihr äußeres Erscheinungsbild achtet, sondern Anzeichen von Verwahrlosung zeigt: „selten kochen, haar, stirn nicht waschen, das Fleisch" sind ihm untrügliche Anzeichen dafür, dass die Frau von ihrem „unholdischen ascendenten" überwunden zu werden droht. Die schlechte *hausfrouwe*, welche die ihr zukommenden Aufgaben verweigert, wird als Hexe diffamiert. Neben die Verweigerung der weiblichen Rolle tritt normabweichendes Verhalten in religiöser Hinsicht. Die Hexen benehmen sich während des Gottesdienstes auffällig („hinder sich in kirchen umbkeren"), üben superstitiöse magische Praktiken aus („ceremonien gebrauchen") und achten den Feiertag nicht („feiertag eben observirem"). Interesse an Magie („Künstlern nachfragen") und ihr Wunsch, zaubern zu lernen („an sich hengen zeuberin und lernen, darzu sie der geist treibt") – Fähigkeiten, die dem männlichen *magus* vorbehalten sind – machen Frauen ebenfalls verdächtig: Jegliche Magie, die nicht von naturkundigen, weisen *magi* ausgeübt wird, kann nach Paracelsus nur teuflische Hexerei sein.

Im „Liber de sagis et earum operibus" zeigt sich jene für den Hexendiskurs des 16. Jahrhunderts typische Zuspitzung des Hexenbildes auf das weibliche Geschlecht, wie es sich auch in anderen etwa zeitgleich entstehenden Hexentraktaten findet. Die stets weiblich gedachte Hexe fungiert bei Paracelsus als negatives Gegenbild des männlichen *magus.*[598] Während dieser sich darauf versteht, die Natur in ihren Signaturen zu entziffern und im Auftrag Gottes magische Werke vollbringt[599], ist die Hexe das Werkzeug böser Geister.[600]

---

597 In zahlreichen Schwankhandlungen nützt die listige Hausfrau die Abwesenheit ihres Ehemannes und der Bediensteten oder schickt diese sogar unter einem Vorwand fort, um unbeobachtet und ungestört mit ihrem Liebhaber buhlen zu können. Die listige, geile, die Abwesenheit ihres Gatten zum Ehebruch ausnutzende Hausfrau war ein etabliertes literarisches Deutungsmuster. Zum Topos des *übel wîp* in der Schwankliteratur des Spätmittelalters vgl. Bumke, Geschichte S. 287f und Aker, Göttin S. 109ff.

598 Vgl. Blöchlinger/Zemp, Hexenbild S. 15.

599 Vgl. Goldammer, Magie S. 362.

600 Paracelsus' Darstellung der Hexe als Dienerin des Bösen entspricht den Vorstellungen, wie sie im gelehrten dämonologischen Diskurs des 16. Jhs. zu finden sind. Vgl. dazu van Dülmen, Dienerin S. 188 und Kap. B, Anm. 527.

Ohne ihren Aszendenten vermag sie keine magischen Handlungen zu bewirken. Während der männliche *magus* als handlungsmächtiges Subjekt gesetzt wird, ist die Hexe Objekt der Manipulation durch ihren dämonischen Aszendenten.

Betrachtet man die Melusinengeschichte aus der Perspektive des paracelsischen Hexenverständnisses, erscheint die Protagonistin ganz unzweifelhaft als Hexe. Im Kontext der paracelsischen Hexenlehre lässt sich Melusines und ihrer Schwestern Mord am Vater als Tat auffassen, zu der sie von ihrem „unholdische[n] ascendent[en]“ angestachelt wurden, der ihre Wut und ihre Rachewünsche gegen den wortbrüchigen und treulosen Ehemann und Vater Helmas für seine Zwecke nutzte.

Auch Melusines samstägliche „heÿmlikeÿt“ (ThvRM, 96, 31) in ihrer Badekammer, mit der sie sich aus der Öffentlichkeit des Hofes zurückzieht, muss für Paracelsus ein deutliches Verdachtsmoment darstellen, hatte er doch das „allein ligen, sich versperren“ als ein untrügliches Zeichen benannt, dass eine Frau von ihrem „unholdischen ascendenten“ überwunden worden ist oder zu werden droht (ThvHSW I, 14, 12). Melusines samstäglicher Aufenthalt in der Einsamkeit ihrer Badekammer, mit dem sie sich der Kontrolle ihres Ehemannes sowie ihren ehelichen Pflichten entzieht, entspricht genau dem von Paracelsus als hexenhaft inkriminierten Verhalten: „verbergen, allein sein, Mann nicht fahen“ und „actum venereum nicht halten“ (ThvHSW I, 14,12). Dass Melusine den Samstag gewählt hat, um sich aus der Öffentlichkeit zurückzuziehen, macht sie besonders verdächtig, denn Frauen, die „sambstag, freitag, dornstag sonderlich veneriren“ sind für den Hohenheimer per se der Hexerei verdächtig. Melusines (temporäre) Verweigerung ihrer Geschlechtsrolle und ihres Status als *hausfrouwe* und Gastgeberin auf Lusinien erscheint aus dem Blickwinkel des Paracelsus als hexentypisches Gebaren.

Auch die körperlichen Missbildungen der Melusinensöhne, die im zeitgenössischen dämonologischen Denken als Hinweise auf die dämonische Abstammung der Kinder gedeutet[601], von Thüring dagegen zu „außzeÿchnungen“ (vgl. ThvRM, 12, 5f) umgewertet wurden[602], lassen sich im Kontext der paracelsischen Hexenlehre als Zeichen der Hexenbuhlschaft ihrer Mutter Melusine lesen. Dort hatte Paracelsus ausgeführt, dass nicht nur die Hexe selbst untrügliche äußere Hexenkennzeichen an sich trägt („krumb nasen etc.“), sondern dass auch die von einer Hexe geborenen Kinder als Signaturen ihrer Abstammung auffällige Körperzeichen an sich tragen: „das sie zei-

601 Vgl. dazu Kap. B.2.1.
602 Vgl. dazu Kap. B.3.3.3.

chen tragen, all ir kint, sie müssen geboren gezeichnet werden mit krummen glidern, nasen" (ThvHSW I, 14, 12). Die körperlichen Deformationen der Melusinensöhne, ihre entstellten Gesichter, die zeichenhaft auf den ‚Jagdunfall' ihres Vaters zu verweisen scheinen, werden im Kontext der paracelsischen Hexenlehre zu den Kindern von der Natur aufgeprägten Signaturen, die sie für alle als Hexenkinder leicht erkennbar machen. Sie sind „zeichnete kinder", vor denen die Zeitgenossen des Paracelsus sich „hüten sollen" (ThvHSW I, 14, 12).

Während Paracelsus in bezug auf die „nymphen in staufenberg" rhetorisch und provokant fragt, „so sie ein teufel gesein were, wo werent dan die teuflischen zeichen bliben, die allmal mitlaufen?" (ThvHSW I, 14, 141), wird Melusina vor dem Hintergrund der paracelsischen Signaturenlehre zur Hexe erklärt. Während Thüring Melusinas temporären Schlangenschwanz als „außzeÿchnung" „von gottes wunder" (ThvRM, 12, 4ff) verstanden wissen will und ihn mit dem auch für den „Liber de nymphis" als Leitmotiv fungierenden David-Psalm „Mirabilis deus in operibus suis" in Verbindung bringt, deutet ihn Paracelsus als teuflische Signatur. Diese dokumentiert Melusinas Zugehörigkeit zum Diabolischen und bezeugt ihren Pakt mit dem Teufel. Folge ihrer „Hexerei" sei „ein superstition[603] [gewesen], das sie hat müssen am sambstag ein wurm sein, das ir gelübtnis gesein ist gegen Belzebub, auf das er ir hinder den man hülf [ihr hilft zu heiraten; Cl. St.]" (ThvHSW I, 14, 142). Der temporäre Schlangenschwanz ist nicht wie im Roman mütterlicher Fluch, der Melusine für den Mord am Vater bestraft[604], sondern eine Gegenleistung an den Teufel für ihre Heirat mit Reÿmund. Anders als in anderen zeitgenössischen Deutungen der Melusinengeschichte, zum Beispiel in Molitors Hexentraktat oder Luthers „Tischreden", wird nicht die Mahrtenehe als Buhlschaft mit Teufeln und Dämonen verstanden. Vielmehr steht hinter der Ehe zwischen Mensch und seelenbegehrendem Elementargeist ein Pakt mit dem Teufel. Als „nympha" hat Melusine sich in ihrem Streben nach einer unsterblichen Seele mit teuflischen Mächten eingelassen, um einen Mann zu finden, der ihr mit der Vermählung eine Seele gibt. Sie ist zwar nicht selbst ein böser Dämon, aber „besessen mit dem bösen geist"

---

603 Paracelsus verwendet im „Liber de nymphis" den lat. Ausdruck ‚superstition' sowohl in der Bedeutung ‚abergläubische oder magische Praktik', wie dies in der Mehrzahl der Texte des 16. Jhs. der Fall ist, als auch im Sinne von ‚Zauber, Zustand der Verzauberung oder Verhexung'. Vgl. [Eintrag] superstition, in: Georges, Ausführliches lateinisch-deutsches Handwörterbuch, Bd. 2. Darmstadt 1988 Sp. 2949 und Haustein, Aberglaube S. 328.

604 Der Widerspruch zwischen der Deutung des Gestaltwandels als „fremde vnd selczame auszeÿchnung" (ThvRM, 12, 5f) der Melusine durch Gott und seine Verursachung durch den mütterlichen Fluch wird auch in Thürings Prosahistorie nicht thematisiert.

(ThvHSW I, 14, 142). In den Termini seiner Hexenlehre gesprochen: sie ist von ihrem „unholdischen ascendenten“ überwunden worden. Theophrastus von Hohenheim sieht den bei Thüring von Ringoltingen in seiner Historia nur ein einziges Mal erwähnten „poß veint“ (ThvR 117, 8), von dessen Wissen um den Tabubruch Melusines Existenz und ihr Verbleiben in der Menschenwelt abhängig ist, als „Belzebub“ an, an den Melusine durch ein „gelübtnis“ gebunden ist (ThvHSW I, 14, 142). Melusines samstäglicher Gestaltwandel wird als äußeres Zeichen dafür verstanden, dass sie sich der „hexerei“ ergeben hat und mit „Belzebub“ einen Teufelspakt eingegangen ist. Nicht Gott erscheint letztlich als Urheber ihres Schlangenschwanzes, sondern der Teufel, „[...] dann dermaßen ist der Belzebub, das er die ding verwandelt in andere form, wie er das auch den hexen tut, in kazen und in mêrwölf, hunt etc. verwandelt“ (ThvHSW I, 14, 142).

Der Tod des Ritters Peter von Stauffenberg wird von Paracelsus, der von der Unaufhebbarkeit einer einmal geschlossenen Ehe fest überzeugt war[605], als gerechte Strafe für dessen Treuebruch an der namenlosen „nympha“ verstanden. Die Überschreitung des dem Ritter gesetzten Verbotes, eine andere zu heiraten, wird als Ehebruch bewertet.[606] Das Erscheinen der namenlosen *frouwe* auf der Hochzeit Ritter Peters mit einer anderen Frau kommentiert der Hohenheimer mit den Worten: „dan gelübtnis zu brechen bleibt nicht ongerochen“ (ThvHSW I, 14, 141). Der „nympha“, die sich zu recht als Frau des Ritters gefühlt habe, könne kein Vorwurf gemacht werden, weil sie „die pflicht und treu hat wollen gehalten haben“ (ThvHSW I, 14, 141). Aus der Sicht des Paracelsus schreitet die namenlose *frouwe* mit der Tötung ihres Geliebten an seinem Hochzeitstag zu einer von Gott autorisierten Selbst-

---

605 Paracelsus hat sich mit zahlreichen Abhandlungen an der Debatte um die ‚rehte eh‘ des 16. Jhs. beteiligt. In seinen drei wichtigsten Eheschriften, dem frühen Traktat „Von der ehe ordnung und eigenschaft“, dem „Liber de nupta“ (1530/32) sowie der Abhandlung „De thoro legitimo“ (1530/34) nimmt er weitgehend reformatorische Positionen ein, zeigt sich jedoch in zwei Punkten eigenständig von der lutherischen Ehelehre: Paracelsus beharrt auf der Unauflöslichkeit der Ehe und schließt die Möglichkeit einer Scheidung kategorisch aus. In seinen Ehetraktaten zeigt sich zudem eine radikale Zustimmung zur heimlichen Eheschließung, die von den zeitgenössischen Autoritäten sowohl der alten als auch der reformierten Kirche vehement bekämpft wurde. Vgl. Bettina Daniel/Myriam Felix, Gott hat sein Ordnung dem Menschen befohlen. Paracelsus: *Von der Ehe Ordnung und Eigenschaft.* Eine Textanalyse, in: Nova Acta Paracelsica. N. F. 12. 1998 S. 21–50 und Pia Holenstein Weidmann, *es pfeifen oder singen babst oder keiser oder alle schwermer* oder *niemandt mag zwei herren dienen.* Hohenheims Traktate über die Ehe, in: Nova Acta Paracelsica N. F. 14. 2000 S. 19–40.

606 Hier zeigt sich, dass Paracelsus auch eine heimlich geschlossene Ehe, die sich allein auf das Einverständnis der beiden Partner gründet, ohne dass eine offizielle Eheschließung in Anwesenheit von Eltern und Verwandten stattgefunden hat, als vollgültig geschlossene Ehe ansieht.

justiz, da sie auf die irdische Gerechtigkeit der adamitischen Menschen nicht zu hoffen braucht (vgl. ThvHSW I, 14, 141).

Paracelsus sieht in Melusines – fluchbedingter – samstäglicher Abwesenheit, die er als Buhlen mit ihrem „unholdischen ascendenten" auslegt, einen Ehebruch an Reÿmund.[607] Allein die lebenslange Treue zu ihrem Ehemann hätte ihr helfen können, sie aus der Abhängigkeit vom Teufel zu befreien: „besessen mit dem bösen Geist, den sie von sich gebracht hett, so sie bliben wer bis zum end bei irem herrn" (ThvHSW I, 14, 142). Reÿmunds unrühmliche Rolle bei Melusines Unglück wird von Paracelsus nicht thematisiert. Der Hohenheimer stellt hier die Erzähllogik der Melusinengeschichte auf den Kopf. Nicht die in maßlosem Zorn begangenen Tabubrüche ihres Ehemannes sind es, welche die Beziehung zerstören und Melusines Hoffnung auf Erlösung zunichte machen, sondern ihr Anhängen an die Hexerei und die daraus resultierende Untreue gegen ihren Gatten. Melusines Verschwinden in die Anderwelt nach dem Zweiten Tabubruch wird von Paracelsus als natürliche, unabwendbare Folge ihrer ‚superstition' angesehen. Anders als Thüring von Ringoltingen scheint Theophrastus von Hohenheim genau zu wissen, was mit Melusine nach ihrem Verschwinden passiert: „und weiter, wie dan die superstitio alle ding verfürt und ergert, ist sie in der superstition wider hinweg gefaren von den irigen, in die orten, do dan die verfürten leut, die in superstitionibus verzaubert sind und incantirt, hinkomen" (ThvHSW I, 14, 142). Er macht sein Publikum darauf aufmerksam, dass Melusines Gestaltwandel, ihr „gelübtnis" gegenüber dem Teufel, auch im Jenseits fortdauert, dass ihre theriomorphe Gestalt dort sogar von Dauer ist: „wol zu achten, sie sei der selbige wurm bliben bis zu end irs lebens, das got weißt wie lang es weret" (ThvHSW I, 14, 142).

Paracelsus will das Schicksal der vom Belzebub verführten „nympha" als Exempel für die Allgegenwart des Teufels und seiner Helfershelfer verstanden wissen, die beständig danach trachten, den Menschen zu verführen: „also seind uns die ding exempel, dorbei wir verstên sollen, was wir auf erden sind, und mit was seltsamer art der Belzebub in allen winkeln mit uns handele und auf uns stellt, [...]" (ThvHSW I, 14, 142). Die Deutung der Melusinengeschichte entfernt sich im Folgenden immer weiter vom eigentlichen Stoff und geht in eine scharfe, gegen die katholische Kirche gerichtete Konfessionspolemik[608] über (vgl. ThvHSW I, 14, 142f).

---

607 Ehebruch ist für Paracelsus unentschuldbar, wobei aber in seinen theoretischen Schriften – zeittypisch – nur der Ehebruch der Frau thematisiert wird. In „De thoro legitimo" (1530/34) fordert er sogar die Todesstrafe für die Ehebrecherin; sie solle gesteinigt werden. Vgl. dazu Holenstein Weidmann, es pfeifen S. 26 f.

608 Polemiken gegen die Vertreter der römisch-katholischen Kirche, die z. T. die der Refor-

6.3 Paracelsus in der Rezeptionsgeschichte

Der „Liber de Nymphis“ stellt neben Thürings von Ringoltingen Prosahistorie den einzigen für die Rezeptionsgeschichte des Melusinenstoffes in der Moderne bedeutsamen vormodernen Textzeugen dar.[609] Die frühneuzeitlichen dramatischen Bearbeitungen durch Hans Sachs (1556) und Jakob Ayrer (1596) bleiben wohl ohne größere Wirkung auf die Wahrnehmung und Deutung der Melusinengeschichte in späteren Jahrhunderten. Auch Martin Luthers Inkriminierung der Melusine als Succubus und Mutter von Wechselbälgern, die aufgrund der Popularität der „Tischreden“ im 16. und 17. Jahrhundert eine gewisse Wirkmächtigkeit entfaltet, verliert im 18. Jahrhundert im Zuge der Aufklärung mehr und mehr an Relevanz.

Ausschlaggebend für Paracelsus' Bedeutung in der Rezeptionsgeschichte dürfte die enorme Popularität seiner naturphilosophischen und alchimistischen Schriften in der Romantik gewesen sein.[610] Sein „Liber de Nymphis“

---

matoren an Schärfe übertreffen, finden sich in Texten von Paracelsus häufig. Der Bruch Theophrastus von Hohenheims mit der alten Kirche fällt bereits in die frühen 20er Jahre des 16. Jhs., als Paracelsus zur Zeit der Bauernunruhen in Salzburg weilte. Während er in dieser Zeit zunächst eine gewisse geistige Nähe zu den Ideen der Reformation zeigte, grenzte er sich wenige Jahre später von allen protestantisch-reformatorischen Strömungen ab und ließ nur noch seine eigene religiöse und weltanschauliche Position gelten. Zu Paracelsus als Kritiker und Gegner der katholischen Kirche vgl. Alois M. Haas, Paracelsus der Theologe: Die Salzburger Anfänge 1924/25, in: Paracelsus und Salzburg. Vorträge bei den Internationalen Kongressen in Salzburg und Badgastein anlässlich des Paracelsus-Jahres 1993. Hg. von Heinz Dopsch und Peter F. Kramml. (Mitteilungen der Gesellschaft für Salzburger Landeskunde. Ergänzungsband 14). Salzburg 1994 S. 369–382.

609 Der „Liber de Nymphis“ wurde wie die meisten Schriften des Paracelsus erst posthum veröffentlicht. Drei Drucke aus dem 16. Jahrhundert belegen das Interesse der Zeitgenossen an diesem Text. Unter dem Titel „Ex libro de nymphis, sylvanis, pygmaeis, salamandris, et gigantibus &c.“ erschien 1566 eine gekürzte Einzelausgabe im Druck. Im nächsten Jahr folgte eine von Balthasar Flöter herausgegebene wiederum gekürzte Ausgabe in Köln. Mit dem neunten Band der von Johannes Huser edierten großen Paracelsus-Ausgabe (1589–91), die bei Conrad Waldkirch in Basel erschien, lag 1590 der erste vollständige Abdruck dieser Schrift vor. 1820 druckte Johann Friedrich Meyer den „Liber de Nymphis“ nach dem Text der Huserschen Ausgabe in seinen „Blättern für die höhere Wahrheit“ in sprachlich modernisierter Fassung erneut ab. Dieser gesonderte Wiederabdruck, der wenige Jahre nach dem Erscheinen der Märchennovelle „Undine“ erfolgte, dokumentiert das Interesse der Romantik an diesem paracelsischen Text. Zur Druckgeschichte vgl. ThvHSW I, 14, VIII–XI und 671 sowie Gunhild Pörksen, Nachwort, in: Theophrast von Hohenheim, Buch von den Nymphen (wie Kap. B, Anm. 553) S. 77–109, hier 78.

610 Zur Rezeption paracelsischer und paracelsistischer Schriften in der Romantik und zu ihrem Einfluss auf die romantische Naturvorstellung vgl. Kurt Goldammer, Paracelsus in der deutschen Romantik. Eine Untersuchung zur Geschichte der Paracelsus-Rezeption und zu gei-

kann als die am stärksten und nachhaltigsten rezipierte unter all seinen Schriften gelten.[611] Dieser Text hatte großen Einfluss auf die deutsche Literatur von Grimmelshausen über die Feen- und Geistermärchen des 18. Jahrhunderts bis hin zur Romantik. Er regte zahlreiche namhafte Autoren – unter anderen Friedrich de la Motte Fouqué, Johann Wolfgang von Goethe, Novalis, Heinrich Heine, Ludwig Tieck, Achim von Arnim und Clemens Brentano – zu literarischen Arbeiten in den unterschiedlichsten Gattungen und Genres an. Eine direkte Paracelsus-Lektüre ist jedoch nur für die wenigsten Autoren der Goethezeit anzunehmen. Bedeutsam für die romantische Paracelsus-Rezeption waren vor allem spätere Rezipienten und Bearbeiter des „Liber de Nymphis“, etwa der Abbé Nicola Pierre Henri de Montfaucon de Villars mit seinem Roman „Le Comte de Gabalis“ (1670).[612] Er inspirierte zunächst die französischen Feenmärchen, später auch die deutschen Feen- und Geistermärchen und lag seit 1782 in deutscher Übersetzung vor. Er stellte eine bedeutsame Quelle für Martin Wieland dar und wurde den Vertretern der Frühromantik durch Jakob Böhme bekannt, der als einer der wichtigsten Vermittler paracelsischen Gedankenguts gelten kann.[613] Von großer Bedeutung für die Tradierung der Elementargeisterlehre in die Moderne dürfte auch Heinrich Kornmann gewesen sein, der in seine Schrift „Mons Veneris“ (1614) ganze Passagen aus dem paracelsischen „Liber de Nymphis“ übernahm.[614]

Ein Schlüsseltext der romantischen Paracelsus-Rezeption, der das Motiv des nach einer unsterblichen Seele strebenden Elementargeistes nachhaltig in die Literatur- und Kulturgeschichte der Moderne einschrieb, war die 1811 publizierte Märchennovelle „Undine“, die ihren Autor Friedrich de la Motte Fouqué bis heute dem Vergessen entzogen hat.[615] In diesem Text gingen

---

stesgeschichtlichen Hintergründen der Romantik. Mit einem Anhang über die Entstehung und Entwicklung der Elementargeister-Vorstellung seit dem Mittelalter. (Salzburger Beiträge zur Paracelsus-Forschung 20). Wien 1980; Karl-Heinz Weimann, Paracelsus in der Weltliteratur, in: Germanisch-romanische Monatsschrift. N. F. 11. 1961 S. 241–274, hier 251ff und Volker Zimmermann, Paracelsus in der Dichtung, in: Paracelsus. Das Werk – die Rezeption (wie Kap. B, Anm. 594) S. 147–160.

611 Vgl. Pörksen, Nachwort S. 77.

612 Nicolas Pierre Henri Montfaucon de Villars, Le Comte De Gabalis Ou Entretiens Sur Les Sciences Secretes. Paris 1670.

613 Vgl. Goldammer, Paracelsus S. 89f.

614 Heinrich Kornmann, Mons Veneris, Fraw Venus Berg/ Das ist/ Wunderbare vnd eigentliche Beschreibung der alten Haydnischen vnd Newen Scribenten Meynung/ von der Göttin Venere, ihren Vrsprung/ Verehrung/ vnd könglicher Wohnung/ vnd deren Gesellschafft/ wie auch von den Wasser/ Erd/ Lufft vnd Fewer/ Menschen/ sampt vielen andern wunderbaren Geschichten.[...] Frankfurt a. M. 1614 S. 179–183.

615 Friedrich de la Motte Fouqué, Undine. Eine Erzählung, in: Die Jahreszeiten. Viertel-

Wasserfrau-Motiv und Elementargeist-Motiv eine Verbindung ein, welche die Vorstellung von Undinen und Melusinen im 19. Jahrhundert nachhaltig prägte und deren Spuren sich noch in den Bearbeitungen der Jahrhundertwende, zum Beispiel in Theodor Fontanes Gestaltungen des Stoffes, zeigen lassen.[616] Die enge Verbindung von paracelsischer Elementargeist-Konzeption und Fouquéscher Undinenfigur ist in der Forschung vielfach untersucht und verifiziert worden.[617] Fouqué selbst hat den „Liber de Nymphis" als seine zentrale Quelle bezeichnet.[618] Seine Konzeption der Wasserfrau kann als Ausgangspunkt für eine „eigene Traditionslinie" verstanden werden.[619]

Paracelsus' Deutung der Mahrtenehe als christliches Ehe-„büntnus", durch das ein weiblicher Elementargeist eine Seele empfängt und zu einem ‚richtigen Menschen' wird, war für die weitere (hoch-)literarische Rezeption des Melusinen-, vor allem aber des Undinenstoffes von bestimmender und nachhaltiger Bedeutung. Die bei Paracelsus bereits anklingende geschlechtsspezifische Rollenverteilung, der Menschenmann als Seelenspender die Geistfrau als Seelenempfängerin, rückt bei Fouqué ins Zentrum des Erzähl-

---

jahrsschrift für romantische Dichtungen. Hg. von Friedrich de la Motte Fouqué. Jg. 1811. Berlin 1811 S. 3–188.

616 Vgl. dazu Kap. C.5. Zur Rezeption der „Undine" in romantischer und nachromantischer Zeit sowie ihrer Bedeutung als Prätext für Wasserfrauentexte der Moderne vgl. Ruth Fassbind-Eigenheer, Undine oder Die nasse Grenze zwischen mir und mir. Ursprung und literarische Bearbeitungen eines Wasserfrauenmythos. Von Paracelsus über Friedrich de la Motte Fouqué zu Ingeborg Bachmann. (Stuttgarter Arbeiten zur Germanistik 291). Stuttgart 1994 S. 108–123; Elisabeth Frenzel, [Art.] Undine, in: Dies., Stoffe der Weltliteratur. Ein Lexikon dichtungsgeschichtlicher Längsschnitte. 9., überarbeitete und erweiterte Auflage. Stuttgart 1998 S. 808–811 und Mona El Nawab, Ingeborg Bachmanns „Undine geht". Ein stoff- und motivgeschichtlicher Vergleich mit Friedrich de la Motte Fouqués „Undine" und Jean Giraudoux' „Ondine". Würzburg 1993.

617 Zum Verhältnis von paracelsischer Elementargeisterlehre und Fouquéscher Undinen-Konzeption vgl. Ruth Fassbind-Eigenheer, [Art.] Undine als literarische Grenzgängerin. Vom Mythos über den spätmittelalterlichen Sachtext zur Sprachreflexion im 20. Jahrhundert, in: Verführer, Schurken, Magier (wie Kap. A. Anm. 41) S. 949–968, hier 950–957; Dies., Undine S. 13–30; Stuby, Liebe S. 75–95; Helga Trüpel-Rüdel, Undine – eine motivgeschichtliche Untersuchung. Bremen 1987 S. 42–52 und Goldammer, Paracelsus S. 29–34.

618 In seiner Autobiographie erzählt Fouqué, wie er in den Jahren 1807/08 seine Erzählung „Undine" schrieb. Diese sei „[...] zuerst entsprossen aus einem treuherzig ernsten Berichte des alten Theophrastus Paracelsus, den ich dazumal in seinem wunderlichen Deutschlatein studirte." Friedrich de la Motte Fouqué, Lebensgeschichte des Baron Friedrich de la Motte Fouqué, aufgezeichnet durch ihn selbst. Halle 1840 S. 287. Vgl. dazu auch Friedrich de la Motte Fouqué, Notiz, in: Die Musen. Eine norddeutsche Zeitschrift. Hg. von Friedrich de la Motte Fouqué und Wilhelm Neumann. Jg. 1812, 4. Quartal. Berlin 1812 S. 198 f.

619 Inge Stephan, Weiblichkeit, Wasser und Tod, in: Weiblichkeit und Tod in der Literatur. Hg. von Renate Berger und Inge Stephan. Köln u. a. 1987 S. 117–139, hier 130.

interesses.[620] In „Undine" werden die paracelsischen Elementargeister, die Paracelsus als personifizierte Elementarkräfte verstand, im Kontext der zeitgenössischen Geschlechtervorstellungen zu ungezähmten Naturwesen umgedeutet. Die Menschwerdung des weiblichen seelenlosen Elementargeistes Undine vollzieht sich als Anpassung der jungen Frau an die zeittypischen Weiblichkeitsvorstellungen, die holde Weiblichkeit im Weiblichkeitsideal der braven, sittsamen und zu ihrem Ehemann aufblickenden Gattin und Hausfrau imaginierten. Die paracelsische Elementargeisterlehre zeigte sich durchaus anschlussfähig an das Geschlechterdenken um 1800. Die zeittypische Identifikation von Weiblichkeit und Natur bzw. Männlichkeit und Kultur, die das gesamte 19. Jahrhundert bestimmen sollte, konnte von Fouqué – in ihrer romantischen Ausprägung – über die Verbindung von Ritter Huldbrand und dem Elementargeist Undine bildlich dargestellt werden. In der Liebesumarmung von Ritter und Elementarwesen in der anderweltlichen Landschaft am See allegorisierte er die romantische Utopie einer Verschmelzung von Mensch und Natur, die mit der Rückkehr in die kulturell bestimmte, in einem fernen, romantisierten Mittelalter angesiedelte Gegenwelt des Hofes scheitert.

Die für die paracelsische Deutung der Melusinengeschichte charakteristische Überlagerung von zwei Deutungsmustern, der „nympha" und der Hexe, lässt sich als Erklärungsansatz dafür heranziehen, warum Melusine in der Rezeption der Moderne so häufig die Rolle der dämonischen Verführerin zufällt[621], während die „nympha von Stauffenberg" in Gestalt der Fouquéschen Undine überwiegend als die arme, von ihrem treulosen Ritter Verlassene imaginiert wird. Das für die mittelalterlichen und frühneuzeitlichen Bearbeitungen des Melusinenstoffes insgesamt kennzeichnende Changieren der Melusinenfigur zwischen guter, glücksbringender Fee und Verderben bringender Dämonin, zwischen außergewöhnlicher Ahnherrin und Teufelsbuhle wird mit Paracelsus und seiner Rezeption in der Romantik in die Moderne transponiert. Paracelsus' Elementargeisterlehre fungiert als ‚Filter', durch den die Romantiker das ‚Volksbuch' von der Melusine wahrnehmen.

---

620 Zur bisherigen Forschung zu Fouqués Märchennovelle „Undine" vgl. Volker Klotz, Das europäische Kunstmärchen. Fünfundzwanzig Kapitel seiner Geschichte von der Renaissance bis zur Moderne. 3., überarbeitete und erweiterte Auflage. München 2002 S. 162–173; Otto, Unterwasser-Literatur S. 61–68; Fassbind-Eigenheer, Undine, S. 31–106; Vogel, Melusine S. 151–180; Peter von Matt, Liebesverrat. Die Treulosen in der Literatur. München 1989 S. 229–238; Trüpel-Rüdel, Undine S. 62–91 und Mona El Nawab, Bachmanns Undine S. 15–35.

621 Als Femme Fatale und dämonische Verführerin tritt Melusine v. a. in Texten der zweiten Hälfte des 19. Jhs. auf. Vgl. bspw. Karl Frenzel, Melusine. Roman. Breslau 1860 und von Adlersfeld-Ballestrem, Lady Melusine.

Mit Hohenheims vernichtendem Urteil, „der Hexerei ist ‹sie› nicht losgesein“ (ThvHSW I, 14, 142), scheint Melusine auf die Rolle der Bösen abonniert. Paracelsus' differierende Bewertung der Stauffenberg-Sage und der Melusinengeschichte ist für die dichotome Weiblichkeitswahrnehmung in der Literatur des 19. Jahrhunderts anschlussfähig. Im Fall Melusines tritt an die Stelle des Changierens zwischen Fee und Dämonin das Oszillieren zwischen Heiliger und Hure, zwischen Madonna und Hexe, Femme Fatale und Femme Fragile. Auch Anna Maria Stuby spricht Theophrastus von Hohenheims Deutung der Melusinengeschichte paradigmatischen und antizipierenden Charakter für die Wahrnehmung und das Verständnis der Melusinenfigur in romantischer und nachromantischer Zeit zu. „Paracelsus' Aufspaltung des Weiblichen in die Aspekte des Positiv-Rührenden (Undine) und des Negativ-Zerstörerischen (Melusine) [...] leitet jenen Perspektivwechsel ein, der den meisten Bearbeitungen des Stoffes durch das 19. Jahrhundert zugrundeliegt.“[622] Allerdings scheint mir ihre simplifizierende Gegenüberstellung einer „guten, schönen und nützlichen Undine“ und einer „bösen, häßlichen und schädlichen Melusine“[623] als entgegengesetzte Imaginationen von Weiblichkeit des 19. Jahrhunderts als zu undifferenziert und damit unzureichend. Betrachtet man die Bearbeitungen des Melusinenstoffes im 19. Jahrhundert, ergibt sich ein differenzierteres Bild. Tritt die „nympha von Stauffenberg“ mit Fouqués Undinen-Gestalt aus dem Zwielicht des Dämonischen und Diabolischen heraus, verbleibt Melusine im Bereich des Unheimlichen und Uneindeutigen. Während Undine von Paracelsus nachhaltig von dem Verdacht der Dämonie freigesprochen wird und in Fouqués Märchennovelle, in der die Wasserfrau auf die Rolle des domestizierten ‚Naturwesens' festgelegt ist, die rührenden, kindlich-naiven und sentimentalen Aspekte der Figur dominieren, steht Melusine mit Paracelsus' Verdikt in der Moderne weiterhin unter Verdacht. Das Larvenhafte und Unechte, das Trügerische und Schauspielernde, gepaart mit einem schönen, verführerischen Äußeren, werden zu melusinentypischen Attributen in der romantischen und nachromantischen Zeit. Die melusinischen Protagonistinnen nähern sich vielfach dem Weiblichkeitstypus der Schönen Lügnerin an.[624] Schon in Goethes Erzählung „Die neue Melusine“ (1817/19) muss die als Zwergenprinzessin agierende

---

622 Stuby, Liebe S. 75.

623 Ebd.

624 Anke Bennholdt-Thomsen hat darauf hingewiesen, dass die Melusinenfiguren des 19. Jhs. oft Künstlerinnen oder Schauspielerinnen sind. Vgl. Anke Bennholdt-Thomsen, Bilder statt Leben. Zu Fontanes Oceane von Parceval, in: Der schöne Schein der Kunst und seine Schatten. FS für Rolf Peter Janz zum 60. Geburtstag. Hg. von Hans Richard Brittnacher und Fabian Stoermer. Bielefeld 2000 S. 149–160, hier 156.

Melusinenfigur den Barbier und zukünftigen Ehemann ‚anflunkern', um ihr Zwergengeschlecht vor dem Untergang zu retten.[625] In Grillparzers Opernlibretto „Melusina" (1823) wird die Chamäleonnatur der Melusinenfigur betont, ihre Fähigkeit, sich in allen Situationen den Erfordernissen anzupassen und sich zu verstellen.[626] In Eduard von Bülows 1849 erschienener Novelle „Eine allerneueste Melusine"[627], die schon im Titel auf das Melusinen-Märchen Goethes alludiert, tritt die melusinische Protagonistin als Hochstaplerin und Abenteurerin in Erscheinung. Indem er das Lügenhafte und Verschlagene zum zentralen Attribut der Melusine macht, radikalisiert und verabsolutiert er die schon in seinem Prätext – allerdings von Goethe mit einem ironischen Augenzwinkern – der Melusinenfigur zugeschriebene Neigung zu Verstellung.

Dem „Liber de nymphis" kommt innerhalb der Rezeptionsgeschichte des Melusinenstoffes in der deutschsprachigen Literatur die Bedeutung einer Vermittlungs- und Schaltstelle zu. Die Popularität seiner Schriften in der Romantik macht Paracelsus zu einem Vermittler des mittelalterlichen und frühneuzeitlichen Denkens über Melusine in die Moderne. Seiner knappen Deutung der Melusinengeschichte kommt insofern rezeptionslenkende Bedeutung zu, als dass seine Elementargeisterlehre vermittelt über die Undinen-Konzeption Fouqués zur Folie wird, auf der die Wasserfrauen, Nixen und Nymphen in der Literatur des 19. Jahrhunderts wahrgenommen werden.

---

625 Die Goethesche Melusinenfigur nähert sich ihrem ‚Ritter', dem Barbier und Taugenichts Rotmantel, in Menschengestalt und verbirgt sowohl ihre Zwergenexistenz als auch ihre geheime ‚Mission' vor ihm – die Blutauffrischung des Zwergengeschlechtes durch die Verbindung mit einem Menschenmann. JOHANN WOLFGANG VON GOETHE, Die neue Melusine. In: Taschenbuch für Damen auf das Jahr 1817 [Teil I] und Taschenbuch für Damen auf das Jahr 1819 [Teil II]. Wieder abgedruckt in: Goethes Werke. Hamburger Ausgabe. In 14 Bänden. Vollständige Neubearbeitung. Hg. von ERICH TRUNZ. München 1981-, Bd. 8 ([13]1994) S. 354–376.

626 Vgl. dazu Kap. C.4.

627 VON BÜLOW, Eine allerneueste Melusine.

7. Melusine in der Vormoderne

Erzählungen des Mahrtenehentyps wie die Melusinengeschichte erscheinen modernen Leserinnen und Lesern als Märchen oder Mythen mit rein fiktionalem Charakter. Die Melusinengeschichte fand in die deutsche Literatur jedoch nicht als märchenhafte, fiktionale Erzählung, sondern in Form einer ‚Historia' Eingang, die historische Wahrheit und Authentizität für sich beanspruchte. Für die frühe Rezeption des Stoffes ist dieses Changieren zwischen dem Fiktionalen und dem Faktionalen, dem Historiographischen und dem Märchenhaften bestimmend. Mit der Melusinengeschichte verknüpften frühe Rezipient/innen und Bearbeiter die Frage, ob die im Roman erzählte Geschichte ‚wahr' sei und ob Melusina als Beispiel für die Existenz von Incubi bzw. Succubi herangezogen werden könne. Für die Wahrnehmung und literarische Bearbeitung des Stoffes in Mittelalter und Früher Neuzeit ist das Oszillieren der Protagonistin zwischen glücksbringender Fee und Verderben bringender Dämonin kennzeichnend. So fungieren in der hochmittelalterlichen lateinischen Exempel-, Predigt- und Prodigienliteratur die proto-melusinischen Erzählungen als Beispiele für die Gefährlichkeit des Kontaktes mit teuflischen Mächten. In einer *interpretatio christiana* werden die anderweltlichen Mahrtenwesen im Kontext dämonologischer Denkmuster als Dämoninnen stigmatisiert. Der negativen, klerikalen Sicht des 12. Jahrhunderts auf die Feenlieben des Volksglaubens steht in den spätmittelalterlichen Romanen Jean d'Arras', Couldrettes und Thürings von Ringoltingen, in denen der Melusinenstoff seine typische Gestalt gewinnt, eine ausgeprägte Tendenz zur Entdämonisierung der Melusinenfigur gegenüber. Im Dienste der Genealogie und der Funktionalisierung der Melusinengeschichte als ‚Familiensage' (Jean d'Arras), ‚Haushistoriographie' (Couldrette) und Erzählung adligen Herkommens überhaupt (Thüring von Ringoltingen) werden die dämonischen Aspekte der Protagonistin zugunsten der Betonung ihres christlichen Wesens und ihrer mildtätigen Werke zurückgedrängt.

Das Interesse heutiger Forscher/innen an Thürings Prosahistorie „Melusine" speist sich zu einem Großteil aus dem Erstaunen darüber, dass es der Ahnfee gelingt, der zeittypischen Ordnung der Geschlechter, in der die Frau unter der Vormundschaft des Mannes steht, eine eigene ‚private' Abmachung entgegenzustellen, welche die eheherrliche Gewalt des Mannes, zumindest temporär, außer Kraft setzt. Thürings Roman gewinnt seinen Reiz für moderne Leserinnen und Leser nicht zuletzt daraus, dass es eine Frau ist, die zur Begründerin einer weitverzweigten Adelsdynastie gemacht wird und als vorbildliche, kluge Herrscherin agiert, während ihr Ehemann kaum mehr als eine Statistenrolle spielt.

Warum aber wählen die französischen und der deutsche Bearbeiter eine Frau als Spitzenahnin aus? Wieso ist es der Fee Melusina möglich, die Ordnung der Geschlechter mit dem Ausbedingen eines ‚ehefreien' Samstages zeitweise außer Kraft zu setzen? Erregte die exzeptionelle Machtkonstellation in der Mahrtenehe Anstoß beim vormodernen Publikum?

Die exemplarisch ausgewählten Analysen der Prosahistorie aus dem Bereich der mediävistischen Frauen- und Geschlechterforschung haben gezeigt, wie problematisch eine Interpretation eines spätmittelalterlichen Textes im Hinblick auf die Kategorie ‚Geschlecht' ist, welche die Alterität vormoderner (literarischer) Texte sowie die geschichtliche Bedingtheit und Wandelbarkeit von Geschlechtervorstellungen nicht beachtet und stattdessen von einem Konstrukt invarianter Geschlechterrollen ausgeht.

Die bisherigen sozial- und mentalitätsgeschichtlichen (J. Le Goff, C. Lecouteux, J.-D. Müller) sowie genealogischen Forschungen (U. Peters, B. Kellner) zu den mittelalterlichen Melusinenversionen ließen deutlich werden, dass die deutsche Adaptation des französischen Stoffes nur über ihr Verhältnis zu ihrer Vorlage Couldrette und die Genese und Tradition des Melusinenstoffes seit dem 12. Jahrhundert, ihre soziohistorische Kontextualisierung (Rekonstruktion der Gebrauchssituation und des Adressatenkreises) sowie ihre Verortung in diskursiven Zusammenhängen (Dämonologie und Genealogie) zu erfassen ist. Eine geschlechterbezogene Analyse des Prosaromans hatte die Eingebundenheit der bearbeitenden Übersetzung in die bisherige Stofftradition, die Verortung der proto-melusinischen Erzählungen in den dämonologischen Diskurs des Hochmittelalters und die genealogische Funktionalisierung des Stoffes in den spätmittelalterlichen französischen Romanversionen zu reflektieren. Der von der Tradition ausgehende ‚Stoffzwang' wirkt auf die im literarischen Text sichtbar werdende Gestaltung der Geschlechter(beziehungen) zurück. Thürings Modellierung der Melusinenfigur und der Paarbeziehung in der Mahrtenehe wird wesentlich von dem in seiner französischen Vorlage vorgefundenen Oszillieren der Protagonistin zwischen verführerischer Dämonin und glücksspendender Fee und Stamm-Mutter eines Adelsgeschlechtes bestimmt.

Reÿmund und Melusina erscheinen zu Beginn der Handlung als in ihrer Geschlechtsidentität beschädigte, soziale Außenseiter. Die Eheschließung ermöglicht ihnen die Reintegration in die höfische Gesellschaft. Der vor allem Reÿmund drohende Identitätsverlust wird mit der Übernahme der für Mann und Frau vorgesehenen geschlechtsspezifischen Rollen und der Rückkehr in die Bahnen der männlichen und weiblichen ‚Normalbiographie' der

Zeit gebannt. Doch die Eheschließung bringt nicht nur ‚Heilung', sie ist auch Quelle neuer Konflikte. Das Tabu der anderweltlichen Frau kollidiert mit der höfischen Ehenorm. Melusinas Sicht- und Nachforschungsverbot gegenüber ihrem zukünftigen Ehemann stellt eine erhebliche Einschränkung seiner ‚eheherrlichen Gewalt' dar.

Mit der offiziellen Eheschließung wird Reÿmund zwar – de jure – Herr im Haus und übernimmt die männlichen Rollen des Ehemannes, Landesherrschers und zukünftigen Vaters, doch – de facto – bleibt Melusina die Dominante und Bestimmende in der Beziehung. Sie allein wird als ‚Architektin' der neu zu begründenden Herrschaft dargestellt, welche die Einöde am ‚Durstbrunnen' in ein blühendes Reich verwandelt. Für den zufriedenen Ehemann einer dominanten und klugen Landesherrin wird das Dasein erst problematisch, als sein Bruder – als Vertreter der höfischen Gesellschaft – ihn auf die Diskrepanz zwischen normativ vorgesehener und tatsächlich in der Paarbindung gelebter Geschlechterhierarchie aufmerksam macht. Die Kritik der Gesellschaft entzündet sich nicht an Melusinas öffentlichem und politischem Wirken, sondern an ihrer Dominanz im Privaten. Reÿmunds Rollenkonflikt – soll er den sozialen Verhaltenserwartungen an den ‚Ehemann' entsprechen oder Melusinas Tabu respektieren – wird mit dem sein gesellschaftliches Ansehen bedrohenden Gerüchten und dem seine männliche Ehre beschädigenden Vorwurf der „bübrey" virulent. Der erste Tabubruch resultiert nicht – wie in anderen Gestaltungen des Mahrtenehen-Motivs – aus Neugier oder Übermut des menschlichen Partners, sondern erscheint als Konsequenz des von der höfischen Gesellschaft in Form von geschlechtsspezifischen Verhaltenserwartungen ausgeübten sozialen Drucks.

Die für den Melusinenstoff charakteristische Aufspaltung des zerstörerischen Tabubruchs in eine weitgehend konsequenzlose ‚private' Phase (Übertretung des Sichtverbotes) und eine folgenreiche ‚öffentliche' Phase (Übertretung des Redeverbotes) lässt sich nicht nur allgemein als Verweis auf einen hochmittelalterlichen Lehrsatz deuten, nach dem Dämonen nicht in das Innere eines Menschen sehen können (J.-D. Müller), sondern auch als Reaktion auf die Diskussion um den Ehediskurs als Teil des öffentlichen Ordnungsdiskurses (R. Schnell) im 15. Jahrhundert. Die einander entgegengesetzten Inszenierungen der Tabubrüche – intimer Blick auf die badende Frau gegenüber Beschimpfung der Frau vor einer Vielzahl von Zeugen – scheint Zeichencharakter zu besitzen. Die in engem Konnex mit dem Tabu stehende Aushöhlung der eheherrlichen Gewalt bleibt so lange folgenlos, wie sie vor der Öffentlichkeit verborgen wird. Zerstört wird die Beziehung erst mit dem Öffentlich-Werden des zuvor privaten Konflikts. Zuvor nur „lantmer" (ThvRM 96, 15), jetzt mit Reÿmunds Ausbruch öffentliches Faktum, zerstört die ‚verkehrte' Hierarchie der Geschlechter in der Ehe die Beziehung zwischen Melusina und Reÿmund.

Im Hinblick auf den für die „Melusine" sehr bedeutsamen Aspekt – Herrschaft und Herrschaftsbegründung – lassen sich zwei Modelle von Herrschaftserwerb und -ausübung unterscheiden. Die Nebenhandlungen präsentieren das Herrschaftsmodell des hochmittelalterlichen arthurischen Romans. Herrschaft erscheint dort als männliche Sphäre, Frauen sind potentielle Heiratsobjekte, deren Herrschaftsausübung vorübergehend und stellvertretend ist. In der Haupthandlung wird dagegen vorgeführt, wie eine Frau mit Hilfe von Klugheit, politischem Geschick und ausreichenden materiellen Ressourcen eine neue Dynastie begründet. Herrschaft erscheint hier faktisch als Domäne der Frau, der Mann hat die zu Beginn der Ehe noch zu befestigende Herrschaft nur – de jure – erheiratet. Die Herrschaftsbeteiligung ist nicht Lohn ritterlicher Bewährung, sie wird Reÿmund trotz seines Fehlverhaltens und Versagens als Gefolgsmann des Grafen zuteil.

Das Nebeneinander der beiden Herrschaftsmodelle lässt sich dahingehend deuten, dass die „Melusine" die Wandlung der Herrschaftsverhältnisse im Spätmittelalter abbildet. Im Spätmittelalter erscheint Herrschaft nicht mehr an das Geschlecht gebunden, da sie nicht mehr auf ritterlicher Bewährung, sondern auf dem Verfügen über materielle Ressourcen, politischer Diplomatie und geschicktem Auftreten in den Zentren der Macht beruht.

Im Zentrum der Prosahistorie Thürings von Ringoltingen steht der Konflikt zwischen einer Geschlechter- und einer Ständehierarchie. Während Melusina als „ein geborne künigin" (ThvRM, 11, 2f) in der von ihr in der Einöde des ‚Durstbrunnens' errichteten Herrschaft ihrem Stand angemessen als Herrscherin und Landesmutter agiert, steht die von den Partnern in der Mahrtenehe individuell ausgehandelte Geschlechterbeziehung in Konflikt mit dem vormodernen Ehemodell, in dem die Frau der eheherrlichen Gewalt ihres Ehemannes untersteht. Melusinas Erlösungsstreben, ihr Wunsch, „als ein ander natürlich weib" (ThvRM, 117, 16) an der Seite ihres Gatten zu sterben, scheitert nicht daran, dass sie sich als Frau in der höfischen Öffentlichkeit die Rollen der Herrscherin und Landesmutter anmaßt, die ihr qua Geschlecht nicht zustehen. Vielmehr erfüllt sich Melusinas Erlösungshoffnung nicht, weil sich die anderweltliche Frau im ‚Privaten' nicht an die hierarchischen ‚Spielregeln' hält, die ihrem Mann permanentes Kontrollrecht über sie zusichern. So dürften zwar die zeitgenössischen Rezipient/innen die exzeptionelle Machtkonstellation in der melusinischen Mahrtenehe als extraordinäre, ordnungszerstörende Umkehrung der geltenden Geschlechternormierung wahrgenommen, an dem bei einem modernen Publikum Erstaunen auslösenden Agieren Melusinas in den ‚männlichen' Rollen Herrscher und Landesvater aber weniger Anstoß genommen haben.

Das, was spätere Bearbeiter/innen und Interpret/innen in der Moderne an Thürings Prosaroman respektive am ‚Volksbuch' von der Melusine so herausfordernd schien, nämlich die starke Geschlechtsrollenzwänge überschreitende Protagonistin, die sich als Herrscherin und kluge Politikerin bewährt, dürfte auf eine Gesellschaft, in der Männlichkeit und Weiblichkeit als Bündel ständisch-sozialer Rollenoptionen gedacht wurde, weit weniger provokant gewirkt haben als auf die Menschen der Moderne, für die in einem auf Differenz und Komplementarität ausgerichteten ‚System der Zweigeschlechtlichkeit' mit der Koppelung von biologischem und sozialem Geschlecht das einem Menschen angeborene Geschlecht zu einer unhintergehbaren Entität geworden ist.

In den geschlechtergeschichtlichen Makromodellen, die für das 18. Jahrhundert einen Übergang von einem *Ein-Geschlecht-*Modell zu einem polaren und komplementären *Zwei-Geschlechter-Modell* annehmen, wird betont, dass mit der Biologisierung und Essentialisierung der Geschlechterdifferenz der enge Konnex zwischen Stand und Geschlecht, der die Konstruktion von Männlichkeit und Weiblichkeit in der Vormoderne bestimmte, nivelliert wurde bzw. das Geschlecht eines Menschen gegenüber seinem Stand an Bedeutung zunahm. In der bisherigen geschlechterbezogenen Forschung zu Thürings von Ringoltingen „Melusine" scheint zu wenig beachtet worden zu sein, dass in Mittelalter und Früher Neuzeit die Kategorie Stand von mindestens ebenso zentraler Bedeutung für die Handlungsspielräume eines Menschen gewesen ist wie die Kategorie ‚Geschlecht'.

In der gelehrten Literatur des späten 15. und des 16. Jahrhunderts werden die tradierten Deutungsmuster für Mahrtenwesen und Mahrtenehen aktualisiert. Diese ‚Redämonisierung' der Melusinenfigur, die sich zu Beginn der Frühen Neuzeit beobachten lässt, hat jedoch eine neue Qualität. Während die Dämonisierung der anderweltlichen Frau im Hochmittelalter im Kontext der Diabolisierung der heidnischen Geister des Volksglaubens stand, der von der Kirche als Aberglauben bekämpft wurde, wird die Melusinengeschichte im späten 15. und 16. Jahrhundert in den Kontext des frühneuzeitlichen Hexereidiskurses eingerückt und als Beispiel für die Realität der Teufelsbuhlschaft funktionalisiert. Im Hexentraktat „De laniis et phitonicis mulieribus" (1489) des Konstanzer Rechtsgelehrten Ulrich Molitor und in den „Tischreden" Martin Luthers dominiert die Wirkmächtigkeit der über ihre tradierten lateinischen Schriften verbürgten theologischen Autoritäten über die Entlastung der Fee in volkssprachigen Romanen im Kontext genealogischer Zusammenhänge. Die Melusinengeschichte, die in dieser Zeit in Form von Papierhandschriften und Drucken kursierte, wird im Horizont des sich abzeichnenden Hexenwahns wahrgenommen und im Zusammenhang dämonologischer Fragen erörtert. Die hochmittelalterliche Interpretation der proto-melusinischen Feenwesen als Dämoninnen wird in den Texten des 15. und 16. Jahrhunderts mit der spätscholastischen Lehre von den Incubi und Succubi verknüpft, die in dieser Zeit bereits eng mit der Vorstellung der Teufelsbuhlschaft als *locus classicus* der Hexenlehre verbunden ist. Die Deutung der Melusinenfigur als weiblicher Sexualdämon, der mit den Männern im Auftrag des Teufels buhlt, um ihnen zu schaden, erscheint als communis opinio der gelehrten Frühen Neuzeit. So fungiert im Hexentraktat Ulrich Molitors die Melusinengeschichte im Kontext der Disputation der Zeugungsfähigkeit von Dämonen als ‚Nachweis' für die Realität der Teufelsbuhlschaft und der Existenz von Teufelskindern. Die Melusinenfigur wird dort als weiblicher Sexualdämon („Melusina incuba") aufgefasst. In Molitors Deutung der Melusinengeschichte verbinden sich Elemente der elaborierten Hexenlehre (Vorstellung der Teufelsbuhlschaft, Lehre von den Incubi und Succubi, das Samenstehlen der Dämonen) mit volksläufigen Deutungsmustern wie der Wechselbalg-Vorstellung zur Erklärung von Teufelskindern. In den im protestantischen Milieu bis ins 18. Jahrhundert hinein populären Tischreden Martin Luthers, die zuerst 1566 von Johann Aurifaber, vielfach mit eigenen Zusätzen versehen, herausgegeben wurden, wird Melusina ebenfalls als buhlender Sexualdämon verstanden. Die Melusinengeschichte wird auch dort als Beispiel für die Existenz von Satanskindern funktionalisiert. Mit der Aufnahme der Deutungen Molitors und Luthers in volkssprachige, populäre und im Hinblick auf den zeitgenössischen literarischen Markt der Frühen Neuzeit weitverbreitete Sammelwerke wie den „Wendunmuth" und das „Theatrum de veneficis" erreichte dieses Deutungsmuster ein großes Publikum.

Wie die (Re-)Dämonisierung der Fee in der Reformationszeit auf die literarische Verarbeitung des Stoffes zurückwirkt, lässt sich deutlich an Sachs' Tragedia „Die Melusina" (1556) zeigen. Obgleich mit großer Wahrscheinlichkeit ein Druck des deutschen Prosaromans Sachs' Vorlage gewesen ist, in dem es eine deutliche Tendenz zur Entdämonisierung der Ahnfrau der Lusignans gibt, zeigt sich der Nürnberger Dichter offen für die zeittypische, weitgehend reformatorisch geprägte negative Wahrnehmung der Melusinenfigur als weiblicher Sexualdämon. Mit der Überführung der Melusinengeschichte in einen stadtbürgerlichen Kontext wird der Stoff endgültig aus seinem ursprünglichen Funktions- und Gebrauchszusammenhang als ‚Geschlechtermythologie' (J.-D. Müller) herausgelöst. Für Sachs und sein stadtbürgerliches, überwiegend aus Kaufleuten, Handwerkern und ihren Familien sich zusammensetzendes Publikum, spielt der ursprüngliche, genealogische Erzählzusammenhang keine Rolle mehr.

Anders als bei den Schwankstoffen schien Sachs bei seinen Tragedi und Comedi – seinem ‚Bildungsauftrag' (D. Klein) gemäß – Korrekturen seiner

Vorlagen im Sinne einer Adaptation an die ,Erfahrungswelt' seines Publikums zu scheuen. Auf den ersten Blick erscheint auch die Tragedia „Die Melusina“ als ein Beispiel für das Verfahren des ,szenischen Nacherzählens' als Form der stoffgetreuen Adaptation. Es ließ sich dennoch zeigen, dass Sachs das Romangeschehen mit Hilfe subtiler Umakzentuierungen einzelner Szenen an die Lebenswelt und die Ordnungs- und Moralvorstellungen seines Publikums adaptiert:

Die Begegnung der Protagonisten und ihre beginnende Liebesbeziehung werden im Drama vor dem Hintergrund der rigiden Sexualmoral des protestantischen Nürnberger Handwerkerstandes, im Kontext der Dichotomie von ,unorndtlich lieb' und ,eelich lieb' wahrgenommen und bewertet.

Obgleich Sachs das zeitgenössische protestantische Familienmodell, das dem Mann als dem ,Hausvater' und Patriarchen die Entscheidungsmacht über Haus und Familie einräumt, favorisierte und in seinen Texten propagierte, übernimmt er in sein Drama, wohl geleitet von seinem Wunsch nach Stofftreue, die im Prosaroman vorgegebene exzeptionelle Machtkonstellation der Geschlechter in der Mahrtenehe. Allerdings bemüht sich der Dichter darum, die Diskrepanz von offizieller Herrschaft des Mannes und faktischer Herrschaft der Frau nach der Eheschließung abzumildern, indem er Melusinas herrschaftsstiftende, eng miteinander verbundene Tätigkeiten – Urbarmachen, Bauen und Gebären – stark zurückdrängt.

Eine deutliche Neigung zur ,Verbürgerlichung' zeigt sich in den Anredeformen der agierenden Figuren. Hatte im deutschen Prosaroman das ,Irzen' und Duzen zum einen der sozialen Markierung der Personen gedient, zum anderen das Machtgefälle und seinen Wandel in der Mahrtenehe kodiert, scheint Sachs in seinem Drama das duale System Du/,ir' nicht mehr zur Markierung der Ständehierarchie zu verwenden, sondern mit ihm eher die Opposition Distanz/Vertraulichkeit ausdrücken zu wollen. Im Drama gehen Raymund und Melusina nach der Eheschließung zum vertraulichen Du über.

Gegenüber der Prosahistorie werden im Drama die wunderbaren Aspekte der Melusinenfigur profanisiert. Indem Sachs Melusinas Bautätigkeit die Geschwindigkeit und damit das Element des Geheimnisvollen, Übermenschlichen und Magischen nimmt, die Geburten der Melusinensöhne als ,gut protestantische', nebensächliche Selbstverständlichkeit darstellt und somit den engen Konnex zwischen wunderbarer Reproduktivität und Produktivität auflöst, degradiert er Melusina von der exzeptionellen Fee und Stamm-Mutter zur Durchschnittsahnin.

In der Tragedia brechen die in den Romanversionen zurückgedrängten dunklen Seiten der Melusinenfigur wieder hervor. In „Die Melusina“ überlagern sich zwei Deutungsmuster für die Protagonistin. Unmittelbar vor dem Ersten Tabubruch wird der die Meinung der Gesellschaft repräsentierende

Verdacht geäußert, Melusina sei eine mit dem Teufel buhlende Hexe. Raymund selbst deutet ihren temporären Gestaltwandel vor dem Hintergrund des Brudermordes als Signum ihrer dämonischen Existenz und sieht in ihr einen Succubus, der im Auftrag des Teufels unter Einwilligung Gottes, der ihn auf diese Weise für den Tod des Onkels bestrafen will, um ihn gebuhlt hat, um ihm zu schaden. Der bei Thüring ambivalente Begriff „gespenste" wird bei Sachs zu „teuffelsgespenst" vereindeutigt. Obgleich Sachs eine ablehnende, von Humanismus und Luthertum beeinflusste Position gegenüber den superstitiösen Praktiken und abergläubischen Vorstellungen seiner Mitmenschen vertritt, benutzt er dennoch die zeittypischen Bilder der lüsternen, mit Satan buhlenden Hexe und der um die Menschen buhlenden Dämonin, um seine Protagonistin zu typisieren. Hans Sachs' erneute Dämonisierung und Diabolisierung der Figur bezeugt eine in der Frühen Neuzeit in allen Bevölkerungsschichten verbreitete Hexen- und Dämonenfurcht. Die Tragedia „Die Melusina" zeigt, dass die Melusinengeschichte im 15. und 16. Jahrhundert nicht nur im elaborierten Diskurs gelehrter Juristen und Theologen als Beispiel für die Realität der Teufelsbuhlschaft fungiert, sondern die Melusinenfigur auch in der volkssprachlichen Literatur diabolisiert wird.

In seinem Epilog, in dem der Nürnberger Dichter gewöhnlich die vorangegangene Dramenhandlung didaktisiert und dem Publikum das zuvor Gesehene mit Hilfe moralisierender Erläuterungen verständlich macht, thematisiert Hans Sachs anhand des Topos vom ‚Glücksrad' die Wankelmütigkeit des Glücks. Obgleich die innerhalb der Mahrtenehe gelebte, exzeptionelle Geschlechterhierarchie nicht der von ihm propagierten patriarchalen Geschlechterordnung entspricht, nutzt Sachs in „Die Melusina" den Epilog nicht, um die von Thüring in seinem Prosaroman entworfene Geschlechterkonzeption zu kommentieren oder zu kritisieren. Dennoch zeigt sich im Epilog eine Tendenz zur Entschuldung des ‚Patriarchen' Raymund, die sich geschlechterbezogen lesen lässt: Der Belastung der Melusina als Teufelshure und Succubus korrespondiert die Entlastung der männlichen Hauptfiguren von ihrer individuellen Schuld. Die Ereignisse, die zu Melusinas Verschwinden führen, werden als überindividuelle Wandlungen des Glücks vorgeführt. Nicht mangelnde Affektkontrolle, sondern die Launenhaftigkeit der Fortuna bestimmen für Sachs Unglück und Niedergang des Hauses Lusignan.

In der Bearbeitung durch Hans Sachs wirkt die Genealogie mit dem Wegfall des ursprünglichen Kommunikations- und Rezeptionszusammenhanges im Kontext der ‚Verbürgerlichung' nicht länger ausgleichend. Von der wunderbaren Fee zur Durchschnittsahnin mit fragwürdiger Vergangenheit und verdächtigen samstäglichen Beschäftigungen umgewertet, unterliegt Melusina verstärkt den zeitgenössischen Geschlechternormen und misogynen Weiblichkeitsbildern. Indem sie sich nicht gemäß der Rollenerwartungen verhält, die an eine stadtbürgerliche Ehe- und Hausfrau gestellt werden, provoziert sie die Diffamierung als Hexe und Dämonin, die einen unschuldigen jungen Mann verführt.

Während Thüring von Ringoltingen seinem Publikum mit der Prosahistorie den Ursprungsmythos eines Adelsgeschlechts, eine Erzählung von ‚adligem Herkommen' offerierte, in die sie sich selbst einfügen konnten, bietet Sachs seinem Publikum mit der Tragedia „Die Melusina" ein Deutungsparadigma für deren eigene bürgerliche ‚Erfahrungswelt', in welcher der Mensch beständig vom Teufel verführt und versucht wird.

Im „Liber de nymphis" des Paracelsus, das für die Rezeptionsgeschichte des Melusinenstoffes in der Moderne enorm bedeutsam war, setzt sich die bereits bei Sachs zu beobachtende Überlagerung von Deutungsmustern fort. Bei Paracelsus zeigt sich ein Nebeneinander der Entdämonisierung Melusinas als „nympha" und ihrer erneuten Inkriminierung als Hexe und Teufelsbuhle, die sich aus dem spezifischen Hexenbild des Paracelsus speist.

C. Melusine in der Moderne

1. Von der Adelslektüre zum Lesestoff der ,unteren Stände'

Nach der dramatischen Bearbeitung durch Jakob Ayrer in seinem „Opus Theatricum" Ende des 16. Jahrhunderts entstanden in einem Zeitraum von fast 175 Jahren keine neuen literarischen Bearbeitungen des Melusinenstoffes. Dies bedeutet jedoch nicht, dass die Melusinengeschichte für diesen Zeitraum aus dem kulturellen Gedächtnis verschwand.[1] Im 17. und 18. Jahrhundert blieb der Stoff in der volksläufigen, mündlichen Tradierung in Märchen und Sagen[2] sowie in der auf Thürings von Ringoltingen Prosaroman fußenden Drucküberlieferung weiterhin lebendig.[3] Die ,Historia von der schö-

---

[1] Obgleich publizistische und literarische Zeugnisse stark darauf hin deuten, dass die ,Historia von der schönen Melusine' – z. B. in Gestalt eines „Reutlinger Volksbuches" – im späten 18. und 19. Jahrhundert ein Massenprodukt und Verkaufsschlager war und in bürgerlichen Wohn- und Gesindestuben gelesen und vorgelesen wurde, gibt es kaum materielle Überlieferungszeugnisse, die dies belegen. ,Volksbücher' wurden nicht als überlieferungswürdig angesehen und finden sich nur selten in den Beständen wissenschaftlicher Bibliotheken. Aufgrund der schlechten Überlieferungssituation ist die Rezeptionsgeschichte des Melusinenstoffes als populärer Lesestoff im 18. und 19. Jahrhundert bisher nur sehr unzureichend untersucht worden. Über die tatsächlichen Leser und Leserinnen, über den Wandel und die Ausweitung des Rezipient/innenkreises der frühen deutschen Prosa lässt sich, vor allem im Hinblick auf die soziale Schichtung des Publikums, gesichert kaum etwas aussagen. Die Entwicklung von der exklusiven Lektüre des Adels und Stadtpatriziats im 15./16. Jh. hin zum populären Lesestoff des ,gemeinen' Mannes im späten 18. und 19. Jh. wird nur undeutlich erkennbar. Hinweise auf das Publikum der frühen Romane im 16.–18. Jahrhundert in literarischen Quellen sind bisher kaum gesammelt und ausgewertet worden. Eine Ausnahme bildet: Hildegard Beyer, Die deutschen Volksbücher und ihr Lesepublikum. Univ. Diss. Frankfurt a. M. 1961. Auch rezeptionsgeschichtliche Arbeiten haben die Drucktradition nur am Rande erwähnt oder gar nicht berücksichtigt.

[2] Vgl. z. B. Heinrich Medicus, Melusine im Stollenwald, in: Erzählungen des späten Mittelalters und ihr Fortleben in Literatur und Volkdichtung bis zur Gegenwart. Hg. von Lutz Röhrich. 2 Bde. Bern München 1962, Bd. 2 S. 45 f.

[3] Zu den Melusinendrucken des 17. und 18. Jhs. vgl. Gotzkowsky, Volksbücher, Bd. 2 Baden-Baden 1994 S. 39ff; Karl Schorbach, Die Historie von der schönen Melusine, in: Zeitschrift für Bücherfreunde 1,1. 1897/98 S. 132–142 sowie Ders., Die Historie von der schönen Melusine, in: Zeitschrift für Bücherfreunde 9. 1905/06 S. 147 f. Hinweise auf Drucke der „Melusine" finden sich v. a. in der älteren Sekundärliteratur: Emil Weller, Annalen der Poetischen National-Literatur der Deutschen im XVI. und XVII. Jahrhundert. Nach den Quellen bearbeitet. 2 Bde. Hildesheim 1964. (Freiburg i. Br. 1864); Paul Heitz/Friedrich Ritter, Versuch ei-

nen Melusine‘ wurde auch im 17. Jahrhundert noch in weiten Teilen des Adels und des sich aus dem Hofbeamtentum entwickelnden gelehrten Bürgertums gelesen. Alte, prachtvolle Drucke wurden in den Familien weitervererbt und durch schlichtere, preiswertere Ausgaben ergänzt. Allerdings haftete der Lektüre, vertraut man dem überwiegend abfälligen Ton der zeitgenössischen Schriften, in denen die Prosaromane erwähnt werden, bereits eine gewisse Anrüchigkeit an. Die alten Liebes- und Ritterromane bildeten für Frauen des Adels und der gelehrten Bürger, die von der wissenschaftlichen und höfisch-gelehrten Literatur weitgehend ausgeschlossen waren, die einzige Abwechslung in ihrer häuslichen Lektüre, die nur religiöse und erbauliche Texte vorsah.[4] Die alten Romane, die bald von Übersetzungen und Imitationen französischer und italienischer Romane, wie der überaus populären „Astreé“ des Honoré d'Urfé[5], Konkurrenz bekamen, zogen deshalb vor allem von kirchlicher Seite Kritik auf sich. Bereits im 16. Jahrhundert warnten gelehrte und theologische Autoren vor den schädlichen Wirkungen, welche die Lektüre der Historien auf das weibliche Lesepublikum haben könne. Johann Ludwig Vivis (1492–1540) behandelte im fünften Kapitel des ersten Buches seiner Schrift „De institutione feminae christianae“ (1523)[6] die Frage „Qui non legendi scriptores, qui legendi [welche Schriftsteller zu lesen sind und welche nicht].“[7] Dort ist von der „Pest der schlechten Bücher („de pestiferis libris“) die Rede, „deren Albernheiten ohne Zahl seien („quarum ineptiarum nullus est finis“) und von denen täglich neue erschienen („quotidie prodeunt novae“).[8] Der Humanist Vivis, der mit seiner Schrift einen Beitrag zur christlichen Erziehung des weiblichen Geschlechts leisten wollte, wobei er vor allem Frauen des Adels im Blick hatte, lehnte die volkssprachlichen

---

ner Zusammenstellung der deutschen Volksbücher des 15. und 16. Jahrhunderts nebst deren späteren Ausgaben und Literatur. Straßburg 1924.

4 Zur Alphabetisierung, Lesefähigkeit und Lektüre von Frauen seit der Reformationszeit vgl. Urte Bejick, Deutsche Humanistinnen, in: Geschichte der Mädchen- und Frauenbildung. Hg. von Elke Kleinau und Claudia Opitz. 2 Bde. Frankfurt a. M. 1996, Bd. 1 S. 152–171, hier 152.

5 Vgl. dazu Renate Jürgensen, Die deutschen Übersetzungen der ‚Astrée‘ des Honoré d'Urfé. Tübingen 1990.

6 Selected Works of Juan Luis Vivis. Hg. von Constantinus Matheeussen u. a. Bd. 6 und 7: De institutione feminae Christianae. Introduction, Critical Edition, Translation and Notes. Hg. von Charles Fantazzi und Constantinus Matheeussen. Leiden 1996 und 1998. Im Folgenden zitiert als Johann Ludwig Vivis, De institutione feminae.

7 Johann Ludwig Vivis, De institutione, Bd. 6 S. 42–53 [Liber Primus, c. 5].

8 Ebd. S. 44, 31, 25 ff. Während in der lateinischen Ausgabe zwar viele andere Romane, z. B. „Lancelot“ und „Tristan“, erwähnt werden, die „Melusine“ jedoch fehlt, findet sich in einer in den 40er Jahren des 15. Jhs. erschienenen, volkssprachigen Übersetzung ein Hinweis auf Thürings Prosaroman. [Iohann Ludwig Vivis], Von Vnderweÿsung ayner Christlichen Frauwen [...] erklärt vnnd verteütscht: Durch Christopherum Brunonem. Augsburg, Stainer 1544 S. X.

Romane ab, weil sie ihr Publikum nicht zur Gottesfurcht erzögen und nur von profanen Themen wie Liebe und Krieg handelten.[9] Vivis vehemente Kritik macht deutlich, wie populär die Romane und Historien als Lektüre, besonders von Frauen und Mädchen, noch immer waren.

Heinrich Cornelius Agrippa von Nettesheim (1486–1535) bemängelte in seiner Schrift „De incertitudine et vanitate scientiarum“ (1526), dass es unter den Geschichtsschreibern auch solche gebe, die aufgrund ihres schlechten Charakters oder um des Profites willen die Unwahrheit schreiben und Begebenheiten erfinden. Zu diesen ‚erfundenen‘ Geschichten rechnete er auch die Prosaromane des 15. und 16. Jahrhunderts:

„Hinc tandem factum est, vt multi & natura & industria ad mentiendum apti, confictis argumentis fabulosas describerent historias, vt sunt illa, Morganae, Margalonae, Melusinae, Amadysi, Florandi, Tyranti, Conamori, Arcturi, Dietheri, Lanceloti, Tristanni, illa inquam prorsus fabulosa ac simul inerudita deliramenta poëtas comoedijs ac fabulis fabulosiera: [...].“[10]

Im 17. Jahrhundert, in dem sich das kulturelle Leben vor allem im Umkreis der Fürstenhöfe abspielte und die literarische Produktion überwiegend von an diesen Höfen als Beamte tätigen Gelehrten getragen wurde[11], setzte sich diese negative Sicht auf die Historien und Prosaromane fort. Sie wurden von den höfisch-gelehrten Poeten und Kulturschaffenden im Kontext des sich wandelnden Literatur- und Poetikverständnisses des Barock abgelehnt, ihr Lesepublikum verlacht und verspottet.[12] Die alten Romane waren mit dem höfisch-gelehrten, an der lateinischen Rhetorik orientierten Stil des Barock nicht vereinbar[13], das Interesse der an französischen und italienischen Vor-

---

[9] Vgl. Johann, Ludwig Vivis, De institutione, Bd. 6 S. 42; 30, 13 ff [Liber Primus, c. 5].

[10] Daher kommt es nämlich, dass viele Autoren, die von ihrem Charakter her oder auch ganz bewusst aus Gewinnsucht die Unwahrheit bevorzugen, Geschichten voller Phantastereien verfassen wie die von Morgane, Magelone, Melusine, Amadis, Florandin, Tyrant, Kondwiramur, König Artus, Dietrich, Lanzelot und Tristan. All das ist, ich betone das ausdrücklich, nur der Phantasie entsprungen, wirres und ungebildetes Zeug, noch ärger als die Komödien und Tragödien der Poeten: [...] [Übersetzung Cl. St.]. Heinrich Cornelius Agrippa von Nettesheym, Splendidae nobilitatis viri & armatae militiae Equitis aurati, ac utriusque Iuris Doctoris, Sacrae Caesareae Maiestatis a consilijs & archiuis Inditiarij, Henrici Cornelij Agrippae ab Nettesheym, De Incertitudine & Vanitate Scientiarum & Artium atque excellentia Verbi Dei, Declamatio. [o. O.], Johann Prall 1532 S. 28 f.

[11] Zum kulturellen und literarischen Leben im Absolutismus und zur Hofkultur des Barock vgl. Peter Nusser, Deutsche Literatur von 1500–1800. Lebensformen, Wertvorstellungen und literarische Entwicklungen. Stuttgart 2002 S. 100–139.

[12] Vgl. dazu Beyer, Volksbücher S. 72–99.

[13] Vgl. Wilfried Barner, Barockrhetorik. Untersuchungen zu ihren geschichtlichen Grundlagen. Tübingen ^{2}2002 S. 46–70 und Dirk Niefanger, Barock. Stuttgart 2000 S. 66–70.

bildern orientierten Dichter an den alten deutschen Stoffen nicht groß. So bezeugte Theobald Höck, der als ein früher Vorläufer von Opitz angesehen wird, in seiner Schrift „Schönes Blumenfeld“ (1601)[14], einer Sammlung von didaktisch-satirischen Gedichten, seine Geringschätzung für Romane wie den „Fortunatus“ oder den „Hürnen Seyfrid“, indem er sie als „lähre Fabeln“ bezeichnete.[15] Die Dichter nutzten den Verweis auf die alten Romane vielfach, um sich in ihren eigenen literarischen Texten von der bisherigen Tradition abzugrenzen und die Innovativität und hochstehende Poetizität des eigenen Schreibens zu unterstreichen. In seiner Schrift „Delitiae historicae et poeticae, das ist: Historische und poetische Kurzweil“ (1618) geizte Lazarus Sandrub, der sich selbst als „der Philosophiae et Theologiae Studiosum“ und „der Poeterey besondern Liebhabern“ bezeichnete[16], nicht mit Häme über die Romane, deren Benutzung als Anregung oder Vorlage er weit von sich wies:

„Grobe vnflätige, säwische, scham- vnnd zuchtlose Narrentheidung, Bossen vnnd unfläterey, auß dem Rollwagen, Gartengesellschaft, Schiltwach, Eulenspiegel und dergleichen, hab ich in diesem meinem Büchlein weder wissen oder sehen wöllen: sondern was ich zu theil bey den hochberühmbten Lateinischen Historienschreibern und Poeten gelesen, zum theil aber von höfflichen Leuten gehört vnd selbsten erfahren, das hab ich mir mit sondern fleiß und bedacht außerlesen vnd erwehlet.“[17]

Die alten Liebes- und Ritterromane wurden als verderbliche Lektüre für Frauen und junge Leute abgelehnt, die durch diese Bücher nur ‚kuppeln und bulen‘ lernten. Johann Michael Moscherosch verbannte in seiner Schrift „Wunderliche und wahrhafftige Gesichte Philanders von Sittewalt“ die Schreiber der alten deutschen Romane in die Hölle[18], während er die Lese-

---

[14] Theobald Höck, Schönes Blumenfeldt, auff jetzigen allgemeinen gantz betrübten Standt, fürnemmlich aber den Hoff-Practicanten und sonsten menigklichen in seinem Beruff und Wesen zu guttem und besten gestellet/ Durch Othebladen Öckhen von Ichamp Eltzapffern Bermeorgischen Secretarien [d.i. Theobald Hock]. Lignitz i. Elsaß [fing.], Schöpssen [fing.] 1601. Ich zitiere im Folgenden aus der modernen, kritischen Edition: Theobald Höck, Schönes Blumenfeld. Kritische Textausgabe. Hg. von Klaus Hanson. (Abhandlungen zur Kunst-, Musik- und Literaturwissenschaft 194). Bonn 1975. (Abhandlungen zur Kunst-, Musik- und Literaturwissenschaft 194).

[15] Höck, Blumenfeld S. 197.

[16] Lazarus Sandrub, Delitiae historicae et poeticae, das ist: Historische und poetische Kurzweil. Hg. von Gustav Milchsack. Abdruck der einzigen Ausgabe Frankfurt am Main 1618. Halle 1878 S. 1 [Titelblatt].

[17] Ebd. S. 6 [Vorrede].

[18] Vgl. Johann Michael Moscherosch, Visiones de Don Quevedo. Wunderliche und Wahrhafftige Gesichte Philanders von Sittewalt. In welchen Aller Welt Wesen/ Aller Mänschen Händel/ mit ihren Natürlichen Farben der Eitelkeit/ Gewalts/ Heucheley vnd Thorheit/ bekleidet:

rinnen dieser Bücher bei den „Venus-Narren“ leben ließ.[19] Der Held Philander berichtet von seinen Erlebnissen im „dritten Gesichte“, er habe auf einer lieblichen Wiese „etliche Junge Mägdlein sich dapffer dummlen“ gesehen, von denen viele „schöne vergüldte Bücher trugen.“ Diese hält er zunächst für erbauliche Lektüre, wird jedoch eines besseren belehrt: „Als aber ich sie ein wenig auffthate/ vnnd daß innere besahe/ so waren es der Amadiß/ Schäfferey/ Rollwagen/ Gartengesellschaft/ Schimpff vnd Ernst/ Eulenspiegel/ König Löw/ Melusina/ Ritter Pontus/ Herr Tristram/ [...] / vnd viel andere mehr.“[20]

Conrad von Höveln, unter dem Namen Candoris Mitglied in Johann Rists „Swanen-Orden“, sah in den alten Romanen „Verdärbliche Schriften“, die viel „Ünglük und Nachteil angerichtet“ hätten. „Lancilot, Melusina Goffroy mit dem Zane und dergl.“ nannte er „Fatsepossen“ und „Deuflische Hurenlider“, die „hergedeufeliret“ zu haben ihre Verfasser – diese „Schandsüchtige[n] Saurüssel“, „stinkende[n] Höllenbökke“ und „Unmänschliche[n] Zigenhuren“ – sich schämen sollten.[21] Er forderte sogar ein Verkaufsverbot von derartigen Druckwaren.[22]

Auch Gotthard Heidegger fällte in seiner wissenschaftlichen Abhandlung „Mythoscopia Romantica“ (1698)[23] ein vernichtendes Urteil über Romane wie die „Melusine“: Er sah in ihnen „Heidnische/ der Ruhe des Gemüths/ den Sitten/ der Heiligkeit der Gedanken höchst schädliche, kein-nützige Lugenbücher/ welche bey keinen grossen Geisteren/ sondern allein bey der Jugend/ den *Hommes des Mondes*, und den müssigen Frauenzimmer ihren Wehrt haben, [...]“.[24] Er schrieb den Romanen negative Wirkungen auf den Emotionshaushalt und den Lebenswandel ihrer Leser und vor allem Leserinnen zu und begriff sie als „Zunder der Affekten und Reitzer der Gottlosig-

---

offentlich auff die Schauw geführet/ als in einem Spiegel dargestellet/ vnnd von Männiglichen gesehen werden. Zum andern mahl auffgelegt von Philander selbsten/ ubersehen/ vermehret vnd gebessert. Straßburg, Johann Philipp Mülbe 1642. [=Theil 1] S. 14.

[19] Vgl. Johann Michael Moscherosch, Visiones S. 94 und 110.

[20] Ebd. S. 110f.

[21] Conrad von Höveln, Candorins Deutscher Zimber Swan. Darin Des Hochlöbl: ädelen Swan-Ordens Anfang/ Zunåmen/ Bewandnis/ Gebräuche/ Satsungen/ Ordensgesätse/ samt der Hoch: ansähel: Geselschafter Ordens-Namen entworfen. Lübek, Valtin Smalher[t]z; verlegt bei Michael Volk 1667 S. 150.

[22] Vgl. Conrad von Höveln, Zimber Swan S. 152.

[23] Gotthard Heidegger, Mythoscopia Romantica: oder Discours Von den so benanten Romans, das ist/ Erdichteten Liebes-Helde und Hirten-Geschichten: Von dehro Uhrsprung/ Einrisse/ Verschidenheit/ Nütz- oder Schädlichkeit. Zürich 1698.

[24] Gotthard Heidegger, Mythoscopia S. iiJ [Zuschrift].

keit".[25] Das beständige „Roman-Lesen" führe bei Lesern und Leserinnen zu einer Vermischung von Realität und „Traumbilder[n]". Der Lesende glaube, „[...] er selbst seye der Prinz oder die Prinzessin."[26] Deshalb wünschte sich Heidegger den alsbaldigen Niedergang dieses Lesestoffes: „Die Romans mögen zuschanden gehen/ durch was Wege sie wollen/ wann sie nur zuschanden gehen."[27] Ende des 17. Jahrhunderts scheint Heidegger bereits die Kritik an der schädlichen ‚Lesesucht' des weiblichen Geschlechts zu antizipieren, die erst Ende des 18. Jahrhunderts verstärkt aufkam.

Bis zur Mitte des 18. Jahrhunderts blieben die alten Romane neben religiösen und erbaulichen Schriften der nahezu einzige Lesestoff für Frauen der gebildeten Stände. Erst mit den empfindsamen Romanen von Richardson, Gellert, Hermes und anderen eröffneten sich Frauen neue Lektüremöglichkeiten und neue Partizipationschancen an der zeitgenössischen Literatur.[28] Mit der neuen Lesekost verloren die populären alten Romane an Reiz. In der zweiten Hälfte des 18. Jahrhunderts wurden die spätmittelalterlichen und frühneuzeitlichen Romane und Historien zu ‚Volksbüchern' im eigentlichen Sinn. Die beim ‚gemeinen Mann' äußerst beliebten Romane waren den gebildeten Ständen verdächtig. Als subliterarische Lesestoffe wurden diese Schriften mehr und mehr zur anrüchigen Lektüre, die der gebildete Bürger Frau und Kindern untersagte und allenfalls beim Gesinde widerwillig duldete. In der Zeit der Aufklärung lagen die ‚Volksbücher' außerhalb der Grenzen des für das gebildete Lesepublikum geltenden Literaturbegriffs.[29] Der Wandel

---

25 Ebd. S. 106.

26 Ebd. S. 187.

27 Ebd. S. iiij (b) [Zuschrift].

28 Zur Entwicklung eines weiblichen Lesepublikums und der Kritik an einer ‚weiblichen Lesesucht' im fortschreitenden und ausgehenden 18. Jh. vgl. Erich Schön, Weibliches Lesen. Romanleserinnen im späten 18. Jahrhundert, in: Untersuchungen zum Roman von Frauen um 1800. Hg. von Helga Gallas und Magdalena Heuser. Tübingen 1990 S. 20–41; Ulrike Weckel, Häuslichkeit und Öffentlichkeit. Die ersten deutschen Frauenzeitschriften im späten 18. Jahrhundert und ihr Publikum. Tübingen 1998 S. 20 f; Helga Brandes, Die Entstehung eines weiblichen Lesepublikums im 18. Jahrhundert. Von den Frauenzimmerbibliotheken zu den literarischen Damengesellschaften, in: Lesen und Schreiben im 17. und 18. Jahrhundert. Studien zu ihrer Bewertung in Deutschland, England, Frankreich. Hg. von Paul Goetsch. Tübingen 1994 S. 125–133 und Ursula A. J. Becher, Lektürepräferenzen und Lesepraktiken von Frauen im 18. Jahrhundert, in: Lesekulturen im 18. Jahrhundert. Hg. von Hans Erich Bödeker. (Aufklärung. Interdisziplinäres Jahrbuch zur Erforschung des 18. Jahrhunderts und seiner Wirkungsgeschichte 6, 1). Hamburg 1991 S. 27–41. Zur Debatte um die ‚Lesewut' der Frauen in pädagogischen, mädchen- und frauenmedizinischen sowie fiktionalen Texten des 18. und 19. Jahrhunderts auf der Folie der zeitgenössischen Geschlechterphilosophie vgl. Susanne Barth, Mädchenlektüren. Lesediskurse im 18. und 19. Jahrhundert. Frankfurt a. M. u. a. 2002.

29 Ernst Ribbat, Ludwig Tieck. Studien zur Konzeption und Praxis romantischer Poesie. Kronenberg, Ts. 1978 S. 157.

des Lesepublikums der Romane, seine Einschränkung auf die ‚niederen Schichten‘, wirkte sich auch auf die Produktion und Distribution dieses Lesestoffes aus. Kursierten im 16. und 17. Jahrhundert die alten Romane im Adel und im höheren Bürgertum noch als kostbare, in der Familie weitergegebene Ausgaben, wurden sie vom 18. Jahrhundert an als Massenware, billige Fabrikdrucke auf Löschpapier, zu geringen Preisen auf Märkten und im Wanderbetrieb feilgeboten.[30]

Zu einem Zentrum der Produktion der tradierten ‚Volkslesestoffe‘ wurde in der zweiten Hälfte des 18. Jahrhunderts das Städtchen Reutlingen in Süddeutschland.[31] Die Reutlinger Buchdrucker hatten erkannt, dass es in Deutschland seit einigen Jahrzehnten eine verstärkte Nachfrage nach einfachen und billigen Lesestoffen gab.[32] Nachdem an der Wende vom 16. zum 17. Jahrhundert die Drucker- und Verlegerfamilie Oudot in der französischen Stadt Troyes mit der sogenannten „Bibliothèque bleue“ die erste Sammlung populärer Heftchen-Literatur hervorgebracht hatte[33], sorgten die

---

[30] Walter Ernst Spengler, [Art.] Volksbuch, in: Reallexikon der deutschen Literaturgeschichte, Bd. 4. Berlin ²1984 S. 737.

[31] Zur Bedeutung Reutlingens als Zentrum der Produktion von ‚Volksbüchern‘ und anderen populären Lesestoffen vgl. Rudolf Schenda, Die Lesestoffe der Kleinen Leute. Studien zur populären Literatur im 19. und 20. Jahrhundert. München 1976 S. 11–29; Hans Widmann, Aus der Geschichte des Reutlinger Druck- und Verlagswesens, in: Rückblick für die Zukunft. Berichte über Bücher, Buchhändler und Verleger zum 150. Geburtstag des Ensslin-Verlages. Hg. von Joachim Ulrich Hebsaker. Reutlingen 1968 S. 27–106; Ders., Vom Buchwesen der alten Stadt Reutlingen, in: Archiv für Geschichte des Buchwesens 9. 1976 S. 449–490 und John Lewis Flood, The Survival of German ‚Volksbücher‘. 3 Studies in Bibliographie. 2 Bde. Univ. Diss. London 1980, Bd. 2 S. 238–262.

[32] In der Literaturwissenschaft wird oft vergessen, dass das, was heute den Gegenstand der Untersuchung und Literaturgeschichtsschreibung bildet, die Literatur der Goethezeit, für eine elitäre Kulturschicht geschrieben wurde und um 1800 nur etwa 10% der gesamten Literaturproduktion und -konsumtion ausmachte. 90% entfielen auf die populären Lesestoffe des ‚gemeinen Mannes‘, die meist nicht für sammlungs- und überlieferungswürdig erachtet wurden. Vgl. dazu Rudolf Schenda, Lesestoffe S. 30 ff. Zur Lesefähigkeit des ‚gemeinen Mannes‘ und zur Bedeutung des Vorlesens für die Rezeption der populären Lesestoffe vgl. Reinhart Siegert, Zur Alphabetisierung in den deutschen Regionen am Ende des 18. Jahrhunderts. Methodische Überlegungen und inhaltliche Bausteine aus Quellenmaterial der ‚Volksaufklärung, in: Alphabetisierung und Literarisierung in Deutschland in der frühen Neuzeit. Hg. von Hans Erich Bödeker und Ernst Hinrichs. (Wolfenbütteler Studien zur Aufklärung 26). Tübingen 1999 S. 283–307; Rudolf Schenda, Alphabetisierung und Literarisierungsprozesse in Westeuropa im 18. und 19. Jahrhundert, in: Sozialer und kultureller Wandel in der ländlichen Welt des 18. Jahrhunderts. Hg. von Ernst Hinrichs und Günther Wiegelmann. Wolfenbüttel 1982 S. 1–42 und Ders., Von Mund zu Ohr. Bausteine zu einer Kulturgeschichte volkstümlichen Erzählens in Europa. Göttingen 1993 S. 217–238.

[33] Die Bezeichung „Bibliothèque bleue“ geht wohl darauf zurück, dass viele der Bändchen in blaues Papier eingebunden waren. Möglich ist aber auch, dass sich die Bezeichnung auf den In-

Reutlinger Drucker im ausgehenden 18. Jahrhundert für eine massenhafte Verbreitung solcher ‚Büchlein' auch in Deutschland.[34] Die „Reutlinger Volksbücher" blieben bis Anfang des 20. Jahrhunderts ein verkaufsträchtiger Markenname. Die gebildeten Stände allerdings hatten eine sehr schlechte Meinung über die Reutlinger Druckerzeugnisse und die Kolporteure, die diese ‚Büchlein' vertrieben und bis in entlegene Dörfer trugen. Der Sagensammler und spätere Herausgeber von ‚Volksbüchern' Gustav Schwab bemerkte in seinem Albführer von 1823 über das Händlerdorf Eningen:

> „Es ist das vollkommene Gegenstück von *Gönningen*, ja der Handel ist hier noch allgemeiner, und ⅔ der Bürger sind Kaufleute, [...]. *Spitzenkrämer* heißen sie von einem eignen Fabrikate, das aber den geringsten Theil ihres Handels ausmacht. Sie teilen sich in drei Hauptclassen: die erste bezieht ihre Waaren vom Ausland [...]. Die zweite Classe beschränkt sich auf inländische Märkte und auf den Detailhandel; eine dritte ist blos dem Hausieren mit unbedeutenden Artikeln ergeben; namentlich handelt sie mit *Volksbüchern*, und bedarf eben darum und wegen ihrer physischen und moralischen Verdorbenheit einer ganz besonderen Aufsicht. Bei 200 Familien nähren sich von diesem unrühmlich mit Bettel und Betrug verbundenen Hausierhandel."[35]

In den 90er Jahren des 18. Jahrhunderts mehrten sich die kritischen Stimmen gegen die schädliche ‚Lesesucht' des ‚gemeinen Mannes'. Der Pfarrer Heinrich Caspar Münzenberger (1764–1831) beklagte in seiner Schrift „Ueber die Entstehung religiöser Volksbegriffe" (1791) die Schädlichkeit der populären Lesestoffe für die Phantasie und die Wirklichkeitswahrnehmung des ‚gemeinen Mannes' und griff damit ein Argument auf, dass schon 100 Jahre zuvor gegen die alten Romane ins Feld geführt worden war. In diesen ‚Büchlein', zu denen er neben „Reineke de Voß" und „Till Eulenspiegel" auch „die schöne Melusine" zählte, sah er „Profan-Scribenten", die

---

halt bezog: „conte bleue" bedeutet Ammenmärchen. Im Programm der Familie Oudon fanden sich neben Ritterromanen und zeitgenössischen Theaterstücken auch populäre Sachbücher und Erbauungsliteratur. Grundlegende Informationen gibt: Marie-Louise Tenèze, [Art.] Bibliothèque bleue, in: EM 2. Berlin 1979 Sp. 283–287. Zur Geschichte der „Bibliothèque bleue" vgl. Geneviève Bollème, La bibliothèque bleue. Littérature populaire en France du XVIIe au XIXe siècle. (Collection archives 44). Paris 1971 und Lise Andries, La Bibliothèque bleue au dix- huitième siècle: une tradition éditoriale. (Studies on Voltaire and the Eighteenth Century 270). Oxford 1989.

[34] Für die „Reutlinger Volksbücher" ist mit hohen Auflagenzahlen zu rechnen: Diese „[...] are said to have sold some 30.000 to 50.000 copies each during their lifetime." Flood, Survival, Bd. 2 S. 258. Vgl. auch Widmann, Geschichte S. 205.

[35] Gustav Schwab, Die Neckarseite der Schwäbischen Alb. Neudruck der ersten Ausgabe von 1823. Hg. von Hans Widmann. Tübingen 1960 S. 87.

„[...] vorzüglich ihrer Schädlichkeit wegen mit hieher [gehören], weil sie die Begriffe vom Würklichen und Möglichen, grade wie bey vielen andern Romanenlesern so sehr verwirren, daß sie nicht mehr zu unterscheiden wissen, ob sie Mährchen oder Wahrheiten lesen; [...] weil sie ihnen so verkehrte, horrende Begriffe von den Vorzeiten, da die Thiere sprachen und Gold und Edelgesteine auf den Straßen zu finden war, beybringen, und dies verwirrt denn wieder den Begriff von Lebensglückseligkeit, und vermehrt den Jammer über die jetzigen kümmerlichen Zeiten.“[36]

Bei Münzenberger vermischen sich die alten Vorbehalte der Kleriker gegen die als schädlich und nutzlos angesehenen „Profan-Scribenten“, also alle weltlichen Bücher, mit den Argumenten gegen die ‚weibliche Lesesucht‘, die vom ‚unmündigen‘ weiblichen Geschlecht auf den ebenso ‚unmündigen‘ ‚gemeinen Mann‘ übertragen wurden. Zugleich zeigt sich bei diesem Autor bereits die um die Wende vom 18. zum 19. Jahrhundert typische Furcht der Obrigkeit vor den möglichen revolutionären und umstürzlerischen Konsequenzen einer gesteigerten ‚Lesewut‘ des ‚Volkes‘, die nach der französischen Revolution zu einer verstärkten Kontrolle und Zensur der Produktion von ‚Volkslesestoffen‘ durch Behörden und Polizei führte.[37] Die Kritik der ‚Volksaufklärer‘ und der gebildeten Literaten an den billigen Heftchen und die Vorbehalte der Obrigkeit, die ‚Lesewut‘ der Landbevölkerung und der städtischen Unterschichten könne sich umstürzlerisch auswirken, schienen sich wechselseitig zu befördern. Obgleich Innenministerium und Polizei den Handel mit „Reutlinger Volksbüchern“ und ähnlichen Druckerzeugnissen am liebsten ganz verboten hätten, ließ die ökonomische Bedeutung, die der Reutlinger Buchhandel für die gesamte Region inzwischen erlangt hatte, ein solches drastisches Eingreifen nicht zu. Man beschränkte sich deshalb auf strenge Zensurmaßnahmen und behielt die überwiegend als ‚asoziales Gesindel‘ eingestuften Kolporteure wachsam im Auge. Man zwang die Reutlinger Buchdrucker im Jahre 1809, halbjährlich Produktionslisten vorzulegen, um der Drucklegung unerwünschter Schriften vorzubeugen. 1812 musste der Uracher Oberamtmann Griesinger an seine oberste vorgesetzte Behörde, das Stuttgarter Innenministerium, einen ausführlichen Bericht über die wahren Verhältnisse der Eninger Wanderbuchhändler liefern. Griesinger kam in seinem Bericht nach der Befragung etlicher Kolporteure der Umgebung zu dem Schluss, dass die Wanderbuchhändler vor allem mit frommen Schriften han-

[36] Heinrich Caspar Münzenberger, Ueber die Entstehung religiöser Volksbegriffe. Ein Versuch zu einer Logik des Volks. Göttingen 1791 S. 29.

[37] Vgl. dazu Rudolf Schenda, Volk ohne Buch Studien zur Sozialgeschichte der populären Lesestoffe 1770–1910. (Studien zur Philosophie und Literatur des neunzehnten Jahrhunderts 5). Frankfurt a. M. 1970 S. 91–141 und Ders., Lesestoffe S. 16–25.

delten, für die in der Gegend ein guter Absatzmarkt bestand.[38] Die Stuttgarter Behörden gaben sich mit diesem entlastenden Bericht jedoch nicht zufrieden. Ein im Frühjahr 1812 für das Königliche Polizei-Ministerium angefertigtes Gutachten wirft ein weniger günstiges Licht auf den Eninger Wanderbuchhandel. Dort heißt es,

„[...] daß bei der schlechten, oft ganz unsittlichen Beschaffenheit vieler dieser fliegenden Blätter mancher Schade unter dem Volk von diesem Bücher-Trödel zu besorgen sei. So oft dergleichen schon gedruckte, elende, schädliche und unsittliche Blätter entdeckt wurden, wurden sie konfisziert oder doch verboten, und wenn um die Erlaubnis zum Druck gebeten wurde, dieselbe verweigert, auch den Reutlinger Buchdruckern aufs strengste und unter Androhung von Strafe verboten, auch nur das kleinste fliegende Blatt so wie auch alte Artikel, je ohne Zensur zu drucken, und sie zugleich aufgefordert, statt der alten, gewöhnlichen, wenngleich nicht schädlichen, doch geschmacklosen Volksbücher bessere, neuere zu verlegen.“[39]

Die Zensurmaßnahmen der Obrigkeit richteten sich auch gegen das ‚Volksbuch‘ von der Melusine. Im März 1812 konfiszierte der pflichtbewusste Oberamtmann von Backnang die gesamte Ware der Schwestern Anna Barbara und Elisabetha Sonntag, die als Kolporteurinnen über Land zogen. Das aus Eningen stammende Geschwisterpaar trug nicht nur Gebetbücher bei sich, sondern hatte 24 weitere Artikel in ihrem Verkaufsrepertoire, die den Unmut des Oberamtmann Wolf erregten. Nach zähen Verhandlungen wurde den Schwestern untersagt, einige der Büchlein, die als „besonders unanständig“ angesehen wurden, weiter zu vertreiben. Neben einem „Traumbuch“ und den „Weissagungen der zwölf Sibyllen“ traf es auch die „Geschichte der schönen Melusine“. Die betreffenden Exemplare wurden beschlagnahmt und vernichtet.[40] Der Vorwurf der ‚Unanständigkeit‘ und Unsittlichkeit traf die ‚Büchlein‘ deshalb, weil sie aus der Perspektive der aufgeklärten Obrigkeit voller Phantastereien und Aberglauben steckten. Die alten ‚Volksbücher‘ entsprachen nicht den aufklärerischen Idealen des Nützlichen und Vernünftigen und drohten zudem die – aus der Sicht der Obrigkeit und der ‚Volksaufklärer‘ – fragile Arbeitsdisziplin des ‚gemeinen Mannes‘ und der ‚gemeinen Frau‘ zu untergraben.[41] Sie gehörten deshalb aus Sicht der Behörden aus dem Verkehr gezogen.

Obgleich die ‚Volksbücher‘ im 18. Jahrhunderts als ungeeignete und unschickliche Lektüre für Bürgersöhne und -töchter galten, wurden sie von

---

38 Vgl. Schenda, Lesestoffe S. 14.

39 Zitiert nach ebd. S. 15.

40 Ebd. S. 19 f.

41 Vgl. Schenda, Mund S. 226.

Kindern und Jugendlichen aus den ‚höheren Ständen‘ mit großer Begeisterung und zum Teil auch heimlich gelesen. In zahlreichen Autobiographien und Lebenserinnerungen von Autoren der Goethezeit finden sich Hinweise auf derartige Lektüren und ihre nachhaltigen Wirkungen auf die kindliche Phantasie. Justinus Kerners (1786–1862) Bemerkung über die Reutlinger Volksbücher in seinem „Bilderbuch aus meiner Knabenzeit“ macht deutlich, dass die ‚Büchlein‘ für Kinder und Jugendliche eine gleichwertige Lektüre zu den zeitgenössischen populären Märchensammlungen und Kinder- und Jugendbüchern waren: „Neben diesem Buche [Daniel Defoes „Robinson Crusoe“; Cl. St.] standen Tausend und eine Nacht, Musäus Volksmärchen und all die alten Volksbücher, Heymonskinder, Magelone, Siegfried usw., die die Reutlinger Buchhändler auf den Jahrmarkt in das Städtchen sandten.“[42] Die Autoren bemühen sich, die ‚Volksbücher‘ im Rückblick aus einer romantischen bzw. romantisierenden Perspektive aufzuwerten. Obgleich die ‚Volksbüchlein‘ in der Kinderzeit der Romantiker als verderbliche und geschmacklose Lektüre begriffen wurden, sieht Johann Heinrich Jung-Stilling aus der Retrospektive seiner Autobiographie in ihnen „alte anmuthige“ und kindgerechte „Geschichten“.[43] Die wohl bekannteste Bemerkung zur kindlichen Lust an den alten ‚Volksbüchern‘ stammt von Johann Wolfgang von Goethe. In „Dichtung und Wahrheit“ schreibt er:

„Der Verlag oder vielmehr die Fabrik jener Bücher, welche in der folgenden Zeit unter dem Titel ‚Volksschriften‘, ‚Volksbücher‘, bekannt und sogar berühmt geworden, war in Frankfurt selbst, und sie wurden wegen des großen Abgangs, mit stehenden Lettern auf das schrecklichste Löschpapier fast unleserlich gedruckt. Wir Kinder hatten also das Glück, diese schätzbaren Überreste der Mittelzeit auf einem Tischchen vor der Haustüre eines Büchertrödlers täglich zu finden, und sie uns für ein paar Kreuzer zuzueignen. Der ‚Eulenspiegel‘, die ‚Vier Haimonskinder‘, ‚Die schöne Melusine‘, ‚Der Kaiser Octavian‘, ‚Die schöne Magelone‘, ‚Fortunatus‘ mit der ganzen Sippschaft bis auf den ‚Ewigen Juden‘ alles stand uns zu Diensten, sobald uns gelüstete, nach diesen Werken anstatt nach irgend einer Näscherei zu greifen.“[44]

Auch Goethe sieht in den ‚Volksbüchern‘ nicht länger Schund- und Trödelliteratur wie die ‚Volksaufklärer‘ sondern „Überreste der Mittelzeit“. Die romantische Sichtweise auf die ‚Volksbücher‘, die von der Vorstellung einer anonymen dichtenden ‚Volksseele‘ ausgeht, wurde für das gesamte 19. Jahr-

---

[42] Justinus Kerner, Werke. 6 Teile in 2 Bänden Hg. von Raimund Pissin. Hildesheim 1974–1998. (Berlin 1914), Bd. 1 S. 114.

[43] Johann Heinrich Jung-Stilling, Lebensgeschichte. Vollständige Ausgabe, mit Anm. hg. von Adolf Benrath. Darmstadt 1976 S. 64.

[44] Johann Wolfgang von Goethe, Werke (wie Kap. B, Anm. 627), Bd. 9 ([11]1989) S. 35 f.

hundert, auch in der mit der Romantik aufkommenden ‚Volkskunde', bestimmend. Erst in den 20er Jahren des 20. Jahrhunderts wurde ihr von Hans Naumann widersprochen.[45] Es dauerte bis in die späten 70er Jahre, bis sie von Hans Joachim Kreutzer als romantische Projektion entlarvt wurde.[46]

Die ‚Historia von der schönen Melusine' war im 18. und 19. Jahrhundert nicht nur als ‚Volksbuch' beim ‚gemeinen Mann' beliebt, sie wurde wie der Fauststoff auch als Puppenspiel auf die Bühne gebracht.[47] Neben anderen ‚Volksbüchern' wie „Fortunatus“, „Griseldis“ und „Doktor Faust“ hatten die wandernden Puppen- und Marionettentheater auch die „Melusine“ in ihrem Repertoire.[48] Die Frage, wie und wann die Melusinengeschichte auf die Marionettenbühne gelangte, lässt sich im Grunde nicht beantworten. Anders als für das Personentheater wurden für das traditionelle Puppen- und Marionettentheater kaum spezielle Stücke neu geschrieben. Die Marionettenspieler adaptierten meist bereits dramatisierte Vorlagen, die sie entsprechend ihrer bühnentechnischen Möglichkeiten umgestalteten. Im 17. Jahrhundert griff man dabei gern auf populäre Stücke der Comedia dell'arte sowie der Englischen Komödianten zurück. Die Melusinengeschichte könnte dank der Po-

---

[45] In den 20er Jahren entwickelte Hans Naumann (1886–1951) in Abwendung von der romantizistischen Volkskunde seiner Zeit, die vom Volk als einer schöpferischen Gemeinschaft ausgeht, die These vom ‚gesunkenen Kulturgut'. Bei volkskundlichen Objekten unterscheidet er zwischen von unten gekommenem „primitiven Gemeinschaftsgut“ und von oben gekommenem „gesunkenen Kulturgut“. Das eine sei „urtümlich gewachsen und psychisch bedingt, das andere historisch geworden und bewußt geschaffen und umgeformt.“ Hierauf aufbauend teilt Naumann „das Volk in eine progressive, geistig-kulturell inspirierende Oberschicht und eine beharrende, geistige Güter nur empfangende Unterschicht - die ‚primitive Gemeinschaft'“ ein. Hans Naumann, Grundzüge der Volkskunde. Leipzig 1922 S. 107. Der reaktionär-völkische Geist der Naumannschen Überlegungen ist inzwischen erkannt worden. Vgl. Reinhard Schmook, „Gesunkenes Kulturgut - primitive Gemeinschaft“. Der Germanist Hans Naumann (1886–1951) in seiner Bedeutung für die Volkskunde. Wien 1993. Naumanns These vom ‚gesunkenen Kulturgut' findet aber weiterhin als Erklärungsansatz weitgehend unreflektiert Verwendung. Ich plädiere an dieser Stelle dafür, statt von einem ‚Absinken' von einer Ausweitung und einem Wandel des Rezipientenkreises zu sprechen, um erstens, eine neutrale, ideologisch unbelastete Formulierung zu verwenden und, zweitens, der Tatsache gerecht zu werden, dass die ‚Volksbücher' bis weit in die Goethezeit hinein in allen Bevölkerungsschichten gelesen worden sind.

[46] Kreutzer, Mythos.

[47] Zur Geschichte und Ausprägung des Puppen- und Marionettentheater seit dem 17. Jh. in Europa vgl. Ines Köhler-Zülch, [Art.] Puppentheater, in: EM 11. Berlin 2003 Sp. 45–63.

[48] Vgl. dazu Ines Köhler-Zülch, Zum Puppenspiel: Der „Gestiefelte Kater“ auf der Bühne sächsischer Wandermarionettentheater, in: Hören. Sagen. Lesen. Lernen. Bausteine zu einer Geschichte der kommunikativen Kultur. Festschrift für Rudolf Schenda zum 65. Geburtstag. Hg. von Ursula Brunold Bigler und Hermann Bausinger. Bern u.a. 1995 S. 359–393, hier 361 und Hans Netzle, Das Süddeutsche Wander-Marionettentheater. München 1938 S. 34 und 54.

pularität von Thürings Prosahistorie über die Dramatisierungen des Hans Sachs und Jakob Ayrers auf die Puppenbühne gelangt sein.

Seit dem späten 18. Jahrhundert erweiterte sich das Repertoire enorm. Man spielte weiterhin die alten Stücke und griff zugleich auf Erfolgsstücke des großen Theaters, der Oper und Operette, sowie des Volks- und Vorstadttheaters zurück. Eine große Rolle für die Repertoire-Bildung spielte auch die im 19. Jahrhundert beständig wachsende Zahl populärer historisierender Ritter- und Räuberromane[49] oder populäre Lesestoffe wie Fouquès „Undine“, „Grimms Märchen“ und die ‚Volksbuch‘-Editionen der nachromantischen Zeit. Die Melusinengeschichte könnte demnach über die Aufnahme populärer romantischer Melusinendramen, -opern und -balette oder die Adaptation von ‚Volksbuch‘-Editionen den Weg auf die Puppenbühne gefunden haben. Ob „Melusine“ und die anderen ‚Volksbuchstoffe‘ eher zum ursprünglichen Repertoire der Puppen- und Marionettentheater gehörten oder erst über die romantische ‚Renaissance‘ vieler Stoffe um 1800 ins Repertoire gelangten, lässt sich anhand der Überlieferungslage nicht entscheiden.[50]

Im 19. Jahrhundert wurde die Melusinengeschichte auch in Form von Bilderbogen[51], die vor allem in der zweiten Jahrhunderthälfte enorme Auflagenhöhen erreichten[52], unter die Leute gebracht.[53] In den zwischen 1867 und 1872 im Verlag von Gustav Weise in Stuttgart erschienenen „Deutschen Bilderbogen für Jung und Alt“, die für einen Groschen in schwarz-weiß und zwei Groschen in Color zu haben waren, findet sich als Nr. 121 unter dem Titel „Die schöne Melusine“ auch ein Bilderbogen mit der Melusinen-

---

[49] So wurde z. B. Christian Vulpius' Räuberroman „Rinaldo Rinaldini“ für die Puppenbühne adaptiert und durfte bald auf keinem Spielplan fehlen.

[50] Zum Spielrepertoire der Puppentheater und seiner Entwicklung vgl. Köhler-Zülch, [Art.] Puppentheater, in: EM 11. Berlin 2003 Sp. 51–55.

[51] Zu den Bilderbogen als Teil der Populärkultur des 18.–20. Jhs. vgl. Rolf Wilhelm Brednich, [Art.] Bildquellen, in: EM 2. Berlin 1979 Sp. 328–372 und Elke Hilscher, Die Bilderbogen im 19. Jahrhundert. (Studien zur Publizistik). München 1977.

[52] Noch zu Beginn des 19. Jahrhunderts erreichten die Bögen nur Auflagen von einigen hundert Exemplaren, in den 30er bis 40er Jahren nur von einigen Tausend. Erst mit dem neuen lithographischen Verfahren wird der Bilderbogen zum Massenartikel. Vgl. Klaus Lankheit, Einführung, in: Bilderbogen. Deutsche populäre Druckgraphik des 19. Jahrhunderts. Ausstellung 10. März bis 28. April 1974, Kunsthalle Bremen. Hg. vom Badischen Landesmuseum. Gesamtleitung Ernst Petrasch. Karlsruhe 1973 S. 9–19, hier 10 f. Ulrike Eichler geht z. B. für die „Münchener Bilderbogen“ für den Zeitraum von 1848 bis 1932 von einer Auflagenhöhe von insgesamt 48 Millionen Exemplaren aus, wobei die meisten Erstauflagen in einer Höhe von 12–16.000 Exemplaren gedruckt wurden. Vgl. Ulrike Eichler, Münchener Bilderbogen. (Oberbayerisches Archiv 99). München 1974 S. 38.

[53] Rolf Wilhelm Brednich, [Art.] Bildquellen, in: EM 2. Berlin 1979 Sp. 328–372, hier 352.

geschichte, der sich etwa auf das Jahr 1869 datieren lässt.[54] „Die Deutschen Bilderbogen für Jung und Alt" richteten sich wie ihre Vorbilder, die „Münchener Bilderbogen", mit ihrer buntgemischten Themenbreite an eine alters- und bildungsmäßig möglichst breite Käuferschicht. Sie unterschieden sich von den gewöhnlichen Bilderbogen vor allem deshalb, weil sie mit ihrer sorgfältigen, künstlerischen Aufmachung versuchten, die Oberschicht als Käuferschicht mit einzubeziehen.[55] Man engagierte für die Zeichnungen namhafte Künstler, um die Bogen für das Bürgertum attraktiv zu machen.[56] Die Zeichnungen für den Melusinen-Bilderbogen stammten von Heinrich Mücke. Elke Hilscher geht davon aus, dass sich die Bilderbogen mit ‚Volksbuch'-Stoffen, die innerhalb des Gesamtrepertoires nur wenig Raum einnehmen[57], ebenso wie die Märchen-Bilderbogen überwiegend an ein kindliches Publikum richteten.[58] Ob die Melusinengeschichte als Bilderbogen eine längere Tradition besaß, die aber nicht überliefert ist, oder ob sie erst über die ‚Volksbuch'-Begeisterung des Bildungsbürgertums in nachromantischer Zeit als Sujet für den Bilderbogen interessant wurde, weil sich die Verlage gute Absatzmöglichkeiten versprachen, lässt sich anhand der Forschungs- und Quellenlage nicht entscheiden.[59]

---

[54] Vgl. Deutsche Bilderbogen für Jung und alt. Ein Gesamtverzeichnis der zwischen 1867 und 1873 erstmalig im Verlag Gustav Weise in Stuttgart herausgegebenen Bilderbogen. Für Sammler und Liebhaber populärer Druckgraphik. Erläutert und kommentiert von Hans Stula. Hannover 1980 S. 42 und Bilderbogengeschichten. Märchen, Sagen, Abenteuer. Neu erzählt von Autoren unserer Zeit. Hg. von Jochen Jung. München 1974 S. 169f. Ein Exemplar des Melusine-Bilderbogens befindet sich in Privatbesitz: Sammlung Christa Pieske.

[55] Zum Publikum der „Münchener Bilderbogen" vgl. Eichler, Münchener Bilderbogen S. 51–61.

[56] Für die „Münchener Bilderbogen" z. B. zeichneten u. a. Wilhelm Busch und der heute v. a. durch seinen Melusinen-Zyklus bekannte Moritz von Schwind. Vgl. Eichler, Münchener Bilderbogen S. 92–118.

[57] V. a. die Offizin Oehmigke & Riemschneider in Neuruppin griff in ihren Bilderbogen ‚Volksbuch'-Stoffe auf: Eulenspiegel, Schildbürger, Griseldis und Genovefa. Vgl. dazu Brednich, [Art.] Bildquellen, in: EM 2. Berlin 1979 Sp. 350.

[58] Hilscher, Bilderbogen S. 172f.

[59] Zu berücksichtigen ist aber, dass bis ins 19. Jahrhundert hinein religiöse Themen und Motive in den Bilderbogen dominierten. Vgl. Brednich, [Art] Bildquellen, in: EM 2. Berlin 1979 Sp. 348 und Hilscher, Bilderbogen S. 102f.

2. Die ‚Wiederentdeckung' des ‚Volksbuches' um 1800

2.1 Die „poetische Kleinigkeit" – Zachariäs Parodie

Als die ‚Volksbücher' dem aufgeklärten Lesepublikum der höheren Stände noch als anrüchige Lektüre galten, entstand die erste literarische Neubearbeitung des Stoffes. Just Friedrich Wilhelm Zachariä (1726–1777) veröffentlichte 1772 seine „Historia von der edlen und schönen Melusine" anonym in dem Band „Zwey schöne Neue Mährlein".[60] Als Entstehungshintergrund seiner „poetische[n] Kleinigkeit"[61] gibt der Verfasser an, er sei von einer Dame, der die „Melusine" und weitere ‚Volksbücher' in Form eines billigen Heftchens in die Hände geraten waren, gebeten worden, diese Geschichten neu zu erzählen.

> „Ich muß Ihnen noch mit zwei Worten sagen, wie die poetische Kleinigkeit entstanden ist, die ich ihnen hiebey übersende. Ich speiste in voriger Leipziger Michaelmesse mit der liebenswürdigen Madam R** bey Herrn Wölpling, als einer von der niedrigern Klasse der litterarischen Handlanger, der seinen ganzen Buchladen in einem Korbe herumträgt, uns verschiednes von seiner gelehrten Waare anbot. Der Madam R** fielen die Mährchen von der schönen Melusine, von einer untreuen Braut, von der schönen Magellone etc. in die Hände. Sie blätterte darinn, kaufte sie dem Herumträger ab und gab sie mir, indem sie mit ihrer gewöhnlichen holdseliggebieterischen Mine sagte: dies möchte ich wohl einmal anders gemacht haben."[62]

Ob es sich hierbei um eine literarische Fiktion handelt, mit welcher der aufgeklärte Autor seine Beschäftigung mit niederer Massenliteratur entschuldigen wollte, oder ob es sich um eine wahre Begebenheit handelt, lässt sich nicht entscheiden. Der heute weitgehend unbekannte Dichter, der allenfalls wegen seiner ‚komischen Epen' in der Literaturgeschichtsschreibung Erwähnung findet, formt die Melusinengeschichte zu einem „galante[n] Lehrgedicht" „im Sinne des Rokoko" um.[63] Der Melusinenstoff wird an die ge-

---

[60] Just Friedrich Wilhelm Zachariä, Historia von der edlen und schönen Melusine, in: Zwey schöne Neue Mährlein als I. Von der schönen Melusine; einer Meerfey. II. Von einer untreuen Braut, die der Teufel hohlen sollen. Der liebenden Jugend, und dem ehrsamen Frauenzimmer zur beliebigen Kurzweil, in Rheime verfasst. Leipzig 1772 S. 1–42.

[61] Zachariä, Historia, Vorwort [ohne Seitenangabe].

[62] Ebd.

[63] Manfred Grätz, Das Märchen in der deutschen Aufklärung. Vom Feenmärchen zum Volksmärchen. Stuttgart 1988 S. 95.

sellschaftlichen Verhältnisse des 18. Jahrhunderts angepasst und in der bürgerlichen Alltagswelt angesiedelt. Als „harmlose Moral"[64] des Textes erscheint: Männer sollten ihren Gattinnen ab und zu ein kleines Geheimnis lassen. Denn gelangen die Allüren und Marotten der Gattin an die Öffentlichkeit, fällt das nur auf den Ehemann zurück.

„Die Neugier ist ein schlimmes Ding. / Wies hier dem Ritter Reimond gieng, / Der mehr sah / als ihm dienlich war, / So gehts noch oft der Männer Schaar. / Hört drum, ihr Herren, meinen Rath! / Die angenehmste Dame hat / doch ihren Fischschwanz. Trinket sie / Scharmirt sie, zanket sie; / Mag sie mit ihren Seelenschwestern / Gern beten, plaudern, oder lästern; / Fährt sie gern zu Visiten aus; / Zur Maskerad; ins Schauspielhaus; / Und thuts nur, wie Frau Melusine / Die Woch einmal: so zieht die Mine / Nicht allzusauer! denkt, fein klug, / Auch mit dem Fischschwanz gut genug!"[65]

Zachariäs „parodistisch[e] Neugestaltung"[66] des ‚Volksbuches', die aus der Perspektive eines ‚gelehrten' Bürgers auf die populären ‚Volksbüchlein' geschrieben ist, macht deutlich, wie wenig literarische Attraktivität der Melusinenstoff noch in der zweiten Hälfte des 18. Jahrhunderts besaß. Der gelehrte Leser rümpfte die Nase ob solcher obskuren Lektüre.

2.2 „Dokumente authentischer Poesie" – Tiecks Neubearbeitung

Ludwig Tiecks Neubearbeitung des ‚Volksbuchs', die zuerst 1800 unter dem Titel „Sehr wunderbare Historie von der Melusina"[67] im zweiten Band der „Romantischen Dichtungen" publiziert wurde, entstand im Kontext der Auseinandersetzung des frühromantischen Dichterkreises mit den literarischen Texten der altdeutschen Zeit an der Wende vom 18. zum 19. Jahrhundert.[68] Tiecks Interesse für die ältere deutsche Literatur wurde bereits An-

---

[64] Grätz, Märchen S. 95.

[65] Zachariä, Historia S. 41 f.

[66] Vogel, Melusine S. 140.

[67] Ludwig Tieck, Sehr wunderbare Historie von der Melusina. In drei Abtheilungen, in: Ders., Romantische Dichtungen. 2 Bde. Jena 1799–1800, Bd. 2 S. 331–464. Eine zweite Edition erfolgte 1829 in: Ludwig Tieck's Schriften. 28 Bde. Berlin 1829–1854, Bd. 13 S. 67–170.

[68] Zur Bedeutung der romantischen Mittelalter-Rezeption für die Entstehung der germanistischen Philologie und des Verständnisses des Bildungsbürgertums des 19. und 20. Jhs. für eine ‚altdeutsche' Nationalliteratur vgl. Gerhard Kozielek, Ideologische Aspekte der Mittelalter-Rezeption zu Beginn des 19. Jahrhunderts, in: Mittelalterrezeption. Hg. von Peter Wapnewski. Stuttgart 1986 S. 119–132; Helmut Schanze, „Es waren schöne, glänzende Zeiten…". Zur Genese des romantischen Mittelalterbildes, in: Studien zur deutschen Literatur des Mittelalters.

fang der 1790er Jahre durch seinen Studienfreund Wilhelm Heinrich Wakkenroder geweckt.[69] Ein gemeinsamer Studienaufenthalt in Erlangen und Göttingen sowie eine Reise nach Süddeutschland, in der die beiden Freunde Bibliotheken nach alten Büchern durchstöberten, lenkte Tiecks Interesse mehr und mehr auf ‚altdeutsche' Kunst und Literatur. Er befasste sich zunächst mit der Dichtung des 16. und 17. Jahrhunderts, las Hans Sachs, die Barockdichter Moscherosch und Weise sowie Grimmelshausens „Simplizissimus", für den er auch eine Neu-Herausgabe plante. Seine Mitte der 90er Jahre begonnenen Erneuerungsversuche der ‚Volksbücher' bildeten den Auftakt zu seinen umfangreichen Mittelalter-Studien, die von großem Einfluss auf die jüngere Generation der Romantiker waren.[70]

Tieck war einer der ersten Dichter der Neuzeit, der die ‚Volksbücher' nicht als unzeitgemäßen, verdächtigen Lesestoff des ‚gemeinen Mannes', sondern als „von den Auswirkungen der Konsumkultur noch unkorrumpierte Zeugnisse von Poesie" betrachtete.[71] Mit seinen 1797 erschienen „Volksmährchen", in denen er auch drei bekannte ‚Volksbücher' nacherzählte[72], grenzte er sich von den neuen populären Ritter-, Räuber- und Abenteuerromanen ab, die im Gefolge der Ritter- und Räuberdramatik des Sturm und Drang seit etwa 1780 den literarischen Markt überschwemmten.[73] Er wandte sich mit seiner Erneuerung der ‚Volksbücher' nicht nur gegen die trivialliterarische Mittelalterrezeption des ‚aufgeklärten' Bildungsbürgertums, sondern auch gegen die Vertreter der Berliner Spätaufklärung.[74] Tieck lehnte sich mit seinen „Volksmährchen" nur scheinbar an die zehn Jahre zuvor mit großem Erfolg publizierten „Volksmährchen der Deutschen" (1782–86)[75] von Johann Karl August Musäus an. Während Musäus in seinem Erfolgswerk, das stark spätaufklärerisch und nationalpädagogisch geprägt war,

---

Hg. von Rudolf Schützeichel. Bonn 1979 S. 760–771 und Christoph Schmid, Die Mittelalterrezeption des 18. Jahrhunderts zwischen Aufklärung und Romantik. Frankfurt a. M. 1979.

69 Zu Tiecks Verhältnis zu Wackenroder vgl. auch Silvio Vietta, Zur Differenz zwischen Tiecks und Wackenroders Kunsttheorie, in: Ludwig Tieck. Literaturprogramm und Lebensinszenierung im Kontext seiner Zeit. Hg. von Walter Schmitz. Tübingen 1996 S. 87–99.

70 Vgl. Gisela Brinker-Gabler, Poetisch-wissenschaftliche Mittelalter-Rezeption. (Göppinger Arbeiten zur Germanistik 309). Göppingen 1980 S. 102.

71 Horst L. Preisler, Gesellige Kritik. Ludwig Tiecks kritische, essayistische und literarhistorische Schriften. Stuttgart 1992 S. 147.

72 Ludwig Tieck, Volksmährchen. Hg. von Peter Leberecht. 3 Bde. Berlin 1797. In seine „Volksmährchen" integrierte der Autor in jeden der drei Bände eine Bearbeitung eines ‚Volksbuchs': Heymonskinder (Bd. 1, S. 243–366); Die schöne Magelone (Bd. 2, S. 145–309); Die Schildbürger (Bd. 3, S. 227–328).

73 Ludwig Tieck, Ludwig Tieck's Schriften, Bd. 11 S. 21.

74 Ebd., S. XLI [= Vorbericht zur dritten Lieferung].

75 Johann Karl August Musäus, Volksmährchen der Deutschen. 5 Bde. Gotha 1782–88.

Phänomene des Wunderbaren auf ironisch-satirische Weise mit Vernunft zu verbinden trachtete, wollte Tieck mit seinen „Volksmährchen" gerade das Wahre, Einfache und Naive der ‚altdeutschen' Literatur hervorheben. Gerade ihre ‚naturwüchsig-kraftvollen' und derben Elemente, die der volkspädagogischen Zielsetzung der Zeit zuwiderliefen und die ‚Volksbüchlein' zu verderblichem Schrifttum stempelten, interessierten den Dichter.[76] Für die Bemühungen der ‚Volksaufklärer' hatte Tieck nicht mehr als verärgerten Spott übrig:

> „Sollten denn wirklich etwa die paar freien Späße im Eulenspiegel und den Schildbürgern die Nation verderben können? [...] Oder hofft man wirklich durch das alberne moralische Gewäsch, welches sie jetzt als Volksbücher drucken lassen, von gutgearteten Gatten und saubern Kindern, Birnenmost, Giftkräutern und Wohltätigkeit, die niederen Stände so tief in die edle Gesinnung hinein und unterzutauchen, daß keiner mehr eine Zwei- oder Eindeutigkeit spricht und denkt?"[77]

Der Autor der „Volksmährchen" strebte das genaue Gegenteil der ‚Volksaufklärung' an: Statt das ‚Volk' mit purifizierten Ausgaben und eigenem volkspädagogischen Schrifttum zu versorgen, indem man diese nützlichen Werke über die üblichen Distributionswege der Büchertische in gewohnter Aufmachung unter das ‚Volk' brachte[78], plante er die alten ‚Volksbücher' so zu bearbeiten, dass auch das gebildete Publikum Geschmack daran fände. Tieck wollte sie den gebildeten Lesern der Aufklärung als „Dokumente authentischer Poesie" zugänglich machen.[79] Um den raschen Aufstieg der ‚Volksbücher' in den Rang ‚höherer' Literatur zu fördern und die Akzeptanz bei den von ihm als Publikum intendierten Bildungsbürgern zu befördern, zog er eine – bewusste – Bearbeitung der ‚Volksbücher dem bloßen Wiederabdruck vor. Tiecks Hauptintention war es, die „verkannt[e] und verschmäht[e]"[80] ‚Volkspoesie' wieder in das Spektrum der Literatur zurückzuholen.[81] Die Bearbeitung sollte dergestalt erfolgen, dass sie der alten Lite-

---

[76] Preisler, Kritik S. 148 und Wolfgang Rath, Ludwig Tieck. Das vergessene Genie. Paderborn u. a. 1996 S. 190 ff.

[77] Tieck, Ludwig Tieck's Schriften, Bd. 9 S. 9.

[78] Vgl. dazu folgende zeitgenössische ‚volksaufklärerische' Schriften: Anonym, Ueber die Mittel, bessere Bücher in die Hände der niedrigern lesenden Menschenklasse zu bringen, in: Berlinische Monatsschrift. Hg. von Friedrich Gedike und Johann Erich Biester. Jg. 1785. Berlin 1785, S. 295–310 und Anonym, Rezension eines „Gemeinnützigen Buches für den Bürger und Landmann", in: Anzeige gemeinnütziger Bücher. Jg. 1774, 31. Woche, zitiert nach: Alfred Nollau, Das literarische Publikum des jungen Goethe. Von 1770 bis zur Übersiedlung nach Weimar. Weimar 1935 S. 79 f.

[79] Vgl. Ribbat, Tieck S. 157.

[80] Tieck, Ludwig Tieck's Schriften, Bd. 11 S. XLI.

[81] Preisler, Kritik S. 152. Vgl. auch Ribbat, Tieck S. 156 f.

ratur ihren „spezifischen ästhetischen, d.h. naiven, vorzeitigen Reiz beläßt“, sie zugleich aber „modernem Geschmack anpaßt.“[82] Für die ‚Volksbücher‘ strebte der Dichter demnach nicht eine behutsame Aktualisierung wie später für den Minnesang an[83], sondern eine durchgreifende Neubearbeitung. ‚Volksbücher‘ waren in Tiecks Vorstellung keine originäre Schöpfung eines einzelnen Dichters, sondern der ‚Volksseele‘ entsprungen. Die überall als billige Drucke erhältlichen ‚Volksbücher‘ stellten für ihn nur eine Momentaufnahme, ein plötzliches Gerinnen in eine feste Form, dar. Sie unterlagen in Tiecks Verständnis einem unablässigen Veränderungsprozess. Die spezifische Überlieferungsgeschichte der ‚Volksbücher‘, ihre „vorgeblich natürliche Autogenese“, legitimierte für den romantischen Autor seinen bearbeitenden, modernisierenden Zugriff.[84] Bedingt durch die besondere Art der Tradierung von ‚Volkspoesie‘, diese ist nach Tieck nicht „gemacht“, sondern „geworden“[85], gingen die Erzählstoffe gleichsam in den kollektiven Besitz eines ‚Volkes‘ über und durften deshalb von allen späteren Bearbeitern zwanglos umgearbeitet werden.[86] Der „formlos“ gewordene Stoff gibt dem Dichter das Recht, ihn in einer anderen Form neu zu erschaffen. Tieck verstand seine ‚Volksbuch‘-Bearbeitungen demnach als ein Weiterdichten der Tradition.[87]

„Ein solches altes Poem wird durch die Überlieferung, die es bald roh, bald unverständlich macht, bald Widersprüche hineinbringt, gleichsam in ein Naturprodukt verwandelt, an dem unsere ahnende Kraft eben recht viel Arbeit findet, um diese Unebenheiten zu erklären, oder wegzuschaffen.“[88]

In der Melusinengeschichte sah Tieck ein „uraltes französisches Märchen“[89], eines der „formlosesten“ aller ‚Volksbücher‘. Diese Perspektive

---

82 Preisler, Kritik S.152.

83 In der einige Jahre später erfolgenden Beschäftigung mit dem deutschen Minnesang formuliert er seine Motivation für die Beschäftigung mit ‚altdeutscher‘ Dichtung: Ihm geht es um eine Erneuerung ‚altdeutscher‘ Literatur mit dem Ziel, der Poesie der eigenen Zeit ein neues Fundament zu geben. Erneuerung meint in diesem Zusammenhang, dass die ‚altdeutschen‘ Texte behutsam sprachlich aktualisiert werden sollen, um so den Zeitgenossen wieder in ihrem Gehalt verständlich zu werden. Besonderen Wert legt Tieck dabei auf die Erhaltung der Reime und damit der Reimwörter. Vgl. Brinker-Gabler, Mittelalter-Rezeption S.102.

84 Preisler, Kritik S.153.

85 In einem Brief an Karl Wilhelm Ferdinand Solger vom 13. Oktober 1816 bemerkte Ludwig Tieck über die „Genovefa“, diese sei „nicht *gemacht* sondern geworden.“ Der Brief ist abgedruckt in: Tieck and Solger. The Complete Correspondence. Hg. von Percy Matenko. New York u.a. 1933 S.288f [Nr.47], hier 288.

86 Vgl. Preisler, Kritik S.153.

87 Tieck, Ludwig Tieck’s Schriften, Bd.11 S. LVII.

88 Ebd. S. XLII.

89 Ebd. S. LVIIf.

rechtfertigte für ihn die Überführung in eine neue Gattung. Tieck suchte den „treuherzig[en]"[90] Ton des ‚Volksbuchs' in seine Neubearbeitung zu transponieren, indem er die Melusinengeschichte als ‚Chantefable'[91], eine mittelalterliche Erzählgattung, gestaltete. Der ‚altertümliche' Ton wird von den in die Erzählung eingearbeiteten romanischen Gedichtformen, Sonetten und Stanzen, getragen. Tieck hielt sich in seiner „Sehr wunderbaren Historie von der Melusina" in inhaltlicher und motivischer Hinsicht sehr genau an seine Vorlage, das auf Thüring von Ringoltingen zurückgehende ‚Volksbuch'[92], wobei der Dichter vermutlich die Fassung nach dem „Buch der Liebe" (1587) als Quelle nutzte.[93] Er behielt nicht nur den spezifischen, durch das *Motiv der gestörten Mahrtenehe* konturierten Plot der Melusinengeschichte bei, zum Teil bieten seine Textpassagen in Prosa wörtliche Anklänge an seine (vermutete) Vorlage: So wird Reÿmunds Reaktion auf Melusines Anblick bei ihrem ersten Treffen am Durstbrunnen mit den Worten wiedergegeben: „Nun erwachte Reymund erst aus seiner Betäubung und erschrak, als er ein so schönes Fräulein vor sich sah: er wusste nicht, war er lebend oder todt, oder war sie ein Gespenst oder ein Fräulein."[94] In der Fassung des „Buchs der Liebe" heißt es: „Da Reymund die Edle schöne Jungfrauwe ersahe/ da erschracke er/ und wußte nicht/ ob er lebendig oder todt was/ oder ob das ein Gespenst oder ein Frauw was/ [...]."[95] Vor allem an zentralen, handlungsvorantreibenden Textpassagen bemühte sich Tieck um vorlagengetreue Modernisierung, indem er die Syntax der entsprechenden Passagen weitgehend beibehielt und bei der Lexik nur solche Begriffe austauschte, die von seinen zeitgenössischen Leser/innen vielleicht nicht mehr verstanden werden

---

90 Ebd. S. LIX.

91 Die ‚Chantefable' ist eine volkstümliche, französische Abenteuererzählung, die zwischen erzählender Prosa und gesungenen Versen – Verseinlagen oder Liedstrophen – wechselt. Tiecks Text gilt als Nachbildungsversuch der wohl im Mittelalter weitverbreiteten Gattung, die jedoch nur in einem Beispiel überliefert ist: „Aucassin et Nicolette" (13. Jhd.). Vgl. Harry F. Williams/ Marc-René Jung, [Art.] Chantefable, in: LexMA 2. München u. a. 1983 Sp. 1711 f und Renate Baader, [Art.] Cante fable, in: EM 2. Berlin 1979 Sp. 1167 f.

92 Zu diesem Ergebnis kommt auch: Mertens, Melusinen S. 216.

93 Was für einen Druck Tieck als Vorlage benutzt hat, lässt sich nicht genau bestimmen. Seine Kenntnis des Prosaromans geht wohl auf die Fassung im „Buch der Liebe" (1587) zurück, das er kannte, aber nicht besaß. In einem Brief an August Wilhelm Schlegel von Anfang Dezember 1803 schrieb der Dichter: „Ich bitte Dich aber recht angelegentlich, du mußt mir dies nicht abschlagen lieber, ich habe keinen *Octavian*, keine *Magelone*, keine *Melusine*, alle 3 aber will ich gern, wenigstens *Octavian* endlich fertig machen, und sie sind dort [im „Buch der Liebe"; Cl. St.] noch besser gedruckt als in den gewöhnlichen Volksbüchern". Ludwig Tieck. Hg. von Uwe Schweikert. Bd. 1. (Dichter über ihre Dichtungen 9, 1). München 1971 S. 245.

94 Tieck, Ludwig Tieck's Schriften, Bd. 13 S. 77.

95 Thüring von Ringoltingen, Melusine. Stuttgart ^{2}1991 S. 11.

konnten. Dies lässt sich beispielhaft anhand des Ersten Tabubruchs zeigen. Tieck lässt den Grafen vom Forst seinem Bruder die über Melusine kursierenden Gerüchte so eröffnen:

„Man sagt allgemein im ganzen Lande, daß Du mit deiner Gemahlin übel angekommen seist, sie sagen, Du seist bezaubert, daß sie sich alle Sonnabend abseitiget, und Du an solchem Tage gar nicht einmal nach ihr fragen darfst; [...] die meisten Leute meinen, sie treibe an diesen Tagen Hurerei, welches doch gegen deine Ehre liefe, andre sagen wieder, sie möchte überhaupt wohl ein Gespenst und alles mit ihr nur ein ungeheures Wesen sein, darum ist es mein demüthiger Rath, Du erkundigst Dich etwas mehr um ihr wahres Befinden und suchst es zu erforschen, damit Du nicht Gefahr läufst, für einen Narren gehalten zu werden."[96]

In der Fassung des „Buchs der Liebe" sagt der Bruder zu Reymund:

„Reymundt lieber Bruder/ ich besorg ir seyt bezaubert/ und das ist ein gantze Landmähr/ und sagt menniglich/ ihr seyt nicht wol bedacht/ daß ihr nicht sollet noch bedörffet euwerm Gemahel nachfragen/ [...] etlich die meynen/ sie treibe büberey/ und habe andere Leut lieber denn euch/ Etliche sprechen/ es sey ein Gespenst/ und ein ungeheuwer wesen umb sie/ das sage ich euch/ als meinem lieben Bruder/ und darzu rahte ich euch/ daß ihr gedencket zu wissen/ was ihr gewerbe sey/ das ihr nicht zu einem Thoren gemacht/ und von ir also geeffet werdet."[97]

Kürzungen nahm Tieck vor allem im Bereich der genealogischen Elemente vor.[98] Die *aventiuren* der Melusinensöhne Uriens und Gyot, Reinhart und Anthoni werden zwar erzählt, sind jedoch gegenüber der Fassung des „Buchs der Liebe" stark komprimiert.[99] Alle Bezüge auf das Haus Lusignan sind getilgt. Die Melusinengeschichte sollte von den Leser/innen als zeitloses, überhistorisches, wunderbares ‚Mährchen' wahrgenommen werden, nicht als Familienchronik und Haushistoriographie eines Adelsgeschlechtes – eine Tendenz zur Entgenealogisierung, die sich schon in der Fassung des „Buchs der Liebe" findet, in der Thürings Vorrede fehlt und die genealogischen Bezüge auf die Auftraggeber des Romans verknappt sind. Tieck ersetzte die in der Fassung des „Buchs der Liebe" im ersten Kapitel geschilderte Entstehungsgeschichte des Romans durch eine kurze einleitende Bemerkung und begann sogleich mit der Vorgeschichte Reymunds.[100] Der in den mittelalterlichen Romanen vehement vertretene historische Wahrheits-

---

[96] Tieck, Ludwig Tieck's Schriften, Bd. 13 S. 114.

[97] Thüring von Ringoltingen, Melusine. Stuttgart ²1991 S. 70.

[98] Vgl. dazu auch Vogel, Melusine S. 135 ff.

[99] Vgl. Tieck, Ludwig Tieck's Schriften, Bd. 13 S. 95–110 gegenüber Thüring von Ringoltingen, Melusine. Stuttgart ²1991 S. 34–66.

[100] Tieck, Ludwig Tieck's Schriften, Bd. 13 S. 69.

anspruch des Erzählten, der über die Entstehungsgeschichte des Romans beglaubigt wird, wird mit deren Tilgung zunächst verneint, zugleich aber über die einleitende Bemerkung wieder in den Text eingespeist:

„Wie oftmals durch Gunst der Frauen Männer zu hohem Glück und Ehre gelangt sind, davon findet man in der Geschichte viele Beispiele, unter anderem auch in folgender sehr wunderbaren Historie, die vielen nur ein Mährchen dünken möchte, weil einige Umstände zusammen treffen, die fast an das Unwahrscheinliche gränzen."[101]

Der Autor spielt hier mit polaren Begriffen: ‚Geschichte' und ‚Märchen', das ‚Wahre' und das ‚Unwahrscheinliche', die ‚Historie' und das ‚Wunderbare'.

Tiecks „Sehr wunderbare Historie von der Melusina" erscheint inhaltlich zwar als eine vorlagengetreue Übertragung. Mit der Überführung in eine neue Gattung wurde sie jedoch zu einem eigenständigen literarischen Werk, das seinen Zeitgenossen eine andere Perspektive auf das ‚Volksbuch' von der Melusine ermöglichte.[102] Tiecks Aufwertung der ‚Volksbücher' ließ die Beschäftigung der Zeitgenossen mit dem Melusinenstoff wieder interessant und legitim erscheinen.

Später scheint sich Tieck von seiner radikalen Position, die eine durchgreifende sprachliche Neubearbeitung der ‚Volksbücher' als legitim und geradezu zwingend erforderlich ansah, distanziert zu haben, was Reflexionen zu den Bearbeitungen der „Magelone" und der „Melusine" nahe legen. In seinem Roman „Phantasus", in dem sich eine überarbeitete Version des in den „Volksmährchen" veröffentlichten ‚Volksbuchs' von der Magelone findet, ließ er die Freunde der Phantasus-Runde darüber diskutieren, ob eine in den Text eingreifende Bearbeitung zulässig sei oder die Dignität des Originals verletze.[103] Mit seiner vor Jahren vorgenommenen „Umänderung" der alten Erzählung ist Friedrich, der Verfasser und Vorleser der modernisierten „Magelone", „unzufrieden[ ]".[104] Auguste wendet dagegen ein, nur die Erneuerung und Modernisierung nach dem Zeitgeschmack könnten die alten Geschichten vor dem Vergessen bewahren.[105] Friedrich beharrt darauf, dass nur „Verwöhnung" und „Beschränktheit" der Gegenwart die Dichter dazu brächten, die „Schönheit" der alten Romane „ganz zu verkennen" und diese „mit einer willkürlichen Abänderung verbessern zu wollen", wodurch „das

---

101 Ebd. S. 69.

102 Vgl. Marek Zybura, Ludwig Tieck als Übersetzer. Zur frühromantischen Idee einer „deutschen Weltliteratur". Heidelberg 1994 S. 124. Der Autor kritisiert die Auffassung Gisela Brinker-Gablers, Tiecks Volksbuchbearbeitungen seien bloße Neueditionen der alten Texte.

103 Ludwig Tieck, Schriften in zwölf Bänden. Hg. von Manfred Frank u. a. Frankfurt a. M. 1985-, Bd. 6: Phantasus. Hg. von Manfred Frank. Frankfurt a. M. 1985.

104 Tieck, Schriften, Bd. 6 S. 300, 30 f.

105 Ebd. S. 301, 1–5.

Ganze eben so wohl Mittelpunkt als Zweck verlier[e]."[106] Er tritt schließlich für eine totale Neugestaltung der alten Stoffe ein und meint damit, nach dem Vorbild von Lope de Vega, der die „Magelone" für das Theater bearbeitet hat, eine dramatische Umgestaltung, denn „[n]ach unsern gewöhnlichen Ansichten gehen die Novelle und Erzählung oft von selbst in das Drama über, so wie wir auch nicht wenige Komödien besitzen, selbst berühmte, die durchaus nur dialogisierte Novellen sind."[107] In seinen „Schriften" fasste Tieck das Gespräch der Phantasus-Runde dahingehend zusammen, die Teilnehmer hätten diskutiert, „[...] in wie fern der neue Erzähler den Sinn des Gedichtes [der „Magelone"; Cl. St.] entstellt und seine reine Einfalt durch Veränderung und Zusatz modernisirt hat."[108] Er glaubte, den „schlicht[en] und treuherzige[en]" Charakter der Vorlage und somit die Dignität des Originals verletzt zu haben und setzte sich deshalb für eine „gänzliche", d.h. dramatische Umarbeitung ein.[109] Tatsächlich hat Tieck die von ihm in moderne Prosa gesetzten ‚Volksbücher' „Genovefa", „Kaiser Oktavianus" und „Fortunatus" als Dramen bearbeitet. In diesem Zusammenhang ist auch das Dramenfragment „Melusine" (1807) zu sehen.[110] In der Ausgabe seiner „Schriften" (1829) bemerkt Tieck über seine Bearbeitung des ‚Volksbuchs' von der Melusine: „Vielleicht hätte ich das Märchen, wenn ich es nicht dramatisch ganz umgestalten konnte, in seiner alten Weise, ohne mich seiner anzunehmen, liegen lassen sollen."[111] Tieck scheint sich hier der Position Jakob Grimms angenähert zu haben, der für die Wiederentdeckung der deutschen ‚Volkspoesie' in der Moderne als mögliche Formen des Umgangs nur die Alternativen kritischer Abdruck der ‚Originale' und die völlige Umschöpfung für möglich hält.[112] Er tritt jedoch nicht für kritische Editionen, sondern – wie August Wilhelm Schlegel – für Neudichtungen ein.

---

106 Ebd. S.301, 17–21.

107 Ebd. S.302, 12–17.

108 Tieck, Ludwig Tieck's Schriften, Bd.1 S. VII [Vorbericht zur ersten Lieferung].

109 Ebd. S. VIII.

110 In: Ludwig Tieck, Melusine. Dramenfragment, in: Ludwig Tieck's nachgelassene Schriften. Auswahl und Nachlese. Hg. von Rudolf Köpke. 2 Bde. Berlin 1974. (Leipzig 1855), Bd.1 S.160–170. Zur Bedeutung der Fragment gebliebenen Dramatisierung des Melusinenstoffes innerhalb der Dramenproduktion des Autors vgl. Stefan Scherer, Witzige Spielgemälde. Tieck und das Drama der Romantik. Berlin u.a. 2003 S.224f.

111 Tieck, Ludwig Tieck's Schriften, Bd.11 S. LIX.

112 Vgl. dazu Brinker-Gabler, Mittelalter-Rezeption S.88ff und Preisler, Kritik S.154.

2.3 ‚Volksbuch'-Editionen

Von besonderer Bedeutung für die Rezeption des Melusinenstoffes durch bildungsbürgerliche Schichten im 19. Jahrhundert war die Aufnahme des ‚Volksbuchs' von der Melusine in die Sammlungen deutscher ‚Volksbücher', die in den 30er und 40er Jahren entstanden. Diese ihre Vorlagen mehr oder minder stark bearbeitenden Neueditionen, welche die alten populären Lesestoffe für ein bildungsbürgerliches Publikum aufbereiteten und goutierfähig machten, trugen die romantische Mittelalter-Begeisterung in nachromantischer Zeit in weitere bürgerliche Kreise und popularisierten sie. Die Editoren dieser Sammlungen gehörten in der Regel einem akademisch-bildungsbürgerlich geprägten Milieu an. Die Sammlungen entstanden im Kontext der sich an den deutschen Universitäten als eigenständige Fachdisziplin etablierenden Germanistik, die seit der Jahrhundertmitte zahlreiche Editionsprojekte ‚altdeutscher Dichtung' initiierte.[113] Hans Joachim Kreutzer stellte als hervorstechende Merkmale dieser sich als Editionen ausgebenden Neubearbeitungen zum einen „die literaturgeschichtlich-philologische Fundierung", zum anderen „die ‚volkstümliche' Stilisierung" heraus.[114]

Die erste solche Sammlung von ‚Volksbüchern' wurde von dem Schwäbischen Romantiker und Sagensammler Gustav Schwab (1792–1850)[115] auf Initiative des mit ihm befreundeten Stuttgarter Verlegers Samuel G. Liesching besorgt, in dessen Verlagshaus die Sammlung 1836 unter dem Titel „Buch der schönsten Geschichten und Sagen für Alt und Jung wieder erzählt" auch erschien.[116] Bereits 1843 erfolgte eine zweite Auflage, diesmal unter dem noch heute bekannten Titel „Die deutschen Volksbücher".[117] Sie erlebte in der Folgezeit zahlreiche neue Auflagen und war so populär, dass sie zeitweilig sogar die Auflagenzahlen der „Kinder- und Hausmärchen" der Gebrüder

---

[113] Zu den ‚Volksbuch'-Editionen vgl. Kreutzer, Mythos S. 86–100.

[114] Ebd. S. 89.

[115] Zu Leben und literarischer Produktion Gustav Schwabs vgl. Marek Hałub, Das literarische Werk Gustav Schwabs. Wrocław 1993; Gustav Schwab. 1792–1850. Aus seinem Leben und Schaffen. Bearbeitet von Brigitte Schillbach und Eva Dambacher. Marbach 1992; Gerhard Storz, Schwäbische Romantik. Dichter und Dichterkreise im alten Württemberg. Stuttgart u. a. 1967 S. 59–62 und Bernhard Zeller, Gustav Schwab im literarischen Leben seiner Zeit, in: Zeitschrift für Württembergische Landesgeschichte 20. 1961 S. 268–289.

[116] Gustav Schwab, Buch der schönsten Geschichten und Sagen für Alt und Jung wieder erzählt. 2 Bde. Stuttgart 1836 f. Zu Gustav Schwabs bearbeitender Neuedition der ‚Volksbücher', seiner Motivation und seinen Bearbeitungstendenzen vgl. Hałub, Werk S. 72–80.

[117] Gustav Schwab, Die deutschen Volksbücher. Für Alt und Jung wieder erzählt. 2 Bde. Stuttgart 1843. Ich zitiere im Folgenden aus der 1847 in Stuttgart erschienenen dritten Auflage.

Grimm übertraf.[118] Schwabs Bearbeitung des ‚Volksbuchs' von der Melusine ist im zweiten Band enthalten[119], in dessen Vorwort der Autor angibt, er habe für seine Neuedition „das Volksbuch und eine Handschrift auf der königlichen öffentlichen Bibliothek zu Stuttgart" benutzt.[120] Um die Erzählungen für ein junges (bürgerliches) Publikum zugänglich zu machen, griff Schwab vor allem zum Mittel der sprachlichen Erneuerung: Beseitigung der Fremdwörter, Modernisierung und Vereinfachung der Grammatik, der Lexik und der Syntax sowie der Verzicht auf Kapitelüberschriften sollten dem kindlichen und jugendlichen Lesepublikum den Zugang erleichtern.[121] In seiner Bearbeitung verbindet sich ein romantischer ‚Volksbuch'-Begriff mit pädagogischen Vorstellungen, die an ‚volkserzieherische' Konzepte des aufgeklärten 18. Jahrhunderts anknüpften. Die einleitenden Sätze seiner Vorrede zu den „Deutschen Volksbüchern" machen deutlich, dass er als Vertreter der Tübinger Romantik an der romantischen Wertschätzung der älteren deutschen Literatur partizipierte. Er sah die alten ‚Volksbücher' als „Ausfluß und Quelle der Poesie" an und hielt sie für „[e]ntsprungen großentheils aus dem alten Born germanischer Nationaldichtung."[122] Obgleich Schwab in seiner Vorrede angibt, er habe die ‚Volksbücher' seinen Vorlagen „getreu wiedererzählt", muss er jedoch zugleich zugeben, dass er die alten Texte „[m]it Rücksicht auf die Jugend" von dem gereinigt habe, „was […] eine unreife Phantasie ungebührlich erregen und ihr ungesunde Nahrung zuführen könn-

118 Schwabs ‚Volksbuch'-Sammlung erlebte 1893 bereits ihre fünfzehnte Auflage.

119 Schwab, Die deutschen Volksbücher (^{3}1847), Bd. 2 S. 99–204.

120 Ebd. S. V. Diese Äußerung zu seiner Vorlage scheint wenig aussagekräftig. Denn „das Volksbuch von der Melusine" im Sinne einer einheitlichen Textgestalt hat es nie gegeben. Wahrscheinlich ist jedoch, dass Schwab einen zeitgenössischen Druck, vermutlich aus dem südwestdeutschen Raum, möglicherweise ein „Reutlinger Volksbuch", als Vorlage verwendet hat. Auffallend sind die z. T. wörtlichen Übereinstimmungen mit einem Reutlinger Druck von 1830: Historische Wunder-Beschreibung von der sogenannten schönen Melusina König Helmas in Arabien Tochter welche eine Sirene und Meer-Wunder, und ihrer Herkunft nach aus dem in Frankreich gelegenen Berg Adelon gewesen, auch was sich allda seltsames und merkwürdiges zugetragen. [Holzschnitt: Melusina im Bade] Reutlingen, Justus Fleischhauer. o. J. [ca. 1830]. Vgl. bspw. den Erzählerkommentar zur Hochzeitsnacht des Paares. Im „Reutlinger Volksbuch" von 1830 heißt es: „Wonach dann Morpheus, *der stille Schlafgott*, auch bey ihnen einkehrte, und *die krystallenen Fenster* ihrer Gesichter mit der äußern *Bedachung* der zarten Aeugelein also beschlossen, nachdem sie einander so sehr in die Arme eingewickelt hielten, als ob sie also zusammengewachsen wären" (Unterstreichungen Cl. St.; S. 44). Gustav Schwab formuliert etwas knapper: „Dann kehrte *der stille Schlafgott* bei ihnen ein und schloß unter der *Bedachung* des Augenlides *die krystallenen Fenster* ihres Angesichts" (S. 123; Hervorhebungen Cl. St.).

121 Hałub, Werk S. 78.

122 Schwab, Die deutschen Volksbücher (^{3}1847), Bd. 1 S. V [Vorrede].

te."[123] Er strebte eine ‚Reinigung' der ‚Volksbücher' von allem moralisch Fragwürdigen und Störenden an.[124] Zu besonders drastischen Eingriffen in die Textgestalt herausgefordert wurde der mit einem „religiös-erzieherischen Sendungsbewußtsein" ausgestattete fromme Dichter vor allem von den weniger religiös-erbaulichen, stärker ‚derb-sinnlichen' ‚Volksbüchern', wie dem „Gehörnten Siegfried", dem „Fortunatus" und den „Schildbürgern".[125] Obgleich Schwab purgierend in die Texte eingriff, kommt ihm doch das Verdienst zu, die ‚Volksbücher' als Jugendbuch popularisiert zu haben.[126]

Ebenfalls in den 30er Jahren begann Karl Simrock (1802–1878), der ab 1850 den ersten vollen germanistischen Lehrstuhl in Bonn innehatte[127] und zahlreiche mittelalterliche Handschriften kritisch edierte[128], mit der Herausgabe von ‚Volksbüchern' in mehreren Reihen.[129] Die erste zwischen 1835 und 1842 unter dem Titel „Deutsche Volksbücher, nach den ältesten Ausgaben hergestellt" erschienene Reihe umfasste nur fünf Bände. Die zwischen 1839 und 1851 unter dem Titel „Deutsche Volksbücher, nach den ächtesten Ausgaben hergestellt" veröffentlichte zweite Reihe bestand aus 58 Einzelbänden, richtete sich an ein breites Publikum und war bebildert. Zwischen 1845 und 1867 erschien eine dritte Reihe, die unter dem Titel „Die deutschen Volksbücher, nach den ältesten Ausgaben hergestellt" publiziert wurde, 13 Bände umfasste und „nur für die Gebildeten, ja für die Gelehrten bestimmt"

---

123 Ebd. S. VI.

124 Hałub, Werk S. 77, konnte anhand der Bearbeitung der „Griseldis" zeigen, dass Schwab alle sexuellen Aspekte tilgte und „die Sinnlichkeit als etwas Anstößiges zu verdrängen suchte."

125 Ebd. S. 78.

126 Noch heute wird die Schwabsche ‚Volksbuch'-Sammlung unter den Titeln „Deutsche Heldensagen" oder „Deutsche Volks- und Heldensagen" vertrieben. Sie hat sich somit nicht nur als Best-, sondern auch als Longseller erwiesen. Vgl. dazu Eva Dambacher, Gustav Schwab. Eine Chronik, in: Gustav Schwab (wie Kap. C, Anm. 115) S. 3–16, hier 11.

127 Zu Simrocks Bedeutung als Gelehrter vgl. Karl Simrock. 1802–1878. Bonner Bürger, Dichter und Professor. Dokumentation einer Ausstellung. Bearbeitet von Doris Pinkwart. Bonn 1979 und Hugo Moser, Karl Simrock. Universitätslehrer und Poet, Germanist und Erneuerer von „Volkspoesie" und älterer „Nationalliteratur". Ein Stück Literatur-, Bildungs- und Wissenschaftsgeschichte des 19. Jahrhunderts. (Philologische Studien und Quellen 82). Berlin 1976.

128 Zu Simrock als Editor mittelhochdeutscher Literatur vgl. Hugo Moser, Karl Simrock als Erneuerer mittelhochdeutscher Dichtung. Bemerkungen zu seinem Verfahren, in: Festschrift für Hans Eggers (wie Kap. B, Anm. 10) S. 458–483.

129 Zu den ‚Volksbuch'-Ausgaben Karl Simrocks, seinen Motiven und Bearbeitungsprinzipien vgl. Hugo Moser, Zu Simrocks Erneuerungen deutscher Volksbücher, in: Festschrift für Matthias Zender. Studien zu Volkskultur, Sprache und Landesgeschichte. Hg. von Edith Ennen und Günther Wiegelmann. 2 Bde. Bonn 1972, Bd. 2 S. 910–927.

war.[130] 1847 wurde als 22. Band der von Karl Simrock besorgten 58 Bände umfassenden Sammlung „Die deutschen Volksbücher“ auch eine Prosaerneuerung der „Melusine“ veröffentlicht.[131] Auch in der 13-bändigen Ausgabe war die „Melusine“ vertreten.[132] Simrocks Interesse an den ‚Volksbüchern‘ reicht bis in seine Jugendzeit zurück, in der er begann, die populären Lesestoffe in Gestalt von einfachen Heftchen aus einem Kölner Verlag zu sammeln.[133] Er bedauerte die „Verwahrlosung“, in der man die ‚Volksbücher‘ in seiner Zeit anbot, und verknüpfte mit ihrer Neuedition eine nationale und volkspädagogische Intention.[134] Im Vorwort zum ersten Band der dreizehnbändigen Ausgabe formulierte er als Ziel seiner editorischen Bemühungen die Stärkung der nationalen Identität. Er wolle „unser noch immer allzuschwach atmendes Nationalbewußtsein kräftigen [...] helfen.“[135] Anders als die ‚Volksaufklärer‘ sah er in den ‚Volksbüchern‘ keine verderbliche, moralisch fragwürdige Lektüre, sondern „eine gesunde, dem Volk gemäße Nahrung, die wir ihm reichen, sie kann niemand gefährlich werden, auch nicht der zarten Jugend.“[136] Simrock lehnte sich bei seiner Edition an die ursprüngliche Auffassung des ‚Volksbuch‘-Begriffes bei Joseph Görres an. Er nahm auch Rätsel-, Sprichwörter- und Volksliedsammlungen in seine Edition auf.[137] Der Autor signalisierte schon mit den Titeln seiner Sammlungen, dass es ihm – angelehnt an das von Lachmann entwickelte Verfahren der Edition mittelalterlicher Texte – um die Rekonstruktion der ‚ursprünglichen‘ spätmittelalterlichen bzw. frühneuzeitlichen Textfassung ging.[138] Er beabsichtigte die Texte von späteren Verfälschungen, sich einschleichenden Druckfehlern und bewussten Eingriffen aus „confesionelle[m] Eifer“ und „moderne[r] Prüderie“, zu reinigen[139] und sie „in ihrer ursprünglichen Echtheit“[140] wiederherzustellen, wobei er sie, wie er betonte, „sorgfältig nach

---

130 Karl Simrock, Die deutschen Volksbücher nach den ältesten Ausgaben hergestellt. 13 Bde. Frankfurt a. M. 1845–1867, Bd. 13 (1867) S. 375.

131 Karl Simrock, Die deutschen Volksbücher nach den ächtesten Ausgaben hergestellt. 58 Bde. Berlin 1839–1851, Bd. 22 (1847).

132 Simrock, Die deutschen Volksbücher nach den ältesten Ausgaben hergestellt, Bd. 6. Frankfurt a. M. 1847 S. 1–119.

133 Vgl. Moser, Erneuerungen S. 913.

134 Simrock, Die deutschen Volksbücher nach den ältesten Ausgaben hergestellt, Bd. 1. Frankfurt a. M. 1845 S. IX.

135 Ebd. S. XIV.

136 Ebd. S. XIV.

137 Vgl. dazu Moser, Erneuerungen S. 913 f.

138 Vgl. Simrock, Die deutschen Volksbücher nach den ältesten Ausgaben hergestellt, Bd. 1. Frankfurt a. M. 1845 S. XI.

139 Ebd. S. IX f.

140 In der zwischen 1876 und 1880 erschienenen zweiten Auflage der 13-bändigen Ausgabe

den ältesten Ausgaben, zuweilen sogar nach der Quelle" berichtigen wollte.[141] Betrachtet man Simrocks Vorgehensweise bei der Herausgabe der ‚Volksbücher' genauer, lässt sich, auch bei der 13-bändigen, sich an ein gelehrtes Publikum richtenden Ausgabe, nicht von einer wissenschaftlichen, kritischen Edition im engeren Sinne sprechen.[142] Die Beurteilung der von Simrock vorgenommenen Änderungen und Eingriffe in die Textgestalt wird durch das weitgehende Fehlen konkreter Angaben zu seinen Quellen erschwert. Nur etwa bei einem Siebtel der von ihm herausgegebenen ‚Volksbücher' lässt sich die Vorlage ermitteln.[143] Auch für Simrocks Neuedition des ‚Volksbuches' von der Melusine fehlen Hinweise auf die von Simrock verwendete Vorlage.[144] Dennoch lassen sich auffallende, zum Teil widersprüchliche Bearbeitungstendenzen erkennen. Auf der einen Seite scheute Simrock vor drastischen Eingriffen in den Text, auch inhaltlicher Art, nicht zurück. Sehr frei verfuhr er vor allem mit Anfang und Ende des ‚Volksbuchs', vergleicht man seine Ausgabe mit dem Erstdruck des deutschen Prosaromans von 1474. So gab er zwar die bei Thüring im ersten Kapitel mitgeteilte Entstehungsgeschichte der französischen Version (ThvRM, 13, 1–16) wieder, die dem Roman vorangestellte Vorrede (ThvRM, 11, 1–12, 27) rückte er jedoch als „Beschluß" an das Ende, wobei er sie sehr frei umarbeitete und mit Thürings Schlusswort verband.[145] Auf der anderen Seite erscheint sein Text als Nacherzählung, die deutlich um Nähe zu der frühneu-

---

änderte Simrock den Untertitel von „nach den ältesten Ausgaben hergestellt" in „in ihrer ursprünglichen Echtheit wiederhergestellt" um. Vgl. Karl Simrock, Die deutschen Volksbücher in ihrer ursprünglichen Echtheit wiederhergestellt. 13 Bde. Frankfurt a.M. ^{2}1876–80, Bd. 1 (1876) S. VI [Titelblatt].

[141] Simrock, Die deutschen Volksbücher nach den ältesten Ausgaben hergestellt, Bd. 1. Frankfurt a.M. 1845 S. XII.

[142] Vgl. dazu Moser, Erneuerungen S. 920 f.

[143] Der von Simrock angekündigte Schlussband, der „Einleitung, Abhandlungen und Erläuterungen" enthalten sollte, ist leider nie erschienen. Simrock, Die deutschen Volksbücher nach den ältesten Ausgaben hergestellt, Bd. 1. Frankfurt a.M. 1845 S. XIV.

[144] Simrock hat seiner Bearbeitung kein sein Vorgehen erläuterndes Vor- oder Nachwort zur Seite gestellt.

[145] Simrock konzentrierte sich auf die Widmung an Markgraf Rudolf zu Hochberg und Thürings Bemerkung zu den Schwierigkeiten seiner Übersetzertätigkeit: „Diese Historie habe ich Thüring von Ringoltingen mit der Hülfe Gottes im Jahre 1466 völlig zu Stande gebracht, muß aber bekennen, daß solche nicht zum Besten ausgefallen ist, weil ich etwas aus einer Sprache in die andere zu bringen kein Meister bin. Meinen gnädigsten Herrn, den Markgrafen zu Röteln, bitte ich, weil er die Sprache beßer versteht, mir meine Fehler zu Gute zu halten. [...]." Simrock, Die deutschen Volksbücher nach den ältesten Ausgaben hergestellt, Bd. 6 Frankfurt a.M. 1847 S. 117. Diese Passage entspricht fast wörtlich einem Abschnitt aus dem Epilog des Prosaromans. Vgl. ThvRM, 175, 10–24.

hochdeutschen Textgestalt der Thüringschen Melusinenversion bemüht ist. Simrock strebte motivische und inhaltliche Vollständigkeit an, indem er nicht nur die Melusinengeschichte im engeren Sinne, sondern auch die genealogischen Nebenhandlungen, die *aventiuren* der Melusinensöhne und die Sperber-*aventiure*, nacherzählte. Darüber hinaus liest sich seine Bearbeitung über weite Strecken wie eine Übertragung des Prosaromans in die Gegenwartssprache, die darum bemüht ist, die lexikalischen und syntaktischen Eigenheiten des Frühneuhochdeutschen zu konservieren. Dies lässt sich an zentralen Textstellen, wie der ersten Begegnung der Protagonisten sowie dem Ersten Tabubruch, zeigen.

„REÿmond kam in dieser grossen klag zů einem brunnen genannt der turst brunn / beÿ dem selben brunne stůnden gar dreÿ schön junckfrawen hochgeboren von adelicher gestalt / die er nun von leÿd vnd iamer gancz hett übersehen vnd ir nit acht gehebt hett Vnder den die schönste vnd die jüngst zů jm gieng vnd sprach Jch hab nie kein edelman so vnzüchtig gesehen das er für frawen bild hin ritt oder gieng vnd nichtz mit inen redte noch inen keine ere erbutte" (ThvRM, 22, 4–11).

Obgleich die Begegnung von Reÿmund und Melusina am ,Durstbrunnen' ganz von mittelalterlich-höfischen Verhaltenscodes geprägt ist, die den zeitgenössischen Leser/innen fremd sein mussten, behielt Simrock die sprachliche und syntaktische Struktur weitgehend bei:

„In solcher jämmerlicher Klage kam Reimund zu einem kühlen Brunnen, der Durstbrunnen genannt. Bei demselben stunden drei schöne Jungfrauen, die er vor Leid und Betrübniss ganz übersehen und nicht geachtet hatte. Da trat die schönste und jüngste zu ihm und sprach: Ich habe nie einen so unartigen Edelmann gesehen, der vor einem Frauenbild hinritte, ohne mit ihr zu reden oder ihr Ehre zu erbieten."[146]

Kürzungen nahm Simrock im Bereich der Attribute und Epitheta sowie bei Redundanzen und Wiederholungen vor. Vor allem die Figurenrede wurde von Simrock mit großer Nähe zum mittelalterlichen Prosaroman in zeitgenössisches Deutsch übertragen. Die ermahnende Ansprache des Grafen vom Forst, in der dieser Reÿmund die über seine Gattin kursierenden Gerüchte kolportiert, gab Simrock wie folgt wieder:

„Reÿmund, lieber Bruder! Es ist eine allgemeine Rede im ganzen Lande, daß du solltest bezaubert, und mit deiner Gemahlin nicht wohl angekommen sein, dieweil du nicht einmal nach ihr fragen darfst, wo sie sei oder sich am Samstag aufhalte. Es ist eine wunderbare Sache, daß du nicht weißt, was ihr Tun oder Laßen ist. Ich sehe mich genöthigt, dir Solches zu sagen, weil du davon große Schande hast: denn etliche

---

[146] Simrock, Die deutschen Volksbücher nach den ältesten Ausgaben hergestellt, Bd. 6. Frankfurt a. M. 1847 S. 10.

meinen, sie treibe Büberei; andere sagen, sie wär ein Gespenst, und wär nicht geheuer um sie."[147]

Ein Vergleich mit dem Textlaut des Erstdruckes von 1474 zeigt, dass Simrock die zentralen Signalwörter und syntaktischen Phrasen aufgriff und nur bei Redundanzen kürzte:

„[...] reÿmund lieber průder jch besorg ir seÿt *beczaubert* / vnd das ist *ein gancz lantmer* / vnd spricht menigklich ‹/› ir seÿdt nit wol bedacht das *ir nit süllent noch getürrent* ewrem gemahel *nachfragen* wo sÿ oder wie sÿ sich halte an dem samstag / vnd ist *ein fremde sach* das ir nit süllent wissen was ir gewerb *thůn oder ir lassen* seÿ / vnd ich můß es eüch sagen ‹/› ir habt sein *grosse vnere* vnd vil nachrede / dann *etliche meinen sÿ treib bübreÿ* / vnd hab ander lewt lieber dann eüch *Ettliche sprechen* es seÿ ein *gespenst* vnd ein *vngehewr wesen vmb sÿ*" (ThvRM, 96, 13–23; Hervorhebungen Cl. St.).

Teilweise trieb er die Nähe zum frühneuhochdeutschen Sprachstand so weit, dass er ein für seine Zeitgenossen mehr oder minder unverständliches Deutsch produzierte. So gab er Melusinas mitfühlende Trostworte an Reÿmund bei ihrer ersten Begegnung, „Reÿmund lieber freünd dein nott vnd klag seind mir leÿd in trewen" (ThvRM, 23 18 f), mit „Ach Reimund, lieber Freund, deine Not und Klage ist mir in Treuen leid" wieder.[148]

Den kritischen Stimmen, die Simrock mangelnde editorische Genauigkeit vorwerfen, ist sicherlich zuzustimmen. Seine bearbeitende Neuedition des ‚Volksbuches' von der Melusine genügt nicht den Anforderungen an eine kritische wissenschaftliche Edition. Dennoch bot sie seinen Zeitgenossen, nicht zuletzt möglichen Bearbeitern des Stoffes in der zweiten Jahrhunderthälfte, aufgrund ihres Bemühens um motivische Vollständigkeit und Nähe zum frühneuhochdeutschen Sprachstand eine akzeptable Möglichkeit, die Melusinengeschichte in Annäherung an ihre vormoderne Gestalt kennenzulernen.

Auch Gotthard Oswald Marbach (1810–1890)[149] nahm das ‚Volksbuch' von der Melusine in seine zwischen 1838 und 1860 unter dem schlichten Titel „Volksbücher" erschienene Sammlung als dritten Band auf.[150] Marbachs

---

[147] Ebd. S. 56 f.

[148] Ebd. Der frühneuhochdeutsche Ausdruck „in trewen" lässt sich im Nhd. mit „wahrhaftig" wiedergeben.

[149] Zu Biographie und literaturgeschichtlicher Bedeutung Marbachs vgl. Detlev Schöttker, [Art.] Marbach, (Gotthard[t]), in: Killy 7. Gütersloh 1991 S. 459 und Martina Lüdicke, [Art.] Marbach, Gotthard Oswald, in: EM 9. Berlin 1999 Sp. 247 ff.

[150] Gotthard Oswald Marbach, Volksbücher. 53 Bde. Leipzig 1838–60, Bd. 3: Geschichte von der edlen und schönen Melusina, welche ein Meerwunder und des Königes Helmas Tochter war. Leipzig 1838.

Neuedition wurde mit reichhaltigen Illustrationen ausgestattet und zeichnet sich ebenso wie die von Schwab und Simrock herausgegebenen Sammlungen durch stoffliche Breite und eine enorme Gattungsvielfalt aus. Marbach und sein Nachfolger Oskar L. B. Wolff, der die Ausgabe ab Band 35 betreute, erweiterten ihre Reihe mit Themen von größerem Unterhaltungswert. In Anlehnung an den weiten ‚Volksbuch'-Begriff von Joseph Görres nahmen sie neben traditionellen Volksbuchstoffen auch Schwänke, Anekdoten, erbauliche Texte sowie die neue Textgattung der ‚Dorfgespräche' auf. Die Marbachsche Sammlung zielte deutlich auf ein breites Publikum ab und suchte vordergründig zu unterhalten. Die aus marktwirtschaftlichen Erwägungen nicht nur als festgebundene Buchausgabe, sondern auch in preiswerter Heftchenform publizierten „Volksbücher" erreichten eine deutlich größere Popularität als die zeitgleich erschienene Simrocksche Edition. Marbachs Sammlung wurde schon von seinen Zeitgenossen wegen des unkritischen Umgangs mit Vorlagen in Frage gestellt. So warf Simrock, der in der populär aufgemachten, mit Holzschnitten von Ludwig Richter ausgestatteten Reihe Konkurrenz für sein eigenes Projekt sehen musste, Marbach „Verschneiden und Verstümmeln" aus bloßem Gewinninteresse vor, den ‚Volksbüchern' wäre nie „übler mitgespielt worden."[151] Richard Benz hielt „die Form der Erzählung" für „äußerst schlecht und lüderlich", die Texte gingen „nirgends auf echte Fassungen zurück."[152] Hans Joachim Kreutzer monierte die „simpel popularisierende, pseudoromantische Stillage", welche die Marbachschen Bearbeitungen gegenüber den Texten Schwabs deutlich qualitativ abfallen ließen.[153]

In Gotthard O. Marbachs Edition finden sich ebenfalls keine Angaben dazu, was für eine Ausgabe des ‚Volksbuchs' von der Melusine er als Vorlage benutzt hat. Der Titel seiner Bearbeitung – „Geschichte von der edlen und schönen Melusine, welche ein Meerwunder und des Königs Helmas Tochter war" – verweist auf eine Ausgabe des 17. oder 18. Jahrhunderts als mögliche Quelle.[154] Das mangelnde Wissen um eine konkrete Vorlage macht die Beur-

---

151 Simrock, Die deutschen Volksbücher nach den ältesten Ausgaben hergestellt, Bd. 1. Frankfurt a. M. 1845 S. XII.

152 Richard Benz, Geschichte und Ästhetik des deutschen Volksbuchs. Jena ^{2}1924 S. 51.

153 Kreutzer, Mythos S. 91.

154 Drucke des ‚Volksbuchs' von der Melusine, die ähnliche Titel haben – Bezeichnung der Melusine als Meerwunder und Hinweis auf Helmas als Vater – tauchen zuerst im frühen 18. Jh. auf. Der älteste mir bekannte Druck mit einem solchen Titel stammt von 1710: Historische Wunder-Beschreibung von der sogenannten Schönen Melusina Königs Helmas in Albanien Tochter, Welche eine Sirene und Meerwunder gewesen, und ihrer Herkunfft aus dem in Franckreich gelegenen Berg Adelon. Auch was allda seltsam- und merkwürdiges zugetragen. Auf ein neues übersehen. O. O. u. J. [Nürnberg, ca. 1710].

teilung der von Marbach vorgenommenen Änderungen schwierig. Dennoch lassen sich einige Bearbeitungstendenzen in seiner Ausgabe ausmachen. Marbach kürzte gegenüber dem spätmittelalterlichen Prosaroman in nicht unerheblichem Maße und konzentrierte sich in seiner Bearbeitung auf die Liebesgeschichte zwischen Reÿmund und Melusina. Die für die genealogische Funktionalisierung der Handlung relevanten Aspekte und Motive übernahm der Autor nicht in seinen Text. Marbach ließ sowohl Thürings Vorrede (vgl. ThvRM, 11, 1–12, 27) als auch die Entstehungsgeschichte der französischen Romanversion und der deutschen Übersetzung (ThvRM, 13, 1–16) aus. Auch die Schilderung der Schicksale von Melusinas Schwestern Meliora (vgl. ThvRM, 157, 8–165, 12) und Palantina (ThvRM, 165, 13–169, 26) sowie Thürings Epilog (vgl. ThvRM, 173, 1–176, 21) fanden keinen Eingang in seine Bearbeitung. Marbachs Text endet mit dem Tod Reÿmunds und Geffroÿs. Seine Neubearbeitung des ‚Volksbuchs' erscheint als diejenige, die am stärksten von Thürings Adaptation aus dem 15. Jahrhundert abweicht. Die stärkste Nähe zu Thürings Prosahistorie in der Fassung des Erstdrucks von 1474 weist die Figurenrede in Marbachs Text auf. So zeigt beispielsweise Raimunds Diffamierung seiner Gattin im Zweiten Tabubruch eine große syntaktische und lexikalische Übereinstimmung.[155] Der Autor erfand jedoch ohne Not Erzählmotive hinzu, die seinem Text eine sentimentalistische bzw. romantisierende Note verleihen. So erweiterte er die Erzählsequenz, in der Reÿmund außer sich vor Verzweiflung im Wald umherirrt (vgl. ThvRM, 20, 12–21, 23), indem er seinem Protagonisten folgende Worte in den Mund legte: „Die Bäume im Walde wenden in Abscheu ihre Aeste von mir ab, die Luft hütet sich mich anzuhauchen, die Sonne missgönnt mir ihr fröhliches Licht, – ach ich habe meinen Wohltäter erschlagen; ihm, der mir sein Herz gab, habe ich sein Leben genommen!"[156]. Zusammenfassend lässt sich Marbachs Text als sehr freie Nacherzählung charakterisieren, in welcher der Autor den Inhalt der Melusinengeschichte mit eigenen Worten wiedergibt.

---

[155] Im Prosaroman äußert Reÿmund gegenüber seiner Gattin: „O du pöse schlang vnd schemlicher wůrm Dein sam noch geschlecht thůt nymmer mer gůt / Sich was schönen anfangs dein sun Geffroÿ mit dem grossen czan hat gethan" (ThvRM, 114, 16–115, 2). In Marbachs Neuedition heißt es: „Sieh, welchen trefflichen anfang es mit Deinem Geschlechte genommen, und so wird es nun fortgehen mir zu Schand und Gram. Weh, daß ich solche Brut mit Dir gezeugt habe, denn Du, Du selbst bist nichts Anderes als ein schändlicher, scheußlicher Wurm, eine böse giftige Schlange!'." Marbach, Volksbücher, Bd. 3 S. 53.

[156] Marbach, Volksbücher, Bd. 3 S. 6.

3. Die Nixe als romantisches Programm

3.1 ‚Neu-Erfindung' eines mittelalterlichen ‚Mythos'

Die Tiecksche „Sehr wunderbare Historie von der Melusina" (1800), die inspirierenden und zum Teil paradigmatischen Charakter für die späteren Herausgeber von ‚Volksbuch'-Ausgaben hatte, lässt sich nicht nur an den Beginn der ‚Wiederentdeckung' und Aufwertung des ‚Volksbuchs' von der Melusine stellen. Tiecks Neubearbeitung stand auch im Zentrum einer mit der Romantik beginnenden ‚Neu-Erfindung' der Melusinengeschichte als ‚Mythos', die vor allem durch eine Umdeutung der Melusinenfigur bestimmt scheint. Die Adaptation der Melusinengeschichte um 1800 stand unter den Vorzeichen einer neuen romantischen Mythenkonzeption. Die Rezeption des ‚Volksbuchs' von der Melusine in der Romantik lässt sich als Beispiel dafür anführen, wie die Romantiker die ältere deutsche Literatur im Rahmen ihrer Erschaffung einer ‚neuen Mythologie', wie sie Friedrich Schlegel in seiner „Rede über die Mythologie"[157] postuliert hatte, funktionalisiert haben.[158]

In seiner dritten Vorlesungsreihe, der „Geschichte der romantischen Literatur", die er 1802/03 in Berlin hielt, befasst sich August Wilhelm Schlegel auch mit den spätmittelalterlichen Romanversionen des Melusinenstoffes.[159] Er erwähnt zwar die französischen Romane, bezieht sich jedoch vor allem auf Thürings bearbeitende deutsche Übersetzung, deren „dunkeln und eher abschreckenden Charakter" er betont.[160] A. W. Schlegel nimmt zwar die Genealogie, die Darstellung der Geschichte des Hauses Lusignan, als „Grundgedanke[n] des Buchs" wahr, hebt jedoch zugleich hervor, die „Melusine" enthalte „auch so manches Mythologische".[161] Er deutet die der spätmittelalterlichen Prosahistorie inhärente Ambivalenz, das Changieren der Pro-

---

[157] In: Kritische Friedrich-Schlegel-Ausgabe. Begründet und hg. von Ernst Behler. Fortgeführt von Andreas Arndt. 35 Bde. 4 Abt. Paderborn u. a. 1958-, Abt. I, Bd. 2. Hg. von Hans Eichner. München u. a. 1967 S. 311–329. Im Folgenden zitiert als KFSchlA.

[158] Vgl. dazu auch Paola Mayer, Melusine: The Romantic Appropriation of a Medieval Tale, in: GRM. N. F. 52. 2002 S. 289–302.

[159] In: A. W. Schlegel, Kritische Schriften und Briefe. Hg. von Edgar Lohner. 7 Bde. Stuttgart 1962–1974, Bd. 4. Stuttgart 1965 S. 131 ff. Im Folgenden zitiert als SchlKSB.

[160] SchlKSB 4, 131.

[161] SchlKSB 4, 131.

tagonistin zwischen Fee und Dämonin, die sich im Text immer wieder durch logische Brüche und Leerstellen bemerkbar macht, als Versagen des Dichters, der die der Geschichte innewohnende Tendenz nicht recht begriffen habe.[162] A. W. Schlegel führt seinen Studenten vor, wie er den Text verstanden wissen möchte, wobei er seine Lesart als die wahre, echte und originale Bedeutung der Geschichte ausgibt. Seine Zusammenfassung der Melusinengeschichte lässt sich als produktive Fehllektüre und zugleich als eigenwillige Aneignung des Stoffes verstehen. Auf der Folie der paracelsischen Deutung der Melusine erkennt A. W. Schlegel in Thürings Protagonistin und ihren Schwestern Elementargeister und Personifizierungen der Elemente: „Wie Melusine das Wasser, so soll unstreitig ihre Schwester, welche der Dichter bei dem Sperber wachen lässt, die Luft, und die andere, welche einen unterirdischen Schatz hütet, das Element der Erde, die Steine und Metalle, vorstellen."[163] Doch während die Elementargeister bei Paracelsus menschenähnliche Wesen (‚homines inanimati') sind und als Hüter der Elemente fungieren[164], werden sie bei A. W. Schlegel im Kontext der frühromantischen Naturphilosophie zu Personifikationen der beseelten Natur gemacht und damit entpersonalisiert.[165] Indem der Autor Melusine als Verkörperung der dem Menschen feindlichen, unberechenbaren und dämonischen Aspekte der Natur begreift, liest er die Melusinengeschichte als Erzählung über einen Menschen, der zufällig und ohne Verschulden in die Einfluss-Sphäre des Bösen gerät:

> Durch ein fast unbewußt und unwillkürlich begangenes Verbrechen werden dem Raimund die Pforten der schwarzen Magie geöffnet, ohne daß er es weiß; das tückische Element erscheint ihm in der lieblichsten Gestalt und verbindet sich mit ihm; [...] es liegt darin eine große Wahrheit, daß das Feindselige in der Natur erst als ein solches deutlich erkannt, seine Unverträglichkeit mit dem menschlichen Wesen recht offenbart [wird].[166]

In der Verbindung des Naturmagischen und Dämonischen mit dem Erotischen und Verführerischen klingen bereits die für das spätere 19. Jahrhundert so charakteristischen Imaginationen der Melusinenfigur als erotisch-dämonische Verführerin an. Nachdem A. W. Schlegel zuvor selbst die Allegorisierung der Natur als Interpretationsfolie auf den Text projiziert hat, erblickt er das „Mangelhafte der Dichtung" nachfolgend darin, dass der

---

[162] Vgl. SchlKSB 4, 132.
[163] Ebd.
[164] Vgl. dazu Kap. B.6.1.
[165] Vgl. Mayer, Melusine S. 297.
[166] SchlKSB 4, 132.

Dichter Thüring „[...] mit der Natur-Allegorie, welche die Anlage durchaus fordert, nicht recht zum Durchbruch gekommen [sei].“[167] Tatsächlich ist die Bedeutung, die A. W. Schlegel als die originale und ursprüngliche ‚enthüllt‘ durch ein neuartiges romantisches Verständnis des Begriffs ‚Mythologie‘ bestimmt, wie es sein Bruder Friedrich in seinen frühen Schriften, vor allem aber in seiner „Rede über die Mythologie“ entworfen hat.[168] In Bezug auf das Verhältnis von Mythischem und poetischer Schöpfung hatte Friedrich Schlegel auf die integrale Bedeutung der Mythen für die Literaturen der Völker und Kulturen hingewiesen. Von zentraler Bedeutung in seinem Frühwerk ist die Vorstellung einer vom poetischen Verstand unbewusst hervorgebrachten Mythologie. In F. Schlegels Vorstellung waren Poesie, Historie und Philosophie einst durch den Mythos zu einer Einheit verknüpft. Als ein Gewebe aus Sagen, Allegorien und naturphilosophischen Theoremen sei die Mythologie „die älteste und die gemeinschaftliche Wurzel aller Wissenschaften und Künste“.[169] In seiner „Rede über die Mythologie“ belässt es F. Schlegel nicht bei einer Klage über den Verlust der Mythologie als des einstigen Integrationspunktes aller poetischen Produktion, sondern fordert auch für die moderne Poesie einen „Mittelpunkt, wie es die Mythologie für die der Alten war.“[170] Zwar besäße die moderne Dichtkunst keine Mythologie, sie sei jedoch auf dem Wege, sich eine zu schaffen. Die „neue Mythologie“ werde gegenüber der alten „auf dem ganz entgegengesetzten Wege“ hervorgebracht werden. Während die alte Mythologie das Produkt einer kindlichen Einbildung und unbefangenen Phantasie war, müsse die ‚neue Mythologie‘ „im Gegenteil aus der tiefsten Tiefe des Geistes herausgebildet werden.“ Die ‚neue Mythologie‘ dürfe nicht das Produkt eines natürlichen, organischen Wachsens sein, sondern müsse vielmehr „das künstlichste aller Kunstwerke“ sein, denn sie solle als „Gefäß“ nicht nur für alle vergangenen Mythen, sondern auch für die neuesten Entdeckungen der Philosophie und Naturwissenschaften, vor allem der Physik dienen.[171] Die ‚neue Mythologie‘ wird von Friedrich Schlegel als Medium oder Vehikel verstanden, mit dessen Hilfe Philosophie und Naturwissenschaften zu geeigneten Gegenständen der Erzählkunst werden können. Indem A. W. Schlegel die Melusinengeschichte im Sinne der romantischen Naturphilosophie als „Natur-Allegorie“ erzählt,

---

167 SchlKSB 4, 132.

168 Zu Schlegels Mythenkonzeption vgl. Monika Schmitz-Emans, Vom Spiel mit dem Mythos. Zu Goethes Märchen „Die neue Melusine“, in: Goethe-Jahrbuch 105. 1988 S. 316–332, hier 324f und Mayer, Melusine S. 296.

169 KFSchlA 11, 14.

170 KFSchlA 2, 312.

171 Ebd.

kreiert er die von seinem Bruder postulierte ‚neue Mythologie'. Die Melusinengeschichte als allegorische Erzählung der Begegnung von Mensch und dämonischer Natur wird zum „Gefäß" für die zeitgenössischen naturphilosophischen Spekulationen. Die geschlechterideologischen Implikationen dieses Denkens, das auf der Vorstellung einer binären Geschlechteropposition basiert, treten deutlich zutage: Die Assoziation des Männlichen mit dem Geistigen und Kulturellen, seine Identifikation mit dem Menschlichen und die Ineinssetzung des Weiblichen mit dem Kreatürlichen und Natürlichen.

In Kapitel C.2.2 war dargestellt worden, dass Tieck sich in seiner Neubearbeitung der „Melusine" inhaltlich und motivisch eng an seine Vorlage hält. Dennoch gelingt es ihm, mit Hilfe kleiner, scheinbar unbedeutender dekorativer Elemente und Attribute, die er in seine Gestaltung des Stoffes einfügt, die Melusinenfigur von einer anderweltlichen Fee in eine erotisch-dämonische Wasserfrau zu transformieren – eine Umdeutung der Figur, die sich weitgehend mit A. W. Schlegels Lektüre des Prosaromans deckt. Während die Protagonistin des ‚Volksbuchs' lediglich über den ‚Durstbrunnen' und ihr wöchentliches Bad mit dem Bereich des Aquatischen verknüpft ist, vertieft Tieck Melusines Verbindung mit dem Element Wasser, indem er zum Beispiel ihre Schönheit bei der Darstellung ihrer Hochzeit mit Hilfe von aquatischer Metaphorik beschreibt: „Die Falten ihres Gewandes flossen in zarten Wellen, als wenn die Göttin aus dem Meer gestiegen und so eben die letzten Wogen von ihr niedergleiten wollten."[172] Die Allusion auf die schaumgeborene Aphrodite bzw. Venus ist hier unverkennbar. Tieck bemüht sich auch im weiteren Handlungsverlauf darum, seine Melusinenfigur in eine genealogische Linie mit antiken, aquatischen (Halb-)Gottheiten, mit Nixen, Nymphen und Najaden zu bringen. An den Wänden des Brautgemaches des Paares, in das es sich nach den Hochzeitsfeierlichkeiten zurückzieht, finden sich „treffliche Mahlereien": nicht nur eine Abbildung der Schaumgeburt Aphrodites, sondern auch Bilder der wellenumschmeichelten Galatea und der nackten, badenden Leda mit ihrem Schwan.[173] Über diese Allusionen auf mythologische Figuren wird die Melusine in Tiecks Neubearbeitung als antike Najade oder Nixe interpretiert. Mit Tiecks Umgestaltung der Ersten Tabubruch-Szene, die sich allein in der Szenerie, nicht aber im Handlungsverlauf niederschlägt, beginnt Melusines ‚Karriere' als romantische Wasserfrau. Die geheime Badekammer, deren Interieur weder im Erstdruck von 1474 noch in der Fassung des „Buchs der Liebe" beschrieben ist, wird bei Tieck zu einer

---

172 Tieck, Ludwig Tieck's Schriften, Bd. 13 S. 86 f.
173 Ebd. S. 88.

„[...] tiefe[n] Grotte, die Wände waren mit allerhand seltsamen Muscheln ausgeziert und ein Springbrunnen, in welchem sich Melusina befand, war in der Mitten. Von oben ergossen sich auch Wasserstrahlen und tröpfelten wie Perlen durch einander, bei welchem wunderbaren Getöse Melusina sang, indem sie eine Zitter in der Hand hielt: [...].“[174]

Das tableauhafte Bild, das sich Reymund bietet, als er durch das Loch in der eisernen Tür blickt, verleiht der Szene ein märchenhaft-romantisches Gepräge. Zugleich wird die Melusinenfigur über das ihr in die Hand gegebene Attribut der Zither und ihren Gesang, der sich wunderbar betörend mit dem Plätschern des Springbrunnens vermischt, als antike Sirene inszeniert. Der lieblich plätschernde Brunnen, eine Reminiszenz an den Ort der ersten Begegnung von Mensch und Mahr, erinnert an den amönen Lustort, an dem die antiken Nymphen als Hüterinnen von Quellen zu ruhen pflegen. Die muschelgezierte Badekammer lässt an die Venusgrotte denken. In Verbindung mit der Tannhäusersage, die über die Assoziation mit der Venusgrotte bei den Rezipient/innen evoziert wird, wird das Motiv der dämonischen Versuchung durch erotische Verführung aufgerufen, die Melusinenfigur in die Nähe einer dämonischen Verführerin gerückt.[175] Die Darstellung der Melusinenfigur als Sirene mit einer Harfe in den Armen sowie ihre Bezeichnung als ‚Nymphe‘ findet sich bereits in Drucken des ‚Volksbuchs‘ aus der Zeit um 1800.[176] Doch diesen Gestaltungen des Stoffes fehlt das von Tieck über das Motiv der Venusgrotte aufgerufene Moment der Erotisierung.

174 Ebd. S. 115.

175 Zu diesem Ergebnis gelangt auch: Mayer, Melusine S. 296.

176 So sieht man in einem Melusinendruck, der auf die Zeit um 1800 datiert wird, als Titelholzschnitt eine Darstellung der Melusinenfigur als Sirene, die auf einer Welle schwebend Harfe spielt: Geschichte der edlen und schönen Melusina eine Tochter des Königs Helmas (Holzschnitt: *Melusina als Sirene o. Meerjungfrau, auf einer Welle schwebend und Harfe spielend*) Aufs neue übersehen, und mit schönen Figuren gezieret. o. O. u. J. (um 1800). Dieser Holzschnitt wird auf Seite 66, im Kontext des Ersten Tabubruchs, wiederholt. Auf S. 86 findet sich ein weiterer Holzschnitt, auf der die Melusinenfigur als doppelt geschwänzte Meerfrau bzw. als Sirene auf Vogelbeinen dargestellt ist, die ihre Schwänze jeweils über ihren Arm gelegt hat. Sowohl die Darstellung der Melusine als Harfenspielerin als auch als Frau auf Vogelbeinen deuten auf eine Interpretation als Sirene der griechischen Mythologie hin.
In einem Druck der Melusine als „Reutlinger Volksbuch“ von 1830 wird die Melusinenfigur gattungsgemäß zu den „Meerfräulein, (die man sonst Sirenen nennt)“, gerechnet: Historische Wunder-Beschreibung von der sogenannten schönen Melusina [ca. 1830] (wie Kap. C, Anm. 120) S. 3. Ungeklärt bleibt, ob der Text eine romantische, von Tieck angeregte Deutung der Melusinenfigur als Sirene aufgreift oder ob Tieck sich seinerseits durch eine bereits im 18. Jh. im ‚Volksbuch‘ von der Melusine etablierte Deutung anregen ließ. Die Textgestalt des Druckes verweist sprachlich-stilistisch mit seinen ‚empfindsam‘ bzw. sentimentalistisch anmutenden Formulierungen auf das späte 18. Jh. So heißt es über den verzweifelten Raimund: „Er lamentierte,

Dass Tiecks subtile Umakzentuierung der Melusinenfigur von der Fee zur erotischen Nixe in der Rezeptionstradition des 19. Jahrhunderts auf fruchtbaren Boden fiel, zeigt nicht zuletzt die bereits oben thematisierte Marbachsche ‚Volksbuch'-Bearbeitung der Melusine. Bei der Gestaltung der Melusinenfigur und der Vorgänge in ihrer geheimen Badekammer lehnt sich Marbach stark an die Tiecksche Bearbeitung des ‚Volksbuchs' an. Wie Tieck lässt Marbach seinen Protagonisten mit dem Blick durch die Öffnung „eine wunderbare Grotte" sehen, „auf deren Boden ein Springquell sein krystallblaues Wasser in ein weites Becken ergoß."[177] Marbach hält sich bei der Beschreibung von Melusinas semi-theriomorpher Gestalt an die tradierte Darstellungsweise. Raimund erfährt bei seinem verbotenen Blick, „[...] dass Melusina nur bis zur Mitte des Leibes ein überaus schönes Weib sei, von da an aber ihr Körper in einen garstigen Schlangen- oder Drachenschwanz auslief, welcher in azurblauer Farbe mit weißen Silberfaden besprengt glänzte."[178] Das traditionelle Bild von Melusine als Schlangen- oder Drachenweib, wird jedoch in Marbachs Bearbeitung vom Bild der Meerjungfrau oder Nixe überlagert, die sich seit dem ausgehenden 19. Jahrhundert in der Populärkultur einer enormen Beliebtheit erfreute. Anders als Tieck imaginiert und inszeniert Marbach die Fee in ihrer geheimen Badekammer nicht als antike Sirene, sondern als fischgeschwänzte Meerjungfrau. Raimund sieht, wie seine Gattin „ihr langes, herrlich gelocktes Haar [kämmt]."[179] Marbach greift die Attribute Kamm und langes goldblondes Haar auf, die im Hinblick auf bildkünstlerische Darstellungen der Meerjungfrau oder Nixe in einer langen ikonographischen Tradition stehen.[180]

3.2 ‚Ur-Mythos' – Brentanos Melusinen

Ein weiteres Beispiel für eine ‚mythologisierende' Lektüre der Melusinengeschichte stellen Clemens Brentanos Gestaltungen des Stoffes dar. Auch er zeigt sich in seinem literarischen Werk für die mittelalterliche Melusine und

---

wandte die Hände, seufzte herzlich, kehrte die Augen gen Himmel, welche nicht anders als Quellen von Thränen flossen, [...]" (S. 13); Von Melusine heißt es, sie schicke ihrem Verlobten „holde Blicke" (S. 16). Der Titel des Druckes von 1830 – „Historische Wunderbeschreibung" – verweist allerdings auf das frühe 18. Jh.

177 Marbach, Volksbücher, Bd. 3 S. 43.

178 Ebd. S. 44.

179 Ebd.

180 Seit dem 16. Jh. war das Bild der Meerjungfrau, die auf einem Felsen sitzt und mit der einen Hand ihre langen Haarflechten kämmt, mit der anderen einen Spiegel hält, in der populärkulturellen Vorstellungswelt etabliert. Vgl. Stuby, Liebe S. 51 f und Dance, Fakes S. 39.

ihre ältere Schwester Undine empfänglich. Ähnlich wie Ludwig Tieck begeisterte sich Brentano um die Jahrhundertwende für die ältere deutsche Dichtung. Im Jahre 1804 suchte er sogar Tieck dafür zu interessieren, mit ihm gemeinsam ‚altdeutsche' Handschriften und Drucke herauszugeben[181], von denen er bereits eine beträchtliche Anzahl ersteigert hatte. Als Tieck sich wenig enthusiastisch zeigte und sogar versuchte, Brentano von den alten Heldengedichten abzubringen, wandte sich der Autor bald dem Projekt eines ‚Volksliederbuches' zu.[182] Zwischen 1805 und 1808 erschien als Frucht dieses Plans die gemeinsam mit Achim von Arnim herausgegebene Sammlung „Des Knaben Wunderhorn", in der auch eine Bearbeitung der spätmittelalterlichen Versnovelle „Peter von Stauffenberg" (ca. 1310) präsentiert wird.[183] Unter dem Titel „Ritter Peter von Stauffenberg und die Meerfeye" wird die Undinengeschichte in sieben Romanzen erzählt.[184] Arnim griff den Stoff 1810 in seinem Roman „Armut, Reichtum, Schuld und Buße der Gräfin Dolores" erneut auf, in welchem er das Schicksal der Nachkommen des Stauffenbergers ausspinnt.

Auch für Brentano lässt sich keine konkrete Ausgabe des ‚Volksbuchs' von der Melusine oder eine andere Bearbeitung des Stoffes ermitteln, über die der romantische Dichter die Melusinengeschichte kennengelernt und die er als Quelle benutzt haben könnte. Der Dichter dürfte jedoch eine undatierte, wahrscheinlich ältere Ausgabe des ‚Volksbuchs' besessen haben, deren Titel Joseph Görres in „Die teutschen Volksbücher" (1807) mit „Wunderbare Geschichte von der edeln und schönen Melusina, welche eine Tochter des Königes Helmus und ein Meerwunder gewesen ist" angibt.[185] Überdies war

[181] Vgl. Clemens Brentano, Brief vom 22. April 1804 an Ludwig Tieck, in: Briefe an Ludwig Tieck. Ausgewählt und hg. von Karl Holtei. 4 Bde. Breslau 1864, Bd. 1 S. 101.

[182] Zu dieser gescheiterten Zusammenarbeit zwischen Clemens Brentano und Ludwig Tieck vgl. Brinker-Gabler, Mittelalterrezeption S. 83.

[183] Des Knaben Wunderhorn. Alte deutsche Lieder gesammelt von Ludwig Achim von Arnim und Clemens Brentano. 3 Bde. Heidelberg 1806–08.

[184] Elemente und Motive des Undinenstoffes finden sich auch in Brentanos Erzählung „Chronika des fahrenden Schülers". Vgl. dazu Seidlin, Melusinen S. 391 f.

[185] Joseph Görres, Die teutschen Volksbücher. Nähere Würdigung der schönen Historien-, Wetter- und Arzneybüchlein, welche theils innerer Werth, theils Zufall, Jahrhunderte hindurch bis auf unsere Zeit erhalten hat. Heidelberg 1807 S. 234 und 308. Der Titel des Druckes verweist auf das späte 17. oder frühe 18. Jh. Es könnte sich um folgende Druckausgaben gehandelt haben: Historia oder wunderbare Geschicht von der edlen und schönen Melusina. Aus Frantzösischer Sprache in die Teutsche zu Ergetzung der Gemüther übersetzet. Mit Röm. Käis. Maj. Freiheit nicht nachzudrucken. [Holzschnitt] Nürnberg, Michael und Johann Friedrich Endtern 1672 oder Historische Wunder-Beschreibung von der sogenannten Schönen Melusina [Nürnberg, ca. 1710] (wie Kap. B, Anm. 154). Vgl. dazu Gotzkowsky, Volksbücher, Bd. 2 S. 39 sowie Heitz/Ritter, Versuch S. 130. In den Versteigerungskatalogen der Brentanoschen Bibliotheken wird

Brentano auch mit dem Werk von Hans Sachs vertraut und könnte dessen eng an Thürings Prosaroman orientierte Dramatisierung des Melusinenstoffes aus der Nürnberger Folio-Ausgabe gekannt haben.[186]

Schon in Brentanos erstem Romanwerk, dem ‚verwilderten Roman' „Godwi" (1801), findet sich eine Allusion auf die Melusinengeschichte. Eine Freundin des Romanhelden wird als ‚melusinisches' Wesen gekennzeichnet.[187] Noch zu Beginn seiner Bekanntschaft mit besagter Molly von Hodefield beschreibt Godwi in einem Brief an seinen Freund Karl Römer das melusinenhafte Gebaren der Lady:

> „Unter das Geheimnisvolle in Molly's Betragen gehört noch, daß ich nie erfahren konnte, wohin sie Sonnabends fuhr, sie wollte immer allein seyn. Der Wagen hielt in einem Holze, und sie stieg ab, um in einer Stunde wiederzukommen. Der Ort, wo der Wagen anhält, ist 3 Meilen von B. hier zu. Sie soll einige Mal Bücher, Knabenkleidung und Musik mitgenommen haben. Alles dieses hat mir ihr Kutscher erzählt. Sollte sie etwa ein Kind der Liebe im Verborgenen erziehen lassen? Ich muß auf meiner weitern Reise in dem Walde mich ein bischen umsehen, vielleicht daß ich das Geheimniß erfahre" (BrSWB 16, 47, 19–28).

In Molly von Hodefields Verhalten und der Reaktion des Romanhelden sind zentrale Elemente des Melusinenstoffes angesprochen: der Rückzug der Melusinenfigur aus der Gesellschaft, der auch das Beisammensein mit ihrem Liebsten, dem Helden, ausschließt und so die Beziehung in Frage stellt, der Samstag als Tag des Verschwindens der Frau, das Bedürfnis des Mannes dem ‚Geheimnis' der Geliebten nachzuspüren, schließlich der mit verheerenden Folgen agierende Dritte, in diesem Fall nicht der Bruder, sondern der Kutscher der Lady, der den Argwohn im Geliebten weckt. Bezeichnend scheint mir, dass der Held den Grund für Mollys geheimnisvolles Verschwinden wiederum in einer sexuellen, sündhaften Tat ausmacht. War die Protagonistin im ‚Volksbuch' wegen ihrer samstäglichen Abwesenheit der ‚bübrey' verdächtigt worden, sieht Godwi in Molly eine ledige Mutter, die

---

allerdings kein Druck des ‚Volksbuchs' von der Melusine aufgeführt. Vgl. Clemens und Christian Brentanos Bibliotheken. Die Versteigerungskataloge von 1819 und 1853. Mit einem unveröffentlichten Brief Clemens Brentanos. Hg. von BERND GAJEK. Heidelberg 1974.

[186] Die Versteigerungskataloge, in denen zahlreiche Schriften des Hans Sachs aufgelistet werden, belegen Clemens Brentanos Interesse an und seine Wertschätzung für den Nürnberger Dichter. Vgl. GAJEK (Hg.), Brentanos Bibliotheken S. 29; 46ff und 302.

[187] CLEMENS BRENTANO, Godwi oder Das steinerne Bild der Mutter. Ein verwilderter Roman von Maria. Bremen 1801/02. Im Folgenden zitiere ich unter der Sigle BrSWB aus: CLEMENS BRENTANO, Sämtliche Werke und Briefe. Historisch-Kritische Ausgabe. Hg. von KONRAD FEILCHENFELDT u. a. Stuttgart u. a. 1975-, Bd. 16. Hg. von WERNER BELLMANN. Stuttgart u. a. 1978. Zur Bedeutung des Melusine-Motivs in „Godwi" vgl. auch SEIDLIN, Melusine S. 120.

heimlich einmal wöchentlich ihr Kind besucht. Brentano verbindet hier spielerisch das Melusinen-Thema mit dem populären Motiv der gefallenen Frau. Auf die Melusinengeschichte verweist neben dem Geheimnisvollen und Rätselhaften, was dem „göttlichen Weib“ (BrSWB 16, 30) anhaftet, auch ein „geheimnißvoller Brief“ (BrSWB 16, 23, 22), den Molly Godwi bei seiner Abreise mitgibt. Auf dem Umschlag verbietet ihm die Lady, dieses Schreiben zu öffnen, bevor sie es ihm zugesteht (vgl. BrSWB 16, 22, 25ff). Am Ende des Romans wird sich herausstellen, dass jene „rätselhafte[ ]“ (BrSWB 16, 30, 19f), reife und leidenschaftliche Lady Hodefield, die Godwi bei seinem Besuch in B. kennen und lieben lernte, die ehemalige Geliebte von Godwis Vater und die Mutter seines Freundes und Briefpartners Karl Römer ist, der als Verwalter auf den Gütern von Godwis Vater fungiert. Das geheimnisvolle Schreiben der Lady, in dem sie ihrem jugendlichen Geliebten eröffnet, welche Rolle sein Vater in ihrem Leben gespielt hat (vgl. BrSWB 16, 102, 25ff), lässt sich als zeittypische Variation der Aufklärung über die eigenen Vorfahren begreifen, wie sie der sechste Melusinensohn Geffroÿ im Berg Awelon erlebt. Der Brief erscheint als moderne Reminiszenz an die Steintafel mit der Familiengeschichte Melusinas, die sich am Grab von Geffroÿs Großeltern Helmas und Persina befindet (ThvRM, 138, 7–141, 2). Sowohl Steintafel als auch Brief klären die jüngere Generation über Schicksal und Verfehlungen der älteren auf.

In zwei weiteren Texten Brentanos spielt die Melusinenthematik eine bedeutsamere, exponiertere Rolle. In ihnen wird nicht nur auf die Melusinengeschichte alludiert, vielmehr lassen sie sich als Bearbeitungen des Melusinenstoffes im eigentlichen Sinne auffassen.

In seinem Märchenzyklus „Die Märchen vom Rhein“[188] aktualisiert Brentano die genealogische Dimension des Melusinenstoffes, die ursprüngliche

---

[188] In: BrSWB 17. Hg. von Brigitte Schillbach. Stuttgart u.a. 1983. Clemens Brentanos gesamte Märchendichtungen lassen sich als Teil eines geplanten, doch nicht zustande gekommenen Märchenzyklus' auffassen. Seine Märchenerzählungen werden üblicherweise in zwei Komplexe aufgeteilt: die „Italienischen Mährchen“ und die „Mährchen vom Rhein“. Diese Zweiteilung leitet sich davon her, dass mit dem „Rheinmärchen“ und dem „Märchen von den Märchen oder Liebseelchen“ zwei Rahmentexte vorliegen, denen sich die übrigen Märchen durch inhaltliche Verbindung oder gemeinsame Vorlage zuordnen lassen. Zur wechselvollen Entstehungs-, Publikations- und Druckgeschichte der „Mährchen vom Rhein“ vgl. BrSWB 17, 344–394. Alle vier Texte der „Mährchen vom Rhein“ sind zwischen 1810 und 1812 nach einer Phase intensiver Sammlungs- und Recherchetätigkeit entstanden, in der Brentano die Grimms um Märchentexte bat und sich von älteren Damen auch Märchen erzählen ließ. Die genauen Entstehungsdaten des Melusinen-Märchens „Radlof erzählt seine Reiße [...]“ lassen sich nicht exakt bestimmen. Brentano hat den Text wahrscheinlich zwischen August 1811 und April 1812 verfasst (vgl. BrSWB 17, 349–355). Die „Mährchen vom Rhein“ erlebten zu Lebzeiten des Au-

Funktionalisierung der spätmittelalterlichen Romane als ‚Gründungsmythen' eines Adelsgeschlechtes. In seinem Kunstmärchen „Radlof erzählt seine Reiße nach dem Staarenberg und die Geschichte seiner Vorfahren wodurch er die Prinzessin Ameleya aus dem Rhein erlöst" entwirft der Dichter mit Hilfe der Verknüpfung verschiedenster Märchen- und Sagenmotive einen phantastischen Kosmos, den er mit Märchenfiguren, realen historischen Persönlichkeiten und Fabeltieren bevölkert.[189] Verwoben in ein dichtes Netz von Mythen, Märchen, Legenden und Sagen wird die Melusinengeschichte in der Geschichte des Hauses Staarenberg gleich mehrfach erzählt.[190] Über fünf Generationen variiert Brentano die Liebesgeschichte von Reÿmund und der Fee Melusina als stets wiederkehrende, schicksalhafte Begegnung von Menschenmann und anderweltlicher Frau, die an der Unfähigkeit des Ehemannes scheitert, das ihm von seiner Gattin gesetzte Verbot nicht zu überschreiten, und fügt sie zur Genealogie des Hauses Staarenberg zusammen.

In seinem zweiten „Mährchen vom Rhein" erzählt Brentano wie der Müller Radlof sich aufmacht, um im Schwarzwald die Geschichte der Vorfahren seines Freundes Hans, eines Staren, zu ergründen. Dieser hat seinem Käfigdasein mit einer Nähnadel zuvor ein Ende gesetzt und seinen Freund testamentarisch dazu verpflichtet, sich auf die Suche nach seinen Vätern und Vorvätern zu machen.[191] Auf seiner Wanderung begegnet Müller Radlof, jüngster Spross des Hauses Staarenberg, wie sich bald herausstellen wird,

tors keine Veröffentlichung, obgleich der langjährig mit Brentano befreundete Historiker und Bibliothekar Johann Friedrich Böhmer sich seit Mitte der 20er Jahre um eine Publikation bemühte und zahlreiche Verleger Interesse zeigten. Brentano selbst hatte sich zuletzt 1816 um eine Publikation der „Mährchen vom Rhein" bemüht, als er sie dem Berliner Verleger Georg Andreas Reimer, in dessen Verlag auch die Grimmschen „Kinder- und Hausmärchen" erschienen waren, zur Publikation anbot. Die „Mährchen vom Rhein" wurden schließlich einige Jahre nach Brentanos Tod veröffentlicht: Die Märchen des Clemens Brentano. Zum Besten der Armen nach dem letzten Willen des Verfassers. Hg. von Guido Görres. 2 Bde. Tübingen u.a. 1846/47.

189 In: BrSWB 17, 123–266.

190 Zu den von Brentano in den „Mährchen vom Rhein" verarbeiteten Quellen vgl. Hartwig Schultz, Clemens Brentano. Stuttgart 1999 S. 93 ff.

191 Brentanos Kunstmärchen „Radlof erzählt seine Reiße [...]" hat bisher in der Forschung wenig Interesse auf sich ziehen können. Überlegungen und Bemerkungen zu diesem Text finden sich v.a. in Studien zu Brentanos Märchen, seinen „Mährchen vom Rhein" oder einschlägigen Überblickswerken zur Geschichte der Gattung: Hans Peter Neureuter, Das Spiegelmotiv bei Clemens Brentano. Studien zum romantischen Ich-Bewußtsein. Frankfurt 1972 S. 90–95; Schultz, Brentano S. 103ff; Volker Klotz, Das europäische Kunstmärchen. Fünfundzwanzig Kapitel seiner Geschichte von der Renaissance bis zur Moderne. 3., überarbeitete und erweiterte Auflage. München 2002 S. 186–190. Einen Überblick über die Forschungsliteratur zu Brentanos Märchen allgemein gibt: Helene M. Kastinger Riley, Clemens Brentano. Stuttgart 1985 S. 123 ff. Die bisher einzige Analyse und Interpretation des Märchens auf der Folie des Melusinenstoffes unternimmt Seidlin, Brentanos Melusinen S. 370–391. Zuvor hatte bereits Hermann

nacheinander unwissentlich dem eigenen Großvater, Ur-Großvater und Ur-Ur-Großvater. Nachdem er die Nacht in einer geheimnisvollen Mühle verbracht, die der seines Vaters gleicht, und dem Streit der soeben nach 40-jährigem Zauberschlaf erwachten Müllerburschen gelauscht hat, gerät er mitsamt dem Starenvolk während eines prachtvollen maritimen Leichenzuges für den toten Hans in einen Sturm. Das Boot kentert, und Radlof findet sich schließlich unter Wasser bei Frau Lureley wieder. In einem Saal begegnet er vier schlafenden Männern, seinen Vorfahren, die von ihren Ehefrauen beerdigt werden. Frau Lureley, welche die Gebeine des Staren Hans bestattet, erklärt Radlof, sie sei seine Mutter und Hans sein Bruder gewesen. Nach diesen turbulenten Ereignissen und unerwarteten Eröffnungen tritt Radlof die Rückreise an den Rhein an. In der Nähe seines jeweiligen Nachtlagers belauscht er seine Ahnfrauen. Diese erzählen ihren jeweils sieben Mägden ihre Lebens- und Liebesgeschichten, die so als Binnenerzählungen in die Rahmenhandlung um Radlofs Suche eingebunden werden.[192] Seine Suche, die ihn durch fünf Generationen 400 Jahre hinab in die Vergangenheit zurück an den Ursprung des Hauses Starenberg führt, ist

> „[d]er Weg zurück zum Beginn, zum Ursprung, in die Vorzeit, von der die Schicksalslinien ausliefen und wo die Fäden des Lebens noch zusammenlagen, bevor sie sich in die Vielheit der Geschichte und Geschichtlichkeit verzweigten – es ist ein Brentanosches Thema und ein romantisches zudem, und es heißt, für Brentano vor allem, der Weg zur Mutter, zu den Müttern, [...]."[193]

In den Gestalten der Ahnfrauen des Hauses Staarenberg und ihren unglücklich endenden Ehen hat Brentano das *Motiv der gestörten Mahrtenehe* als Grundstruktur des Melusinenstoffes mit dem Nymphen-Bild des paracelsischen „Liber de nymphis" verknüpft. Der Dichter erweitert die bei Paracelsus vorgefundene Konstellation der Heirat einer Wasserfrau mit einem Menschen und überträgt sie auf die Vertreterinnen der anderen Elemente. Er nimmt die paracelsische Deutung der anderweltlichen Wesen als Elementargeister und Hüter der Elemente auf und macht die anderweltlichen Frauen zu Töchtern von Element-Müttern.[194] Allen Ahnfrauen des Hauses Staaren-

---

Cardanus, Die Märchen des Clemens Brentano. Köln 1895 S. 72–81, hier 76, die Bedeutung der Melusinenthematik für Brentanos Märchen „Radolf erzählt seine Reiße [...]" erkannt.

[192] Zur Rahmentechnik in den „Mährchen vom Rhein" vgl. Karsten Hvidtfelt Nielsen, Vermittlung und Rahmentechnik. Eine kritische Untersuchung der „Rheinmärchen" Brentanos, in: Orbis Litterarum. International Review of Literary Studies 27. 1972 S. 77–101.

[193] Seidlin, Brentanos Melusinen S. 370.

[194] Anders als für Fouqué ist für Brentano, wie auch für die meisten anderen Autoren der Goethezeit, keine direkte Paracelsus-Lektüre anzunehmen bzw. nachzuweisen. Zur Bedeutung späterer Autoren und Bearbeiter des „Liber de Nymphis" für die romantische Paracelsus-Rezep-

berg ist gemeinsam, dass sie ‚melusinische' Wesen sind. Während Melusinas Gestaltwandel, der sie zum Rückzug aus der Gesellschaft zwingt, fluchbedingt ist, gestaltet Brentano die anderweltlichen Ahnmütter der Staarenbergs als Elementarwesen und ihren Zwang, sich zeitweise aus der Gesellschaft zurückzuziehen, als Teil ihrer elementaren Natur. Die zeitweilige Abwesenheit der „Melusinen" erscheint als naturhafter Drang, in ihr Ursprungselement zurückzukehren. Brentanos Märchen ist einer der ersten Texte in der Rezeptionsgeschichte des Stoffes in der Moderne, in dem Melusine über die Verbindung von paracelsischer Elementargeisterlehre und neuer Geschlechterideologie als weibliches Naturwesen bzw. als personifizierte weibliche Natur gedeutet wird.

Eine Ausnahme bildet dabei die erste Generation des Hauses Staarenberg. Frau Mondenschein, die Ahnmutter des Geschlechts, ist kein Elementarwesen, sondern die Tochter des Mondes und Enkelin einer griesgrämigen Großmutter, deren Identität geheimnisvoll verhüllt bleibt. Mit ihr als Ur-Mutter, deren Verwandtschaft bis an den Anbeginn der Zeit und hinter den Anfang der Menschheitsgeschichte zurückreicht, wird das Haus Staarenberg im Kosmischen verankert und die Genealogie des Geschlechts in der Sternenwelt begründet.[195] Fungierte die Fee Melusina in den spätmittelalterlichen Romanversionen als anderweltliche und damit außergewöhnliche Stamm-Mutter des Adelsgeschlechtes der Lusignan, wird sie in Gestalt der Frau Mondenschein zur Verkörperung der Ur-Mutter schlechthin. Das geheimnisvolle Verschwinden und Wiedererscheinen der Melusine wird von Brentano einem „Naturphänomen angeglichen"[196]: dem für die Menschen in vorwissenschaftlicher Zeit unerklärlichen und geheimnisvollen Ab- und Zunehmen des Mondes. Auch der Ehemann, der Schäfer Damon, trägt mythische Züge. In Brentanos Text finden sich intertextuelle Hinweise darauf,

tion vgl. Kap. B.6.3 und Goldammer, Paracelsus S. 21–67 und 89f. Die bedeutsamste Quelle für Brentano könnte Heinrich Kornmanns Schrift „Mons Veneris" gewesen sein, deren Einfluss auf seine „Romanzen vom Rosenkranz" bereits dokumentiert ist. Vgl. Oswald Floeck, Die Elementargeister bei Fouqué und anderen Dichtern der romantischen und nachromantischen Zeit. Heidelberg 1909 S. 15. Die Ahnmütter des Hauses Staarenberg werden nicht nur als Elementarwesen dargestellt, sie werden zudem im Sinne der Temperamentenlehre charakterisiert. Nach der Temperamentenlehre steht jedes Temperament unter dem Einfluss eines Elementes, das seine Komplexion bestimmt: der Erde ist das melancholische, der Luft das sanguinische, dem Feuer das cholerische, und dem Wasser das phlegmatische Temperament zugeordnet. Dementsprechend wird Frau Edelstein als melancholisch, Frau Phönix Federschein als sanguinisch, Frau Feuerschein als cholerisch und Frau Lureley als phlegmatisch charakterisiert. Zur Bedeutung der Temperamentenlehre und der Kalenderliteratur in Brentanos Märchen vgl. BrSWB 17, 405–409.

195 Vgl. BrSWB 17, 404f.

196 Seidlin, Brentanos Melusinen S. 371.

dass Damon auf der Folie eines anderen Schäfers und Stammvaters zu verstehen ist: Jakob, von dem das Volk Israel abstammt.[197] Auch diesem konnte seine wahre Geliebte nur unter Einhaltung einer Bedingung zufallen, die er allerdings getreulich einhielt. Damons Schwiegervater vertraut dem Schäfer die Hand seiner Tochter mit folgenden Worten an:

> „Du hast mir gedient, wie Jakob dem Laban, ich gebe dir meine Tochter, doch frage nie wer sie ist, und wenn sie sich von dir, wolle nie wißen wo sie hin ist, während der Zeit ihrer Abwesenheit hüte du redlich meine Sterne. Jezt lebet wohl, Gott segne euch“ (BrSWB 17, 187, 3–7).

Über den Hinweis auf den Stammvater Jakob führt Damons und Frau Mondenscheins Verbindung an die Anfänge der biblischen Menschheitsgeschichte zurück. Charakteristisch für Brentanos Umgang mit dem Melusinenstoff in den „Mährchen vom Rhein“ ist demnach die starke Tendenz zur Mythisierung[198], die sich nicht nur in der für mythisches Denken typischen Wiederholung von Konstellationen, Figuren und Ereignissen zeigt, sondern auch in Brentanos Bemühen, die Melusinengeschichte mit anderen märchen- und legendenhaften Motiven und Figuren zu verknüpfen und zu verschmelzen. In dem für das „Rheinmährchen“ ursprünglich von Brentano anvisierten Titel „Das Mährchen von den Mährchen vom Rhein“[199] zeigt sich bereits der Ansatz des romantischen Dichters, die *eine* Geschichte zu erzählen, in der alle anderen Geschichten, Sagen, Legenden und Märchen ‚aufgehoben‘ sind. Oskar Seidlin spricht hier von „Brentanos überbordendem Hang zum Synkretismus aller Mythenkonstellationen“.[200] Die Melusinengeschichte und zahlreiche andere Sagen und Legenden, die Brentano in sein Märchen integriert und mit ‚melusinischen‘ Motiven verknüpft, werden ihm zum Material für sein „mythenbildendes Erzählen“.[201]

In seinem unbetitelten „Fragment einer Erzählung aus der Französischen Revolution“ (1814)[202], das in die Forschung unter dem Titel „Der arme Rai-

[197] Vgl. ebd.

[198] Vgl. zu diesem Aspekt auch Klotz, Kunstmärchen S. 189f.

[199] Vgl. BrSWB 17, 337 und 468.

[200] Seidlin, Brentanos Melusinen S. 371.

[201] BrSWB, 17, 396.

[202] Abgedruckt in: BrSWB 19, 357–381 und 753–768; 782–791 [= Anmerkungen und Erläuterungen]. Das Erzählfragment entstand mit großer Wahrscheinlichkeit im Herbst 1814, als Clemens Brentano zu Besuch bei seinem Schwager Achim von Arnim in Wiepersdorf weilte. Zur Entstehungsgeschichte des Fragments vgl. BrSWB 19, 753–757 und Gerhard Kluge, Brentanos Fragment einer Erzählung aus der Französischen Revolution, in: Textkritik und Interpretation. Festschrift für Karl Konrad Polheim zum 60. Geburtstag. Hg. von Heimo Reinitzer. Bern u.a. 1987 S. 285–305, hier 386f.

mondin“ eingeführt wurde[203], transponiert Brentano das Melusinenthema aus der Märchenwelt des „Rheinmärchens“ um den Müller Radlof in die eigene Gegenwart oder doch die jüngst vergangene Epoche, die Zeit der Französischen Revolution und der Napoleonischen Kriege. Das etwa zwei Dutzend Druckseiten umfassende Fragment stellt wenig mehr als die Einleitung der geplanten Erzählung dar. Brentano hat kaum mehr als die Rahmenhandlung entworfen. Erzählt wird die Geschichte eines jungen französischen Offiziers, der einem gütigen Priester, in dessen Obhut und Pflege er sich nach einer Verwundung befindet, auf seinem Krankenlager Erinnerungen aus seinen frühen Kinderjahren anvertraut. Der Text bricht ab, als der blutjunge Soldat von der ihn traumatisierenden Familienkatastrophe berichtet hat – der Flucht der Mutter mit der geliebten Zwillingsschwester Antonie aus dem Haus des Vaters am vierten Geburtstag des Geschwisterpaares. Heinrichs Mutter ist „eine geborne Marquise“ (BrSWB 19, 369, 9f) von Lusignan, die in direkter Linie von der Ahnfrau des Hauses Lusignan, der „Meerfei Melusina“ abstammt (BrSWB 19, 368, 19). Sie hatte vier Jahre vor jenem schrecklichen Geburtstagsfest den Baron von Winningen geheiratet, der inzwischen zu einem „eifrige[n] Republikaner“ geworden ist, seinen Adelstitel abgelegt und sein Adelsdiplom verbrannt hat (BrSWB 19, 367, 23f). Wie das Paar im ‚Volksbuch‘ von der Melusine gehören die Eltern Heinrichs unterschiedlichen Sphären an, die ihr Zusammenleben auf Dauer unmöglich machen: Die Mutter Melusine, Baronin von Winningen, née von Lusignan, repräsentiert die alte vorrevolutionäre Ordnung, der Vater, der Citoyen Winningen, der sich ganz als Bürger und Vertreter der jungen französischen Republik fühlt, steht für die neue, bürgerliche Zeit. Die Kinder Antonie und Heinrich stehen somit auf der „Grenzlinie zwischen der alten adligen und der neuen bürgerlichen Ordnung“.[204]

Am vierten Geburtstag des Geschwisterpaares hält die Mutter die Zeit für gekommen, um ihre Zwillinge mit ihrer Herkunft und Abstammung vertraut

---

203 Der Text, der lange Zeit als verschollen galt, wurde zuerst 1944 von Friedrich Fuchs veröffentlicht: Clemens Brentano, Der arme Raimondin. Ein Fragment. Mitgeteilt von Friedrich Fuchs, in: Die neue Rundschau 55. 1944 S. 107–118. Fuchs’ Erstedition ist keine kritische. Er hat übersehen oder unterschlagen, dass das Manuskript nicht nur Korrekturen und Zusätze von Brentanos eigener, sondern auch von einer zweiten Hand enthält, die Gerhard Kluge als die Achim von Arnims identifiziert hat. Vgl. BrSW 19, 754 und Kluge, Fragment S. 286. Achim von Arnim hat den Versuch unternommen, Brentanos Fragment fortzusetzen. Von seinen Bemühungen zeugen zwei Entwürfe: Achim von Arnim, [Melusinen-Fragment], in: Ders., Sämtliche Romane und Erzählungen. Aufgrund der Erstdrucke hg. von Walter Migge. München 1965 S. 735–749. Vgl. auch BrSWB 19, 769–782 und Jürgen Brummack, Zu Arnims ‚Melusinen-Fragment‘, in: GRM. N. F. 17. 1967 S. 208 ff.

204 Kellner, Aspekte S. 32.

zu machen. Als Geburtstagsgeschenk zeigt die Baronin, die anders als ihr Mann weiterhin in ihrem genealogischen Bewusstsein lebt, ihnen den Stammbaum des Hauses Lusignan. Dieser fungiert zusammen mit einer „alte[n] Handschrift von dem Roman der Melusine mit wunderschönen Miniaturen“ (BrSWB 19, 368, 4f) als repräsentatives Zeichen ihrer Herkunft.[205] Die Kinder können sich an dem „schönen Bilderbaum“[206] (BrSWB 19, 368, 17), den die Mutter nach und nach vor ihnen entrollt, nicht satt sehen. Sie wollen ihn „bis auf das alleroberste Blättchen“ (BrSWB 19, 369, 1) anschauen, wo sie selbst mit der Mutter als jüngste ‚Sprösslinge‘ in die Genealogie des Hauses eingeschrieben sind, als der Vater jäh diesen Initiationsritus, die Einweihung der Kinder in die alte Ordnung des Adels durch die Mutter, stört.

Anders als in der Melusinengeschichte wird in Brentanos Erzählfragment kein explizites Verbot errichtet und übertreten. Vielmehr ist es das Neugier- und Nachforschungs-Motiv, das in dem gegen den Menschenmann errichteten Verbot bereits anklingt, das von Brentano in seiner Erzählung aufgegriffen wird. Es ist die Neugier, der sich aus Erkenntnisdrang motivierende Wille zu sehen und zu wissen, der den ‚Sündenfall‘ des kleinen Heinrich auslöst und den Verlust seiner kindlichen Unschuld, das Schuldig-Werden an seiner Mutter Melusine bewirkt. Der biblische Sündenfall wird zur Folie, auf der sich der Verrat des Sohnes an der Mutter vollzieht. Der kleine Heinrich nützt die Unaufmerksamkeit der miteinander über Politik streitenden Eltern, um noch einen Blick auf das Pergament zu erhaschen. „Ich hatte mich während dem wieder an den Stammbaum geschlichen, [...] und versuchte umsonst, der großen Pergamentrolle, welche sich immer wieder zusammendrehte, mächtig zu werden“ (BrSWB 19, 370, 24ff). Seine „Begierde zu se-

205 Der materialiter als Buch in die Erzählung eingeführte Melusinenroman und die Pergamentrolle mit dem Stammbaum des Hauses Lusignan haben in Brentanos Fragment die gleichen Funktionen wie in der französischen spätmittelalterlichen Adelskultur, in deren Kontext die Melusinengeschichte entstanden ist. Sie stellen mit ihrer prachtvollen Ausstattung Formen adliger Selbstdarstellung dar und dienen dazu, die Nachfahren des Geschlechts der Lusignan über ihre eigene Geschichte aufzuklären. Vgl. auch Kellner, Aspekte S. 33.

206 Brentano könnte durch das Titelblatt eines Straßburger Druckes der Thüringschen Melusine von 1506 zu seinem „Bilderbaum“ angeregt worden sein: Die Hystoria von Melusina [Holzschnitt] Diese warhaffte hystori vß Frantzosischer sprache in Teütsch transferirt vnd gemacht. Hat getruckt Mathis hüpfuff in der lob lichen vnd fryen stat Straßburg. Vnd voll-endet vff sant Bartholomeus tag. Als man zalte nach der geburt Christi vnsers herren. M. CCCCC. vnd vj. Jar. Got sy lob. Im Zentrum des Titelholzschnittes ist Melusine in ihrer semi-theriomorphen Gestalt abgebildet. Aus ihren Hüften wachsen Zweige und Äste, die sich zu Blättern und Blüten verzweigen. In den Blütenkelchen sitzen die Nachkommen Melusines, die als Insignien ihrer herrschaftlichen Würde Kronen und Zepter tragen. Das Titelblatt ist abgedruckt in: Gotzkowsky, Volksbücher, Bd. 1 S. 112.

hen“ (BrSWB 19, 370, 26) wird durch seinen Misserfolg jedoch nur umso größer, so dass er schließlich den Vater um Hilfe bittet und so das Verhängnis initiiert, das in die Verbrennung der mütterlichen Papiere und den Verlust seines Elternhauses münden wird. Gemeinsam mit dem inzwischen zur Ruhe gekommenen Vater betrachtet er den ausgerollten Stammbaum und sieht folgendes Bild:

„[...] da war meine Mutter in einer Lilie sitzend abgemahlt, und ich und meine Schwester waren auch sehr lieblich auf zwei Knospen sitzend abgebildet, und die Mutter deckte uns mit einem Schilde vor einer dreifarbigen Schlange, welche eine rothe Mütze im Maule tragend sich an dem äußersten Gipfel emporringelte“ (BrSWB 19, 370, 31–371, 3).

Das von der Mutter Melusine selbst in den Familienstammbaum eingefügte Bild ist in der Symbolik eindeutig[207]: Die Lilie ist nicht nur das Symbol der Unschuld, Reinheit und des Paradieses, sondern auch des Französischen Königshauses. Als die Wappenblume des Hauses Valois versinnbildlicht sie die alte, vorrevolutionäre, feudale Ordnung. Die mit den Farben der französischen Revolution und der Jakobiner-Mütze versehene Schlange bedroht die Lilie und damit die von ihr symbolisierten Motive: das Paradies und die alte Ordnung.[208] Der biblische Bericht vom Sündenfall (1. Mos 3) wird von Brentano geschlechterbezogen in sein Gegenteil verkehrt: In Winningens Bericht ist nicht die Frau die Verführerin, die der Versuchung der Schlange erlegen ist, dort ist es der Mann, der mit der Lossagung von Herkunft, Tradition und Stand seiner Familie und sich selbst die Lebensgrundlagen entzieht. Melusine ist als Mutter die Sorgende, Behütende und Schützende.[209] Auf Melusines Bemerkung, er selbst, ihr Ehemann, sei mit der von ihr gemalten Schlange gemeint, reagiert der Ex-Baron mit neuer Wut (vgl. BrSWB 19, 371). Er ergreift die Dokumente seiner Frau, zwingt seinen Sohn, mit ihm zu kommen, und geht mit diesem zu dem „Freiheitsbaum mit der rothen Mütze drauf und von tausend dreifärbigen Bändern durchwimpelt“ (BrSWB 19, 371, 20f). Dort befiehlt er dem Sohn, die mütterlichen „Dockumente und Schriften“ (BrSWB 19, 371, 32f) dem Feuer zu übergeben. „Betäubt von

---

[207] Brentano zieht zur Deutung der Französischen Revolution als zweitem ‚Sündenfall‘ der Menschheitsgeschichte nicht nur die biblische Erzählung von der Vertreibung aus dem Paradies heran, sondern er verkehrt eines der zentralen Symbole der revolutionären Bildersprache, die Schlange oder Hydra als Allegorie des Ancien Régime, in ihr Gegenteil. Vgl. Gerhard Kluge, Namen und Bilder. Ergänzungen zur Edition von Brentanos Erzählungen mit Motiven aus der französischen Revolution, in: Jahrbuch des Freien deutschen Hochstifts 1992 S. 205–212, hier 211.

[208] Vgl. Kluge, Fragment S. 298.

[209] Vgl. ebd.

dem Tumult um ihn" (BrSWB 19, 372, 1f) herum gehorcht Heinrich. Gegenüber dem Pater sucht er sich zu entschuldigen: Doch „wußte ich nicht, was ich that, ich trug die Rollen ins Feuer, [...]" (BrSWB 19, 372, 2f). Als er begreift, dass er „[...] den Herrlichen Bilderbaum der Mutter verbrannt ha[t]" (BrSWB 19 372, 6f), ist es bereits zu spät. Der Anblick des verbrennenden Pergamentes wird für den Jungen zum Trauma.[210] Vor seinen Augen scheint die gemalte Ahnfrau zu einem lebendigen Wesen zu werden, die dem Flammentod zu entkommen sucht (vgl. BrSWB 19, 372, 7ff). Er hat durch seine Mithilfe bei der Verbrennung der (gemalten) Ahnfrau Melusine zugleich auch die Mutter Melusine verletzt, ihr ‚Herz verbrannt' und sie vertrieben, wie sein Namensvetter und Ur-Ahn Generationen vor ihm: „[...] o ma pauvre Melusine, Raimondin t'a brulé le cœur" (BrSWB 19, 372, 11).

Ähnlich wie in den „Rheinmärchen" wird das weibliche Geschlecht über die Assoziation mit der Melusine als Ahnfrau, die am Anfang eines Adelsgeschlechtes steht, als ursprungsnah und traditionsgebunden imaginiert. In Brentanos Erzählfragment sind es wiederum die Frauen und vor allem die Mütter, die über ihr genealogisches Bewusstsein Kontinuität und Fortbestand von Familie und Geschlecht sichern. Brentanos Identifikation von Weiblichkeit mit Kontinuität und Traditionalität und Männlichkeit mit destruktiver Revolution zeigt deutlich zeittypische geschlechterideologische Implikationen. Heinrich vermag der prekären Stellung „zwischen der Vaterwelt von Bewusstsein und Vernunft und der Mutterwelt von Gefühl und Sinnlichkeit" nicht gerecht zu werden.[211] Letztendlich erzählt der Autor „die Geschichte von der Flucht der ursprungsnahen Mutter aus der kontinuitätssprengenden Welt des Vaters und der daraus resultierenden Zerrissenheit und Verlassenheit des Kindes".[212]

Allein im Haus zurückgelassen, erwacht Heinrich am folgenden Tag und irrt durch die menschenleeren Räume. Er identifiziert sich ganz und gar mit dem „schuldigen verlassenen Raimond" (BrSWB 19, 376, 10). Die Verkleidung des Kindes mit von der Mutter zurückgelassenem Flitterkram, mit mütterlichen Perlen, mit Samt- und Spitzenbändern, sowie sein Posieren als Inkarnation des Ritters Raimondin vor dem Spiegel (vgl. BrSWB 19, 375f) lassen sich als kindliches Bemühen um Identitätsrettung deuten. Der kleine

---

210 Gerhard Kluge hat auf die Wiederkehr zahlreicher Motive aus Brentanos Erzählung „Die Schachtel mit der Friedenspuppe" hingewiesen, in welcher der Autor sich ebenfalls kritisch mit der Französischen Revolution auseinandersetzt: Verzicht des Adligen auf seine Privilegien, der Freiheitsbaum, die öffentliche Verbrennung des Adelsdiploms. KLUGE, Fragment S. 287.

211 WOLFGANG FRÜHWALD, Achim von Arnim und Clemens Brentano, in: Handbuch der deutschen Erzählung. Hg. von KARL KONRAD POLHEIM. Düsseldorf 1981 S. 145–158, hier 153.

212 FRÜHWALD, Arnim S. 153.

Heinrich versucht, die über das Wissen der eigenen Herkunft gerade erst bewusst gewordene Identität, die mit dem Verlust der Mutter, der Familie und des Elternhauses zerstört ist, in der Rolle des Urahns wiederherzustellen.[213] Das Motiv des verbrannten Herzens bzw. des Herz-Verbrennens, das schon in Heinrichs Verzweiflungsschrei am „Freiheitsbaum" anklang, durchzieht das gesamte Erzählfragment als Leitmotiv, das Heinrichs Selbstdeutung und Wirklichkeitswahrnehmung fortan bestimmt.[214] Während seiner Maskerade formt Heinrich das Motiv zu einem Zufalls-Reim aus, den er immer dann aufsagt, wenn er sich seine Schuld erneut bewusst machen und sich erklären will, warum er nun allein ist: „[...] mit Thränen rief ich aus O pauvre Raimondin / il faut, que tu te moeurt / ala belle Melusine / Tu a brulé le cœur" (BrSWB 19, 375, 32f – 376, 1f). Dieser Text wird ihm zum Mantra, in welches das verlassene Kind all seine Verzweiflung einschließt. Heinrich wird zum „pauvre Raimondin", der die Schuld, die er auf sich geladen hat, nur durch seinen Tod zu büßen vermag.

Brentano sah in der von ihm vehement abgelehnten Französischen Revolution eine „Wiederholung des Sündenfalls".[215] In der Zerstörung der mütterlichen Genealogie, repräsentiert im prächtigen mittelalterlichen Codex und im Stammbaum, an welcher der kleine Raimondin unbewusst-bewusst mitschuldig wird, wird die Beseitigung der vorrevolutionären Ordnung, des Ancien Régime, durch die neue revolutionäre, bürgerliche Ordnung den Leser/innen exemplarisch und bildlich vor Augen geführt. Die in den spätmittelalterlichen Melusinenromanen entworfene und in Thürings deutscher Adaptation fortgeschriebene Geschichte vom Ursprung eines Adelsgeschlechtes wird von Brentano umgedeutet „zur Geschichte eines ganz anderen Ursprungs, des Ursprungs der von Brentano kompromisslos negativ bewerteten französischen Republik".[216]

Die Erzählung Heinrich Winningens, die vermutlich mit weiteren Binnenerzählungen kunstvoll verknüpft werden und in die Rahmenhandlung münden sollte[217], hat den Charakter einer Beichte. Sie erscheint als solche nicht nur wegen ihrer äußeren Situierung, dem Priester als Zuhörer, sondern auch

---

213 Kluge, Fragment S. 302.

214 Zur Bedeutung des Motivs des ‚Herz-Verbrennens' im Melusinen-Fragment und im Gesamtwerk vgl. BrSWB 19, 758f.

215 Kluge, Fragment S. 297.

216 Vgl. dazu Kellner, Aspekte S. 32–37.

217 Zur Verknüpfung von Rahmen und Binnenhandlung über autobiographisch bestimmte Motive – v.a. die Kindheitserinnerungen Winningens enthalten zahlreiche Reminiszenzen an Brentanos Kindheit und den frühen Tod der Schwester Sophie – vgl. Kluge, Fragment S. 294 und BrSWB 19, 757.

in inhaltlicher Hinsicht. Die Geschichte des Ich-Erzählers ist nicht nur die Geschichte einer Identitätsfindung und eines gleichzeitigen Mutter-, Heimat- und damit Identitätsverlustes. Über die Verknüpfung des Melusinen-Themas mit dem Sündenfall-Motiv, das ein „Zentralmotiv Brentanos“ bildet[218], wird die Lebensbeichte Winningens zugleich zu einer Geschichte vom Verlust der (kindlichen) Unschuld und der damit verbundenen Vertreibung aus dem (mütterlichen) Paradies.[219] Sowohl Oskar Seidlin als auch Gerhard Kluge meinen, Brentano habe in Sündenfall und Paradiesverlust mehr und mehr den eigentlichen Sinn, das hinter dem Roman stehende Thema der Melusinengeschichte gesehen.[220] Auch Wolfgang Frühwald deutet das Fragment als einen „gewaltigen Entwurf, die sich ewig wiederholende Geschichte vom Sündenfall der Menschen durch Erkenntnis- und Sexualtrieb, im Spiegel der revolutionären und kriegerischen Ereignisse der Gegenwart darzustellen […].“[221]

Auch in Brentanos „Fragment einer Erzählung aus der Französischen Revolution“ zeigt sich trotz ihres realistischen, historischen ‚Settings‘ eine Tendenz zur ‚Mythisierung‘ der Melusinengeschichte, wie sie schon das Märchen „Radlof erzählt seine Reiße“ charakterisiert. Seidlin hat auf das Neben- und Durcheinander der Figurennamen in Brentanos Erzählfragment aufmerksam gemacht. Obgleich der junge Mann sich dem Pater mit den Worten „Ich bin Elsasser und heisse Heinrich Winningen“ (BrSWB 19, 367, 21) vorstellt, spricht er von sich selbst im Fortschreiten seines Erzählens nur noch als „Raimondin“. Heinrichs Zwillingsschwester heißt mit Taufnamen Antonie, Winningen spricht von ihr jedoch als „Lusine“; „[…] so nannte man meine Schwester“, fügt er erklärend hinzu (BrSWB 19, 370, 30). Melusine heißt nicht nur die Mutter, sondern es ist auch der Name der künftigen Geliebten.[222] Alle auftretenden weiblichen Figuren scheinen Melusine zu heißen

218 Kluge, Fragment S. 297.

219 Vgl. BrSWB 19, 757.

220 Seidlin, Brentanos Melusinen S. 396 und Kluge, Fragment S. 297.

221 Frühwald, Arnim S. 152 f.

222 Heinrichs Verrat an der Mutter Melusine korrespondiert ein Verraten- und Betrogen-Werden durch die Geliebte Melusine. Aus verschiedenen Andeutungen in seiner Lebenserzählung geht hervor, dass es eine unglückliche Liebesneigung ist, die den Verwundeten sich den Tod wünschen lässt (vgl. BrSWB 19, 363). Obgleich Heinrich beim Anblick einer zahmen Taube, die sich auf einer über seinem Krankenbett hängenden Harfe niederlässt, zunächst klagt: „[…] ach Therese, Therese, warum hast du mich betrogen, […]“ (BrSWB 19, 366, 6 ff), wird später deutlich, dass auch die betrügerische Therese Melusine heißt oder doch genannt wird und mit der kleinen Tochter der Nachbarsfamilie Lodie identisch ist, bei der er nach der häuslichen Katastrophe zunächst Aufnahme gefunden hatte. Es sei die „kleine Tochter des Advokaten“ gewesen, die seiner „Mutter Pathchen war und Melusine hieß“ (BrSWB 19, 377, 27 f), be-

oder genannt zu werden. Seidlin deutet diese Namenskonfusion nicht als Nachlässigkeit des Autors, sondern als Hinweis darauf, dass Brentano die Liebesgeschichte des Paares Reÿmund und Melusina als Geschichte der Verbindung von Weiblichem und Männlichem überhaupt liest:

„Wie anders läßt sich diese Ungereimtheit erklären als durch die Annahme, daß jedes Mann-Kind ein kleiner Raimund von Poitier-Lusignan ist und sein Raimund-Schicksal wird zu erleiden haben, auch wenn der Taufschein eine andere Eintragung aufweist. [...] Alles Weibliche also ist, wie immer überblendet, Melusine, obwohl doch in Wirklichkeit nur die Mutter so heißt – sie und verräterischerweise die Geliebte."[223]

In Brentanos Gestaltungen des Stoffes wird die Melusinengeschichte als ‚Ur-Mythos' der Beziehungen von Mann und Frau interpretiert. Der Verrat an der Frau aus Erkenntnisdrang, der in Brentanos Melusinentext den Tabubruch darstellt, wird als zweiter, männlicher ‚Sündenfall' gedeutet, der die Vertreibung des Mannes aus dem Paradies, den Verlust der symbiotischen Beziehung zur Mutter zur Folge hat. Dieser männliche ‚Sündenfall' vollzieht sich schicksalhaft und erscheint als unabwendbar. Im Rheinmärchen „Radlof erzählt seine Reiße" reicht dieser ‚Sündenfall' bis an den Anbeginn der Welt zurück und pflanzt sich einer ‚Ur-Sünde' gleich in jeder neuen Generation fort. Die Melusinengeschichte erscheint Brentano als mythische Erzählung, in der die immer wiederkehrende, sich endlos wiederholende Geschichte der Geschlechter(beziehungen) paradigmatisch ‚aufgehoben' ist.

richtet Winningen, die ihn „zum unglücklichsten Menschen gemacht hat" (BrSWB 19, 378, 2f). Vgl. auch BrSWB 19, 378, 3ff.

223 Seidlin, Melusinen S. 394.

4. Franz Grillparzer: „Melusina“ (1823)

Franz Grillparzers Opernlibretto „Melusina“ lässt sich als Beispiel für eine ‚romantische‘ Lektüre und Aneignung des Melusinenstoffes im frühen 19. Jahrhundert außerhalb des Kreises der Romantiker begreifen. Als der Dichter sein Libretto verfasste, hatten sich die Romantiker zwar bereits intensiv mit dem Stoff auseinandergesetzt und sich um eine Erneuerung und Aufwertung des alten ‚Volksbuchs‘ bemüht. Die Popularisierung des Stoffes in Form von ‚Volksbuch‘-Editionen, welche die Melusinengeschichte in weiten bürgerlichen Kreisen wieder lesenswert und literaturfähig machen sollten, war jedoch noch nicht geschehen.[224] Allerdings wimmelte es auf den Wiener Vorstadtbühnen und in den Wiener Volkstheatern, die der Dichter häufig besuchte, von elementargeisterhaften Wasserfrauen, Nixen und Nymphen, die Grillparzer bei seiner Bearbeitung des Melusinenstoffes inspiriert haben könnten. Zeigt sich auch bei dem Wiener Dichter die für die Romantiker nachgewiesene Umdeutung der mittelalterlichen Feenwesen Undine und Melusine zu erotisch-verführerischen Elementargeistern und Wasserfrauen?

In einer exemplarischen Analyse des Librettos wird gezeigt werden, dass die Kategorie ‚Geschlecht‘ für das Verständnis dieser Bearbeitung des Melusinenstoffes bedeutsam ist. Im Zentrum der Untersuchung wird die Frage stehen, welchen Einfluss die zeittypische Vorstellung von zwei polar und komplementär zueinander gedachten Geschlechtscharakteren, die Männlichkeit und Weiblichkeit essentialistisch und biologisch begründen, auf Grillparzers Gestaltung des Melusinenstoffes haben. Grillparzers Schaffensperiode fällt in die Zeit der Restauration und des bürgerlichen Biedermeier. Der Dichter wurde 1791 in eine Phase umfassender restaurativer Bestrebungen hineingeboren, in der das feudale und konservative System restituiert und die Josephinischen Reformen weitgehend rückgängig gemacht wurden.[225] Er erhielt seine Sozialisation in einer Periode der restriktiven und repressiven Politik und Moral, die auch auf der Ebene des Geschlechterverhältnisses ihren Niederschlag fand. Die Vorstellung, dass Männern und Frauen aufgrund ihrer Geschlechtszugehörigkeit bestimmte Wesenszüge

---

224 Vgl. Kap. C.2.3.

225 Grillparzers Kindheit und Jugend war von dem Gegensatz zwischen Restauration und Josephinismus geprägt, da der Vater des Dichters, der Jurist Wenzel Grillparzer, ein Anhänger Joseph II und seiner aufklärerischen Reformen blieb. Vgl. Gerhart Scheit, Franz Grillparzer. Reinbek 1989 S. 12f.

und charakterliche Merkmale eigen sind, bestimmte die Geschlechtervorstellungen des Biedermeier.

Des weiteren wird untersucht, inwieweit Grillparzer die im 19. Jahrhundert verstärkt zu beobachtende Polarisierung des Frauenbildes[226], die sich schon in Fouqués „Undine“ (1811) findet, in seiner Gestaltung der Melusinengeschichte aufgreift und in welcher Beziehung diese zum Motiv *Der Mann zwischen zwei Frauen* steht, das seit Fouqués Märchennovelle eine häufig zu beobachtende Motivkonstellation in Wasserfrauentexten darstellt. Ein weiterer bedeutsamer Aspekt, der thematisiert werden soll, ist ein für das romantische Liebes- und Lebenskonzept konstitutiver Männlichkeitsentwurf, der Typus des ‚Androgyn‘. Die Bewertung des Librettos aus musikgeschichtlicher Perspektive und die daran zu knüpfende Frage, welche Rolle der Melusinenstoff in der deutschen, ‚romantischen Oper‘ spielt, wird dagegen vernachlässigt.

4.1 Forschungsstand – Forschungsperspektiven

Grillparzers Opernlibretto „Melusina“ (1823)[227] ist weitgehend in Vergessenheit geraten. Auch die germanistische Literaturwissenschaft hat dem Text wenig Beachtung geschenkt. Die ältere Forschung beschäftigt sich vor allem mit motivgeschichtlichen Aspekten des Librettos und seiner Bedeutung für Grillparzers Verhältnis zur Oper und den Wiener Zauberstücken.[228] Josef Nadler und Walter Naumann stellen in ihren Gesamtwürdigungen des Grillparzerschen Oeuvres Überlegungen zu dem Ideengehalt des Stückes und sei-

[226] Gemeint ist hier die schon bei Rousseau zu findende Polarisierung des Weiblichen in eine *femme sociale* und eine *femme naturelle*, die im fortschreitenden 19. Jahrhundert um die Gegensatzpaare Hure und Heilige, Hexe und Madonna sowie Femme Fatale und Femme Fragile ergänzt wird. Die zentralen Distinktionsmerkmale, um die diese Polarisierung kreisen sind Natur/Kultur bzw. Natürlichkeit/Künstlichkeit sowie Sexualität/Asexualität.

[227] Im Folgenden wird unter der Sigle HKA aus Grillparzers Werke. Historisch-kritische Gesamtausgabe. Hg. von August Sauer. Fortgeführt von Reinhold Backmann. Wien u. a. 1909–1941 zitiert. Textgrundlage der Analyse ist: Franz Grillparzer, Melusina. Romantische Oper in drei Aufzügen, in: HKA I, 4, 1–63. Dieser Text wird unter der Sigle FGrM zitiert.

[228] Vgl. die Forschungsbeiträge Kurt Borries, Grillparzer und die Oper, in: Deutsche Rundschau, Bd. 196, Jg. 49. 1923 S. 295–305; Moriz Enzinger, Franz Grillparzer und das Wiener Volkstheater, in: Grillparzer-Studien. Hg. von Oskar Katann. Wien 1924 S. 9–39; Eduard Castle, „Melusina“ von Grillparzer, in: Jahrbuch der Wiener Gesellschaft für Theaterforschung 1. 1944 S. 69–104; Viktor Suchy, Franz Grillparzers „Melusina“, in: Jahrbuch der Grillparzer-Gesellschaft. Dritte Folge 7. 1967 S. 61–135.

ner Bedeutung innerhalb des Gesamtwerkes an.[229] Naumann richtet sein Interesse auf die männliche Hauptfigur Raimund, der als *Alter Ego* des Dichters, das Problem habe, „zwischen beiden Welten zu stehen, unglücklich in beiden, der Welt des Irdischen und der Welt der Zeitlosigkeit."[230] Raimunds „Halbheit", seine Unfähigkeit, sich zwischen Kunst und Leben zu entscheiden, habe Grillparzer auch an sich selbst beklagt. Erst der Tod, die Befreiung vom Irdischen, gewähre eine Lösung.[231] Nadler begreift das Libretto als ein „Denkspiel" über die „Beziehungen von Idee und Wirklichkeit", wobei der Melusinenfigur die Verkörperung der Idee zukomme.[232] Er nimmt an, dass die Beziehungen von Idee und Wirklichkeit „[...] am Verhältnis von Mann und Frau, das ist am Gleichnis des Geschlechts [sichtbar gemacht]" werden.[233] Nadler scheint selbst noch in polarisierendem Denken befangen, wenn er schreibt: „In der Frau ist die Doppelnatur des Menschen als eines Geist-Natur-Wesens am sinnfälligsten dargestellt: das Geist-Tier."[234]

Auch Paul K. Whitaker deutet in seinem Beitrag „The tragic artist in Grillparzer's ‚Melusina'" das Opernlibretto allegorisch aus.[235] Er denkt den von Naumann thematisierten Konflikt des Helden weiter und versteht den Text als „a metaphysical allegory depicting the tragic conflict between Art and Life."[236] Die Melusinenfigur symbolisiere die Kunst, der Ritter Raimund den Künstler.[237] Whitaker begreift Raimunds Tod als dessen Befreiung vom Erdenrest, der eine Verbindung mit Melusina, der Kunst, verhindert hatte. Für Grillparzer sei der Tod „the only real solution to the artist's dilemma."[238]

In neueren Forschungsbeiträgen spielen Grillparzers Verhältnis zu Beethoven, seine Opernauffassung, seine musikästhetischen und musiktheoretischen Vorstellungen eine zentrale Rolle.[239] Insgesamt lässt sich in den Bei-

---

229 Vgl. Josef Nadler, Franz Grillparzer. Stuttgart u.a. ^{2}1967 S. 159–163 und Walter Naumann, Franz Grillparzer. Vaduz 1948 S. 95f.

230 Naumann, Grillparzer S. 96.

231 Ebd.

232 Vgl. Nadler, Grillparzer S. 159.

233 Vgl. ebd.

234 Vgl. ebd.

235 Paul K. Whitaker, The Tragic Artist, in: Monatshefte 50, 2. 1958 S. 49–56.

236 Whitaker, Artist S. 50.

237 Ebd. S. 50f.

238 Ebd. S. 56.

239 Ich beziehe mich hier auf folgende Beiträge: Heinz Politzer, Fülle des Wohllauts (Fortsetzung): Melusina, in: Ders., Franz Grillparzer oder Das abgründige Biedermeier. Wien u.a. 1972 S. 151–164; Joachim Reiber, Von der Kunst der Begrenzung. Franz Grillparzer und die Oper, in: Jahrbuch des Wiener Goethe-Vereins 96. 1992 S. 137–149; Hugo Aust, Grenzerfahrungen. Grillparzers *Melusina*, das Volkstheater und Beethovens späte Musik, in: Nestroyana 12. 1992 S. 11–24.

trägen und Äußerungen zu „Melusina" die Tendenz feststellen, den Text als Opernlibretto als misslungen zu bewerten.[240] Eine intensive Auseinandersetzung mit Gestalt und Gehalt des Textes findet sich in Sabine Horsts Beitrag „Jenseits des faden Alltags" (1987).[241] Die Autorin lässt auch den literarhistorischen, mentalitäts- und geschlechtergeschichtlichen Kontext des Textes in ihre Analyse einfließen. Besonders die Geschlechterverhältnisse im 19. Jahrhundert und in der Biedermeierzeit werden von ihr als Interpretationsfolie herangezogen. Eine erste Auseinandersetzung mit dem Text aus der Perspektive des Melusinenstoffes legt Kurt Erich Schöndorf 1993 mit seinem Beitrag „Der Melusine-Stoff bei Thüring von Ringoltingen und Franz Grillparzer" vor.[242] Der Autor stellt vor allem strukturelle Gemeinsamkeiten und Unterschiede zwischen Grillparzers Melusinenversion und der ‚Volksbuch'-Gestaltung heraus.

Obgleich Grillparzers Oeuvre in der Forschung große Aufmerksamkeit zuteil wurde, erfolgten erst zu Beginn der 80er Jahre Versuche, sein Werk aus feministischer Perspektive zu lesen oder nach der Bedeutung der Kategorie ‚Geschlecht' in seinem Schaffen zu fragen. Zu nennen sind hier vor allem die Forschungsbeiträge von Marianne Burkhart[243], Anna Kuhn[244] und Dagmar C. Lorenz[245], die sich mit den Frauenfiguren und Frauenbildern in Grillparzers Dramenschaffen auseinandersetzen. Zwar hatte schon die ältere Forschung Interesse an Grillparzers Verhältnis zu Frauen und seinem Liebesleben gezeigt[246], doch beschränkten sich ‚biographistische' Interpretationsansätze weitgehend darauf, die Frauengestalten im Zusammenhang mit den privaten Liebesbeziehungen des Dichters zu deuten.[247] Erst in jüngerer

---

240 Vgl. z. B. Zdenko Škreb, Grillparzer. Eine Einführung in das dramatische Werk. Kronberg 1976 S. 192–196.

241 Sabine Horst, Jenseits des faden Alltags. Melusina, in: Gerettete Ordnung. Grillparzers Dramen. Hg. von Bernhard Budde und Ulrich Schmidt. Frankfurt a. M. 1987 S. 182–202.

242 Schöndorf, Melusine-Stoff.

243 Vgl. Marianne Burckhart, „Die letzte Schuld des Lebens": Grillparzers Sappho als Tragödie der dichtenden Frau, in: Monatshefte 74. 1982 S. 122–138; Dies., Love, Creativity and Female Role: Grillparzer's Sappho and Staël's ‚Corinne'. Between Art and Cultural Norm, in: Jahrbuch für Internationale Germanistik 16, 2. 1984 S. 128–164.

244 Anna Kuhn, Myth, matryarchy, Männerphantasie: Rereading Grillparzer's Libussa, in: Playing for Staykes. German-Language Drama in Social Context. essays in Honor of Herbert Lederer. Hg. von Anna Kuhn und Barbara D. Wright. Oxford 1994 S. 59–76.

245 Dagmar C. Lorenz, Grillparzers Libussa: eine Neubewertung, in: Jahrbuch der Raabe-Gesellschaft 14. 1980 S. 33–47 und Dies., Grillparzer, Dichter des sozialen Konflikts. (Literatur und Leben. N. F. 33). Wien u. a. 1986 bes. S. 180–194.

246 Vgl. bspw. Hans Rau, Franz Grillparzer und sein Liebesleben. Berlin 1904.

247 Vgl. dazu: Francis Wolf-Cirian, Grillparzers Frauengestalten. Berlin 1908; Johannes Volkelt, Die Psychologie der Liebe in Grillparzers Dramen, in: Jahrbuch der Grillparzer-Ge-

Zeit setzte sich die Erkenntnis durch, Grillparzer habe in seinen Werken aktuelle Probleme bearbeitet.[248] Dagmar C. Lorenz attestiert dem Dichter in ihrem Beitrag „Frau und Weiblichkeit bei Grillparzer“ (1986) ein progressives Frauenbild, weil er in seiner Lebenswelt auf selbständige, außergewöhnliche Frauen traf, die dem Weiblichkeitsstereotyp der Grillparzerzeit nicht entsprachen.[249] Gerade in seinen Dramen stelle er das bürgerlich-biedermeierliche Frauenbild in Frage. Grillparzers Rückgriffe auf historische und märchenhafte Stoffe böten ihm die Möglichkeit, die aktuelle Geschlechterdiskussion vor einer verfremdenden Folie zu diskutieren und den Frauengestalten die Überschreitung der „engen Grenzen eines patriarchalischen Modells“ zu ermöglichen.[250] Grillparzer stelle die Begriffe ‚männlich‘ und ‚weiblich‘ überhaupt in Frage, indem er Männergestalten „den zu erwartenden sozialen Rollen nach“ weiblich und Frauengestalten männlich agieren lasse. Der Dichter hinterfrage so das gesellschaftliche Konzept von Familie, Ehe und Staat und die zeitgenössische Biologisierung und Essentialisierung von Geschlecht.[251] Männern und Frauen angemessenes Handeln hänge für Grillparzer nicht von einem „postulierten Geschlechtscharakter“, sondern der individuellen Konstitution des Individuums ab.[252]

Karin Hagl-Catling konstatiert dagegen in ihrer Studie „Für eine Imagologie der Geschlechter“ (1997) einen „Widerspruch zwischen Grillparzers persönlichem Frauenbild, das im Wesentlichen von der Wiener Misogynie des 19. Jahrhunderts geprägt sei, und seinen von imaginären Weiblichkeitsvorstellungen stark abweichenden authentischen Protagonistinnen.“[253] Diese

---

sellschaft 19. 1910 S. 1–28; Ann Tizia Leitich, Genie und Leidenschaft. Die Frauen und Grillparzer. Wien 1965.

[248] Vgl. dazu auch William Edgar Yates, The fair sex, in: Grillparzer und die europäische Tradition. Londoner Symposion 1986. Hg. von Robert Pichl u. a. Wien 1987 S. 71–83, hier 77 und 83; Gerhart Scheit, Grillparzer und die deutschen Männer, in: Stichwort „Grillparzer“. Hg. von Hilde Haider-Pregler und Evelyn Deutsch-Schreiner. Wien u. a. 1996 S. 51–58, hier 55.

[249] Dagmar C. G. Lorenz, Frau und Weiblichkeit bei Grillparzer, in: Der Widerspenstigen Zähmung. Studien zu einer bezwungenen Weiblichkeit in der Literatur vom Mittelalter bis zur Gegenwart. Hg. von Monika Jonas und Sylvia Wallinger. (Innsbrucker Beiträge zur Kulturwissenschaft. Germanistische Reihe 31). Innsbruck 1986 S. 201–216, hier S. 204 f.

[250] Vgl. Lorenz, Frau S. 215.

[251] Vgl. ebd.

[252] Vgl. ebd. S. 215 f.

[253] Karin Hagl-Catling, Für eine Imagologie der Geschlechter. Franz Grillparzers Frauenbild im Widerspruch. Entwicklung und Anwendung eines theoretischen Gesamtkonzepts zur Analyse von Frauenbildern unter Berücksichtigung von kulturhistorischen und biographischen Aspekten anhand ausgewählter Beispiele. (Europäische Hochschulschriften. Reihe I: Deutsche Sprache und Literatur 1588). Frankfurt a. M. 1997 S. 278.

Paradoxie sieht sie darin begründet, dass der Dichter seine eigene krisenhafte Existenz, „seine entfremdete Selbsterfahrung", in die Ausgestaltung seiner Heldinnen einfließen ließ. Die Konflikte seiner Protagonistinnen spiegelten seine eigenen wider. Das „Aufbegehren der Frauen gegen die patriarchalische Ordnung" in Grillparzers Dramen erscheint ihr als dichterisches Ausagieren der „heimlichen Revolution gegen die restriktive Politik des Habsburger Reiches".[254] Die Heldinnen fungieren für sie somit als positive Selbstbildnisse des Dichters mit utopischem Charakter.

Stephanie Wodianka erweitert die bisherige Perspektive der Forschung, die sich vor allem mit den Weiblichkeitsvorstellungen und dem Frauenbild des Autors befasst hatte, auf die Frage nach der Geschlechterdifferenzierung bzw. der Konstruktion von Männlichkeit und Weiblichkeit in Grillparzers Dramenwerk.[255] Wodianka sieht in Grillparzers dramatischem Schaffen ein „souveränes ‚Spiel der Geschlechter'". Sie kommt zu dem Ergebnis, dass der Dichter in seinen Dramen „[...] systematisch Dimensionen der Geschlechtskonstruktion durchspielt", wobei er sich intensiv, systematisch und theoretisch reflektiert mit den zeitgenössischen Vorstellungen von Männlichkeit und Weiblichkeit auseinandersetze.[256] Grillparzer zeige sich in seinen literarischen Texten zwar als „Kind seiner Zeit" und partizipiere an der zeitgenössischen Essentialisierung und Biologisierung der Geschlechterdifferenz. Zugleich lote er in seinen Dramen jedoch die Bedeutung von Geschlechtsrollenzuschreibungen für das Schicksal von männlichen und weiblichen Individuen aus, indem er seine Heldinnen und Helden mit den zeittypischen Geschlechtsrollendifferenzierungen konfrontiere.[257]

> „Das Rollen-Spiel seiner Protagonistinnen und Protagonisten ist zentral motiviert durch das Spiel mit der Geschlechter-Rolle. Dabei verhält sich die (Un-)Weiblichkeit der weiblichen Figuren komplementär zur (Un-)Männlichkeit der männlichen – ihr Rollen-Spiel spiegelt die wechselseitige Bedingtheit von Geschlechtsrollenzuschreibungen."[258]

Zu ähnlichen Ergebnissen kommt auch Michael Scheffel, der in seinem Beitrag „Vom Mythos gezeichnet?" (2003) Grillparzers „Medea" im Hinblick auf den Umgang des Dichters mit der Stofftradition untersucht.[259] Scheffel

---

[254] Vgl. Hagl-Catling, Imagologie S. 279.

[255] Stephanie Wodianka, ‚(Un-)Männliches' und ‚(Un-)Weibliches: Das Spiel der Geschlechter in den Dramen Franz Grillparzers, in: Jahrbuch der Raabe-Gesellschaft 2003 S. 117–146.

[256] Stephanie Wodianka, ‚(Un-)Männliches' S. 146.

[257] Ebd.

[258] Ebd.

[259] Michael Scheffel, Vom Mythos gezeichnet? Medea zwischen ‚Sexus' und ‚Gender' bei Euripides, Franz Grillparzer und Christa Wolf, in: Wirkendes Wort 53. 2003 S. 295–307.

konstatiert, dass Grillparzer zwar „eine auch biologisch begründete Polarität der Geschlechter“ in sein Drama einschreibe und seine Figuren geschlechtertypologisierend ausgestalte. Zugleich führe der Autor aber vor, dass die Verhaltens- und Denkweisen der Figuren „sozio-kulturell gepräg[t]“ seien.[260] Die vorgeblich im Biologischen wurzelnde Geschlechterdifferenz wird somit als konstruiert und gesellschaftlich erzeugt sichtbar gemacht.

Die bisherige jüngere Forschung zu Franz Grillparzers Geschlechtervorstellungen hat aus sehr unterschiedlichen Perspektiven und von differierenden theoretischen Standpunkten aus zu heterogenen Ergebnissen geführt. Man scheint sich jedoch zumindest darin einig zu sein, dass der Dichter die auch in Wien heftig diskutierte Geschlechterfrage in seinen Texten kritisch reflektiert hat. Gerade seine Dramen scheint Grillparzer als literarischen Ort für die Inszenierung der von ihm wahrgenommenen Differenz von normiertem männlichen und weiblichen Geschlechtscharakter und individuell gelebter Männlichkeit und Weiblichkeit der Individuen zu benutzen.

4.2 Grillparzer und der Melusinenstoff

4.2.1 Entstehung und Rezeption der „Melusina“

Zu welchem Zeitpunkt und in welcher Form Grillparzer den Melusinenstoff kennenlernte, lässt sich nicht mehr feststellen. Er macht weder in seinen Tagebüchern und persönlichen Notizen noch in seinen „Erinnerungen an Beethoven“ dazu eine Bemerkung. Nicht unwahrscheinlich ist, dass dem Dichter in seiner Jugend einer der billigen Heftchen-Drucke des immer noch in weiten Teilen der Bevölkerung populären ‚Volksbuchs‘ in die Hände fiel.[261] Er dürfte auch „Die neue Melusine“ des von ihm verehrten Goethe gekannt haben, die wenige Jahre vor Grillparzers Melusinenprojekt, 1817/19 in zwei Teilen im „Taschenbuch für Damen“, erschienen war.[262] Die romantischen Bearbeitungen des Stoffes müssten ihm dagegen weitgehend unbekannt gewesen sein. Zwar nahm Grillparzer trotz seiner Ablehnung des literarästheti-

---

260 Scheffel, Mythos S. 304.

261 Vgl. Annalisa Viviani, Grillparzer-Kommentar. 2. Bde. München 1972, Bd. 1, S. 72. Zur Drucktradition des ‚Volksbuches‘ von der schönen Melusine im 18. und 19. Jh. vgl. Kap. C.1. Der Dichter macht in der „Selbstbiographie“ die Bemerkung, sein Vater habe eine Vielzahl der gerade populären Ritter- und Gespensterromane gelesen. Vgl. HKA I, 16, 63, 26 ff.

262 Johann Wolfgang von Goethe, Die neue Melusine. In: Taschenbuch für Damen auf das Jahr 1817 [Teil I] und Taschenbuch für Damen auf das Jahr 1819 [Teil II].

schen Programms der Romantiker ihre Arbeiten zur Kenntnis.[263] Doch zu Beginn der 1820er Jahre lag lediglich Ludwig Tiecks „Sehr wunderbare Historie von der Melusina“ gedruckt vor.[264] Sie könnte dem am Mittelalter und an ‚altdeutscher‘ Literatur sehr interessierten Dichter[265] einen sprachlich leichten Zugang zum Stoff geboten haben. Fouqués Opernlibretto „Undine“, das er 1816 für seinen Dichterkollegen E. T. A. Hoffmann schrieb, und die am 23. September 1817 in Mailand uraufgeführte erste Melusinenoper „Adele di Lusignano“[266] des Komponisten Carafa de Colobrano nach einem Textbuch von Felice Romani dürften für Grillparzer zwar in seiner Entscheidung für den Melusinenstoff, nicht aber in der Ausgestaltung des Librettos von Bedeutung gewesen sein.

Der Dichter hatte sich bereits längere Zeit vor Niederschrift des Librettos mit dem Melusinenstoff beschäftigt.[267] Die ersten erhaltenen Entwürfe reichen bis in das Jahr 1817 zurück.[268] In der Entstehungsgeschichte lassen sich drei Phasen unterscheiden.[269] Grillparzers ursprüngliche Idee war es, den

---

[263] In seiner nachgelassenen Bibliothek finden sich insgesamt nur wenige romantische Werke. Vgl. HKA II, 12, 97–112; 300ff [Nachträge]. Die Tagebücher und privaten Notizen erhellen jedoch, dass der Dichter sich mit den Werken der Romantiker sehr wohl auseinandersetzte, diese aber nicht sehr zu schätzen wusste, wie eine Anzahl abwertender Kommentare - v.a. aus den 20er und 30er Jahren - belegt. Vgl. z.B. HKA II, 8, 92 [Nr. 1224]; HKA II, 9, 143, 30–33 [Nr. 2112]; HKA II, 8, 123 [Nr. 1311] und HKA II, 8, 127 [Nr. 1314]. 1819 verfasste Grillparzer einen sehr ablehnenden Aufsatz über die Romantik als literarische Strömung seiner Zeit. HKA I, 14, 27–29. [Über den Gebrauch des Ausdrucks „romantisch“ in der neueren Kunstkritik]. Er bezeichnet sie darin als „wunderliche Richtung des neuesten Kunstgeschmackes“ (27, 4) und attestiert ihr mangelnden künstlerischen Wert: „Die Formlosigkeit, welche ein Hauptingrediens der sogenannten Romantik ist, war von jeher ein Zeichen eines schwachen kränkelnden Geistes, der sich selbst und seinen Stoff zu beherrschen nicht vermag“ (27, 25–28).

[264] August Sauer weist darauf hin, dass 1817 Tiecks Bearbeitung des Melusinenstoffes im ersten Band des Wiener Nachdrucks seiner Werke erschien. Vgl. HKA I, 4, 217. Die Ausgabe befindet sich jedoch nicht in Grillparzers nachgelassener Bibliothek. Zur Bedeutung von Tiecks Bearbeitung für die Rezeption des Stoffes vgl. Kap. C.2.2.

[265] Zu Grillparzers Auseinandersetzung mit ‚altdeutscher‘ Dichtung vgl. Blanka Horacek, Die Rezeption mittelhochdeutscher Dichtung durch Franz Grillparzer, in: Die Österreichische Literatur. Eine Dokumentation ihrer literaturhistorischen Entwicklung. Hg. von Herbert Zeman. Teil 2: Die Österreichische Literatur. Ihr Profil an der Wende vom 18. zum 19. Jahrhundert (1750–1839). Graz 1979 S. 735–772 und Eugen Thurnher, Grillparzer und die altdeutsche Dichtung, in: Strukturen und Interpretationen. Studien zur deutschen Philologie gewidmet Blanka Horacek zum 60. Geburtstag. Hg. von Alfred Ebenbauer u. a. Wien 1974 S. 321–339.

[266] Adele di Lusignano. Melodramma semiserio. [Komp.] M. Carafa. [Textverf.] Felice Romani. Mailand 1817.

[267] Für eine ausführliche Darstellung der Entstehungs- und Überlieferungsgeschichte vgl. HKA I, 19, 3–51.

[268] Vgl. HKA I, 19, 65.

[269] Vgl. HKA I, 4, 217.

Stoff zu einem Drama zu verarbeiten. Im Juni 1817 entwarf er ein vieraktiges Szenar zu einem Sprechstück.[270] Die Figuren tragen darin zum Teil noch andere Namen. Die weibliche Gegenspielerin Melusinas heißt noch Hermina. Der Name macht Grillparzers Lektüre des ‚Volksbuches' wahrscheinlicher, da dort die Tochter des Königs von Cypern diesen Namen trägt.[271] Auch Raimunds Diener heißt noch nicht Troll, sondern Kaspar, was auf die Nähe der „Melusina" zum Wiener Volkstheater verweist. Bereits drei Monate später, im September, entstand nach dem Melusinenstoff ein pantomimisches Kinderballett mit dem Titel „Melusine", dessen Entwurf bis zum Anfang des dritten Aktes reichte, das aber nicht beendet wurde.[272] Das spätere Opernlibretto ist weitgehend nach dem Entwurf des Kinderballetts gearbeitet. So entspricht die Eingangsszene des Librettos, in welcher der Ritter Raimund ein als Hirsch verkleidetes Kind verfolgt, dem Anfang des Balletts. Die Dienerfigur heißt hier bereits Troll, die spätere Bertha immer noch Hermina.

Um die Wende 1818/1819 kehrte Grillparzer zu seinem Ausgangsplan zurück und entwarf erneut ein Szenar zu einem Sprechstück, das im Herbst 1822 teilweise ausgeführt wurde.[273] In diesem Entwurf skizzierte der Dichter Melusinas Verwandlung und ihre Entdeckung durch den Geliebten. Anfang Februar entstanden die ersten, wenigen Verse zu „Melusina". Die früheren Entwürfe, vor allem das bis zum Beginn des dritten Aktes ausgeführte Ballett „Melusine", stehen Grillparzers ursprünglicher Idee näher als das spätere Libretto. Dieses zeichnet sich durch eine Tendenz zur Vereinfachung aus.[274]

Im Herbst 1822 wandte sich Ludwig van Beethoven über Vermittlung des Grafen Moriz von Diedrichstein, dem Intendanten der beiden Hoftheater, mit der Bitte an den Dichter, für ihn ein Textbuch zu einer neuen Oper zu schreiben.[275] Der Komponist befand sich zu diesem Zeitpunkt nach dem Erfolg von Carl Friedrich von Webers „Freischütz" und der Wiederaufführung seiner Oper „Fidelio" auf der Suche nach einem neuen Operntext, den er komponieren könne.[276] Grillparzer wählte aus den beiden Stoffen, die ihm für ein Libretto geeignet schienen, den Melusinenstoff aus. In der „Melusi-

[270] Vgl. HKA I, 4, 217 und HKA I, 19, 5f.
[271] Vgl. ThvRM, 57, 27.
[272] Vgl. HKA I, 19, 66–73.
[273] Vgl. HKA I, 19, 73–76.
[274] Vgl. Castle, Melusina S. 83.
[275] Vgl. Škreb, Grillparzer S. 192 und Borries, Grillparzer S. 303.
[276] Vgl. Borries, Grillparzer S. 303. Über das Verhältnis von deutschsprachiger zu italienischer Oper zu Beginn des 19. Jhs. vgl. ebd. S. 298 und Reiber, Kunst S. 144.

na“ sah er ebenso wie in der „Drahomira“ und in „Der Traum ein Leben“, das er damals noch „Des Lebens Schattenbild“ betitelte, „[d]rei Stücke einer leichtern Gangart“. Diese wollte er „als sfogo der übeln Laune, zur Unterhaltung“ ausführen.[277]

Das Opernlibretto „Melusina“ wurde von Grillparzer in nur einer Woche, zwischen dem 15. und 23. März 1823, niedergeschrieben.[278] Der Dichter zögerte lange, bis er sich zur Abfassung des Textbuches bereit erklärte, hielt jedoch mit dem Komponisten zunächst keine Rücksprache über das gemeinsame Projekt.[279] Obgleich Beethoven den Dichter sehr schätzte und auch das Libretto positiv aufnahm, gelang es dem zu diesem Zeitpunkt bereits taub gewordenen Komponisten bis zu seinem Tod nicht mehr, Grillparzers Libretto in Musik umzusetzen.[280] Tatsächlich findet sich in seinem Nachlass nicht eine Note, die man als Teil einer Komposition zu „Melusina“ auffassen könnte.[281] Beethoven hatte dagegen gegenüber Grillparzer angegeben, die Oper bereits fertig im Kopf zu haben.[282] Es kam nach Fertigstellung des Librettos wiederholt zu Verhandlungen über mögliche Abänderungen des Textbuches zwischen Komponist und Dichter.[283] Als sich die Verhandlungen mit Beethoven hinzogen und die Komposition sich weiter verzögerte,

---

277 Vgl. Franz Grillparzer. Hg. von Karl Pörnbacher. (Dichter über ihre Dichtungen 7). München 1970 S. 144. Die Notiz stammt vom Herbst 1822, als Grillparzer gerade geschichtliche Studien für das Ottokar-Drama trieb. Vgl. auch Škreb, Grillparzer S. 192.

278 Vgl. Viviani, Grillparzer-Kommentar, Bd. 1, S. 72. Zumindest ist dieser Text die einzige erhaltene vollständige Handschrift. Vgl. HKA I, 19, 51.

279 Vgl. HKA I, 19, 7f und HKA I, 16, 33, 2ff und Grillparzers Gespräche und die Charakteristiken seiner Persönlichkeit durch die Zeitgenossen. Gesammelt und hg. von August Sauer. 2 Abteilungen. 6 Bde. Nendeln, Liechtenstein 1974. (Wien 1904–1916), Abt. 2, Bd.: 1791–1831. Wien 1905 S. 173 [Nr. 306].

280 Beethoven machte im März 1822 gegenüber Louis Schlösser die Bemerkung, er habe zu Grillparzer „noch das meiste Vertrauen“, was die Abfassung eines Librettos betreffe. Vgl. Grillparzers Gespräche, Abt. 2, Bd.: 1791–1831 S. 159 [Nr. 1366]. In einem Brief vom Mai 1823 bedankte Beethoven sich bei Grillparzer, „[...] daß Sie sogar so gütich gewesen mir dies schöne Gedicht übermachen zulassen, um mich zu überzeugen, daß sie es wirklich der Mühe werth gefunden haben ihrer hohen Muse für mich zu opfern“ (HKA III, 5, 254 [Nr. 2086]). Der Frage, warum Beethoven die Oper nicht komponierte, kann hier nicht nachgegangen werden. Vgl. dazu die einschlägigen Beiträge: Borries, Grillparzer; Politzer, Fülle; Reiber, Kunst. Die Thesen der Forschung beziehen sich v. a. auf Grillparzers und Beethovens divergierende musikästhetische Vorstellungen.

281 Vgl. HKA I, 16, 63, 3ff und Aust, Grenzerfahrungen S. 12.

282 Vgl. ebd.

283 Neben dem oben zitierten Dankesbrief vom Mai 1823 ist noch ein Brief von Beethoven an Grillparzer von Mitte Januar 1824 erhalten, in dem hauptsächlich finanzielle Aspekte der Zusammenarbeit erörtert werden. Vgl. HKA III, 1, 302 [Nr. 257]. Beethoven und Grillparzer begegneten sich zwischen 1823 und 1826 insgesamt viermal. Die geführten Gespräche lassen sich anhand der Konversationshefte des tauben Komponisten bedingt nachvollziehen. In den persön-

trat der Dichter seine Autorenrechte schließlich an seinen Verleger Wallishauser ab, da er keinen geschäftlichen Kontrakt mit Beethoven mehr zu schließen wünschte.[284] 1832 erwarb der Komponist Konradin Kreutzer bei Wallishauser das Recht zur Vertonung des Textes und komponierte nach der Vorlage des Grillparzerschen Textbuches eine Oper.[285] Diese wurde am 27. Februar 1833 am Königsstädter Theater in Berlin uraufgeführt.[286] In zeitgenössischen Theaterrezensionen wurde die Musik der Oper gelobt, der Text jedoch als minderwertig abgelehnt. Über weitere Aufführungen in Berlin ist bisher nichts bekannt.[287] Am 9. April 1835 erfolgte die erste Aufführung der Oper am Theater in der Josefstadt in Grillparzers Heimatstadt Wien.[288] Der Oper war auch hier nur mäßiger Erfolg beschieden.[289]

Der Dichter selbst scheint mit seinem Libretto nicht zufrieden gewesen zu sein. Er befürchtete, dass es von Beethoven vernichtend beurteilt werden könnte, und soll den Wunsch geäußert haben, ein neues Textbuch - vielleicht nach dem Drahomirastoff - für den Komponisten zu schreiben.[290] Seine Unzufriedenheit könnte auch darin begründet sein, dass er bei der Abfassung der „Melusina“ seine dichterischen Interessen hinter den musikalischen Gestaltungswillen des Komponisten zurückstellen wollte. Im Rückblick bewertete Grillparzer sein Handeln über 20 Jahre später folgendermaßen:

„Ich wählte daher die Fabel der Melusine, schied die reflektierenden Elemente nach Möglichkeit aus, und suchte durch Vorherrschen der Chöre, gewaltige Finales und indem ich den dritten Akt beinahe melodramatisch hielt, mich den Eigentümlichkeiten von Beethovens letzter Richtung möglichst anzupassen.“[291]

---

lichen Gesprächen von Mitte Mai und Mitte Juli 1823 ging es um mögliche Änderungswünsche des Komponisten, Grillparzer machte auch Vorschläge zur musikalischen Gestaltung.

284 Vgl. dazu HKA III, 1, 302 [Nr. 257] und 330ff [Nr. 282]; HKA I, 19, 24 [Nr. 71]; HKA I, 19, 27–31f [Nr. 79–81] und HKA I, 16, 34, 19–28.

285 Vgl. Viviani, Grillparzer-Kommentar, Bd. 1 S. 73. Das Textbuch erschien als: Melusina. Romantische Oper in drei Aufzügen. Von Franz Grillparzer. Musik von Conradin Kreutzer. Wien 1833.

286 Vgl. HKA I, 19, 41.

287 Vgl. HKA I, 19, 42.

288 Vgl. Viviani, Grillparzer-Kommentar, Bd. 1 S. 73.

289 Material zur Aufnahme der Oper in Deutschland und Österreich in: HKA I, 19, 41–49 und ergänzend Castle, Melusina S. 99–104.

290 In Beethovens Konversationsheft findet sich eine Bemerkung von Anton Schindler, die vom Mai 1823 stammen dürfte: „Daß Sie seine Dichtung ergreift, hat ihn um so mehr überrascht, da er itzt gesteht, daß er nicht gar großen Fleiß darauf verwendet hatte, indem er als sicher voraussetzte, dieser Stoff werde Sie nicht ansprechen. Nun aber sehnt er sich an die Arbeit eines zweiten Buches, welches Ihrer ganz würdig ausfallen *muß*“ (Grillparzers Gespräche, Abt. 2, Bd.: 1791–1831, S. 184 [Nr. 316; III]).

291 Franz Grillparzer. München 1970 S. 147.

Nicht zu entscheiden und in der Forschung umstritten bleibt, ob Grillparzers „Melusina“ eine schnell zusammengeschriebene „Gelegenheitsarbeit“, eine Auftragsarbeit in einem dem Dichter fernliegenden Genre ist, oder ob sich der Musikliebhaber und auch selbst musizierende und komponierende Dichter mit dem Textbuch einen lang gehegten Wunsch – zumindest halb – erfüllte. Grillparzer selbst äußerte sich in „Meine Erinnerungen an Beethoven“ (1844) dahingehend, dass ihm die Abfassung eines Operntextes fern gelegen habe, zudem habe er gezweifelt, „[...] ob Beethoven noch im Stande sei eine Oper zu komponieren.“[292]

4.2.2 ‚Melundine' – zur Verschmelzung von Melusinen- und Undinenstoff

Grillparzers „Melusina“ erscheint als die erste hochliterarische Adaptation des ‚Volksbuchs' von der Melusine, in der das für den Undinenstoff typische Motiv *Der Mann zwischen zwei Frauen* bzw. *Der schwankende Liebhaber* in den Melusinenstoff integriert wird.[293] Tatsächlich lässt sich das Libretto jedoch nicht als Ausgangspunkt der für das 19. Jahrhundert häufig zu beobachtenden Verschmelzung von Undinen- und Melusinenstoff ansehen. Auch die Annahme, Grillparzer habe das dem Melusinenstoff ursprünglich fremde Motiv der bereits 1811 erschienenen Märchennovelle „Undine“ Friedrich de la Motte Fouqués entnommen, die auf der mittelalterlichen Versnovelle „Peter von Stauffenberg“ und der Elementargeisterlehre des Paracelsus beruht, muss spekulativ bleiben.[294] Wahrscheinlicher ist, dass die bereits in den ersten beiden Dekaden des 19. Jahrhunderts entstehenden populären musikalischen Bearbeitungen des Undinen- und Melusinenstoffes im Stil der Wiener Zauberspiele den Autor stark beeinflussten und dieser dort die Motivkonstellation des *schwankenden Liebhabers* bereits vorgefunden hat.[295] Der

---

292 HKA I, 16, 32, 14–21 [Zitat 20f].

293 Mit der Entwicklung dieses Motivs in der europäischen Literatur hat sich bisher nur Elisabeth Frenzel auseinandergesetzt. Sie definiert es als „[...] das durch die gleichzeitige und gleich starke Neigung zu zwei Frauen in dem Mann ausgelöste Schwanken zwischen den beiden meist gegensätzlichen oder doch unterschiedlichen Objekten seines Begehrens, von denen er keines aufgeben und die er am liebsten in einer Person vereint sehen möchte“. Vgl. Elisabeth Frenzel, [Art.] Mann zwischen zwei Frauen, in: Dies., Motive der Weltliteratur. Ein Lexikon dichtungsgeschichtlicher Längsschnitte. 5., überarbeitete und ergänzte Auflage. Stuttgart 1999 S. 499–510, hier 499.

294 Zum Entstehungskontext von Fouqués Märchennovelle „Undine“ vgl. Kap. B.6.3.

295 Der Einfluss der Ritter-, Gespenster- und Zauberspiele, die auf den Wiener Vorstadtbühnen gespielt wurden, auf Grillparzers dramatisches Schaffen wird weitgehend bejaht. Enzinger, Grillparzer S. 17; Škreb, Grillparzer S. 194; Castle, Melusina S. 71 und Nadler, Grillparzer

Dichter selbst bestätigt seine Verbundenheit mit dieser Tradition: „Die Jugendeindrücke wird man nicht los. Meinen eigenen Arbeiten merkt man an, daß ich in der Kindheit mich an den Geister- und Feenmärchen des Leopoldstädter Theaters ergötzt habe.“[296] Das wohl älteste Zeugnis der Bearbeitung des Wasserfrauenthemas in den Wiener Zauberstücken und zugleich Grillparzers stärkste Anregung scheint Karl Friedrich Henslers „Donauweibchen“ (1792/1807)[297] zu sein, das bereits die thematische Konstellation *Der Mann zwischen zwei Frauen* für die Handlungsentwicklung nutzt.[298] Auch hier fühlt sich der ritterliche Held zwischen seiner weltlichen Braut Bertha und der Nixe Hulda hin und her gerissen. Das am 11. Januar und 13. Februar 1798 in zwei Teilen im Leopoldtstädter Theater uraufgeführte Stück war überaus erfolgreich und befand sich noch 1815 im Spielplan dieser Bühne. Diese „Maschinenkomödie in ritterlichem Kostüm [...], deren Prosadialog mit Musik und Tanz ausstaffiert war“, kann als Stück gelten, wie es für die damalige Aufführungspraxis an den Wiener Volksbühnen typisch und populär war.[299] Es geht auf zwei ‚Volksmärchen‘ von Karl August Musäus zurück, nämlich „Die Nymphe des Brunnens“ und „Der geraubte Schleier“.[300] In der Nachfolge des erfolgreichen „Donauweibchens“ entstanden weitere Singspiele, die Wasserfrauenthemen bearbeiteten und Grillparzer zu „Melusina“ angeregt haben könnten.[301] Die „opernhaften Bestandteile“ dieser Stücke, wie Chöre, Einzellieder, Arien und die „Aktschlüsse mit rauschen-

---

S. 162. Kritisch gegenüber einer Überbetonung dieses Aspektes dagegen: AUST, Grenzerfahrungen S. 14 ff.

296 HKA II, 11, 132 [Nr. 3882].

297 Das Donauweibchen. Ein romantisch-komisches Volksmährchen mit Gesang in drei Aufzügen. Nach einer Sage der Vorzeit, von KARL FRIEDRICH HENSLER. Mit Musik von FERDINAND KAUER. Wien 1807–1836.

298 Die Parallelen zwischen Henslers „Donauweibchen“ und Grillparzers „Melusina“ wurden zuerst von CASTLE, Melusina detailliert beschrieben. Castle nimmt an, dass das „Donauweibchen“ in viel stärkerem Maße Vorlage für Grillparzer gewesen sein dürfte als Fouqués „Undine“ und Seyfrids Vertonung derselben. Vgl. auch SUCHY, Melusina S. 79. Arthur Schork nennt das Donauweibchen Hulda sogar die „Ahnfrau aller Undinen und Melusinen der Romantik“. Vgl. ARTHUR SCHORK, [Art.] Karl Friedrich Hensler, Das Donauweibchen, in: Kindler 7. München 1990 S. 679f, hier 680.

299 Vgl. CASTLE, Melusina S. 71.

300 Vgl. ebd. S. 72.

301 Am 10. August 1805 wurde als Zwischenspiel der beiden Teile des „Donauweibchens“ die romantisch-komische Oper „Das Nixenreich oder: Drey Tage in den Fluthen“ aufgeführt. 1809/10 erlebte „Die schöne Melusine“ von Vinzenz Tuczek am Leopoldstädter Theater nur acht Aufführungen. 1817 fand die Uraufführung einer anonymen Dramatisierung des Fouquéschen Undinenstoffes statt. Ignaz von Seifried schrieb die Musik zu „Undine, die Braut aus dem Wasserreich“. 1819 wurde ein Singspiel mit dem Titel „Halb Fisch, halb Mensch“ nach Tiecks „Melusine“ im Leopoldstädter Theater aufgeführt. Es war die musikalische Bearbeitung eines

den Finales" haben den Dichter vielleicht zu einer Bearbeitung des Stoffes als Oper inspiriert.[302]

In „Melusina" wird der Einfluss der Volksstücke im Rückgriff des Dichters auf verschiedene Requisiten, visuelle und akustische Effekte spürbar, die für die Märchenstücke und Zauberopern typisch sind. So integriert er den Zauberring als handlungsvorantreibendes Requisit in die Handlung seiner Bearbeitung, das dem Melusinenstoff jedoch völlig fremd ist. Der Zauberring lässt sich als Überrest des „Talismans der Zauberoper" auffassen.[303] Rein äußerliche Effekte, wie der Uhrenschlag, der Melusina zur Verwandlung ruft, und die Feuerschrift auf Raimunds Grab lassen sich ebenfalls als Nachahmung der „Regiegepflogenheiten der Wiener Bühne" verstehen.[304] Mit der Figur des Troll, die in dem ersten Entwurf zu einem Sprechstück noch Kaspar heißt, knüpft Grillparzer deutlicher und bewusster an die Tradition der Wiener Volksstücke an. Die Figur des Käsperle ist die Wiener Entsprechung zur Figur des Hans-Wurst oder dem Leporello der Comedia dell' arte.[305]

Geht man davon aus, dass der Autor tatsächlich das ‚Volksbuch' von der Melusine als Vorlage verwendete, bedeutete die Umformung des Stoffes in ein Opernlibretto die Notwendigkeit zur Verknappung der in Thürings Bearbeitung vorhandenen Stoff-Fülle. Grillparzer setzt die sich bereits seit der Neufassung der Prosahistorie im „Buch der Liebe" (1587) zu beobachtende Tendenz der Entgenealogisierung fort. Er reduziert den Stoff auf die Melusinenhandlung im engeren Sinne, d. h. er konzentriert sich in seinem Opernlibretto auf die Geschichte der anderweltlichen Frau und des Ritters, wie sie von dem *Motiv der gestörten Mahrtenehe* vorgegeben ist. Die bei Thüring breiten Raum einnehmende Nebenhandlung, die *aventiure*-Fahrten der Söhne sowie die Vorgeschichte des Elternpaares Helmas und Persina, werden nicht in Grillparzers Text aufgenommen. Der Dichter fasst den Melusinenstoff nicht als Geschlechtersage auf. Die Melusinenfigur erscheint nicht als Stamm-Mutter eines Adelsgeschlechtes. Der Aspekt der Mütterlichkeit wird zu einem ‚blinden Motiv' reduziert.[306] Mit dem Zurückdrängen des Thüring

---

bereits 1818 aufgeführten dramatischen Märchens desselben Titels. Die Dramatisierung stammte von Meisl, die Musik von Müller. Vgl. Castle, Melusina S. 70f und Suchy, Melusina S. 76.

302 Vgl. Castle, Melusina S. 71 f.

303 Vgl. Enzinger, Grillparzer S. 18.

304 Vgl. ebd. S. 25.

305 Vgl. Castle, Melusina S. 72 und Politzer, Fülle S. 159.

306 In der Eingangsszene wird Melusina von dem als Hirsch verkleideten Kind als „Mütterchen" angesprochen (FGrM, 5, 18), zu Beginn des zweiten Aktes besingt der Chor der Nymphen Melusina als „mütterlich fromm" (FGrM, 22, 330). Melusina hat jedoch in Grillparzers Gestaltung keine Kinder, ist im biologischen Sinne also keine Mutter. Auch zeigt sie bei ihren

so eminent wichtigen genealogischen Aspektes rückt die Liebesgeschichte zwischen dem Mann aus der Menschenwelt und der anderweltlichen Frau ins Zentrum des Interesses.

4.3 Analyse der „Melusina"

4.3.1 Menschenwelt versus Zauberreich

Im ‚Volksbuch' ist die Anderwelt, in die Melusine nach dem zweiten Treuebruch zurückkehren muss, nicht ausgestaltet. Der Leser erfährt nichts über ihre Beschaffenheit, ihre Topographie und ihre Bewohner. Sie ist nur in der Figur Melusines und in dem mit ihr verbundenen magischen Geschehen präsent. Die anderweltliche Frau geht eine Verbindung mit einem Mann aus der Menschenwelt ein, um sich als menschliche Ehefrau in die höfische Welt zu integrieren. Grillparzer wandelt diese Ausgangssituation um. In seiner Bearbeitung ist eine Bedingung der Beziehung, dass das Paar in Melusinas Reich zusammenleben wird.[307] In „Melusina" ist es also der Mann, der eine Anpassungs- und Integrationsleistung in eine ihm fremde Welt zu bewältigen hat. Die Umkehrung der Ausgangssituation gibt dem Dichter die Möglichkeit, die Anderwelt der Menschenwelt kontrastierend gegenüberzustellen. In „Melusina" konfrontiert Grillparzer eine seiner eigenen biedermeierlichen Lebenswelt nachgestaltete Menschenwelt, die von Zweckrationalität und Vernunftdenken bestimmt wird, mit der Melusinensphare als verträumtem, phantastischen Zauberreich. Mit der Kontrastierung von Menschenwelt und Geisterreich begibt sich der Dichter in die Nähe zu utopischen Modellen der Romantik, die eine ersehnte, metaphysische Welt und eine als ungenügend empfundene Alltagsrealität einander gegenüberstellen.[308]

Die Welt der Menschen erscheint als eine androzentrische Sphäre, die patriarchalisch-hierarchisch organisiert ist. Sie wird von Männern bestimmt,

---

Auftritten kein Verhalten, das sich als spezifisch ‚mütterlich' ansehen ließe. Allenfalls in ihrer Position als Herrscherin eines Zauberreiches, erinnert sie an Melusines Rolle der Landesmutter, die Sorge und Verantwortung um das Land und ihre Untertanen trägt. Melusinas ‚Mütterlichkeit' verweist zum einen auf ihre Funktion als Stamm-Mutter eines Geschlechtes, zum anderen weckt dieses Motiv, das für den weiteren Handlungsverlauf irrelevant ist, Assoziationen für die Interpretation der Melusinenfigur als mythische Ur-Mutter oder matriarchale Muttergottheit.

[307] Die Entrückung des Helden in die Anderwelt ist zwar dem Melusinenstoff fremd, doch kommt er in anderen Erzählungen vor, die dem Motivkreis der gestörten Mahrtenehe angehören; z. B. in dem mittelalterlichen Versroman „Partonopier und Meliur" Konrads von Würzburg.

[308] Vgl. Horst, Jenseits S. 182.

geformt und regiert. Oberste Autorität der Menschenwelt ist in Grillparzers Operntext ein Mann, der Graf. Die Verwendung des bloßen Titels als Figurenbezeichnung deutet darauf hin, dass die soziale Hierarchie der Figuren bedeutsam ist, und der Graf von Forst vor allem als Repräsentant der männlichen, patriarchalen Ordnung fungiert. Seine Schwester Bertha dagegen trägt als Figurenbezeichnung ihren Individualnamen. Sie tritt nicht als Gräfin auf und ist als Frau an der Machtausübung nicht beteiligt. Das Verhältnis der Männer untereinander ist durch Gemeinschaft der Ebenbürtigen und durch Herr-Knecht-Verhältnisse charakterisiert. Es gibt Herren – Raimund und den Grafen von Forst – und Knechte wie den Diener Troll. Die soziale Geltung eines Mannes hängt vor allem davon ab, ob es ihm gelingt, sich in die Männergemeinschaft der Ritter zu integrieren und dort akzeptiert zu werden. Anerkennung findet er dann, wenn er sich als Mann erweist und die von ihm erwartete Geschlechterrolle erfüllt. Grillparzer übernimmt zwar das ritterlich-mittelalterliche Milieu seiner Vorlage, benutzt sie jedoch nur als verfremdende Szenerie, um die bürgerlichen Lebensverhältnisse der Biedermeierzeit zu präsentieren. Er projiziert die gängige Männlichkeitsvorstellung seiner eigenen Zeit auf die historische Figur des Ritters.[309] Als zentrale Aspekte von Männlichkeit erscheinen in Grillparzers Ritterwelt vor allem Aktivität und Tätigkeit, Entscheidungs- und Handlungsfähigkeit, Willenskraft und -stärke. Besonders deutlich zeigen sich diese Wesens- und Verhaltensanforderungen an Raimund, nachdem dieser ihnen nicht entsprochen hat. Nach seiner Rückkehr in die Menschenwelt hat der Ritter alle Energie und Antriebskraft verloren, welche die Grundlage für Tätigsein und Handlungsfähigkeit sind. Der Graf sieht in Raimunds Sehnsucht und Träumerei die Ursachen für seine erlahmende Energie und appelliert immer wieder an seine Männlichkeit, seine Mannesehre und seine Willenskraft: „[...] Dieses unbestimmte Sehnen und Verlangen ist das Grab aller Tatkraft. Raimund Ihr müßt handeln!“ (FGrM, 52, 798f), ermahnt ihn der Graf und fährt fort: „Ich höre die Ritter kommen. Seid männlich und lernt einsehen, daß man bei Entschlüssen mit der *Tat* anfangen muß, und daß ein bloßer *Vorsatz* zu vergessen, das sicherste Mittel ist, sich ewig zu erinnern“ (FGrM, 52, 814–817). Die Verweigerung der männlichen Rolle gefährdet Raimunds männliche Ehre und Integrität. Der Graf wirft ihm deshalb vor: „Das unselige Abenteuer hat euren Ruf untergraben. [...] Der Name Eurer Väter ist befleckt“ (FGrM, 52, 801ff).

[309] Die Figur des Ritters war durch die historischen Ritterromane des späten 18. Jhs. und die Mittelalter-Begeisterung der Romantiker popularisiert und idealisiert worden.

Schon der zu Beginn des ersten Aktes auftretende Jägerchor weist die Menschenwelt als Ort aus, wo der Mann danach strebt, sich die Natur in einem gewaltsamen Akt, dem Erlegen des Wildes, untertan zu machen. „Auf, auf in den grünenden Wald, / Mit Bogen und schwirrenden Pfeilen / das flüchtige Wild zu ereilen, [...]“ (FGrM, 5, 1ff). Die Jagd versinnbildlicht zum einen den männlichen Aufbruch in eine fremde, unzivilisierte Sphäre, die es zu erobern gilt. Zum anderen steht sie für die Freiheit von den Zwängen der bürgerlichen Arbeitsrealität. Die Jagd war im 19. Jahrhundert adeliges Privileg und müßiges Vergnügen jenseits des bürgerlichen Alltags. „Auch des Herzens Sorgen und Nöten / Erbleichen alsbald, / Wenn das Jagdhorn schallt [...].“ (FGrM, 5, 8ff), intonieren die Jäger. Die Jagdhörner verkünden auch das Eindringen der Menschenwelt in die Übergangssphäre des Waldes. Der Wald fungiert hier im Sinne eines romantischen Verständnisses als Bereich des Wunderbaren, als Zauberwald, in dem Geistererscheinungen möglich sind und durch den man in eine andere Welt gelangt. Für den von seiner Jagdgesellschaft getrennten Protagonisten bedeutet das Erschallen der Jagdhörner zugleich Mahnung und Warnung, wieder in die gesellschaftliche Sphäre zurückzukehren und nicht länger träumend an Melusinas Brunnen zu verweilen. Die Fee reagiert auf den entfernten Hörnerklang mit Flucht (vgl. FGrM, 13, 185ff).

Melusinas Zauberreich ist ein von weiblichen Wesen bevölkerter und dominierter Bereich. Raimund und Troll finden sich zu Beginn des zweiten Aktes als die einzigen männlichen Wesen dort wieder. Die Fee Melusina ist die Beherrscherin dieser femininen Sphäre, sie ist Königin über eine Heerschar von Nymphen, Wassergeistern weiblichen Geschlechts. Sie sitzt als Zeichen ihrer Herrschaft auf einem Thron. Raimund liegt „zu ihren Füßen“[310] und betet sie als „Königin“ (FGrM, 22, 327) an. In diesem Eingangstableau drückt sich die Unterordnung des Mannes unter die Dominanz der anderweltlichen Frau aus, die in ihrem Reich unbeschränkte Herrscherin ist. Melusina hatte Raimund ihr Reich als eine Welt beschrieben, in der das Leben ruhig und gleichförmig dahinfließt. Das Zauberreich biete ein harmonisches Dasein ohne Hast und Reizüberflutung: „Ruh und Gleichmut sprießen / In Melusinens Reich, / Und die Tage fließen / Immerdar sich gleich. / Was sich auch gestalte, / Nie ein Vielerlei, / Und allein das Alte / Ist uns ewig neu“ (FGrM, 12, 166–169). Das Dasein in Melusinas Welt ist nicht mit Tätigkeit, verstanden als beschwerliches Sich-Abmühen, angefüllt, sondern mit Musik, Tanz und Gesang. Das Feenreich ist die weibliche Sphäre der Muße und Ruhe. In der Betrachtung der tanzenden und singenden Nymphen sollen

310 Vgl. die Regieanweisung zu Beginn des zweiten Aktes (FGrM, 22).

die Besucher aus der Menschenwelt Ausgeglichenheit, Entspannung und Vergessen des Alltäglichen finden. In Melusinas Reich herrschen ewig währende Harmonie und Ruhe: „Ewig im Zauberschoße, / Fließet der Freude Born, / Hier nur sprießt die Rose, / Hier nur ohne Dorn" (FGrM, 23, 341–344).

In Grillparzers „Melusina" zerfällt die Wirklichkeit in eine männliche, auf Zweckrationalität und Vernunftdenken aufgebaute Tätigkeitswelt und eine weibliche, sich selbst genügende, in sich ruhende Welt der Muße und der heiteren Behaglichkeit. In dieser Dichotomisierung in zwei einander entgegengesetzte, voneinander abgeschlossenen Welten wird das geschlechterpolarisierende Denken des Bürgertums der Grillparzer-Zeit sichtbar, in der Männlichkeit und Weiblichkeit als zwei einander entgegengesetzte, komplementäre Größen gedacht wurden, wobei Männlichkeit mit Aktivität und Rationalität, Weiblichkeit mit Passivität und Emotionalität assoziiert wurde.[311] Die Melusinensphäre erscheint als Abbild des männlichen Wunsches, sich außerhalb der Arbeitswelt in eine kleine, eigene private Welt zurückzuziehen, auf welche die äußere entfremdete Arbeitswelt mit ihrem strengen Ordnungsgefüge keinen Zugriff hat. Auf dieser Ebene entspricht Melusinas Zauberreich der inneren, von der Arbeits- und Erwerbssphäre abgesonderten Sphäre des Heims und der Familie, in welcher der aus dem Alltagskampf der äußeren Tätigkeitswelt heimkehrende Gatte Erholung und Behaglichkeit findet. Raimunds Wunsch nach einem Leben in der Melusinensphäre erscheint aus dieser Perspektive als bloßer Rückzug in die biedermeierliche Innerlichkeit eines vertrauten Heims.

4.3.2 Das Geschlecht der Erkenntnis

In der Kontrastierung von Menschenwelt und Zauberreich spiegelt sich auch die für Grillparzers kunsttheoretisches Denken wesentliche Trennung von Wissenschaft und Kunst, von Philosophie und Poesie wider. Der Dichter bezieht das Verhältnis von Wissenschaft und Kunst, die – aus seiner Perspektive – unterschiedliche Zugänge zur Erkenntnis der Wirklichkeit wählen, auf das Geschlechterverhältnis. Die binäre Opposition der Geschlechter wird auf die Dichotomie von Wissenschaft und Kunst, von Philosophie und Poesie, übertragen.

Die Menschenwelt ist ein Ort, an dem aufgeklärte Vernunft und Rationalität das Denken der Menschen oder vielmehr der Männer bestimmen. Diese

---

311 Eine ähnliche Auffassung vertritt auch HORST, Jenseits S. 191.

sehen ihre eigene Lebenswelt als die einzige an, die Anspruch auf Wirklichkeit und wahre Existenz erheben kann. In der Lebenswelt des Ritters Raimund gelten Ideen, Träume und Wunschbilder als irreal, als Trugbilder der Phantasie. Der Diener Troll bringt dies mit seiner Äußerung „Träume sind Schäume“ (FGrM, 13, 195) klar zum Ausdruck. In der „Melusina“ repräsentiert die Menschenwelt den Bereich der Wissenschaft und Philosophie. Aus der Sicht Grillparzers versuchen Wissenschaft und Philosophie die Wirklichkeit mit Hilfe des menschlichen Verstandes, der *ratio*, nach dem Gesetz der Kausalität zu erfassen. Ihre Wirklichkeitserkenntnis, die nach Ursache und Wirkung fragt, vollzieht und erschöpft sich im Beweisen, Erklären, Begründen und Fixieren der materiellen und substantiellen Welt.[312] Auch in der Menschenwelt wird nur das für wirklich und wahr erachtet, was sich erklären und ergründen lässt. Die Wirklichkeit wird von den Männern nach dem Prinzip der *ratio* erforscht und erobert, sie eignen sie sich aktiv strebend an. Der Dichter ging jedoch davon aus, dass die Welt, die Natur, das Dasein nicht vollständig erklärt werden können.[313] Die Unerklärbarkeit und Unerkennbarkeit der Welt erschienen ihm als eine Notwendigkeit. Er glaubte, dass erst die Akzeptanz dieser Unerklärbarkeit dem Menschen die Möglichkeit eröffne, sich der Wirklichkeit zu nähern. Der Versuch dagegen, die Wirklichkeit mit dem Verstande zu erfassen und zu erklären, zerstöre den Zugang zu ihr.[314] Deshalb stellte das wissenschaftliche und philosophische Denken nach dem Gesetz der Kausalität für ihn nur eine begrenzte Möglichkeit dar, den Zusammenhang aller Dinge, das Wirkliche, zu erfahren. Dass diese Form der Wirklichkeitserkenntnis vom Dichter als unzureichend empfunden wurde, deutet sich in der ambivalenten Haltung Trolls, Berthas und des Grafen gegenüber den Geistern an. Zwar ist die Welt der Geister in der Welt der Menschen als Aberglaube und Dämonenfurcht präsent, doch wird sie aus Vernunftgründen geleugnet. Troll bringt diese paradoxe Einstellung auf den Punkt: „Wer ist seines Lebens Meister! / Man verlierts und weiß nicht wie: / Darum glaub' ich keine Geister / Aber, Herr, ich fürchte sie“ (FGrM, 9, 99–102). Diese zwiespältige Wahrnehmung zeigt sich auch in der Beurteilung Melusinas durch die anderen Menschen. Ihr und ihrem Zauberreich wird zum einen die reale Existenz abgesprochen. Sie werden in den Bereich des Irrationalen und nur Geträumten verdrängt. Melusina ist für alle

---

[312] Vgl. Ingrid Strohschneider-Kohrs, Wirklichkeit und Erweis. Notizen zu einem Problem im Denken Grillparzers, in: Unterscheidung und Bewahrung. Festschrift für Hermann Kunisch zum 60. Geburtstag. Hg. Klaus Lazarowicz und Wolfgang Kron. Berlin 1961 S. 363–380, hier 372.

[313] Vgl. Strohschneider-Kohrs, Wirklichkeit S. 366.

[314] Vgl. ebd. S. 367.

außer Raimund ein Trugbild seiner Phantasie, das nur in seinem Kopf existiert. Mit ihrer Diffamierung als Dämonin und Dienerin des Bösen wird ihr jedoch wieder eine gewisse Realität zugewiesen. So macht sich der Graf als oberster Repräsentant der Menschenwelt zunächst über Raimunds Traum lustig: „[...] bald halt' ich die Sage für wahr, die ihn von drei Feen bewohnen lässt, und schreibe Euch eine davon geradezu als Geliebte auf die Rechnung" (FGrM, 14, 200ff). Als sich Melusinas Zaubermacht am Brunnen bemerkbar macht, fällt er jedoch schnell in den alten Aberglauben zurück. Ebenso wie Bertha sieht er „die finstern Mächte" (FGrM, 19, 292) am Werk. In Melusinas Reich versetzt, das es eigentlich nicht geben kann, fühlt er, dass „[d]ie Sinne wanken" (FGrM, 35, 554). Sein vernünftiger, rationaler Blick auf die Welt versagt hier. Als einziges Erklärungsmuster bleibt, dass sich Raimund in den Fängen des Bösen befindet (vgl. FGrM, 35, 561 f). Raimunds Glauben an die Existenz Melusinas und seine Unfähigkeit, sie zu vergessen, werden von seiner Umwelt als Krankheit wahrgenommen. So erscheint er im dritten Akt bei seinem ersten Auftritt nach seiner ‚Befreiung' aus den Fängen des Bösen als Rekonvaleszent. Es heißt in der Regieanweisung: „[...] Raimund kommt, auf Troll gestützt. Bertha führt ihn an der Hand" (FGrM, 47).

Melusinas Reich ist eine Welt, in der keine irdischen Genüsse existieren und alle Dinge nicht wesenhafte Substanz, sondern nur Traumgebilde sind. „[...] Lockt dich der Becher? wir keltern keine Trauben. Der Tafel Lust; Schaum ist unsere Kost. Hängst du am Wesenhaften, und am Wahren; Traum umgibt uns, die wir Träume sind" (FGrM, 12, 162 ff). Melusina und ihre Schwestern sind Bewohnerinnen einer Traumwelt. Nur innerhalb ihrer eigenen Welt besitzen sie Leben, sind wesenhaft, wirklich und wahr. Aus der rationalen Perspektive der Menschenwelt sind sie bloße wesenlose Phantasiegestalten, da sie nicht *erweisbar* sind. Für Grillparzer sind aber nicht nur das Gegenständliche, Konkrete und Fassbare, sondern auch das Geistige, das Geschichtliche und Ideelle, Teil der Wirklichkeit. Diese ist für den Dichter ein in sich bestehendes Ganzes, ein großer Zusammenhang aller Dinge, ein *erweislos* Bestehendes und Gegebenes.[315] *Erweislos* meint hier, dass das Wirkliche nicht bewiesen werden kann, zugleich aber auch des Beweises nicht bedarf. Die Wirklichkeit ist allein schon aufgrund ihres Vorhandenseins als solche anzuerkennen und durch sich selbst gerechtfertigt.[316] Melusina und ihr Reich sind für Grillparzer Teil der Wirklichkeit. Sie existieren als *erweislos* Wirkliches jenseits jeder Begründbarkeit.

---

315 Vgl. ebd. S. 368 und 371.

316 Vgl. ebd. S. 365 und 369.

In Melusinas Welt gilt das Prinzip der Passivität. Nur wer bereit und fähig ist, sich den Phantasiegebilden und Träumen passiv hinzugeben, sie zu fühlen und zu empfinden, kann dort glücklich und zufrieden sein. Melusinas Zauberreich ist die Welt der Poesie und der Künste überhaupt. Das Verfahren der Kunst zur Erfassung der Wirklichkeit ist für Grillparzer die „kontemplative Weltbetrachtung“.[317] In der Kontemplation, in dem in sich selbst versunkenen Beschauen der Welt, erschließt sich dem Menschen der Zusammenhang allen Seins.[318] In Kunst und Poesie wird die Wirklichkeit nicht mit dem Verstand erfasst und erklärt, sondern mit den Sinnen empfunden. Die Poesie besitzt die Fähigkeit, die Menschen den Zusammenhang aller Dinge erahnen zu lassen; sie besitzt eine innere Bedingung, eine Idee von der Wirklichkeit.[319] Der Künstler hat die Fähigkeit und den Drang, im Kunstwerk das Geschaute abzubilden. Kunst und Poesie sind Teil des großen Zusammenhangs. Aus ihrer Teilhabe am Wirklichen erwächst ihnen die Fähigkeit, selbst als *erweislos* Wirkliches zu existieren.[320] In Melusinas Reich, das Teil und zugleich Repräsentant des Wirklichen ist, kann der Zusammenhang aller Dinge kontemplativ erfasst werden.

Das an menschlicher *ratio* und Kausalität orientierte wissenschaftlich-philosophische Wirklichkeitsstreben der männlichen Tätigkeitswelt scheint dem poetisch-kontemplativen Betrachten und Empfinden des Wirklichen im weiblichen Melusinenreich unterlegen. Innerhalb geschlechterpolarisierenden Denkens wird dem Mann der Verstand, der Frau das Gefühl und die Empfindung zugeordnet. Indem Grillparzer die Empfindung, das fühlende Ahnen der Wirklichkeit weiblich konnotiert, schreibt er den Geschlechtscharakter fort, wertet aber das Weibliche gegenüber dem männlichen auf. Das in Melusinas poetischem Zauberreich geübte ‚Schauen‘ der Wirklichkeit erscheint als müheloses Verfügen über die Zusammenhänge, die in der Menschenwelt mühsam erforscht werden müssen.

4.3.3 Begegnung und Liebespakt

Zu Beginn der Handlung scheint der Ritter in die Welt der Menschen und die ritterliche Gemeinschaft wohl integriert zu sein. Raimunds gesellschaftliche Position als Freund des Grafen von Forst erscheint als gefestigt.[321] Er

---

317 Vgl. ebd. S. 374 und 376.
318 Vgl. ebd. S. 374.
319 Vgl. HKA II, 10, 147 f.
320 Vgl. Strohschneider-Kohrs, Wirklichkeit S. 376.
321 In welchem Verhältnis der Ritter zum Grafen steht, bleibt im Text undeutlich. Die beiden

befindet sich mit dem Grafen und dessen Schwester auf der Jagd. Diese ist ihm als Braut versprochen (vgl. FGrM, 52, 810 f). Anders als im ‚Volksbuch' ist das Leben des Protagonisten bei der Begegnung mit der anderweltlichen Frau nicht von einem in den Sternen vorhergesagten fahrlässigen Totschlag belastet. Das alte Motiv der schicksalhaften Sternenkonstellation ist nur noch in dem Vers „Zwingt mich ein Stern?" (FGrM, 6, 39) angedeutet. Raimund begegnet Melusina nicht als verzweifelter Außenseiter. Vielmehr bewirkt erst der Kontakt mit der anderweltlichen Frau die Entfremdung von seinen Mitmenschen und der Gemeinschaft der Ritter. Melusinas Erscheinen in seinen Träumen lässt Raimund eine innere Unzufriedenheit mit seiner bisherigen Existenz empfinden. Sein Erdendasein erscheint ihm langweilig und unzureichend: „Ein fremdes Streben hast Du mir entglommen, / Von dunkler Ahnung hebt sich meine Brust, / Was sonst mein Glück war ist von mir genommen, / Und dürstend lechz' ich nach geträumter Lust" (FGrM, 6, 46–49).

Auf der Jagd im Wald befindet sich Raimund in der Einfluss-Sphäre Melusinas. Ihre Versuche, den Geliebten mit Hilfe von Geistererscheinungen zu sich zu locken, waren bisher fehlgeschlagen, da Raimund nicht an die Wirklichkeit des Geträumten glaubte (vgl. FGrM, 12, 150–155). Die Traumbegegnungen mit Melusina haben jedoch seinen Glauben an das Monopol der Menschenwelt auf Wirklichkeit und Wahrheit erschüttert. „Das Wirkliche dünkt sich allein das Wahre, / Nur durch die Spalten blickt das Unsichtbare, / Das Tor zu sprengen glückt dem Wunsche nicht" (FGrM, 7, 56 ff).

Raimund ist zu diesem Zeitpunkt noch an die Wirklichkeitsauffassung der männlichen, wissenschaftlich-rationalen Menschenwelt gebunden. Doch er zweifelt bereits an ihr. Er kann das Unsichtbare, das Wirkliche, mit seinem an die menschliche *ratio* gebundenen Erkenntnishorizont nur im Traum schauen, denn in diesem Zustand ist der Verstand ausgeschaltet, die Grenze zum Wirklichen aufgehoben. Sein Verstand bildet die Schranke, die ihn vom Wirklichen trennt, ihm dem Zugang zum großen Zusammenhang verwehrt. Er kann „das Tor [nicht] sprengen" (FGrM, 7, 56ff). Die Vorstellung, dass der Mensch im Traum in der Lage ist, Verbindung zu einer Welt herzustellen, die jenseits menschlicher Wahrnehmungs- und Erkenntnisfähigkeit

Männer scheint eher ein Freundschafts-, als ein Abhängigkeitsverhältnis von Lehnsherr und Dienstmann zu verbinden. Grillparzer greift auf die im 17. Jh. von der Anredeform des Adels zur Anredeform für Handwerker und Dienstboten herabgesunkene Form ‚Ihr' zurück, die im 18. Jh. im Zuge der Aufwertung des Mittelalters ebenfalls aufgewertet worden war. Vgl. Augst, Sprachnorm S. 38 f. Da Grillparzer die soziale Bedeutung des ‚Irzens' aus seinen Studien mittelalterlicher Texte geläufig gewesen sein dürfte, lässt sich das wechselseitige ‚Ihrzen' von Graf und Ritter dahingehend deuten, dass erster letzteren als ebenbürtig betrachtet.

liegt, erinnert stark an die romantische Sehnsucht nach Transzendenz, nach einer metaphysischen, jenseitigen Welt, zu der in alten Zeiten eine Verbindung bestand, die jetzt aber zerstört ist. Diese Vorstellung klingt auch in dem Vers „Erloschen ist der Wunder altes Licht“ (FGrM, 7, 55) an.

Raimunds Entfremdung gegenüber seiner Umwelt gründet sich auf seine Zweifel daran, dass die Lebenswelt der Ritter, in der er handeln und sich als Mann bewähren muss, die einzig wahre Wirklichkeit ist. Sein Festhalten an dem Wirklichkeitsbegriff der Menschenwelt lässt ihn an Melusinas realer Existenz zweifeln, dies ist das Hindernis, das ihm eine Überschreitung der Grenze zwischen rationaler Menschenwelt und poetischem Zauberreich verwehrt. Raimund wünscht sich Transzendenz, aber er glaubt nicht an sie. Er bedarf eines materiellen Beweises, des Zauberrings, um sich für Melusinas Zauberreich zu entscheiden. Erst als er ihn als substantielles Pfand ihrer Liebe und Existenz in den Händen hält, kann er seinen Träumen Wirklichkeit zubilligen und ist bereit, in ihr Reich einzutreten. Der Zugang zum Reich der Phantasie erfolgt über den Glauben an die Wahrheit, d.h. an die individuelle Wirklichkeit des zuvor Geträumten.

Als metaphysischen Wesen, die nur in der Phantasie dafür empfänglicher Menschen Realität besitzen, ist Melusina und ihren Schwestern die menschliche Welt der Gefühle fremd. Im Zauberreich gibt es keine Liebe und keine menschliche Wärme, ebenso wenig wie Leid und Kummer (vgl. FGrM, 45, 717f). Doch auch als Geistwesen, das nicht der Zeitlichkeit und dem körperlichen Verfall unterliegt (vgl. FGrM, 11, 127), sehnt sich Melusina nach menschlicher Liebe. Sie ist deshalb mit dem Leben in ihrer Welt unzufrieden: „Mich lockt nicht euer träumendes Genügen, / Auf eurer Zauberburg ists mir zu kalt, / In wärmern Armen will ich liegen“(FGrM, 11, 128ff). Anders als die Melusinenfigur des ‚Volksbuchs‘ erhält Grillparzers Melusina mit der Beziehung zu einem Sterblichen nicht die Möglichkeit, sich in die Welt der Menschen zu integrieren und ihre unsterbliche Seele vor ewiger Verdammnis zu erretten, sondern die Liebe zu Raimund setzt sie erst der Gefahr aus, aus ihrer bisherigen Welt ausgegrenzt zu werden. Der an Melusinas Brunnen schlafende Ritter hat in ihr das Interesse an menschlicher Liebe geweckt und sie so der Geisterwelt und ihren Bewohnern entfremdet. Melusina möchte aus Liebe die Gesetze der Geisterwelt überschreiten. Die Bewohner der Geisterwelt dürfen mit einem Menschen keine Liebesbindung eingehen (vgl. FGrM, 12, 155f). Übertreten sie dieses Verbot, werden sie ihrer Macht beraubt und müssen in ewiger Finsternis wandeln, wenn der Mann ihnen nicht die Treue hält und sie verlässt (vgl. FGrM, 12 180ff). Die Warnungen ihrer Schwestern, welche die Menschen für unbeständig und treulos halten (vgl. FGrM, 11, 131–135), erscheinen Melusina verglichen mit dem Gefühl der Liebe jedoch bedeutungslos:

„Schwestern. [...] Und rächend verschließen / Dich zürnende Geister in ewige Nacht
Melusina. Übrall Nacht ist ohne Liebe, / Übrall Tag wo Liebe lacht, / Wenn die Sonne fern auch bliebe / Lieb ist Mond in sel'ger Nacht" (FGrM, 11, 139–142).

Wie alle Melusinen bietet auch Grillparzers Protagonistin ihrem menschlichen Partner eine Gegenleistung für seine Bereitschaft an, mit ihr eine Bindung einzugehen. Doch verspricht die Fee ihm keinen Reichtum oder soziales Prestige, sondern das, wonach er sich am meisten sehnt: Wirklichkeitserkenntnis, die seinen bisherigen Horizont weit überschreitet. Raimund möchte den Zusammenhang allen Seins ‚schauen'. Melusina verspricht ihm: „[...] Der Erde Müh und Not entnommen, wirst du erkennen, was du jetzt nur ahnest, und schauen, was dir jetzt Mühe macht, nur zu denken" (FGrM, 12, 176ff).

Die Beziehung zwischen der Fee und dem Ritter Raimund versinnbildlicht das Verhältnis von Kunst und Künstler, enger gefasst von Dichter und Poesie.[322] Betrachtet man Raimund als Künstlerfigur, erscheint seine Sehnsucht nach Melusinas Zauberreich als ein Bedürfnis nach Rückzug in die eigene Gedankenwelt. Melusinas Zauberreich ist die innere Welt im Kopf des Dichters, in die er sich vor der äußeren, profanen Wirklichkeit flüchtet. Melusinas Reich der „Träume" (FGrM, 12, 164) ist die immaterielle Welt der Kunst, die von Zeitlosigkeit, Unendlichkeit und der Bedeutungslosigkeit physikalischer Gesetze bestimmt ist. Die Menschenwelt ist dagegen die materielle Sphäre der begrenzten und beschränkten Wirklichkeit, in der sich die künstlerische Phantasie der Physik und Logik unterwerfen muss. Die Begegnung von Raimund und Melusina ist die Begegnung von Künstler und künstlerischer Idee.[323] Melusina und ihre Schwestern sind substanzlose „Träume"(FGrM, 12, 164). Erst mit dem Glauben an ihre Existenz und seiner Liebe zu ihr, wird Melusina wesenhaft und wahr. Erst der Glaube des Dichters an seine künstlerische Idee und die künstlerische Ausgestaltung haucht der Idee Leben ein. Die Kunst, repräsentiert in Melusina, bedarf des menschlichen Geistes, um Gestalt anzunehmen. Melusina sehnt sich nach Raimund, wie die künstlerische Idee danach strebt, Wirklichkeit zu wer-

---

322 Vgl. Whitaker, Artist S. 50f.

323 Grillparzer unterscheidet zwischen ‚poetischer Wahrheit' und ‚philosophischer Wahrheit'. In der Philosophie sind Ideen bloß denkbar und bleiben leblos. Allein in der Poesie kann eine Idee von der schöpferischen Überzeugungskraft des Dichters als ‚poetische Wahrheit' erschaffen werden. Der Künstler muss sie so überzeugend abbilden, dass die Idee als lebendige Wirklichkeit erscheint. In der Arbeit des Künstlers, dem künstlerischen Werk, wird die Idee lebendig. Vgl. Zdenko Škreb, Das Märchenspiel bei Grillparzer, in: Jahrbuch der Grillparzer-Gesellschaft. Dritte Folge 7. 1967 S. 37–53, hier 46.

den.[324] Melusinas Angebot ist das einer umfassenden Erkenntnis des Letzten und Höchsten, das Erfahren des großen Zusammenhangs aller Dinge. In Melusina vereinigt sich für Raimund die Sehnsucht nach Liebe und „Totalität der Welterfahrung".[325] Die Transzendenz in einen anderen Bewusstseinszustand ist an die Liebe und Hingabe an eine Frau gebunden. Melusinas Angebot, Raimund in ihr Reich der Poesie zu entrücken und ihm eine totale Welterfahrung zu ermöglichen, lassen sie als Medium der Transzendenz erscheinen. Die Überwindung der Grenze zwischen profaner Menschenwelt und poetischer Geisterwelt erfolgt über die Liebe zu einer Frau.

Raimunds Entscheidung gegen die Menschenwelt und für die Melusinensphäre ist auch eine Entscheidung des Verzichts. Melusina weiß, wie schwer die zu leistenden Entsagungen wiegen, und erwähnt diese noch bevor sie ihre Gegenleistungen benennt: „Liebst du mich aber – Raimund liebst du mich? – Bedenk es wohl, eh du entscheidest. Viel wird dir gegeben werden, viel aber auch versagt" (FGrM, 12, 158ff). Raimund soll auf menschliche Gesellschaft und auf physische Genüsse – wie Essen und Trinken – verzichten; er müsste seine Perspektive auf die Wirklichkeit ändern und sich von der Vorstellung lösen, dass nur das Substantielle und das Materielle Wesenhaftigkeit und Wirklichkeit besitzen; er müsste ein Dasein ohne raschen Wandel ertragen können. „Hängst du am Wesenhaften, und am Wahren; Traum umgibt uns, die wir Träume sind. Kein Wechsel, nicht was euch reizt, Veränderung" (FGrM, 12, 163ff).

Die erhoffte sinnlich-totalitäre Welterfahrung bleibt für Raimund aus. Schon nach kurzer Zeit in Melusinas Reich ist der Geliebte unzufrieden.

> „Melusina. [...] Und nun genug. Ich fühle wohl, daß Alles vergebens ist, dich zu zerstreuen.
> Raimund (dessen Anteil an dem früheren durch einzelne Momente des Sinnens unterbrochen worden ist). Zu zerstreuen, Melusina?
> Melusina. Nun denn: zu sammeln, also. Dir fehlt Etwas, und weh mir, wenn ich dirs nicht geben kann" (FGrM, 26, 411–415).

Die Freuden in Melusinas Reich sind die des Schauens und Betrachtens, die der passiven Rezeption. Die Erweiterung von Raimunds menschlichem Erkenntnishorizont erfolgte über Bilder, Sinneseindrücke und visuelle Sensationen. Raimund konnte zwar, wie ihm Melusina versprach, „erkennen", was er früher nur „ahnt[e]", und „schauen", was ihm vormals Mühe bereitete nur „zu denken". Da seine Erkenntnis jedoch nur als Bild geschaut, nicht

---

324 Vgl. Nadler, Grillparzer S. 159.
325 Horst, Jenseits S. 192.

aber mit dem Verstand gedacht und erfahren worden und für sein Handeln und Wirken in der Realität bedeutungslos geblieben ist, war sie ihm bloße „Zerstreuung“ (vgl. FGrM, 12, 176 ff). Melusina glaubt Raimund das Versprochene im Übermaß gegeben zu haben:

„Ich habe dich mit Allem umgeben, was das Dasein reizend und selig macht. Freuden, die deine Erde nur in weiten Abständen aufkeimen läßt, liegen, ein ununterbrochener Kranz, schwellend zu deinen Füßen. Ich habe dir die Bahn der Sonnen gezeigt in den Lüften, die Quellen des Lebens in der Erde Schoß, der Metalle Sitz, des Feuers Werkstatt. In Wort und Ton, in Bild und Geberde breitete ich vor dir aus der Künste unendliches Reich. Vergangenheit und Gegenwart und Zukunft liegen offen deinem Blick [...]“ (FGrM, 26 f, 418–426).

Melusinas Beschreibung ihres Handelns an Raimund steht dem tatsächlichen Bühnengeschehen zu Beginn des zweiten Aktes entgegen. Raimund und Troll werden von tanzenden Nymphen[326] unterhalten, die singend das ewige Lustprinzip verkünden: „Farbe kennt nicht Schatten, / Dunkel nicht das Licht, / Lust kennt kein Ermatten, / Selber Sätt'gung nicht“ (FGrM, 23, 345–348). Die von Melusina versprochene Sinnlichkeit und umfassende Welterfahrung erschöpft sich für Raimund im kontemplativen Betrachten tanzender Geister und einer zur Leier singenden Melusina. Sie macht ihm das Dasein zwar „reizend“ und „selig“, aber die Erkenntnis des Letzten und Höchsten kann sie entgegen ihrem Versprechen nicht vermitteln. Raimund ist unzufrieden, weil er nicht erhalten hat, was er sich von Melusina erhoffte. Aus seiner Unzufriedenheit keimt der Wunsch nach Rückkehr in sein altes Dasein, der sich in seinem Bedürfnis nach ‚Tätigkeit‘ äußert. In der Gestaltung der Melusinensphäre als nur beinahe idealer Welt, als wenig radikal erscheinender Gegenentwurf zur Realität des Alltags, schwingt Grillparzers Zweifel an romantischen Utopiekonzepten bereits mit, auch wenn er scheinbar selbst eine solche utopische und transzendente Welt metaphysischer Zusammenhangserfahrung entwirft. Raimunds Langeweile in Melusinas Zauberreich und Melusinas Wissen um das Ungenügen ihrer Sphäre lassen die Schlussapotheose als trügerisch erscheinen. Auch die Melusinenwelt ist ein verfremdetes Abbild der biedermeierlichen Lebensverhältnisse. Ebenso wie die biedermeierliche Hausfrau ist auch Melusina für die Erholung, Ruhe

---

[326] Grillparzer greift hier auf die antike Vorstellung zurück, nach der das „hörbare Naturleben“, die Geräusche der Elemente, mythologisch als Nymphengesang und Nymphenspiel verstanden wurden. Vgl. Leo Bloch, [Art.] Nymphen, in: Ausführliches Lexikon der griechischen und römischen Mythologie. Hg. von Wilhelm Heinrich Roscher. 6 Bde. 4 Supplementbde. Hildesheim u. a. 1992/93. (Leipzig 1884–1937), Abt. 1, Bd. 3. Hildesheim 1992 Sp. 500–567, hier 518 und 553.

und Zerstreuung des Mannes verantwortlich. Hat er sich genug Unterhaltung verschafft und behagliche Ruhe genossen, zieht es Raimund wieder zu ‚Tätigkeit‘ zurück:

„Melusina. [...] Unnennbar ist meine Liebe. Was kann dir fehlen?
Raimund (nach kurzem Stillschweigen). Und wenn ich: Tätigkeit sagte?“ (FGrM, 27, 426ff).

4.3.4 Polarisierte Weiblichkeit – Melusina und Bertha

In „Melusina“ greift Grillparzer das Motiv *Der Mann zwischen zwei Frauen* auf. Ähnlich wie im „Donauweibchen“ und in Fouqués „Undine“ repräsentieren die Konkurrentinnen um die Liebe des Mannes zwei gegensätzliche Lebenswelten oder Daseinsformen. Mit der Entscheidung für Bertha träfe Raimund die Wahl für ein tätiges Leben in der geordneten, doch ungenügenden Menschenwelt. Mit Melusina wählt Raimund ein müßiges und kontemplatives Dasein in der Welt der Poesie und Kunst. Ebenso wie die Daseinsformen gegensätzlich gestaltet sind, werden auch die Frauenfiguren als gegensätzliche Charaktere entworfen.

Die Gräfin Bertha ist zwar – dem Motiv entsprechend – die Nebenbuhlerin Melusinas, doch sie erscheint nicht als gleichwertige Gegenspielerin der Fee. Die Figur der Bertha bleibt in Grillparzers Libretto eigentümlich blass.[327] Betrachtet man ihren geringen Anteil an der Figurenrede bzw. den Gesangspartien, erscheint sie fast als Nebenfigur.[328] Grillparzer verleiht seiner zweiten Frauengestalt keine individuellen Züge und ist an der charakterlichen Ausgestaltung der Figur wenig interessiert. Bertha erscheint als austauschbar. Sie stellt nur einen Typus dar, nämlich den des tugendhaften, auf seine Verheiratung wartenden Bürgermädchens. Schon vor ihrem ersten Auftritt wird Bertha als eine um ihren Verlobten besorgte Frau eingeführt, die ihre Liebe ganz auf diesen einen Mann ausgerichtet hat, auch wenn er ihre Gefühle nur bedingt zu erwidern scheint.

---

[327] Vogel, Melusine S. 143, stellte bei der Betrachtung der Melusinenbearbeitungen des 19. Jhs. fest, die Nebenbuhlerin sei zunächst noch „passives Gegenbild“ der anderweltlichen Frau wie in der „Staufenbergsage oder der Sage vom Donauweibchen“.

[328] Das gesamte Libretto umfasst etwa 950 Zeilen Text, zum Teil als gereimter Verstext, zum Teil als nicht rhythmisierter Sprechtext. Berthas Einzelanteil am gesprochenen und gesungenen Text liegt bei ungefähr 5%. Ihre Gesangseinlagen beschränken sich auf meist ein- bis zwei Verse umfassende kurze Einwürfe. Häufig singt sie mit Troll oder dem Grafen im Duett oder Terzett.

„Raimund. Laß mich!
Troll. Ich darf Euch nicht lassen, Herr! Fräulein Bertha hat mirs auf die Seele gebunden. Sie [...] hätt' Euch gar zu gern an ihrer Seite behalten. Sie sieht nur Euch, Ihr aber seht, weiß Gott, was" (FGrM, 10, 107–111).

Bertha erscheint als wohltemperiert in ihren Gefühlen. In ihrer Liebe zu Raimund ist sie stetig, aber nie überschäumend, zeigt keine Leidenschaftlichkeit oder Sinnlichkeit. Selbst in der Eifersucht ist sie noch sittsam und beherrscht. So macht sie dem Geliebten keine ‚Szene', sondern geht etwas abseits, damit niemand ihre Klagen hört und spricht zu sich selbst: „Mag ich wachen, mag ich träumen / Neigt mein Wesen sich zu dir, / Er, in weitentlegnen Räumen / Sieht nur junge Wünsche keimen, / Und kein einz'ger spricht von mir" (FGrM, 15, 213–217).

Ihre Liebe zu Raimund drückt sich nicht in sinnlichem Begehren, sondern in dem Wunsch aus, den Geliebten beständig zu umsorgen, ihm wohl zu tun und ihm Ruhe zu verschaffen.[329] Nach der Rückkehr aus Melusinas Reich übernimmt Bertha die Pflege des apathischen Rekonvaleszenten. In der Art einer Krankenwärterin führt sie ihn an der Hand im Wald spazieren und versucht, ihn von seinen trübsinnigen Gedanken abzulenken. Sie ist selbstlos für den Geliebten da und erträgt klaglos seine schlechte Laune. Auch in den beinahe in eine Duellforderung mündenden Streit der Männer greift Bertha besänftigend und schlichtend ein (vgl. FGrM, 38, 594). In der Männerwelt der Ritter fungiert sie als Heiratsobjekt und als Option Raimunds für seine Reintegration in die Rittergemeinschaft. „Wenn ich Euch noch die Hand meiner Schwester gebe, wie früher ausgemacht war, so ist Alles vergessen und Ihr gehört wieder zu den Unsern" (FGrM, 52, 810ff), bietet der Graf Raimund versöhnlich an.

In dem Augenblick, in dem Raimund sich – scheinbar dauerhaft – für ein Leben in der Menschenwelt entscheidet und Melusina und ihre Welt vergessen will, wendet er sich Bertha zu. Der Kranz, den er ihr während des Festaktes überreicht, ist zum einen Zeichen ihrer Verlobung. Zum anderen versinnbildlicht er Raimunds Hinwendung zur greifbaren, materiellen Wirklichkeit der Menschenwelt, die er wieder mit allen Sinnen wahrnehmen und genießen will. „Nimm ihn hin aus meinen Händen / Diesen vollen, duft'gen Kranz; / Froh fühl' ich mein Herz sich wenden, / Künftig dein gehör' ich

[329] Bertha sieht, wie der Graf, in Melusina den Grund für die drohende geistige Zerrüttung ihres Geliebten. Ruhe bedeutet in ihrem Verständnis für ihn ein Leben an ihrer Seite, ohne ‚Heimsuchungen' der anderweltlichen Frau. Als Raimund den Zauberring entdeckt und der Graf an dem Ritter die ersten „Zeichen" des Wahnsinns wahrnimmt, wünscht sie: „Laß endlich Ruh erreichen!" (FGrM, 18, 275f). Auch nach der Rückkehr in die Menschenwelt erscheint ihr der Ring als zerstörerisch: „Nutzlos verwirrt er, stört eure Ruh!" (FGrM, 50, 778).

ganz!" (FGrM, 56, 887–890). Zuvor hatte Raimund die Schönheit der Menschenwelt nicht anerkennen wollen. Sie erschien ihm farb- und duftlos.

„Bertha. Troll. Seht die Blumen!
Raimund. Ohne Farben!
Beide. Diese Kräuter,
Raimund. Trockne Garben!
Beide. Wie sie duften Opfer-gleich.
Raimund. Duft ist nur in ihrem Reich!" (FGrM, 48, 743–746).

Doch Raimund trifft keine Entscheidung für Bertha als individuelles Wesen. Seine Hinwendung zu ihr beruht nicht auf Liebe, sondern auf Vernunft. Bertha verkörpert nur die Zufriedenheit, „der Erde stille[s] Glück" (FGrM, 36, 570), ohne große Leidenschaften und seelische Erschütterungen, die Raimund bei seiner Hinwendung zum irdischen Menschenleben in einer behaglichen Ehe mit ihr erwarten. In seiner Verlobung mit der Schwester des Grafen drückt sich sein Wille zur Reintegration aus. Deutlich wird diese Funktion Berthas als Garantin eines „stille[n] Glücks" (FGrM, 36, 570) in der Festszene des dritten Aktes. Der Ritterchor bringt zum Ausdruck, dass neben Kampfesruhm und Wein – verstanden als Ausdruck für Lebenslust und Lebensgenuss – „die Frauen" das Leben eines Ritters vervollkommnen (vgl. FGrM, 53, 818): „Und nach dem Kampfe / Sehnend zur Laube! / Schüchterne Taube / Flatterst so sehr? / Ach laß das Girren! / Mädchen zu kirren / Hält nicht so schwer!" (FGrM, 53, 835–841).

In der Perspektive der Männerwelt ist die Frau vor dem Zusammentreffen mit dem Mann ein schüchternes, reines und tugendhaftes, d.h. sexuell unschuldiges Mädchen, das über die erste und einzige Liebe in Aufregung gerät. Eingefangen wird diese Vorstellung in dem Bild des gurrenden, aufgeregt mit den Flügeln schlagenden Vogels. Auch Bertha ist eine solche „schüchterne Taube". Die Frau erscheint als Belohnung des Mannes nach dem Kampfe. Bei ihr findet der Kämpfer Erholung und Erquickung. Durch die mittelalterliche Vorstellung von der Frau als Preis für ritterliche Bewährung schimmert geschlechterpolarisierendes Denken des 19. Jahrhunderts durch, das in der Frau die Hüterin der häuslichen Ruhe und Behaglichkeit sah. Während der Mann seinen ‚Daseinskampf' in der entfremdeten Sphäre der Berufsarbeit führte, sollte die Frau im ‚Heim' auf ihn warten, um ihn dann für seine Alltagslast mit heiterer Liebe und zärtlicher Umsorgung zu entschädigen. Bertha entspricht dem Typus der widerspruchs- und anspruchslosen biedermeierlichen Hausfrau, die umsorgende und hegende Kraft des gemeinsamen Hausstandes ist.[330] Der Mangel der Figur an indivi-

330 Es handelt sich hier um ein Frauenleitbild, das mit Hilfe von Familienzeitschriften und

dueller Ausgestaltung spiegelt nur ihren Mangel an Subjekthaftigkeit wider. Bertha existiert nicht als eigenständiges Individuum, sondern nur in ihrer Funktion als Versorgerin und Pflegerin des Mannes.

Seine Protagonistin Melusina gestaltet Grillparzer nicht auf der Folie der populären Fouquéschen Undinenfigur und des paracelsischen „Liber de Nymphis" als seelenlosen weiblichen Elementargeist des Wassers, der durch die Verbindung mit einem Menschen nach einer unsterblichen Seele strebt.[331] Vielmehr orientiert sich der Autor bei der Anlage seiner Melusinenfigur an der Nymphenvorstellung der griechischen Mythologie. Er formt die Melusine des ‚Volksbuches' zu einer Wassernymphe antiker Prägung um und entwirft sie als sinnlich-erotische Gegenspielerin der blassen und kühlen Menschenfrau Bertha. Grillparzer könnte durch Ludwig Tiecks Neubearbeitung des ‚Volksbuchs' dazu angeregt worden sein, Melusina Wesen und Eigenschaften einer ‚Najade' zu verleihen.[332] In seiner „Sehr wunderbaren Historie von der schönen Melusina" hatte Tieck die Protagonistin der Melusinengeschichte mit Hilfe von Allusionen auf die schaumgeborene Aphrodite und die Venusgrotte zu einer erotisch-sinnlichen Nixe umgedeutet.[333] Auch Grillparzer fügt genau jene Aspekte der antiken Nymphenvorstellung in seine Melusinenfigur ein, die sie als sinnliche Verführerin erscheinen lassen, die dank ihrer erotischen Anziehungskraft in Raimund leidenschaftliche Liebe zu erwecken vermag. In der Antike stellte man sich die Najaden als schöne, erotisch anziehende, alterslos junge Frauen vor[334], die ihre mantischen Kräfte vorzugsweise darauf verwendet haben sollen, „[...] daß sie die Phantasie der Sterblichen im hohen Maße aufreizten und sie so zu [...] Verzückten oder unheilvoll zu Wahnsinnigen machten. Wer die Nymphe im Quell oder

---

Anstandsbüchern popularisiert wurde und auf das junge Mädchen mit Hilfe geschlechtsspezifischer Erziehung hin erzogen wurden. Über die tatsächliche Situation und das wirkliche Verhalten realer Frauen sagt der Typus wenig aus.

331 Ob Melusina, wie die spätmittelalterliche Melusine, eine solche Seele besitzt, wird von Grillparzer nicht zum Thema gemacht. Lediglich der Vers „Teure Schwestern Einer Welle" (FGrM, 45, 704), mit dem sie ihre Schwestern zu Beginn des dritten Aktes anspricht, scheint Melusina als aquatisches Elementarwesen im Sinne des Paracelsus und Fouqués auszuweisen.

332 Zur Gestalt der ‚Najade' in der griechischen und römischen Mythologie vgl. Bloch, [Art.] Nymphen, in: Ausführliches Lexikon der griechischen und römischen Mythologie, Abt. 1, Bd. 3. Hildesheim 1992 Sp. 500–567.

333 Vgl. Kap. C.3.1.

334 Nymphen galten als unsterblich. Man nahm an, sie seien göttlicher Natur oder göttlichen Ursprungs, häufig bezeichnete man sie auch als Töchter des Zeus. Auch Melusina und ihre Schwestern sind unsterblich und alterslos. Thürings Melusine dagegen erscheint als Wesen, das einen sterblichen Körper und eine unsterbliche Seele besitzt. Lediglich der Fluch der Mutter gefährdet ihre Erlösungsfähigkeit. Vgl. Bloch, [Art.] Nymphen, in: Ausführliches Lexikon der griechischen und römischen Mythologie, Abt. 1, Bd. 3. Hildesheim 1992 Sp. 502 und 524.

Haine erblickt, verfällt der Raserei."[335] Auch Melusina erregt Raimunds Phantasie, indem sie ihm wiederholt im Traum erscheint. Im Wasserspiegel des Brunnens erblickt er ihr Bildnis. Bei der Erzählung des Traums scheint er verzückt und der Wirklichkeit entrückt. Auf seine Mitmenschen wirkt der Glaube an Melusina wie eine Besessenheit, eine Krankheit der Seele, die der Heilung bedarf (vgl. FGrM, 18, 275f). Man stellte sich auch vor, dass die Nymphen Sterbliche zu sich in ihren Tanzreigen zögen und diesen dann Nymphennatur verliehen.[336] Melusina lockt Raimund zu sich in ihr Zauberreich und lässt ihn an ihren prophetischen Gaben und ihren erweiterten Erkenntnisfähigkeiten teilhaben. Die Nymphenliebe bringt den Sterblichen jedoch gewöhnlich Unheil.[337] Aus menschlicher Perspektive endet Raimunds Bindung an Melusina auch unheilvoll, denn er stirbt aus Liebe zu ihr.

Auch in der Melusinenfigur selbst überlagern sich polarisierte Weiblichkeitsvorstellungen. Raimund sieht in Melusina ein „Wesen höhrer Art"; sie sei ein „Weib, wie keinem Aug zu schauen ward" (FGrM, 14, 212f). Melusina verkörpert für Raimund, das *Alter Ego* des Dichters, die höchste Ausprägung des Weiblichen, weibliche Idealität schlechthin. Mit ihrer überirdischen Schönheit assoziiert er Göttlichkeit: „[...] Die Schönste, eine Göttin anzusehn, / Sie trat hervor, aus ihrer Schwestern Reihe [...]" (FGrM, 16, 231f). Für Grillparzer ist das Göttliche die „Bezeichnung für die höchste Ausprägung des Menschlichen. Göttlich nennt er das geistige Gut, das die schöpferische Menschennatur erfühlt und erschaffen hat, in ihrer Wertwelt, vor allem in der Kunst."[338] Als künstlerische Idee, die in der Verbindung mit dem Menschen, dem Künstler, nach Verwirklichung strebt, repräsentiert Melusina zugleich das Göttliche. Als Traumgebilde ist sie Produkt der schöpferischen Phantasie des Menschen und deshalb göttlich. Melusina ist für Raimund „Göttin" und „Weib" zugleich. Dieser Wahrnehmung der Najade als holder Fee steht eine Dämonisierung aus der Perspektive der Menschenwelt entgegen. In der Vorstellung des Volksglaubens, die im Libretto von dem Diener Troll wiedergegeben wird, sind Melusina und ihre Schwestern Brunnenfeen, die als dämonische Verführerinnen den Mann mit ihrer Schönheit verlocken, um ihn zu zerstören.[339]

---

335 Ebd. Sp. 514.

336 Vgl. ebd. Sp. 553.

337 Vgl. ebd. Sp. 554.

338 Zdenko Škreb, Das Göttliche bei Grillparzer, in: The German Quarterly 45. 1972 S. 620–628, hier 627.

339 Seit dem 18. Jh. wird das Wort ‚Fee' im deutschen Sprachraum für ein mit Schönheit und Zauberkraft versehenes weibliches Märchenwesen verwendet. Vgl. [Eintrag] Fee, in: Etymologisches Wörterbuch des Deutschen. 2., durchgesehene und ergänzte Auflage. Hg. von Wolfgang

„Troll [...]. Herr der Ort –
Raimund. Willst du gehen!
Troll (schnell). Ist gebannt / Und drei Feen / Schön zu sehen, / Aber tückisch und gewandt, / dem Chamäleon gleich im Bunten, / Hausen in dem Brunnen unten, / Melusina, / Meliora / Und Plantina zugenannt“ (FGrM, 8f, 83–92).

Die sinnliche und erotische Destruktivität der dämonischen Verführerin wird im Bild des Chamäleons[340] gefasst. Mit ihm assoziiert man zunächst die schuppige Hautoberfläche, die auf den Drachen- oder Schlangenschwanz der Melusine des ‚Volksbuches' zurück- und die Reptiliennatur von Grillparzers Najade vorausweist. Zugleich spielt der Dichter mit diesem Vergleich auf die charakteristische Fähigkeit dieses Tieres an, sich seiner Umgebung in Sekundenschnelle farblich anzupassen, um sich so für Feind und Beute zu tarnen. Melusina und ihre Schwestern sind „tückisch und gewandt“, weil sie eine solche Anpassungsfähigkeit besitzen. Sie verbergen ihre wahre Natur – ihr kreatürliches, reptilienhaftes Wesen – vor den Männern, die sie betören wollen, und spiegeln ihnen das Bild vor, was diese zu sehen wünschen: die holde Fee. Im Bild des Chamäleons zeigt sich eine negative Weiblichkeitsvorstellung: die Frau als wandelbare, launenhaft-unberechenbare und zugleich berechnende Verführerin des Mannes. Wie das Chamäleon, das bewegungslos auf Insekten lauert, schnappt die „tückische“ Verführerin, hinter ihrem liebreizenden Wesen getarnt, blitzschnell zu, wenn die ‚Beute' Mann völlig arglos ist. In der Wahrnehmung der Menschenwelt verkörpert Melusina das ‚Doppelgesicht' der Frau. Hinter der schönen und verführerischen Oberfläche der ‚holden Fee', lauert die Frau als Geschlechtswesen, das ‚Weib' mit Chamäleonnatur, das hier mit tierhafter Triebhaftigkeit assoziiert wird.

In der Literatur des 19. Jahrhunderts ist eine verstärkte Polarisierung des Frauenbildes in reine, keusche, entsexualisierte, vorwiegend geistige Wesen

---

Pfeifer. 2. Bde. Berlin 1993, Bd. 1 S. 118. Wird die ‚gute Fee' heute meist als Gegenfigur zur ‚bösen Hexe' verstanden, erscheint das Wort bei Grillparzer an dieser Stelle negativ konnotiert. Da die Fee Melusina ihre Zauberkräfte aus der Sicht der Menschenwelt zur Verführung des Ritters einsetzt, erscheint sie als ‚böse Hexe'. „Ich glaube Ihr seid behext“ (FGrM, 10, 112) wirft Troll seinem Herrn vor. Diese Textstelle erinnert zugleich an die Bemerkung von Raymunds Bruder „jch besorg ir seÿt beczaubert“ (ThvRM, 96, 14) anlässlich von dessen Laisser-faire gegenüber seiner Gattin.

340 Die Eigentümlichkeiten des Chamäleons – Farbwechsel, Schleuderzunge mit klebrigem Ende, langsame Bewegungsweise und unabhängig voneinander bewegliche Augen – waren schon im frühen 19. Jh. bekannt. Vgl. [Eintrag] Chamäleon, in: Bilder-Conversations-Lexikon für das deutsche Volk Ein Handbuch zur Verbreitung gemeinnütziger Kenntnisse und zur Unterhaltung. In vier Bänden. München 1977. (Leipzig 1837–1841), Bd. 1 S. 401. Grillparzer dürfte die Natur des Chamäleons aus der Reiseliteratur oder von seiner Italienreise bekannt gewesen sein.

– Mutter, Ehefrau, Schwester – und erotische, sinnliche Verführerinnen und Verderberinnen – Geliebte, Prostituierte – zu beobachten.[341] Diese männliche Projektion polarisierter Weiblichkeitsvorstellungen auf die Frau zeigt sich auch in Grillparzers „Melusina". So erscheint Bertha in den Rollen der zukünftigen Ehefrau und Schwester als keusches, leidenschaftsloses und entsexualisiertes Wesen, Raimunds Geliebte Melusina als erotisch-sinnliche Verführerin des Mannes.

4.3.5 Raimunds Treueproben – Verrat und Liebestod

Raimunds Vertrauen und seine Liebe zu Melusina werden im Verlauf der Handlung dreimal in Frage gestellt. Die ersten beiden Treueproben und Raimunds zweimaliges Versagen entsprechen der dem Melusinenstoff eigenen Doppelung des Tabubruchs. Doch anders als im ‚Volksbuch' ist mit dem zweiten Versagen des Mannes das Scheitern der Beziehung noch nicht endgültig. Grillparzer schreibt die Melusinengeschichte im Sinne des Panzerschen Erzählschemas *Motiv der gestörten Mahrtenehe* fort. Seine Melusinenversion nimmt einen positiven Ausgang. Mit der dritten Treueprobe, dem Liebestod des ritterlichen Helden, erhält Raimund die Möglichkeit, sein zweimaliges Versagen und dessen Konsequenzen ungeschehen zu machen. Auffallend ist, dass der Held in den Treueproben versagt, die Passivität und ein Unterlassen von ihm fordern: er soll Melusina nicht aufsuchen, er soll den Ring nicht wegwerfen. Raimund besteht erst die dritte Probe, die ein ‚Tätigsein', ein Handeln, eine Entscheidung von ihm verlangt.

Grillparzers Melusina errichtet ebenso wie die Protagonistin des ‚Volksbuchs' ein Sicht- und Nachforschungsverbot gegenüber dem Mann. Als Melusina Raimund von ihrem „Geheimnis" berichtet, erscheint die Beziehung der beiden bereits durch den Drang des Mannes nach „Tätigkeit" gefährdet. Melusina hat nicht mehr die Macht, das Verbot als solches einfach zu setzen. In ihrer Liebe zu einem Sterblichen ist sie durch die Gesetze ihrer eigenen Welt von Raimunds Vertrauen und Wohlverhalten vollkommen abhängig geworden. Sie formuliert ihr Verbot als flehentliche Bitte: „Doch ich flehe – [...] / Daß du dann – [...] / Wenn der Ruf an mich geschehen / Mich nicht sprechen, mich nicht sehen, / Selbst nicht forschen willst nach mir" (FGrM, 29, 468–472).[342] Dient im ‚Volksbuch' noch die Androhung des

---

[341] Vgl. dazu bspw. Carola Hilmes, Die Femme Fatale. Ein Weiblichkeitstypus in der nachromantischen Literatur. Stuttgart 1990.

[342] Undeutlich bleibt, ob die Errichtung des Sicht- und Nachforschungsverbotes Melusina von den Mächten, von denen sie abhängig ist, auferlegt wurde oder als Schutz vor der Entdek-

Glückswechsels dazu, den Mann vom Verbotsübertritt abzuhalten, muss Grillparzers Melusina darauf bauen, dass der Geliebte ihr vertraut und seinen Treueschwur hält. Ihr einziges Druckmittel ist der Verlust ihrer Person und die Trennung. Diese Aspekte waren bei Thüring zunächst noch sekundär. Erst bei der endgültigen Trennung des Paares wog der Verlust der Gattin schwerer als der soziale Niedergang. Grillparzers Held wird ebenso wie der Protagonist im ‚Volksbuch' aus gekränkter Mannesehre zum Treuebrecher.[343] Raimunds Entschluss, das Sichtverbot zu missachten, wurzelt in dem Wunsch, seine durch die Beleidigung des Grafen beschädigte Ehre zu restituieren. Nur mit der Entkräftung der gegen Melusina gerichteten Vorwürfe glaubt er, sich rehabilitieren zu können: „Nun wohlan, ihr sollt sie sehn / Mag, was will und kann geschehn, / Ritters Ehre muß bestehn" (FGrM, 39, 600ff). Doch neben das Motiv der Ehrverletzung treten die eigenen Zweifel des Protagonisten (vgl. FGrM, 32, 510f). Die möglichen Folgen seines Handelns sind diesem durchaus bewusst. Als die vier sich auf den Weg zu Melusina machen, weiß er, dass die Übertretung des Sichtverbotes die Geliebte zu ewiger Finsternis verdammen wird: „Ist sie wahr / Fliehet ihr! / Ist sie Lüge / Folg' ich euch; / Oder in des Dunkels Reich / Stürz ich mich mit ihr zugleich" (FGrM, 39, 603–608).

Die zwei voneinander getrennten Phasen des doppelten Tabubruchs rükken in „Melusina" zeitlich eng zusammen bzw. gehen ineinander über. Raimund übertritt das Sichtverbot, indem er die badende Geliebte durch den Spalt beobachtet. Er überschreitet das Redeverbot, indem er Melusina vor seinen Begleitern aus der Menschenwelt unmittelbar danach als „Ungeheuer" diffamiert. In Grillparzers Bearbeitung können die zwei Verbotsübertretungen zusammenfallen, da es nicht mehr um den Konflikt Privatheit versus Öffentlichkeit geht. Die Liebesbeziehung von Melusina und Raimund ist abhängig von der inneren Befindlichkeit des Helden. Nicht das Öffentlich-Werden des Treuebruchs führt zu einer Trennung der Liebenden und der Verdammung der Frau, sondern die innere Abwendung des Mannes von der Geliebten, seine Treulosigkeit, ist entscheidend. Der Tabubruch – bei Thüring noch affektgesteuerte Verbotsübertretung in einem Zustand des Außer-

kung ihrer natürlichen Gestalt dient, weil Melusina befürchtet, Raimund könnte sich von ihr abwenden, wenn er sie so sähe. Für Ersteres spricht, dass Melusina das Verbot mit der Warnung „Lauernde Mächte / Wahren der Rechte" (FGrM, 29, 473f) versieht. Auf Letzteres deutet hin, dass Melusinas Befürchtungen – „denn wüßt' ers, er würds verdammen" (FGrM, 40, 638) – sich bewahrheiten.

343 Der Graf hatte Raimund seine Männlichkeit abgesprochen und ihn als „Weiberdiener" (FGrM, 38, 591) betitelt. Ebenso wie Thürings Protagonist reagiert er auf die Beschädigung seiner Mannesehre mit dem gezückten Schwert (vgl. FGrM, 38, 593).

Sich-Seins – wird bei Grillparzer zum bewussten Liebesverrat, den der menschliche Geliebte im vollen Wissen um die Konsequenzen für die geliebte Frau begeht.

Da Erster und Zweiter Tabubruch der ‚Volksbuch‘-Fassung bei Grillparzer zusammentreten, fügt der Dichter den Zauberring, ein Märchenrequisit der Wiener Zauberoper, in den Melusinenstoff ein und behält so die Struktur der Doppelung des Tabubruchs bei. Melusinas Zauberring, den Raimund bei der Traumbegegnung am Brunnen erhält, ist materieller Existenzbeweis der Fee und Treuepfand zugleich (vgl. FGrM, 12, 182–185). Der Ring ist das Verbindungsglied zwischen Mensch und anderweltlicher Frau. Mit seiner Hilfe kann Raimund Melusina herbeirufen (vgl. FGrM, 13, 184 f) und findet den Weg zu ihrer geheimen Verwandlungsstätte (vgl. FGrM, 41, 657). Nach Raimunds Tabubruch wird dieser Ring zum Element, das die vollkommene, endgültige Trennung des Paares aufhält. Als Raimund den Ring nach der Entdeckung ihres Geheimnisses – Melusina verfluchend – von sich werfen will, fordert sie ihn eindringlich auf, diesen zu bewahren: „Raimund, behalte den Ring. Solang du *ihn* hast, ist noch nicht alles verloren!“ (FGrM, 43, 684 f). Zurückgekehrt in die Menschenwelt, erscheint der Ring als Raimunds einziger Halt in einem für ihn sinnlos gewordenen Dasein: „Einziges Zeichen, dich laß ich nie / Bildender Kraft doch zeigst du mir sie.“ (FGrM, 50, 779 f). Erst als Raimund glaubt, er habe sich endgültig der „Erde stillem Glück“ (FGrM, 35, 566) zugewandt, sieht er in dem Ring nicht länger ein Unterpfand der Treue, sondern ein „Pfand des Unheils“ (FGrM, 58, 903). Er wirft ihn mit den Worten „Kannst du mir sie nicht wiedergeben, so nimm auch die Erinnerung! Fort!“ (FGrM, 58, 903 f) von sich. Das Fortwerfen des Ringes versinnbildlicht bei Grillparzer eine erneute innere Abwendung des Protagonisten von Melusina. Diese Abwendung beruht auf einem mangelnden Glauben an die Existenz der Fee. Mit diesem zweiten bewussten Liebesverrat zerstört Raimund die letzte Verbindung zwischen sich und der anderweltlichen Frau.

An Melusinas „Macht“, ihre Herrschaft als göttliche Königin im Reich der Poesie, sind Bedingungen geknüpft (vgl. FGrM, 29, 460 f). Die Fee „muß einen Tag von sieben Tagen“ in ihrer naturhaften Gestalt „zu der Mutter Element“ zurückkehren (FGrM, 29, 464 f). In Grillparzers Libretto wird der mütterliche Fluch, der Melusine zwingt, sich einmal in der Woche zu verwandeln, zu einem Teil der Najadennatur der anderweltlichen Frau umgedeutet.

„Und was dem Gotte gleich geschwebt auf leichten Sohlen / Es muß vom Tier sich seine Stärke holen, [...]“ (FGrM, 40, 624 f). Ihre Rückkehr ins Kreatürliche, ihre Unterwerfung unter ihre Tierhaftigkeit, ist Bedingung für die Erneuerung ihrer Göttlichkeit. Melusinas Verwandlung ist nicht, wie im

‚Volksbuch', Strafe für ein Verbrechen, sondern erscheint als machterneuernde Inkarnation. Indem sie ihre tierhafte, kreatürliche Schuppengestalt annimmt, wandelt sie sich vom unsterblichen Geistwesen zu einer sterblichen Kreatur, sie trägt die „Fesseln alles Endlichen" (FGrM, 29, 463). Ihre Herrschaft über das Reich der Poesie scheint ihren Ursprung in der Leiblichkeit und Geschlechtlichkeit der Frau zu haben. Auch als musische Göttin ist sie ‚Naturwesen' und ‚Weib'. Sie bezieht ihre Macht aus der Rückkehr in ihre Existenz als ‚Geschlechtswesen'. Die im zweiten Akt sich vollziehende, extreme Wandlung Melusinas von der göttlichen Najade, die spielerisch das Reich der Künste beherrscht, zu einem schuppenbedeckten „Ungetüm" versinnbildlicht die Polarisierung der Frau in ein entsexualisiertes Geistwesen und ein sexualisiertes Geschlechtswesen.

Melusina wird von Raimund als Verkörperung der reinen, vergeistigten und deshalb göttlichen Weiblichkeit imaginiert. Mit dem Blick des Ritters auf die Schuppengestalt ist für ihn die Erkenntnis verbunden, dass die Frau ihre musischen und poetischen Qualitäten aus ihrer Leiblichkeit und Kreatürlichkeit schöpft. Der Mann schreckt davor zurück, dass auch die Göttin als ‚Weib' an ihre Geschlechtlichkeit gebunden bleibt und diese nicht überwinden kann. Es scheint, als deute Grillparzer das von Melusina errichtete Sichtverbot vor dem in antiken Mythen gestalteten Tabu aus, die Gottheit in ihrer eigentlichen Gestalt zu erblicken.[344] Doch anders als im antiken Mythos droht nicht dem Menschen Gefahr bei Übertretung des Tabus, sondern der anderweltlichen, göttlichen Frau. Melusina hat den kreatürlichen Teil ihres Wesens, der sich als Sinnbild für die Sinnlichkeit und Erotik der Frau an sich deuten lässt, nicht geschickt genug zu verbergen gewusst.[345] Als Raimund der Kreatürlichkeit, verstanden als animalische Sinnlichkeit und Triebhaftigkeit, seiner anderweltlichen Geliebten inne wird, erscheint ihm ihre Rolle als göttliche Spenderin von Kontemplation und alle Weltbereiche umfassender Totalitätserfahrung als betrügerische Anmaßung, die Beherrscherin der Künste selbst als „Betrügerin" (FGrM, 42, 665). Die unverhüllt sinnliche Frau ist ihm ein „Ungeheuer" (FGrM, 42, 671). In dem ihm ver-

[344] Vgl. Kap. A.2 und Wilhelm Heinrich Roscher, [Art.] Semele, in: Ausführliches Lexikon der griechischen und römischen Mythologie, Bd. 4. Hildesheim u. a. 1992/93 Sp. 670 f.

[345] Hier zeigt sich eine für das 19. Jh. typische Entwicklung: Der Schlangenschwanz der badenden Fee, der bei Thüring noch als Beschädigung der Geschlechtlichkeit der Frau erscheint, wird gerade zum Sinnbild der Sinnlichkeit und Triebhaftigkeit des Geschlechtswesens ‚Weib' umgedeutet. Vgl. dazu auch Kap. B.3.3.1 und C.3.1. Bei Grillparzer wird die Erotik des Schlangenschwanzes dadurch ‚entschärft', dass die Schuppen nur Melusinas Oberkörper bedecken. Er lenkt so die Aufmerksamkeit von dem der Sinnlichkeit und Lust verdächtigen Unterkörper der Frau ab.

botenen Blick auf die Geliebte in ihrer natürlichen Gestalt wird dem Protagonisten die Doppelgesichtigkeit der Frau – sie ist zugleich liebliches und reines Geistwesen und sinnlich-anamalische, triebhaft-ungezügelte Kreatur – bewusst. Geschlechtlichkeit und Sinnlichkeit der Frau erscheinen in Grillparzers „Melusina“ als etwas Geheimes und Verbotenes, das die Frau verstecken muss.

Die Schlussszene der „Melusina“ erinnert stark an den Topos des Liebestodes, der seine paradigmatische Ausgestaltung 1859 in Richard Wagners Musikdrama „Tristan und Isolde“ fand.

> „Dort ist mit dem Tod die Vorstellung einer Verewigung der Lust gegen eine absolute Erfüllung verweigernde Zeitlichkeit gestaltet. Der Anspruch auf Erfüllung legitimer Bedürfnisse – Sinnlichkeit und Emotionalität – kann innerhalb repressiver, lustfeindlicher Verhältnisse nicht durchgesetzt werden; die Vereinigung mit dem Partner, in der allein sinnliche Qualitäten aufgehoben sind, ist nur im Tod möglich. In der Verschmelzung mit dem Geliebten verweigert sich das Individuum der feindlichen Realität. [...] Bewußtlosigkeit und Tod erscheinen als Lusterfahrung, weil sie eine Vermeidung des schmerzhaften Zusammenstoßes mit den Verhältnissen und Verhinderungen der Außenwelt darstellen.“[346]

Auch in „Melusina“ wird mit dem Parallelismus „Tod versöhnt / Treue gekrönt“ (FGrM, 958f) und „Liebe versöhnt / Treue gekrönt“ (FGrM, 63, 965f) zwischen Liebe und Tod ein enger Konnex hergestellt. Der Tod erscheint als ein das Bewusstsein auslöschender, Ruhe und Erleichterung bringender Schlaf: „Komm Raimund, komm! Schlafen! Schlafen! Bei mir ist Tod! (FGrM, 60, 924ff). Raimunds Wunsch nach Schlaf, der zunächst in den Traum, später in den Tod mündet, erscheint als Flucht vor den Zwängen, die Glück und Erfüllung in der Gegenwart unmöglich machen. Die Verschmelzung der Liebenden im Tod wird mit einem Dialog angedeutet, in dem Melusina Raimunds Verse vollendet (vgl. FGrM, 63, 963f).[347]

Raimund errettet Melusina mit seiner Bereitschaft, für sie zu sterben, aus einem Dasein in ewiger Finsternis. Die Geistererlösung, die Raimund mit seinem Sprung in das Flammengrab vollzieht, ist wiederum ein der Zauberoper entlehntes Motiv. Im Schlusstableau wird Melusina zur heiligen Jungfrau überhöht. Sie erscheint als lichtes Geistwesen, das jeglicher sinnlicher und erotischer Qualitäten beraubt ist. Mit Hilfe seiner übergroßen Liebe für Melusina, die Raimund sterbend demonstriert, kann er die Geliebte von ihrer Geschlechtlichkeit ‚reinigen‘. Melusina ist im dritten Akt wiederum einer radikalen Wandlung unterworfen. War sie als Abscheu erregende Schuppen-

---

346 Horst, Jenseits S. 199f.

347 Vgl. ebd. S. 199ff.

kreatur Raimunds Blicken entschwunden und als verhärmte Bettlerin im dritten Akt wieder erschienen, wird sie nun als schuppenlose, in ihrer Schönheit wiedererstandene, himmlische Königin inthronisiert. Erst als vollkommen entsexualisierte, ‚himmlische' Geliebte wird Melusina für Raimund als ewige Partnerin möglich. Mit der Umformung der heidnischen, sinnlichen Najade zur christlichen Madonnenfigur, ist auch eine „Hierarchisierung der Sphären" verbunden.[348] Waren Menschenwelt und Melusinensphäre zuvor noch gleichberechtigte, von Raimund gleichermaßen geschätzte Orte, erscheint das Zauberreich nun als übergeordnete, himmlische Sphäre, die dem irdischen Dasein überlegen ist. Mit dem Schlusstableau entwirft Grillparzer eine Liebesutopie, in der die echte, tiefe Liebe alle Probleme und Fehler der Vergangenheit überwinden kann und in eine Welt der ewig währenden Harmonie und des individuellen Glücks mündet. Raimunds Aufstieg von der Menschenwelt ins Geisterreich ist Belohnung seines Bekenntnisses für die höhere Sphäre. Zugleich scheint seine Entscheidung jedoch „von einer höheren Mechanik" erzwungen zu sein[349]: „Chor. Wen das Unsichtbare faßt / Hält es fest und gönnt nicht Rast" (FGrM, 59, 914f). Im Licht von Raimunds Enttäuschung über die ihm versagt gebliebene Totalitätserfahrung und Melusinas Wissen um das Ungenügen ihrer Sphäre erscheint die in der Schluss-Szene beschworene Harmonie als trügerisch.

Grillparzer macht die für den Melusinenstoff in den mittelalterlichen Bearbeitungen kennzeichnende Reduktion auf die ersten drei Stationen des Panzerschen Erzählschemas *Motiv der gestörten Mahrtenehe* rückgängig. Für seinen Protagonisten ist der Verlust der anderweltlichen Frau nach der zweiten Verbotsübertretung nicht endgültig. Er erhält die Chance einer erneuten Bewährung, die ihn im Tode mit der Geliebten wieder vereint. Der glückliche Ausgang, die Wiedererlangung des bereits verloren Geglaubten, erscheint als märchentypisch. Die mittelalterlichen Bearbeitungen waren dagegen als genealogische Sagen gattungstypisch mit einem unglücklichen Ausgang verbunden.[350] Grillparzers Bearbeitung wird auf diese Weise anderen mittelalterlichen Texten angenähert, denen das *Motiv der gestörten Mahrtenehe* zugrunde liegt, Konrads von Würzburg „Partonopier und Meliur"[351]

---

348 Vgl. ebd. S. 196.

349 Vgl. ebd. S. 197.

350 Vgl. Röhrich, [Art.] Mahrtenehe, die gestörte M., in: EM 9. Berlin 1999 Sp. 44–53, hier 50.

351 Konrad von Würzburgs Partonopier und Meliur. Turnei von Nantheiz. Sant Nicolaus. Lieder und Sprüche. Aus dem Nachlasse von Franz Pfeiffer und Franz Roth hg. von Karl Bartsch. Wien 1871. Friedrich Panzer veröffentlichte seine Edition des „Seifried von Ardemont" 1902 in Tübingen.

und Albrechts von Scharfenberg „Seifried von Ardemont". Allerdings kann Grillparzer diese Texte nicht gekannt haben, da sie noch nicht ediert waren, als er sein Libretto schrieb.

Erwerb, Verlust und erneuter Gewinn der anderweltlichen Frau erinnern zugleich an die ‚Doppelwegstruktur' des arthurischen Romans.[352] Dieses Bauprinzip des Artusromans Chrétien-Hartmannscher Prägung wurde zuerst 1959 von Hugo Kuhn in dem Band „Dichtung und Welt im Mittelalter" erkannt und beschrieben.[353] Der Held erwirbt aufgrund ritterlicher Bewährung, d.h. Erfüllung der höfischen Norm der Artuswelt, Frau, Herrschaft und Ansehen am Artushof. In einer Katastrophe brechen „blitzartig Schuld, Schulderkenntnis oder Beschuldigung" über ihn herein. Sie bedeuten für ihn „Ehrverlust und Selbstverlust". Er verliert das Erworbene und muss die Artusgesellschaft verlassen. Auf einem zweiten Weg „des freiwilligen Selbstverzichts", auf dem der Held einen todesähnlichen Zustand durchlebt, findet er aus der Krise erneut zu sich selbst. Der Ritter handelt nun nicht mehr nur aus der idealen Artusnorm heraus, sondern aus „demütiger Tatbereitschaft". Er erhält als Belohnung erneut Ehre, Frau und Herrschaft und kehrt in einer um ein Vielfaches glanzvolleren Position an den Artushof zurück.[354] Raimund erwirbt mit seinem Treuebekenntnis Melusina und mit ihr die Teilhabe am Leben in der Melusinensphäre. In der Katastrophe – Raimunds Treueverrat – wird „das Falsche" an seinem Liebes- und Treuebekenntnis enthüllt: Raimund liebt nur das Bild, das er sich von Melusina gemacht hat, der Anblick der Frau in ihrer Schuppengestalt fügt sich nicht in seine Vorstellung vom göttlichen Geistwesen. Raimund gerät in einen todesähnlichen Zustand. Zunächst verfällt er nach der Rückkehr in die Menschenwelt in völlige Apathie und Antriebslosigkeit. Seine Lebensunlust wird nach dem Verlust des Zauberrings in eine Todessehnsucht gesteigert. Sein erneuter Liebes- und

---

[352] Zum Ursprung der ‚Doppelwegstruktur' in der deutschen Literatur vgl. Hans Fromm, Doppelweg, in: Ders., Arbeiten zur deutschen Literatur des Mittelalters. Tübingen 1989 S.122–136. Dieses Bauprinzip lässt sich als spezifische Ausprägung einer „mythologische[n] Konstante" (S.123) in der höfischen Literatur des Mittelalters verstehen. Sie findet sich in epischen Großwerken aller Zeiten, findet im deutschen Hochmittelalter jedoch eine individuelle Ausgestaltung. Die Vorstellung von zwei aufeinander bezogenen Wegen, in deren Mitte der Held eine Krise durchlebt, gelangte im 12.Jh. mit Heinrich von Veldekes Eneas-Roman, einer Nachdichtung des französischen „Roman d'Eneas", nach Deutschland. Der französische Dichter verwendete Vergil als unmittelbare Quelle, so dass Vergil und der spätantike Roman als Vermittler der Form des ‚doppelten Weges' gelten.

[353] Vgl. Hugo Kuhn, Erec, in: Ders., Dichtung und Welt im Mittelalter. Stuttgart 1959 S.133–150 und Ders., Parzival. Ein Versuch über Mythos, Glaube und Dichtung im Mittelalter, in: ebd. S.151–180.

[354] Vgl. Kuhn, Parzival S.170.

Treuebeweis, der ihn im Gegensatz zum ersten viel kostet, bringt ihm das Verlorene zurück. Der „Durchgang durch den Tod“[355] wird von Grillparzer nicht wie im mittelalterlichen Artusroman symbolisch verstanden. Sein Held stirbt tatsächlich, um in seine alte Position an Melusinas Seite zurückzukehren. Betrachtet man das Schlusstableau des Librettos aus der Perspektive der ‚Doppelwegstruktur‘, erscheint Raimund bei seinem zweiten Weg in die Melusinensphäre als gereift und geläutert. Er hat zu sich selbst gefunden, und seine Entscheidung ist ein bewusstes und bewusst endgültiges Treuebekenntnis zu Melusina und ihrem Reich. Raimund kann sich für die Fee entscheiden, weil er ihr im Tod gleich wird. Nun selbst Geist geworden und Melusina mit seinem Tod aus Liebe erlösend, verspürt er keinen Drang mehr nach irdischer ‚Tätigkeit‘ und kann zu ihr in die höhere Sphäre emporschweben.

Nicht entscheiden lässt sich, ob Grillparzer seine „Melusina“ bewusst nach dem Bauprinzip der ‚Doppelwegstruktur‘ des Artusromans gestaltet hat. Sicher ist, dass sich der Dichter zu Beginn der 1820er Jahre intensiv mit der höfischen Epik des Mittelalters beschäftigt hat. Als „Melusina“ im Frühjahr 1823 niedergeschrieben wurde, befand sich Grillparzer gerade in den Vorarbeiten zu seinem „Ottokar“, die mit umfangreichen Studien zum Mittelalter verbunden waren. Er wandte seine Aufmerksamkeit vor allem dem „Nibelungenlied“ und Wolframs von Eschenbach „Parzival“ zu.[356] Denkbar ist, dass er die ‚Doppelwegstruktur‘, nach der auch der „Parzival“ strukturiert ist, bei seiner Lektüre intuitiv erfasst hat und in der „Melusina“ umsetzte. Möglich ist auch, dass ihm die Form des Doppelweges als „mythische Konstante“[357] aus den Märchen- und Zauberspielen der Wiener Volksstücke geläufig war. Diese gingen meist auf alte Märchen- und Sagenstoffe zurück, die mittelalterliches Erzählgut und mittelalterliche Erzählweisen tradiert haben könnten.

---

[355] Walter Haug, Chrétien des Troyes ‚Erec‘-Prolog und das arthurische Strukturmodell, in: Ders., Literaturtheorie im deutschen Mittelalter von den Anfängen bis zum Ende des 13. Jahrhunderts. 2., überarbeitete und erweiterte Auflage. Darmstadt 1992 S. 91–107, hier 96.

[356] Persönliche Äußerungen und Tagebuchnotizen des Autors deuten darauf hin, dass Grillparzer sich um 1819/20 verstärkt für ‚altdeutsche‘ Dichtung zu interessieren begann. Seit Beginn der 20er Jahre las der Dichter mittelhochdeutsche Denkmäler im Original. Vgl. dazu Horacek, Rezeption S. 736 ff.

[357] Fromm, Doppelweg S. 123.

4.3.6 Raimund als androgyner Künstlertypus

Von Karin Hagl-Catling war die These aufgestellt worden, dass Grillparzers weibliche Hauptfiguren Selbstbildnisse des Dichters seien.[358] In „Melusina" erscheint dagegen der männliche Protagonist als *Alter Ego* des Autors. Raimund fühlt sich zwischen einem irdischer Realität und Tätigkeit zugewandten Dasein, einer männlich konnotierten *vita activa*, und einer der Lebenswirklichkeit fernen, poetisch-künstlerischen Existenz, einer weiblich konnotierten *vita contemplativa*, hin und her gerissen. Er strebt nach Unvereinbarem. Raimunds konflikthafter und schmerzlicher Zwang zu einer Wahl zwischen beiden Existenzformen lässt sich als Konflikt des Dichters lesen, in seinem eigenen Leben das Dasein des rational denkenden, der Realität und dem Alltag zugewandten Wiener Hofbeamten mit der realitätsentrückten Künstlerexistenz des träumenden Dichters zu vereinbaren.[359] Aus Grillparzers Perspektive muss der Künstler in seinem Dasein die strenge Dichotomie von Kunst und Leben, Poesie und Realität, ertragen. Auch in „Melusina" scheint diese Kluft unüberwindbar. Raimund ist beiden Lebensformen gleichermaßen zugeneigt. Eine Verbindung von künstlerischer Existenz und Leben scheint aber unmöglich. Der Künstler ist dazu verurteilt, an seiner Doppelexistenz zu leiden. Die Lösung des Konfliktes findet Raimund schließlich im Tod. Erst wenn er sein menschliches Dasein für die Liebe zu Melusina, für die Liebe zur Poesie, hinzugeben bereit ist, verliert er seinen Drang nach Tätigkeit. Kunst und Leben konkurrieren nicht mehr, weil das Leben erloschen ist. Seine Sehnsucht nach Melusina, seine Empfänglichkeit für Traumbilder und Phantasiegestalten, die ihn der männlichen Tätigkeitswelt entfremden, erscheinen als ‚weibliche' Wesenszüge, die zugleich den schöpferischen Künstler seiner Zeit charakterisieren. Seine Fähigkeit, Melusina und ihr Reich wahrzunehmen, entspringt seinem weiblichen, sein Bedürfnis, sich in der Männerwelt durch Tätigkeit als Mann auszuweisen, seinem männlichen Wesensanteil. Raimund besteht aus zwei Hälften, einer männlichen, dem Leben zugewandten und einer ‚weiblichen', der Kunst zugewandten Seite. Er ist kein ‚ganzer' Mann im Sinne der damaligen Geschlechterstereotypen. So wird sein Verhalten vom Grafen, dem Repräsentanten der Ritterschaft, als seine Tatkraft lähmend und damit als unmännlich und „kindisch" (FGrM, 51, 793) abgelehnt: „Dieses unbestimmte Sehnen ist das Grab aller Tatkraft" (FGrM, 51, 798 f).

---

358 Vgl. Hagl-Catling, Imagologie S. 278.

359 Vgl. dazu auch Naumann, Grillparzer S. 96.

Raimund trägt als Selbstentwurf des Dichters androgyne Züge.[360] In den Mythen, Märchen und Legenden, die von der Entstehung der Erde und der Schöpfung des Menschen erzählen, steht die Figur des Androgyn für Ganzheit, Harmonie, Vollkommenheit und sogar Gottähnlichkeit.[361] Als „utopischer Entwurf eines neuen Menschentypus jenseits vorgegebener biologischer und gesellschaftlicher Geschlechtergrenzen und -rollen"[362] diente die Androgynie vielfach als Modell für literarische und künstlerische Ausdrucksformen.[363] Bis ins 20. Jahrhundert hinein wurde Androgynie mit Verweis auf den mythologischen Ursprung[364] häufig mit dem Begriff ‚Hermaphroditismus'[365] gleichgesetzt. Mit der Vorstellung von Androgynie verbindet sich aus heutiger Sicht nicht nur die Vermischung von weiblichem und männlichem Körpergeschlecht (*sex*), sondern auch die Integration von männlicher und weiblicher Geschlechterrolle in einem Individuum. Androgyn ist auch ein Mensch, der sich nach seinem sozialen Geschlecht (*gender*) einer Klassifizierung als Mann oder Frau entzieht. Androgynie zeigt sich nicht nur im Äußeren, sondern auch im (Rollen-)Verhalten.[366] In der aktuellen For-

---

360 Androgynität bedeutet in wörtlicher Übersetzung *Mannweiblichkeit*. Der Begriff geht auf die griechischen Wörter für Mann ‚aner', Gen. ‚andros' und Frau ‚gyne' zurück. Vgl. Doris Feldmann/Sabine Schülting, [Art.] Androgynität, in: Metzler Lexikon. Literatur- und Kulturtheorie (wie Kap. A, Anm. 13) S. 16.

361 Vgl. Ulla Bock/Doris Alfermann, Androgynie in der Diskussion: Auflösung der Geschlechterrollengrenzen oder Verschwinden der Geschlechter? – Eine Einleitung, in: Androgynie. Vielfalt der Möglichkeiten Hg. von Ute Bock und Doris Alfermann. Stuttgart u. a. 1999 S. 11–34, hier 12 f.

362 Inge Stephan, „Die Musen gehören zu den himmlischen Gestalten, die Mann und Weib nicht kennen". Zur Androgynitätsauffassung in Kunst und Wissenschaft, in: Akten des VII. Internationalen Germanistenkongresses Göttingen 1985: Kontroversen, alte und neue. Hg. von Albrecht Schöne, Bd. 6: Frauensprache – Frauenliteratur? Für und Wider einer Psychoanalyse literarischer Werke. Hg. von Inge Stephan und Carl Pietzcker. (Akten des VII. Internationalen Germanistenkongresses 6). Tübingen 1986 S. 119–126, hier 119.

363 Vgl. Bock/Alfermann, Androgynie S. 13.

364 In der bekanntesten antiken Ausformung des Androgynie-Motivs, im platonischen Mythos, erscheint der ‚Androgyn' als kugelförmiges, hermaphroditisches Doppelwesen, das von den Göttern aus Furcht vor Konkurrenz in zwei Hälften geschnitten wurde. In der Liebesumarmung suchen die beiden Hälften nach ihrem ursprünglichen Partner, um wieder mit ihm eins zu werden. Schon hier erscheint der ‚Androgyn' als gottähnliches, vollkommenes Wesen.

365 Der ‚Hermaphrodit' ist ein Zwitterwesen, das sowohl weibliche als auch männliche biologische Geschlechtermerkmale aufweist. Der Begriff geht auf den von Ovid in den „Metamorphosen" berichteten Mythos von ‚Hermaphroditos' zurück, einen Sohn von Hermes und Aphrodite, der auf den Wunsch der Quellnymphe Salmakis mit ihr zu einem Zwitterwesen vereinigt wurde.

366 Vgl. Feldmann/Schülting, [Art.] Androgynität, in Metzler Lexikon. Literatur- und Kulturtheorie S. 16 f.

schung wird unter Androgynie sehr allgemein und umfassend „eine Gedankenfigur, in der Weiblichkeit und Männlichkeit – die gemeinhin als zwei entgegengesetzte Merkmale menschlichen Seins gelten – als in einer Person vereint vorgestellt werden“ verstanden.[367]

Die Figur des Androgyn hat innerhalb der europäischen Kultur- und Literaturgeschichte von der Antike bis in die Moderne erhebliche Wandlungen durchgemacht.[368] Doch erst im Verlauf des 18. Jahrhunderts wird diese Figur zu einem festen Bestandteil im kunsttheoretischen Denken der Dichter und bildenden Künstler.[369] Der Androgyn ist in der Forschung vor allem als Identifikationsfigur der Künstler und Dichter in der zweiten Hälfte des 19. Jahrhunderts beschrieben worden.[370] Bram Dijkstra sieht im Konzept des Androgyn eine sich langsam seit dem Ende des 18. Jahrhunderts entwickelnde Gegenbewegung der künstlerischen Avantgarde gegen die ökonomisch motivierte Geschlechterpolarisierung in der bürgerlichen Gesellschaft, die in *Decadence* und *Fin de Siècle* ihren Höhepunkt und Abschluss findet.[371] Schriftsteller und Künstler hätten mit der Sehnsucht nach der Rückkehr der Menschheit in einen undifferenzierten, ungeteilten, androgynen Naturzustand ihre Ablehnung der Festschreibung von Mann und Frau auf polarisierte Geschlechterrollen zum Ausdruck gebracht.[372] Auch Mechthild Fend deutet den positiven Selbstentwurf des ‚androgynen Künstlers‘ als Reaktion der Künstler-Avantgarde auf die bürgerliche Gesellschaft, die ihr nur eine randständige und marginale Position zubilligte. Mit der Aufwertung traditionell ‚weiblicher‘ Eigenschaften wie Gefühl, Leidenschaft und Einfühlungsvermögen zu notwendigen Fähigkeiten des kreativen Künstlers werden autonomes Schöpfertum und Androgynie in der Moderne miteinander verbunden.[373]

Besondere Bedeutung erlangte das Konzept des Androgyn innerhalb frühromantischen Denkens. Der zentrale Kernpunkt romantischen Denkens liegt in der Sehnsucht nach der Wiederherstellung der Einheit von Mensch und

---

367 Bock/Alfermann, Androgynie S. 12.

368 Vgl. Achim Aurnhammer, Androgynie. Studien zu einem Motiv in der europäischen Literatur. Köln u. a. 1986.

369 Vgl. Bock/Alfermann, Androgynie S. 15.

370 So zuerst v. a. von Mario Praz, The Romantic Agony. Oxford ²1951 S. 175. Auch Aurnhammer, Androgynie S. 200–208, sieht im ‚Androgyn‘ das „Idol des einsamen Künstlers“.

371 Vgl. Bram Dijkstra, The Androgyne in Nineteenth-Century art and Literature, in: Comparative Literature 26. 1974 S. 62–73, hier 62.

372 Vgl. Dijkstra, Androgyne S. 73.

373 Vgl. Mechthild Fend, „Fräulein Rosa malt fast wie ein Mann“. Rosa Bonheur und die Schwierigkeit, als Künstlerin androgyn zu sein, in: Androgynie Vielfalt (wie Kap. C, Anm. 361) S. 72–85, hier 72 und 74.

Natur, die in der Vorstellung der Frühromantiker in längst vergangenen Zeiten existierte, in der Gegenwart aber verloren ist. Sie sahen im Konzept des Androgyn eine Möglichkeit, um den ersehnten Urzustand der Ganzheit und Harmonie, der Einheit von Mensch und Natur wieder zu erlangen.[374] Die Romantiker, besonders Friedrich Schlegel und Novalis, sahen in Frauen „Inbegriffe einer harmonischen, ganzheitlichen Persönlichkeit".[375] In ihrer Vorstellung stand das weibliche Geschlecht der Poesie näher als die Männer. „In ihrer Sehnsucht nach einer poetischen Existenz, in der das Leben zum ‚Kunstwerk' wurde, empfanden die Romantiker Frauen als leibhaftige Utopie, als ein lebendiges, sinnlich greifbares Versprechen."[376] In der Liebe zu einer Frau schien den Romantikern die Poetisierung der eigenen künstlerischen Existenz, die Transzendierung der Grenze zwischen Kunst und Leben möglich, welche die Klassik errichtet hatte. Aufbauend auf das geschlechterpolarisierende Denken ihrer Zeit, das dem Mann Vernunft und Rationalität, der Frau Gefühl und Emotionalität zuschrieb, übertrugen die Frühromantiker die zu überwindende Trennung von Mensch und Natur auf die Überwindung der Dichotomie von Männlichkeit und Weiblichkeit. Im romantischen Denken wurde die Frau bzw. das ‚Weibliche' mit der Natur, mit den Kräften der irrationalen, organischen, spirituellen Welt assoziiert, von der sich die Romantiker als entfremdet erlebten.[377] Getrieben von der Sehnsucht nach eigener Ganzheit und Vollkommenheit strebten die Frühromantiker in der heterosexuellen und erotischen Liebe die Überwindung der Dichotomie von Mensch und Natur, die Wiedererlangung der verlorenen Einheit an. Mit der an den platonischen Mythos anknüpfenden Vorstellung von den Geschlechtern als komplementären, antithetischen Hälften erscheint das Paar in der Liebesvereinigung als androgynes Wesen, das in der Umarmung zu neuer Ganzheit und Vollkommenheit gefunden hat.[378]

Das Modell der romantischen ‚Künstlerandrogynie' lässt sich zunächst als positive Utopie verstehen. Als Geschlechtergrenzen überschreitender Entwurf menschlicher Existenz schien er geeignet, die bestehende Geschlechterdichotomie zu überwinden und die Emanzipation der Frau zu fördern. Die neuere Forschung hat jedoch gezeigt, dass dieses Modell „vielmehr der narzistischen Vervollkommnung des Mannes", als der Emanzipation der Frau diente.[379] Die Romantiker stellten die bestehenden Geschlechterstereotypen

---

374 Vgl. Sara Friedrichsmeyer, The Androgyne in Early German Romanticism. Friedrich Schlegel, Novalis and the Metaphysics of Love. Bern u. a. 1983 S. 46 und 49.

375 Frevert, Meisterdenker S. 26.

376 Ebd.

377 Vgl. Friedrichsmeyer, Androgyne S. 49 und 51.

378 Vgl. ebd. S. 52 f.

nicht in Frage. Ihr idealisiertes und überhöhtes Weiblichkeitsideal von der Frau als Verkörperung der organischen Natur und Verheißung ersehnter Ganzheitlichkeit schreibt den Geschlechtscharakter fort.[380]

Grillparzer scheint in seinem Libretto das romantische Androgynitätskonzept, das der Frau als Geliebter des Künstlers die Funktion eines Mediums der Transzendenz in den ersehnten Urzustand der Ganzheit und Harmonie zuweist, aufzugreifen und zu erweitern, zugleich aber auch zu verneinen. Der ‚Liebespakt‘, mit dem der Ritter Liebe und totale Welterfahrung erhält, eröffnet ihm den Zugang zu der ersehnten metaphysischen, poetischen Sphäre, wie ihn die Romantiker erträumten. Auch in „Melusina“ erscheint die Liebesbindung von Mann und Frau als Grundlage der ‚Poetisierung‘ der künstlerischen Existenz. Doch Melusina ist für Raimund nicht nur „leibhaftige Utopie“ (U. Frevert) im Sinne der Romantiker. In Grillparzers kunsttheoretischem Denken vollzieht sich im ‚Liebespakt‘ von Melusina und Raimund zugleich das Lebendigwerden der künstlerischen Idee in der Phantasie des Künstlers. Aus dieser Perspektive erscheint die Liebesbegegnung zwischen Melusina und Raimund, zwischen Kunst und Künstler, als wechselseitige Grenzüberschreitung. In der Liebe zu Melusina wird Raimund zum Medium für die Transformation der – weiblich gedachten – künstlerischen Idee aus dem wesenlosen Reich der Poesie in die substanzhafte Wirklichkeit. Grillparzer erweitert damit das einseitig auf den Mann bezogene Androgynitätskonzept der Romantiker durch seine eigenen Vorstellungen über die Poesie zu einem wechselseitigen Prozess. Allerdings bleibt auch Grillparzers Vorstellung eine geschlechterpolarisierende und androzentrische. Der Künstler wird als männlich gedacht, die künstlerische Idee als weiblich. Das männliche Künstlerindividuum bleibt dem Geist der Zeit entsprechend das schöpferische, kreativ schaffende Element, die weibliche künstlerische Idee das passive Objekt männlichen Gestaltungswillens. Die eben skizzierte Übernahme und Erweiterung des romantischen Konzeptes wird innerhalb der Handlung des Librettos fragwürdig. Auf Raimunds Übertritt in die metaphysische Sphäre folgt bald die Ernüchterung und Enttäuschung des Helden. Die erhoffte Totalitätserfahrung, ein Äquivalent zur romantischen Sehnsucht nach der Einheit von Mensch und Natur, bleibt aus. Während die Romantiker gerade in der Kreatürlichkeit und Naturhaftigkeit der Frau ihre Nähe zum paradiesischen Urzustand vermuteten, erscheint die Geschlechtlichkeit der Frau bei Grillparzer als zerstörerischer Faktor, der den Mann vor der Bindung fliehen lässt. Raimund strebt mit Melusina keine körperlich-

[379] Vgl. BOCK/ALFERMANN, Androgynie S. 15.
[380] Vgl. FRIEDRICHSMEYER, Androgyne S. 54.

erotische Verbindung an, sondern eine rein geistige. Melusinas geschlechtlicher, kreatürlicher Teil erschreckt ihn, stößt ihn ab. Nur als asexuelles Geistwesen kann sie zu Raimunds Medium, zu der von ihm ersehnten metaphysischen, poetischen Wirklichkeit werden.

Anders als in den anderen Androgynitätskonzepten, die um die Wende vom 18./19. Jahrhundert entstehen, wird von Grillparzer mit der Androgynität des Menschen keine positive Utopie entworfen, mit deren Hilfe die Polarisierung der Geschlechter überwunden werden könnte. Raimund erscheint nicht als autonomes Schöpfersubjekt, wie sich die Romantiker als Künstler selbst sahen. Der Künstler ist aus Grillparzers Sicht nicht der selbstherrliche, subjektive Geist – wie ihn zum Beispiel Tieck entwirft, der die Wirklichkeit als Phantom der inneren Einbildung beherrscht. Grillparzers Dichterfigur Raimund fühlt sich in dem Glauben an seine innere, erträumte Wirklichkeit und dem Glauben an die äußere Wirklichkeit gespalten. Für den Dichter ist Androgynität kein paradiesischer Urzustand, sondern problematische Existenz. Das Opernlibretto „Melusina" illustriert, dass eine Gesellschaft wie das Wiener Biedermeier, die auf eine Polarisierung und Segregation der Geschlechter ausgerichtet ist, von ihren Mitgliedern geschlechtliche Eindeutigkeit verlangt. Raimunds Wunsch, von Zeit zu Zeit ein untätiger Träumer sein zu dürfen, lässt sich mit seiner männlichen Rolle nicht vereinbaren. Er stößt auf gesellschaftliche Verachtung und Ächtung.

Grillparzer zeigt in „Melusina", welche Zwänge die Geschlechterpolarisierung und die von ihr verursachte rigide und starre Rollenzuweisung auf den männlichen Künstler ausübt, dessen Selbstverständnis auf der Integration aufgewerteter, innerhalb bürgerlicher Geschlechtervorstellungen ‚weiblicher' Eigenschaften in seine Persönlichkeit beruht. Er bekundet als Mann und Dichter sein Unbehagen in der bürgerlichen Ordnung der Geschlechter des 19. Jahrhunderts, ohne dass er die vorgefundenen Geschlechterstereotypen ernsthaft in Frage stellte. In der Figur des Raimund präsentiert der Dichter nur seine eigene, von ihm selbst als Ungenügen empfundene Unfähigkeit, der von ihm normativ geforderten Männlichkeitsrolle zu entsprechen.

5. Theodor Fontane und die schöne Melusine[381]

Theodor Fontane zeigte sich zeit seines Lebens fasziniert von der Gestalt der Melusine. Seine Beschäftigung mit dem Stoff lässt sich nicht mit den Begriffen Adaptation, literarische Bearbeitung oder Nacherzählung erfassen, die sich auf ältere Versionen des Stoffes in der deutschen Literatur applizieren lassen. Denn die Auseinandersetzung des Dichters mit der Figur Melusine von Lusignan und ihrem Schicksal mündet nicht in einen von ihm selbst als Melusinenroman, -novelle oder -erzählung etikettierten literarischen Text, der die Frucht oder Quintessenz seiner Befassung mit dem Melusinenstoff darstellt. Vielmehr durchziehen Hinweise, intertextuelle Bezüge und Allusionen auf Melusine sein gesamtes Werk.[382] Hans Scholz nannte Melusine gar eine „idée fixe" Fontanes, die den Autor „unablässig beschäftigt" habe.[383] Wolfgang Paulsen wählte für seine biographische Studie zu Fontane nicht ganz unbegründet den vielsagenden Titel „Im Banne der Melusine"[384].

In Melusine sah Fontane – unter dem Einfluss der Wasserfrauenbegeisterung seiner Epoche und Ignorierung der vormodernen Wahrnehmungstradition der Figur – vordergründig eine Nixe oder Meerjungfrau. Schon in dem ältesten Melusinen-Fragment, dem Entwurf zu einem einbändigen Roman, der den Titel „Melusine. an der Kieler Bucht" tragen sollte, heißt es:

„Das Mädchen ist eine Art *Wassernixe*, das Wasser ist ihr Element: baden, schwimmen, fahren, segeln, Schlittschuh laufen. Alles was künstl[erisch] oder liter[arisch] damit zusammenhängt entzückt sie, drüber liest sie, davon spricht und schreibt sie,

---

381 Als Textgrundlage wird verwendet: THEODOR FONTANE, Werke (wie Kap. A, Anm. 1). Im Folgenden zitiert als: HA. Eine Übersicht über die einzelnen Abteilungen und Bände der Hanser-Ausgabe bietet: CHARLOTTE JOLLES, Theodor Fontane. 4., überarbeitete und erweiterte Auflage. Stuttgart u. a. 1993 S. 136 f.

382 In seinen Allusionen auf die ‚Geschichte von der schönen Melusine' stellt Fontane die tatsächliche Relation zwischen Melusine und dem Hause Lusignan auf den Kopf. Er sieht in ihr nicht die Stamm-Mutter dieses Adelsgeschlechtes, sondern – umgekehrt – lässt er Melusine von den Lusignans abstammen. In „Frau Jenny Treibel" bspw. macht der Kommerzienrat seine Frau über den Vergleich mit den Lusignans auf die Lächerlichkeit ihres Familienstolzes aufmerksam: „Wir sind weder die Montmorencys noch die Lusignans – von denen, nebenher bemerkt, die schöne Melusine herstammen soll, was dich vielleicht interessiert –, wir sind auch nicht die Bismarcks [...]" (HA I, 4, 437 f). Vgl. auch HA I, 1, 655 [„Schach von Wuthenow"].

383 HANS SCHOLZ, Theodor Fontane. München 1978 S. 334.

384 WOLFGANG PAULSEN, Im Banne der Melusine. Theodor Fontane und sein Werk. Bern u. a. 1988.

sie hat Bücher und Bilder *dieses* Inhalts. Sie liebt das *Melusinen*-Märchen und *Mörikes* Gedicht von der ‚Windsbraut'" (HA I, 7, 253).

Nicht nur in seinen literarischen Texten, sondern auch in seiner privaten Korrespondenz bezog sich der Dichter immer wieder auf die Melusinengeschichte. Dies geschah vielleicht auch, weil er sich ihr durch den gemeinsamen Ursprung aus dem südlichen Frankreich verwandt fühlte, denn gerade diese Herkunft betonte er immer wieder. So schrieb er beispielsweise seiner Tochter Mete (Martha) im Juni 1878 scherzhaft in die Sommerfrische:

„Uebrigens, meine süße Mete, vergiß beim Baden nicht, daß Du eine Erdgeborene bist und trotz unsrer Herkunft aus dem südlichen Frankreich, nicht von den Lusignan's stammst, aus denen die ‚schöne Melusine' entsproß. Wolle also nicht zu sehr ‚mermaid' sein und halte Dich im Seh- und Stimmbereich mecklenburgischer Badefrauen. Vor denen erbangen selbst die Geister der Tiefe" (HA IV, 2, 604).

Fontanes literarische Auseinandersetzung mit der ‚Geschichte von der schönen Melusine' lässt sich bis in die 70er Jahre zurückverfolgen. Bereits unmittelbar nach seinem Debüt als Romanautor mit „Vor dem Sturm" (1878), dies bezeugen Dokumente aus dem Nachlass, beschäftigten den Autor Pläne zu einem großen Melusinenroman. Relikte dieses Projektes sind drei Fragment gebliebene Entwürfe: „Melusine. An der Kieler Bucht" (1878)[385], „Oceane von Parceval" (1882)[386] und „Melusine von Cadoudal" (1895)[387]. Allein der Altersroman „Der Stechlin" (1898) kann als fertiggestellte Umsetzung der Melusinenthematik gelten.[388]

Auf welche Weise Fontane mit dem Melusinenstoff bekannt geworden ist, lässt sich heute nicht mehr nachvollziehen. Wahrscheinlich ist jedoch, dass er die ‚Geschichte von der schönen Melusine' in Form einer der populären ‚Volksbuch'-Editionen des 19. Jahrhunderts kennenlernte. Zu vermuten ist zudem, dass der Dichter auch andere Bearbeitungen des Melusinenstoffes, etwa Goethes Novelle „Die neue Melusine" und Tiecks Neubearbeitung aus der Zeit um 1800[389] kannte. Darüber hinaus dürfte Fontane auch andere romantische und zeitgenössische Wasserfrauentexte, etwa Andersens „Kleine

---

[385] In: HA I, 7, 253 f.

[386] In: HA I, 7, 427–441.

[387] In: HA I, 7, 566–571.

[388] Bereits in der frühen Fontane-Forschung wurde darauf aufmerksam gemacht, dass „Der Stechlin" – im Hinblick auf die Konzeption des Romans und den Umfang des Romangeschehens, das sich auf Melusine konzentriere – besser nach dieser benannt worden wäre. Josef Hofmiller, Stechlin-Probleme, in: Ders., Die Bücher und wir. München 1950 S. 67–75, bes. 71 und 74.

[389] Vgl. Kap. C.2.2 und C.3.1.

Meerjungfrau“ (1837; dt. 1839), rezipiert haben.[390] Ganz sicher aber kannte er Fouqués „Undine“ (1811). Denn er erwähnt ein Tischgespräch in einer englischen Familie während seines ersten Englandaufenthaltes, das um deutsche Literatur und um Fouqués Märchennovelle kreiste (vgl. HA III, 3:2, 800).

Der Autor interessierte sich vor allem für das ‚Melusinenhafte‘, das ‚Melusinische‘, an der Figur, wobei sich Fontanes Vorstellung von ‚melusinisch‘ keineswegs mit den der Melusine im ‚Volksbuch‘ zugeschriebenen Attributen deckte. Das ‚Melusinische‘ an zahlreichen von Fontanes Frauenfiguren lässt sich als eine ganz spezifische, physisch-psychische Disposition, als spezifischer Typus von Weiblichkeit beschreiben. So konstatierte Christina von Braun - zu recht - in ihrem Beitrag „Fontanes Melusine-Gestalten“ (2002) „‚Melusine‘ ist kein Name - Melusine ist ein Programm. Ein Programm, das Fontane sein Leben lang begleitete.“[391] Fontanes Begeisterung für die „Beauté mit dem Fischschwanz“ (HA IV, 4, 176) nimmt angesichts der Nixen- und Nymphenmanie des späten 19. Jahrhunderts kaum Wunder. Nicht nur Fontane, sondern nahezu alle männlichen Autoren aus der zweiten Jahrhunderthälfte haben das Motiv der Wassernymphe literarisch bearbeitet.[392]

---

[390] Hans Christian Andersens Kunstmärchen „Den lille havfrue“ (dt.: „Die kleine Seejungfer“), das 1837 zuerst in seinen „Eventyr, fortalte for Børn“ (dt.: „Märchen, für Kinder erzählt“; 1835–1842) publiziert wurde, wurde sehr früh ins Deutsche übersetzt. Bereits 1839 erschien es unter dem Titel „Das kleine Meerweib“ in der ersten deutschen Übersetzung der „Eventyr“: Mährchen und Erzählungen für Kinder. Aus dem Dänischen vom Major von Jenssen. Braunschweig 1839. Diese Ausgabe erlebte in den 1840er Jahren mehrere Neuauflagen. 1840/41 wurde die übersetzte Version als Fortsetzungsgeschichte unter dem Titel „Die Seejungfrau“ in mehreren literarischen Blättern abgedruckt. 1847 schließlich wurde das Märchen unter dem Titel „Die kleine Seejungfrau“ in die vom Verfasser selbst besorgte Gesamtausgabe aufgenommen: Hans Christian Andersen's Gesammelte Werke. Bd. 13: Gesammelte Märchen. Teilbd. 2. Leipzig 1847. Zur Rezeption in Deutschland vgl. Heinrich Detering, Nachwort, in: Hans Christian Andersen, Sämtliche Märchen in zwei Bänden. Bd. 2. München 1996 S. 715–740 sowie Ivy York Möller-Christensen, Den gyldne Trekant. H. C. Andersens gennembrud i Tyskland 1831–1850 med tilhørende bibliografie. Odense 1992 S. 305–401.

[391] Christina von Braun, Fontanes Melusine-Gestalten, in: Fontane-Blätter 73. 2002 S. 116–122, hier 116.

[392] Silvia Bovenschen hat auf die Bedeutung des Wasserfrauenmotivs in der Dichtung des Bürgerlichen Realismus als Projektionsfläche männlicher Weiblichkeitsphantasien aufmerksam gemacht, Irmgard Roebling die Nixenphantasien in der Dichtung des bürgerlichen Realismus beispielhaft an Texten von Heyse, Raabe und Fontane untersucht. Bovenschen, Frauen; Roebling, Nixe.

5.1 Bisherige Forschung

Seit nunmehr über 40 Jahren beschäftigt sich die Literaturwissenschaft mit dem Phänomen der Melusine im erzählerischen Oeuvre Fontanes. Seine Bearbeitungen des Melusinenmotivs gelten inzwischen als „Höhepunkt der Melusinenthematik im späten 19. Jahrhundert".[393]

Die erste grundlegende Studie zum Melusinenthema im Werk des Dichters wurde Anfang der 60er Jahre von Renate Schäfer vorgelegt.[394] Sie unterstrich als erste die nachhaltige Bedeutung des Motivs für die Gedanken- und Vorstellungswelt des Dichters. In ihrer materialreichen motivgeschichtlichen Arbeit konzentriert sie sich zunächst auf das Melusinenmotiv bei Fontane im engeren Sinne und untersucht die Beziehungen zwischen den – zu diesem Zeitpunkt zum Teil noch nicht veröffentlichten[395] – Melusinen-Fragmenten aus dem Nachlass und dem „Stechlin", dem einzigen von Fontane vollendeten Erzähltext, in dem die Melusinenfigur auch den Namen der mittelalterlichen Fee trägt – Melusine von Barby.

Die zweite für die Fontane-Forschung im Hinblick auf die Melusinenthematik wegweisende Arbeit stammt von Hubert Ohl. Sein Beitrag „Melusine als Mythos bei Theodor Fontane" befasst sich mit dem Melusinenmotiv bei Fontane aus der Perspektive der Mythos-Forschung.[396] Die Ohlsche Arbeit vermittelte der Fontane-Forschung im wesentlichen zwei Einsichten: Die Wahrnehmung des Phänomens Melusine nicht länger als Thema, Motiv oder Stoff, auf das oder den Fontane Bezug nimmt, sondern als Mythos, an dem der Dichter in seinem Oeuvre – diesen aktualisierend – fortschreibt, sowie die Deutung der Melusinenfiguren als Variationen eines spezifischen Weiblichkeitstypus. Für Fontane – so Ohl – nehme das ihn seit den 70er Jahren

---

393 Renate Böschenstein, [Art.] Melusine in der Neuzeit, in: Verführer, Schurken, Magier (wie Kap. A, Anm. 41) S. 645–661, hier 655.

394 Schäfer, Melusine-Motiv.

395 Während das „Oceane"-Fragment schon 1919 aus dem Nachlass von Ernst Heilborn in seinem „Fontane-Buch", S. 75–90, veröffentlicht wurde, erschien der Entwurf „Melusine. An der Kieler Bucht" erstmals 1966 in der von Walter Keitel und Helmut Nürnberger besorgten Werkausgabe im Druck. Das Fragment „Melusine von Cadoudal" wurde erst Ende der 60er Jahre in den „Fontane-Blättern" veröffentlicht und später in die Nymphenburger Ausgabe aufgenommen: Gotthard Erler, „... daß das Kleine bestimmt sei, zu Großem zu führen". Der unveröffentlichte Romanentwurf „Melusine von Cadoudal", in: Fontane-Blätter 2. 1969 S. 4–9.

396 Hubert Ohl, Melusine als Mythos bei Theodor Fontane, in: Mythos und Mythologie in der Literatur des 19. Jahrhunderts. Hg. von Helmut Koopmann. Frankfurt a. M. 1979 S. 294–306. Der Beitrag erschien in einer überarbeiteten Fassung erneut: Ders., Melusine als Mythologem bei Theodor Fontane, in: Fontane-Blätter 6. 1986 S. 426–440.

faszinierende naturhaft-dämonische Elementare die Form des Weiblichen an und finde in der Figur der Melusine die ihm gemäße Gestaltung.[397] In einer „Reihe von Frauengestalten, die durch das Melusine-Motiv miteinander verbunden [seien]“, entfalte der Dichter diese ihn faszinierende „bestimmte Erscheinungsform des Weiblichen“, nämlich des Weiblichen als „einer elementaren Macht, die sich hinter rätselvoller Kühle und Distanz verbirgt.“[398] Von einem Mythos-Begriff ausgehend, der den Mythos und seine Gestalten als zeitlos bestimmt, sieht Ohl in Fontanes ‚melusinischen‘ Frauengestalten Aktualisierungen des ‚Melusine-Mythos‘.[399] Ohl erkannte als erster, dass nicht nur die Protagonistinnen der drei Melusinen-Fragmente und die ältere der Barby-Schwestern aus Fontanes „Stechlin“ Melusinen sind, sondern auch zahlreiche andere Frauenfiguren im erzählerischen Oeuvre des Dichters ‚melusinische‘ Züge tragen. Er nennt ausdrücklich: Hilde Rochussen aus der Erzählung „Ellernklipp“ (1881), Cécile aus dem gleichnamigen Roman, Ebba von Rosenberg aus „Unwiederbringlich“ (1891) sowie Effi Briest.

Die von Ohl proklamierte Allgegenwärtigkeit der Melusinen im Erzählwerk Fontanes fiel in der Fontane-Forschung auf fruchtbaren Boden. An immer mehr Frauenfiguren entdeckten Forscher und Forscherinnen ‚Melusinisches‘[400]. Heute gelten neben den zuvor genannten auch die Schauspielerin Franziska Franz, weibliche Hauptfigur aus dem Roman „Graf Petöfy“ (1884), sowie Lütt Agnes und Armgard von Barby aus „Der Stechlin“ als Melusinen. Es werden Victoire von Carayon aus „Schach von Wuthenow“ und Melanie van der Straaten, die Ehebrecherin aus „L'Adultera“, mit dem ‚Melusinischen‘ in Verbindung gebracht. Auch Grete Minde, Protagonistin der gleichnamigen Novelle, sowie Marie Kniehase aus „Vor dem Sturm“ werden als Vorläuferinnen des ‚melusinischen‘ Frauentyps angesehen. Die ‚Entdeckung‘ der ‚melusinischen‘ Frauenfiguren als mythisches Element im Erzählwerk Fontanes, einem der bedeutendsten Autoren des als mythenfeindlich geltenden Bürgerlichen Realismus[401], hatte für die Forschung weit-

[397] Ohl, Melusine als Mythologem S. 430.

[398] Ebd. S. 426 f.

[399] Ebd. S. 427.

[400] Kritisch zu einer inflationären Applizierung der ‚Melusinenhaftigkeit‘ auf fast alle Protagonistinnen Fontanes: Horst Thomé, Autonomes Ich und ‚Inneres Ausland‘. Studien über Realismus, Tiefenpsychologie und Psychiatrie in deutschen Erzähltexten (1848–1914). Tübingen 1993 S. 294.

[401] Vgl. dazu Markus Winkler, Mythisches Denken im poetischen Realismus. Dämonische Frauenfiguren bei Keller, Fontane und Storm, in: Akten des VIII. Internationalen Germanisten-Kongresses Tokio 1990. Begegnung mit dem ‚Fremden‘. Grenzen – Traditionen – Vergleiche. Hg. von Eijirō Iwasaki. Bd. 11. Hg. von Yoshinari Shichiji. München 1991 S. 147–159, hier 147 ff.

reichende Folgen. Irmela von der Lühe spricht in diesem Zusammenhang von einem „Paradigmenwechsel [...], der sich für die Forschung aus der Melusinenfigur Fontanes ergibt. Der Autor ‚sozialer Romankunst' erscheint zunehmend als Vertreter des Elementaren und Mythischen".[402] Auch Dieter Borchmeyer sieht in den melusinischen Frauenfiguren eine „mythische Unterkellerung seiner Gesellschaftswelt".[403]

In ihrem Beitrag „Mythologie zur Bürgerzeit" (1986) untersucht Renate Böschenstein das Verhältnis von Mythologie und Bürgerlichem Realismus. Im Anschluss an Hans Blumenbergs einflussreiche Studie „Arbeit am Mythos" (1979) begreift sie die „mythologische Komponente in den erzählerischen Werken Raabes und Fontanes" nicht nur als „integralen Teil" derselben sondern auch als eine „aufschlußreiche Sonderform mythologischer Dichtung".[404] Da sich um die Mitte des 19. Jahrhunderts vor dem Hintergrund eines an Faktizität orientierten Realitätskonzeptes, der Dominanz des Historismus sowie der „bürgerliche[n] Kernvorstellung vom in sich geschlossenen individuellen Subjekt" ein gewisser „Widerstand gegen Mythologie" abzeichnete[405], seien mythische Elemente in realistischen Texten nur als Spiel mit Allusionen auf antike und christliche Mythen präsent – ein intertextuelles Verfahren, das Böschenstein als „Krypto- und Zitatmythologie" bezeichnet.[406] Böschenstein unterscheidet „eine weitere und eine engere Fassung seines [Fontanes; Cl. St.] Konzepts des Melusinischen".[407] Melusinen im weiteren Sinne seien diejenigen Frauenfiguren, die „[...] von einer Verführungskraft geprägt [sind], die sie mit der sozialen Ordnung in Konflikt bringt und die durch symbolische Verweise mit den Elementen Luft, Wasser, Feuer verbunden wird." Zugleich habe Fontane „an einer Melusinenfigur im engeren Sinne gearbeitet, die meist auch diesen Namen trägt" .[408] In der Diskussion der vergangenen Jahrzehnte fällt diese Zweiteilung, in Forschungsarbeiten, die sich eher mit dem ‚Melusinenmotiv im weiteren Sinne' (das ‚Melusinische als Weiblichkeitstypus bei Fontane), und Forschungsarbeiten,

---

402 von der Lühe, Fremdheit S. 123, Anm. 2. Kritisch zu dieser starken Betonung des Mythischen im Werk Fontanes: Jolles, Fontane S. XIII.

403 Dieter Borchmeyer, Melusine oder die „ewig sieggewisse Macht" des Elementaren. Mörike und Wagner in einer Parallele Fontanes, in: „Sei Dichter, mir willkommen!". Studien zur deutschen Literatur von Lessing bis Jünger. Hg. von Klaus Garber und Teruaki Takahashi. Köln u. a. 1995 S. 169–181, hier 172.

404 Renate Böschenstein, Mythologie zur Bürgerzeit. Raabe – Wagner – Fontane, in: Jahrbuch der Raabe-Gesellschaft 1986 S. 7–34, hier 7 f.

405 Böschenstein, Mythologie S. 9 f.

406 Ebd. S. 13.

407 Böschenstein, [Art.] Melusine in der Neuzeit, in: Verführer, Schurken, Magier S. 655.

408 Ebd.

die sich eher mit dem ‚Melusinenmotiv im engeren Sinne' (Fragmente und „Der Stechlin" als Untersuchungsgegenstand) befassen, ins Auge.

Im Hinblick auf den ersten Forschungsschwerpunkt, die Wahrnehmung der Fontaneschen Melusinen als spezifischen Weiblichkeitstypus, sind vor allem die Arbeiten von Edda Ziegler zu nennen. Anknüpfend an Ohls knappe Charakterisierung der Fontaneschen Melusinen[409], bemüht sich Ziegler seit den 90er Jahren, das Spezifische und Gemeinsame aller Melusinenfiguren zu fixieren. In der mit Gotthard Erler verfassten Werkbiographie „Theodor Fontane. Lebensraum und Phantasiewelt" (1996) lotet sie ihre Bedeutung für die Beziehung Fontanes zu seiner Tochter Mete aus und kontrastiert sie mit Fontanes zweitem Weiblichkeitstypus, den ‚Mathilden', als deren Prototyp die gleichnamige Hauptfigur aus „Mathilde Möhring" gelten kann.[410] In „Die Zukunft der Melusinen" (2000) skizziert die Autorin den Wandel der Melusinen-Konzeption, den dieser Weiblichkeitstypus von seiner ersten programmatischen Formulierung in den Fragmenten bis zu seiner Ausgestaltung im Stechlin durchmacht.[411] In ihrem jüngsten Beitrag „Fremd auf dieser Welt" (2002) schließlich untersucht sie das Aparte als ein zentrales Charakteristikum der Fontaneschen Melusinen und seine Bedeutung für das Erzählwerk Fontanes.[412]

Eine zweite Forschungsrichtung konzentriert sich auf das – bereits von Renate Schäfer als „wichtigsten Ansatz"[413] herausgestellte – Fragment „Oceane von Parceval". Arthur Hübscher untersuchte 1970 anhand des Oceane-Fragments Fontanes Schopenhauer-Rezeption und ihren Niederschlag in der Melusinen-Konzeption.[414] Hans-Otto Horch, der in seinem Beitrag „Ansichten des 19. Jahrhunderts" Fontanes Verhältnis zu Richard Wagner thematisierte, betrachtete in diesem Zusammenhang zum ersten Mal die Melusinen-Fragmente.[415]

---

[409] Ohl, Melusine als Mythologem S. 430.

[410] Edda Ziegler/Gotthard Erler, Theodor Fontane. Lebensraum und Phantasiewelt. Eine Biographie. Berlin 1996 S. 208ff und 218–241. Zu Mathilde Möhring als Frauentypus vgl. auch Agni Daffa, Frauenbilder in den Romanen *Stine* und *Mathilde Möhring*. Untersuchungen zu Fontane. Frankfurt a. M. 1998 S. 261–279.

[411] Edda Ziegler, Die Zukunft der Melusinen. Weiblichkeitskonstruktionen in Fontanes Spätwerk, in: Theodor Fontane am Ende des Jahrhunderts. Hg. von Hanna Delf von Wolzogen und Helmuth Nürnberger. Bd. 2: Sprache, Ich, Roman, Frau. Würzburg 2000 S. 173–185.

[412] Edda Ziegler, Fremd auf dieser Welt. Das Aparte an Fontanes literarischen Heldinnen, in: Fontane und die Fremde. Fontane und Europa. Hg. von Konrad Ehlich. Würzburg 2002 S. 23–35.

[413] Schäfer, Melusine-Motiv S. 71.

[414] Arthur Hübscher, Melusine, in: Schopenhauer-Jahrbuch 51. 1970 S. 153–164.

[415] Hans-Otto Horch, Ansichten des 19. Jahrhunderts. Theodor Fontanes Verhältnis zu Richard Wagner und dem Wagnerismus, in: Fontane-Blätter 6. 1986 S. 311–324.

In den 90er Jahren wird diese geistes- bzw. philosophiegeschichtliche Perspektive auf das „Oceane"-Fragment aktualisiert. Dieter Borchmeyer untersucht in seinem Aufsatz „Melusine oder die ‚ewig sieggewisse Macht' des Elementaren" die Bedeutung der Schopenhauerschen Ästhetik für Oceanes Verhältnis zur Realität sowie den Einfluss Mörikes und Wagners auf Fontanes Konzeption des Elementaren.[416] Der Autor versteht die Fontaneschen Melusinen als „Verkörperung des ‚Elementaren'", wobei dieses bei Fontane letztendlich als „Widerpart der bestehenden politisch-gesellschaftlichen Ordnung" fungiere.[417] Borchmeyer bringt Oceanes Plädoyer für das Existenzrecht von „Naturen […], an denen das Leben bilderhaft vorüberzieht", und ihre provozierende Frage, ob nicht auch die „Welt der Nicht-Empfindung" ein „Glück" sei (HA I, 7, 431), mit der Ästhetik Schopenhauers in Verbindung. Oceane lebe Schopenhauers Ästhetik: „[…] Leben und Tod werden zum uninteressiert zu beschauenden Bild, in dessen reiner Betrachtung der Drang des Willens, Schmerz und Leidenschaft stillgestellt werden."[418] Als Beleg für seine These führt Borchmeyer Oceanes Reaktion auf den Anblick eines in stürmischer See getöteten Seemanns an[419], die er als ihre Unfähigkeit deutet, „[…] Leben und Tod anders als im ‚Bild', im Medium der ästhetischen Vorstellung wahrzunehmen." Das „Glück", von dem Oceane spreche (HA I, 7, 441), sei „das Glück der ästhetischen Anschauung".[420] Ihre ästhetische Position gegenüber der Welt entspreche dem „Selbstverständnis des modernen Künstlers", wie es sich etwa in den Künstlerfiguren Thomas Manns finde. Ihre „Welt der Nicht-Empfindung" (HA I, 7, 431) sei das „Reich der Bilder, die ästhetische Welt", ihr „Gegenglück zum Lebens- und Gefühlsglück", das der ‚modernen Melusine' Oceane verwehrt bleibe.[421]

In ihrem Beitrag „Fremdheit und Moderne: Theodor Fontanes Novellenfragment *Oceane von Parceval*" (1999) versteht Irmela von der Lühe die Auseinandersetzung des Dichters mit dem Phänomen Melusine – wiederum im Rekurs auf Blumenberg – als „literarische ‚Arbeit am Mythos'", die sie anhand der Paradigmen ‚Fremdheit' und ‚Modernität' betrachtet.[422] Anhand der beiden prominentesten Melusinenfiguren Fontanes, der frühen und pro-

---

[416] Borchmeyer, Melusine.

[417] Ebd. S. 179 und 181.

[418] Ebd. S. 177.

[419] Die entsprechende Textstelle im „Oceane"-Fragment lautet: „Sie sagt ihm [dem Helden; Cl. St.]: es sei ein Bild gewesen. Nichts weiter. Er sei nun tot. Die Frau weine. Aber es sei doch auch ein Glück" (HA I, 7, 441).

[420] Borchmeyer, Melusine S. 178.

[421] Ebd.

[422] von der Lühe, Fremdheit S. 123.

grammatischen Oceane und der späten Melusine von Barby, führt die Autorin vor, dass der ‚Melusinemythos' bei Fontane eine „entscheidende Umdeutung erfahren" habe.[423] Während in den älteren Versionen „die Chancen und Risiken einer Überwindung des Elementaren im Menschlichen" thematisiert würden, gehe es Fontane in seinen Variationen des Mythos darum, in Melusine „die Inkarnation einer höchst modernen Variante von Individualität" zu gestalten.[424] Das „Wesen der modernen Melusine" Oceane werde durch eben jene Aspekte bestimmt, die seit der Jahrhundertwende als „die zentralen Bestimmungen moderner Individualität" gelten: „Gefühlsferne, Wahrnehmung der Welt als bloßes Bild und radikale Reflexivität."[425] Auch von der Lühe stellt wie Borchmeyer einen Konnex zwischen Oceanes Äußerungen im Gespräch über das Gefühl (vgl. HA I, 7, 431ff) und der Philosophie Schopenhauers her. Im Kontext der Schopenhauerschen Ästhetik werde die „elementar-mythische Gefühlskälte" der ‚modernen Melusine' Oceane um- bzw. aufgewertet:

„Die reflexiv grundierte Sehnsucht nach dem Gefühl, nach Integration ins Menschliche, erscheint in den Worten Oceanes nicht länger als schicksalhafter Mangel, sondern als Ausweis gesteigerter, ästhetischer und ästhetisierender Existenz. Die beklagte Gefühlskälte wird damit zur Grundlage eines anderen Glücks, des Glücks der ästhetischen Anschauung. [...] [D]as Stigma mangelnder Gefühlsbindung wandelt sich zur privilegierten Position moderner Wahrnehmungsästhetik."[426]

Oceane ist für von der Lühe zugleich eine „‚Vorläuferin'" und ein „Antipode" der späten Melusine von Barby. Im Gegensatz zu dieser gehe Oceane, die am Schluss der geplanten Novelle in ihr Element, das Wasser, zurückkehrt, „tragisch zugrunde".[427] Während Melusine von Barby als Repräsentantin der „[...] in unglücklicher bzw. tragischer Distanz lebenden Wasserfrau ‚Erlösung' im Bekenntnis zum Fortschritt, zum Neuen [finde]", bleibe Oceane ihr sehnlichster Wunsch, die „Überwindung ihrer Natur", der Gefühlskälte, verwehrt.[428]

Anke Bennholdt-Thomsen betrachtet in ihrem Beitrag „Bilder statt Leben. Zu Fontanes *Oceane von Parceval*" (2000) das Oceane-Fragment im Kontext der nachromantischen Rezeption des Melusinenstoffes. In nachromantischer Zeit werde die anderweltliche Frau „ins Menschliche transponiert", sie wer-

[423] Ebd. S. 124.
[424] Ebd. S. 126.
[425] Ebd. S. 129f.
[426] Ebd. S. 131f.
[427] Ebd. S. 128.
[428] Ebd. S. 127f.

de zu einer „unechte[n] Wasserfrau“. Die Wasserfrauen der Tradition fungierten „nur noch als Folie“, auf der Frauen in den literarischen Texten eingeführt werden, um ihr „Anderssein gegenüber der Gesellschaft und ihren Normen, insbesondere gegenüber dem herrschenden Frauenbild, zu markieren.“[429] An Fontane sei jedoch darüber hinaus bemerkenswert, dass er „das Thema der Fühllosigkeit einer Frau, bei dem es sich um eine Variante von Undines Seelenlosigkeit bei Fouqué handelt, mit einem Aspekt, der in der Tradition des Stoffes bisher nicht aufgetaucht war“, verbinde: Ihre Umwelt gerinne der ‚melusinischen‘ Protagonistin zu ‚Bildern‘.[430] Die Autorin zeigt sich skeptisch, ob sich Oceanes distanzierte Position gegenüber ihrer Umwelt mit Schopenhauers Ästhetik erklären lasse. Während Borchmeyer und von der Lühe in dem „Glück“, von dem Oceane spricht, das „Glück der ästhetischen Anschauung“ vermuten, kann Bennholdt-Thomsen überzeugend darlegen, dass Fontane an dieser Stelle das „Glück der Tränen“ meine. Oceanes distanzierter Blick auf die Welt der Menschen sei demnach „nicht ästhetisierend“.[431] Die Position der fühllosen Wasserfrau sei weder von Schopenhauers Ästhetik inspiriert noch ähnele sie der ästhetizistischen Wahrnehmung der Jahrhundertwende. Oceanes Blick, der die Welt in Bildern wahrnehme, gleiche einer „distanzierte[n] Haltung des ‚Beobachtens‘“, wie sie sich auch in Texten späterer Autoren, beispielsweise Robert Musil, Ingeborg Bachmann und Thomas Bernhardt, auffinden lasse.[432] Aus dieser Perspektive wird Fontane als ein literarischer Avantgardist von höchster Modernität sichtbar, der in seinem „Oceane“-Fragment Vorstellungs- und Wahrnehmungsweisen erprobt hat, wie sie in der Literatur erst viele Jahrzehnte später entwickelt wurden.

Betrachtet man die bisherige Forschung zur Melusinenthematik im Erzählwerk Fontanes insgesamt, fallen aus der Perspektive dieser Studie folgende Punkte auf:

1. In der Forschung hat sich bisher die Mehrzahl der Veröffentlichungen auf die ‚Melusine‘ als Weiblichkeitskonzeption oder -konstruktion konzentriert. Man sieht in Fontanes Melusinen eine „Erscheinungsform des Weiblichen“ (Ohl (1985); Ziegler (1996)), ein „Mythologem“ (Ohl (1985)), eine „Melusinen-Figuration“ (von der Lühe (1999)) sowie ein „Programm“ (von Braun (2002). Die Fontanesche Melusine erscheint als ein genuiner Typus von Weiblichkeit, der sich aus den Erzähltexten abstrahieren und kondensieren lässt.

---

429 Bennholdt-Thomsen, Bilder S. 157.

430 Ebd.

431 Ebd. S. 154 f.

432 Ebd. S. 158 f.

2. Die Forschung tendiert zu einer stark synchron ausgerichteten Perspektive auf das Phänomen Melusine. Fontanes Melusinen werden im Zusammenhang mit der Geschlechterkonzeption der Gründerzeit und des Wilhelminismus betrachtet und im Kontext der Nixen- und Nymphenmanie des späten 19. Jahrhunderts verortet.[433] Fontanes Stellung innerhalb der Rezeptionsgeschichte des Melusinenstoffes wurde dagegen bisher kaum reflektiert, wohl auch deshalb, weil er sich selbst „an der Tradition des Stoffes nicht besonders interessiert" gezeigt hat.[434] In welchem Verhältnis Fontane zur ‚Geschichte von der schönen Melusine' steht, wird meist in wenigen Sätzen abgehandelt.[435] Melusine als literarische Figur, die auf eine Jahrhunderte lange Erzähltradition zurückblicken kann, scheint – im Rekurs auf den von Ohl ins Spiel gebrachten Mythos-Begriff – ins Zeitlose entrückt und dem vergleichenden, diachron ausgerichteten stoff- und rezeptionsgeschichtlichen Blick entzogen. So kritisiert auch Bettine Menke, dass Melusine „als Inbegriff mythischer Weiblichkeit und damit in der Sekundärliteratur umstandslos als zeitenthoben, sich selbst gleichbleibend und wesenhaft [gelte]."[436]

Wie wenig ein Zugang, der Melusine als zeitlosen Mythos begreift, mit einem rezeptions- und stoffgeschichtlichen Zugriff zu verbinden ist, lässt sich anhand eines jüngeren Forschungsbeitrags des Komparatisten Klaus Briegleb zeigen. In seinem Aufsatz „Fontanes Elementargeist: Die Preußin Melusine" (2000) möchte er die „politische Mystik" des Stechlin-Romans, „die Herausforderung Preußens durch die Wasserfrau Melusine", untersuchen. Deshalb möchte er den Roman „vorgeschichtlich [...] lesen, nämlich aus der Sicht des Melusine-Stoffes".[437] Mit einem Verfahren, das er als „Differenz-

---

433 Vgl. Ziegler/Erler, Fontane S. 212–217 und Roebling, Nixe S. 145.

434 von der Lühe, Fremdheit S. 123.

435 So spricht Ohl zwar von einem „Rückgriff [Fontanes; Cl. St.] auf einen Stoff- und Figurenkreis aus Volksdichtung und Volkssage", genaueres führt er dazu aber nicht aus. Er zeigt sich überzeugt, dass „[...] Fontane für einige seiner Frauengestalten auf Motive zurückgreift, die er in der Melusinen-Sage vorgebildet fand", welche Motive dies sind, sagt er jedoch nicht. Hubert Ohl, Melusine als Mythologem S. 427 und 439. Ohls Aussagen sind meiner Ansicht nach symptomatisch für die Forschungsgeschichte: Es wird zwar immer wieder in der Forschungsliteratur betont, Fontane beziehe sich auf die ‚Geschichte von der schönen Melusine', aber nicht in welcher Form. Vgl. Schäfer, Melusine-Motiv S. 70; Scholz, Fontane S. 335f; Ziegler/Erler, Fontane S. 219; von der Lühe, Fremdheit S. 123 und Bovenschen, Frauen S. 360f.

436 Bettine Menke, Fontanes Melusinen, in: Die Bilder der ‚neuen Frau' in der Moderne und den Modernisierungsprozessen des 20. Jahrhunderts. Tagungsband der Internationalen Tagung Gender-Forschung, 24.–28. März 1998, Wrocław (Polen). Hg. von Krystyna Gabryjelska, Mirosława Czarnecka und Christa Ebert. Wrocław 1998 S. 25–50, hier 27. Wieder abgedruckt als: Dies., The Figure of Melusine in Fontane's Texts: Images, Digressions, and Lacunae, in: The Germanic Review 79. 2004 S. 41–67.

437 Klaus Briegleb, Fontanes Elementargeist. Die Preußin Melusine. Eine Vorstudie zum

orientierte historische Lektüre" bezeichnet, möchte der Verfasser „den verschwundenen Spalt zwischen altem Stoff und neuem Text in diesem auf analytischem Weg wieder ein Stück weit [...] sichten und dabei erkennbar werdende Differenzen zwischen Alt und Neu [...] kommentieren."[438] Problematisch erscheint bei dieser Vorgehensweise, dass Briegleb am Anfang seines Aufsatzes die Frage, welche „Überlieferungs-Variante des Stoffes" Fontane gekannt habe, für „unerheblich" erklärt, wichtig sei allein, „[...] daß der Romantext als solcher das Überlieferungswissen des Autors bezeug[e]"[439], sich im Folgenden aber gezwungen sieht, einen Referenzpunkt für seine „Differenz-orientierte historische Lektüre" zu schaffen. Diesen findet er im „Kern des Melusine-Mythos vor seiner Verschriftlichung" und im „Erzählkern der Huldigungsschrift um 1400" – gemeint ist wohl der Roman von Jean d'Arras. Mit dem Rückgriff auf den französischen mittelalterlichen Roman bzw. einen aus dieser Stoffvariante extrahierten ‚mythischen Kern' als Referenzpunkt seiner vergleichenden Analyse lässt Briegleb unberücksichtigt, dass für den deutschsprachigen Raum die bearbeitende Übersetzung Thürings von Ringoltingen bestimmend war. Diese muss auch im 19. Jahrhundert – in der Version des ‚Volksbuches' – als dominante Überlieferungsvariante des Stoffes gelten.

Sein Versuch einer „Differenz-orientierten historischen Lektüre" scheitert, wie ich meine, an der Unvereinbarkeit einer motiv- und stoffgeschichtlich orientierten Analyse, die eines konkreten Referenzpunktes für ihre vergleichende Lektüre bedarf, und einem am Mythos-Begriff orientierten Verständnis der Fontaneschen Melusinen, die diesen Referenzpunkt mit Verweis auf die Zeitlosigkeit des Mythischen gerade verweigert. Hatte Blumenberg in seiner Studie „Arbeit am Mythos" doch gerade als Spezifikum des Mythos herausgestellt, dass dieser immer nur in rezipierter und damit aktualisierter Form zugänglich ist. Eine authentische, ursprüngliche Fassung des Mythos kann es demnach nicht geben.[440] Obgleich in der Fontane-Forschung Melusine überwiegend als Mythos oder mythische Gestalt verstanden wird, soll

---

Stechlin, in: Theodor Fontane am Ende des Jahrhunderts, Bd. 2 (wie Kap. C, Anm. 411) S. 109–122, hier 110. Brieglebs Bemerkungen zur Rezeptionsgeschichte des Melusinenstoffes in Mittelalter und früher Neuzeit zeugen nicht von einer intensiven Beschäftigung mit diesem Gegenstand. So bezeichnet der Autor Melusine als „Elementargeist des Mittelalters" und nennt den um 1400 entstandenen Melusinenroman des Je(h)an d'Arras eine „Elementargeist-Erzählung" (S. 112). Tatsächlich handelt es sich bei der Vorstellung, Melusine sei ein Elementargeist, um eine spätere, frühneuzeitliche Deutung durch Paracelsus. Vgl. dazu Kap. B.6.

438 Ebd. S. 110 f.

439 Ebd. S. 110.

440 Blumenberg, Mythos.

im Folgenden am Stoff-Begriff festgehalten werden. Eine Verbindung von rezeptionsgeschichtlicher Perspektive und Wahrnehmung der Melusine als Mythos erscheint wenig fruchtbar für den Gesamtzusammenhang dieser Arbeit.

5.2 Spurensuche: Die Kriminalerzählung „Ellernklipp“ als Melusinentext

Im Mittelpunkt der Analyse soll die frühe Erzählung „Ellernklipp“ (1881) stehen, die zwischen den beiden Fragmenten „Melusine. An der Kieler Bucht“ (1878) und „Oceane von Parceval“ (1882) entstanden ist und in jüngerer Zeit das Interesse sowohl der Gender-Forschung, als auch der an Melusine interessierten Fontane-Forschung erregt hat.[441] In einem ersten Schritt sollen die ‚melusinischen‘ Züge der Protagonistin Hilde Rochussen und ihre Bezüge zu anderen ‚melusinischen‘ Frauenfiguren des Dichters und anderen Wasserfrauen gezeigt werden, um so ein Bild des ‚melusinischen Frauentyps‘ im Frühwerk Fontanes zu entwerfen. Um den Wandel, den die Melusinenfigur im 19. Jahrhundert durchmacht, darzustellen, sollen auch Bezüge zwischen der Protagonistin des ‚Volksbuches‘ und Fontanes Frauentyp hergestellt werden.

Die Analyse wird nicht bei einer Skizzierung der ‚melusinischen‘ Frauenfigur stehen bleiben. Vielmehr soll in einem zweiten Schritt die bisherige Sichtweise der Forschung erweitert werden. Ziel der Analyse ist es, darauf aufmerksam machen, dass sich – zumindest in Fontanes frühen Erzähltexten, in denen eine Melusine die Protagonistin ist – auch strukturelle Bezüge zum Melusinenstoff auffinden lassen[442], die mit Hilfe des *Motivs der gestörten Mahrtenehe* in seiner Melusinenstoff spezifischen Variante[443] aufgezeigt werden können. Während Fontane in seinen späteren Erzählungen und Romanen die Melusinenthematik nur noch über die Melusinenfigur und inter textuelle Allusionen auf das Geschlecht der Lusignan aktualisiert, zeigen

---

[441] „Ellernklipp“ ist einer der Texte, den Irmgard Roebling als Beispiel für Nixenphantasien in der Dichtung des bürgerlichen Realismus untersucht. Vgl. Irmgard Roebling, Nixe. Edda Ziegler zieht in all ihren Beiträgen zum Melusinenmotiv bei Fontane „Ellernklipp“ als Beispieltext heran. Vgl. Ziegler/Erler, Fontane S. 222–225; Ziegler, Zukunft S. 175 ff und Ziegler, Fremd S. 24 ff.

[442] Ursula Schmalbruch hat dies für den von ihr untersuchten Text „Cécile“ bereits angedeutet. Vgl. Ursula Schmalbruch, Zum Melusine-Motiv in Fontanes Cécile, in: Text und Kontext 8. 1980 S. 127–144, hier 127 f.

[443] Vgl. dazu Kap. A.2.

sich in „Ellernklipp“ noch deutliche erzählmotivische Spuren seiner Kenntnisnahme der ‚Geschichte von der schönen Melusine‘. Die Analyse lässt sich als ‚Spurensuche‘ (im Sinne Carlo Ginzburgs) verstehen, die bisher in der Forschungsdebatte um die Melusinenthematik im Werk Fontanes Vernachlässigtes und Übersehenes sichtbar machen möchte.[444]

5.2.1 „Nebenwerk“ oder verkannter Schlüsseltext?

Fontanes frühe Erzählung „Ellernklipp“ (1881) wurde im August 1878 konzipiert und zwischen September 1879 und September 1880 von Fontane niedergeschrieben.[445] Sie wurde zuerst 1881 in „Westermann's Illustrierten deutschen Monatsheften“ vorabgedruckt.[446] Die Buchausgabe erschien im Oktober 1881 im Verlag von Wilhelm Hertz in Berlin.[447] „Ellernklipp“ wurde von der zeitgenössischen Kritik kühl aufgenommen[448], das Buch verkaufte sich nur mäßig[449]. In der Fontane-Forschung ist die Erzählung bisher weitgehend vernachlässigt worden.[450] Sie wurde bereits früh als ästhetisch minderwertig oder unbedeutend beurteilt und zusammen mit Fontanes anderen Kriminalerzählungen[451] zu den mehr oder minder missglückten „Neben-

[444] Ähnlich wie Carlo Ginzburg in seinen „Spurensicherungen“-Essays möchte ich die Aufmerksamkeit auf Details lenken, die nicht im Vordergrund des Erzählinteresses des von mir analysierten Textes stehen, aber dennoch stoff- und rezeptionsgeschichtliche Zusammenhänge zwischen dem ‚Volksbuch‘ bzw. Prosaroman und Fontanes Text offenbaren. Vgl. dazu Carlo Ginzburg, Spurensicherung. Der Jäger entziffert die Fährte, Sherlock Holmes nimmt die Lupe, Freud liest Morelli – die Wissenschaft auf der Suche nach sich selbst, in: Ders., Spurensicherungen. Über verborgene Geschichte, Kunst und soziales Gedächtnis. Berlin 1983 S. 61–96.

[445] Vgl. dazu HA I, 1, 894 f.

[446] Theodor Fontane, Ellernklipp. Nach einem Harzer Kirchenbuch. In: Westermann's Illustrierte Deutsche Monatshefte 50 (April 1881-September 1881) S. 145–180 und S. 273–302.

[447] Theodor Fontane, Ellernklipp. Nach einem Harzer Kirchenbuche. Berlin 1881.

[448] Die Zustimmung der nicht allzu zahlreichen zeitgenössischen Kritiken erscheint insgesamt weniger ungeteilt als bei „Grete Minde“. Allein Paul Schlenthers Beurteilung, „Ellernklipp“ sei ein „kleines Meisterwerk“ (in: Tribüne vom 18. Juli 1882) ragt aus den negativen Stimmen positiv hervor.

[449] Erst 1899 gab es, wieder bei Wilhelm Hertz in Berlin, eine zweite Auflage. In der Folgezeit erschienen zwei weitere Auflagen in der J. G. Cottaschen Verlagsbuchhandlung in Stuttgart. Vgl. Jolles, Fontane S. 49 und HA I, 1, 892.

[450] Einen Überblick über die bisherigen Forschungsarbeiten gibt: Jolles, Fontane S. 49 f.

[451] Zu Fontanes Kriminalerzählungen im Kontext der Entwicklung des Genres der Kriminal- und Detektivgeschichte vgl. Peter Demetz, Formen des Realismus. Theodor Fontane. Kritische Untersuchungen. München 1964 S. 79–90.

werken" gezählt.[452] Bis heute moniert man in der Forschung die wirklichen oder nur vermeintlichen stilistischen Schwächen[453] und die als mangelhaft empfundene Historisierung des Erzählten.[454] Kritik riefen auch immer wieder die religiöse und symbolische Überhöhung der Handlung sowie die balladesken Züge hervor, die der psychologischen Wahrscheinlichkeit schadeten.[455] Das wohl vernichtendste und in der Fontane-Forschung am nachhaltigsten rezipierte Diktum zu „Ellernklipp" stammt von Peter Demetz: „[...] man wünschte, er hätte *Grete Minde* nie veröffentlicht, *Ellernklipp* nie geschrieben." Mit diesen Texten sei Fontane „[...] in artistische Niederungen hinab[gestiegen], die der Freund seiner Kunst eher meidet als sucht."[456] Noch im „Fontane-Handbuch" (2000) sieht Christian Grawe in dieser Erzählung Fontanes „künstlerisch seine Schwächste". Hildes Weg „vom primitiven sozialen Außenseitertum über das respektierte Beamtentum zum Adel ihrer gräflichen väterlichen Familie" verweise auf die „zeitgenössisch[e] Populärliteratur", Hildes dämonisch-änigmatischer Zauber „führ[e] den Autor in bedenkliche Nähe zum religiösen Kitsch."[457]

Wohl bedingt durch die fast einhellige ästhetische Abwertung beschränkte man sich in der Forschung lange Zeit auf das Herausstellen von intertextuellen Bezügen zwischen „Ellernklipp" und anderen Erzähltexten Fontanes bzw. des Bürgerlichen Realismus. So wies Alan Bance auf die motivischen Bezüge zwischen „Ellernklipp" und „Effi Briest" hin.[458] Gerhard Friedrich ging der Frage nach, inwieweit Storms Erzählung „Draußen im Heidedorf" und Goethes Novelle „Der Mann von 50 Jahren" für „Ellernklipp" als Prätexte anzusehen sind.[459] Patricia Howe beleuchtete die Bezüge der Erzäh-

---

[452] Der vielfach in der Forschungsliteratur anzutreffende Begriff geht auf Conrad Wandrey, Theodor Fontane. München 1919 S. 317ff, zurück.

[453] Vgl. Wandrey, Fontane S. 149f und Adelheid Bosshart, Theodor Fontanes historische Romane. Winterthur 1957 S. 60 f.

[454] Vgl. Walter Müller-Seidel, Theodor Fontane. Soziale Romankunst in Deutschland. München ³1994 (München 1975) S. 88 und Hubert Ohl, Theodor Fontane, in: Handbuch der deutschen Erzählung. Hg. von Karl Konrad Polheim. Düsseldorf 1981 S. 339–355, hier 345.

[455] Vgl. Lieselotte Voss, Literarische Präfiguration dargestellter Wirklichkeit bei Fontane. Zur Zitatstruktur seines Romanwerks. München 1985 S. 254. Fontane dagegen hat sich ausdrücklich zum Balladesken der Erzählung bekannt und sich sogar auf auf die ‚Sprünge' der Ballade zur Rechtfertigung ihrer Schwächen in der Motivation der Ereignisse berufen (vgl. HA IV, 3, 183).

[456] Demetz, Formen S. 85.

[457] Christian Grawe, Ellernklipp. Nach einem Harzer Kirchenbuch, in: Fontane Handbuch. Hg. von Christian Grawe und Helmuth Nürnberger. Stuttgart 2000 S. 519–524, hier 522 f.

[458] Alan Bance, Theodor Fontane. The Major Novels. Cambridge 1982 S. 38–77.

[459] Gerhart Friedrich, Ellernklipp. Literarische Anlehnungen Fontanes, in: Fontane-Blätter 51. 1991 S. 58–77.

lung zum literarischen ‚Motiv der Adoption' und dem im 19. Jahrhundert überaus populären Genre der Adoptionsgeschichte.[460] Michael Wermke untersuchte aus theologischer Perspektive die intertextuellen Bezüge zwischen „Ellernklipp" und dem alttestamentarischen Buch „Ruth".[461]

Erst in den letzten Jahren zeichnet sich im Hinblick auf „Ellernklipp" und die anderen ‚Nebenwerke' des Dichters in der Fontane-Forschung ein Umdenken ab. Hatten Rainer Kolk und Peter Peters schon in den späten 80er und frühen 90er Jahren die Aufwertung der Erzählung aus einer Perspektive befürwortet, die sich von den sozialkritischen Implikationen des Textes beeindruckt zeigt[462], und Horst Thomé versucht, „Ellernklipp" als Pendant zu „Cécile" aufzuwerten[463], wurde in jüngster Zeit von Harald Tanzer der Versuch gewagt, „[...] das Verdikt der Forschung etwas zu relativieren [...]." Den immer wieder konstatierten künstlerischen Mängeln setzt er Fontanes „subtile Art der Zeichnung von Charakteren, das Andeutende aller Beschreibung, das Spiel mit dem Nicht-Erzählen" entgegen.[464] Marie Luise Ehrhardt hat jüngst die Bedeutung der Religiosität für das Verständnis des Textes unterstrichen und die enge Beziehung von Landschaft und Religion herausgestellt.[465] Fontane wähle bewusst die Harzlandschaft um Wernigerode, das nach dem 30-jährigen Krieg zu einer Hochburg des Pietismus wurde, als ‚Setting' für „Ellernklipp" aus. Die Residenzstadt und insbesondere das nah gelegene Mühltal fungiere als „modellhaftes Landschaftsmilieu", um im Gewand des 18. Jahrhunderts „ein Panorama der gesellschaftlich-religiösen Verhältnisse im ausgehenden 19. Jahrhundert" zu geben.[466]

---

[460] Patricia Howe, Fontane's ‚Ellernklipp' and the Theme of Adoption, in: Modern Language Review 79. 1984 S. 114–130.

[461] Michael Wermke, ‚Lass mich aufs Feld gehen und Ähren lesen, dem nach, vor dem ich Gnade finde'. Theodor Fontanes Roman ‚Ellernklipp' im Religionsunterricht. [http://www.rpi-loccum.de/literat.html (27.08. 2004)]. Die augenfälligsten Hinweise auf das Buch „Ruth", die der Autor zum Ausgangspunkt seiner Analyse macht, sind Hildes Vorliebe für diese biblische Frauengestalt (vgl. HA I, 1, 126) und das für Wermkes Aufsatz titelgebende Zitat, das Pastor Sörgel anlässlich von Baltzers und Hildes Hochzeit in das Zentrum seiner Traurede stellt (vgl. HA I, 1, 186).

[462] Rainer Kolk, Beschädigte Individualität. Untersuchungen zu den Romanen Theodor Fontanes. Heidelberg 1986 S. 23–31 und Peter Peters, Sozialisation als Denaturierung. Anmerkungen zum zivilisationskritischen Potential in Theodor Fontanes „Ellernklipp", in: Literatur für Leser 14. 1991 S. 31–45.

[463] Vgl. Thomé, Ich S. 294–318, bes. 316.

[464] Harald Tanzer, Das Spiel mit dem Tabu. Theodor Fontanes erotische Kriminalgeschichte ‚Ellernklipp', in: Deutschunterricht 50, 4. 1998 S. 34–45, hier 34.

[465] Marie-Luise Ehrhardt, Fontanes Novelle *Ellernklipp*. Eine Studie zu Landschaft und Religion in der Harzresidenz Wernigerode, in: Fontane-Blätter 78. 2004 108–121.

[466] Ehrhardt, Novelle S. 108 und 119.

Sylvain Guarda hat den ‚Nebenwerken‘ Fontanes sogar eine eigene Studie gewidmet. Er möchte mit seiner Analyse herausstellen, „[...] daß *Ellernklipp* – entgegen der Fontane-Kritik – weit mehr als eine Kriminalgeschichte ist“, indem er Fontanes virtuoses Spiel mit christlich-mythischen Motiven sowie seine „psychologische Kunst“ akzentuiert.[467] Allerdings scheint mir Guardas Perspektive auf den Text, die Hildes ‚melusinisches‘ Wesen, ihre sinnliche Verführungsmacht über Vater und Sohn und damit Fontanes Spiel mit dem Inzesttabu außer acht lässt, zu kurz zu greifen: Die von Tanzer zu recht bedeutsam gemachte unterschwellige maskierte bzw. tabuierte Sinnlichkeit und Erotik der Erzählung wird von Guarda in seiner Interpretation zu wenig genutzt.

Paul Irving Anderson schließlich deckt in seinem Beitrag „Fontane forensic: Solving the *Ellernklipp* mystery“ (2005) bisher unbekannte biographische und politische ‚Subtexte‘ der Erzählung auf, die eine völlig neuartige Perspektive auf diesen frühen Erzähltext eröffnen und ihm eine zentrale Rolle innerhalb des Erzählwerks zuweisen.[468]

5.2.2 Inzest und Tabu

Der Dichter adaptiert den alten Stoff an seine eigene Lebenswelt, das bürgerliche Zeitalter, indem er das für den Melusinenstoff spezifische und konstitutive Motiv von Tabu und Tabubruch mit dem in der zweiten Hälfte des 19. Jahrhunderts dominant werdenden Inzestdiskurs verbindet. Dass in „Ellernklipp“ von Fontane die Inzestthematik literarisch be- und verarbeitet wird, ist in der Fontane-Forschung bereits mehrfach erkannt und benannt worden: Edda Ziegler und Gotthard Erler bewerten die Ehe zwischen Hilde Rochussen und ihrem Pflegevater als „quasi-inzestuöse Beziehung“.[469] Regina Dieterle, die in ihrer Arbeit „Vater und Tochter“ (1996) untersucht, wie sich die intensive, libidinös und erotisch besetzte Beziehung zwischen Fontane und seiner Tochter Mete in der literarischen Produktion des Autors niedergeschlagen hat, weist „Ellernklipp“ im Hinblick auf die Gestaltung der

---

467 Sylvain Guarda, Theodor Fontanes „Neben“-werke. Grete Minde, Ellernklipp, Unterm Birnbaum, Quitt: ritualisierter Raubmord im Spiegelkreuz. Würzburg 2004 S. 45 f. Zur Kritik an Guardas Vorgehensweise und seinen Überlegungen vgl. Hugo Aust, Sylvain Guarda: Theodor Fontanes „Neben“-werke. Grete Minde, Ellernklipp, Unterm Birnbaum, Quitt: ritualisierter Raubmord im Spiegelkreuz. Würzburg 2004, in: Fontane-Blätter 81. 2006 S. 107–110.

468 Paul Irving Anderson, Fontane forensic: Solving the *Ellernklipp* Mystery, in: Seminar. A Journal of Germanic Studies 41. 2005 S. 93–111.

469 Ziegler/Erler, Fontane S. 223.

Vater-Tochter-Relation im Werk Fontanes besondere Bedeutung zu.[470] In seinem Beitrag „Das Spiel mit dem Tabu“ (1998) sieht Harald Tanzer in der Spannung von Erotik und Tabu, welche die Beziehung der drei Hauptfiguren bestimme, das eigentlich Interessante an „Ellernklipp“:

> „Was diese Geschichte im Kern zusammenhält, ist ihr erotischer Sinngehalt, Erotik, Sexualität und Triebhaftigkeit auf der einen Seite und deren Domestizierung durch Staat und Kirche bzw. durch das unausgesprochene Tabu machen aus der Geschichte eine menschliche Tragödie.“[471]

Paul Irving Anderson meint, Fontane habe die Inzestthematik lediglich eingefügt, um dem Publikumsgeschmack der Zeit entgegenzukommen.[472] Im Gegensatz zu Regina Dieterle glaubt er nicht, dass Fontane in „Ellernklipp“ seinen unterdrückten Inzestwunsch gegenüber seiner Tochter Martha literarisch verarbeitet habe. Vielmehr artikulierten sich in diesem Text die Schuldgefühle des Autors gegenüber seiner illegitimen Tochter Emilie Henriette Machold (Januar-Juni 1848), deren Vaterschaft er nicht anerkannt und die er ihrem Schicksal überlassen hatte, um seine Verlobung mit Emilie nicht zu gefährden. Der Figur des Heidereiters komme dabei die Rolle eines *Alter Ego* Fontanes zu. In der Figur des ermordeten Sohnes habe der Dichter den Namen seiner natürlichen Tochter verborgen: „MACHOLD becomes MArtin BoCHOLD.“[473] Anderson geht davon aus, dass Fontane in seiner Erzählung bewusst kryptisch und änigmatisch erzählt habe, um die wahre (biographische) Bedeutung seines Textes zu verschleiern.

> „The fantasy of sex with a psychological sister and daughter, while causing the apparent death of a son – whose name hides that of his biological daughter – ending in suicide, this ‚inverted Oedipus‘ has no semantic reference; it refers to his feelings of guilt, it is self-referential. In other words: the ‚child‘ of Baltzer/Fontane ist the novella itself“[474].

Zur Entstehungszeit von „Ellernklipp“ war die Inzestthematik Teil des öffentlichen Bewusstseins und die Begriffe Inzest und Tabu waren im Denken

---

470 Regina Dieterles Grundthese lautet, dass Fontane zu seiner Tochter Mete eine „enge, ja inzestuös gefärbte Beziehung“ gehabt habe, die für seine schriftstellerische Arbeit bedeutsam geworden ist. REGINA DIETERLE, Vater und Tochter. Erkundung einer erotisierten Beziehung in Leben und Werk Theodor Fontanes. Bern u. a. 1996 S. 14.

471 TANZER, Spiel S. 35.

472 ANDERSON, Fontane S. 106. Er weist daraufhin, dass in der Entstehungszeit der Erzählung das Inzestmotiv beispielsweise in Wagners „Ring der Nibelungen“ in der Beziehung zwischen Siegfried und Sieglinde im kulturellen Bewusstsein präsent war.

473 ANDERSON, Fontane S. 103

474 Ebd. S. 108.

der Zeit assoziativ eng verknüpft.[475] Hatte es seit den großen, im Kontext aufklärerischen Gedankenguts stehenden Strafrechtsreformen des späten 18. und frühen 19. Jahrhunderts unter Juristen, Medizinern, Psychiatern, Politikern und Literaten immer wieder Debatten um die Strafwürdigkeit der Blutschande und das angemessene Strafmaß gegeben[476], begannen sich seit der Mitte des Jahrhunderts auch die Soziologie und die junge Wissenschaft Ethnologie für die Inzestthematik zu interessieren. In diesen Fachdisziplinen avancierten Fragen nach Ursprung, Genese und Universalität des Inzestverbotes in der menschlichen Kultur bald zu einer zentralen Themenstellung und forderten zur Theoriebildung heraus.[477] Den verschiedenartigen Hypothesen zu Ursprung und Funktion der Inzestschranke - zum Beispiel Angst vor Menstruationsblut, schädlichen genetischen Folgen, instinktive Abneigung, Spaltung der Familiensolidarität - lag die Entdeckung der praktisch universellen Exogamiegebote in den damals als ‚primitiv' bezeichneten Gesellschaften zugrunde.[478] In den 1890er Jahren stellte Sigmund Freud in den zusammen mit Josef Breuer herausgegebenen „Studien über Hysterie" (1895) einen Kausalzusammenhang zwischen sexuellem Missbrauch in der Kindheit und hysterischen Symptomen bzw. Neurosen im Erwachsenenalter her. Die Hysterie erschien ihm als Folge eines sexuellen Insults in der Kindheit seiner Patientinnen, wobei die Verführung durch den Vater den Kernpunkt der Hysterie bildete.[479] Einige Jahre später, 1905, widerrief er diese Theorie je-

---

[475] Fontanes Text soll nicht mit Hilfe zeitgenössischer oder späterer Theorien zum Inzest interpretiert werden. Zu neueren Ansätzen in der Literatur- und Kulturwissenschaft, die das Inzestmotiv in der Literatur mit Hilfe von ethnologischen, soziologischen und psychoanalytischen Theoriebildungen analysieren vgl. Incest and the Literary Imagination. Hg. von Elizabeth Barnes. Gainesville, Florida u. a. 2002 sowie Daughters and Fathers. Hg. von Lynda E. Boose und Betty Flowers. Baltimore, Maryland u. a. 1989.

[476] Zum Inzestdiskurs im 19. Jh. vgl. Brigitte Kerchner, Ein öffentliches Geheimnis. Blutschande im 19. Jahrhundert, in: Historische Inzestdiskurse (wie Kap. B, Anm. 16) S. 247–276.

[477] Noch heute wird in der Kulturanthropologie und Ethnologie der *Inzest* als kontrovers diskutiertes, immer wieder zu neuen Hypothesen und Theoriebildungen herausforderndes „anthropological puzzle" betrachtet. Vgl. dazu Paul Roscoe, [Art.] Incest, in: Encyclopedia of Cultural Anthropology. Hg. von David Levinson und Melvin Ember. 4 Bde. New York 1996, Bd. 2 S. 631–635, hier 631.

[478] Zu den frühen soziologischen und ethnologischen Inzesttheorien vgl. Frank Robert Vivelo, Anhang II: Bewertung von Inzesttheorien, in: Ders., Handbuch der Kulturanthropologie. Eine grundlegende Einführung. Hg. und mit einer Einleitung versehen von Justin Stagl. Stuttgart 1981. (engl. New York 1978) S. 284–307 und Jörg Klein, Inzest: Kulturelles Verbot und natürliche Scheu. Eine hundertjährige Diskussion. Opladen 1991 S. 14–47. Die Universalität des Inzestverbotes ist bis heute umstritten.

[479] Zur Verführungstheorie vgl. Mathias Hirsch, Realer Inzest. Psychodynamik des sexuellen Mißbrauchs in der Familie. 2., überarbeitete Auflage. Berlin u. a. 1990 S. 28–33; David Will-

doch und entwickelte in der Folge die Theorie von der Verführungs*phantasie*: die Schilderungen seiner Patientinnen über intrafamiliären sexuellen Missbrauch in der Kindheit beruhten nicht auf tatsächlichen Verführungen. Vielmehr erfülle sich die Tochter in der Phantasie den Wunsch, vom Vater verführt zu werden.[480]

In der ethnologischen, soziologischen und psychiatrischen Fachliteratur der Zeit wurde der Begriff ‚Inzest', der im Laufe der zweiten Jahrhunderthälfte mehr und mehr den zuvor gebräuchlichen Terminus ‚Blutschande' abzulösen begann[481], mit dem Wort ‚Tabu' verbunden. In der polynesischen Sprache Tonga, aus der dieser Begriff stammt, wird mit Tabu etwas bezeichnet, das „set apart for or consecrated to a special purpose" bzw. „restricted to the use of a god, king or chiefs, while forbidden to general use" ist.[482] Ausgehend von der polynesischen Semantik meint Tabu also zunächst nicht etwas absolut Verbotenes, sondern etwas, das bestimmten Mitgliedern einer Gemeinschaft bzw. Kultur vorbehalten ist. In unserem heutigen Sprachgebrauch, der sich etwa seit Mitte des 19. Jahrhunderts zu etablieren begann, bezeichnet Tabu eine „konventionelle Schranke, Vorschrift, über bestimmte Dinge nicht zu sprechen oder bestimmte Handlungen nicht auszuführen."[483]

BERN, Filia Oedipi: Father and Daughter in Freudian Theory, in: Daughters and Fathers (wie Kap. C, Anm. 476) S. 75–96 und DIETERLE, Vater S. 76–88.

480 Bis heute sind Freuds Theorie von der Verführungsphantasie, das daraus resultierende Theorem vom ‚Ödipuskomplex' sowie die Gründe für seinen Widerruf umstritten. Vgl. dazu bspw. HANNA GEKLE, Warum hat Freud die Verführungstheorie aufgegeben? Eine Auseinandersetzung mit seinen Kritikern, in: Handbuch sexueller Mißbrauch. Hg. von KATHARINA RUTSCHKY und REINHART WOLFF. Erweiterte Neuausgabe. Reinbek 1999 S. 218–238.

481 Der Terminus ‚Inzest', seit etwa 1700 in der lateinischen Form *incestus* oder *incestum* in der Gelehrtensprache für die Blutschande verwendet, drang erst im Laufe des 19. Jhs. in den allgemeinen Sprachgebrauch ein. Vgl. [Eintrag] Inzest, in: Kluge. Etymologisches Wörterbuch der deutschen Sprache. 23. erweiterte Auflage. Bearbeitet von ELMAR SEEBOLD. Berlin u.a 1995 S. 405. Zum Begriffswandel der Blutschande um 1900 im Kontext des Aufkommens der völkischen Rassenideologie und des rassistischen Antisemitismus vgl. von CHRISTINA VON BRAUN, Die „Blutschande". Wandlungen eines Begriffs. Vom Inzesttabu zu den Rassengesetzen, in: DIES., Die schamlose Schönheit des Vergangenen. Zum Verhältnis von Geschlecht und Geschichte. Frankfurt a. M. 1989 S. 81–111.

482 [Eintrag] taboo, tabu, in: The Oxford English Dictionary. Begründet von JAMES A. H. MURRY. Hg. von JOHN ANDREW SIMPSON und EDMUND S. C. WEINER. 20 Bde. Oxford ^{2}1989, Bd. 17 S. 521.

483 [Eintrag] Tabu, in: Etymologisches Wörterbuch des Deutschen, Bd. 2. Berlin ^{2}1993 S. 1405. Das polynesische Wort ‚Tabu' wurde erst im 19. Jh. aus dem Französischen (*tabou*) und dem Englischen (*taboo*) in die deutsche Sprache entlehnt. Vgl. ebd. und [Eintrag] Tabu, in: Kluge. Etymologisches Wörterbuch S. 812. Bemerkenswert ist in diesem Zusammenhang, dass Friedrich Panzer für sein Erzählschema *Motiv der gestörten Mahrtenehe*, das er um die Jahrhun-

Fontane selbst hat den Handlungskern von „Ellernklipp" in einem Brief an Gustav Karpeles, den damaligen Redakteur von „Westermann's Monatsheften", mit folgenden Worten umschrieben: „[Die Erzählung; Cl. St.] spielt unmittelbar nach dem Siebenjährigen Kriege in einem Harzdorf. Eifersucht des Vaters gegen den Sohn. Der Sohn fällt als Opfer, bis zuletzt auch der Alte den Visionen seiner Schuld erliegt" (HA I, 1, 895). Fontane legt mit dem Untertitel „Nach einem Harzer Kirchenbuch" seinen Leser/innen nahe, dass er für „Ellernklipp" – wie bei der kurz zuvor entstandenen Erzählung „Grete Minde", die einer alten märkischen Chronik nacherzählt ist – auf eine schriftliche Quelle aus dem 18. Jahrhundert zurückgegriffen habe und der Handlungsablauf den dort nachzulesenden Vorgängen folge. Tatsächlich handelt es sich bei „Ellernklipp" jedoch nicht um die Nacherzählung historischer Wahrheit mit poetisch-realistischen Mitteln. In dem Ilsenburger Kirchenbuch, das Fontane nach Aussage seiner Nichte Anna von Below eingesehen hat (vgl. HA I, 1, 893), findet sich nur ein knapper Eintrag, der weder den Namen des Täters noch das Motiv für die Mordtat nennt:

„Gestorben 1752. Den 28ten Jun. morgens gegen 1 Uhr ist Johann Michael Bäumler ein Jägerbursche durch mordrische Hand seines Vaters erstochen, worann er bald darauf verschieden und den 29ten nach vorhergegangener Anatomie in der Stille beigesetzt, sein Alter ist 19 Jahr."[484]

Die zentrale Quelle für Fontanes Erzählung ist daher vielmehr in der lokalen mündlichen Überlieferung zu sehen, die sich um die im Nordharz bei Ilsenburg gelegene sogenannte ‚Bäumlers-Klippe' rankte. Während eines Harzaufenthaltes im Sommer 1878 ließ sich der Autor bei einem Spaziergang über besagte Felsklippe die Geschichte des Sohnesmörders Bäumler von seiner Nichte erzählen[485]: Der unglückliche Vater habe seinen eigenen Sohn des nachts mit Dolchstichen getötet. Er sei zu der Mordtat durch die Liebschaft des Sohnes mit der ins Haus genommenen Pflegetochter provoziert worden. Nachdem der Täter auf die später nach ihm benannte Klippe geflüchtet war, habe er von dort das Begräbnis seines Sohnes beobachtet und sich beim Läuten der Glocken in die Tiefe gestürzt.[486] Die Auswertung der Prozessakte im

dertwende entwickelte, ebenfalls den Begriff ‚Tabu' wählte, um das Verbot zu benennen, das die numinose, anderweltliche Mahr gegen den Menschen errichtet. Vgl. dazu Kap. A.2.

484 Pfarramt Ilsenburg, Sterberegister 1752, Nr. 23 NB; zitiert nach: Georg von Gynz-Rekowski, „Ellernklipp" und der Bäumler-Prozeß. Neue Erkenntnisse nach dem Auffinden der Prozeßakte, in: Fontane-Blätter 28. 1978 S. 299–315, hier 299.

485 Vgl. Wolfgang E. Rost, Örtlichkeit und Schauplatz in Fontanes Werken. Berlin u. a. 1931 S. 107, Anm. 256.

486 Vgl. dazu: HA I, 1, 892f und Grawe, Ellernklipp S. 519.

Mordfall Bäumler und weiterführende Recherchen ergaben, dass diese Version der Mordtat nicht mit den historischen Tatsachen übereinstimmt.[487]

In „Ellernklipp“ fließen der ursprüngliche Stoff der Wernigeroder „Mordgeschichte“[488] und der Melusinenstoff zusammen. Der Mordfall Bäumler wird für Fontane zu einer Melusinengeschichte, weil der Dichter das für ihn im Melusinenstoff zentrale Motiv von Tabu und Tabubruch, das die Handlung des ‚Volksbuchs‘ vorantreibt, mit einem oder sogar dem bedeutendsten Tabu seiner Zeit, dem Inzesttabu, assoziiert. In der lokalen Sage vom Vater, der seinen eigenen Sohn ersticht, weil er ihn bei einer Liebschaft mit der ins Haus genommenen Pflegetochter ertappt hat, schwingt untergründig das Inzest-Motiv bereits mit: Der Sohn hat ein ihm gesetztes Tabu übertreten, indem er ein Familienmitglied als Liebes- und Sexualpartnerin ausgewählt hat.[489] Als ein *tertium comparationis* stiftet das Tabu für den Dichter einen Konnex zwischen „*Melusinen*-Märchen“ und „Mordgeschichte“. Die Ausgestaltung des Stoffes (das zur Mordtat führende quasi-inzestuöse Beziehungsgeflecht zwischen den Protagonisten sowie die Eifersucht des Vaters auf seinen jugendlichen Nebenbuhler als Mordmotiv) und die Charakterzeichnung der drei Hauptfiguren Hilde Rochussen, Baltzer und Martin Bocholt sind ganz Fontanes eigener Phantasie entsprungen. Gerade dadurch, dass der Autor – anders als bei „Grete Minde“ – keine weiteren zeitgenössischen Quellen studiert, um die historischen Fakten zu eruieren, sondern sich von der düsteren Geschichte zu einer ganz eigenen Erzählung inspirieren

---

487 Aus der Prozessakte und weiteren archivalischen Quellen geht hervor, dass die Tat nicht durch die Liebschaft des Sohnes mit einer Pflegetochter provoziert wurde (eine solche gab es im Bäumlerschen Haushalt gar nicht), sondern es sich vielmehr um eine fahrlässige Tötung bzw. Tötung in Notwehr gehandelt habe. Der Tat waren bereits mehrere gewalttätige Auseinandersetzungen vorausgegangen, die sich an dem zweifelhaften Lebenswandel des Sohnes, der im Dorf als unzuverlässiger und zwielichtiger Bursche galt, entzündet hatten. Vgl. Gynz-Rekowski, Ellernklipp S. 307–311.

488 So nennt der Autor selbst in einem im August 1878 angelegten Notizbuch die von seiner Nichte erfahrene sagenhafte Begebenheit. Vgl. Rost, Örtlichkeit S. 107.

489 Kerchner, Geheimnis S. 255ff, konnte bei der Analyse der juristischen, medizinischen und psychiatrischen Diskurse über die Blutschande im 19. Jh. herausstellen, dass sich um 1800 eine veränderte Einstellung zum Inzest zeigte. Die Gesetzgebung zur Blutschande diente nicht länger der Wahrung der äußeren Eheordnung. Vielmehr zielten die strafbewehrten Blutschandeverbote des Allgemeinen Preußischen Landrechts darauf ab, die innere, emotionale Ordnung der Familie zu stabilisieren und das intime Zusammenleben der Geschlechter und Generationen zu gewährleisten. Kerchner vertritt die These, dass die neuen gesetzlichen Regelungen dem bürgerlichen Liebesideal und den bürgerlichen Vorstellungen von Privatheit und Intimität zum Durchbruch verhelfen sollten. Es galt somit als „unerlaubte Grenzüberschreitung“, „[...] wenn elterliche oder geschwisterliche Liebe mit fleischlicher Liebe verwechselt wurde.“

lässt, öffnet sich der in der volksläufigen sagenhaften Erzählwelt angesiedelte Stoff um ein Verbrechen aus Leidenschaft und Eifersucht den Fontaneschen Melusinen-Phantasien, wird aus der „Mordgeschichte“ eine Melusinenerzählung.

5.2.3 Hilde – ‚Urtyp‘ der Fontaneschen Melusine

Hilde Rochussen wird in der Forschungsliteratur zum Melusinenthema bei Fontane als „Urtyp der Fontaneschen Melusine“ angesehen.[490] Zwar tragen bereits Marie Kniehase, eine der Protagonistinnen aus Fontanes erstem Roman „Vor dem Sturm“[491], und Grete Minde, Hauptfigur aus der gleichnamigen Erzählung, ‚melusinische‘ Züge. Hilde ist jedoch die erste Frauenfigur, welche die charakteristischen Aspekte der Fontaneschen Melusinen in nuce in sich trägt.[492] Mit Marie Kniehase verbindet sie die rätselhafte, unklare Abkunft und das Motiv der Adoption[493] sowie ihre änigmatisch-zauberhafte Verführungskraft und kindliche Erotik[494], mit Grete Minde das aparte, feine Äußere (vgl. HA I, 1, 8) und das unglückliche Schicksal.[495]

---

[490] Ziegler, Zukunft S. 175. Den Zusammenhang zwischen Hilde und Melusine hat zuerst Gustav Radbruch, Theodor Fontane oder Skepsis und Glaube. Leipzig 1945 S. 49, erkannt.

[491] Fontanes erster Roman „Vor dem Sturm“ erschien 1878 sowohl als gekürzter Vorabdruck in der Zeitschrift „Daheim“ als auch in in Buchform bei Hertz in Berlin. Die ersten Niederschriften fallen bereits in die Jahre 1863/64, die Konzeption erfolgte möglicherweise schon in den 50er Jahren. Zum Abschluss gelangte das Projekt jedoch erst im April 1878, also unmittelbar bevor der Dichter mit der Ausarbeitung von „Grete Minde“ begann und nur wenige Monate bevor er „Ellernklipp“ konzipierte. Vgl. HA I, 3, S. 716 f sowie Jolles, Fontane S. 37, 44 und 49.

[492] Vgl. Ziegler, Zukunft S. 175 und Ohl, Fontane S. 344 f.

[493] Die Halbwaise Marie, Tochter eines Komödianten und einer ‚gefallenen‘ höheren Tochter, verliert – wie Hilde – im Alter von etwa 10 Jahren auch den zweiten Elternteil und wird von dem kinderlosen Schultzenehepaar Kniehase als Pflegetochter ins Haus genommen (vgl. HA I, 3, 74 ff).

[494] Als Marie im Dorf Hohen-Vietz ihren „Schaltanz“ (HA I, 3, 74) aufführt, wird ihre Anziehungskraft auf das männliche Geschlecht, besonders auf Männer jenseits der Lebensmitte, deutlich: „Die Hohen-Vietzer Bauern, ganz besonders die alten, waren wie benommen und streichelten das Kind mit ihren großen Händen.“ (HA I, 3, 74). Diese ‚Benommenheit‘ wird auch bei Baltzer Bocholt beim Anblick der ‚blühenden‘ Hilde erzeugt (vgl. HA I, 1, 138 f).

[495] In einem Brief vom 16. Januar 1882 an Wilhelm Hertz nennt Fontane „Ellernklipp“ „die Geschichte von dem rotblonden nicht zum Glücke geborenen Kinde“ (HA I, 5, 900). Vgl. auch Kenneth Haynes, Theodor Fontane. A Critical Study. London 1920 S. 75.

5.2.3.1 ‚melusinische' Attribute

Schon Hildes äußeres Erscheinungsbild verweist auf den Fontaneschen Frauentypus der Melusine. Das 10-jährige Kind besitzt „die langen Wimpern und das helle Rothaar" (HA I, 1, 108), das auch einige andere Melusinen im erzählerischen Oeuvre des Autors auszeichnet.[496] Erhellend für die Frage, warum Hilde als Urtyp und Oceane als programmatischer Entwurf der Fontaneschen Melusine rotblondes Haar besitzen, könnte ein Blick in die Kulturgeschichte des Haupthaares sein.[497] Zur Entstehungszeit von „Ellernklipp" und Fontanes späteren Melusinentexten war rotes oder rotblondes Frauenhaar ‚en vogue'. Galt rotes Haar in der Biedermeierzeit noch als verpönt, man riet den betroffenen Frauen dazu, es zu tönen, übte es in der zweiten Jahrhunderthälfte auf Dichter und Maler eine zunehmende Faszination aus.[498] Die Renaissance rothaariger Frauenfiguren in der bildenden Kunst begann Mitte des 19. Jahrhunderts, als eine englische Künstlergruppe um Dante Gabriel Rossetti (1828–1882), sich – in Abwendung von der zeitgenössischen Akademie-Malerei – aufmachte, Kunst und Leben durch eine Rückkehr zu den präraffaelitischen Meistern zu erneuern.[499] In ihrer Malerei, die zunächst religiöse Themen und Motive bevorzugte, avancierten rothaarige Frauenfiguren, die als Repräsentationen madonnenhafter Unschuld fungierten, zum beliebtesten Sujet.[500] Fontane hat sich bereits sehr früh mit

---

496 Die Protagonistin des „Oceane"-Fragments, in dem Fontane seine Melusinen-Konzeption programmatisch entwirft, ist rotblond (vgl. HA I, 7, 428). Marie Kniehase besitzt ähnlich wie Hilde lange, dichte Wimpern, die ihre Augen beschatten (vgl. HA I, 3, 594). Auch die schöne, ein wenig unheimliche Brigitte, die Tochter der Witwe Hansen, von der sich Holk Holkenäs in „Unwiederbringlich" zunächst angezogen fühlt, hat rotblondes Haar (vgl. HA I, 2, 672). Bei anderen ‚melusinischen' Frauenfiguren überlässt der Dichter die Haarfarbe der Phantasie seiner Leser/innen: Bei der Beschreibung des Äußeren von Grete Minde, Franziska Franz, Cécile, Effi Briest und den Barby-Schwestern wird die Haarfarbe nicht genannt. Melanie van der Straaten (vgl. HA I, 2, 9) und die Damen von Carayon (vgl. HA I, 1, 570) sind dunkelhaarig, Ebba von Rosenberg blond (vgl. HA I, 2, 649).

497 Zur Kulturgeschichte des Haupthaars, v. a. aber der Bedeutung der Rothaarigkeit in der Kunst der Renaissance und des 19. Jhs. vgl. Daniela F. Mayr/Klaus O. Mayr, Von der Kunst, Locken auf Glatzen zu drehen. Eine illustrierte Kulturgeschichte der menschlichen Haarpracht. Berlin 2003 S. 89–104 sowie Irmela Hannover, Frauen mit roten Haaren. Berlin 2002 S. 30–44 und S. 82–128.

498 Vgl. Mayr/Mayr, Kunst S. 100 f.

499 Die Präraffaeliten bezogen sich v. a. auf Botticelli und seine Madonnendarstellungen.

500 Vgl. Hannover, Frauen S. 89 ff. Die Vorliebe für rothaarige Frauen hatten die Präraffaeliten mit ihren Vorbildern, den Künstlern der Renaissance, gemeinsam. In dieser Epoche war rotes, v. a. rotblondes bzw. goldblondes Haar sehr beliebt und galt an den Renaissancehöfen Euro-

dem Künstlerkreis der Präraffaeliten auseinandergesetzt. Während die präraffaelitische Kunst, im Victorianischen England der 60er und 70er Jahre bereits überaus populär, in Deutschland bis weit in die zweite Jahrhunderthälfte nahezu unbekannt blieb, hatte der Dichter bereits während seiner Englandaufenthalte in den 40er und 50er Jahren Gelegenheit, neuere Strömungen in der englischen Kunst kennenzulernen.[501] Fontane interessierte sich nicht nur für zeitgenössische Kunst. Er kann auch als Kenner der alten Kunst gelten.[502] Während seiner zusammen mit seiner Frau im Spätsommer der Jahre 1873 und 1874 unternommenen Italienreisen, die das Paar in die großen Kunstzentren von Venedig bis Rom führte, hatte der Dichter Gelegenheit, viele der italienischen Meister im Original zu sehen. Die von dieser strapaziösen Bildungsreise erhaltenen ausführlichen Beschreibungen, Skizzen und Reflexionen belegen eindrucksvoll Fontanes Interesse für die Früh- und Hochrenaissance, wobei sein besonderes Interesse Tizians Madonnenfiguren galt.[503]

Die ätherischen und fragilen Madonnen der Präraffaeliten blieben nicht ohne Wirkung auf die europäische Kunst der zweiten Jahrhunderthälfte. Im Laufe des 19. Jahrhunderts wurde das rote Frauenhaar zum Signum der Femme Fatale. In der Ikonographie des späten 19. Jahrhunderts, vor allem aber

---

pas als modisch und erstrebenswert. Sowohl in der weltlichen als auch in der religiösen Malerei der Zeit gab es eine ausgeprägte Vorliebe für rotblonde Frauenfiguren. Die bedeutendsten Künstler der Renaissance, Alessandro Botticelli, Lucas Cranach, Tizian und Albrecht Dürer, malten ihre Madonnen- und Venusfiguren mit rotblondem Haar. Vgl. dazu MAYR/MAYR, Kunst S. 100.

501 Während seines dritten Englandaufenthaltes (1853–1859) im Auftrag der preußischen Regierung berichtete Fontane von den Ausstellungen der Royal Academy 1856 und 1857 (vgl. HA III, 3:1, 407–423) und von der „Art Treasures Exhibition“ in Manchester 1857 (HA III, 3:1, 424–528). In seinen Briefen „Aus Manchester“ widmet der Dichter den Zehnten Brief den Präraffaeliten. Vgl. HA III, 3:1, 507–514. Zu Fontanes Einschätzung der englischen Malerei, der Rezeption der Präraffaeliten in England und Deutschland sowie Fontanes Rolle als Vermittler vgl. MORITZ WULLEN, Englische Malerei. ‚Kosmopolitismus in der Kunst'. Fontane in England, in: Theodor Fontane und die bildende Kunst. Hg. von CLAUDE KEISCH, PETER-KLAUS SCHUSTER und MORITZ WULLEN. Berlin 1998 S. 42–120 und GODELA WEISS-SUSSEX, Fontane und die englische Malerei: Die Briefe aus Manchester, in: Fontane-Blätter 75. 2003 S. 64–79.

502 So schon: PETER-KLAUS SCHUSTER, Theodor Fontane: Effi Briest – Ein Leben nach christlichen Bildern. Tübingen 1878 S. VII, der dem Dichter – trotz fehlender akademischer Bildung – „umfassende Kenntnisse [...] über bildende Kunst, ihre Darstellungsweisen und Bildinhalte bis hin zu den damals neuesten Produktionen der englischen Präraffaeliten“ bescheinigte.

503 Vgl. HA III, 3:2, 955. Literarischen Niederschlag fand Fontanes enthusiastische Rezeption von Tizians Madonnen- und Venusfiguren auch in seinem Roman „L'Adultera“. Vgl. HA I, 2, 30 f. Zu Fontanes Verhältnis zur ‚Alten Kunst‘ und seinen Bildungsreisen nach Italien vgl. IMMO WAGNER-DOUGLAS, Alte Meister. Von der Bildersprache zum Sprachbild, in: Theodor Fontane und die bildende Kunst (wie Kap. C, Anm. 502) S. 231–251.

der Jahrhundertwende signalisierte es Verruchtheit und Kurtisanentum, ausschweifende Sexualität und tierhafte Sinnlichkeit. Die rothaarigen, in der Halbwelt beheimateten Kurtisanen, Kokotten, Mätressen und Prostituierten wurden zum Gegenbild der sittsamen, keuschen und um ‚Natürlichkeit' bemühten wilhelminischen Ehefrau. Die blonde oder brünette Bürgersfrau versinnbildlichte als entsexualisierte ‚Heilige' das Streben des unbescholtenen Bürgers nach einer bürgerlichen Existenz als Ehemann und Familienvater. Dagegen repräsentierte die rothaarige, sexualisierte Femme Fatale als ‚Hure', die tat, was ihr gefiel, auch wenn es den Konventionen widersprach, für den bürgerlichen Mann seine dunkle Seite.[504] Die männlichen Phantasien über die männerverschlingende Frau, die sich aus der Angst-Lust des männlichen Geschlechts vor der als ‚Rätselweib' imaginierten Frau speiste, kulminierte um die Jahrhundertwende: Hatten schon die Präraffaeliten die langhaarige Schöne, die einen Ritter in ihre Liebesgrotte lockt und ihm die Lebenskraft raubt, aus John Keats Gedicht „La Belle Dame sans Merci" (1820) zu ihrer Leitfigur erklärt, wimmelte es in der symbolistischen Kunst der Jahrhundertwende von männermordenden, sphinxhaften, überwiegend rothaarigen Verführerinnen: Salomé, Lilith und Lulu.[505] Auch Nixen, Nymphen und Meerjungfrauen werden von der Vorstellung der rothaarigen Femme Fatale affiziert. In zahlreichen zeitgenössischen Gemälden und anderen bildkünstlerischen Artefakten werden sie bevorzugt mit rotem oder rotgoldenem Haar dargestellt. Hier lassen sich beispielhaft der Melusinen-Zyklus von Moritz von Schwind, das Melusinen-Tryptichon Heinrich Vogelers sowie die zeitlich etwas später entstandenen Gemälde von John William Waterhouse anführen.[506]

Das rotblonde Haar der ‚Melusinen' Hilde und Oceane unterstreicht zum einen ihre Apartheid und Exzeptionalität, denn (natürliche) Rotköpfe sind rarer als Blondinen und Brünette. Zum anderen ist rotes Haar von alters her mit sehr ambivalenten Vorstellungen, Assoziationen und Bedeutungen verknüpft, die das Zauberhaft-Verführerische und Dämonisch-Änigmatische der Fontaneschen Melusinen zum Ausdruck bringen. (Dunkel- oder ziegel-)

---

504 Vgl. Mayr/Mayr, Kunst S. 101 ff.

505 Vgl. Hannover, Frauen S. 93.

506 Die rothaarigen Nixen, Nymphen und Meerjungfrauen von John W. Waterhouse stammen v.a. aus den 90er Jahren und der Zeit der Jahrhundertwende: z. B. „A Najad" (1893), „Hylas and the Nymphs" (1896) und „A Mermaid" (1901). Zu Leben und Werk dieses viktorianischen Künstlers vgl. Peter Trippi, J. W. Waterhouse. London u. a. 2002. In diesem Bildband finden sich auch Abbildungen der genannten Bilder: S. 126; 146 f und S. 120. Zu Moritz von Schwinds zyklischer Bilderzählung vgl. Ulrike Olbrich, „Das Märchen von der schönen Melusine" (1868/69) – Moritz von Schwinds Vollendung der zyklischen Bilderzählung als Ausklang der Romantik. Weimar 2003.

rotes Haar wurde im Alltagsdenken des 19. Jahrhunderts vor allem mit dem Hexenhaften und Dämonischen assoziiert.[507] Paul Irving Anderson hat darauf hingewiesen, dass

„[...] Hilde's red hair and the alder forrest, together with the implications of biological and moral weakness, appear to have been inspired by local sayings such as found in Grimms deutsches Wörterbuch (III, 417): ‚Ellernholz und rotes Haar / sind auf gutem Grunde rar'."[508]

Rotblondes Haar, wie es Fontanes Heldinnen tragen, galt als typische Haarfarbe nicht nur von Madonnen, sondern auch Feen und anderen weiblichen Märchenwesen.[509] Das rotblonde Haar verstärkt so den änigmatischen, ambivalenten Charakter des ‚Melusinischen': Melusine changiert zwischen erotischer, dämonisch-hexenhafter Femme Fatale und unschuldiger, feenhafter Madonna. In „Ellernklipp" wird Hildes Haarfarbe von den Figuren der erzählten Welt unterschiedlich als „helles Rothaar" (HA I, 1, 108), als „rote[s] Haar" (HA I, 1, 112 & 185) und als „rotblond" (HA I, 1, 190) beschrieben, so dass die für Melusine typische Ambivalenz zwischen glücksspendender Fee und verführerischer Dämonin, ihr Changieren zwischen Femme Fatale und holder Weiblichkeit, schon in der Haarfarbe der Fontaneschen Melusinen kodiert zu sein scheint.

Hildes anämische Blässe (vgl. HA I, 1, 190), die Feinheit ihrer Züge und ihrer Erscheinung (vgl. HA I, 1, 108) geben ihr etwas Apartes[510], das sie aus der Masse der anderen Bauernkinder aus dem Harzdorf Emmerode heraushebt. Sie verweisen zugleich auf die später geschaffene apart-schöne, anä-

---

507 Das Bild der Rothaarigen als einer unersättlichen, lüsternen Verführerin, das in der Vorstellung der Teufelshure kulminiert, reicht nicht bis ins Mittelalter oder in die frühe Neuzeit zurück. Erst im 19. Jh. wurde die Gestalt der Hexe mit Rothaarigkeit in Verbindung gebracht, und zwar als Variante des zeitgenössischen Frauentyps der Femme Fatale. Die magische Potenz der einen und die erotische Ausstrahlung der anderen verschmolzen zu einem neuen Bild, dem der rothaarigen Hexe. Zwar war Rothaarigkeit (bei beiden Geschlechtern) schon im Mittelalter mit negativen Vorstellungen verbunden. Rothaarige Menschen wurden als jähzornig und verlogen angesehen, rote Haare galten als Zeichen der Sünde und Verworfenheit. Eine Verbindung von rotem Haar und Hexerei gab es in der frühen Neuzeit jedoch nicht: In den Akten zu Hexereiprozessen und der juridischen Hexenliteratur finden sich keine Hinweise darauf, dass Rothaarigkeit als signifikantes Merkmal von Hexen angesehen wurde.

508 Anderson, Fontane S. 97.

509 Vgl. dazu: Ulrich Kuder, [Art.] Haar, in: EM 6. Berlin 1990 Sp. 337–343; hier Sp. 339f und Hans Bächtold-Stäubli, [Art.] Haar in: HDA 3. Berlin u. a. 1930/31 Sp. 1239–1288, hier 1251 ff.

510 Zum Begriff des ‚Aparten' als zentrales Charakteristikum der Fontaneschen Melusinen vgl. Norbert Frei, Die Frau als Paradigma des Humanen. (Literatur in der Geschichte. Geschichte in der Literatur 3). Königstein, Ts. 1980 S. 113–127 und Ziegler, Fremd S. 23.

mische, kränkelnde und nervenleidende Melusinenfigur Cécile.[511] Hildes feines rotblondes Haar und ihre langen Wimpern machen sie unter den Emmerodern nicht nur zu einer außergewöhnlichen Erscheinung, sondern verweisen auch auf ihre illegitime Abkunft, die ebenfalls typisch für Fontanes Melusinen ist. Hildes Aussehen provoziert im Dorf immer wieder Spekulationen darüber, ob der Holzschläger Rochussen tatsächlich ihr biologischer Vater ist (vgl. HA I, 1, 127f). Auch Baltzer Bocholt stellt an Muthes Todestag fest, das rote Haar sei „dasselbe das die drüben [die gräfliche Familie im Schloss; Cl. St] haben" (HA I, 1, 107). Sörgel lässt es zur Gewissheit werden, dass Muthe das Kind eines anderen erwartete, als sie Jörge heiratete: „Und sind nun elf Jahre, daß sie mit ihm unten vorm Altar stand. Ihr wißt ja, wie's kam und was es war; und sollte was zugedeckt werden. Aber sie hat nicht mit den beiden Ringen wie mit einer Lüge vor ihren Gott hintreten wollen, […]" (HA I, 1, 107). Die anaphorische Wiederaufnahme von ‚Ihr wißt ja, wie…' (vgl. HA I, 1, 107) in der Rede des Pastors deutet an, dass Hildes illegitime Abkunft und ihre adlige Verwandtschaft ein ‚offenes Geheimnis' sind. Während sich das Motiv der rätselhaften, dunklen Abkunft sowohl dem Melusinen- als auch dem Undinenstoff zurechnen lässt[512], stammt das Motiv der Adoption, das sich in der Literatur des 19. Jahrhundert großer Popularität erfreute, aus der Märchennovelle Fouqués.[513]

Der „Schlangenring", den die tote Erdmuthe Rochussen anstelle ihres silbernen Eherings an ihrem Ringfinger trägt, fungiert nicht nur als „Beichte" und „Bekenntnis" (HA I, 1, 107), dass sie vor ihrem Ehemann einen anderen

---

[511] Thomé, Ich S. 294–297, bewertet die Protagonistin Hilde als ‚Prätypus' zu Fontanes Hysterikerin Cécile und sieht in ihr den – in der zeitgenössischen klinischen Psychiatrie beschriebenen – Typus der lethargischen Hysterikerin. Zu Cécile als Hysterikerin vgl. auch Lilo Weber, ‚Fliegen und Zittern'. Hysterie in Texten von Theodor Fontane, Hedwig Dohm, Gabriele Reuter und Minna Kautsky. Bielefeld 1996 S. 43–93 und Inge Stephan, „Das Natürliche hat es mir seit langem angetan." Zum Verhältnis von Frau und Natur in Fontanes Cécile, in: Natur und Natürlichkeit. Stationen des Grünen in der deutschen Literatur. Hg. von Reinhold Grimm und Jost Hermand. Königstein, Ts. 1981 S. 118–149. Zum Frauentypus der Femme Malade als Spielart der Femme Fragile vgl. Ariane Thomalla, Die ‚femme fragile'. Ein literarischer Frauentypus der Jahrhundertwende. Düsseldorf 1972 S. 26–30.

[512] Als Reÿmund der schönen Unbekannten am ‚Durstbrunnen' begegnet, macht diese über ihre Herkunft und ihre Familie keine Angaben (vgl. ThvRM, 23–27). Die höfische Verwandtschaft des jungen Bräutigams beklagt sich bei diesem über seine Torheit, dass er eine Frau heirate, von der er nicht wisse, „von welcher gegnet oder was geschlächtes" sie sei (ThvRM, 35, 23).

[513] Vgl. die Geschichte des alten Fischers, der Ritter Huldbrand von dem Ertrinken seiner eigenen kleinen Tochter im See und dem Erscheinen der damals etwa vierjährigen Undine auf der Schwelle des Fischerehepaares berichtet, in: Fouqué, Undine S. 116f. Zum Motiv der Adoption in der Literatur des 19. Jhs. und bei Fontane vgl. Howe, Ellernklipp.

geliebt hat, sondern auch als Allusion auf den Schlangenschwanz der Melusine. Mit der zweifachen Erwähnung des Ringes gibt Fontane einen ersten Hinweis darauf, dass Muthe aus dem ‚Geschlecht der Melusinen', dem Haus Lusignan, stammt und Hilde als ihre Tochter ebenfalls eine ‚Melusine' ist.[514]

Das Kind hatte mit seiner Mutter bis zu deren Tod außerhalb der Dorfgemeinschaft auf „‚Kunerts-Kamp'" gelebt (HA I, 1, 106). Hildes Lebenswelt vor ihrem Eintritt in das geordnete Dasein im Heidereiter-Haus erinnert an die semi-anderweltliche Sphäre, in der die Fee Melusine mit ihren Schwestern am ‚Durstbrunnen' auf ihren zukünftigen Ehemann wartet. Die unkultivierte Einöde am ‚Durstbrunnen' wiederholt sich in der „mit Ginster und Heidekraut bestandene[n] Hochfläche" (HA I, 1, 106) am Kunerts-Kamp, auf der Muthe Rochussens kleines Haus steht. Diese Hochfläche kontrastiert mit den kultivierten Acker- und Weideflächen des Dorfes ebenso wie die Ödnis des ‚Durstbrunnens' mit der zivilisierten höfischen Welt jenseits des Waldes, aus der Reÿmund zu Melusina gelangt. Die Lage von Hildes Elternhaus – es steht an dem Punkte, „[...] wo Kamp und Wald sich ineinanderschoben und ein Eck bildeten" (HA I, 1, 106) – verweist auf ein Leben in der Übergangssphäre zwischen Menschen- und Anderwelt[515], fungiert doch der Wald in der volksläufigen Literatur traditionell als Schwellenort zwischen menschlicher und anderweltlicher Sphäre.[516]

Hilde ist nicht nur geographisch, sondern auch moralisch und emotional in einer Sphäre jenseits der Menschenwelt aufgewachsen. Während die Normen und Werte der Dörfler durch den Protestantismus bestimmt, in der Sonntagspredigt Pastor Sörgels aktualisiert und von den Emmerodern neu internalisiert werden, wächst Hilde in einer heidnischen Welt auf: Statt ihr den Katechismus vorzusprechen und sie in die Glaubenstatsachen einzufüh-

---

514 Guarda, „Neben"-werke S. 33, deutet den Ring allgemeiner: „Das Schlangenmotiv spielt zweifelsohne auf das Evatum der Muthe Rochussen an, die ihrer Witwenschaft dadurch ein Ende setzte, dass sie sich einen Holzschläger zum Manne nahm. Zugleich aber ist das Schlangenmotiv als die posthume Herausforderung der Rochussen an die stolze Gräfin anzusehen, [...]." Peters, Sozialisation S. 35, sieht in dem von Muthe zum Sterben angelegten Schmuck „Insignien der Herrschaft", mit denen Muthe ihren Anspruch auf das Schloss postuliere.

515 Zur topographischen Situierung des Erzählgeschehens vgl. Peters, Sozialisation S. 34f, der die „poetische Topographie" als „Sinnbild sozialer Verhältnisse" liest.

516 Während seiner Arbeit an „Ellernklipp" beschäftigte sich Fontane im Herbst 1879 mit deutschen Sagen. Dies geht aus einem Brief an den Sagensammler und Volkskundler Heinrich Pröhle vom 26. September hervor, dessen damals gerade in zweiter Auflage erschienene Sagensammlung der Dichter konsultiert hatte. Fontane dürfte deshalb mit den Erzählstrategien und -motiven der ‚Volksliteratur' vertraut gewesen sein. Vgl. HA IV, 3, 43 und Heinrich Pröhle, Deutsche Sagen. Berlin [2]1878. (Berlin 1863). Auch Fontanes „Wanderungen durch die Mark Brandenburg" (1862–1889) belegen seine umfangreichen Kenntnisse volksläufigen Erzählens.

ren, singt ihre Mutter ihr nur das Lied „von einem jungen Grafen" vor (HA I, 1, 119).[517] Hildes von Grissel am Weihnachtsabend aufgedecktes ‚Heidentum' zeigt sich auch in einer gewissen, vom Pastor mit Besorgnis betrachteten moralischen Indifferenz des Mädchens: „‚Aber ich fürchte', fuhr er in leisem Selbstgespräche fort, ‚sie kennt nicht Gut und nicht Bös, und darum hab' ich sie zu dem Baltzer Bocholt gegeben. [...] Und wenn sie Gutes sieht, so wird sie Gutes tun'" (HA I, 1, 109). Hilde hat mit ihren zehn Jahren das für Kinder ihres Alters notwendige ‚Weltwissen' nicht erworben. Als sie mit zwölf schließlich in die Dorfschule kommt, lachen sogar die Kleinsten über ihre Dummheit (vgl. HA I, 1, 124). Hildes Unwissenheit kontrastiert eine bemerkenswerte Auffassungsgabe und Intelligenz, die sich weniger in der Schule, dort ist Hilde „oft träge und abgespannt" (HA I, 1, 124), wohl aber im Konfirmandenunterricht bei Pastor Sörgel zeigt (vgl. HA I, 1, 126). Das Mädchen präsentiert sich hier als Vorläuferin der Fontaneschen Melusinen, die stets Esprit besitzen und geistvoll zu plaudern verstehen.[518]

Wie alle Fontaneschen Melusinen zeichnet sich Hilde schon als Kind durch eine Affinität zum Elementaren, durch ein Sich-Hingezogen-Fühlen zu der Natur und ihren Elementarkräften aus. Sie hält es nicht im Haus, in der geordneten, strengen Welt des Heidereiters, sie „will immer hinaus" (HA I, 1, 112), wie die Magd Grissel sich bei Baltzer beklagt. Hildes physische Befindlichkeit und ihre Gemütslage stehen unter dem Einfluss der Naturkräfte. Ihre Stimmungen scheinen abhängig vom Kreislauf der Natur, ihre Vitalität und Agilität dem Wandel der Jahreszeiten unterworfen. In ihrem ersten Jahr im Haushalt Baltzer Bocholts ist Hilde in der nasskalten Jahreszeit müde und antriebslos. Wenn die alte Grissel nicht in der Nähe ist, um sie zur Arbeit zu ermahnen, verkriecht sie sich in ihr Bett (vgl. HA I, 1, 115). Erst

---

[517] Es könnte sich um das Herdersche „Lied vom jungen Grafen" handeln, in welchem sich ein junges Mädchen gegen ihre Liebe für einen jungen Grafen und für das Kloster entscheidet, was ihm das Herz bricht. Es lässt sich als Vorausdeutung auf Hildes spätere ‚Verklärung' verstehen. Vgl. JOHANN GOTTFRIED HERDER, Werke in zehn Bänden. Hg. von MARTIN BOLLACHER u.a. Frankfurt a.M. 1985–2000, Bd. 3: Volkslieder. Übertragungen. Dichtungen. Hg. von ULRICH GAIER. Frankfurt a.M. 1990 S. 75f.

[518] Auch Marie Kniehases ‚natürliche Aristokratie', die sie von den Bauernkindern in Hohen-Vietz abhebt, zeigt sich u.a. in ihrer raschen Auffassungsgabe. Wie Hilde gelingt es ihr schnell, ihre „Spiel- und Schulgenossin" Renate in Wissen und Fähigkeiten einzuholen (vgl. HA I, 3, 80). Mutter und Tochter Parceval machen in Heringsdorf durch ihr Plaudertalent auf sich aufmerksam. Sie gelten als geistreiche „interessante Damen", die „etwas Kosmopolitisches" an sich haben, „sehr belesen" wirken und „alles [zu] wissen" scheinen, weil sie nur „aparte Zeitungen" lesen (HA I, 7, 429f). Graf Petöfy heiratet die junge Schauspielerin Franziska Franz, weil er hofft, sie werde ihm in der Ehe angenehm und geistreich die Zeit verplaudern. Als die intelligenteste und geistvollste der Fontaneschen Melusinen kann Melusine von Barby gelten, die Vater und Sohn Stechlin durch ihren Esprit und ihre elegante, versierte Konversation bezaubert.

zu Beginn des Winters, als das Wetter kalt und trocken wird, lebt die müde, apathische Hilde auf und ist „wie vertauscht“: Sie ist „froh und frisch und aller Müdigkeit los und ledig“ (HA I, 1, 116). Schnee und Eis erscheinen als Hildes eigentliches Element. Das Mädchen kann vom Spielen in der weißen Pracht nicht genug bekommen. Ihre gesamte freie Zeit verbringen die ‚Geschwister‘ mit Schlitten fahren und dem Spiel in einer selbstgebauten Schneehütte (vgl. HA I, 1, 116f). Besonders hat es Hilde aber das Eislaufen angetan, dessen sie „nicht müde werden“ kann (vgl. HA I, 1, 116). Das Motiv des Schlittschuhlaufens – von Ohl schon als „Chiffre des Melusinenhaften“ bezeichnet[519] – erscheint schon im Fragment „Melusine. An der Kieler Bucht“ als bevorzugtes Hobby der namenlos gebliebenen „*Wassernixe*“ (vgl. HA I, 7, 253). Auch Ebba von Rosenberg aus „Unwiederbringlich“ liebt es und verführt den Grafen Holk zu einer gefährlichen Schlittschuhpartie aufs offene Wasser eines Sees hinaus (vgl. HA I, 2, 748f). Marie Kniehase schließlich besitzt wie Hilde „eine unbezwingbare Vorliebe für den Schnee“ (HA I, 3, 77).

Hilde erscheint in ihren Bewegungen und in ihrem Habitus zuweilen reptilienartig.[520] Die Magd Grissel bemerkt gegenüber ihrem Herrn über dessen Pflegetochter:

> „Ihr müßt ihr bloß nach den Augen sehen, Baltzer, und wie sie so zufallen am hellen lichten Tag. Und ist immer müd und tut nichts; aber mit eins richtet sie sich auf und steht kerzengrad und ist, als ob ihr die Guckerchen aus dem Kopf wollten. Und dann ist es wieder vorbei. Ja, Baltzer, es wird nichts Leichtes sein mit dem Kind.“ (HA I, 1, 112).

Hilde scheint wechselwarm zu sein. Im Hause sucht sie, einem Salamander oder einem anderen kleinen Reptil gleich, bei nasskaltem Wetter die Nähe der Feuerstelle, um nicht zu erstarren (vgl. HA I, 1, 115). Ihre Reptilienhaftigkeit verweist zum einen über die Assoziation der den Reptilien eigenen schuppigen Haut auf den Schlangenschwanz der Melusine. Zum anderen unterstreicht sie ihre Elementargeistnatur: Ihre ausgeprägte Affinität zum Ele-

---

519 Ohl, Melusine als Mythologem S. 432.

520 Hildes reptilienhafte Art weist voraus auf Oceane von Parceval. Auch diese wird im Roman-Fragment der Familie der Reptilien zugeordnet. So assoziiert Dr. Felgentreu sie beim nächtlichen Dünenspaziergang nach dem Ball mit einem Krokodil: „Aber von Sehnsucht nach einem versagten Glück ist keine Rede. Sie will dies Glück gar nicht; ihr ist in ihrem amphibialischen Zustand am Wohlsten und warum soll nicht ein Krokodil auch glücklich sein können. In einem Gedichte heißt es: ‚Doch wenn die Sonne scheint, da lacht's.‘“ (HA I, 7, 432). Der undurchdringliche Panzer der Echse versinnbildlicht zum einen Oceanes Gefühlsarmut, ihre Unfähigkeit, sich Emotionen ‚unter die Haut gehen‘ zu lassen, zum anderen verweisen seine Schuppen und sein echsenhafter Körper auf den melusinischen Schlangenschwanz und auf die paracelsischen Salamander, die Hüter des Feuers.

ment Feuer, ihr Frösteln bei Regenwetter sowie ihre Augen, die gleichzeitig offen und geschlossen erscheinen, lassen sie als paracelsischen Elementargeist des Feuers, als Abkömmling der Salamander erscheinen, die sich Paracelsus zufolge gern an den Feuerstellen der Menschen aufhalten und anfällig für Verführungen durch Teufel und Hexen sind.[521]

Hilde ist die erste der Fontaneschen Heldinnen, die der Autor mit dem später melusinentypischen Zug des Languissanten auszeichnet.[522] Paul Irving Anderson hat jüngst darauf aufmerksam gemacht, dass man languissante auch als unvollkommenes Anagramm zu Lusignan verstehen könne. Die Unvollkommenheit des Anagramms deutet er als Hinweis auf Hildes illegitime, aristokratische Abstammung.[523] Fontane selbst formulierte in einem Brief an Gustav Karpeles über seine Protagonistin programmatisch:

„Hauptfigur: ein angenommenes Kind, schön, liebenswürdig, poetisch-apathisch, an dem ich beflissen gewesen bin, die dämonisch-unwiderstehliche Macht des Illegitimen und Languissanten zu zeigen. Sie tut nichts, am wenigsten etwas Böses, und doch verwirrt sie regelrechte Verhältnisse" (HA I, 1, 896).

Das Languissante zeigt sich bei ihr in Form von Antriebslosigkeit und Trägheit, Apathie, Schläfrigkeit und Passivität. Als Leitmotiv des Languissanten fungiert im Text die alliterierende Formel „müd und matt" (HA I, 1, 116; 189; 190). Hilde wird in der Erzählung sogar direkt als languissante bezeichnet. Am Tag ihrer Hochzeit spotten die auf dem Schloss anwesenden preußischen Offiziere über den Altersunterschied des Paares und die Baltzer unterstellte mangelnde sexuelle Potenz:

„Sieh, Lothar', sagte der eine, ‚sie stecken jetzt drüben [im Haus des Heidereiters; Cl. St.] die Lichter an.' ‚Aber ohne Hymens Fackel.' ‚Es wird so schlimm nicht sein",

521 Vgl. ThvHSW I, 14, 135. Auch im Volksglauben galt der Salamander als Feuergeist und als Kind des Teufels. Man glaubte der Salamander lebe im Feuer, das ihm nichts anhaben könne und sah in ihm einen Spion des Teufels, der einen durchdringend anschaute. Vgl. Adolf Webinger, [Art.] Molch, in: HDA 6. Berlin u.a. 1934/35 Sp. 455–460, hier 457.

522 So urteilte schon Müller-Seidel, Fontane S. 81. Das Hilde in besonderem Maße auszeichnende ‚Matte und Müde' (vgl. HA I, 116; 128f; 190) fehlt Marie Kniehase. Sie ist noch ganz als ‚Märchenprinzessin' und zauberhaftes ‚Feenkind' gestaltet und erscheint als ‚Kind des Glücks'. So wird sie mit der Bemerkung ihrer Freundin Renate von Vitzewitz, „Sie ist wie ein Märchen. Wenn morgen eine goldene Kutsche bei Kniehases vorgefahren käme, [...], ich würde mich nicht wundern" (HA I, 3, 25), in den Roman eingeführt. Tante Amelie, die frankophile, standesbewusste Schwester des alten Grafen Bernd von Vitzewitz, die das Schaustellerkind ablehnt, sieht in ihr dennoch „eine Beauté aus dem Märchen" (HA I, 3, 123). Anders als der distanzierten und passiven Hilde gelingt es Marie – entgegen aller Standesschranken – den jungen Grafen Lewin von Vitzewitz für sich zu gewinnen. Sie ist neben Melanie van der Straaten eine der wenigen Frauenfiguren Fontanes, die ihr Glück in einer Liebesbeziehung findet.

523 Anderson, Fontane S. 104.

entgegnete der erste wieder. ,L'appetit vient... Und nun gar *die*: blaß und rotblond, und matt und müde. Wir sagen ,languissant', und ich denke, wir wissen, was es meint' (HA I, 1, 190).

5.2.3.2 „Durchschnittsnixe" oder „exzeptionelle Melusine"?

Im Folgenden sollen Ähnlichkeiten zwischen Hilde als ,Urtyp' und Oceane von Parceval als programmatischem Entwurf der Fontaneschen Melusine aufgezeigt werden. Die programmatischen Formulierungen Fontanes zum Wesen der „exzeptionellen Melusine" (HA I, 7, 427) im „Oceane"-Fragment werden dabei als Verstehensfolie dienen.

„Es gibt Unglückliche, die statt des Gefühls nur die Sehnsucht nach dem Gefühl haben und diese Sehnsucht macht sie reizend und tragisch. Die Elementargeister sind als solche uns unsympathisch, die Nixe bleibt uns gleichgültig, von dem Augenblick an aber wo die Durchschnitts-Nixe zur exzeptionellen Melusine wird, wo sie sich einreihen möchte ins Schön-Menschliche und doch nicht kann, von diesem Augenblick an rührt sie uns. Oceane von Parceval ist eine solche moderne Melusine. Sie hat Liebe, aber keine Trauer, der Schmerz ist ihr fremd, alles, was geschieht, wird ihr zum Bild und die Sehnsucht nach einer tieferen Herzens-Teilnahme mit den Schicksalen der Menschen, wird ihr zum Schicksal" (HA I, 7, 427).

Hilde ist – wie ihre nur wenige Jahre später von Fontane konzipierte ,Schwester' Oceane von Parceval – „eine solche moderne Melusine". Sie gehört wie Oceane zu den „Unglücklichen, die statt des Gefühls nur die Sehnsucht nach dem Gefühl haben" (HA I, 7, 427). Ihr fehlendes moralisches Empfinden scheint nicht nur in einer mangelnden christlichen Erziehung zu liegen, sondern auch von einer ihr eigenen, dispositionellen Fühllosigkeit und emotionalen Distanziertheit herzurühren. Fontane setzt in seiner Melusinen-Konzeption die Seelenlosigkeit der Elementargeister, die schon von Paracelsus in seinem „Liber de Nymphis" beschrieben wurde, mit der Fühllosigkeit bzw. der Unfähigkeit, Gefühle wie Liebe, Schmerz, Trauer usw. zu empfinden gleich.[524] Hilde besitzt also nicht nur die für Elementargeister typische Nähe zum Elementaren, sondern auch die diesen eigene Empfindungs- und Affektarmut. Hilde hat zwar, ohne es zu wollen, die verhängnisvolle Fähigkeit, in Männern Liebesleidenschaften zu entfachen, sie selbst erscheint jedoch als leidenschaftslos und unfähig zu tieferer Herzenswärme und Herzensteilnahme. Zwar gebe es niemanden in Emmerode, „[...] dem sie's nicht angetan [habe]", aber sie „[...] habe doch selber kein Herz und keine Liebe", heißt

---

[524] Vgl. auch Borchmeyer, Melusine S. 176 und Bennholdt-Thomsen, Bilder S. 152.

es über sie im Dorf (HA I, 1, 189). Schon als Kind im Angesicht der toten Mutter gleicht Hilde Oceane, die „Liebe [hat], aber keine Trauer“ (HA I, 7, 427). Aufgewachsen in einer Sphäre jenseits von christlicher Sitte und Moral, scheint es so, „[...] als wisse sie nichts Deutliches von Tod und Sterben [...]“ (HA I, 1, 108). So begegnet das Mädchen dem Tod der Mutter ohne Anzeichen von Verzweiflung oder überhaupt einer Gefühlsaufwallung. Über Hildes Reaktion am Totenbett heißt es: „Und sie kniete nieder und küßte die herabhängende Hand. Aber sie weinte nicht und gab kein Zeichen tiefen Schmerzes“ (HA I, 1, 108). Oceanes Aussage „Der Tod ist auch nur ein Bild, etwas plötzlich in die Erscheinung Tretendes, ich seh es und damit gut“ (HA I, 7, 432) gegenüber Dr. Felgentreu in ihrem Gespräch über „das Gefühl“ (HA I, 7, 431) wird in Hildes Verhalten am Totenbett bereits vorweggenommen. Zwar gibt das Kind der Liebe zur Mutter dadurch Ausdruck, dass sie sich im Verlassen des Totenzimmers noch einmal umwendet, „um der Toten die Hand zu streicheln.“ Sie tritt darauf „jedoch ohne Zeichen tieferer Bewegung ins Freie“ (HA I, 1, 108). Hilde wirkt kühl, distanziert und innerlich unbeteiligt.

Hilde gehört wie Oceane zu den „Naturen [...], an denen das Leben bilderhaft vorüberzieht [...]“ (HA I, 7, 431f). Auch für sie gilt: „der Schmerz ist ihr fremd, alles, was geschieht wird ihr zum Bild“ (HA I, 7, 427). Hildes Indifferenz gegenüber der Realität, die sie die schönen und die schrecklichen Ereignisse unterschiedslos nur als Bilder wahrnehmen lässt, zeigt sich deutlich an ihrem ersten Weihnachtsfest im Heidereiter-Haus. Nachdem sie in die Stube getreten ist, wo man für sie die von Martin selbstgebastelte Weihnachtskrippe mit Kerzen illuminiert hat, ergötzt sich das Kind an dem Lichterglanz, ohne zu begreifen, was Krippe und Stern für den Christen bedeuten: „Alles leuchtete hell, weil hinter dem geölten Papier eine ganze Zahl kleiner Lichter brannte; am hellsten leuchtete der Stern, der über dem Kripplein und dem Jesuskinde stand. Hilde konnte sich nicht satt sehen daran, [...]“ (HA I, 1, 118). Später am Abend, als die Feuerglocke läutet und davon kündet, dass es im Dorf brennt, ist Hilde nicht zu halten. Der helle Feuerschein übt wie zuvor die illuminierte Krippenlandschaft einen rätselhaften Zauber auf das Mädchen aus:

> „Und Hilde starrte wie benommen in das mit jedem Augenblicke sich neugestaltende Bild, das, alles sonstigen Wechsels ungeachtet, in drei fest und unverändert bleibenden Farbenstufen vor ihr lag: am weitesten zurück die schwarze Schattenmasse des Waldes, *vor* dem Walde das Feuer und *vor* dem Feuer der Schnee“ (HA I, 1, 122).

Hilde nimmt ebenso wenig wie beim Tod ihrer Mutter wahr, welche reale Bedeutung die Vorgänge haben, denen sie wie gebannt zuschaut. Sie berauscht sich allein an dem permanent wechselnden Farben- und Formenspiel von Nacht, Schnee, Feuerzungen und Schatten. Für sie ist kein Unterschied zwischen dem hellen Lichterschein in der Krippenlandschaft und dem hellen Feuerschein, mit dem ihr altes Zuhause niederbrennt. Nur die visuelle Sensation ist Hilde wichtig, das Schreckliche und Gefährliche der Situation erschließt sich ihr ebenso wenig wie zuvor die ‚frohe Botschaft' am Heiligabend. Für sie vermischt sich sogar unterschiedslos die zuvor von Grissel ihr erzählte Weihnachtsgeschichte mit ihren Engeln und himmlischen Sphärenklängen mit dem Läuten der Feuerglocke (vgl. HA I, 1, 120) und der Szenerie an der Brandstelle: „Über dem Ganzen aber der Sternenhimmel. Und sie sah hinauf, und die Engel stiegen auf und nieder. Und es war wieder ein Singen und Klingen, und die Wirklichkeit der Dinge schwand ihr hin in Bild und Traum" (HA I, 1, 122f). Hilde gehört wie Oceane zu den „Naturen, denen sich die Unterschiede dieser Bilder klar darstellen, aber die die dunklen und heitren gleichmäßig als Bilder nehmen" (HA I, 7, 431f).

Als Kind dominiert in Hilde ihre Elementargeistnatur. Sie bemüht sich zwar um Anpassung an die Welt des Heidereiters, lernt mit Martins Hilfe das Spielen[525] und hat an den Alltagsritualen der Dörfler Teil, es gelingt ihr dennoch nicht vollständig, ihre elementare Natur abzulegen. Bei jeder sich bietenden Gelegenheit versucht sie, sich aus der Einfluss-Sphäre Baltzers zu entfernen. Sie zieht sich zu Tagträumereien auf den Kirchhof (vgl. I, 1, 126f) oder in die Vorlaube (vgl. HA, 1, 167), zum Schlafen in die Heide (vgl. HA I, 1, 138) oder auf die Sieben Morgen zu Kamm-Melcher und seinen Geschichten (vgl. HA I, 1, 138; 147ff und 164) zurück, um der Disziplinierung durch ihren Pflegevater zu entkommen. Sie erlebt die Welt im Haus des Heidereiters, die von Strenge, Ordnung und Pünktlichkeit bestimmt ist, als beengend und beklemmend. In das ‚enge Korsett' eines minutiös, mit preußischer Strenge geregelten Tagesablaufs gepresst, sehnt sich Hilde nach der Freiheit, ohne Verpflichtungen draußen umherzustreifen, nach dem „Träumen und Herumfahren" (HA I, 1, 109), das ihr der Pflegevater nach dem Willen Pastor Sörgels austreiben soll. Bereits an ihrem ersten Tag im Heide reiter-Haus offenbart sich ihre Sehnsucht nach dem Elementaren, die sich in einem Verlangen nach Luft, Weite und Ferne niederschlägt. Beim Blick aus der Giebelstube, die sie von nun an mit Grissel bewohnen soll, auf das sich vor ihr erstreckende Tal, gleitet „ein Ausdruck von Glück" (HA I, 1, 110) über das Gesicht des Mädchens. Bis dahin stumm, spricht das Kind seine ersten Worte in der Erzählung: „[...] und sagte, während sie lang und tief auf-

525 Zu Beginn der Erzählung sitzt oder steht die kleine Hilde in Haus und Garten des Pfarrers herum, aber sie spielt nicht, so als ob sie dies bei ihrer Mutter Muthe nicht gelernt hätte. Vgl. HA I, 1, 104f. So auch: Howe, Ellernklipp S. 115.

atmete: ‚Hier will ich immer stehen… Ah… Es ist so weit hier.'" (HA I, 1, 111). Als Hilde das abendliche Läuten der Kuhglocken hört, die sie an ihr freies Leben auf Kunerts-Kamp bei ihrer unkonventionellen Mutter Muthe und auf den Sieben Morgen bei dem Geschichten erzählenden Hirten Kamm-Melcher erinnern, befällt sie erneut dieses Verlangen: „Der melancholische Ton der Glocken durchzitterte sie mit einer Sehnsucht weit hinaus, aber diese Sehnsucht in die Weite war ihr Glück" (HA I, 1, 113). Das Glück scheint für Hilde nicht in der Erfüllung ihrer Sehnsucht, sondern schon in der Sehnsucht selbst zu liegen. Die Erinnerung an ihr altes Leben, kodiert in ihrem Verlangen „weit hinaus" (HA I, 1, 113), macht das streng reglementierte Dasein im Heidereiter-Haus für sie erträglich.

Als Hilde zu einer jungen Frau herangewachsen ist, gewinnt in ihr das Verlangen nach einer menschlichen Existenz, nach dem ‚Sich-Einreihen' „ins Schön-Menschliche" (HA I, 7, 427) die Oberhand. Die Besonderheit der ‚Melusine' Oceane, die sie für Fontane aus der Masse der Nixen heraushebt, liegt in der Tragik ihrer Existenz: Sie möchte sich dauerhaft in die Menschenwelt integrieren, sehnt sich nach dem Gefühl, dem Empfinden-Können, das ein Charakteristikum der Spezies humana ist, vermag sich jedoch aus ihrer elementargeisterhaften Existenz nicht zu lösen. Für Fontane wird „die Durchschnitts-Nixe" in dem Augenblick zur „exzeptionellen Melusine", „[…] wo sie sich einreihen möchte ins Schön-Menschliche und doch nicht *kann*, […]" (HA I, 7, 427). Hilde besitzt wie Oceane eine ‚melusinisch-undinische' Doppelnatur: ihrer Gebundenheit an das Elementare steht eine Sehnsucht nach Befreiung aus eben dieser Gebundenheit entgegen. Sie beginnt sich nach irdischer Liebe und irdischem Glück zu sehnen. Sie möchte ihre elementare Fühllosigkeit überwinden, ohne dies zu *können*. Beim Blick aus der Dachkammer, die sie jetzt allein bewohnt, empfindet sie nun nicht mehr ein Verlangen „weit hinaus" (HA I, 1, 113), sondern „eine müde, schmerzlich-süße Sehnsucht […]. Wodurch? Wohin? *Dorthin*, wo das Glück war und die Liebe. Ja *die* …" (HA I, 1, 142). Hildes Liebessehnsucht erscheint als ungerichtet. Sie ist nicht in ihren ‚Bruder' Martin verliebt, sondern sehnt sich nach dem Zustand des Verliebt- und Glücklichseins an sich: „Und Gestalten kamen und zogen an ihr vorüber und grüßten sie und fragten sie; aber sie waren es alle *nicht*. Und zuletzt kam Martin – Martin, der drüben in der Kammer schlief […]. War *er* es? Nein; ja… und dann wieder nein" (HA I, 1, 142). Wie ihre jüngere ‚Schwester' Oceane kennt Hilde „statt des Gefühls nur die *Sehnsucht* nach dem Gefühl" (HA I, 7, 427) der Liebe.

Hildes „sehnsüchtige Natur" (HA I, 1, 189) wird von Pastor Sörgel als Ursache ihrer Mattigkeit und Müdigkeit ausgemacht. Im Gespräch mit Baltzer, der Hildes träge Art als Teufelswerk ablehnt, meint der Seelsorger: „Und ich will Euch sagen, woher all das Müde kommt, das Euch verdrießt;

sie hat eine Sehnsucht, und Sehnsucht zehrt, sagt das Sprüchwort. Ja, Heidereiter, an wem was zehrt, der wird matt und müd. Und seht, das ist es'" (HA I, 1, 128). Dass die unterkühlte Hilde sich nach Liebe sehnt, hat allein Kamm-Melcher erkannt. Am Tag ihrer Hochzeit mit ihrem Pflegevater äußert er gegenüber der Gräfin: „Ja, Gräfin, es ist eine sehnsüchtige Natur, die Liebe will, Und daß ich's sagen muß: auch irdische Liebe. Danach trachtete sie durch Tag und Jahr und wartete darauf und wartet *noch*" (HA I, 1, 189). Diese Bemerkung des lebensklugen Konventiklers lässt ahnen, dass Hilde weder in ihrer Liebesbeziehung zu Martin noch in ihrer Ehe mit Baltzer die Erfüllung ihrer Sehnsucht findet. Nach dem Tod Baltzers und ihres gemeinsamen Kindes lebt die junge Frau zunächst „in stillem Lebensüberdruß" (HA I, 1, 208). Sie hat sich zwar ihre Vorliebe dafür erhalten, das Leben in Bildern wahrzunehmen, aber die „Bilder", denen sie nachsinnt, liegen „nicht mehr wie früher, in vor ihr ausgebreiteter Ferne, sondern nur noch rückwärts in ihrer Vergangenheit" (HA I, 1, 208). Hilde erkennt die Aussichtslosigkeit ihrer Sehnsucht und wendet sich von der irdischen Liebe ab und der himmlischen Liebe zu, wie es ihr der alte Schäfer an ihrem Hochzeitstage prophezeit hatte (vgl. HA I, 1, 189). Doch den Wünschen ihrer Freunde, Pfarrer Sörgel und Kamm-Melcher, sie solle ihre Liebe zu Gott an den Maßstäben ihres lutherischen bzw. pietistischen Glaubensverständnisses ausrichten, kann Hilde nicht nachkommen. Sie kann sich Gott nur in der ihr eigenen Weise zuwenden, jenseits der etablierten und formalisierten christlichen Religionsformen.[526] Vor allem Melcher

„[predigte] ihr mal auf mal nur von Demut und Unterwerfung [...]. Ach, sie demütigte und unterwarf sich auch, aber eben deshalb, weil sie Demut und Unterwerfung übte, wußte sie von sich selbst, daß es *nicht* die Staffeln zur Himmelsleiter waren. Oder wenigstens nicht für *sie*. Das Kreuztragen – und *nur* das und immer wieder – drückte sie dem Staube zu; was *ihr* helfen konnte, war allein der Blick nach oben und der Hinweis auf Freiheit, Weite, Licht" (HA I, 1, 209).

Die schleichende Entfremdung von den alten Freunden, die ihr verweigern, „was ihre Seele mit immer größerer Lust ersehnte: Friede, Schauen und Ver-

---

[526] Dies ist ein Zug, den Hilde mit Melusine von Cadoudal, der Protagonistin aus dem gleichnamigen Melusinen-Fragment von 1895, gemeinsam hat. Auch diese Melusinenfigur führt ihre unorthodoxe Religionsausübung in die soziale Isolation: „Melusine hatte wenig Verkehr in der Stadt, trotzdem es an Standesgenossen beiderlei Geschlechts nicht fehlte. Die Schwierigkeit lag in ihrer Kirchlichkeit, richtiger in ihrem Bekenntnis. Wäre dies von einer gewissen Allgemeingültigkeit gewesen, hätte sie sich als Herrnhuterin, als Quäkerin, als Methodistin, als böhmische Brüdergemeinde [...] rubrizieren lassen, so wäre vielleicht ein Finden Gleichgesinnter möglich gewesen, sie hatte sich aber eine eigene Religion zurechtgemacht, [...]" (HA I, 7, 566).

söhnung" (HA I, 1, 208), lassen Hilde verkümmern. Erst die Versöhnung mit der Großmutter, die in ihrer illegitimen Enkelin nun das „Licht" ihres Alters sieht (HA I, 1, 209), und das gemeinsam mit ihr verbrachte Weihnachtsfest bewirken in der jungen Witwe einen radikalen Umschwung (vgl. HA I, 1, 211). An die Stelle des kontemplativen „Schauen[s]" (HA I, 1, 208), das ihre Seele zuvor ersehnt hatte, tritt nun die aktive „werktätige Liebe" zu Gott. Fontane selbst hat die Veränderung, die seine Heldin am Ende der Erzählung durchmacht, als ‚Verklärung' bezeichnet. In einem Brief an Gustav Karpeles schrieb er, seine Protagonistin „[...] verklär[e] sich und überleb[e] das Wirrsal, das sie gestiftet", jedoch „ohne den Grundton ihres Wesens zu ändern" (HA I, 1, 896). Hilde bleibt zwar unverändert „eine sehnsüchtige Natur" (HA I, 1, 189), doch ihr Verlangen nach Liebe und Glück transzendiert von irdischer zu himmlischer Liebe. Da ihre unerfüllte und im Irdischen unerfüllbare Sehnsucht nach Liebe, die an ihr zehrte und ihr alle Vitalität und Energie raubte, in der Liebe zu Gott Erfüllung gefunden hat, vermag Hilde das ‚Matte und Müde' an sich zu überwinden. Allerdings währt ihr neues Leben „in werktätiger Liebe" nur kurz. Mit der Hinwendung zu Gott hat sich Hildes Schicksal erfüllt. Ihre Entwicklung vom Elementaren, Naturmystischen ihrer Mutter Muthe, über das Alttestamentarische im Hause Bocholt, hin zum Neutestamentarischen ist mit ihrem Leben „in werktätiger Liebe" abgeschlossen.[527] Zwar gelingt es der ‚Melusine' Hilde, sich kurzzeitig in die Welt der Menschen zu integrieren und das Elementare, Naturmystische und Heidnische ihrer Natur (scheinbar) zu überwinden, indem sie ihre Sehnsucht nach irdischer Liebe in himmlische Liebe transzendiert und sich so in das ‚Schön-Menschliche einreiht'. Doch die kurzzeitige Erfüllung ihrer Sehnsucht in „werktätiger Liebe", die sie aufblühen lässt, erweist sich bald als „Täuschung" (HA I, 1, 211). Sie muss sich dem „ewigen und unwandelbaren Gesetz" beugen, das die dauerhafte Integration eines Elementarwesens in die Menschenwelt nicht duldet, und in die Anderwelt zurückkehren. Sie stirbt an einem Fieber; sie, die sich magisch vom Element Feuer angezogen fühlte, wird von einem ‚inneren Feuer' verzehrt.

5.2.3.3 Zwischen Femme Fatale und Femme Fragile

Hildes Heidentum, ihre moralische Indifferenz, ihre Affinität zum Elementaren und ihre Liebesunfähigkeit (d.h. Seelenlosigkeit) verweisen auf die Fouquésche Undinenfigur und die in seiner Märchennovelle zum Tragen

---

[527] Vgl. GRAWE, Ellernklipp S. 522.

kommende Elementargeist-Konzeption des Paracelsus. Bei ihrem Eintritt in den Haushalt des Heidereiters erscheint Hilde wie Undine als ungezähmtes Naturwesen, als Elementargeist, dessen Verhalten und Gebaren bei den Bewohnern der Menschenwelt stets Befremden, Unverständnis und Unmut hervorruft. Scheinen die ‚undinischen' Anteile an Fontanes Melusinen deutlich zu überwiegen, verweist vor allem die Doppelnatur der ‚melusinischen' Frauenfiguren im Erzählwerk Fontanes auf die Melusinenfigur der ‚Volksbuch'-Tradition. Der Dichter umschreibt sie mit dem Begriff des ‚Amphibialen'. So konstatiert er 1892 in einem Brief an Georg Friedländer in bezug auf seine Schwiegertochter, die Frau seines verstorbenen Sohnes George, die er liebevoll-spöttisch „die ‚Lady mit der weißen Pelle'" nennt, dass diese „Beauté mit dem Fischschwanz" „was Amphibiales" besitze, so dass sie „doch eigentlich keinen Menscheneindruck mach[e]" (HA IV, 4, 176).

Der für die spätmittelalterliche Melusinenfigur charakteristische Status als theriomorphes Mischwesen, der sie von einem Leben in der höfischen Sphäre auszuschließen und zu einer Existenz in der Anderwelt zu verurteilen scheint, wenn nicht ein geeigneter Ehemann auftaucht, wird von Fontane als ‚amphibialische' Existenz gedeutet. Fontanes Melusinen sind amphibische Wesen, die trotz ihrer Zugehörigkeit zur Welt des Elementaren nach Integration in die Welt des Menschlichen streben. Sie leben wie Oceane von Parceval in einem „amphibialischen Zustand" (HA I, 7, 432): Sie sind weder in der aquatischen Anderwelt noch in der Menschwelt wirklich zuhause. Ihre Sehnsucht nach dem ‚Schön-Menschlichen', nach dem Besitz einer menschlichen Natur, die sie befähigt, wie die Menschen zu lachen und zu weinen, lässt sie die Wasserwelt verlassen, ohne dass sie jedoch ihre eigentliche Natur, ihre Bindung an das Elementare, überwinden und als Menschenfrauen in der Welt der Menschen leben könnten. Als Wesen aus einer nicht-menschlichen, anderweltlichen Sphäre sind sie in der Welt der Menschen nur vorübergehend zu Gast. Die Melusinen umgibt eine Aura der Fremdheit und der Unbehaustheit. Diese Fremdheit hat oft den Charakter des Exotischen oder Fremdländischen: So soll die „*Wassernixe*" aus dem frühen Romanentwurf „Melusine. An der Kieler Bucht" als exotisierendes Attribut einen „*mexikanischen oder spanisch-amerikanische[n] Vornamen*" bekommen, ein Hinweis auf ihre möglicherweise fremdländische Abstammung (vgl. HA I, 7, 253). Grete Minde als Vorläuferin der Melusinen wird vom Erzähler attestiert, ihrem Äußeren nach erscheine sie als „eine Fremde" (HA I, 1, 8). Marie Kniehase ist zwar der „Liebling" (HA I, 3, 76) aller Hohen-Vietzer, aber das „Fremde und Geheimnisvolle, das sie von Anfang an gehabt hatte", bleibt ihr (HA I, 3, 77).

Wie die vormoderne Melusinenfigur sind die Fontaneschen Melusinen ihrer Abkunft nach häufig ‚Mischwesen'; doch nicht im Sinne einer – temporären – Tiergestaltigkeit, sondern im Hinblick auf ihre Nationalität und Konfession: Sie sind oft Kosmopoliten oder stammen aus gemischt-konfessionellen Ehen. So ist Oceane von Parceval „komplizierter Abstammung: aus einer französ[isch-]englischen Ehe hervorgegangen, wurde sie in Dänemark geboren und ist seit frühester Jugend eine Deutsche" (HA I, 7, 429). Grete Minde ist die Tochter eines protestantischen Tangermünder Kaufmanns und einer Brügger Katholikin (vgl. HA I, 1, 24 und 27). Auch Hilde erscheint ihrer Abkunft nach als ein solches Mischwesen: Von ihrer Mutter Muthe, der ungezähmten ‚Naturfrau', die lieber außerhalb des Dorfes lebt, als sich den Sitten und Moralvorstellungen der Dörfler anzupassen, ‚erbt' Hilde den Wunsch nach Freiheit, den Hang zum Nonkonformismus[528] und die Liebe zum irdischen Leben. Von ihrem Vater, dem jungen Grafen, hat sie die Melancholie, die Neigung zu Tagträumerei und Schwermut, sowie das Feine ihres Wesens.[529] Beide Erbanlagen drängen in Hilde zu ihrem Recht. So meint Grissel in einem ihrer ‚plattdeutschen Diskurse' mit Joost über die junge Frau: „Ick weet nich, Joost, dat Grafsche geiht ümmer mihr torügg, un uns' Muthe kümmt ümmer mihr rut. Finnste nich ook?" (HA I, 1, 138).

Während Melusines Zwang zur samstäglichen Verwandlung im ‚Volksbuch' in einem mütterlichen Fluch begründet liegt, ihre Doppelnatur also gerade nicht Teil ihrer Feenexistenz ist, lässt der Verzicht auf die Vorgeschichte Melusines, die mit der Verfluchung der drei Schwestern durch ihre Mutter endet, die Doppelnatur der Fontaneschen Melusine als Wesenseigentümlichkeit der Wasserfrau erscheinen. Sie ist stets ein ‚Erbe', das den ‚melusinischen' Frauenfiguren ‚im Blut liegt', eine physisch-psychische Disposition, die in ihrer Elementargeisterexistenz ihre Ursache hat und gegen die sie machtlos sind. Mit der Amalgamierung von Melusinen- und Undinenfigur, der Verschmelzung von verfluchter anderweltlicher Fee und paracelsischem seelenlosem Elementargeist wird die Fontanesche Melusine zu einem qua Gattung bzw. qua Natur erlösungsbedürftigen Geschöpf.

Wie in den vorhergehenden Abschnitten festgestellt werden konnte, trägt Hilde Rochussen zahlreiche Züge der Fouquéschen Undinenfigur und steht deutlich in der Tradition des weiblichen seelenlosen Elementargeistes, wie er seit Fouqués Märchennovelle die Wasserfrauen- und Nixenliteratur des 19. Jahrhunderts bevölkert. Die Protagonistin wird von Fontane – dieser Vorlage entsprechend – als ungezähmtes ‚Naturkind' in die Erzählung einge-

---

[528] So gelingt es Hilde – anders als dem angepassten Martin – im Konfirmandenunterricht bspw. nicht, die „drei Hauptstücke" des Lutherischen Katechismus auswendig zu lernen. Vgl. HA I, 1, 130. Zu den von Hilde verweigerten Anpassungsleistungen vgl. auch PETERS, Sozialisation S. 41 f.

[529] So auch GUARDA, „Neben"-werke S. 38 f.

führt: Sie scheint enger mit der Natur verbunden zu sein als die Menschen in ihrem Umfeld und steht unter dem Einfluss der Elementar- und Naturkräfte. Es sind vor allem die männlichen Figuren, welche die Normen und Werte der Menschenwelt verkörpern und Hildes ‚Zähmung' und Eingliederung in die zivilisierte Welt vorantreiben: Martin lehrt sie das Spielen, Pfarrer Sörgel und Kamm-Melcher unterrichten sie im christlichen Glauben, der Heidereiter erzieht ihr – zumeist vergeblich – Pflichtbewusstsein, Arbeitsamkeit, Ordnungsliebe und andere (preußische) Tugenden an. Wie Fouqués Undine leistet das Mädchen zunächst Widerstand und verweigert sich den Normen und Konventionen der Heidereiter-Welt. Erst die Eheschließung mit Baltzer scheint sie zu ‚zähmen' und sie zu einer ‚echten' Menschenfrau zu machen (vgl. HA I, 1, 193).

Schon als Kind strahlt Hilde eine ihr eigene, wesensinhärente Sinnlichkeit aus, der sich die Männer in ihrer Umgebung nur schwer entziehen können. Die in „Ellernklipp" sichtbar werdende enge Verbindung zwischen der Natürlichkeit bzw. Ungezähmtheit Hildes und ihrer Sinnlichkeit scheint Inge Stephans These zu bestätigen, dass für Fontane ‚Natürlichkeit' in bezug auf das weibliche Geschlecht Sexualität meint.[530] Die ‚Natürlichkeit' der Frau, ihre von der zeittypischen, rigiden Sexualmoral unverbildete Sinnlichkeit, erscheint dabei als positiver Wert. In „Ellernklipp" zeigen sich – ähnlich wie dies Bettina Plett für „Effi Briest" herausgestellt hat – „Strategien der Sympathielenkung"[531], die dafür sorgen, dass Empathie und Mitleid der Leser/innen sich auf das „nicht zum Glücke geboren[e] Kind" (HA I, 5, 900) Hilde richten, die Antipathien des Publikums dagegen die Vater-Figur Baltzer, den Hüter von Moral und Anstand, treffen. Der Heidereiter wird in der Erzählung nicht als Opfer der Femme Fatale Hilde inszeniert, vielmehr erscheint das ‚Naturkind' Hilde als Opfer männlicher Zurichtungsbemühungen. Die Sympathie des Erzählers gilt deutlich der natürlichen, gegen ihre Zähmung und Zurichtung sich wehrenden ‚wilden' Hilde. Ihr Anderssein, das sie gegenüber den Emmeroder Bauern in eine gemiedene Außenseiterposition bringt, ist deutlich positiv besetzt. Fontane scheint demnach – zumindest in „Ellernklipp" – die für die Geschlechterideologie des 19. Jahrhunderts symptomatische Dichotomie von der Frau als ‚Naturwesen' und dem Mann als ‚Kulturwesen', als Bezwinger und Beherrscher der Natur, wie sie im Bereich der Wasserfrauenliteratur prototypisch von Fouqué entworfen wurde, zu perpetuieren. Das weiblich konnotierte, unverbildet Natürliche

---

530 Stephan, Natürliche S. 125 f.

531 Bettina Plett, Frauenbilder, Männerperspektiven und die fragwürdige Moral. Applikation und Demontage von Rollenbildern und Wertzuschreibungen in Fontanes Romanen, in: Fontane-Blätter 68. 1999 S. 118–129, hier 119.

erscheint dabei gegenüber dem männlich konnotierten, streng normierten Kulturellen als höherwertiger und menschlicher.

Hilde Rochussen stellt, wie Inge Stephan dies bereits für Fontanes Cécile feststellen konnte, eine „rätselhafte Mischung" der zeitgenössischen, dichotomen weiblichen Geschlechterstereotypen dar. Sie erscheint den Leser/innen zugleich als Femme Fatale und Femme Fragile, als Hure und Heilige, als Hexe und Madonna.[532] Wie für Cécile lässt sich auch für Hilde ein Nebeneinander von Sexualisierung und Entsexualisierung aufzeigen.[533] Auf der einen Seite steht Hilde dem Typus der kränkelnden und lebensuntüchtigen Femme Fragile nahe, deren überzarte physische und psychische Konstitution jede sexuelle Betätigung auszuschließen scheint. Ihr an Atemnot als neurasthenisches Symptom erinnerndes Bedürfnis nach Licht, Luft und Weite rückt sie in die Nähe des Weiblichkeitstypus der Hysterikerin. Hildes aristokratisch-aparte, jedoch fragile Schönheit, die früh zu ‚welken' droht (vgl. HA I, 1, 185) und ihr rotblondes Haar verleihen ihr die Aura einer präraffaelitischen Madonna. Ihre anämische Blässe, ihre languissante Mattigkeit und Müdigkeit, die aus einer ihr scheinbar wesenhaften, ungestillten Sehnsucht resultieren, verweisen auf den Typus der Femme Malade, einer Spielart der Femme Fragile. Auf der anderen Seite entspricht Hilde dem Typus der männermordenden Femme Fatale. Das Mädchen besitzt eine dämonisch-animalische Verführungskraft und Erotik, welche die Männer ihrer Umgebung ihr hilflos verfallen lässt. Diese büßen ihre Leidenschaft für das Mädchen schließlich mit dem Tod. Hildes überbordende ‚natürliche' Erotik und ihre vitalistische Sinnlichkeit, die in Kontrast zu ihrer müden Fragilität steht, werden von Pfarrer Sörgel mit der sexualisierten Metaphorik des Blühens charakterisiert („die Hilde blüht" (HA I, 1, 139)), die auf die eingetretene Geschlechtsreife des Mädchens verweist. Hilde erscheint als Hure, die die Männer durch ihre Blicke und ihren Gang sexuell herausfordert und als rothaarige Hexe, die eine magische, dämonische Macht über das männliche Geschlecht besitzt und dieses „behext" (HA I, 1, 175). Sie gilt im Dorf als zwar verführerische, jedoch kaltherzige und berechnende Frau. Das Mädchen habe es allen „angetan", aber „habe doch selber kein Herz und keine Liebe" (HA I, 1, 189).

Hildes Existenz als dämonische, männerverschlingende Femme Fatale wird innerhalb des Textes jedoch gebrochen. So scheint das junge Mädchen – anders als die ‚Belle Dame Sans Merci' der Schwarzen Romantik – ihre erotische Verführungskraft weder kontrollieren noch sich ihrer bedienen zu

---

532 Vgl. Stephan, Natürliche S. 134.
533 Vgl. ebd.

können. Hilde plant nicht, die Männer in ihrer Umgebung mit ihren körperlichen Reizen ins Verderben zu stürzen, es passiert ihr einfach. Hilde figuriert als eine Femme Fatale wider Willen. Obgleich sie eigentlich „[...] nichts [tut], am wenigsten etwas Böses, [...] verwirrt sie regelrechte Verhältnisse“ (HA I, 1, 896), wie Fontane selbst es in einem Brief an Gustav Karpeles formulierte. Die ‚natürliche‘ Sinnlichkeit/Sexualität der Frau wird in „Ellernklipp“ als gefährliche, oft Tod und Verderben bringende Schicksalsmacht imaginiert und inszeniert, als Urgewalt, der gegenüber beide Geschlechter hilflos sind.

Fontane bezieht die Uneindeutigkeit seiner ‚melusinischen‘ Protagonistin, ihr Oszillieren zwischen zwei Deutungsmustern von Weiblichkeit, zum einen aus der Stofftradition des ‚Volksbuches‘.[534] Auch dort ist die anderweltliche Frau durch das Nebeneinander von Dämonisierung und Idealisierung gekennzeichnet. Während sich in anderen Melusinen- bzw. Wasserfrauentexten der zweiten Hälfte des 19. Jahrhunderts eine starke Tendenz zur Vereindeutigung der anderweltlichen Frau auf den Typus der sexualisierten Femme Fatale[535] oder der entsexualisierten Femme Fragile[536] zeigen lässt, belässt Fontane seine Melusinen – zumindest in den frühen Variationen der tradierten Figur der Wasserfrau, wie Cécile und Hilde – in dem Zwielicht, in dem die Figur seit dem späten Mittelalter steht. Der Dichter ‚übersetzt‘ das für die vormoderne Melusinenfigur typische Changieren zwischen verführerischer, Verderben bringender Dämonin und glücksspendender Fee in die für das 19. Jahrhundert charakteristische Dichotomie von Femme Fatale und Femme Fragile.

Hildes Changieren zwischen den zeitgenössischen Geschlechterstereotypen der Femme Fatale und der Femme Fragile resultiert zum anderen aus der für Fontane typischen, schon in „Ellernklipp“ zum Tragen kommenden, später von ihm ausgebauten und vervollkommneten Erzählweise, wie sie Sabina Becker pointiert herausgearbeitet hat.[537] In dieser spezifischen narrati-

---

534 Vgl. dazu zusammenfassend Kap. B.6.

535 Als Femme Fatale agiert die Melusinenfigur bspw. in folgenden Romanen: Frenzel, Melusine und von Adlersfeld-Ballestrem, Lady Melusine. Züge der Femme Fatale trägt sie in den Novellen: von Bülow, Die neuste Melusine und Ders., Eine allerneueste Melusine.

536 Als (malade) Femme Fragile ist die Melusinenfigur in einer Erzählung Paul Heyses gestaltet: Paul Heyse, Melusine, in: Deutsche Rundschau 79. 1894 S. 161–193 und 321–347; wieder abgedruckt in: Ders., Gesammelte Werke, Reihe 3, Bd. 3: Troubadournovellen und andere Novellen. Hildesheim u. a. 1985 (Stuttgart 1924) S. 450–529.

537 Vgl. Sabina Becker, Literatur als „Psychographie“. Entwürfe weiblicher Identität in Theodor Fontanes Romanen, in: „Realismus?“ Zur deutschen Prosaliteratur des 19. Jahrhunderts. Hg. von Norbert Oellers und Hartmut Steinecke. (Zeitschrift für deutsche Philologie 120. 2001; Sonderheft). Berlin 2001 S. 90–110, hier 96.

ven Technik Fontanes dient das widersprüchliche, sich überlagernde Nebeneinander von Weiblichkeitsstereotypen dazu, diese als männliche Imaginationen zu entlarven, welche die überwiegend männlichen Figuren auf die Heldin projizieren. Auch in „Ellernklipp" existiert die Protagonistin Hilde nur als „Objekt der männlichen Rede, nicht aber als Subjekt einer Selbstdarstellung".[538] Über das Mädchen wird viel gesprochen. Sie selbst kommt dabei selten zu Wort. Selbstreferentielle Aussagen Hildes, die den Leser/innen einen Einblick in die Selbstwahrnehmung des Mädchens geben könnten, fehlen. Sie wird permanent zur Projektionsfläche männlicher bzw. männlich bestimmter Zuschreibungen. Wie die anderen Protagonistinnen Fontanes wird auch Hilde vor allem über den ‚männlichen Blick', der sich auf sie richtet, charakterisiert: Im Verlauf der Handlung entwerfen die zumeist männlichen Gestalten der Erzählung verschiedene ‚Bilder' von Hilde. Die Gespräche der Figuren, die sich um das Mädchen drehen, werden überwiegend als zitierte direkte Rede im Darstellungsmodus des *showing* dargeboten und suggerieren dem Publikum das Gefühl unmittelbaren ‚Dabei-Seins'.[539] Hier wird Hilde wechselnd als frühreife, verführerische ‚Kindfrau' und amoralisches Wesen, als Tochter, Schwester und Geliebte, als aristokratisch-aparte, von ihrem degenerierten Blut bestimmte, lebensuntüchtige Melancholikerin, als Teufelsbalg und Hexe imaginiert. Fontanes Erzähler beschreibt Hilde und das mit ihr verbundene Geschehen überwiegend aus der Perspektive eines neutralen Beobachters.[540] Nur selten verfügt die Erzählerinstanz über Introspektion in die weibliche Protagonistin der Erzählung.[541] In aktorialer, an den Wahrnehmungshorizont Hildes gebundener Perspektive wird vor allem dann erzählt, wenn die Protagonistin allein ist oder sich in ihre eigene Traumwelt zurückgezogen hat: beim Anblick des Feuers an Heiligabend (vgl. HA I, 1, 122f), beim Tagträumen auf dem Emmeroder Friedhof (vgl. HA I, 1, 126f) sowie am Fenster ihrer Dachkammer (vgl. HA I, 1, 142f).

---

538 Sabina Becker, Psychographie S. 97.

539 Vgl. bspw. die Gespräche zwischen Pfarrer Sörgel und Baltzer Bocholt (vgl. HA I, 1, 105; 107; 128f) sowie den ‚plattdeutschen Diskurs' zwischen Grissel und Joost, in dem die Bocholtsche Magd eine männlich bestimmte Sichtweise auf Hilde zeigt (vgl. HA I, 1, 144f).

540 Für Fontanes Romane und Erzählungen ist insgesamt das Überwiegen einer externen Fokalisierung charakteristisch, d.h. das Erzählgeschehen wird zumeist in Außensicht des Erzählers präsentiert und den Leser/innen der Eindruck scheinbar objektiven Erzählens vermittelt.

541 Zu Beginn vermag der Erzähler über die Gefühle und Gedanken der weiblichen Hauptfigur nur zu spekulieren. So heißt es über Hildes mangelnde Fähigkeit, am Totenbett ihrer Mutter Muthe zu trauern: „Aber sie weinte nicht und gab kein Zeichen tiefen Schmerzes. Es war vielmehr als *wisse* sie nichts Deutliches von Tod und Sterben" (HA I, 1, 107; Hervorhebung Cl. St.) Fontane lässt seine Erzählerinstanz an dieser Stelle keinen indikativischen Aussagesatz formulieren, sondern über den Konjunktiv Unsicherheit und Ungewissheit ausdrücken.

Die „Kopfbilder" der Hilde zur Seite gestellten (Männer-)Figuren, die das Mädchen sowohl in die Nähe einer dämonischen, hexenhaften Femme Fatale als auch in die der passiven, kränkelnden und lebensuntüchtigen Femme Fragile rücken, werden auf diese Weise „mit einem zweiten, durch einen subtil agierenden Erzähler geschaffenen Bild konfrontiert" und über die Differenz als „vereinnahmende Imaginationen" entlarvt.[542] Hinter den männlichen Zuschreibungen wird die junge Frau nur verschwommen sichtbar. Hilde bleibt bis zuletzt eine Fremde.

Zusammenfassend lässt sich sagen, dass Fontane an der zeittypischen Deutung der Frau als ‚Naturwesen' partizipiert. Auch bei ihm schimmert die Assoziation des Männlichen mit Kultur und Zivilisation, die Assoziation des Weiblichen mit der Natur durch, wobei er als ‚Natur' der Frau ihre Sinnlichkeit bzw. ihre Sexualität ansieht. Zugleich verweigert sich der Autor jedoch der Vereindeutigung der (Wasser-)Frau zum männerverschlingenden ‚Naturwesen'. Indem Fontane die von Hilde im Text entworfenen ‚Bilder' als männliche Zuschreibungen sichtbar macht, hinter denen die Protagonistin fast zu verschwinden droht, enthüllt er die zeitgenössischen, meist misogynen Theoretisierungs- und Konzeptionalisierungsversuche um die Frage ‚Was ist das Weib?' als das, was sie sind: männliche Phantasmagorien, denen die realen Objekte aus dem Blick geraten sind. In „Ellernklipp" wird vorgeführt, dass die ‚naturhafte' Sinnlichkeit der Frau als vorgeblich ordnungszerstörendes Element von den Männerfiguren über dämonisierende bzw. idealisierende ‚Bilder' abgewehrt werden muss.[543] Erst am Schluss der Erzählung, als Pflegevater und -bruder tot sind, gelingt es Hilde, die männlichen Projektionen zurückzuweisen: Sie zieht sich von ihren ‚väterlichen' Freunden Pastor Sörgel und Kamm-Melcher zurück, die auf der Richtigkeit des Bildes insistieren, das sie sich von Hilde gemacht haben, und eine abweichende Entwicklung der jungen Frau nicht zulassen können (vgl. HA I, 1, 208 f). Je stärker sich Hilde am Ende der Erzählung von der Bevormundung der männlichen Figuren befreit und die Nähe und Zuneigung ihrer Großmutter sucht, desto deutlicher lässt der Erzähler sie als eigenständiges, subjekthaftes Wesen hervortreten, das selbständig handelt und eigenverantwortlich Entscheidungen trifft.

---

542 Vgl. Becker, Psychographie S. 96.

543 Vgl. auch Peters, Sozialisation S. 41 f.

5.2.4 Von der Paarbeziehung zur Dreiecksgeschichte

In Fontanes Romanen und Erzählungen, in denen er überwiegend Frauenschicksale der Gründerzeit und des Wilhelminismus gestaltet, in denen von Ehe, Ehebruch und Ehescheidung gehandelt wird, finden sich vielfach problematische Dreieckskonstellationen. In diesen sieht sich eine junge Frau vor die Entscheidung zwischen ihrer affektiven Bindung an einen älteren Mann, meist ihren Ehemann, und ihrer Liebe zu einem jungen, gleichaltrigen Mann gestellt.[544] Die jungen Heldinnen tragen häufig ‚melusinische' Züge. Fontane erweitert demnach in seinem Konzept des ‚Melusinischen' die Melusinengeschichte, die in der ‚Volksbuch'-Tradition die Geschichte einer Paarbeziehung ist, in der ein Nebenbuhler nur als Imaginationsprodukt des scheinbar gehörnten Ehemannes existiert, zu einer von Eifersucht bestimmten Dreiecksgeschichte. Die Melusinenfigur muss sich zwischen der Realisierung ihres Lebensglücks und der Entsagung aus gesellschaftlichen Rücksichten entscheiden. Diese spezifische Dreieckskonstellation spiegelt die für die Gründerzeit und den Wilhelminismus typische Heiratspraxis des Bürgertums wider und lässt sich als epochentypische Ausgestaltung des Motivs *Die Frau zwischen zwei Männern* verstehen.[545]

Auch in „Ellernklipp" verbindet Fontane diese für sein erzählerisches Werk typische konflikthafte Dreieckskonstellation mit dem Melusinenthema. Der wesentliche Unterschied zu anderen Fontane-Texten ist jedoch darin zu sehen, dass hier die rivalisierenden Nebenbuhler ihrem Lebensalter nach nicht nur Vater und Sohn sein könnten, sondern es tatsächlich sind. Irmgard Roebling begreift diese Erzählung als Variante des im späten 19. Jahrhundert in der Literatur inflationär häufig gestalteten Vater-Sohn-Konfliktes.[546] In „Ellernklipp" werde der für die zweite Hälfte des 19. Jahrhunderts brisante Generationenkonflikt, das Ringen der ‚Väter' und der ‚Söhne' um die Macht, der sich in den letzten Jahrzehnten des Jahrhunderts immer

---

[544] Diese Figurenkonstellation findet sich in den Romanen „Cécile", „Graf Petöfy" und „L'Adultera". Die wohl bekannteste Ausgestaltung dieses Motivs stellt Fontanes ‚Ehebruchsroman' „Effi Briest" dar.

[545] Vielleicht hat die Vorliebe Fontanes für Dreiecksbeziehungen, in denen ein ‚väterlicher' Mann und ein junger Mann, der sein Sohn sein könnte, um die Zuneigung einer jungen Frau ringen, aber auch autobiographische Hintergründe. Vgl. ZIEGLER/ERLER, Fontane S. 208f und DIETERLE, Vater S. 146. Auffallend ist überdies, dass Fontanes 1860 geborene Tochter Mete etwa genauso alt ist wie Hilde, als diese „blüht" und ihren Pflegevater sexuell „verwirrt", nämlich 19 Jahre, als der Dichter 1879 mit seiner Arbeit an „Ellernklipp" beginnt.

[546] So schon MÜLLER-SEIDEL, Fontane S. 82.

mehr verschärfte[547], im historischen Gewand verhandelt.[548] Die Ansiedlung des Geschehens in der vormodernen bäuerlichen Lebenswelt des späten 18. Jahrhunderts erscheint als Akt der Historisierung aktueller Konflikte und Probleme aus der eigenen Lebenswelt und Gegenwart des Autors. Das gesamte 19. Jahrhundert, vor allem aber die Gründerzeit und der Wilhelminismus, war seinem Selbstverständnis nach eine „uneingeschränkt patriarchalisch[e]" Epoche, die stark auf Vaterbilder zentriert war.[549]

Fontane importiert das Motiv des Vater-Sohn-Konfliktes in seinen Erzähltext, indem er die Figur des Reÿmund aus dem Melusinenstoff in eine Vater- und eine Sohnfigur ‚aufspaltet', die jeweils unterschiedliche Aspekte und Verhaltensweisen des Ehemannes der Melusine in sich aufnehmen. Die für vormodernes Erzählen typische Inkonsistenz der Figuren hinsichtlich ihrer Charaktereigenschaften und ihres Verhaltensrepertoires zeigt sich auch in der Reÿmund-Figur. Während er zu Beginn der Erzählung und in der frühen Phase seiner Ehe als passiver, nahezu devoter Jüngling erscheint, der sich in allen Entscheidungen den Vorschlägen seiner Gattin Melusina unterwirft, die im Hause Lusignan de facto ‚die Hosen anhat', wird in späteren Ehejahren mangelnde Affektkontrolle, vor allem der Jähzorn zu seinem herausragenden Persönlichkeitsmerkmal, ohne dass diese Neigung zu Wutausbrüchen vorher erwähnt worden wäre. Mit der Aufspaltung der Figur auf zwei Charaktere wird die für die Erzähler des 19. Jahrhunderts problematische mangelhafte Motivierung der Handlungsweisen Reÿmunds und die mangelhafte Psychologisierung der Figur umgangen.

5.2.5 Vater und Sohn Bocholt – Der gespaltene Reÿmund

Zu Beginn der Erzählung entwirft der omnisziente Erzähler ein knappes, aber präzises Bild der männlichen Hauptfigur Baltzer Bocholt und seiner Biographie: Hildes zukünftiger Pflegevater ist kein geborener Emmeroder, sondern ein zugereister Fremder, ein „Westfälinger" (HA I, 1, 103), der sich seine Stellung in seiner neuen Heimat hart erkämpfen musste. Der Erzähler präsentiert in Baltzer einen sozialen Aufsteiger, der sich durch treues, pflichtbewusstes Dienen von einem einfachen ehemaligen Soldaten zu einem

547 Zum Generationenverhältnis im deutschen Kaiserreich und zum ‚Vater-Sohn-Konflikt' in der Literatur um 1900 vgl. Torsten Bügner/Gerhard Wagner, Die Alten und die Jungen im Deutschen Reich. Literatursoziologische Anmerkungen zum Verhältnis der Generationen 1871–1918, in: Zeitschrift für Soziologie 20. 1991 S. 177–190.

548 So schon Müller-Seidel, Fontane S. 83.

549 Roebling, Nixe S. 146.

Forstbeamten in Diensten der Grafen von Emmerode emporgearbeitet hat. Fontane entwirft zunächst das Porträt eines glaubensfesten, pflichttreuen, moralisch integren Mannes, der als Beamter, Ehemann und Familienvater Vorbildlichkeit besitzt und alles erreicht hat, wonach ein Mann seines Standes streben kann: „Haus und Hof", „Amt und Frau", einen männlichen Erben und „Respekt in Dorf und Schloß" (HA I, 1, 103). Doch im Laufe der Erzählung wird deutlich, dass der äußere Anschein trügt. Unter der Oberfläche der Wohlanständigkeit des Bocholtschen Hauses lauern Abgründe, Baltzers Lebensglück zeigt Sprünge. Zwar wird der Heidereiter als liebevoller Ehemann und trauernder Witwer seiner zwei Monate zuvor verstorbenen Ehefrau in die Handlung eingeführt (vgl. HA I, 1, 103). Doch die Tote bleibt blass und namenlos. Sie wird nur in ihrer Funktion als reiche Erbtochter erwähnt, die Baltzer ökonomische Sicherheit und Aufstieg in der dörflichen Hierarchie einbringt. Der Heidereiter selbst, schon in die ihn verwirrende Leidenschaft für Hilde verstrickt, gesteht sich später ein, dass die „elfjährige friedfertige Ehe" (HA I, 1, 103) nicht auf einer Liebesheirat beruhte, sondern eine reine Vernunft- und Zweckehe war. Die Dankbarkeit, die er gegenüber der „Heimgegangenen" empfindet, betrifft nur „sein äußeres Glück" (HA I, 1, 174).

Baltzer ist nur scheinbar gut in die dörfliche Gemeinschaft integriert. Schon die Lage seines Hauses – er bewohnt „jenseits des Dorfes [...] einige hundert Schritte [...] talaufwärts [ein] einzelstehendes, hart in die Felswand eingebautes Haus" (HA I, 1, 103) – verdeutlicht zeichenhaft seine stets gefährdete Position eines nur geduldeten Außenseiters. Trotz seiner Einheirat in die dörfliche Elite ist er für die Emmeroder ein Zugereister und Fremder und ihr Verhältnis zu ihm distanziert geblieben. Sein Status als gräflicher Forstbeamter verschafft ihm zwar Ansehen und Respekt unter den Dörflern. Aber die Emmeroder fürchten ihn mehr als das sie ihn mögen.

Der ehemalige Soldat ist es gewohnt, seine Anordnungen „scharf und bestimmt" (HA I, 1, 120) zu äußern. Er führt ein strenges, ‚preußisches' Regiment im Hause und verlangt von seinen Kindern und dem Gesinde die unbedingte Unterwerfung unter seinen Willen. Gehorsam, Ordnung und Pünktlichkeit sind für ihn zentrale Tugenden (vgl. HA I, 1, 110). Baltzer genießt es, als Repräsentant der Obrigkeit an der Macht der Mächtigen zu partizipieren, und begreift sich als verlängerter Arm des Gesetzes, der für die Aufrechterhaltung von Recht und Ordnung Sorge trägt. Baltzers Überidentifikation mit seiner Profession, seine Obrigkeitsbeflissenheit sowie sein starres und rigides Beharren auf Regeln und Gesetzen zeigt sich besonders deutlich im Maus-Bugisch-Vorfall. Er ist unfähig, Gnade vor Recht ergehen und einen Missetäter laufen zu lassen. Auf die ungläubige Nachfrage Martins, ob der Vater den Maus-Bugisch tatsächlich tot geschossen habe, antwortet

Grissel: „Er wird ihn doch nicht halb totschießen. Das ist gegen die Regel. Dein Vater tut nichts Halbes.‘“ (HA I, 1, 133). Im Erschießen des Wilderers zeigt sich deutlich Baltzers verhängnisvolle Gewaltbereitschaft, die ihn auch vor der Tötung eines Menschen nicht zurückschrecken lässt. Den Versuch, des Heidereiters Autorität als gräflicher Forstbeamter in Frage zu stellen, musste der Wilderer mit dem Leben bezahlen.

Als Westfale ist Baltzer „störrisch und eigensinnig“ (HA I, 1, 128). Der Angelpunkt seiner Handlungsmotivationen sind übermäßiger Stolz und Eigenliebe (vgl. HA I, 1, 156f). So empfindet er die Tatsache, dass ihm „die Herren“ bei der gerichtlichen Untersuchung „in der Bugisch-Sache nur ein halbes Recht gaben“ und auch die alte Gräfin die Notwendigkeit dieses Todesfalls in Frage stellte und ihm den „‚Titul‘“ eines Försters verweigerte, der ihm seiner Meinung nach zugestanden hätte, als (narzistische) „Kränkung“ (HA I, 1, 135 und 159).

Schon bei seinem ersten Auftreten wird der Heidereiter als überpedantischer, geradezu neurotisch ordnungsliebender Mann vorgeführt. Als er das Haus des Pastors betritt, vollführt er zunächst ein überflüssiges, aber in seiner Überkorrektheit entlarvendes Reinigungsritual: Er „strich gewohnheitsmäßig über das große Kratzeisen hin, trotzdem seine Sohlen so sauber und trocken waren wie der Weg, den er gekommen“ war (HA I, 1, 104). Baltzer erscheint als ein Mann eiserner Selbstkontrolle, von dem es stets heißt, dass er ‚sich bezwang‘ bzw. ‚es bezwang‘ (vgl. z.B. HA I, 1, 139 und 180). Im Kontrast zu Baltzers Selbstbeherrschung stehen seine jähen, unberechenbaren Wutausbrüche, während derer er seinen Zorn nicht zu ‚bezwingen‘ vermag.[550] Vor allem in Situationen, in denen der Heidereiter emotional unter Druck gerät oder Stress empfindet, verliert er die Kontrolle über seine Affekte. So schreit er, als er vom Feuer in Muthes Hauses hört: „‚Meinen Hut; rasch! Verdammte Wirtschaft! Wer hat den Hut vom Ständer genommen?‘.“ Grissel aber, die diese Ausbrüche schon zu kennen scheint, antwortet nur ruhig: „‚Er hängt ja; weiß Gott, Baltzer, Ihr habt *wieder* Euren *Koller* und kein Aug‘ im Kopf. Hier‘ Und er riß ihr den Hut aus der Hand“ (HA I, 1, 120; Hervorhebungen Cl. St.). Baltzers strenges Regiment und seine plötzlichen Wutausbrüche erzeugen im Heidereiter-Haushalt ein Klima der Angst und des Unbehagens. Die Beziehung zwischen Baltzer und seinen

550 Dieser Widerspruch in der Persönlichkeit Baltzer Bocholts ist Fontane als Ungeschick in der Anlage der Figur ausgelegt worden. Man könnte darin aber auch gerade die Stärke und Authentizität von Fontanes Figurenzeichnung sehen: Baltzers unkontrollierte Wutausbrüche lassen sich gerade als die Kehrseite seines ihm von sich selbst auferlegten Zwangs zu permanenter Selbstkontrolle begreifen.

Kindern ist nicht von Empathie und Zuneigung bestimmt, sondern von Furcht.

Mit Baltzer Bocholt entwirft Fontane das Psychogramm eines autoritären, obrigkeitsgläubigen und obrigkeitshörigen Charakters, der als sozialer Aufsteiger gegenüber Autoritäten wie der gräflichen Familie und dem Pfarrer eine devote Haltung einnimmt, der in den eigenen vier Wänden jedoch unumstritten als Haustyrann herrscht. Baltzers vom Pastor gelobte „Zucht und Strenge" (HA I, 1, 107) nimmt im Laufe der Erzählung mehr und mehr pathologische Züge an, wenn sein in permanenter Selbstkontrolle und Selbstversagung geleisteter Triebverzicht sich in einer „sauertöpfisch[en]" (HA I, 1, 111) Miene widerspiegelt und in unkontrollierten Wutausbrüchen Bahn bricht. Baltzer Bocholt, der stets alles Geschehen in seinem Haushalt „unter der Kontrolle seiner buschigen Augenbrauen" (HA I, 1, 156) hat, ist der allmächtige, allgegenwärtige Patriarch, der Reÿmund im ‚Volksbuch' nie sein konnte. In die Gestalt des vormodernen strengen ‚pater familias' Baltzer Bocholt, der sich durch unhinterfragte Pflichterfüllung als Beamter im Ständestaat des späten 18. Jahrhunderts seinen sozialen Aufstieg gesichert hat, projiziert der Autor den bürgerlichen ‚Untertan' des wilhelminischen Preußen seiner Gegenwart hinein.[551]

Baltzer und die Reÿmund-Figur des ‚Volksbuchs' haben einige Gemeinsamkeiten aufzuweisen. So ist der Heidereiter in seiner Jugend wie der junge Reÿmund bis zu dessen Tod der Günstling des alten Grafen (vgl. HA I, 1, 159). Beide Figuren sind soziale Aufsteiger, die zu Wohlstand, Macht und Ansehen gelangen. Sie laden mit der Tötung eines Menschen, die sich im Wald bzw. auf der Jagd abspielt, schwere persönliche Schuld auf sich und bewirken ihren (vorübergehenden) ‚sozialen Tod'. Doch während Reÿmund, dem die Tat schicksalhaft in den Sternen vorherbestimmt war, seinen Onkel „von grossem vngefell" tötete (vgl. ThvRM, 20, 4ff), handelt Baltzer vorsätzlich und absichtsvoll – im Bewusstsein, das Recht auf seiner Seite zu haben. Beide Männer werden von ihrer ‚Melusine' aus einer für sie sehr unangenehmen Situation errettet und von ihnen vor sozialer Ausgrenzung bewahrt. So reagiert Hilde, obwohl sie dem Vater nach dem Tod des Maus-Bugisch zunächst voller Furcht und Abscheu begegnet (vgl. HA I, 1, 134f), auf den von allen Emmerodern geschnittenen, allein in seiner Kirchenbank sitzenden Baltzer, mitfühlend und empathisch: „Und ein ungeheures Mitleid erfaßte sie für den in seiner Ehre gekränkten Mann, und sie vergaß ihrer

551 Zu Kritik an Adel und Preußentum in „Ellernklipp" vgl. Guarda, „Neben"-werke S. 34–37.

Angst und lief auf ihn zu und küßte ihn" (HA I, 1, 136). Melusina bewahrt Reÿmund mit ihren klugen Ratschlägen davor, der Tötung seines Onkels verdächtigt zu werden, ein Verdacht, der unweigerlich zu einem Bruch mit der höfischen Gesellschaft und dem Verlust seiner Position am Hofe geführt hätte. Auch Hildes spontanes Handeln bewirkt die Aufhebung der Ausgrenzung des Heidereiters und seine Rückkehr in die dörfliche Gemeinschaft: „[...] und es war beinahe, als ob das, was Hilde getan, die Herzen aller umgestimmt und ihren Groll entwaffnet habe" (HA I, 1, 137). Mit Hilfe ihrer ‚Melusinen' gelingt beiden Männern die Reintegration in ihre soziale Umwelt.

Während Fontane von Baltzer ein detailliertes Psychogramm entwirft, bleibt der Sohn des Heidereiters in der Erzählung zunächst blass und konturenlos. Martin Bocholt erscheint zu Beginn der Erzählung als ein stiller, braver Junge, der unter der „Zucht und Strenge" (HA I, 1, 109) seines dominanten und jähzornigen Vaters eingeschüchtert und verstummt ist. Bei der ersten Begegnung mit seiner neuen ‚Schwester' reagiert er auf seines Vaters Aufforderung, das neue Familienmitglied zu begrüßen, mit Schweigen und Verlegenheit, eine Reaktion, die der Vater einfach übergeht (vgl. HA I, 1, 110). Nachdem er seine anfängliche Scheu überwunden hat, schließt er sich der neuen ‚Schwester' jedoch mit einer innigen und zärtlichen Anhänglichkeit und Treue an. Er verbringt seine Freizeit nicht etwa mit den anderen Jungen aus dem Dorf, sondern mit Hilde, die bald sein erklärter Liebling ist, den er mit allerlei Liebesbeweisen zu erfreuen sucht. Als Kind besitzt Martin nur wenig Selbstbewusstsein. So traut er sich nicht, Hilde selbst zu sagen, dass er die Krippe für sie gebastelt hat, sondern lässt dies den Vater tun, während er selbst „scheu neben dem Ofen [steht]", um Hildes Urteil abzuwarten (HA I, 1, 118).

Das Aufbegehren gegen Autoritäten, vor allem gegen den allmächtigen Vater, ist dem Jungen fremd. Das Gehorchen hat er von klein auf internalisiert. Martin ist schon früh von seinem Vater eingeschärft worden, dass man sich an die gesellschaftlichen Spielregeln zu halten hat, wenn man es – nach dem Vorbild des Heidereiters – in der Welt zu etwas bringen möchte. Sogar den gutmütigen Pastor Sörgel reizt die Willfährigkeit und Angepasstheit des 14-jährigen Knaben bisweilen zum Spott. Nachdem Hilde im Konfirmandenunterricht beim Aufsagen der drei Hauptstücke kläglich versagt hat, wendet sich der Pastor an Martin: „‚Martin, du kannst es. Nicht wahr?' ‚Ja, Herr Prediger.' ‚Ich dacht es mir' antwortete Sörgel, und ein leiser Spott umspielte seine Züge." (HA I, 1, 130). Der kindliche Martin verkörpert das Gegenbild seines Vaters: Ruhe und Sanftheit statt Jähzorn und Wutausbrüchen, kindliches Spiel statt Dienstpflicht, Treue und Hingabe statt Stolz und Eitelkeit.

Wie Reÿmund und Melusina erscheinen Martin und Hilde zu Beginn der Erzählung aufeinander angewiesen: Beide haben vor kurzem die Mutter und damit die Instanz verloren, die ihnen Sicherheit, Geborgenheit und Orientierung gab. Der Knabe Martin erscheint als Abbild oder Äquivalent des jungen Reÿmund im ‚Volksbuch'. Seine treue Anhänglichkeit an die ‚Melusine' Hilde und sein Bemühen, „ihr in allem zu Willen" zu sein (HA I, 1, 113), lässt an Reÿmund von Lusignan als Verlobten und jungen Ehemann der Melusine denken (vgl. ThvRM, 25, 14ff; 26, 14–29, 21 und 45, 4f).

Erst als Erwachsener wagt Martin es, gegen den Vater aufzubegehren. Wie im Fall von Reÿmund ist es die Liebe zu Melusine, die ihn zum Widerspruch herausfordert. Sein trotziges „Mir gilt es gleich. Sie [Grissel; Cl. St] *soll* es sehen. *Jeder* soll es sehen. Und er auch" (HA I, 1, 154), mit dem er sich zu seiner Liebe bekennt, erinnert an Reÿmunds herausfordernde Bemerkung gegenüber seinem Vetter und Lehnsherrn: „[v]nd sÿ [Melusine; Cl. St.] ist gancz nach meinem geuallen / vnd ich will sÿ auch haben" (ThvRM, 36, 7f), mit der er sich über die Bedenken hinsichtlich einer möglichen Mesalliance hinwegsetzt. Als junger Mann zeigt Martin mehr und mehr den für seinen Vater charakteristischen störrischen Eigensinn. So wie Baltzer alle Einwände und Widersprüche mit dem Kommentar „so will ich's" (Vgl. HA I, 1, 118 und 165) entkräftet, stellt sein Sohn in bezug auf das Versteckspiel, das er satt hat, klar: „Und ich will es nicht länger!" (HA I, 1, 155). Martins Entwicklung vom schüchternen, überangepassten Knaben zum rebellischen jungen Mann, der gegen die väterliche Autorität aufbegehrt und sich gegen seine Bevormundung zur Wehr setzt, motiviert zum einen seine Fähigkeit zum Tabubruch, zum anderen spiegelt sich darin das Aufbegehren der ‚Söhne' gegen die ‚Väter' in Fontanes eigener Lebenswirklichkeit wider.

5.2.6. „wie Bruder und Schwester" – Pakt und Tabu

Auf den ersten Blick scheint es in der Erzählung keinen Paktschluss und keine Tabuerrichtung zu geben. Die ‚Melusine' Hilde erwartet keinen Ritter an einem verwunschenen Brunnen, um ihm eine Ehe nach ihren spezifischen Bedingungen anzubieten. Dennoch lassen sich in „Ellernklipp" strukturelle Äquivalente zu den für den Melusinenstoff typischen Motiven Pakt und Tabuerrichtung auffinden. Die Ausgangssituation wird in „Ellernklipp" gegenüber dem Melusinenstoff umgekehrt: Nicht der Mensch ist hilflos und rettungsbedürftig, sondern das anderweltliche Mahrtenwesen. Während im ‚Volksbuch' der verzweifelte Reÿmund nach seinem fahrlässigen Totschlag verzweifelt durch die Wälder irrt, bis er zu der machtvollen, trostspendenden Fee gelangt, ist es zu Beginn der Fontaneschen Erzählung die ‚Melusine'

Hilde, die – über Nacht eltern- und heimatlos geworden – der Hilfe und Rettung bedarf. Wie in der Melusinengeschichte erscheinen beide Partner aufeinander angewiesen: beide sind Außenseiter am Rande der dörflichen Gemeinschaft; Hilde wegen ihrer zweifelhaften Herkunft, Baltzer wegen seiner im Dorf unbeliebten Position als gräflicher Forstbeamter und Repräsentant der Obrigkeit. Beide haben einen nahen Angehörigen verloren, sie die Mutter, er die Frau.[552] Doch während im ‚Volksbuch' die Erlösungsbedürftigkeit Melusines zunächst von der Rettungsbedürftigkeit des verzweifelten, lebensmüden Reÿmund verdeckt wird, das Nicht-Wissen-Dürfen des Mannes um diese Erlösungsbedürftigkeit gerade Teil des mütterlichen Fluches ist, korrespondiert Hildes Wunsch nach Erlösung aus ihrer Elementargeistexistenz eine reale, existenzielle Hilfsbedürftigkeit des über Nacht zur Waise gewordenen Kindes.

Gemeinsam ist beiden Melusinenfiguren, dass sie die Männer, die sie von ihrer Existenz am Rande der menschlichen Gesellschaft ‚erlösen' sollen, mit ihrer Schönheit und der sie umgebenden feenhaften, numinosen Aura sofort für sich einnehmen.[553] Hilde erscheint schon bei ihrem ersten Auftreten als frühreife Kindfrau, die eine unerklärliche erotische Anziehungskraft ausstrahlt, die auch auf die – bereits älteren – Männer Bocholt und Sörgel nicht ohne Wirkung bleibt. „Hilde ging vor ihnen her und stemmte, wie sie zu tun liebte, den rechten Arm in die Seite und machte, dass sie größer aussah, als sie war. Die beiden Männer aber folgten ihr mit den Augen, und Baltzer sagte lächelnd: ‚Ich werde sie zu hüten haben.'" (HA I, 1, 108). Auf die unschuldige Inszenierung Hildes, die in ihren Bewegungen und Gesten die erwachsenen Frauen nachahmt, reagieren die Männer mit begehrlichen Blicken. Baltzers Bemerkung macht zum einen deutlich, dass er sich dem von Hilde ausgehenden erotischen Zauber nicht zu entziehen vermag. Zum anderen deutet sich schon hier die später verhängnisvolle Eifersucht des dominanten, besitzergreifenden ‚Vaters' an, der seine ‚Tochter' als sein Eigentum betrachtet, das er keinem anderen Mann gönnt (vgl. HA I, 1, 165). Der Heidereiter behauptet zwar gegenüber dem Pastor, dass er Hilde bei sich aufnehme, damit sein Sohn Martin nicht als Einzelkind aufwachsen muss (vgl. HA I, 1, 108). Tatsächlich zeigt sich der Heidereiter jedoch selbst von Hildes apartem Aussehen angetan, denn er hatte sich schon zuvor „ersichtlich des Anblicks" des im Garten stehenden Kindes erfreut (HA I, 1, 105).

---

552 Vgl. auch Howe, Ellernklipp S. 115.

553 Vgl. ThvRM, 23, 5ff. Diese sinnliche Verführungskraft besitzt auch Undine. Sie ist typisch für alle feenhaften Mahrtenwesen und eignet auch der Vorläuferin der Fouquéschen Undine und Schwester der mittelalterlichen Melusine, der namenlosen *frouwe* im Versepos „Peter von Stauffenberg". Vgl. auch Röhrich, [Art.] Mahrtenehe, die gestörte M., in: EM 9. Berlin 1999 Sp. 45f und 49f.

Während im ‚Volksbuch' Melusine ihre Sache gegenüber Reÿmund selbst vertritt und ihn mit ihren attraktiven Angeboten und Verheißungen für sich zu gewinnen vermag, bleibt Hilde passiv und stumm. Als Baltzer und Pastor Sörgel über Hildes weiteres Schicksal diskutieren, befindet sich das Mädchen außer Hörweite im Garten des Pfarrhauses. War die ‚Volksbuch'-Melusine selbst noch ein handlungsmächtiges und entscheidungsfähiges Subjekt, ist die ‚Melusine' Hilde zum Objekt von Verhandlungen geworden. Die machtvolle, über unerschöpfliche Geldquellen verfügende, glücksspendende Fee wird bei Fontane zum hilfsbedürftigen, von Armut und Verelendung bedrohten Kind. Aus dem Paktschluss zwischen Mensch und Mahr ist eine Vereinbarung zwischen (Ehren-)Männern geworden. Mit den Worten „Ich nehme das Kind, und es soll mit meinem Martin zusammengehen." (HA I, 1, 108) nimmt Baltzer Bocholt das Angebot des Pfarrers, zukünftig als Hildes Pflegevater zu fungieren, an. Baltzers Tat erschiene selbstlos, ein Akt der christlichen Nächstenliebe und Barmherzigkeit, wären da nicht die begehrlichen Blicke, die der fast 40-jährige Mann auf die noch kindliche Hilde richtet. Mit diesen wird das erste Mal auf die Inzestthematik angespielt.

Anders als in der Rezeptionstradition des Melusinenstoffes wird das Tabu, das die Beziehung zwischen Mensch und Mahr belastet, nicht von der anderweltlichen Frau gegen den Menschenmann errichtet. In „Ellernklipp" spricht Baltzer Bocholt, die väterliche Reÿmund-Figur, das Verbot gegen seinen Sohn, die jugendliche Reÿmund-Figur aus. Als Baltzer am Tag von Muthes Beerdigung seine neue Pflegetochter in sein Haus führt und ihr dort die anderen Hausbewohner vorstellt, wendet er sich an seinen Sohn und sagt: „Und dies ist unser Martin; der soll nun dein Bruder sein, und ihr sollt euch lieb haben. Wollt ihr? Willst du, Hilde?'" (HA I, 1, 109). Baltzers Wunsch, die eltern- und geschwisterlose Hilde möge in seinem Sohn Martin einen liebevollen Ersatzbruder finden, erscheint zunächst als harmlos. Bedenkt man jedoch die nachfolgenden Ereignisse, gewinnt die Aussage des Pflegevaters eine ambivalente Dimension. Mit der Forderung des Heidereiters, seine Kinder sollen sich lieben ‚wie Bruder und Schwester', wird zwischen den beiden Kindern ein Bruder-Schwester-Inzesttabu errichtet, zugleich aber auch die Gefahr eines latenten Inzestwunsches heraufbeschworen. Baltzers Weisung „ihr sollt euch lieb haben", die – mit der Konjunktion ‚und' verbunden – unmittelbar auf die Erklärung, sie seien von nun an Geschwister folgt, fordert von Martin und Hilde eine verwandtschaftliche Zuneigung ein. Diese lässt erotische und sexuelle Liebe, wie sie zwischen Nicht-Verwandten möglich wäre, gerade nicht zu, obgleich Hilde und Martin nicht verwandt sind. Mit der Erklärung zu ‚Quasi-Geschwistern' wird jede Beziehung zwischen Hilde und Martin, die über geschwisterliche Zuneigung hinausgeht, zur ‚quasi-inzestuösen'. Sowohl die rhetorischen Fragen „Wollt ihr?

Willst du, Hilde?", die nur scheinbar ein – bereits vorausgesetztes – Einverständnis einholen als auch Baltzers Hinweggehen über Martins verlegenes Schweigen (vgl. HA I, 1, 110) machen deutlich, dass der Heidereiter hier mit dem Inzesttabu auf ein ,ewiges Gesetz' rekurriert, dessen bedachte oder unbedachte Übertretung folgenreich ist. Allerdings werden der Sohn-Figur Martin, anders als dem jungen Reÿmund im ,Volksbuch', die Folgen bei Missachtung des Verbotes nicht mitgeteilt. Die Akzeptanz des Tabus muss von den Kindern mit einem förmlichen Handschlag und einem geschwisterlichen Kuss besiegelt werden: „,Und nun gebt euch die Hand. So. Und jetzt einen Kuß." (HA I, 110).

Wie im ,Volksbuch' (vgl. ThvRM, 25, 28; 26, 9f und 43, 18ff) wird die Verpflichtung zur Einhaltung des errichteten Tabus den Beteiligten durch dreimaliges Aussprechen bzw. zweimalige Wiederholung eingeschärft. Fontane zeigt sich hier sehr empfänglich für die Bedeutung der ,märchenhaften' Dreizahl. So bedankt sich die begeisterte Hilde am Weihnachtsabend bei Martin mit „einem herzhaften Kuß", der „*so* herzhaft" ausfällt, dass der ,Vater' lachen muss und mehrfach wiederholt: „ ,Das ist recht, Hilde, das ist recht, *Ihr sollt euch lieb haben*, so recht von Herzen, und *wie Bruder und Schwester* [...]'" (HA I, 1, 118; Hervorhebungen Cl. St.). Die Wiederholung des – hier noch harmlosen – Kusses lässt Baltzer die wiederum doppeldeutige Mahnung, die Kinder sollen sich lieben ,wie Bruder und Schwester', aber nur ,wie Bruder und Schwester', aktualisieren. Die nahezu wörtliche Reprise des den Kindern am Tage von Hildes Einzug Gesagten, gibt dem Verbot eine magische, rituelle Bedeutung. Die zweite Aktualisierung des Tabus erfolgt – in abgeschwächter Form – durch den Pfarrer. Dieser schickt die Kinder von ihrer letzten Stunde vor der Konfirmation mit den Worten: „,Gut. Und nun geht nach Haus und seid brav und *liebet euch*.'" (HA I, 1, 131; Hervorhebungen Cl. St.) nach Hause. In dem Nachsatz „und liebet euch", mit dem Sörgel die Kinder entlässt, ist zum einen die pastorale Ermahnung zu christlicher Nächstenliebe enthalten, wie sie von einem protestantischen Seelsorger zu erwarten ist, zum anderen klingt aber auch Baltzers Mahnung in des Pastors Verabschiedung an. Mit der Anweisung an Hilde und Martin, sie sollen sich ,lieb haben wie Bruder und Schwester', errichtet der Heidereiter nicht nur gegen seine beiden ,Kinder' ein Geschwister-Inzest-Verbot, sondern auch gegen sich selbst ein Vater-Tochter-Inzestverbot. Seine Bemerkung gegenüber Sörgel, „Ich nehme das Kind, [...]" (HA I, 1, 108), mit dem er sich der verwaisten Hilde als Pflegevater annimmt, verpflichtet ihn dazu, sie zu lieben wie ein Vater, aber eben nur wie ein Vater, nicht wie ein Mann.[554]

---

[554] So auch PETERS, Sozialisation S. 39.

5.2.7 Erster Tabubruch – der erwachende Inzestwunsch

Mit der Aufspaltung Reÿmunds in eine ‚Vater'- und eine ‚Sohn'-Figur wird in „Ellernklipp" eine ‚Quadrierung' des Tabubruchs erzeugt. Die für den Melusinenstoff typische Doppelung des Tabubruchs – folgenlose Übertretung des Sichttabus versus folgenschwere Übertretung des Redetabus – wird von Fontane wiederum verdoppelt: Vater und Sohn begehen je einen doppelten Tabubruch, wobei der Erste Tabubruch ein Erwachen der Inzestneigung gegenüber Hilde bedeutet, der Zweite Tabubruch die endgültige, folgenschwere Übertretung des Inzesttabus durch Beischlaf.

5.2.7.1 Die ‚schlummernde Nymphe'

Fontane greift in „Ellernklipp" die beiden konstitutiven Aspekte des Ersten Tabubruchs des Melusinenstoffes auf, die Aufhetzung des Ehemanns durch einen Dritten mit Hilfe des Hinweises, seine Frau betreibe „bübreÿ" (vgl. ThvRM, 96, 21), und die Inszenierung des Gatten als heimlicher Beobachter des geheimen Wesens seiner Frau. Allerdings verteilt er diese beiden Erzählmotive auf zwei Erzählszenen.

Die Szene, in der Baltzer Bocholt zum heimlichen Beobachter der ‚zweiten Natur' seiner Pflegetochter Hilde wird, ist ganz parallel zu Reÿmunds Erstem Tabubruch in der Melusinengeschichte gestaltet: Hilde hat sich – wie Melusina aus der höfischen Gesellschaft in ihre geheime Badekammer – aus den Alltagszusammenhängen des Heidereiter-Haushaltes in die Stille der Natur zurückgezogen, um dort zu schlafen.[555] Als undinisches Elementarwesen, das „immer hinaus [will]" (HA I, 1, 112), zieht es sie zur Rekreation in die ihr von Kindheit an vertraute Übergangssphäre von Menschenwelt und Anderwelt. Von der Hitze des „sehr heiße[n] Julitag[es]" erschöpft, steigt sie aus der lastenden Schwüle des Tales in die Kühle des Berges hinauf

[555] Fontane zeigt eine deutliche Vorliebe für Szenen, in denen seine Protagonistinnen, gelegentlich auch Nebenfiguren, meist kleine Mädchen, in der Natur schlafen und ein Bild kindlicher Unschuld abgeben. In „Vor dem Sturm" wird die kleine Marie, die sich verlaufen hat und vom ganzen Dorf gesucht wird, wie folgt gefunden: „Sie lag schlafend im Korn, ein paar Mohnblumen in der Hand; ein kleiner Vogel ihr zu Füßen" (HA I, 3, 77). In „Graf Petöfy" wird die kleine Marischka, die Tochter des alten Toldy, die von ‚Zigeunern' entführt worden war und nach der die Schloss- und Dorfbewohner stundenlang gesucht hatten, in einer „von Disteln, Gras und Heidekraut überwachsenen Gemarkung" aufgefunden, wo sie „zwischen hohem Farnkraut, ein Tuch unterm Kopf lag [...] und schlief" (HA I, 1, 831).

und sucht sich einen schattigen Ruheplatz oberhalb von den Sieben Morgen, „[...] wo Wald und Heide aneinandergrenz[en]" (HA I, 1, 138).[556] Im Schlaf entzieht sich die junge Frau – wie schon so oft – den Pflichten und Zwängen der strengen Heidereiter-Welt und kann ganz bei sich und sie selbst sein. Im Traum in der freien Natur vermag sie ihre ‚geheime Natur', ihre Existenz als Elementarwesen auszuleben. Mit der „schattige[n] Stelle" (HA I, 1, 138), die sich die junge Frau zum Ausruhen ausgesucht hat, zitiert Fontane den heidnisch-antiken Topos des *locus amoenus*[557] und kleidet ihn in eine – kärglich und schroff anmutende – Harz-typische Variante: Hilde ruht an einem baumumstandenen und damit schattigen Ort, der sie vor dem grellen Sonnenschein schützt. Die für einen *locus amoenus* konstitutive Wiese ersetzt eine Heidelandschaft, statt Vogelgezwitscher ertönt Bienengesumm, den Wohlgeruch liefern keine mediterranen Kräuter und eine üppige Blumenpracht, sondern – norddeutsch anmutendes – profanes Heidekraut.[558] Der antike *locus amoenus*, der von einer Gottheit oder Nymphe bewohnt wird, ist ein numinoser, tabuierter Ort, dessen Störung oder Verletzung ein schweres Sakrileg darstellt, das für den Täter Konsequenzen hat.[559] Das Ambiente, in dem sich Hilde zur Ruhe bettet, verweist zudem auf die Schäfer- und Hirtendichtung des 18. Jahrhunderts, in der – auf einen topischen Natureingang folgend – der Ritter und die Schäferin einen erotischen Dialog führen, der meist in der ‚Verführung' der Schäferin durch den Ritter en-

---

556 Dies ist der Ort, wo vor der Brandnacht vom Heiligabend 1767 Muthes kleines Häuschen stand und Hilde aufgewachsen ist. Zu diesem Ort als Übergangssphäre zwischen Menschen- und Anderwelt und als ‚Schwellenort' der Melusine, an dem sie auf ihren zukünftigen Ehemann wartet, vgl. Kap. C.5.2.3.1.

557 Der antike Topos des *locus amoenus* war im späten 19. Jh. zwar noch nicht als Terminus technicus antiker Dichtkunst und Rhetorik erkannt und benannt worden. Dies geschah erst durch Ernst Robert Curtius im 20. Jh. Dennoch dürfte dem Bildungsbürger Fontane das topische Inventar eines Natureingangs in der bukolischen Dichtung der Antike geläufig gewesen sein. Für ihn als Dichter darf man sogar eine besondere Sensibilität für solche Topoi annehmen. Zum *locus amoenus* und seinem topischen Inventar vgl. Ernst Robert Curtius, Europäische Literatur und lateinisches Mittelalter. Bern u. a. [4]1963 S. 202–206 und Klaus Garber, Der locus amoenus und der locus terribilis. Bild und Funktion der Natur in der deutschen Schäfer- und Landlebendichtung des 17. Jahrhunderts. Köln u. a. 1974; Dagmar Thoss, Studien zum locus amoenus im Mittelalter. Wien 1972 sowie Joachim Heidenreich, Natura delectat. Zur Tradition des locus amoenus bei Eichendorff. (konstanzer dissertationen 62). Konstanz 1985 S. 11–31.

558 Man könnte diese Überführung der mediterran bestimmten, idyllischen Ideallandschaft des *locus amoenus* in ein norddeutsches oder preußisches Setting als Versuch des Autors lesen, diesen antiken bzw. bukolischen Topos in die Poetik des Bürgerlichen Realismus zu integrieren.

559 So beobachtet der jagende Actäon, der Enkel des Cadmus, zufällig die nackte Artemis beim Baden in einer Quelle. Zur Strafe verwandelt sie ihn in einen Hirschbock. Der so verwandelte Jüngling wird von seinen eigenen Hunden zerrissen. Ovid, Metamorphosen, III, 138–252.

det.[560] So wird allein über die Situierung des Geschehens eine erotische, leicht gefährliche Grundstimmung erzeugt und den Leser/innen suggeriert, dass Baltzer mit dem Heranpirschen an seine schlafende Pflegetochter etwas Verbotenes tut.

Wie im ‚Volksbuch' wird den Protagonisten der ‚Zufall' zum Verhängnis[561]: Baltzer sieht Hilde jeden Tag, ohne sie anders als seine Pflegetochter wahrzunehmen, erst die zufällige Begegnung im Wald, außerhalb der häuslichen Sphäre, lässt ihn das Mädchen neu sehen. In dieser Szene fließen die für den Melusinen-, aber auch für den Undinenstoff typische erste Begegnung von Mensch und Mahr in einer Übergangssphäre von Menschen- und Anderwelt mit der heimlichen Beobachtung der Melusine durch ihren Ehemann zusammen. Baltzer nähert sich – wie zahlreiche andere Reÿmund-Figuren – seiner ‚Melusine' Hilde als Jäger.[562] Ähnlich wie Melusine wird Hilde in einem Augenblick höchster Intimität und Verletzlichkeit beobachtet. War es bei Melusine ihr Gestaltwandel, den sie vor ihrem Ehemann verbergen musste, um ihre Integration in die höfische Welt nicht zu gefährden, ist es bei Hilde der Schlaf, der sie wehrlos für jeden potentiellen Angreifer macht. Der witternde „Hühnerhund" (HA I, 1, 138) Baltzers, der seinen Herrn auf das in der Nähe ruhende Mädchen aufmerksam macht, und die aus der Figurenperspektive des Heidereiters wiedergegebene Feststellung „Es war nicht Jagdzeit, aber er nahm doch die Flinte von der Schulter und schlich leise heran, um zu sehen, was es sei" (HA I, 1, 138) geben der Szene einen Einschlag ins Gewalttätige: Das ahnungslose, schlafende ‚Naturkind'

560 Zur Allusion auf das Schäferidyll vgl. auch Guarda, „Neben"-werke S. 37.

561 Melusinas samstägliche Abwesenheit, die jahrelang niemand zu stören schien, wird erst zum öffentlichen Skandalon, als ausgerechnet an einem Samstag ein Festbankett stattfindet und die Abwesenheit der Hausherrin von den Gästen als Verletzung der Höflichkeitspflichten wahrgenommen wird (vgl. ThvRM, 96, 6–14). Im Prosaroman „Melusine", wie überhaupt im vormodernen Verständnis, bedeutet Zufall nicht Kontingenz, sondern Vorherbestimmung. So ist Reÿmund die Tötung seines Onkels „von vngefelle" sowie seine Begegnung mit Melusine in den Sternen vorgezeichnet (vgl. ThvRM, 18, 8–19, 14 und 24, 10ff), Geffroÿs Brudermord wird von Melusine als eine ihrem Sohn von Gott auferlegte Tat enthüllt (ThvRM, 118, 10–14). Fontane nimmt auf dieses vormoderne deterministische Denken Bezug, indem er in „Ellernklipp" mit Hilfe der zahlreichen Vorausdeutungen und dämonischen, unheimlichen Vorzeichen die dem christlichen Glauben inhärente Spannung zwischen der Willensfreiheit des Menschen und der Prädestination allen Seins durch Gott thematisiert.

562 In vielen, v.a. romantischen Wasserfauentexten nähert sich der Mann der anderweltlichen Frau als Jäger bzw. er hat sich auf der Jagd im Wald verirrt, so dass er an den Rand der anderweltlichen Sphäre gerät, wo die Mahr auf ihn zu warten scheint. So z.B. in Thürings von Ringoltingen „Melusine" und im ‚Volksbuch', in Henzlers „Donauweibchen", in Grillparzers Opernlibretto „Melusina" (1823) und in Herman von Schmids Opernlibretto „Raimondin" (1881). Vgl. auch Vogel, Melusine S. 134–150.

erscheint als Beute, die der passionierte Jäger Baltzer bepirscht und aufspürt. Die Perspektive, aus welcher der Anblick der schlummernden jungen Frau geschildert wird, bleibt an den Wahrnehmungsfokus Baltzers gebunden. Die Leser/innen sehen das schlafende Mädchen mit den Augen des Heidereiters und werden so zu Kompliz/innen bei der heimlichen Beobachtung gemacht. Diese Komplizenschaft des Publikums mit dem verborgenen Beobachter der Melusine findet sich schon in Thürings Prosaroman: Auch dort blicken die Leser/innen gemeinsam mit dem Ehemann durch das Loch in die geheime Badekammer (vgl. ThvRM, 97, 14–22).

„Da lag Hilde, den einen Arm unterm Kopf, und sah geschlossenen Auges in den Himmel. Ihr Haar hatte sich gelöst, und ihre Stirn war leise gerötet, und alles drückte Frieden und doch zugleich ein geheimnisvolles Erwarten aus, als schwebe sie, traumgetragen, einem unendlichen Glücke nach. Um sie her aber summten ein paar Bienen, und die Sonne schien, und das Heidekraut duftete“ (HA I, 1, 138f).

Diese Schilderung der am Waldrand schlummernden Hilde, die durch ihre Detailgenauigkeit sowie ihre synästhetischen Elemente besticht und bei den Leser/innen das Gefühl evoziert, dieses Bild schon einmal gesehen zu haben, ist tatsächlich einem zeitgenössischen Gemälde nachempfunden, der 1862 vollendeten „Waldnymphe“ des Frankfurter Malers Victor Müller (1830–1871).[563] Dieses Bild erregte bei Ausstellungen in den 60er Jahren vielfach Aufregung wegen der unverhüllten Darstellung nackter Weiblichkeit und machte den Maler in kürzester Zeit bekannt.[564] Victor Müllers umstrittenes Gemälde steht in einem größeren ikonographischen Kontext und rekurriert auf eine lange bestehende Bildtradition: das seit der Renaissance in der abendländischen Kultur überaus populäre bildkünstlerische Motiv der *schlummernden oder ruhenden (Quell-)Nymphe*. So waren in römischen und venezianischen Gärten des Quattrocento Skulpturen, Statuen und Reliefs von ‚schlafenden Nymphen‘ beliebt. Diese waren meist mit einer Bildunter-

---

[563] Informationen zur Entstehungs- und Wirkungsgeschichte sowie eine Bildanalyse der „Waldnymphe“ finden sich in: Evelyn Lehmann, Der Frankfurter Maler Victor Müller. 1830–1871. Frankfurt a.M. 1976 S.155–162. Das Bild befindet sich heute im Depot des Städelmuseums in Frankfurt. Victor Müller war Schüler des Städelschen Instituts in Frankfurt. Nach Aufenthalten in Antwerpen und Paris kehrte er 1858 nach Frankfurt zurück und siedelte 1864 nach München über, wo er Mittelpunkt eines Künstlerkreises wurde, zu dem Leibl, Thoma, Scholderer und Haider gehörten. Zu Person und Werk vgl. [Art.] Müller, Viktor, in: Allgemeines Lexikon der bildenden Künstler von der Antike bis zur Gegenwart. Begründet von Ulrich Thieme und Felix Becker. München 1992. (Leipzig 1907–50), Bd.25/26. Hg. von Hans Vollmer. München 1992 S.247f und Lehmann, Maler.

[564] Zur Wahrnehmung der „Waldnymphe“ in der zeitgenössischen Kritik vgl. Lehmann, Maler S.155 und S.160ff.

schrift unterlegt, einem pseudo-klassischen Epigramm, das auf die Nymphe als Wächterin der heiligen Quelle aufmerksam macht, deren Ruhe nicht gestört werden dürfe: „Fontis Nympha Sacri Somnum Ne Rumpe. Quiesco (Störe nicht den Schlummer der Nymphe der heiligen Quelle)." Die Kombination von Bildmotiv und Epigramm wurde von den Renaissancemalern übernommen. Die älteste bekannte bildkünstlerische Darstellung ist ein Holzschnitt aus der Francesco Colomna zugeschriebenen „Hypnerotomachia Poliphili" (um 1499). Dieser Holzschnitt, der einen Nymphenbrunnen darstellt, regte im 16. Jahrhundert Giorgioni/Tizian zu seiner „Schlummernden Venus" (1508/10) und Lucas Cranach den Älteren zu verschiedenen ‚schlafenden Nymphen an'.[565] Dieses Motiv war auch in der zweiten Hälfte des 19. Jahrhunderts, vor allem aber in der Zeit um 1900 überaus beliebt.[566]

Dass Fontane Müllers „Waldnymphe" gekannt hat, lässt sich anhand einer von dem Autor als Kunstkritiker für die „Neue Preußische (Kreuz-)Zeitung" verfassten Artikelserie über die „Berliner Kunstausstellung von 1864" belegen, in der er auch Victor Müller rezensierte. Bei der Besprechung der „Waldnymphe" stellt sich Fontane – ob aus Überzeugung oder aus Rücksicht auf das konservative Publikum des Blattes sei dahingestellt – ganz auf die Seite der ablehnenden Kritiker:

„Die Frage, die sich einem Angesichts dieser ‚Waldnymphe' in erster Reihe aufdrängt, lautet sehr allgemein dahin: ‚*Sollen solche Bilder überhaupt gemalt werden?*' Die Nacktheit der Figur, die manchem anstößig erscheinen dürfte, spielt dabei in unsern Augen gar keine Rolle. Wir würden dieselbe Frage stellen, auch wenn das *deco-*

565 Zum bildkünstlerischen Topos der *schlummernden oder ruhenden Nymphe* vgl. [Art.] Nymphs, in: The Oxford Guide to the Classical Mythology in the Arts, 1300–1990s. Hg von Jane Davidson Reid und Chris Rohmann. 2 Bde. New York u. a. 1993, Bd. 2 S. 706–723; Zur Wiederbelebung des antiken Bildmotivs der *schlummernden Nymphe* in der Renaissance vgl. Millard Meiss, Sleep in Venice, in: Stil und Überlieferung in der Kunst des Abendlandes. Akten des 21. Internationalen Kongresses für Kunstgeschichte in Bonn 1964. Bd. 3. Berlin 1967 S. 271–279; Elizabeth B. MacDougall, The Sleeping Nymph: Origins of an Humanist Fountain Type, in: The Art Bulletin 57. 1975 S. 357–365. Zum Verhältnis von Bildmotiv und Epigramm vgl. Zita Ágota Pataki, Wechselbeziehungen zwischen Bild und Text, in: Wissenswelten – Perspektiven der neuzeitlichen Informationskultur. Sommerakademie des Graduiertenkollegs „Wissensfelder der Neuzeit. Entstehung und Aufbau der europäischen Informationskultur". 2.–6. September 2002, Augsburg. Hg. von Wolfgang E. J. Weber. (Mitteilungen des Instituts für Europäische Kulturgeschichte der Universität Augsburg. Sonderheft 2003). Augsburg 2003 S. 115–133.

566 So malte wiederum John William Waterhouse als späte Variation dieses Motivs sein Gemälde „Listening to My Sweet Pipings" (1911), in der eine rothaarige Nymphe, eine Hand unter dem Kopf, eine auf dem Oberschenkel, tagträumend dem Spiel eines nackten, kindlichen, Panflöte spielenden Satyrknaben lauscht. Eine Abbildung dieses Gemäldes findet sich in: Trippi, Waterhouse S. 710 ff.

rum um ein gut Teil besser gewahrt worden wäre, [...]. Wir haben nichts gegen das Nackte, aber das Nackte muß *ein* Gewand tragen - die Schönheit. Hat es diese nicht, so stößt es ab. Die ‚Waldnymphe', die mit aufgelöstem rotem Haar, den einen Arm unter Hals und Nacken, ausgestreckt im Waldmoos liegt, hat nichts von dieser Schönheit [...]" (HA III, 5, 604f).

Vor allem der zuletzt zitierte Satz macht deutlich, dass Fontane - trotz seiner vehementen Ablehnung des Bildes - dieses vor seinem inneren Augen gehabt haben muss, als er den Anblick beschrieb, den Baltzer von seiner im duftenden Heidekraut schlummernden Pflegetochter empfängt: Sie besitzt das in Unordnung geratene rote Haar, das auch der Waldnymphe eignet, und ruht in einer ganz ähnlichen Pose wie diese.[567] Fontane erinnert sich an diese beiden Elemente - den Kopf, der auf dem angewinkelten Arm ruht und das rote, aufgelöste Haar der Figur. Indem der Autor seine Schilderung der schlafenden Hilde - bewusst oder unbewusst - an Victor Müllers „Waldnymphe" anlehnt, aktualisiert er bei seinen Leser/innen die in diesem Gemälde ‚gespeicherte' bildkünstlerische Tradition der ‚schlafenden Nymphe'.[568] Diese evoziert als Teil des kulturellen Gedächtnisses des gründerzeitlichen Bildungsbürgertums alle mit diesem Bildmotiv verbundenen Vorstellungen und Assoziationen.[569] Der mit diesem bildkünstlerischen Topos verknüpfte sexualisierte Kontext - die ‚Verführung' der Nymphe, die außerhalb bzw.

---

[567] Schon in der antiken Kunst folgt die Darstellung des Motivs einem festen Schema: „Die Nymphen sind immer zu einer Seite auf ihren Arm, in welchem sie eine Urne halten, gelagert wiedergegeben. Den anderen Arm führen sie über der Brust zur Schulter, so dass das schlafende Haupt auf der Hand zu liegen kommt." In der Renaissance zeigt sich eine Vermischung mit der Ikonographie der ‚schlafenden Ariadne', die sich schon in der „Hypnerotomachia Poliphili" und bei Giorgioni/Tizian beobachten lässt, „[...] so dass die Nymphen in der Renaissance meist den Kopf in die Hand eines aufgestützten Armes legen, während der andere vorzugsweise auf dem Oberschenkel ruht." PATAKI, Wechselbeziehungen S. 121.

[568] Zur Literaturikonographie als Teil der Intertextualitätsforschung und zu methodischen Überlegungen auf dem Gebiet der Text-Bild-Interaktion vgl. FRAUKE BERNDT, Anamnesis. Studien zur Topik der Erinnerung in der erzählenden Literatur zwischen 1800 und 1900. (Moritz - Keller - Raabe). Tübingen 1999 S. 47–50 und BURGHART SCHMIDT, Über bildnerische Kunst als Topik des anschaulichen Denkens, in: Topik und Rhetorik. Ein interdisziplinäres Symposium. Hg. von THOMAS SCHIRREN und GERT UEDING. (Rhetorik-Forschungen 13). Tübingen 2000 S. 335–343.

[569] FRAUKE BERNDT, Anamnesis S. 48, geht davon aus, dass diejenigen „ikonographischen, nicht selten ihrerseits literarisch vermittelten Topoi, die diesen historischen Bildern, ihrem epochenspezifischen Stil sowie den jeweiligen ebenso bildbewahrenden wie bildschöpferischen Bearbeitungen der Topoi übergeordnet sind, von ihnen transportiert werden. Im virtuellen Modell des kulturellen Gedächtnisses sind diese Bilder ihrer vertikalen Ordnung entrissen und stehen nun, nebeneinander, auf horizontaler Ebene der literarischen Einbildungskraft zur Transformation des einen in das andere Medium zur freien Verfügung."

jenseits des im Bild festgehaltenen Geschehens liegt – ist als Verstehens- und Assoziationshorizont der Rezipient/innen jedoch immer mitzudenken: Das Motiv der – meist an einem (numinos konnotierten) *locus amoenus* – schlafenden Nymphe trägt immer schon die Möglichkeit in sich, dass ein hinzutretender heimlicher Beobachter die Ruhe der Nymphe stört. Das Motiv des Schlafes verstärkt die bereits beim Beobachten einer nackten Schönheit gegebene Gefahr, dass die Augenweide zu einem Angriffsobjekt wird: In vielen antiken Mythen erscheint eine störende Person, häufig ein Satyr, die den Schlaf der Nymphe oder einer jungen Frau verletzt oder sie für eigene – meist sexuelle – Zwecke missbraucht.[570]

In der Bezugnahme auf den antiken Bildtopos der *schlummernden Nymphe* scheint somit eine Anspielung auf eine mögliche ‚Verführung' der ‚Nymphe' Hilde durch ihren heimlichen Beobachter kodiert. Baltzers sinnliche Verwirrung angesichts der schlafenden Schönen, seine begehrlichen Blicke auf seine ‚Tochter' lassen ihn als Äquivalent eines Satyrs der antiken Mythologie erscheinen, den der Anblick der *schlummernden Nymphe* zum Angriff auf diese herausfordert. Sein Auftauchen an Hildes Ruheplatz und die heimliche Beobachtung seiner schlafenden Pflegetochter lassen sich als ‚Vorspiel' für eine spätere, jenseits des Bildhorizontes bzw. der erzählten Szene sich abspielende ‚Verführung' Hildes durch ihren Pflegevater verstehen. Durch sein Erscheinen verletzt der Heidereiter die numinose Aura der Szenerie und die unantastbare Ruhe des Nymphenschlafes. Er begeht ein Sakrileg, indem er den tabuierten Ort verletzt. Dafür droht im antiken Mythos stets schwere Strafe. Tatsächlich ist dieser Sommernachmittag der Anfang von Baltzers Ende. Wie im Melusinenroman beginnt mit dem ‚verbotenen' Blick des Mannes die Zerstörung seiner Existenz. Im Kontext des über die Müllersche „Waldnymphe" zitierten Bildtopos erscheint Baltzers heimlicher Blick auf Hilde als Tabubruch, ohne dass dies ausgesprochen werden muss.[571] Mit

---

570 So wird die arkadische Nymphe Kallisto durch Zeus, der in der Gestalt der Artemis zu ihr gekommen war, im Schlaf ‚verführt' (Ovid, Metamorphosen, II, 419ff); Der von Müdigkeit übermannten Nymphe Amymone nähert sich ein Satyr mit der Absicht, sie zu vergewaltigen. Sie wird jedoch von Poseidon vor dem liebestollen Satyr gerettet, dann aber von dem Gott selbst verführt (Hygini, Fabulae, 169 A); Die in Schlaf gefallene Vestalin Rhea Silva wird von Ares, der sie zufällig im Schlaf erblickt und sofort begehrt, im Schlaf geschwängert (Ovid, Fasti, III, 9ff); Die schlafende Antiope wird von einem Satyr, der sich als Zeus entpuppt, verführt (Hygini, Fabulae, 6ff); Dionysos missbraucht die Jungfrau Aura, nachdem er sie mit Hilfe von Drogen in Schlaf versetzt hat (Nonnos, Dionysiaka 48, 599f); Hermes beschläft Chione, nachdem er sie mit Hilfe seines Zauberstabes zum Schlafen gebracht hat (Ovid, Metamorphosen, XI, 307ff); Dionysos beschläft die schlafende Ariadne, die von Theseus auf Naxos zurückgelassen worden ist (Nonnos, Dionysiaka, 47, 264ff).

571 Es gehört zu den Erzählverfahren Fontanes, in den Szenen seiner Romane und Erzählun-

der Bezugnahme auf diesen Bildtopos geht Fontane hinter das ‚Volksbuch' bzw. Thürings Prosaroman zurück. In der Perspektive der Erzählforschung haben die Übertretung des Sichtverbotes im *Motiv der gestörten Mahrtenehe* und die dem Topos der *schlummernden Nymphe* zugrunde liegenden Mythen denselben Ursprung: das dem Menschen gesetzte Tabu, die Gottheit unverhüllt in ihrer eigentlichen Gestalt zu sehen.

Baltzers Betrachtung der schlafenden Hilde bewirkt eine deutliche Veränderung in der Beziehung des Heidereiters zu seiner Pflegetochter.[572] Er bringt dies selbst zum Ausdruck, indem er von diesem Zeitpunkt an darauf pocht, „[...] ‚daß ein Unterschied sei'" (HA I, 138). Bis zu diesem Tag hatte Baltzer nicht bemerkt, dass aus dem bezaubernden Kind eine verführerische junge Frau geworden ist. Erst an diesem heißen Sommertag geht ihm die Richtigkeit einer Sörgelschen Feststellung auf: „Da mußte Baltzer des Wortes wieder gedenken, das Sörgel letzten Herbst erst gesprochen hatte: ‚Die Hilde blüht'; und er wiederholte sich's hing das Gewehr über die Schulter und sah andächtig und verworren dem Bilde zu, bis er sich heimwärts wandte" (HA I, 1, 138f). An diesem Nachmittag wird Hilde für Baltzer zum Gegenstand sexuellen Begehrens. Mit seinem – unbemerkt bleibenden – Blick auf sein im Heidekraut schlummerndes Pflegekind übertritt Baltzer das sich selbst gesetzte Verbot, Hilde anders zu lieben als eine Tochter, für deren Erziehung und Wohlergehen er als ‚Vater' Sorge trägt. Dass der Heidereiter sich dieser Grenzüberschreitung in seinem tiefsten Innern klar ist, dieses Wissen aber nicht an die Oberfläche des Bewusstseins heraufdringt, wird in seinem Verhalten gegenüber der heimkehrenden Hilde deutlich. Baltzer empfindet heftige Schuld- und Schamgefühle, die sich in „Verwirrung und Unruhe" (HA I, 1, 139) zeigen. Wie Reÿmund, der ebenfalls von einem schlechten Gewissen geplagt wird (vgl. ThvRM, 99, 21–100, 21), sucht Baltzer zunächst den Kontakt zu seiner ‚Melusine' zu vermeiden (vgl. HA I,

gen, in denen es um etwas geht, das ‚unsagbar' ist, das von den Figuren nicht angesprochen werden kann, weil es ‚tabu' ist, ein Kunstgespräch, ein Gespräch über ein Gemälde, an die Stelle des Tabus zu rücken. Das bekannteste und signifikanteste Beispiel für diese Technik dürfte das Gespräch der Eheleute van der Straaten über das Tintoretto-Gemälde „L'Adultera" im gleichnamigen Roman sein. Kommerzienrat van der Straaten deutet den Tintoretto als Prophezeiung seines eigenen Schicksals. Das Bild spiegelt seine Furcht, seine Frau Melanie könnte ihn betrügen und verlassen. Er vermag das Tabu des Ehebruchs nur über die Vermittlung des Bildes gegenüber seiner Gattin anzusprechen. Vgl. HA I, 2, 13ff und WAGNER-DOUGLAS, Meister S. 237.

572 Eine solche Veränderung der Beziehungsqualität lässt sich auch in Thürings Prosaroman nach dem Ersten Tabubruch feststellen. Die Entmachtung der Fee durch Reÿmunds verbotenen Blick zeigt sich deutlich in den Anredeformen der Ehepartner: Hatte Melusine Reÿmund zuvor – wie eine Person geringeren Standes – geduzt, er sie aber ‚geirzt', ‚irzt' Melusine ihren Gatten nun ebenfalls. Vgl. dazu Kap. B.3.4.

139). Mit Hilfe seiner strengen Selbstkontrolle gelingt es ihm nach einigen Stunden, seiner Schuldgefühle Herr zu werden und zum Alltag überzugehen: „Aber zuletzt bezwang er's [...]" (HA I, 1, 139). Von außen betrachtet scheint Baltzer aus seiner zufälligen, nachmittäglichen Begegnung mit Hilde nur in Erinnerung behalten zu haben, dass Hilde nun erwachsen genug ist, um im Haushalt Verantwortung zu übernehmen. Er teilt Grissel am Tag nach seiner Begegnung mit Hilde mit, dass diese als „die Tochter vom Hause" (HA I, 1, 140) von nun an die Hausfrau sei und „Befehl und Herrschaft" (HA I, 1, 141) inne habe. Die als Erziehungsmaßnahme für seine verträumte Pflegetochter getarnte Aufwertung zur Hausfrau, mit der diese in die Position seiner verstorbenen Ehefrau einrückt[573], entspricht Baltzers sich bereits manifestierendem Wunsch, Hilde zu seiner Frau zu machen. Neben die Erkenntnis, das Mädchen sei nun erwachsen, tritt auch die Vorstellung, Hilde sei nicht seine biologische, sondern nur seine Pflegetochter, so dass das ‚ewige Gesetz', das ihm eine sexuelle Beziehung zu ihr verbietet, gar nicht gilt: „[...] nur zweierlei blieb ihm in der Seele zurück: einmal, dass die Hilde kein Kind mehr sei, und zweitens und hauptsächlichst, daß sie *sein* Kind nicht sei" (HA I, 1, 139).

Baltzers Heiratspläne sind in der Zeit unmittelbar vor seiner Entdeckung, dass Hilde und Martin ein Paar sind, weiter ausgereift. So versäumt es der Heidereiter an seinem Geburtstagsabend, „in der Eitelkeit seines Herzens und in dem frohen Blick in die Zukunft, den er sich gönnte" zum ersten Mal seit seiner Hochzeit, „[...] nach dem Sofa hinzusehen über dessen hoher Lehne das nur handgroße Pastellbild seiner Seligen hing" (HA I, 1, 158). Die Grabstelle der Ehefrau zeigt in der Zeit vor dem Mord zusehends Spuren der Vernachlässigung (vgl. HA I, 1, 173). Hildes Bild, der Anblick der in unschuldiger und unbewusster Sinnlichkeit in der Heide ruhenden jungen Frau, hat das Porträt seiner verstorbenen Gattin verdrängt. Wie sehr sich Baltzer dieses Bild in die Seele eingebrannt hat, offenbart sich auch in seinem Streitgespräch mit Grissel über Hildes Müßiggang (vgl. HA I, 1, 162–165). Obgleich jener schwüle Sommertag zu diesem Zeitpunkt mehr als zwei Jahre zurückliegt, drängt sich dem Heidereiter sofort wieder die Erinnerung daran auf und löst denselben Zustand von sinnlicher Verstörung aus: „Aber du bist eine herrschsüchtige Person, und von dem Tag an...' er stockte, weil ihm plötzlich wieder das Bild von der Heide her vor die Augen trat und ihn verwirrte..." (HA I, 1, 165).

---

573 Vgl. auch ROEBLING, Nixe S. 169. Sie weist Hilde allerdings innerhalb des Beziehungsdreiecks eine „mutterähnliche Position" zu und deutet die Beziehungskonstellation im Heidereiterhaushalt als ‚ödipale Konfliktsituation' im Sinne von Freuds Ödipustheorie: Martin begehre in Hilde die Mutter, die Frau seines Vaters, was von Baltzer sanktioniert werden müsse.

Grissels spätere Reaktion gegenüber Hilde zeigt deutlich, dass sie Baltzers Vorgehen als eine Entmachtung empfindet. Es scheint fast so, als ob diese „stattliche Person von über dreißig" (HA I, 1, 104) sich selbst Hoffnungen auf den wohlhabenden Witwer gemacht habe und ihre Stellung im Hause gegen die unverhoffte Rivalin Hilde mit Zähnen und Klauen verteidigen wolle[574]: Grissels auffallende „Schweigsamkeit", ihre „Spitzen und Spöttereien" und ihr Wunsch, „[...] dem ‚Frölen' das Leben und die Herrschaft so sauer wie möglich zu machen" (HA I, 1, 141) belegen dies. Entlarvend ist in diesem Zusammenhang auch das Gespräch zwischen Baltzer und Grissel. Es lässt sich zwischen den Zeilen als Aufkündigung einer – wie auch immer gearteten – ‚Beziehung' lesen. Eifersucht und verletzte Gefühle bestimmen es als mitzulesender ‚Subtext': So wird die Unterhaltung mit dem Wunsch des Hausherrn begonnen und beendet, er und Grissel mögen „gute Freunde" (HA I, 1, 139 und 140) bleiben, eine Floskel, die häufig bei der Beendigung von Liebesbeziehungen Verwendung findet. Die dreimal von Baltzer im Gespräch an Grissel adressierte Bemerkung „Du verstehst?" (HA I, 1, 140) fragt nur an der Oberfläche das Begreifen des neuen Modus Operandi im Heidereiter-Haushalt ab, erscheint unterschwellig aber als Abbitte des Hausherrn gegenüber seiner Magd, dass nicht sie die neue ‚Heidereiterin' wird. Auch Baltzers Verhalten am folgenden Tag – er zeigt sich „auffallend gesprächig, wie wenn er etwas gut machen wolle" (HA I, 1, 141) – legt Zeugnis von seinem schlechten Gewissen ab.

Wie im ‚Volksbuch' bleibt der erste Tabubruch des Menschenmannes zunächst folgenlos: In Baltzer ist mit dem Blick auf die schlafende Hilde zwar eine Inzestneigung erwacht, die sein weiteres Handeln bestimmt. Er setzt seinen latenten Inzestwunsch jedoch noch nicht in die Tat um. In der heimlichen Beobachtung Hildes setzen sich zum einen die begehrlichen Blicke fort, die Baltzer zu Beginn der Erzählung auf seine kindliche Pflegetochter wirft, zum anderen verweist diese Szene, in welcher der Heidereiter Hilde als erwachsene Frau zu begehren beginnt, auf die spätere ‚Schändung' Hildes durch ihren Pflegevater.

5.2.7.2 Geschwisterliebe

Am Nachmittag von Baltzers 49. Geburtstag macht Martin seiner ‚Schwester' Hilde in der Laube ein Liebesgeständnis: „Sie sollen dich lieben, jeder, und versteht sich, am meisten ich... Ach ich glaub', ich sterbe, so lieb hab'

---

574 Diese Auffassung vertritt auch: PETERS, Sozialisation S. 36.

ich dich.' Und dabei glitt er nieder und legte schluchzend den Kopf auf ihre Knie" (HA I, 1, 154). Die kindliche und unschuldige Zuneigung und Anhänglichkeit des Knaben hat sich in den letzten Jahren, nur von Grissel bemerkt, in eine sinnliche Liebe zur Schwester gewandelt. Unklar bleibt, ob die ‚Geschwister' zu diesem Zeitpunkt bereits ein Paar sind. Entscheidend ist, dass Martin die Heimlichkeit seiner Liebe nicht länger zu ertragen vermag. Als Hilde, die bei Martins Eingeständnis nicht Glück, sondern „einen Schreck und eine Herzensangst" (HA I, 1, 154) empfindet, ihn bittet, wieder aufzustehen, damit Grissel nichts bemerkt, entgegnet der Bruder ihr entschlossen: „Sie soll es sehen. Jeder soll es sehen. Und er auch.'" (HA I, 1, 154). Die junge Frau fürchtet sich vor Baltzer und davor, dass er Martins Gefühle für sie entdecken könnte: „,Um Gottes willen, nein, er nicht! [...] ich les' es ihm von der Stirn, er will es nicht. Er will, daß wir Geschwister sind, das mußt du doch auch wissen, und Bruder und Schwester ist sein drittes Wort" (HA I, 1, 154f). Hilde erinnert ihren ‚Bruder' an das vom Vater in ihren Kindertagen errichtete Tabu. In derselben Nacht noch, als der ‚Vater' nach dem Genuss von Kuchen und Wein eingeschlafen ist, finden sich die ‚Geschwister' vor ihren Kammertüren spontan in einer leidenschaftlichen Umarmung zusammen (vgl. HA I, 1, 161). Dies ist der dritte Kuss, den sich Hilde und Martin im Verlauf der Handlung geben. Die beiden ersten geschwisterlichen Küsse – bei Hildes Eintritt ins Heidereiterhaus und an ihrem ersten Weihnachtsfest – hatten das von Baltzer gesetzte Inzesttabu bestätigt und befestigt. Dieser dritte, leidenschaftliche Kuss verdeutlicht dagegen zeichenhaft das Umschlagen der asexuellen und kindlichen Zuneigung des Geschwisterpaares in eine erwachsene, erotische Leidenschaft. Die beiden Liebenden ahnen nicht, dass sie von Grissel bei ihrer Tabuverletzung beobachtet werden (vgl. HA I, 1, 160).

Die zweite Szene, die sich an den Ersten Tabubruch Reÿmunds im ‚Volksbuch' anlehnt und in der Baltzer Bocholt, die ‚väterliche' Reÿmund-Figur, als heimlicher Beobachter und Lauscher agiert, spielt sich in der Erzählung nach dem Ersten und während der Vorbereitungen zum Zweiten Tabubruch der Sohn-Figur ab. Auslöser für Baltzers heimliches Lauschen ist – wiederum wie im Volksbuch' – die Verleumdung Melusinas durch einen Dritten (vgl. ThvRM, 97, 20f). Die Position von Reÿmunds Bruder, der den Ehemann beiseite nimmt, um ihm über das angebliche Treiben seiner Gattin die Augen zu öffnen, kommt dabei strukturell der Magd Grissel zu. Sie ist diejenige, die im Heidereiter die Eifersucht gegen einen Nebenbuhler bei Hilde schürt, in diesem Fall seinen eigenen Sohn, und ihn mit ihren spitzen Bemerkungen dazu anstachelt, Hilde und Martin nachzuspionieren. Während der Graf vom Forst allein von dem Motiv getrieben wird, die Ehre seines Bruders zu schützen, handelt Grissel aus Groll gegen ihre Nebenbuhlerin. Da an ihrer

„Seele beständig etwas wie Neid und Eifersucht zehr[t]“ (HA I, 1, 142), versucht sie, der jungen Frau zu schaden und ihre Gunst bei Baltzer zu erschüttern. So teilt sie ihm über seinen Sohn mit, dass

> „[...] er immer bloß Hilden angafft, und ist immer Brüderchen und Schwesterchen. Ja, ja, Baltzer seht mich nur an! Und ich weiß noch den Tag, wo die Muthe gestorben und begraben war und Hilde mit Euch herüberkam und Martin und ich und Joost auf der Diele standen, [...] wie Ihr da sagtet: ‚Ihr sollt euch lieb haben. Wollt ihr?‘. Und seht Heidereiter, das ist auf guten Boden gefallen. Und immer wie Bruder und Schwester. Haha!“ (HA I, 1, 164).

Die von Grissel verwendeten Diminutive ‚Brüderchen und Schwesterchen‘[575] sowie ihr spöttisches Gelächter machen deutlich, dass ihr Arbeitgeber ihre Aussage ironisch zu verstehen hat. Baltzer sucht die Verdächtigungen Grissels gegen seine ‚Kinder‘ zurückzuweisen, indem er die Magd als „hämische“ und „herrschsüchtige Person“ (HA I, 1, 165) bezeichnet, sie auf das achte Gebot hinweist und die enge Bindung zwischen den ‚Geschwistern‘ herunterspielt: „Und das mit dem Martin ist Kinderei‘“ (HA I, 1, 165). Baltzers Reaktion auf Grissels Anschuldigungen entsprechen denen von Reÿmund, nachdem er von seiner Exkursion zur geheimen Badekammer zurückgekehrt ist: Neben den Vorwurf der Häme tritt die Mahnung, die ‚Melusine‘ nicht zu verleumden und die Feststellung, dass die Vorwürfe falsch sind.[576] Anders als Reÿmunds Bruder lässt sich Grissel nicht vertreiben, sondern beharrt auf ihren Vorwürfen: „‚Bruder und Schwester!‘ lachte sein unerbittlicher Gegenpart und zeigte die großen weißen Zähne“ (HA I, 1, 165). Das ironische Anzitieren von Baltzers Wunsch, seine Kinder mögen sich ‚lieben wie Bruder und Schwester‘, die noch einmal die ambivalente Bedeutung seiner Anweisung verdeutlicht, zeitigt die gewünschte Wirkung: Im nachfolgenden Gottesdienst ist die Seele des Heidereiters „wie geschlossen“, Pastor Sörgels Predigt erreicht ihn nicht (HA I, 1, 166).

---

575 Vielleicht liegt in den Diminutiven ‚Büderchen und Schwesterchen‘ auch eine intertextuelle Allusion auf das gleichnamige Grimmsche Märchen. Schon in „Grete Minde“ hatte Fontane das Motiv der Flucht des Geschwisterpaares vor der bösen Stiefmutter verwendet: Valtin und Grete, die Nachbarskinder, die sich ähnlich wie Martin und Hilde seit Kindertagen zugetan sind und sich schließlich ineinander verlieben, gehen aus Tangermünde fort, um der Schikanierung durch Gretes Schwägerin Trud zu entgehen. Auch die ‚Geschwister‘ Hilde und Martin tragen sich mit dem Gedanken an Flucht. Der junge Mann will mit seinem Mädchen „in die weite Welt“ hinausziehen und sich als Soldat anwerben lassen. Vgl. HA I, 1, 169. Als Prätext dürfte für beide Texte auch Gottfried Kellers Novelle „Romeo und Julia auf dem Dorfe“ eine Rolle spielen.

576 Vgl. ThvRM, 99, 3–7.

Hatte die Melusine im ‚Volksbuch‘ ihren ‚ehefreien‘ Tag jeweils am Samstag für sich in Anspruch genommen (vgl. ThvRM, 25, 19 und 95, 28ff), haben Hilde und Martin ihren ‚Melusinentag‘[577] immer Freitags. An diesem Wochentag ist der ‚Vater‘ „regelmäßig oben auf dem Schloß“, um dort seinen „Rapport“ zu machen (HA I, 1, 166). Diese Dienstpflicht beschert dem jungen Paar einige unbeschwerte Vormittagsstunden, in denen sie „vor dem Erscheinen des Vaters sicher“ sind (HA I, 1, 167). Wie im ‚Volksbuch‘ spielt wiederum der Zufall eine tragende Rolle: Einige Wochen nach Baltzers 49. Geburtstag fällt der Rapport wegen Krankheit der Gräfin aus, so dass der Heidereiter zwei Stunden früher als gewöhnlich nach Hause zurückkehrt. Obgleich Baltzer kein „Mann des Aufhorchens und Belauschens“ (HA I, 1, 168) ist, animiert ihn die vertrauliche Pose seiner ahnungslosen Kinder in der Vorlaube[578] dazu, sich Gewissheit zu verschaffen, „[...] ob Grissel recht gehabt oder nicht“ (HA I, 1, 168). Er schleicht sich heimlich und scheinbar ungesehen ins Haus, um das Paar zu belauschen. Wie Reÿmund sich im ‚Volksbuch‘ vor der Entdeckung durch seine Gattin schützt, indem er sich hinter einer massiven Eisentür verbirgt, dienen Baltzer die „bis auf einen handbreiten Streifen“ (HA I, 1, 167) heruntergelassenen Vorhänge in der hinter der Vorlaube gelegenen Wohnstube als Sichtschutz. Für seine Kinder ebenso verborgen wie Reÿmund für seine Frau, versteht er „jedes Wort [...], das die beiden sprachen“ (HA I, 1, 168). Funktional betrachtet fungiert die Beobachtung der schlafenden Hilde als eigentlicher erster Tabubruch Baltzers, da hier seine väterliche Fürsorge für seine Pflegetochter in gesellschaftlich tabuiertes sexuelles Begehren umschlägt. Die variierte Wiederholung der

---

577 Einen solchen ‚Melusinentag‘, also einen spezifischen Wochentag, an dem die Melusine sich ihren Pflichten als Hausfrau und Hausherrin entzieht, gibt es auch in Paul Heyses Novelle „Melusine“ (1894). Dort zieht sich die melusinische Protagonistin Theodora, genannt Lusine, an jedem Freitag in ihr Mansardenstübchen zurück und widmet sich dort ihren musischen Interessen, um nicht „zu einer Wirtschaftsmaschine herab[zu]sinken“ und „geistig [zu] verkümmern.“ Paul Heyse, Melusine, in: Ders., Gesammelte Werke, Reihe 3, Bd. 3 S. 452.

578 Die Vorlaube des Heidereiterhauses stellt seit ihrer Kindheit einen geschützten Rückzugsraum der Geschwister dar und ist ihr „Lieblingssitz“ (HA I, 1, 167). Sie erscheint wiederum als Sphäre des Übergangs zwischen der strengen, häuslichen Ordnung der Heidereiter-Welt und der diese umgebenden ungezähmten Natur, in der sich Martin und die ‚Melusine‘ Hilde begegnen können und Schutz finden. Der zugleich vom Haus abgetrennte und doch schützende Raum bildet – ähnlich wie Hildes Giebelstube – ein Äquivalent zu Melusines geheimer Badekammer. Fontane lässt seine frühen Protagonistinnen, Vorläuferinnen der Melusinen, bevorzugt in Dachkammern wohnen. So bekommt Marie Kniehase als Geschenk zu ihrem 16. Geburtstag von ihren Pflegeeltern die „nördliche Giebelstube“ als ein Zimmer für sich allein (vgl. HA I, 3, 82). Auch Grete Minde bewohnt gemeinsam mit der alten Magd Regine eine Giebelstube (vgl. HA I, 1, 23).

ersten Tabubruch-Szene des ‚Volksbuches', in der aus dem heimlichen Beobachter Baltzer ein heimlicher Horcher wird, hat dagegen die Funktion, den Mord am eigenen Sohn psychologisch zu motivieren.

5.2.8 Zweiter Tabubruch – Inzest

5.2.8.1 Stelldichein auf Kunerts-Kamp

Verborgen hinter dem heruntergelassenen Vorhang wird die ‚väterliche' Reÿmund-Figur Zeuge davon, wie sich die jugendliche Reÿmund-Figur mit seiner ‚Melusine' zum zweiten und endgültigen Tabubruch verabredet: Martin möchte die von Baltzer geschaffene günstige Situation, dass Hilde eine Schlafkammer für sich allein besitzt, selbst ausnutzen: „Es ist ja so gut, als wären wir allein oben. Und alles schläft, und ist keiner, der uns sieht oder hört" (HA I, 1, 170), sucht er die Schwester zum heimlichen, nächtlichen Stelldichein unter dem Dachgiebel zu überreden. Die junge Frau ist nur bereit, sich „unter Gottes freiem Himmel" (HA I, 1, 170) mit Martin zu einer Liebesnacht zu treffen, da sie sich vor ihrem Pflegevater fürchtet. Das heimliche Rendezvous des Paares soll auf Martins Vorschlag hin auf Kunerts-Kamp stattfinden, „da, wo deiner Mutter Haus stand..." (HA I, 1, 170). Im ‚Volksbuch' ist Reÿmunds Wissen um die monströse zweite Natur seiner Gattin, erst in dem Augenblick für das Paar verhängnisvoll, als der Ehemann sein verbotenes Wissen offenbart, indem er seine Ehefrau vor der versammelten Hoföffentlichkeit als „pöse schlang vnd schemliche[n] wůrm" (ThvRM, 114, 16f) diffamiert. Denn erst das öffentliche Aussprechen seines Wissens schadet Melusina. In „Ellernklipp" wird Martins offen ausgesprochener Wunsch, mit Hilde zu schlafen, der einem offenen Bruch des vom Vater ihm gesetzten Inzesttabus entspricht, dem Paar ebenfalls zum Verhängnis.

Baltzer wird von Hilde deutlich mit teuflischen, dämonischen Zügen ausgestattet:

> „[...] er ist überall. Und daß ich dir's nur gesteh', es ist mir oft, als ob die Wände Ohren hätten, und als wär' ein Auge beständig um mich und über mir, das alles sieht. [...] Aber das Auge, das ich seh', das ist nicht Gottes Auge, das ist *seines* und ist finster und glüht darin, auch wenn es freundlich sieht." (HA I, 1, 170).[579]

---

[579] In volksläufigen Teufelsvorstellungen erscheint Satan am ganzen Körper glühend oder mit glühenden Augen. Vgl. Herbert Freudenthal, [Art.] glühend, in: HDA 3. Berlin u.a. 1930/31 Sp. 907 ff, hier 907 f.

Auch ihr Bemühen, ihren Vater nicht bei seinem Namen zu nennen, sie spricht mehrfach nur „von *ihm*" (HA I, 1, 170), erinnert an das Tabu, den Teufel beim Namen zu nennen, damit er nicht erscheine. In dieser Szene, in der Hilde und Martin sich zum zweiten und endgültigen Tabubruch verabreden, fließen im horchenden Baltzer die Figuren des Tabubrechers Reÿmund und des Teufels aus dem ‚Volksbuch' zusammen. Als ‚väterliche' Reÿmund-Figur belauscht der Heidereiter seine ‚Melusine' an ihrem Melusinentag, als „poß veint" (ThvRM, 117, 8) bewirkt er die Trennung des Paares. Hier wird auch deutlich, warum der erste Tabubruch Martins, das Liebesgeständnis in der Laube und die Liebesumarmung in der Nacht keine negativen Folgen für das Paar zeitigte: Zwar wurde Grissel zur Mitwisserin des Geheimnisses der beiden ‚Geschwister', da aber Baltzer, der „poß veint" der Liebenden, (noch) nichts ahnt, bleibt die Übertretung des Inzesttabus zunächst folgenlos.

Martins Zweiter Tabubruch – der Vollzug des verbotenen Liebesaktes mit seiner ‚Schwester' Hilde – spielt sich jenseits des Erzählgeschehens ab. Die Leser/innen können nur mutmaßen, was sich vor der Begegnung von Vater und Sohn auf Ellernklipp bei Kunerts-Kamp abgespielt hat. Einen Hinweis darauf, dass Martin an diesem Abend zu Hildes Liebhaber geworden ist, erhalten die Leser/innen erst am Ende der Erzählung aus dem Mund der Magd Grissel. Als sich Magd und Knecht über die Heiratschancen der schönen und wohlhabenden Witwe Hilde austauschen, bringt Grissel wiederum eine ihrer Volksweisheiten, diesmal über Ehemänner, an: „‚De *tweet* hett ümmer siene Noot, / Is hüte rot un morgen doot, / Awers de *dritt* is wedder goot!'." Auf Joosts verwunderte Nachfrage „‚De *dritt*? Ihrst kümmt doch de tweet, se hett doch ihrst een', un uns' Oll-Baltzer wihr doch de ihrst'", meint sie nur lachend: „‚Na, na [...] ick weet nich. Tweet or dritt. Un ick denk', et is de *dritt*, de nu kümmt.'"(HA I, 1, 207f).

Eine auffällige strukturelle Gemeinsamkeit zwischen dem ‚Volksbuch' und der Erzählung „Ellernklipp" besteht hinsichtlich des Zweiten Tabubruchs darin, dass in beiden Texten der Mord an einem nahen Verwandten zum endgültigen Tabubruch führt: Geffroÿs Brudermord an Freÿmund provoziert Reÿmunds zornerfüllte öffentliche Diffamierung seiner Ehefrau. Baltzers Mord an seinem Sohn Martin befreit ihn von seinem lästigen Nebenbuhler und macht den Weg frei für eine zweite Ehe mit seiner Pflegetochter. Im ‚Volksbuch' wird der Brudermord Geffroÿs von dem Wunsch des Ritters nach Ehrrestitution ausgelöst. In „Ellernklipp" dagegen motiviert Eifersucht die Mordtat. Im Prosaroman spielte der Affekt Zorn des Täters eine große Rolle: Geffroÿ war so wütend darüber, dass sein Bruder ein Mönch geworden ist, dass er „schaumete als ein wildes schwein" (ThvRM, 107, 15). Während Geffroÿs Wut unmittelbar in die Umsetzung der Gewalttat mündet und das Niederbrennen des Klosters – nach modernen juristischen Maßstäben – den Tatbestand des vorsätzlichen, heimtückischen Mordes erfüllt[580], reift in Baltzer vor seiner Begegnung mit Martin kein konkreter Tatvorsatz. Baltzer erlebt nach seiner Entdeckung des heimlichen Liebesverhältnisses zunächst ein Wechselbad der Gefühle. Für ihn fließen in dieser Stunde die „groß[e] Kränkung seines Lebens“ (HA I, 1, 159), der ihm nach der Maus-Bugisch-Affäre verweigerte Förster-Titel und die erneute Kränkung durch die ihn verschmähende Hilde zusammen und münden in ein hiobesques Hadern mit Gott (vgl. HA I, 1, 174). An die Stelle der monokausalen Motivierung des Mordes im vormodernen Prosaroman tritt bei Fontane ein psychologisch ausgefeiltes Selbstgespräch Baltzers, an dessen Ende das Bemühen um Rationalisierung und damit Entschärfung der von dem kontrollierten, emotionsarmen Heidereiter nur schwer zu ertragenden Eifersuchtsgefühle steht. Halt und Stärkung findet der ordnungsliebende Mann wiederum in der Orientierung an vorgegebenen Normen und Wertvorstellungen. Er erinnert sich an die ihm obliegende „Pflicht [...] des Vaters und Haushalters und Erziehers“ (HA I, 1, 174) und maskiert seine Eifersucht vor sich selbst als Verpflichtung des Vaters und Beamten zur Aufrechterhaltung der Ordnung.

Als Baltzer auf Ellernklipp auf Martin trifft, sucht der Heidereiter beim Anblick des Rivalen sofort die Konfrontation. Baltzers Wortwahl gegenüber seinem Sohn ist wiederum entlarvend. Er sieht in ihm einen Jäger „auf verbotener Fährte“ (HA I, 1, 176), einen Wilderer, der wie Jahre zuvor der Maus-Bugisch in fremden, dem Heidereiter und Vater gehörenden Revieren herumstöbert. In den Augen des Heidereiters hat der Sohn, der „Räuber“ und „Dieb“ (HA I, 1, 176), der ihm sein Eigentum, die schöne Hilde, streitig machen will, ebenso wie alle anderen ordnungszersetzenden Elemente sein Leben verwirkt. In seinem Zorn gleicht er dem zornschnaubenden Geffroÿ, auch er „schäum[t]“ vor Wut und ist „außer sich“ (HA I, 1, 176). Als der Sohn den Vater im Handgemenge zu überwältigen droht, ist es diese letzte Kränkung, die im Heidereiter das Fass zum Überlaufen bringt. Als Baltzer „hart am Abgrunde niederstürz[t]“ (HA I, 1, 176), wird der Sohn für ihn zum Sündenbock, zum Kristallisationspunkt für alle ihm bisher in seinem Leben (vermeintlich) zugefügten Erniedrigungen und Kränkungen. Der drohende Sieg des Sohnes, der im Zweikampf Mann gegen Mann erzwungene Beweis, dass der jüngere der Stärkere, dass nun seine Zeit gekommen und „der Alte“ entmachtet ist, lässt Baltzer „außer sich über die seinen Stolz demütigende Lage“ geraten (HA I, 1, 176).

---

580 Geffroÿ kündigt die Mordtat seinen Gefolgsleuten sogar an (vgl. ThvRM, 107, 17–24).

Es ist auch die Auffassung vertreten worden, Martin sei nicht der biologische Sohn Baltzers. Der Heidereiter habe die Erbschultzentochter – ebenso wie der Holzschläger Rochussen die Muthe – nur bekommen, weil „was zugedeckt werden [sollte]", nämlich, dass auch die Tochter der Aleswants vorehelich geschwängert wurde.[581] Für diese These spricht, dass Baltzer seinen ‚Sohn', der den Gestürzten um Verzeihung bittend mit „Vater" anredet, mit den Worten „Der Teufel ist dein Vater" in die Schlucht stürzt (HA I, 1, 176). Er könnte damit auf die bereits zuvor von Grissel den Leser/innen kolportierte Volksweisheit „‚Plieroog un Jungfernkinn, / Alle beed vun'n Düwel sinn…' […]" (HA I, 1, 145) rekurrieren, die uneheliche Kinder als Teufelsbälger stigmatisiert. Eine mögliche Vaterschaft eines Mitgliedes aus dem Hause der Grafen von Emmerode erklärte auch die bevorzugte Behandlung des Heidereiters durch den alten Grafen und dessen Protektion des zugereisten Westfalen (vgl. HA I, 1, 158). Die Heirat mit der Erbschultzentochter und die Anerkennung des fremden Kindes als sein Eigenes würde dann von Baltzer als das erste Glied in einer Kette von Fehlentscheidungen angesehen, die sein Leben in Unordnung gebracht und ihn, den ordnungsliebenden und ordnungshütenden, an den Rand jener Klippe geführt hat. Baltzer identifiziert seinen Sohn, den er um seinen sozialen Aufstieg willen anerkannt hat und der sich nun als so undankbar erweist, mit allen ihm je widerfahrenen Übeln. Deshalb kann er dem in die Schlucht fallenden mit einer unendlichen Befriedigung „kalt und mitleidlos" (HA I, 1, 176) nachstarren. Entlarvend schließlich ist der in erlebter Rede wiedergegebene Gedanke des Heidereiters: „War es doch nichts Vorübergehendes, was ihn gequält hatte, nein, eine Qual durchs Leben hin. Und die war er jetzt los" (HA I, 1, 177). Baltzer tötet in Martin in diesem Augenblick nicht nur seinen Rivalen, sondern die personalisierte Last seines Lebens. Deshalb fühlt er sich nach der Tat „wie von einem unerträglichen Drucke befreit" und empfindet „eher Trost als Reue" (HA I, 1, 177).

5.2.8.2 Baltzer heiratet

Der zweite und endgültige Tabubruch der ‚väterlichen' Reÿmund-Figur, der Liebesakt mit seiner Pflegetochter Hilde, mit dem Baltzer die in ihm seit jenem schwülen Sommertag erwachte Inzestneigung auslebt, wird in der Er-

[581] So zuerst: Peters, Sozialisation S. 37. Er weist auf die unstandesgemäße Verbindung zwischen der Erbschultzentochter und dem Heidereiter hin und leitet aus den nahezu parallel stattfindenden Eheschließungen der beiden Paare ab, dass auch Martin einer vorehelichen Zeugung entstammt. Vgl. auch Guarda, „Neben"-werke S. 37.

zählung – der Sexualfeindlichkeit und Prüderie des gründerzeitlichen Bürgertums gemäß – dezent ausgespart. Es gibt keine Liebesszene zwischen Vater und Tochter, die strukturell der Zweiten Tabubruch-Szene im ‚Volksbuch' entspräche. Stattdessen greift Fontane auf das Verfahren der *erzählerischen Metonymie* zurück[582]: Es wird in der Erzählung nur von dem ‚Vorspiel' zu Baltzers endgültigem Tabubruch, der Hochzeitsfeier, und von den Folgen der Tabuüberschreitung, der Geburt des gemeinsamen Kindes, berichtet. Sowohl der Erste als auch der Zweite Tabubruch der ‚väterlichen' Reÿmund-Figur sind erzähltechnisch in Form einer Analepse gestaltet: Baltzers heimlicher Beobachtung der schlummernden Hilde sowie den daraus resultierenden Veränderungen im Heidereiter-Haushalt ist ein eigenes Kapitel, das sechste, gewidmet. Zwischen dem ersten Erzählabschnitt, der die ersten fünf Kapitel umfasst und die Jahre vom Herbst 1767 bis zum Palmsonntag 1771 als erzählte Zeit einschließt, und dem zweiten Erzählabschnitt, den die Kapitel sechs bis acht bilden und der sich zeitlich vom Hochsommer 1775 bis zum Herbst 1777 erstreckt, liegt ein Erzählsprung von über vier Jahren.[583] Fontane lässt die Handlung jedoch nicht im Sommer 1775 wieder einsetzen, sondern im Herbst 1777. An die Konfirmation der ‚Geschwister' und Hildes Rettungstat am Vater (vgl. HA I, 1, 136) schließt der Autor im sechsten Kapitel mit der zeitlich vagen Formulierung: „Jahre waren seitdem vergangen […]" (HA I, 1, 137) an. Der Autor beschreibt zunächst den Ist-Zustand im Heidereiter-Haushalt im Herbst 1777, zu einem Zeitpunkt, als Baltzer bereits „seit einiger Zeit" darauf pocht, „[…] ‚daß ein Unterschied sei'" (HA I, 1, 138), und er Hilde bereits zur Hausfrau gemacht hat. Die Erklärung für den Wandel im Bocholtschen Haushalt, Baltzers Ersten Tabubruch, liefert Fontane in einer aufbauenden Analepse nach. Die Formulie-

---

582 Die ‚Entdeckung' und Beschreibung der *erzählerischen Metonymie* als charakteristisches Verfahren des Realismus geht auf Roman Jakobson zurück. Er stellte anhand von Texten Tolstojs und Karamzins fest, dass der Realist oftmals statt des eigentlichen einen angrenzenden Vorfall schildert. Vgl. Роман Якобсон, О художественном реализме; Roman Jakobson, Über den Realismus in der Kunst, in: Texte der russischen Realisten. Hg. von Jurij Striedter. Bd. I: Texte zur allgemeinen Literaturtheorie und zur Theorie der Prosa. (Theorie und Geschichte der Literatur und der Schönen Künste. Texte und Abhandlungen 6, 1). München 1969 S. 372–391, hier 385–387. Zum Begriff des ‚metonymischen Erzählens' als literarisches Verfahren des europäischen Realismus vgl. auch Reinhard Lauer, Russischer Realismus, in: Europäischer Realismus. Hg. von Reinhard Lauer. (Neues Handbuch der Literaturwissenschaft 17). Wiesbaden 1980 S. 275–342, hier 306.

583 Ohl, Fontane S. 345, scheint diesen ersten Erzählsprung im Aufbau der Erzählung zu übersehen, wenn er von einer – parallel zu „Grete Minde" – gestalteten Zweiteilung der Erzählung „Ellernklipp" spricht und nur den zweiten Erzählsprung zwischen dem 13. und 14. Kapitel betont.

rung „Es waren jetzt zwei Jahre, dass zum ersten Male von diesem ‚Unterschied' gesprochen worden war" (HA I, 1, 138) signalisiert deutlich, dass es sich um eine narrative Rückwendung handelt und die Handlung von diesem Zeitpunkt an im Jahr 1775 spielt.

Ebenso verfährt der Autor bei Baltzers Zweitem Tabubruch. Im 14. Kapitel, das auf den Mord und Baltzers nervöses Fieber folgt, macht schon die Überschrift „Drei Jahre später" (HA I, 1, 184) deutlich, dass ein Erzählsprung von mehreren Jahren die Ereignisse im Herbst 1777 von dem Zeitpunkt trennt, den die Haupthandlung inzwischen erreicht hat. Über den genauen Zeitpunkt der Eheschließung des Heidereiters mit seiner Pflegetochter lässt der Erzähler seine Leser/innen aber im Unklaren.[584] Dieser ist sehr darum bemüht zu betonen, dass sich seit dem mysteriösen Verschwinden Martin Bocholts nichts, aber auch gar nichts in Emmerode getan habe: „Es hatte sich nichts geändert im Tal, [...]" (HA I, 1, 184), es sei „alles beim alten geblieben" (HA I, 1, 185), möchte er die Leser/innen glauben machen. „In der Tat, nichts hatte sich verändert" wiederholt er und insistiert „Nichts hatte Wandel oder Abweichung erfahren" (HA I, 1, 185). Das eigentliche, in der Zwischenzeit geschehene Skandalon, der von Baltzer begangene Zweite Tabubruch, wird auf diese Weise scheinbar negiert. Die Eheschließung mit seiner ‚Tochter', mit welcher der Heidereiter das sich selbst gesetzte Vater-Tochter-Inzestverbot überschreitet und zudem gegen ‚gute Sitte' verstößt, wird durch die Reaktion der Dörfler sanktioniert. Die Emmeroder, die sich am Tag der Hochzeit um das ungleiche Paar drängen, finden überwiegend, dass es trotz des fortgeschrittenen Alters des Bräutigams „ein Glück für sie" sei. Schließlich bedeute die Heirat für die illegitime Hilde sozialen Aufstieg (HA I, 1, 185f).

Die Tabubrüche der ‚väterlichen' Reÿmund-Figur werden mit Hilfe der analeptischen Erzählweise parallelisiert und damit aus der fortschreitenden Ereigniskette der Erzählhandlung herausgehoben. Dieses Verfahren unterstreicht für die Leser/innen, dass diese Szenen signifikante Umschlagspunkte im Erzählzusammenhang darstellen: Mit der heimlichen Beobachtung seiner Pflegetochter, die in Baltzer ein unzulässiges Begehren hervorruft, beginnt der Anfang von seinem Ende. Wie im ‚Volksbuch' von der Melusine scheinen mit dem unerlaubten Blick des Mannes auf die Mahr die nachfolgenden, sich geradezu mechanistisch vollziehenden, tragischen Ereignisse nicht mehr aufzuhalten. Die Begegnung von Hilde und Baltzer an jenem

---

[584] Im Text heißt es lediglich, der Tag der Hochzeit von Baltzer und Hilde sowie der Geburtstag des gemeinsamen Kindes seien die einzigen Ereignisse gewesen, die von der Gleichförmigkeit der „Tage dreier Jahre [...] ausgenommen" waren (HA I, 1, 185 und 190).

schwülen Junitag setzt eine unaufhaltsame Entwicklung in Gang, die für die Protagonisten tödlich enden wird. Baltzers Heirat mit Hilde, die seinen ‚Sieg' über den Sohn besiegelt, hebelt seine Maxime – alles Unrecht muss ans Licht[585] – nur scheinbar aus und bedeutet einen weiteren Schritt auf dem Weg zu seinem Untergang.

Die Eheschließung mit Baltzer hat für das ‚Elementarwesen' Hilde ähnliche Konsequenzen wie für Fouqués Protagonistin Undine die Heirat mit Ritter Huldbrand: Sie bewirkt die ‚Zähmung' des ‚Naturkindes'.[586] Hildes Persönlichkeit verändert sich mit ihrer Hochzeit.[587] Hatte Hilde schon als Kind bewiesen, sie ‚habe einen Willen' (vgl. HA I, 1, 117), heißt es von ihr nach der Hochzeit: „Und Hilde widersprach nicht und unterwarf sich in allem" (HA I, 1, 193). Hatte sich das Mädchen zuvor den Ordnungsvorstellungen, der Disziplin und dem Arbeitsethos der Heidereiter-Welt zu entziehen gesucht, waren die ihr übertragenen „Geschäfte", Milchwirtschaft und Wäsche, „nicht viel was anderes als ein süßes Nichtstun" (HA I, 1, 144) gewesen, dem sie das „Träumen und Herumfahren" (HA I, 1, 109) vorzog, fügt sich die junge Ehefrau nun in ihre Rolle als Mutter und Hausfrau: Sie entwickelt Fürsorglichkeit und Verantwortlichkeit für ihren Sohn. Ihre erste Sorge gilt dem Wohlbefinden ihres kranken Kindes. So bittet sie den alten

---

585 An seinem 49. Geburtstag, wenige Wochen vor dem Mord, hatte der Heidereiter noch redselig verkündet: „‚Ist auch noch so fein gesponnen, muß doch alles an die Sonnen.' Und ist auch ein Trost und ein Glück, daß es so ist. Denn alles Unrecht muß heraus. Und was ein rechtes Unrecht ist, das will auch heraus und kann die Verborgenheit nicht aushalten. Und eines Tages tritt es selber vor und sagt: hier bin ich'." (HA I, 1, 156). Diese moralisierenden Spruchweisheit vom niemals unentdeckt bleibenden Verbrechen findet sich – in leicht abgewandelter Form – auch als Schlußsatz in Fontanes Kriminalerzählung „Unterm Birnbaum". Vgl. HA I, 1, 554. Sie hat ihren Ursprung im Neuen Testament. Vgl. auch Lk 8, 17: „Denn es ist nichts verborgen, das nicht offenbar werde, auch nichts Heimliches, das nicht kund werde und an den Tag komme."

586 Fouqué, Undine S. 112ff und 145ff. Vor ihrer Hochzeit mit Huldbrand ist Undine launisch, impulsiv, unausgeglichen und aufmüpfig gegen ihre Eltern. Sie kichert albern, zeigt ein „kindische[s] Wesen" (S. 111) und gibt sich zuweilen „zornmütig" (S. 113). Ihre Pflegeeltern rügen „Ungehorsam und unsittiges Betragen" (S. 113) des Mädchens und nennen sie einen „Springinsfeld" (S. 114). Nach der Eheschließung ist die holde, aber wilde Schöne ‚gezähmt' und wie verwandelt. Sie entspricht mit ihrem veränderten Wesen der Weiblichkeitsnorm um 1800. Am Morgen nach der Hochzeitsnacht präsentiert sie sich „still, freundlich und achtsam, ein Hausmütterlein und ein zart verschämtes, jungfräuliches Wesen zugleich" (S. 146). Sie bittet ihre Pflegeeltern „mit einigen freundlich demütigen Worten" um Verzeihung, ist „engelmild und sanft" (S. 146) und in ihren Blicken auf ihren Gatten liegt „ein ganzer Himmel der Liebe und schüchternen Ergebenheit" (S. 147).

587 Dies hat schon Kolk, Individualität S. 28f, festgestellt. Allerdings bringt er diesen Wandel an Hilde nicht mit Fouqués Märchennovelle in Verbindung, sondern betrachtet sie – in einer psychoanalytischen Lesart – unter dem „Aspekt von Depression und Objektverlust".

Melcher, der sich mit Heilkräutern und Alternativmedizin auskennt: „Macht es mir wieder gesund. […] Seht, es ist mein ein und alles. Und wenn es stirbt, so hab' ich nichts mehr." Sie habe sich zwar „auch dieses nicht gewünscht", aber jetzt, wo es da sei, sei es ihr „mehr wert als die ganze Welt" (HA I, 1, 193f). Mütterlichkeit wird hier als natürlicher, angeborener Wesenszug der Frau vorgestellt, den sogar die ‚andersartige' Hilde besitzt und der mit der Geburt ihres Kindes hervortritt. Als die Gräfin sich bei Melcher besorgt erkundigt, ob der Heidereiter „die Hilde nicht an den Altar gezwungen habe", verneint dies der alte Schäfer zuerst, stellt aber sogleich klar: „Und doch ist es ein Zwang." Hilde habe „[…] nie vergessen, was er [Baltzer, Cl. St.] an ihr getan; aber zugleich ist sie die Furcht vor ihm nie losgeworden. Und aus Furcht und Dankbarkeit ist es gekommen und aus Furcht und Dankbarkeit hat sie ja gesagt" (HA I, 1, 188).[588] Obgleich die Umwelt des Bocholtschen Ehepaares die Eheschließung von ‚Vater' und ‚Tochter' nicht als anstößig empfindet, behält die Beziehung zwischen Hilde und Baltzer dennoch die Qualität des ‚Quasi-Inzestuösen', denn die junge Ehefrau hält auch nach der Heirat an der Gewohnheit fest, in Baltzer ihren ‚Vater' und nicht ihren Mann zu sehen.[589] Mit der gewohnten Anrede „Vater" (vgl. HA I, 1, 204) affirmiert sie die vom Heidereiter selbst errichtete Inzestschranke. Indem sie die Anerkennung des veränderten Status quo – nicht ‚Vater' und ‚Tochter',

[588] Betrachtet man die ‚quasi-inzestuöse' Ehe von Hilde und Baltzer aus der Perspektive der feministischen Inzestforschung der 70er und 80er Jahre, die Inzest und sexuellen Missbrauch als Teil der seit Jahrhunderten währenden Ausbeutung der Frau ansieht, scheint sie in das für Inzestfamilien typische Muster zu passen. Baltzer entspricht dem Typus des nach außen um Wohlanständigkeit bemühten, tyrannischen ‚incestous father', der seine Familie – orientiert an einem patriarchalischen Weltbild – streng kontrolliert und die Familienmitglieder in ökonomischer Abhängigkeit hält. Im Heidereiter-Haushalt besteht auch die für Inzestfamilien charakteristische räumliche oder zumindest emotionale Abwesenheit der Mutter durch Tod oder Krankheit, die die Tochter in die Rolle der ‚little mother' eintreten und sie die Pflichten und Aufgaben einer Haus- und Ehefrau übernehmen lässt. Hilde hat mit Inzestopfern die ambivalente Einstellung zu ihrem ‚Vater' gemeinsam. Die Mischung aus Furcht vor und Bewunderung für den Vater und Täter macht den Opfern eine Zurückweisung der sexuellen Forderungen unmöglich. Dieses Verhaltensmuster könnte die von der zeitgenössischen Kritik oft monierte Unlogik, dass Hilde Baltzer heirate, obgleich sie doch ‚einen Willen habe' erklären. In Hildes und Baltzers Ehe zeigt sich das für inzestuöse Vater-Tochter-Beziehungen typische Muster von emotionaler und ökonomischer Abhängigkeit des Opfers von seinem blutschänderischen Vater. Vgl. dazu Judith Lewis Herman/Lisa Hirschman, Father-Daughter-Incest. Cambridge, Mass. u.a. 1981 S.71–95, bes. 71, 77 und 82f. Linda Gordon, Incest and Resistance: Patterns of Father-Daughter-Incest, 1880–1930, in: Social Problems 33. 1986 S.253–267, kommt für Inzestfamilien im Amerika um 1900 zu ganz ähnlichen Ergebnissen.

[589] Sogar nach Baltzers Tod betrachtet Hilde sich nicht als Witwe, sondern als Waise. Vgl. HA I, 1, 208.

sondern Mann und Frau – verweigert, setzt sie Baltzer ins Unrecht. Tanzer spricht in diesem Zusammenhang anstelle eines ‚genealogischen' von einem ‚psychologischen' Inzest.[590]

5.2.8.3 Hildes Melusinenkind

Unbestimmte Zeit nach der Hochzeit gebiert Hilde ein „Knäblei[n] mit spärlichem rotblondem Haar" (HA I, 1, 190).[591] Dieses Kind besitzt wie die Melusinensöhne im ‚Volksbuch' einen Makel. Die Herzerkrankung, an welcher der Säugling leidet, weist ihn als Melusinenkind aus. Waren Melusines Söhne entstellt, aber gesund und kräftig gewesen, präsentiert sich der für Melusinenkinder typische körperliche Defekt in „Ellernklipp" nicht als Entstellung der äußeren Schönheit, sondern als Fehlbildung eines inneren Organs, die das Kind dem Tod weiht.

Hatten die Makel der Melusinensöhne im ‚Volksbuch' verschiedene Deutungen erfahren, dämonisch-teuflische Stigmata, ‚außzeÿchnungen' (vgl. ThvRM, 12, 5f) sowie zeichenhafte Verweise auf den ‚Jagdunfall' ihres Vaters, scheint Fontane in „Ellernklipp" mit dieser Mehrdeutigkeit des ‚melusinischen' Makels zu spielen. Auch hier werden den Leser/innen drei Deutungsmöglichkeiten offeriert: Zunächst wird angedeutet, der ‚Defekt' des Kindes, seine Herzinsuffizienz, sei die Folge des schwächlichen, mütterlichen Blutes. Dem Knaben fehlt ebenso die Vitalität und das kräftige Blut der Emmeroder Dörfler wie seiner Mutter. Das „rotblonde Haar" und die zusätzlich erwähnten „Wimpern" des Kindes (HA I, 1, 190) weisen es als Urenkel der alten Gräfin von Emmerode aus. Es trägt die gleichen Abstam-

590 TANZER, Spiel S. 38.

591 Dass Martin der Vater von Hildes Kind sein könnte, ist mehr als unwahrscheinlich. Zwar bleibt in Kap. 14 und 15 offen, wann Baltzer seine Pflegetochter geheiratet und Hilde das Kind zur Welt gebracht hat. Eine Hochzeit noch im Herbst oder Winter 1777, die nötig gewesen wäre, um Hildes und Martins Kind zu einem ehelichen zu machen, scheint jedoch ausgeschlossen, da Baltzer nach der Tat längere Zeit krank ist (vgl. HA I, 1, 184). Eine Sechs-Monatsschwangerschaft Hildes hätte im Dorf sicherlich Spekulationen ausgelöst. Der Satz „‚Die Störche ziehen, aber in Bocholts Haus ist einer angekommen'" (HA I, 1, 190) lässt auf einen Geburtstermin im Herbst oder Frühjahr schließen, die Zeugung hätte demnach im Januar/Februar oder Juni/Juli stattgefunden. Wahrscheinlich ist, dass Baltzer Hilde im Sommer 1779 heiratet, Hilde bald nach der Hochzeit schwanger wird, im Februar oder März 1780 das Kind zur Welt bringt, das im Frühsommer immer schwächer wird, bis Baltzer und das Kind im Herbst 1780 sterben. Hochzeit und Geburt könnten auch ein Jahr früher stattgefunden haben. Die gewöhnliche Trauerzeit betrug in ländlichen Gemeinden im 18. und 19. Jh. aber in der Regel ein Jahr. Vgl. PAUL GEIGER, [Art.] Trauer, in: HDA 8. Berlin u. a. 1936/37 Sp. 1130–1140, hier 1139.

mungsmerkmale wie Hilde, hat das gleiche aristokratische Blut in seinen Adern. Die für Baltzers Pflegetochter charakteristischen Merkmale – das Anämische, die schwächliche Konstitution, das ‚Matte und Müde' – zeigen sich an dem Kind in potenzierter bzw. pathologischer Form. Wird Hilde immer wieder als blass bezeichnet, erscheint das Kind bei seiner Geburt als nahezu „durchsichtig" (HA I, 1 190). Hatte seine Mutter sich schon als Kind nach Luft und Weite gesehnt und in der Höhe freier geatmet (vgl. HA I, 1, 111), plagt den Sohn schon im Alter von drei Monaten Atemnot (vgl. HA I, 1, 190). War Hilde oft träge und antriebslos gewesen, schläft das Kind nach einem „Anfall [...] viele Stunden lang, als wär' es tot" (HA I, 1, 190). Hieß es über Baltzers Pflegetochter sie sei ‚matt', wird das Kind von dem vom Ehepaar Bocholt konsultierten Dr. Schliephake gar als „welk" (HA I, 1, 197) bezeichnet.

In der strukturellen Logik des Textes, nach der Baltzer und Hilde mit ihrer Heirat das Vater-Tochter-Inzesttabu überschritten haben, ist der aus dieser Verbindung hervorgegangene Sohn ein ‚quasi-inzestuöses' Kind.[592] Aus dieser Perspektive erscheint die Herzkrankheit als Zeichen der inzestbedingten Degeneration.[593]

Während Baltzer jeden Anteil an der Krankheit seines Sohnes von sich weist und sich von der Kränklichkeit des Kindes in seiner „Kraft und Kernigkeit" gekränkt fühlt (HA I, 1, 197), bringt Dr. Schliephake das kranke Herz des Kindes mit dem – möglicherweise – ‚kranken' Herzen des Vaters als Ort der Seele und des Gemüts in Verbindung[594]:

„Ihr seid ein rüstiger Mann, und Eure Fünfzig haben Euch noch nicht viel getan. Es stimmt noch in Brust und Rückgrat, und von dem bißchen Grau sprech' ich nicht, das kleidet Euch. Aber wie steht es *hier*?" Und dabei stieß er leise mit dem Finger auf Baltzer Bocholts Herz" (HA I, 1, 198).

---

592 So auch: Tanzer, Spiel S. 35.

593 In der zweiten Hälfte des 19. Jhs. wurde in medizinischen, juristischen, psychiatrischen und kriminologischen Diskursen ein enger Zusammenhang von Inzest und genetischen ‚Defekten' angenommen. Ärzte bestätigten die Gefährlichkeit des Geschlechtsverkehrs zwischen Blutsverwandten. Juristen sahen in einem regellosen, uneingeschränkten Sexualleben eine Bedrohung: Man glaubte unkontrollierte Vermehrung könnte Geschlechtskrankheiten und degenerativen Erscheinungen Vorschub leisten. Der Gedanke der Degeneration wurde deshalb in dieser Zeit ein wichtiger Gesichtspunkt und neuer Begründungszusammenhang für die Strafbarkeit der Blutschande. Vgl. dazu Hommen, Sittlichkeitsverbrechen S. 26 und 60 f.

594 Ohl, Fontane S. 346, spricht in diesem Zusammenhang von einer doppeldeutigen „Metaphorik des Herzens", derer sich der Mediziner Schliephake bediene. Er konstatiert, „[...] daß das ‚Herz' hier metaphorisch für das Zentrum der Person steht und eigentlich Gewissen meint."

Die ,Verfärbung' Baltzers (vgl. HA I, 1, 198) deutet an, dass der Mediziner ins Schwarze getroffen hat. Das kranke Herz des Kindes weist auf die unglückliche, auf einer Untat fußende Ehe seiner Eltern hin.[595] Den kleinen Sohn erwartet der Tod, weil in den Herzen seiner Eltern „Leid wohnt". Auch sein Todeszeitpunkt unterstützt diese Deutung: Der Sohn stirbt in derselben Nacht wie sein Vater, als mit dessen Tod das von ihm begangene Unrecht gesühnt und die natürliche Ordnung wieder hergestellt ist. Die Krankheit des Kindes hat ähnlichen Verweischarakter auf die Tat des Vaters wie die Deformationen der Melusinensöhne.

5.2.9 „Ellernklipp" und das ,Kriminalschema'

Als Folie für die weitere Handlungsentwicklung nach der Ermordung Martins fungiert Annette von Droste-Hülshoffs historische Kriminalnovelle „Die Judenbuche" (1844), die schon zu Beginn der Handlung über das Motiv der Auseinandersetzung zwischen Förster und Wilderer präsent ist.[596] Auch in „Ellernklipp" sind Verbrechen und Sühne schicksalhaft miteinander verknüpft. Der Mörder Baltzer wird am Ort seiner Tat zum Selbstmörder. Mit der Einheit des Ortes wird die Bedeutung des Selbstmordes als Erfüllung einer überirdischen, nicht-menschlichen Forderung nach ausgleichender, die Ordnung wieder herstellender Gerechtigkeit betont.[597] Mit der Entlehnung des Motivs des Mörders, der sich am Ort seines Verbrechens selbst richtet, aus der „Judenbuche", fügt sich „Ellernklipp" in die Gattungsgeschichte der Kriminalerzählung im 19. Jahrhundert ein. Wird in den Kriminalgeschichten des 18. Jahrhunderts

---

595 In der Äußerung des Mediziners Schliephake scheinen sich für das vormoderne Denken typische sympathetische Vorstellungen zu finden, die davon ausgehen, dass das, was die Schwangere während ihrer Schwangerschaft sieht, erlebt und fühlt auf die Gestalt, den Charakter und die Gesundheit des in ihr wachsenden Kindes zurückwirkt. Das ,Versehen' (Vergucken, Abgucken oder Abschauen) der Schwangeren galt im volksläufigen Aberglauben als große Gefahr für das Ungeborene: Man glaubte, die Schwangere übertrüge die von ihr empfangenen schrecklichen oder hässlichen Eindrücke auf das werdende Kind. Vgl. Bernhard Kummer, [Art.] Schwangerschaft, in: HDA 7. Berlin u. a. 1936/37 Sp. 1406–1427, hier 1416–1423.

596 Die „Judenbuche" als Prätext von „Ellernklipp" hatte schon Müller-Seidel ³1994, S. 82, ins Spiel gebracht. Zur „Judenbuche" als Kriminalerzählung sowie ihrer Stellung innerhalb der Gattungsgeschichte vgl. Walter Huge, ,Die Judenbuche' als Kriminalgeschichte. Das Problem von Erkenntnis und Urteil im Kriminalschema, in: Annette von Droste-Hülshoff. „Die Judenbuche". Neue Studien und Interpretationen. Hg. von Walter Huge und Winfried Woesler. (Zeitschrift für deutsche Philologie 99. 1980; Sonderheft). Berlin 1980 S. 49–70.

597 Vgl. Huge, Judenbuche S. 59.

„[...] das Eingreifen der göttlichen Vorsehung als vergeltende, Gerechtigkeit übende Instanz [...] mit dem verräterischen Schuldbewußtsein des Verbrechers [erklärt], so wird es in den schicksalsgeprägten Kriminalgeschichten der Romantik [...] mehr und mehr mechanisiert und dämonisiert. Die Gerechtigkeit wird dem Verbrecher zum unausbleiblichen Schicksal.“[598]

Baltzers Verhalten, seine paranoid anmutende Furcht vor Kamm-Melcher (vgl. HA I, 1, 191ff) und sein Selbstmord unter mysteriösen Umständen, lässt sich nicht mehr allein aus seinen Gewissensqualen erklären. Vielmehr scheint der Heidereiter von übermenschlichen und dämonischen Mächten und Kräften getrieben zu werden, die als Agenten der Gerechtigkeit fungieren. Eine besondere Rolle kommt hierbei dem Vollmond zu, der als „blutrote Scheibe, groß und fragend“ zum einzigen, stummen Zeugen des Mordes wird (HA I, 1, 176) und für Baltzer in der Folgezeit anthropomorphe, personale Züge gewinnt (vgl. HA I, 1,178).[599] Fontane greift noch auf weitere balladeske und schauerliche Motive zurück, die dem Geschehen einen unheimlichen und dämonischen Charakter verleihen: So verbindet er in „Ellernklipp“ das balladeske Wiedergänger-Motiv[600] mit der landläufigen Vorstellung, den Täter ziehe es immer wieder an den Ort seines Verbrechens zurück[601]. Nachdem Baltzer die Suchtrupps bei der von ihm selbst initiierten Suche geschickt um den Ort, wo die Leiche liegt, herumgelenkt hat, quält den Heidereiter die Vorstellung, Martin könnte zurückkehren und ihn im Dorf verklagen. Er will ihn deshalb an Ort und Stelle, im Elsbruch vergraben (vgl. HA I, 1, 182). Der geheimnisvolle Spuk „upp Ellernklipp“, eine mysteriöse Stimme, die aus dem Elsbruch ‚Vader‘ „schreegt un röppt“ (HA I, 1, 200) greift die Wiedergänger-Vorstellung erneut auf. Die Stimme des Gewissens, die Baltzer in seinem Inneren zu hören meint, wird am Abend seines Todes zu einer aus der Schlucht zu ihm heraufrufenden Spukstimme, die den Mörder in den Selbstmord treibt und ihm so die gerechte Strafe zuteil werden lässt.

---

598 Ebd. S. 60.

599 VINCENT J. GÜNTHER, Das Symbol im erzählerischen Werk Fontanes. Bonn 1967 S. 47, sieht im Vollmond sogar ein „Symbol der Nemesis“.

600 Das Wiedergänger-Motiv findet sich schon in Gottfried August Bürgers „Lenore“, die im Balladenjahr 1773 entstand und als Prototyp deutschsprachiger Balladenkunst gattungsnormierend wirkte.

601 Diese Vorstellung ist im volksläufigen Aberglauben eng mit dem Glauben an Wiedergänger verbunden. Verbrecher, v. a. Mörder, die sterben, ohne ihre Tat gesühnt zu haben, müssen am Ort ihres Verbrechens umgehen und dort eine Strafe erleiden, die in Zusammenhang mit ihrer Tat steht, so glaubte man. Vgl. WALTER MÜLLER-BERGSTRÖM, [Art.] Verbrecher, in: HDA 9. Berlin u. a. 1936/37 Sp. 813–824, hier 821.

Im ‚Volksbuch' stellt der Zweite Tabubruch den Höhe- und Wendepunkt der Handlung dar. Reÿmunds Treueverrat hat eine Peripetie im Wortsinn zur Folge: Mit dem Verlust der anderweltlichen Fee beginnt für die Lusignans und ihre Nachkommen ein ‚Glückswechsel', wie Melusina ihn Reÿmund einst am Durstbrunnen vorausgesagt hatte. In Fontanes Erzählung zeitigt der Zweite Tabubruch der Sohn-Figur ebenfalls schwere Folgen: Das Paar Hilde und Martin wird getrennt. Allerdings nicht dadurch, dass die elementargeisterhafte Hilde in die Anderwelt entrückt, sondern Martin von seinem Vater, der zuvor in der Rolle des ‚poß veint' des Paares auftrat, ins Jenseits befördert wird. Demgegenüber scheint Baltzers Zweiter Tabubruch, die endgültige Übertretung des Inzesttabus durch seine Heirat mit Hilde, scheinbar folgenlos zu bleiben. Allein die Geburt des kränklichen ‚quasi-inzestuösen' Sohnes lässt sich als ‚Strafe' für die Missachtung des Tabus auffassen: Mit dem Tod von Vater und Sohn in einer Herbstnacht des Jahres 1780 erlischt die Familie Bocholt in Emmerode.

In „Ellernklipp" verschiebt sich der Höhe- und Wendepunkt des Erzählten vom Zweiten Tabubruch zum Mord des Vaters am Sohn. Der Ausgang der Erzählung wird nicht mehr vom ‚Volksbuch' als Prätext bestimmt, vielmehr erweist sich für das Ende von „Ellernklipp" eine andere narrative Vorlage als bestimmend. Nach dem Mord an Martin Bocholt tritt das Schema der modernen Kriminalerzählung an die Stelle des *Motivs der gestörten Mahrtenehe.*[602] Fontane greift den Topos des unbescholtenen Bürgers, der aus Leidenschaft zum Verbrecher wird, auf. In den Kapiteln 13–17 der Erzählung dominiert die Gattung der Kriminalgeschichte, wird das Verhältnis von Verbrechen und Strafe bzw. Sühne thematisiert.

---

[602] Zum Schema der Kriminalgeschichte im 18. und 19. Jh. vgl. RAINER F. SCHÖNHAAR, Novelle und Kriminalschema. Ein Strukturmodell deutscher Erzählkunst um 1800. Bad Homburg u. a. 1969.

6. Melusine in der Moderne

Literarische Zeugnisse der Frühen Neuzeit zeigen, dass die alten Liebes- und Ritterromane, die sich im 15. und 16. Jahrhundert einer enormen Popularität erfreuten und vielfach ‚Best- und Longseller' waren, auch im 17. Jahrhundert im Adel und im ‚gelehrten' Bürgertum weiterhin ihr Publikum fanden. Mit der Popularisierung des Lesens, der rasch zunehmenden Zahl von Verlagen und Druckerzeugnissen – Entwicklungen, die gemeinhin mit dem Begriff ‚Leserevolution' gekennzeichnet werden – vollzieht sich ein sozialer Wandel des Lesepublikums, werden die spätmittelalterlichen und frühneuzeitlichen Romane und Historien in der zweiten Hälfte des 18. Jahrhunderts zu ‚Volksbüchern' im eigentlichen Sinn, die als Massenware, billige Fabrikdrucke auf Löschpapier, zu geringen Preisen auf Märkten und im Wanderbetrieb feilgeboten wurden. Mit der steigenden Popularität der ‚Volksbüchlein' beim ‚gemeinen Mann' wurden diese Schriften von den höheren Ständen mehr und mehr als Lektüre angesehen, die außerhalb der Grenzen des für das gebildete Lesepublikum geltenden Literaturbegriffs lag. Die Wahrnehmung der deutschen „Melusine" als ‚subliterarischer' Lesestoff erklärt das Fehlen von literarischen Neubearbeitungen im 17. und 18. Jahrhundert. In dieser Zeit wurde Thürings „Melusine" nicht nur zur Zielscheibe der ‚Volksaufklärer', sondern geriet auch in das Visier der obrigkeitlichen Zensur.

Die Rezeption und Aneignung des Melusinenstoffes durch die Romantiker, die für die weitere Rezeptionsgeschichte des Stoffes im 19. Jahrhundert von zentraler und nachhaltiger Bedeutung waren, lässt sich aus zwei verschiedenen Perspektiven betrachtet:

1. Im Rahmen der Bemühungen um die Erneuerung ‚altdeutscher' Literatur um 1800 strebten die Romantiker um Ludwig Tieck die ‚Wiederentdekkung' und Neubelebung des ‚Volksbuchs' von der Melusine als literarisches Sujet an. Während die ‚Volksaufklärer' die alten Romane durch eigene purifizierte Ausgaben, die den ‚Volksbüchlein' nur in der äußeren Aufmachung glichen, und volkspädagogisches Schrifttum, das den Geschmack der niederen Stände heben sollte, ersetzen wollten, strebte Tieck mit seinen Neubearbeitungen das Gegenteil ‚volksaufklärerischen' Bemühens an. Er nahm in seinen Neubelebungen der ‚Volksbücher' eine bewusste, den Geschmack des gebildeten Publikums berücksichtigende Bearbeitung vor, um die Akzeptanz bei den von ihm als Publikum intendierten Bildungsbürgern zu befördern und den Aufstieg der ‚Volksbücher' in den Rang ‚höherer' Literatur vor-

anzutreiben. Mit seiner „Sehr wunderbaren Historie von der Melusina" (1800) legt Tieck zwar in inhaltlicher Hinsicht eine vorlagengetreue Übertragung vor. Indem er die Melusinengeschichte als ‚Chantefable', eine mittelalterliche Erzählgattung, gestaltet, wird seine Neubearbeitung jedoch zu einem eigenständigen literarischen Werk, das seinen Leser/innen eine andere Perspektive auf das ‚Volksbuch' von der Melusine ermöglicht. In Tiecks Bearbeitung wird der Stoff über die Tilgung genealogischer Elemente und Bezüge auf das Geschlecht der Lusignan von der Familienchronik und Haushistoriographie eines Adelsgeschlechtes zu einem zeitlosen, überhistorischen, wunderbaren ‚Mährchen'.

Die Adaptationen des ‚Volksbuchs' von der Melusine in den wichtigsten ‚Volksbuch'-Editionen des 19. Jahrhunderts waren für die Rezeption des Melusinenstoffes durch bildungsbürgerliche Schichten im 19. Jahrhundert von besonderer Bedeutung. Diese in den 30er und 40er Jahren entstandenen Sammlungen deutscher ‚Volksbücher' bereiteten die alten populären Lesestoffe für ein bildungsbürgerliches Publikum in mehr oder minder stark bearbeitenden Neu-Editionen auf. Die romantische Mittelalter-Begeisterung wurde auf diese Weise in nachromantischer Zeit in weitere bürgerliche Kreise getragen und popularisiert.

2. Die ‚Wiederentdeckung' und Erneuerung des ‚Volksbuchs' von der Melusine durch die Romantiker bewirkte nicht nur die Aufwertung des Melusinenstoffes als literarisches Sujet, sondern muss auch als eine (ideologische) Aneignung und Funktionalisierung des Stoffes im Kontext der romantischen poetologischen Konzepte verstanden werden. In den Kommentierungen und Gestaltungen der Romantiker wird die mittelalterliche Melusinengeschichte einer ‚projektiven' Lektüre unterzogen, die den Stoff zum einen als (Teil eines) überzeitlichen, invarianten, stets wiederkehrenden Mythos liest (Tieck, Brentano), zum anderen die melusinische Mahrtenehe in einer allegorischen Lesart als Begegnung von Mensch und dämonischer, beseelter Natur deutet (W. A. Schlegel). Tieck inkorporiert mit seiner Neubearbeitung des ‚Volksbuchs' die unabhängige, erst seit dem Mittelalter fassbare Stofftradition der Melusine in die antike Najaden- und Nymphen-Tradition, indem er die Protagonistin auf der Folie antik-heidnischer Figuren, aquatischer Halbgöttinnen der griechischen Mythologie, darstellt: Aphrodite/Venus und Galatea. Die Melusinengeschichte wird letztendlich als Teil des antiken Sirenenmythos gedeutet, der Melusinenfigur das Etikett der verführerischen, erotischen Meerjungfrau oder Nixe angeheftet.

Clemens Brentano liest die Melusinengeschichte als ‚Ur-Mythos' mann-weiblicher Beziehungen. Schon sein „Fragment einer Erzählung aus der Französischen Revolution" macht deutlich, dass der Autor den ‚Kern' der Melusinengeschichte, den hinter dem Erzählten liegenden tieferen ‚Sinn' in (männlichem) Sündenfall und Vertreibung (des Mannes) aus dem Paradies sah. Die Melusinengeschichte erscheint ihm als mythische Erzählung, in der die immer wiederkehrende, sich endlos wiederholende Geschichte der Geschlechter(beziehungen) paradigmatisch ‚aufgehoben' ist.

Folgenreich für die weitere Rezeptionsgeschichte war vor allem die Deutung der Melusinenfigur als verführerisch-erotische Nixe (L. Tieck) und dämonisch-trügerisches Naturwesen (W. A. Schlegel), in der sich Melusines spätere ‚Karriere' als dämonische Verführerin und Femme Fatale vorbereitet. Diese Deutungen der Melusine eröffneten späteren Bearbeitern ein weites Welt für Projektionen.

Als Beispiel für eine ‚romantische' Lektüre und Aneignung des Melusinenstoffes im frühen 19. Jahrhundert außerhalb des Kreises der Romantiker lässt sich Franz Grillparzers „Melusina" (1823) begreifen. In diesem Opernlibretto ist die Kategorie ‚Geschlecht' von fundamentaler Bedeutung. Der Wiener Dichter schreibt das Differenzdenken seiner Zeit, das Männlichkeit und Weiblichkeit als zwei einander entgegengesetzte, komplementäre, in der Biologie gründende Größen deutet, in den Melusinenstoff ein und macht die Melusinengeschichte zu einem Medium für die Diskussion zeitgenössischer Geschlechtervorstellungen und -entwürfe. Waren in Mittelalter und Früher Neuzeit die menschlich-höfische und die melusinisch-anderweltliche Sphäre über die Distinktion menschlich/nicht-menschlich (d. h. göttlich oder dämonisch) charakterisiert, nutzt Grillparzer die Differenzierung in Menschenwelt und melusinische Anderwelt für eine geschlechterbezogene Polarisierung: In „Melusina" wird der vernunftorientierten, männlichen Tätigkeitswelt der ‚Ritter' bzw. des biedermeierlichen Bürgertums eine weibliche Welt der Ruhe und Muße entgegengestellt – Melusinas Zauberreich. Während in der mittelalterlichen Melusinengeschichte der Zwang der Protagonistin, sich des Samstags aus der höfischen Sphäre zurückzuziehen, Folge eines mütterlichen Fluchs ist, der Melusines weibliche Identität beschädigt, wird der (temporäre) Schlangenschwanz in Grillparzers Melusina – ähnlich wie in Brentanos Melusinen-Märchen – zu einem angeborenen Wesensmerkmal der Melusinenfigur umgedeutet. Er ist Ausweis ihrer Kreatürlichkeit und Naturhaftigkeit. Der Zwang der Grillparzerschen Najade Melusina, sich in ihre elementare, kreatürliche Gestalt, ihre ‚eigentliche Natur' zurückzuverwandeln, verweist bereits auf die für das gesamte 19. Jahrhundert bestimmende Wahrnehmung der Frau als naturhaftes Geschlechtswesen, das durch ihre ‚naturgegebene' Bestimmung zur Mutterschaft charakterisiert ist. Melusinas Doppelnatur, ihre ambivalente Existenz zwischen holder, liebreizender Fee und Grauen erregender Kreatur versinnbildlicht die (männliche) Vorstellung von der Doppelnatur der Frau, die hinter ihrer tugendhaften und wohlerzogenen Maske der sittsamen und ehrbaren Hausfrau und Gattin das (sexuell) triebhafte, unkontrollierte und unkontrollierbare Geschlechtswesen ‚Weib' verbirgt.

In der Bearbeitung des Wiener Dichters zeigt sich auch die für das 19. Jahrhundert charakteristische Verschmelzung von Undinen- und Melusinenmotiven. Grillparzer greift in seiner Adaptation das dem Melusinenstoff fremde Motiv *Der Mann zwischen zwei Frauen* auf, das sich bereits in den spätmittelalterlichen und frühneuzeitlichen Gestaltungen des Undinenstoffes (Versnovelle „Peter von Stauffenberg"; „Liber de Nymphis") findet und sich um 1800 großer Popularität, nicht zuletzt in Wasserfrauentexten, erfreute. Aus der Übernahme dieses Motivs ergibt sich die Konstellation von zwei gegensätzlichen Frauencharakteren. Bertha repräsentiert aus dieser Perspektive den tugendhaften und reinen Typus der Schwester und Braut und damit zugleich den Weiblichkeitstypus der Biedermeier-Hausfrau, deren ganzes Wesen darauf ausgerichtet ist, dem Gatten ein ruhiges und behagliches Heim zu bereiten. Melusina stellt dagegen als antike Najade den sinnlich-erotischen Verführerinnentypus dar, der den Mann ins Verderben stürzt.

Grillparzers Libretto belegt somit zum einen, welche paradigmatische Bedeutung die Gestaltung der Melusinenfigur als dämonisch-verführerisches ‚Naturwesen' Wasserfrau durch die Romantiker für die Rezeptionsgeschichte des Melusinenstoffes im 19. Jahrhundert hatte. Zum anderen lässt das Libretto deutlich werden, wie sehr Undinen- und Melusinengeschichte, die in Mittelalter und Früher Neuzeit unterschiedliche Erzählstoffe darstellen und allein über das *Motiv der gestörten Mahrtenehe* verbunden sind, zu einem Melusinen-Undinen-Stoff amalgamiert werden.

Grillparzer greift in die Struktur des ‚Volksbuches' stark ein. Er wandelt den für die Melusinengeschichte als genealogische Sage gattungstypischen negativen Ausgang in ein versöhnliches Ende um und schreibt so den Text im Sinne des Panzerschen Märchenschemas fort. In „Melusina" ist die Aufspaltung des Tabubruchs in eine private und eine öffentliche Phase aufgegeben. Die Überschreitung des Sicht- und des Redeverbotes fallen zusammen und bilden gemeinsam den ersten Tabubruch. Die Trennung des Paares wird durch ein von Grillparzer neu in den Text eingefügtes Märchenrequisit, den Zauberring, aufgehalten. Der Dichter betont die Bedeutung des wechselseitigen Vertrauens für die Liebesbindung. Melusina kann das Tabu, sie aufzusuchen, nicht mehr als Verbot setzen und die Tabuverletzung mit einer Strafe bedrohen; sie kleidet das Sichttabu in eine flehentliche Bitte und appelliert an Raimunds Vertrauen und seine Liebe zu ihr. Unter diesen Vorzeichen erscheinen die Tabubrüche – in Thürings „Melusine" noch affektgesteuerte, spontane Wutausbrüche – als innere Abwendung des Mannes von der Geliebten aufgrund mangelnden Vertrauens. Der Tabubruch im Affekt wird zum bewussten Liebesverrat. Es lässt sich vermuten, dass diese Umgestaltung der *Mahrtenehe* auf die im 18. Jahrhundert aufgekommene, vor allem in der Romantik populäre Vorstellung von der Ehe als wechselseitig lösbare Liebesbindung zurückgeht.

In der Schlussszene des Librettos entwirft Grillparzer eine Liebesutopie, in der die echte, aufrichtige Liebe als alle Schwierigkeiten, Grenzen und Fehler aufhebende Macht angesehen wird. Analog zum Topos des Liebestodes erscheint die Vereinigung zwischen Raimund und Melusina erst im Tod möglich. Im Schlusstableau gestaltet der Dichter Melusinas Reich zur jenseitigen ‚himmlischen' Sphäre aus. In struktureller Hinsicht nähert sich Grillparzer damit der für den arthurischen Roman konstitutiven Struktur des ‚doppelten Weges' an. Aus der Perspektive dieses Bauprinzips erscheint Raimunds zweite Entrückung in die anderweltliche Sphäre als Weg des geläuterten und gereiften ritterlichen Helden, auf dem dieser ‚durch den Tod hindurch' zurück zu dem zuvor Verlorenen findet.

In Grillparzers Opernlibretto zeigt sich auch die für die Zeit um 1800 typische Verschränkung von Kunsttheorie und Geschlechterideologie. Auf die Polarität von männlicher Tätigkeitswelt und weiblicher Welt der Muße und Ruhe wird zugleich die Dichotomie von (männlich konnotierter) Wissenschaft und (weiblich konnotierter) Kunst und Poesie projiziert. Der Protagonist der Melusinengeschichte wird zur Projektionsfläche für den romantischen Selbstentwurf des Künstlers als ‚Androgyn'. Das Liebessehnen seines Protagonisten Raymund wird von Grillparzer allegorisierend als Wunsch der (romantischen) Künstlernatur nach Transzendenz in das Reich der Poesie inszeniert. Der Androgyn erscheint bei Grillparzer allerdings nicht als positive Identifikationsfigur und künstlerischer Protest gegen die Geschlechterpolarisierung, sondern als problematische Existenzform, die ein Leben in einer Gesellschaft, die auf rigider Einhaltung ‚natürlicher' Geschlechterrollen und strenger Geschlechtertrennung beruht, unmöglich werden lässt. Der Konflikt des Künstlers zwischen Kunst und Leben ist für Grillparzer auch ein Konflikt zwischen Übernahme und Verweigerung der damaligen Männlichkeitsrolle. Die vorherrschenden Geschlechterstereotypen, die ‚natürliche' Differenz der Geschlechter der Grillparzerzeit, werden vom Dichter nicht in Frage gestellt. Die Unmöglichkeit, beide Existenzformen, Kunst und Leben, Mannsein und Frausein, miteinander zu versöhnen, wird als gegeben hingenommen. In Grillparzers Opernlibretto wird die Geschlechterproblematik aus der Perspektive des Mannes betrachtet. Im Zentrum steht die Frage nach dem Ort (männlicher) künstlerischer Existenz innerhalb der bürgerlichen Ordnung der Geschlechter im frühen 19. Jahrhundert.

Auch in Theodor Fontanes Variationen der Melusinenthematik lässt sich die für das 19. Jahrhundert typische fortschreitende Vermischung und Entgrenzung von Undinen- und Melusinenstoff zeigen. Die Melusinenfigur Hilde Rochussen ist als ‚Urtyp' der Fontaneschen Melusinen (E. Ziegler), bereits mit zahlreichen Attributen der späteren ‚melusinischen' Frauenfiguren ausgestattet: Sie besitzt das aparte, fremdartige, änigmatisch-zauberhafte Wesen, die Affinität zum Elementaren, den Zug des Languissanten sowie die Intelligenz der ‚Melusinen'. Hilde steht konzeptionell den Vorläuferinnen der ‚Melusine', der feenhaften Märchenprinzessin Marie Kniehase aus „Vor dem Sturm" durch das Motiv der Adoption und der dunklen Abkunft sowie Grete Minde aus der gleichnamigen Novelle durch ihr unglückliches Schicksal nahe. Auf die Hysterikerin und Femme Malade Cécile aus dem gleichnamigen Roman verweisen Hildes anämische Blässe, ihre durch ihr ‚Blut' bedingte schwächliche Konstitution sowie das Hilde leitmotivisch attribuierte ‚Matte und Müde', der Zug des ‚Languissanten'. Am nächsten steht Hilde jedoch der Protagonistin aus dem zwei Jahre nach „Ellernklipp" entstandenen Melusinen-Fragment „Oceane von Parceval". Diese ist wie Oceane ein fühlloses Elementarwesen. Sie teilt mit ihr die „Sehnsucht nach dem Gefühl", ohne fühlen zu können, und gehört zu den „Naturen [...], an denen das Leben bilderhaft vorüberzieht" (HA I, 7, 427).

Die für Fontanes ‚Melusinen' charakteristische Nähe zum Elementaren, vor allem aber ihre bis hin zu Liebesunfähigkeit und ‚Frigidität' reichende Fühllosigkeit kommen aus der Tradition der Undine. ‚Melusinisch' im Sinne des Melusinenstoffes ist vor allem die Doppelnatur der ‚melusinischen' Frauenfiguren Fontanes, die auf den Gestaltwandel der Fee und ihre temporäre semi-theriomorphe Gestalt – halb Menschenfrau, halb Schlange – verweist: ihrer eigentlichen Natur nach der Welt des Elementaren zugehörig, sehnen sie sich und streben sie dennoch danach, als Menschenfrauen in der Welt der Menschen zu leben. In seinen ‚melusinischen' Frauenfiguren amalgamiert Fontane die für die Melusinenfigur der ‚Volksbuch'-Tradition charakteristische Doppelnatur mit dem Undinen-typischen Status des seelenlosen, d.h. für den Autor fühllosen Elementargeistes.

Fontane partizipiert zwar an der für die Geschlechterideologie des 19. Jahrhunderts symptomatischen Dichotomie von der Frau als ‚Naturwesen' und dem Mann als ‚Kulturwesen', wie sie im Bereich der Wasserfrauenliteratur prototypisch von Fouqué entworfen wurde. Auch in „Ellernklipp" ist die Protagonistin ein fühlloser ‚melusinisch-undinischer' Elementargeist. Zugleich verweigert sich der Autor jedoch der Vereindeutigung der (Wasser-)Frau zur männerverschlingenden Femme Fatale, wie er sich in zahlreichen anderen Wasserfrauentexten der zweiten Hälfte des 19. Jahrhunderts findet. Indem Fontane die von Hilde von den (Männer-)Figuren entworfenen ‚Bilder', hinter denen die Protagonistin fast zu verschwinden droht, mit dem differierenden Blick einer neutralen, scheinbar objektiv das Geschehen vermittelnden Erzählerinstanz kontrastiert, werden die einander widersprechenden Charakterisierungen Hildes als Femme Fatale und Femme Fragile als männliche Zuschreibungen sichtbar gemacht. In „Ellernklipp" wird vorgeführt, dass die ‚naturhafte' Sinnlichkeit der ‚Frau' als vorgeblich ordnungszerstörendes Element von den Männerfiguren über dämonisierende bzw. idealisierende Phantasmagorien abgewehrt werden muss.

In Fontanes Gestaltungen des Melusinenthemas ist der temporäre physische Gestaltwandel der Melusinenfigur, der diese zwang sich aus der höfischen Gesellschaft in ihre geheime Badekammer zurückzuziehen, zu einer physisch-psychischen Disposition geworden, welche die Frauen daran hindert, angepasst an die geltenden Weiblichkeitsnormierungen respektive Geschlechtsrollenzwänge in der bürgerlichen Gesellschaft ihrer Epoche zu leben. So führt Hilde, bedingt durch ihre ‚melusinische' Natur, ihre illegitime Abkunft und ihr andersartiges, unangepasstes Wesen, eine Außenseiterexistenz und ist unfähig, sich auf Dauer in die Gemeinschaft der Dorfbewohner einzufügen. Sie lebt als ‚melusinisches' Wesen auf der Grenze zwischen zwei Sphären. Charakteristisch für die ‚Melusinen' des Bürgerlichen Realismus ist somit ihre Fremdheit und Unbehaustheit in der Welt der Menschen, ihre Unfähigkeit, sich dauerhaft in dieser Welt zu akklimatisieren. Neben der profanen, bürgerlichen Alltagswelt ihrer Ehemänner und Väter ziehen sich die ‚Melusinen' des Bürgerlichen Realismus in eine anderweltliche, im Falle Hildes naturnahe, elementare Sphäre zurück, die als ihr ‚eigentliches Element' erscheint, aber mit der von ihnen erwarteten weiblichen Rolle konfligiert. Diese spezifische physisch-psychische Konstitution ihrer Heldinnen, das ihnen wesensmäßig anhaftende ‚Melusinische', fasst Fontane im Neologismus des ‚Amphibialen'. Der Autor entwickelt mit seinen ‚melusinischen' Frauenfiguren eine ‚moderne', seiner zeitgenössischen Lebenswirklichkeit ‚abgeschaute' Weiblichkeitskonzeption, die mit der Melusinenfigur des ‚Volksbuches' nur noch wenig gemeinsam hat. Mit der spätmittelalterlichen Fee und mächtigen Herrscherin Melusina und ihrer Funktionalisierung als Stamm-Mutter und Ahnherrin eines Adelsgeschlechtes vermochte Fontane als Dichter des Bürgerlichen Realismus nur wenig anzufangen. Fasziniert hat ihn dagegen die Fremdheit und Fremdartigkeit der anderweltlichen Frau in der Welt der Menschen.

In „Ellernklipp" modernisiert Fontane den alten Stoff bzw. adaptiert ihn an seine eigene Gegenwart, indem er das die Melusinengeschichte vorantreibende Motiv von Tabu und Tabubruch mit dem in der zweiten Hälfte des 19. Jahrhunderts aktuellen Inzesttabu verknüpft.

Ein neues, den Gestaltungen aus dem frühen 19. Jahrhundert fremdes Element, das sich in Fontanes realistischer Gestaltung des Stoffes findet, ist die Motivkonstellation *Die Frau zwischen zwei Männern*. Der Autor verschränkt dieses Motiv mit einem ‚Vater-Sohn-Konflikt' und verbindet es über das

Motiv der Adoption mit der Inzestthematik. Er überführt die Melusinengeschichte, die in der ‚Volksbuch'-Tradition die Geschichte einer Paarbeziehung ist und bleibt, in der ein Nebenbuhler nur als Imaginationsprodukt des scheinbar gehörnten Ehemannes existiert, in eine spezifische Dreieckskonstellation, in der ein älterer, ‚väterlicher' Mann und ein junger Mann, eine Sohn-Figur, um die Zuneigung der ‚Melusine' Hilde rivalisieren.

Das in der Literatur des Bürgerlichen Realismus vielfach gestaltete Rivalisieren und Konfligieren der Generationen der ‚Väter' und der ‚Söhne' im patriarchalisch organisierten Wilhelminischen Kaiserreich, das in der Literatur des Expressionismus zum ‚Vatermord', so der Titel eines Dramas von Arnolt Bronnen, eskalierte, wird als Beziehungsgeschichte inszeniert, in der die melusinische Wasserfrau als Objekt des Begehrens fungiert und deren (sexuelle) Inbesitznahme zugleich den Besitz der gesellschaftlichen Macht repräsentiert.

Ging es in den um 1800 entstehenden Gestaltungen (Tieck, Brentano, Grillparzer) um den Liebesverrat des Mannes und seine Unfähigkeit das ‚Geheimnis' seiner Ehefrau oder Geliebten unangetastet zu lassen, kreisen die im Umkreis des Bürgerlichen Realismus entstehenden Bearbeitungen um das gesellschaftliche Tabu illegitimer Liebesbeziehungen. Die Handlung von „Ellernklipp" folgt über weite Strecken dem Handlungsschema *Motiv der gestörten Mahrtenehe.* In spielerischem Umgang mit den Handlungselementen des Melusinenstoffes – Begegnung von Mensch und Mahr, Tabuerrichtung, Verwandtenmord und Tabubruch – entwickelt Fontane seinen um das Inzesttabu zentrierten Erzähltext. Erst nach dem Mord an Martin und Baltzers Heirat mit Hilde, wird das *Motiv der gestörten Mahrtenehe* als strukturbestimmender Prätext von einer anderen narrativen Vorlage abgelöst: Für die weitere Handlungsentwicklung erweist sich die Gattung der Kriminalgeschichte als bestimmend. Mit dem Rekurs auf Annette von Droste-Hülshoffs historische Kriminalnovelle „Die Judenbuche" (1844) hält das Schema der modernen Kriminalerzählung Einzug in die Erzählung.

Während Fontanes Melusinen eine dem späten 19. Jahrhundert eigene Spezies der Wasserfrau darstellen, zeigt sich in „Ellernklipp" der strukturelle Kern des Stoffes, das Motiv von Tabu und Tabubruch, das den ‚tragischen' Ausgang der Beziehung zwischen Mensch und Mahr motiviert, ‚resistent' gegen alle Modernisierungsbemühungen.

D. Schlussbetrachtung

Am Ende meiner literarischen Reise durch acht Jahrhunderte Melusinengeschichte steht ein schwieriges Unterfangen – nämlich der Versuch, einen abschließenden Kommentar zu verfassen, der mehr sein will als eine resümierende Wiederholung der Einzelergebnisse. Obgleich die Einzelinterpretationen eindrucksvoll deutlich machten, wie vielgestaltig, individuell und zum Teil eigenwillig die Bearbeiter sich den Stoff in ihren Adaptationen aneignen, soll der Versuch folgen, die in den einzelnen Kapiteln und Textanalysen erzielten Ergebnisse zu globaleren Thesen zur Entwicklung des Melusinenstoffes zu verknüpfen und zu verdichten. Die grundlegende Idee dieser Studie, nämlich eine stoffgeschichtliche und eine geschlechtergeschichtliche Perspektive zu verbinden und so den (vermuteten) engen Konnex von melusinischen Texten und (geschlechter-)geschichtlichen Kontexten aufzuzeigen, erwies sich als durchaus fruchtbare Perspektive auf die Rezeptionsgeschichte des Stoffes. Denn sie ermöglichte eine Neubewertung nicht nur der vormodernen, sondern auch und gerade der modernen Rezeption.

Die Mehrzahl der bisher erschienenen, einschlägigen Studien zur Geschichte des Wasserfrauen-Motivs hatte den mittelalterlichen und frühneuzeitlichen Gestaltungen nur wenig Aufmerksamkeit geschenkt und sich vor allem auf die Bearbeitungen des 19. Jahrhunderts konzentriert. In Abgrenzung zu diesen motiv- und rezeptionsgeschichtlichen Arbeiten, welche die Melusinengeschichte als überzeitlichen ‚Mythos' deuteten (Stuby; Otto), habe ich mich darum bemüht, die einzelnen Bearbeitungen des Stoffes aus ihrer diskursiven Kontext-Gebundenheit und/oder soziokulturellen Verortung heraus zu verstehen. Die vormoderne Tradition des Stoffes sollte dabei nicht – wie bisher üblich – nur als invariantes ‚Material' betrachtet werden, aus dem die Autoren im 19. Jahrhundert – in den Zeiten der (vorgeblichen) Kunstautonomie – ihre literarischen ‚Werke' schufen. Vielmehr wurden die vormodernen Rezeptionszeugen als eigenständige, ebenso wichtige literarische Bearbeitungen des Stoffes angesehen wie die der Moderne. Meine Untersuchung ging von der grundsätzlichen, in der bisherigen Forschung zum Melusinenstoff vernachlässigten Einsicht aus, dass die Wahrnehmungen und Gestaltungen der Melusinengeschichte in der Vormoderne und der Moderne in geschlechterbezogener Hinsicht auf differenten Konzepten von ‚Geschlecht' basieren. Während in der Vormoderne auf der Basis eines *Ein-Geschlecht-Modells* zwei soziale Geschlechter (*gender*) nur einem einzigen biologischen Geschlecht (*sex*) entsprechen und Männlichkeit und Weiblichkeit als Bündel ständisch-sozialer Rollenoptionen verstanden wurden, ist für die Moderne die Vorstellung charakteristisch, dass es im Körperlichen zwei feststehende, inkommensurable und gegensätzliche Geschlechter (*sexes*) gebe und die polar und komplementär gedachten Geschlechterrollen (*gender*) von Mann und Frau in den biologischen ‚Fakten' gründen (*Zwei-Geschlechter-Modell*). Es ging mir in meiner Arbeit darum, darauf hinzuweisen, dass diese historische Bedingtheit der Kategorie ‚Geschlecht' bei der Betrachtung der frühen Rezeptionszeugen berücksichtigt werden muss und das Geschlechtermodell der Moderne nicht unreflektiert auf mittelalterliche und frühneuzeitliche Texte zurückprojiziert werden darf.

In detaillierten Analysen der mittelalterlichen und frühneuzeitlichen Deutungen und Gestaltungen des Stoffes (vor allem Thüring von Ringoltingen, Hans Sachs, Paracelsus), welche sowohl die Alterität vormoderner Texte und ihre diskursive Verortung als auch die Historizität der Kategorie ‚Geschlecht' berücksichtigten, konnte gezeigt werden, dass sich die Wahrnehmung und Darstellung der Melusinengeschichte und ihrer Protagonistin in der Vormoderne signifikant von der in der Moderne unterscheidet. Die Interpretationen machten deutlich, dass eine geschlechterbezogene Perspektive auf die Rezeptionsgeschichte des Melusinenstoffes oder einzelne Rezeptionszeugen, welche die Bearbeitungen enthistorisiert und dekontextualisiert betrachtet und/oder von invarianten Geschlechterrollen bzw. Geschlechtsidentitäten ausgeht, den engen Konnex von melusinischen Texten und (geschlechter-)geschichtlichen Kontexten ignoriert und deshalb zu unzureichenden Ergebnissen gelangt. Die Aneignung des Melusinenstoffes in der Zeit um 1800 wird erst über die Kontrastierung mit der vorhergehenden Rezeptionstradition in ihrer Spezifik sichtbar:

In der Vormoderne wurde die Gestaltung der Melusinengeschichte und der Melusinenfigur über ihre Verortung in spezifischen diskursiven Zusammenhängen gesteuert: Zum einen wurde die Melusinengeschichte in theologisch-dämonologischen Kontexten als Geschichte der Verführung eines Christenmenschen durch einen weiblichen Sexualdämon oder eine Teufelsbraut gedeutet (hochmittelalterliche proto-melusinische Erzählungen; Ulrich Molitor; Martin Luther). Zum anderen wurde sie in ihrer Funktionalisierung als Haushistoriographie und Geschlechtersage in einem genealogischen Zusammenhang als Gründungsmythos eines Adelsgeschlechtes erzählt, in dem die Melusinenfigur als gottesfürchtige, christliche Stamm-Mutter agiert (Jean d'Arras; Couldrette). Die hochmittelalterlichen und frühneuzeitlichen Kleriker und Gelehrten wollten die Gläubigen vor den heidnischen Feenwesen des ‚Volksglaubens' bzw. der Allgegenwart des Teufels (Martin Luther) warnen und sie stärker an den christlichen Glauben binden. Die spätmittelalterlichen Verfasser der französischen Romane schrieben im Auftrag des Geschlechtes der Lusignan, die sich im Roman ihre eigene Familiengeschichte erzählen ließen (Jean d'Arras; Couldrette). Der Verfasser der deutschen bearbeitenden Übersetzung, Thüring von Ringoltingen, und seine Adressaten wollten als soziale Aufsteiger und ‚Neu-Adlige' an dieser Erzählung von adliger Herkunft partizipieren.

Die romantische Aneignung des Melusinenstoffes stellt einen signifikanten Einschnitt in der Rezeptionsgeschichte dar. Zum einen wird der im 18. Jahrhundert zum populären Lesestoff der unteren Stände ‚herabgesunkene' Prosaroman Thüring von Ringoltingens, der außerhalb des Literaturbegriffs der höheren Stände und des gelehrten Publikums lag, über die ‚Wiederentdekkung' und Neubelebung als romantisches ‚Volksbuch' (Ludwig Tieck) zu einem attraktiven literarischen Sujet. Zum anderen wird die Melusinenfigur auf der Basis der paracelsischen Elementargeisterlehre im Kontext der von Friedrich Schlegel postulierten ‚neuen Mythologie' zu einem dämonisch-verführerischen ‚Naturwesen' Wasserfrau umgedeutet. In den romantischen Gestaltungen des Stoffes wird die ambivalente Deutung der Melusine durch Theophrastus von Hohenheim, in der sich zwei Deutungsmuster, das der ‚Nympha' und das der ‚Hexe' überlagerten, zugleich vereindeutigt und verabsolutiert. Während Paracelsus' Wahrnehmung der Melusine als eine von ihrem teuflischen Aszendenten verführte und zur Hexe gewordene ‚Nympha' in der Frühen Neuzeit ein Deutungsmuster unter anderen darstellte, wird die davon inspirierte romantische Umdeutung der Protagonistin des Stoffes zu einer Allegorie der feindlich-dämonischen Naturkräfte (W. A. Schlegel) bzw. einer dämonisch-erotischen Wasserfrau zu einem die Wahrnehmung der Melusine in der Moderne bestimmenden Etikett. Mit ihrer ‚Wiederentdeckung' um 1800 beginnt Melusines ‚Karriere' als Nixe, Najade und aquatische Femme Fatale der Moderne, die sie vor allem in der (populären) Kunst und Literatur der Jahrhundertwende zum Inbegriff dämonischer Weiblichkeit werden lässt.

Dieser eben skizzierte Bruch mit der vormodernen Rezeptionstradition, den der Melusinenstoff mit der spezifischen Aneignung in der Goethezeit, vor allem in der Frühromantik, erfährt, scheint vor allem durch folgende drei Faktoren bestimmt: Erstens, der Ablösung eines *Ein-Geschlecht-Modells* durch ein *Zwei-Geschlechter-Modell;* zweitens, der Amalgamierung von Undinen- und Melusinenstoff bzw. der Vermischung des Melusinenstoffes mit anderen Wasserfrauenstoffen und -motiven; drittens, der Verschränkung von zeitgenössischer Geschlechterideologie und Kunsttheorie bzw. der geschlechterideologischen Aufladung poetologischer Konzepte. Die Entwicklung, die der Stoff unter dem Einfluss dieser drei Faktoren im 19. Jahrhundert durchmacht, möchte ich im Folgenden exemplarisch an zwei Aspekten aufzeigen, wobei ich die Gestaltungen von Franz Grillparzer und Theodor Fontane als paradigmatisch für die Aneignung des Melusinenstoffes in der Romantik bzw. im Bürgerlichen Realismus betrachte.

1. Schlangenschwanz

Der Gestaltwandel der Melusine wird in Mittelalter und Früher Neuzeit als Repräsentation des (anderweltlichen) Wunderbaren, sei es nun göttlicher oder teuflischer Herkunft und Natur, schlicht als realexistierend geglaubt. In den lateinischen proto-melusinischen Erzählungen sowie bei Ulrich Molitor und Martin Luther fungiert der Schlangenschwanz der Melusine als Ausweis ihrer Zugehörigkeit zum Bereich des Dämonischen und Teuflischen. In Thüring von Ringoltingens Prosaroman wird der Gestaltwandel unter Berufung auf den Psalm „Mirabilis deus in operibus suis" zu einer göttlichen *außzeÿchnung* umgedeutet und als Zeichen für Melusines Status als Gottesgeschöpf bewertet. Aus der Perspektive des ‚Plots' der Melusinengeschichte erscheint der Schlangenschwanz der Protagonistin nicht als angeborenes Wesensmerkmal, sondern als fluchbedingte Strafe. Auch in der Deutung der Melusinengeschichte durch Paracelsus in seinem „Liber de Nymphis" wird der Gestaltwandel der Melusine als ‚superstition' von Belzebub angesehen. Erst in der Aufklärung werden erste Zweifel an der Realität des Gestaltwandels geäußert: So mokiert sich der Verfasser des Artikels „Melusine" im „Zedler" über die Leichtgläubigkeit älterer Geschichtsschreiber und Enzyklopädisten, welche die Fürstin Melusine samt temporärem Schwanz für eine historische Persönlichkeit hielten. An der Wende vom 18. zum 19. Jahrhundert fühlte sich die Obrigkeit bemüßigt, das ‚Volksbuch' wegen seiner phantastischen Elemente und seines mangelnden Realismus, der dem ‚gemeinen' Mann nur den Sinn für die Realität raube, zu konfiszieren und zu verbieten. In den Bearbeitungen, die nach der ‚Wiederentdeckung' des ‚Volksbuches' durch die Romantiker entstehen, fungieren Melusines Gestaltwandel sowie ihre magischen Potenzen als Repräsentationen des Wunderbaren und Märchenhaften. Der Schlangen- bzw. Fischschwanz erscheint als gattungstypisches Accessoire einer märchenhaften Melusine.

Überdies zeigt sich am melusinischen Schlangenschwanz auch deutlich, wie das für das *Zwei-Geschlechter-Modell* typische Differenzdenken in den Stoff Einzug hält. In den mittelalterlichen und frühneuzeitlichen Versionen hinderte der Gestaltwandel Melusine daran, ihre geschlechtsspezifischen Rollen als adlige Ehegattin und Hausfrau adäquat zu erfüllen und sich so in die höfische Gesellschaft zu integrieren. Während in der Vormoderne der fluchbedingte Schlangenschwanz Melusines Geschlechtsidentität beschädigte und in Opposition zu ihrer (idealen) Weiblichkeit stand, wird er in den Texten aus dem frühen 19. Jahrhundert gerade zu einem Zeichen ihrer weiblichen Geschlechtlichkeit. In den romantischen Aneignungen des Stoffes, in denen die Melusinenfigur als Allegorie der dämonischen Kräfte der Natur (W. A. Schlegel) und als erotisch-verführerisches Naturwesen, als Nixe, Najade und Elementargeist (Tieck, Grillparzer) gedeutet wird, fungiert der Schlangenschwanz als Signum des Naturhaften, des Kreatürlichen und Tierhaften der Wasserfrau Melusine. Anders als in dem die Tradierung im 17. und 18. Jahrhundert bestimmenden deutschen Prosaroman erscheint der Gestaltwandel der Melusine nicht mehr als fluchbedingte Strafe, sondern als zweite, geheime ‚Natur' der Melusine, die ihr angeboren ist. So ist der Gestaltwandel der Ehefrauen der Herren von Staarenberg in Brentanos Melusinen-Märchen „Radlof erzählt seine Reiße nach dem Staarenberg" Teil ihrer Elementargeistexistenz. In Grillparzers „Melusina" wird die samstägliche Verwandlung der Protagonistin in ein schuppiges Monstrum als ein Zurücktauchen in ihr ‚eigentliches' Element bezeichnet. Der Zwang der romantischen Melusinen, sich in ihre elementare, kreatürliche Gestalt, ihre ‚eigentliche Natur' zurückzuverwandeln und ihre Doppelnatur als holde, liebreizende Fee und Grauen erregende Kreatur versinnbildlichen die (männliche) Vorstellung von der Doppelnatur der Frau, die hinter ihrer tugendhaften und wohlerzogenen Maske der sittsamen und ehrbaren Hausfrau und Gattin das (sexuell) triebhafte, unkontrollierte und unkontrollierbare Geschlechtswesen ‚Weib' verbirgt.

In den Bearbeitungen des Melusinenstoffes in der zweiten Jahrhunderthälfte, die unter den Vorzeichen einer ‚realistischen' Darstellungsweise stehen und sich nicht mehr der Gattung Märchen oder anderer phantastischer Erzählgattungen bedienen, in denen das Wunderbare möglich ist, wird der melusinische Schlangenschwanz mehr und mehr von einer physischen in eine imaginäre Größe umgestaltet. In den Melusinentexten Fontanes wird der geheime Gestaltwandel der Melusine, der diese zwingt sich aus ihrer Umwelt in die Einsamkeit ihrer Badekammer zurückzuziehen, zu einem angeborenen Wesensmerkmal, das die Persönlichkeit und die Existenz der ‚melusinischen' Frauenfiguren bestimmt. Der physische, temporäre Gestaltwandel der Melusine wird ins Innere der melusinischen Protagonistin verlagert und zu einer physisch-psychischen Disposition der Melusinen. Das ‚Melusinische' der Protagonistinnen avanciert bei Fontane zum Synonym oder gar zu einer Chiffre weiblicher Andersartigkeit, zu einer Verkörperung weiblicher Normabweichung. Die Melusinen des bürgerlichen Realismus sind aufgrund ihrer Herkunft und Sozialisation gesellschaftliche Außenseiterinnen (Fontanes Hilde Rochussen) oder wegen ihrer ‚melusinischen' Persönlichkeit/Natur davon bedroht, gesellschaftlich geächtet zu werden (Fontanes Effi Briest). Gemeinsam ist ihnen ihre Unangepasstheit. Die Protagonistinnen sind Frauenfiguren, die sich an die für bürgerliche Frauen im Kaiserreich respektive der Weimarer Republik geltenden Weiblichkeitsnormen nicht halten wollen oder können, die sich in die Welt ihrer bürgerlichen (Ehe-)Männer nicht einzufügen vermögen und gegen die Geschlechtsrollenzwänge, das sie erstickende Korsett ihrer angeblich ‚natürlichen' weiblichen Geschlechtsidentität, revoltieren. Sie verweigern sich ihrer Gattinnenexistenz durch Flucht in die Krankheit (Fontanes Cécile) oder scheinen durch ihre dunkle Abkunft und ihre unkonventionelle Erziehung auf die Rolle der sozialen Außenseiterin festgelegt (Fontanes Hilde Rochussen).

2. Mahrtenehe

Besonders eindrucksvoll lässt sich der sich um 1800 vollziehende Bruch mit der vormodernen Rezeptionstradition anhand des Martenehen-Motivs zeigen. In den mittelalterlichen und frühneuzeitlichen Versionen des Stoffes wird die Geschichte einer Paarbeziehung erzählt, in welcher der von den Ehepartnern zu Beginn ihrer Ehe individuell ausgehandelte Ehe- und Beziehungsalltag zu Konflikten mit ihrer Umwelt, der höfischen Gesellschaft, führt. In Thüring von Ringoltingens „Melusine" ließ sich eine Verschränkung von Geschlechter- und Ordnungsdiskurs feststellen: Die von Melusine mit der Setzung ihres samstäglichen Sichttabus verursachte Aushöhlung der eheherrlichen Gewalt ihres Gatten Reÿmund wird von ihrer Umwelt als ordnungs(zer)störendes Moment wahrgenommen. Die höfische Gesellschaft übt auf den Ehemann sozialen Druck aus, sich seiner Geschlechterrolle entsprechend zu verhalten: Gerüchte sind über Melusines samstägliche Abwesenheit in Umlauf; Reÿmunds Bruder erscheint auf Schloss Lusignan, um als Repräsentant der höfischen Gesellschaft vom Hausherrn Rechenschaft zu fordern und diesen zur Wahrnehmung seiner eheherrlichen Kontrollpflichten gegenüber Melusine zu ermahnen. Die von Melusine und Reÿmund in ihrer Ehe gelebte Beziehungsrealität und die in der zeitgenössischen Geschlechterordnung normierten weiblichen und männlichen, ständisch geprägten Rollenerwartungen konfligieren.

In den modernen, nach 1800 entstehenden Variationen des Melusinenstoffes wird dieser äußere Konflikt zwischen Paar und höfischer Umwelt, zwischen Beziehungsrealität und Geschlechterordnung, mit der Biologisierung und Essentialisierung von ‚Geschlecht' in die Protagonisten selbst verlagert. Aus dem Widerspruch von Individuum und Gesellschaft wird ein innerer

Konflikt einander widerstreitender Geschlechtsidentitäten, der sich in der Psyche der Protagonisten abspielt. Das Verhalten der Hauptfiguren wird nicht als Widerspruch zu den Ordnungsvorstellungen ihrer Zeit, sondern zu ihrer geschlechtlichen ‚Natur' gedeutet.

In Grillparzers „Melusina" (1823) wird über die Verbindung des Melusinenstoffes mit anderen Wasserfrauen-Motiven, die Amalgamierung von Undinen- und Melusinenmotiven, nämlich die Integration des undinentypischen Motivs *Der Mann zwischen zwei Frauen* bzw. des *Schwankenden Liebhabers* die Paarbeziehung in eine Dreiecksbeziehung erweitert. Grillparzer verknüpft in seinem Libretto romantische kunsttheoretische Konzepte und geschlechterideologische Vorstellungen. Die Protagonistinnen, die Najade Melusina und die Menschenfrau Bertha, verkörpern nicht nur zwei polare Weiblichkeitstypen, die dämonisch-verführerische Geliebte und die tugendhafte, aber fade Ehefrau, sondern auch zwei polare Lebensformen, zwischen denen der Held schwankt. Die Liebesvereinigung mit Melusina repräsentiert für Raimund die Aussicht auf Transzendenz in das weibliche, müßige Reich der Kunst und Poesie. Die Ehe mit Bertha verkörpert für ihn die Integration in eine männliche, vernunftorientierte Welt der Arbeit und Tatkraft. Grillparzers Raimund ist ein innerlich zerrissener, romantischer Held. Der Autor gestaltet ihn als androgynen Künstlertypus, der zwischen der Identifikation mit seinem männlichen Geschlechtscharakter, dem Wunsch als Ehemann etabliert in einer profanen, philiströsen Alltagswelt zu leben, und seinem weiblichen Anteil, der Sehnsucht nach einer künstlerischen Existenz in der Sphäre der Poesie, die sich ihm in der Liebe zu Melusina darbietet, schwankt.

Ließen sich die vormodernen Bearbeitungen des Stoffes (Jean d'Arras; Couldrette; Thüring von Ringoltingen; Hans Sachs) kaum als (intendierte) Beiträge zum vormodernen Geschlechterdiskurs auffassen, wird der Melusinenstoff mit der ‚Wiederentdeckung' und Neubelebung des ‚Volksbuchs' von dcr Mclusinc als (hoch-)litcrarischcs Sujct um 1800 in cincn ncucn diskursiven Zusammenhang überführt, der die Gestaltungen des Stoffes in der Moderne bestimmen wird: die Geschlechterfrage bzw. die Geschlechterdebatten des 19. Jahrhunderts. In den Melusinentexten aus der Zeit um 1800 zeigt sich eine deutliche Verschränkung von Poetik und Geschlechterthema. Der Melusinenstoff fungiert in den Bearbeitungen der Moderne gewissermaßen als Schnittstelle zwischen aktueller Kunsttheorie und zeitgenössischer Geschlechterideologie. Mit der Aneignung des ‚Volksbuchs' von der Melusine als (hoch-)literarisches Sujet durch die Frühromantik wird der Melusinenstoff zum poetischen Material, auf dessen Basis aktuelle Geschlechterkonzepte literarisch inszeniert werden. Die Protagonisten der Melusinengeschichte, die Fee Melusine und der Ritter Reÿmund, fungieren als Projektionsflächen für zeitgenössische literarische Männlichkeits- und Weiblichkeitsentwürfe. Meine Analysen und Interpretationen konnten letztendlich die bereits von Volker Mertens angedeutete These, dass die Geschlechterproblematik erst „seit der Romantik in zunehmendem Maße als Verständnismuster dient“[1], im Wesentlichen bestätigen. Während in den mittelalterlichen und frühneuzeitlichen Gestaltungen des Stoffes das Geschlechterthema keineswegs im Vordergrund steht, führt in den Bearbeitungen des 19. und frühen 20. Jahrhunderts die Frage nach der Geschlechterproblematik unmittelbar ins Zentrum dieser Texte. Die Kategorie ‚Geschlecht' erweist sich als fundamental bedeutsam für das Verständnis dieser Rezeptionszeugen.

Ein in der Forschung – vor allem feministischer Provenienz – bisher übliches Verständnis der Melusine als überzeitliche, mythische Repräsentation der bedrohlichen (Natur-)Macht des Weiblichen (Stuby, Otto) erscheint vor dem Hintergrund meiner Untersuchungsergebnisse letztendlich als unhaltbare Projektion der neuzeitlichen, romantischen Wahrnehmung der Melusinenfigur auf die vormodernen Bearbeitungen, welche die Berücksichtigung der Historizität der Kategorie ‚Geschlecht' leugnet. Denn die Deutung der Melusine als dämonisch-verführerisches Naturwesen Wasserfrau, wie sie sich in den Texten der Romantiker (Tieck, Schlegel, Grillparzer) findet und die Adaptation des Stoffes im 19. und 20. Jahrhundert bestimmte, ist ohne die für die Geschlechterideologie des 19. Jahrhunderts charakteristische Identifikation von Natur und Weiblichkeit undenkbar. Erst mit der Essentialisierung und Biologisierung der Kategorie ‚Geschlecht' im Laufe des 18. Jahrhunderts ist ein solches Verständnis der Figur möglich. Die Vorstellung von der Nixe Melusine als Verkörperung des ‚ewig Weiblichen' erscheint als eine Erfindung der Moderne.

[1] Mertens, Melusinen S. 231.

Anhang

Kleine Chronologie der literarischen Bearbeitungen des Melusinenstoffes

1392/93 JE(H)AN D'ARRAS, La noble histoire de Lusignan oder Le Roman de Mélusine en Prose.

Editionen:

JEAN D'ARRAS, Mélusine. Hg. von M. CHARLES BRUNET. Paris 1854

DERS., Mélusine. Roman du XIVe siècle. Hg. von LOUIS STOUFF. (Publications de l'Université de Dijon 5). Dijon u. a. 1932.

um 1400 COULDRETTE, Le Roman de Lusignan ou de Parthenay oder Mellusine

Editionen:

COULDRETTE, Mellusine. Poème relatif à cette Fée poitevine, composé dans le quatorzième siècle, publié pour la première fois, 'après les Manuscrits de la Bibliothèque impériale. Hg. von FRANCISQUE MICHEL. Niort 1854.

DERS., Le Roman de Mélusine ou Histoire de Lusignan. Hg. von ELEANOR ROACH. (Bibliothèque française et romane; Série B: Édition critiques de Textes 18). Paris 1982.

1456 THÜRING VON RINGOLTINGEN, Melusine.

Die älteste erhaltene Papierhandschrift stammt aus dem Jahre 1467, der älteste bei Johann Bämler in Augsburg verlegte Druck von 1774.

Editionen:

THÜRING VON RINGOLTINGEN, Melusine. Nach den Handschriften kritisch hg. von Karin Schneider. Berlin 1958. (Texte des späten Mittelalters 9).

DERS., Melusine. In der Fassung des Buchs der Liebe (1587). Mit 22 Holzschnitten. Hg. von Hans-Gert Roloff. Stuttgart ^{2}1991. (Stuttgart 1969).

DERS., Melusine, in: Romane des 15. und 16. Jahrhunderts. Nach den Erstdrukken mit sämtlichen Holzschnitten. Hg. von JAN-DIRK MÜLLER. (Bibliothek der Frühen Neuzeit. Erste Abteilung: Literatur im Zeitalter des Humanismus und der Reformation 1). Frankfurt a. M. 1990. S. 9–176.

DERS., Melusine (1456). Hg. von ANDRÉ SCHNYDER und URSULA RAUTENBERG. 2 Bde. Wiesbaden 2006.

1556 HANS SACHS, Die Melusina. Tragedia mit 25 personen zu agiern, in: Das dritt vnd letzt Buch. Sehr Herrliche Schöne Tragedi, Comedi vnd schimpf Spil, Geistlich vnd Weltlich, vil schöner alter warhafftiger Historì, auch kurtzweiliger geschicht auff das deutlichst an tag geben. Welche Spil auch nit allein gut, nutzlich vnd kurtzweilig zu lesen sindt, sonder auch leichtlich aus disem Buch spilweis anzurichten, weil es so ordenlich alle Person, gebärden, wort vnd werck, außgeng vnd eingeng aufs verstendigst anzeiget, durch alle Spil, der vormal keins im Truck ist außgangen, noch gesehen worden. Durch den sinreichen vnd weitberümbten Hansen Sachsen ein liebhaber teutscher Poetrey, in disem seinem dritten vnd letzten Buch mit fleiß zusammen getragen. Nürnberg, Christoff Heußler 1561, Bl. 141r-150v [falsch paginiert: 149v]. [=Bd. 3 der Nürnberger Folioausgabe der Werke von Hans Sachs].

Edition:
HANS SACHS, Die Melusina. Tragedia mit 25 personen zu agiern, in: Hans Sachs. Hg. von ADALBERT VON KELLER. Bd. 12. (Bibliothek des litterarischen Vereins XL). Hildesheim 1964. (Tübingen 1879) S. 526–564.

1598 JAKOB AYRER Melusina. Tragedi Erster Theil/ Von der schönen Melusina/ vnd ihrem verderben vnd untergang/. Mit 37. Personen/ vnd hat 6. Actus. Tragedi Ander Theil/ Von der Melusina/ wie Goffrius gehauset/ vnd sein endt genommen hat/. Mit 27. Personen/ vnd hat 6. Actus, in: Ders., Opus Theatricum: Dreißig Außbündtige schöne Comedien vnd Tragedien von allerhand Denckwürdigen alten Römischen Historien vnd andern Politischen geschichten vnd gedichten/ Sampt noch andern Sechs und dreissig schönen lustigen und kurtzweiligen Faßnacht oder Possen Spilen./ durch [...] Jacobum Ayrer [...] zusammencolligirt/ vnd in Teutsche Reimen Spilweiß verfasset [...]. Nürnberg, Balthasar Scherffen 1616 Bl. 323r-355r.

Edition:
JAKOB AYRER, Melusina. Tragedi, Erster Theil, Von der schönen Melusina vnd ihrem verderben vnd untergang. Tragedi, Ander Theil, Von der Melusina wie Goffrius gehauset vnd sein endt genommen hat, in: Ayrers Dramen. Hg. von Adalbert von Keller. Bd. 3. (Bibliothek des litterarischen Vereins in Stuttgart LXXVIII). Stuttgart 1865. S. 1615–1778.

1772 ANONYM (D. I. JUST FRIEDRICH WILHELM ZACHARIÄ), Historia von der edlen und schönen Melusine, in: DERS., Zwey schöne Neue Mährlein. als I. Von der schönen Melusine; einer Meerfey. II. Von einer untreuen Braut, die der Teufel hohlen sollen. Der liebenden Jugend, und dem ehrsamen Frauenzimmer zur beliebigen Kurzweil, in Rheime verfasst. Leipzig 1772 S. 1–42.

1800 LUDWIG TIECK, Sehr wunderbare Historie von der Melusina. In drei Abtheilungen, in: DERS., Romantische Dichtungen. 2 Bde. Jena 1799–1800, Bd. 2. Jena 1800 S. 331–464.

Ein zweiter Abdruck erfolgte in:
Ludwig Tieck's Schriften. 28 Bde. Berlin 1829–1854, Bd. 13: Märchen, Dramatische Gedichte, Fragmente. Berlin 1829 S. 67–170.

1801 CLEMENS BRENTANO, Godwi oder Das steinerne Bild der Mutter. Ein verwilderter Roman von Maria. Bremen 1801.

Der Text liegt in einer kritischen Edition vor:
CLEMENS BRENTANO, Sämtliche Werke und Briefe. Historisch-Kritische Ausgabe. Hg. von Konrad Feilchenfeldt u. a. Stuttgart u. a. 1975-, Bd. 16: Godwi oder Das steinerne Bild der Mutter. Ein verwilderter Roman von Maria. Text. Lesarten und Erläuterungen. Hg. von WERNER BELLMANN. Stuttgart u. a. 1978.

1846/47 [1811/12] CLEMENS BRENTANO, Radlof erzählt seine Reiße nach dem Staarenberg und die Geschichte seiner Vorfahren wodurch er die Prinzessin Ameleya aus dem Rhein erlöst.

Brentanos Märchen ist Teil seines Rheinmärchen-Zyklus. Es entstand in den Jahren 1811/12, wurde aber erst lange Jahre nach dem Tod des Dichters das erste Mal veröffentlicht:
CLEMENS BRENTANO, Das Märchen von dem Hause Staarenberg und den Ahnen des Müllers Radlauf, in: Die Märchen des Clemens Brentano. Zum Besten der Armen nach dem letzten Willen des Verfassers. Hg. von GUIDO GÖRRES. 2. Bde. Tübingen u. a. 1846/47, Bd. 1. Tübingen 1846 S. 161–355.

Heute liegt eine kritische Edition des Textes vor:
CLEMENS BRENTANO, Radlof erzählt seine Reiße nach dem Staarenberg und die Geschichte seiner Vorfahren wodurch er die Prinzessin Ameleya aus dem Rhein erlöst, in: DERS., Sämtliche Werke und Briefe. Historisch-Kritische Ausgabe. Hg. von KONRAD FEILCHENFELDT U. A. Stuttgart u. a. 1975-, Bd. 17: Die Mährchen vom Rhein. Text. Lesarten und Erläuterungen. Hg. von BRIGITTE SCHILLBACH. Stuttgart u. a. 1983 S. 123–266.

1944 [1814] CLEMENS BRENTANO: [Fragment einer Erzählung aus der Französischen Revolution].

Der Text entstand vermutlich im Herbst 1814. Er wurde zuerst veröffentlicht als:
CLEMENS BRENTANO, Der arme Raimondin. Ein Fragment. Mitgeteilt von FRIEDRICH FUCHS, in: Die neue Rundschau 55. 1944 S. 107–118.

Heute liegt eine kritische Edition des Textes vor:
CLEMENS BRENTANO, Fragment einer Erzählung aus der französischen Revolution, in: DERS., Sämtliche Werke und Briefe. Historisch-Kritische Ausgabe. Hg. von KONRAD FEILCHENFELDT U. A. Stuttgart u. a. 1975-, Bd. 19: Erzählungen. Hg. von GERHARD KLUGE. Stuttgart u. a. 1987 S. 357–381.

Achim von Arnim hat in zwei Entwürfen versucht, Brentanos Fragment fortzusetzen, vgl.
ACHIM VON ARNIM, [Melusinen-Fragment], in: Achim von Arnim. Sämtliche Romane und Erzählungen. Aufgrund der Erstdrucke hg. von WALTER MIGGE. München 1965 S. 735–749.

1817/19 JOHANN WOLFGANG VON GOETHE, Die neue Melusine, in: Taschenbuch für Damen. Auf das Jahr 1817 [Teil I] und auf das Jahr 1819 [Teil II].

Der Text wurde 1821 in die Wanderjahre integriert. Er ist in verschiedenen Gesamtausgaben zugänglich, z. B.:

Goethes Werke. Hamburger Ausgabe. In 14 Bänden. Vollständige Neubearbeitung. Hg. von ERICH TRUNZ. München 1981-, Bd. 8 (^{13}1994) S. 354–376.

1833 [1823] Melusina. Romantische Oper in drei Aufzügen. Von FRANZ GRILLPARZER. Musik von CONRADIN KREUTZER. Wien 1833.

Das Libretto entstand bereits im Frühjahr 1823, wurde jedoch erst 1833 vertont und als Textbuch veröffentlicht. Heute liegt eine kritische Edition des Librettos vor:
FRANZ GRILLPARZER, Melusina, in: DERS., Sämtliche Werke. Historisch-kritische Gesamtausgabe, Abt. I, Bd. 4: Melusina. Szene aus einem unvollendeten Trauerspiel. Des Meeres und der Liebe Wellen. Wien 1925 S. 1–63.

1846 EDUARD VON BÜLOW, Die neuste Melusine, in: DERS., Novellen. Bd. 1. Stuttgart u. a. 1846 S. 279–328.

1849 EDUARD VON BÜLOW, Eine allerneuste Melusine. Novelle. Frankfurt a. M 1849.

1855; [1865] EDMUND HOEFER, Melusine. Erzählung, in: DERS., Erzählende Schriften. 12 Bde. Stuttgart 1865, Bd. 8 S. 1–104.

1860 KARL FRENZEL, Melusine. Roman. Breslau 1860.

1878 EUFEMIA VON ADLERSFELD-BALLESTREM, Lady Melusine. Roman. Berlin 1878.

[1878] THEODOR FONTANE, Melusine. An der Kieler Bucht.

Dieses Fragment ist u. a. abgedruckt in:
THEODOR FONTANE, Werke, Schriften und Briefe. Hg. von WALTER KEITEL und HELMUTH NÜRNBERGER. München 1962-, Abt. I, Bd. 7 S. 253 f.

1881 THEODOR FONTANE, Ellernklipp. Nach einem Harzer Kirchenbuche. Berlin 1881.

Vorabdruck in: Westermanns Illustrierte Deutsche Monatshefte 50 (April 1881-September 1881) S. 145–180 & 273–302.

Die Erzählung ist u. a. abgedruckt in:
THEODOR FONTANE, Werke, Schriften und Briefe. Hg. von WALTER KEITEL und HELMUTH NÜRNBERGER. München 1962-, Abt. I, Bd. 7 S. 253 f.

[1882] THEODOR FONTANE, Oceane von Parceval.
1921 Dieses Fragment wurde zuerst veröffentlicht als:
THEODOR FONTANE, Oceane von Parceval. Novellenfragment, in: Das Fontane-Buch. Hg. von ERNST HEILBORN. Berlin 1921 S. 75 ff.

Der Text ist in verschiedenen Fontane-Ausgaben zugänglich, z. B.
THEODOR FONTANE, Werke, Schriften und Briefe. Hg. von WALTER KEITEL und HELMUTH NÜRNBERGER. München 1962-, Abt. I, Bd. 7, S. 427–441.

1894 PAUL HEYSE, Melusine. Novelle, in: Deutsche Rundschau, Bd. 79. 1894 S. 161–193 und S. 321–347.

Wieder abgedruckt in: PAUL HEYSE, Gesammelte Werke. Reihe III, Bd. 3. Troubadournovellen und andere Novellen. Hildesheim u. a. 1985. (Stuttgart 1924) S. 450–529.

[1895] THEODOR FONTANE, Melusine von Cadoudal.

Dieses Fragment ist u. a. abgedruckt in:
THEODOR FONTANE, Werke, Schriften und Briefe. Hg. von WALTER KEITEL und HELMUTH NÜRNBERGER. München 1962-, Abt. I, Bd. 7 S. 566–571.

1899 THEODOR FONTANE, Der Stechlin. Berlin 1899.

Vorabdruck in:
Über Land und Meer, Jg. 40, Nr. 1–19 (1897/98), Okt. bis Dez. 1897.

Der Roman ist u. a. abgedruckt in:
THEODOR FONTANE, Werke, Schriften und Briefe. Hg. von WALTER KEITEL und HELMUTH NÜRNBERGER. München 1962-, Abt. I, Bd. 5.

1908 ANONYM (D.I. LEONIE MEYERHOF), Die Drei Nixen, in: DIES., Penthesileia. Ein Frauenbrevier für männerfeindliche Stunden. Mit Zeichnungen von ANNA COSTENOBLE. Berlin 1908 S. 58–62.

Neuabdruck als: Penthesileia. Ein Frauenbrevier für männerfeindliche Stunden. Mit Zeichnungen von ANNA COSTENOBLE. Wiederentdeckt und mit einem Nachwort versehen von FRIEDERIKE HASSAUER und PETER ROOS. Berlin 1982 S. 77–83.

1922 ILSE VON STACH, Melusine. Schauspiel in drei Akten. München 1922.

Siglen und Abkürzungen

BrSWB	Clemens Brentano, Sämtliche Werke und Briefe. Historisch-Kritische Ausgabe. Hg. von Konrad Feilchenfeldt u. a. Stuttgart u. a. 1975–
CM	Couldrette, Le Roman de Mélusine ou Histoire de Lusignan. Hg. von Eleanor Roach. Paris 1982.
EM	Enzyklopädie des Märchens. Handwörterbuch zur historischen und vergleichenden Erzählforschung. Begründet von Kurt Ranke. Hg. von Rolf Wilhelm Brednich u. a. Berlin 1977–.
FGrM	Franz Grillparzer, Melusina. Romantische Oper in drei Aufzügen. In: HKA, Abt. I, Bd. 4. Wien u. a. 1925 S. 1–63.
Grimm	Grimm, Jacob/Grimm, Wilhelm, Deutsches Wörterbuch. 33 Bde. München 1984. (Leipzig 1854–1971).
HA	Theodor Fontane, Werke, Schriften und Briefe. Hg. von Walter Keitel und Helmuth Nürnberger. München 1962–.
HDA	Handwörterbuch des deutschen Aberglaubens. Hg. von Hanns Bächtold-Stäubli. Berlin u. a. 1927–.
HKA	Grillparzers Werke. Historisch-kritische Gesamtausgabe. Hg. von August Sauer. Fortgeführt von Reinhold Backmann. Wien u. a. 1909–1941.
HRG	Handwörterbuch zur deutschen Rechtsgeschichte. Hg. von Adalbert Erler und Ekkehard Kaufmann. Mitbegründet von Wolfgang Stammler. 5 Bde. Berlin 1971–1998.
HSM	Hans Sachs, Die Melusina. Tragedia mit 25 personen zu agiern, in: KG 12. Hildesheim 1964. (Tübingen 1879) S. 526–564.
JdAM	Jean d'Arras, Mélusine. Roman du XIVe siècle. Hg. von Louis Stouff. (Publications de l'Université de Dijon 5). Dijon u. a. 1932.
KFSchlA	Kritische Friedrich-Schlegel-Ausgabe. Begründet und hg. von Ernst Behler. Fortgeführt von Andreas Arndt. 35 Bde. 4 Abt. Paderborn u. a. 1958–.
KG	Hans Sachs. Hg. von Adelbert von Keller und Edmund Goetze. 26 Bände. (Bibliothek des litterarischen Vereins Stuttgart). Hildesheim 1964–82. (Tübingen 1870–1908).
Killy	Literaturlexikon. Autoren und Werke deutscher Sprache. Hg. von Walter Killy. Gütersloh 1988 ff.
Kindler	Kindlers neues Literatur-Lexikon. Hg. von Walter Jens und Rudolf Radler. 22 Bde. München 1988–1998.
Lexer	Matthias Lexer, Mittelhochdeutsches Handwörterbuch. Zugleich als Supplement und alphabetischer Index zum mittelhochdeutschen Wörterbuch von Benecke-Müller-Zarncke. 3 Bde. Stuttgart 1979. (Leipzig 1872–1878).
LexMa	Lexikon des Mittelalters. Hg. von Norbert Angermann, Robert-Henri Bautier und Robert Auty. 9 Bde. 1 Registerbd. München u. a. 1980–1999.
LTK	Lexikon für Theologie und Kirche. Begründet von Michael Buchberger. Hg. von Walter Kasper u. a. 3., völlig neu bearbeitete Auflage. 11 Bde. Freiburg i. Br. 1993–2001.
SchlKSB	August Wilhelm Schlegel, Kritische Schriften und Briefe. Hg. von Edgar Lohner. 7 Bde. Stuttgart 1962–1974.

ThvHSW	Theophrastus von Hohenheim gen. Paracelsus. Sämtliche Werke. Hg. von Karl Sudhoff und Kurt Goldammer. München u. a. 1922–.
ThvRM	Thüring von Ringoltingen, Melusine, in: Romane des 15. und 16. Jahrhunderts. Hg. von Jan-Dirk Müller. (Bibliothek der Frühen Neuzeit I, 1). Frankfurt a. M. 1990 S. 9–174.
TRE	Theologische Realenzyklopädie. Hg. von Gerhard Müller u. a. Berlin u. a. 1976–.
UMS	Ulrich Molitoris Schriften. Hg. von Jörg Mauz. Konstanz 1997.
VL	Die deutsche Literatur des Mittelalters. Begründet von Wolfgang Stammler. Fortgeführt von Karl Langosch. Zweite, völlig neu bearbeitete Auflage. 11 Bände. Hg. von Kurt Ruh u. a. Berlin 1993–2000.
WA	D. Martin Luthers gesammelte Werke. Kritische Gesamtausgabe. Weimar 1883-.
WA TR	D. Martin Luthers gesammelte Werke. Kritische Gesamtausgabe. Weimar 1883-, Abt. 2: Tischreden, Bd. 1–6.
WU	Wendunmuth von Hans Wilhelm Kirchhof. 5 Bände. Hg. von Hermann Österley. Tübingen 1869.
Zedler	Grosses vollständiges Universal-Lexikon aller Wissenschaften und Künste. [...]. Hg. von Johann Heinrich Zedler. 64 Bde. 4 Supplementbände. Halle u. a. 1732–1754.

Quellen und Literatur

Quellen

Adele di Lusignano. Melodramma semiserio. [Komp.] MICHELE CARAFA. [Textverf.] FELICE ROMANI. Mailand 1817.

ADLERSFELD-BALLESTREM, EUFEMIA VON, Lady Melusine. Roman in zwei Abtheilungen. Berlin 1878.

AGRIPPA VON NETTESHEYM, HEINRICH CORNELIUS, Splendidae nobilitatis viri & armatae militiae Equitis aurati, ac utriusque Iuris Doctoris, Sacrae Caesareae Maiestatis a consilijs & archiuis Inditiarij, Henrici Cornelij Agrippae ab Nettesheym, De Incertitudine & Vanitate Scientiarum & Artium atque excellentia Verbi Dei, Declamatio. [ohne Ort], Johann Prall 1532.

Allgemeine deutsche Real-Encyklopädie für die gebildeten Stände. (Conversationslexikon). In zehn Bänden. Leipzig 1824–26.

Allgemeines Conversations-Lexikon für alle Stände. Von einer Gesellschaft vaterländischer Gelehrten bearbeitet. Erste Originalausgabe. 18 Bde. Berlin 1833–1841.

ANDERSEN, HANS CHRISTIAN, H. C. Andersen's Gesammelte Werke. Leipzig 1847–1872.

ANONYM, Rezension eines „Gemeinnützigen Buches für den Bürger und Landmann", in: Anzeige gemeinnütziger Bücher. Jg. 1774, 31. Woche, zitiert nach: ALFRED NOLLAU, Das literarische Publikum des jungen Goethe. Von 1770 bis zur Übersiedlung nach Weimar. Weimar 1935 S. 79f.

ANONYM, Ueber die Mittel, bessere Bücher in die Hände der niedrigern lesenden Menschenklasse zu bringen, in: Berlinische Monatsschrift. Hg. von FRIEDRICH GEDIKE und JOHANN ERICH BIESTER. Jg. 1785. Berlin 1785 S. 295–310.

ARNIM, ACHIM VON, Sämtliche Romane und Erzählungen. Aufgrund der Erstdrucke hg. von WALTER MIGGE. München 1962-.

AYRER, JAKOB, Opus Theatricum: Dreißig Außbündtige schöne Comedien und Tragedien von allerhand Denckwürdigen alten Römischen Historien und andern Politischen geschichten und gedichten Sampt noch andern Sechs und dreissig schönen lustigen und kurtzweiligen Faßnacht oder Possen Spilen. durch [...] Jacobum Ayrer [...] zusammencolligirt, und in Teutsche Reimen Spilweiß verfasset [...]. Nürnberg, Balthasar Scherffen 1616.

Ayrers Dramen. Hg. von ADELBERT VON KELLER. 5 Bde. (Bibliothek des litterarischen Vereins in Stuttgart 76–80). Stuttgart 1865.

Bilder-Conversations-Lexikon für das deutsche Volk. Ein Handbuch zur Verbreitung gemeinnütziger Kenntnisse und zur Unterhaltung. In vier Bänden. München 1977. (Leipzig 1837–1841).

BOETHIUS, ANICIUS MANLIUS SEVERINUS, Consolatio philosophiae. Trost der Philosophie. Lateinisch-deutsch. Hg. und übersetzt von ERNST GEGENSCHATZ und OLOF GIGON. Düsseldorf u. a. 2004.

BRENTANO, CLEMENS, Der arme Raimondin. Ein Fragment. Mitgeteilt von FRIEDRICH FUCHS, in: Die neue Rundschau 55. 1944 S. 107–118.

BRENTANO, CLEMENS, Godwi oder Das steinerne Bild der Mutter. Ein verwilderter Roman von Maria. Bremen 1801.

Brentano, Clemens, Sämtliche Werke und Briefe. Historisch-Kritische Ausgabe. Hg. von Konrad Feilchenfeldt u. a. Stuttgart u. a. 1975-. [zitiert als BrSWB].

Briefe an Ludwig Tieck. Ausgewählt und hg. von Karl Holtei. 4 Bde. Breslau 1864.

Bülow, Eduard von, Die neuste Melusine, in: Ders., Novellen. Bd. 1. Stuttgart u. a. Tübingen 1846 S. 279–328.

Bülow, Eduard von, Eine allerneueste Melusine. Novelle. Frankfurt a. M. 1849.

Clemens und Christian Brentanos Bibliotheken. Die Versteigerungskataloge von 1819 und 1853. Mit einem unveröffentlichten Brief Clemens Brentanos. Hg. von Bernd Gajek. (Beihefte zum Euphorion 6). Heidelberg 1974.

Couldrette, Le Roman de Mélusine ou Histoire de Lusignan. Hg. von Eleanor Roach. (Bibliothèque française et romane; Série B: Édition critiques de Textes 18). Paris 1982. [zitiert als CM].

Ders., Le Roman de Mélusine. Hg., übersetzt und kommentiert von Laurence Harf-Lancner. Paris 1993.

Ders., Mellusine. Poème relatif à cette Fée poitevine, composé dans le quatorzième siècle, publié pour la première fois, d'après les Manuscrits de la Bibliothèque impériale. Hg. von Francisque Michel. Niort 1854.

D. Martin Luthers gesammelte Werke. Kritische Gesamtausgabe. Weimar 1883-. [zitiert als WA].

Das Donauweibchen. Ein romantisch-komisches Volksmährchen mit Gesang in drei Aufzügen. Nach einer Sage der Vorzeit, von Karl Friedrich Hensler. Mit Musik von Ferdinand Kauer. Wien 1807–1836.

Das handschriftliche Generalregister des Hans Sachs. Reprintausgabe nach dem Autograph von 1560 des Stadtarchivs Zwickau von Hans Sachs. Hg. von Reinhard Hahn. (Literatur und Leben. N.F. 27). Köln u. a. 1986.

Der Ritter von Staufenberg. Hg. von Eckhard Grunewald. (Altdeutsche Textbibliothek 88). Tübingen 1979.

Des Knaben Wunderhorn. Alte deutsche Lieder gesammelt von Ludwig Achim von Arnim und Clemens Brentano. 3 Bde. Heidelberg 1806 ff.

Die erste deutsche Bibel. Hg. von William Kurrelmeyer. 10 Bde. (Bibliothek des litterarischen Vereins in Stuttgart). Tübingen 1904–1915.

Die Hystoria von Melusina [Holzschnitt] Diese warhaffte hystori vß Frantzosischer sprache in Teütsch transferirt vnd gemacht. Hat getruckt Mathis hüpfuff in der lob lichen vnd fryen stat Straßburg. Vnd voll-endet vff sant Bartholomeus tag. Als man zalte nach der geburt Christi vnsers herren. M. CCCCC. vnd vj. Jar. Got sy lob.

Die Märchen des Clemens Brentano. Zum Besten der Armen nach dem letzten Willen des Verfassers. Hg. von Guido Görres. 2 Bde. Tübingen u. a. 1846 f.

Erasmus von Rotterdam, Ausgewählte Schriften. Ausgabe in 8 Bänden. Lateinisch und deutsch. Hg. von Werner Welzig. Darmstadt 1967–1980.

Fontane, Theodor, Ellernklipp. Nach einem Harzer Kirchenbuch, in: Westermann's Illustrierte Deutsche Monatshefte 50 (April 1881-September 1881) S. 145–180 und S. 273–302.

Ders., Werke, Schriften und Briefe. Hg. von Walter Keitel und Helmuth Nürnberger. München 1962–. [zitiert als HA].

Ders., Ellernklipp. Nach einem Harzer Kirchenbuche. Berlin 1881.

Fouqué, Friedrich de la Motte, Undine. Eine Erzählung, in: Die Jahreszeiten. Vierteljahrsschrift für romantische Dichtungen. Hg. von Friedrich de la Motte Fouqué. Jg. 1811. Frühlingsheft. Berlin 1811 S. 3–188.

Ders., Notiz, in: Die Musen. Eine norddeutsche Zeitschrift. Hg. von Friedrich de la Motte Fouqué und Wilhelm Neumann. Jg. 1812, 4. Quartal. Berlin 1812 S. 198 f.

DERS., Lebensgeschichte des Baron Friedrich de la Motte Fouqué, aufgezeichnet durch ihn selbst. Halle 1840.

DERS., Undine, in: Undinenzauber. Geschichten und Gedichte von Nixen, Najaden, Nymphen und anderen Wasserfrauen. Hg. von FRANK RAINER MAX. Stuttgart 1991 S. 107–203.

Franz Grillparzer. Hg. von KARL PÖRNBACHER. (Dichter über ihre Dichtungen 7). München 1970.

FRENZEL, KARL, Melusine. Roman. Breslau 1860.

GERVASE OF TILBURY, Otia Imperialia. Recreation for an Emperor. Hg. Stanley E. Banks und James W. Binns. (Oxford Medieaval Texts). Oxford 2002.

Geschichte der edlen und schönen Melusina eine Tochter des Königs Helmas [Holzschnitt: Melusina als Sirene o. Meerjungfrau, auf einer Welle schwebend und Harfe spielend]. Aufs neue übersehen, und mit schönen Figuren gezieret. o. O. u. J. [um 1800].

GOETHE, JOHANN WOLFGANG VON, Die neue Melusine, in: Taschenbuch für Damen auf das Jahr 1817 [Teil I] und Taschenbuch für Damen auf das Jahr 1819 [Teil II].

Goethes Werke. Hamburger Ausgabe. In 14 Bänden. Vollständige Neubearbeitung. Hg. von ERICH TRUNZ. München 1981-.

GOFFREDI DI AUXERRE, Super Apocalypsim. Hg. von FERRUCCIO GASTALDELLI. (Temi i Testi 17). Roma 1970.

GÖRRES, JOSEPH, Die teutschen Volksbücher. Nähere Würdigung der schönen Historien-, Wetter- und Arzneybüchlein, welche theils innerer Werth, theils Zufall, Jahrhunderte hindurch bis auf unsere Zeit erhalten hat. Heidelberg 1807.

Grillparzers Werke. Historisch-kritische Gesamtausgabe. Hg. von AUGUST SAUER. Fortgeführt von REINHOLD BACKMANN. Wien u. a. 1909–1941. [zitiert als HKA].

Grillparzers Gespräche und die Charakteristiken seiner Persönlichkeit durch die Zeitgenossen. Gesammelt und hg. von AUGUST SAUER. 2 Abteilungen. 6 Bde. Nendeln, Liechtenstein 1974. (Wien 1904–1916).

Grosses vollständiges Universal-Lexikon aller Wissenschaften und Künste. [...]. Hg. von JOHANN HEINRICH ZEDLER. 64 Bde. 4 Supplementbände. Halle u. a. 1732–1754. [zitiert als Zedler].

Hans Sachs. Hg. von ADELBERT VON KELLER und EDMUND GOETZE. 26 Bände. (Bibliothek des litterarischen Vereins Stuttgart). Hildesheim 1964–82. (Tübingen 1870–1908). [zitiert als KG].

HARTMANN VON AUE, Gregorius. Hg. von HERMANN PAUL, neubearbeitet von BURGHART WACHINGER. 14., durchgesehene Auflage. (Altdeutsche Textbibliothek 2). Tübingen 1992.

HEIDEGGER, GOTTHARD: Mythoscopia Romantica: oder Discours Von den so benanten Romans, das ist/ Erdichteten Liebes-Helden und Hirten-Geschichten: Von dehro Uhrsprung/ Einrisse/ Verschidenheit/ Nutz- oder Schädlichkeit. Zürich 1698.

HERDER, JOHANN GOTTFRIED, Werke in zehn Bänden. Hg. von MARTIN BOLLACHER u. a. Frankfurt a. M. 1985–2000.

HEYSE, PAUL, Melusine, in: Deutsche Rundschau 79. 1894 S. 161–193 und S. 321–347.

DERS., Gesammelte Werke. (Gesamtausgabe). Hg. von MARKUS BERNAUER und NORBERT MILLER. Hildesheim u. a. 1984-. (Berlin 1850- und Stuttgart 1909).

Historia oder wunderbare Geschicht von der edlen und schönen Melusina. Aus Frantzösischer Sprache in die Teutsche zu Ergetzung der Gemüther übersetzet. Mit Röm. Käis. Maj. Freiheit nicht nachzudrucken. [Holzschnitt] Nürnberg, Michael und Johann Friedrich Endtern 1672.

Historische Wunder-Beschreibung von der sogenannten Schönen Melusina Königs Helmas in Albanien Tochter, Welche eine Sirene und Meerwunder gewesen, und ihrer Herkunfft aus dem in Franckreich gelegenen Berg Adelon. Auch was allda seltsam- und merkwürdiges zugetragen. Auf ein neues übersehen. O. O. u. J. [Nürnberg, ca. 1710].

Historische Wunder-Beschreibung von der sogenannten schönen Melusina König Helmas in Arabien Tochter welche eine Sirene und Meer-Wunder, und ihrer Herkunft nach aus dem in Frankreich gelegenen Berg Adelon gewesen, auch was sich allda seltsames und merkwürdiges zugetragen. [Holzschnitt: Melusina im Bade] Reutlingen, Justus Fleischhauer. o. J. [ca. 1830].

Höck, Theobald: Schönes Blumenfeldt, auff jetzigen allgemeinen gantz betrübten Standt, fürnemmlich aber den Hoff-Practicanten und sonsten menigklichen in seinem Beruff und Wesen zu guttem und besten gestellet/ Durch Othebladen Öckhen von Ichamp Eltzapffern Bermeorgischen Secretarien [d. i. Theobald Hock]. Lignitz i. Elsaß [fing.], Schöpssen [fing.] 1601.

Ders., Schönes Blumenfeld. Kritische Textausgabe. Hg. von Klaus Hanson. (Abhandlungen zur Kunst-, Musik- und Literaturwissenschaft 194). Bonn 1975.

Hoefer, Edmund, Melusine. Erzählung, in: Ders., Erzählende Schriften. 12 Bde. Stuttgart 1865, Bd. 8 S. 1–104.

Höveln, Conrad von, Candorins Deutscher Zimber Swan. Darin Des Hochlöbl: ädelen Swan-Ordens Anfang Zunåmen Bewandnis Gebräuche Satsungen Ordensgesätse samt der Hoch: ansähel: Gesellschafter Ordens-Namen entworfen. Lübek, Valtin Smalher[t]z; verlegt bei Michael Volk 1667.

Jean d'Arras, Mélusine. Hg. von M. Charles Brunet. Paris 1854.

Ders., Mélusine. Roman du XIVe siècle. Hg. von Louis Stouff. (Publications de 'Université de Dijon 5). Dijon u. a. 1932. [zitiert als JdAM].

Ders., Le Roman de Mélusine ou l'Histoire des Lusignan. Übersetzt ins Neufranzösische von Michèle Perret. Mit einem Vorwort von Jacques Le Goff und einem Nachwort von Michèle Perret. Paris 1979.

Jung-Stilling, Johann Heinrich, Lebensgeschichte. Vollständige Ausgabe, mit Anmerkungen hg. von Adolf Benrath. Darmstadt 1976.

Kerner, Justinus, Werke. 6 Teile in 2 Bänden Hg. von Raimund Pissin. Hildesheim 1974–1998. (Berlin 1914).

Kirchhof, Hans Wilhelm, Wendunmuth. Hg. von Hermann Österley. 5 Bde. (Bibliothek des litterarischen Vereins in Stuttgart). Tübingen 1869. [zitiert als WU].

Konrad von Würzburgs Partonopier und Meliur. Turnei von Nantheiz. Sant Nicolaus. Lieder und Sprüche. Aus dem Nachlasse von Franz Pfeiffer und Franz Roth hg. von Karl Bartsch. Wien 1871.

Kornmann, Heinrich, Mons Veneris, Fraw Veneris Berg Das ist Wunderbare vnd eigentliche Beschreibung der alten Haydnischen vnd Newen Scribenten Meynung von der Göttin Venere [...] Frankfurt a. M. 1614.

La Roche, Sophie von, Melusinens Sommer-Abende. Hg. von Christoph Martin Wieland. Halle 1806.

Ludwig Tieck. Hg. von Uwe Schweikert. Bd. 1. (Dichter über ihre Dichtungen 9, 1). München 1971.

Luther, Martin, Tischreden Oder Colloqvia Doct. Mart. Luthers So er in vielen Jaren gegen gelarten Leuten auch frembden Gesten vnd seinen Tischgesellen geführet Nach den heubtstükken vnserer Christlichen Lere zusammengetragen. [...] Eisleben, Urban Gaubisch 1566.

Luthers Tischreden in der Mathesischen Sammlung. Aus einer Handschrift der Leipziger Stadtbibliothek. Hg. von Ernst Kroker. (Schriften der Königlich Sächsischen Kommission für Geschichte 7). Leipzig 1903.

Map, Walter, De nugis curialium. Bearbeitet von Christopher N. L. Brooke und Roger A. B. Mynors. Hg. von Montague R. James. (Oxford Medieval Texts). Oxford 1983.

Marbach, Gotthard Oswald, Volksbücher. 53 Bde. Leipzig 1838–60.

MEDICUS, HEINRICH: Melusine im Stollenwald, in: Erzählungen des späten Mittelalters und ihr Fortleben in Literatur und Volkdichtung bis zur Gegenwart. Hg. von LUTZ RÖHRICH. 2 Bde. Bern München 1962, Bd. 2 S. 45 f.

Melusina. Romantische Oper in drei Aufzügen. Von FRANZ GRILLPARZER. Musik von CONRADIN KREUTZER. Wien 1833.

Merlin und Seifrid de Ardemont von Albrecht von Scharfenberg. In der Bearbeitung Ulrich Füetrers. Hg. von FRIEDRICH PANZER. Tübingen 1902.

MOLITOR, ULRICH, Ulrich Molitoris Schriften. Hg. von JÖRG MAUZ. (Studien zur Kulturgeschichte 1). Konstanz 1997. [zitiert als UMS].

MONTFAUCON DE VILLARS, NICOLAS PIERRE HENRI, Le Comte De Gabalis Ou Entretiens Sur Les Sciences Secretes. Paris 1670.

MOSCHEROSCH, JOHANN MICHAEL, Visiones de Don Quevedo. Wunderliche und Wahrhafftige Gesichte Philanders von Sittewalt. In welchen Aller Welt Wesen Aller Mänschen Händel mit ihren Natürlichen Farben der Eitelkeit Gewalts Heucheley vnd Thorheit bekleidet: offentlich auff die Schauw geführet als in einem Spiegel dargestellet vnnd von Männiglichen gesehen werden. Zum andern mahl auffgelegt von Philander selbsten ubersehen vermehret vnd gebessert. Straßburg, Johann Philipp Mülbe 1642. [=Theil 1].

MÜNZENBERGER, HEINRICH CASPAR, Ueber die Entstehung religiöser Volksbegriffe. Ein Versuch zu einer Logik des Volks. Göttingen 1791.

MUSÄUS, JOHANN KARL AUGUST, Volksmährchen der Deutschen. 5 Bde. Gotha 1782–88.

PRÖHLE, HEINRICH, Deutsche Sagen. Berlin ^{2}1878. (Berlin 1863).

SACHS, HANS, Das dritt vnd letzt Buch. Sehr Herrliche Schöne Tragedi, Comedi vnd schimpf Spil, Geistlich vnd Weltlich, vil schöner alter warhafftiger Histori, auch kurtzweiliger geschicht auff das deutlichst an tag geben. Welche Spil auch nit allein gut, nutzlich vnd kurtzweilig zu lesen sindt, sonder auch leichtlich aus disem Buch spilweis anzurichten, weil es so ordenlich alle Person, gebärden, wort vnd werck, außgeng vnd eingeng aufs verstendigst anzeiget, durch alle Spil, der vormal keins im Truck ist außgangen, noch gesehen worden. Durch den sinreichen vnd weitberümbten Hansen Sachsen ein liebhaber teutscher Poetrey, in disem seinem dritten vnd letzten Buch mit fleiß zusammen getragen. Nürnberg, Christoff Heußler 1561.

Sanct Aurelii Augustini De civitate Dei. Libri XI-XXII. (Corpus Christianorum. Series Latina XLVIII, Aurelii Augustini Opera. Pars XIV, 2). Turnhout 1955.

SANDRUB, LAZARUS, Delitiae historicae et poeticae, das ist: Historische und poetische Kurzweil. Hg. von GUSTAV MILCHSACK. (Neudrucke deutscher Literaturwerke des 16. und 17. Jahrhunderts 10/11). Halle 1878. (Frankfurt a. M. 1618).

SAUR, ABRAHAM, Theatrum de veneficis. Das ist: Von teufelsgespenst Zauberern vnd Gifftbereitern Schwarzkünstlern Hexen vnd Unholden vieler fürnemmen Historien vnd Exempel bewärten glaubwirdigen Alten vnd Newen Scribenten was von solchen ieder zeit disputiert vnd gehalten worden mit sonderm fleiß (derer Verzeichnuß am folgenden blat zu finden) an Tag geben. Sampt etlicher hingerichten Zäuberischer Weiber gethaner Bekanntnuß Examination, Prob, Vrgicht vnd Straff a. Vieler vngleicher Frage vnd Meynung halben so in dieser Materi fürfallen mögen ietzt auffs neuw zusammen in ein Corpus bracht. Allen Vögten Schuldtheissen Amptleuten deß Weltlichen Schwerdts a. sehr nützlich vnd dienstlich zu wissen vnd keines wegs zu verachten. [...] Frankfurt a. M., Nikolaus Basseus 1586.

SCHLEGEL, AUGUST WILHELM, Kritische Schriften und Briefe. Hg. von EDGAR LOHNER. 7 Bde. Stuttgart 1962–1974. [zitiert als SchlKSB].

SCHLEGEL, FRIEDRICH, Kritische Friedrich-Schlegel-Ausgabe. Begründet und hg. von ERNST BEHLER. Fortgeführt von ANDREAS ARNDT. 35 Bde. 4 Abt. Paderborn u. a. 1958-. [zitiert als KFSchlA].

SCHWAB, GUSTAV, Buch der schönsten Geschichten und Sagen für Alt und Jung wieder erzählt. 2 Bde. Stuttgart 1836–37.

DERS., Die deutschen Volksbücher. Für Alt und Jung wieder erzählt. 2 Bde. Stuttgart ^{3}1847. (Stuttgart 1843).

DERS., Die Neckarseite der Schwäbischen Alb. Neudruck der ersten Ausgabe von 1823. Hg. von HANS WIDMANN. Tübingen 1960.

SIMROCK, KARL, Die deutschen Volksbücher nach den ächtesten Ausgaben hergestellt. 58 Bde. Berlin 1839–1851.

DERS., Die deutschen Volksbücher nach den ältesten Ausgaben hergestellt. 13 Bde. Frankfurt a.M. 1845–1867.

DERS., Die deutschen Volksbücher in ihrer ursprünglichen Echtheit wiederhergestellt. 13 Bde. Frankfurt a.M. ^{2}1876–80.

STACH, ILSE VON, Melusine. Schauspiel in drei Akten. München 1922.

Theophrast von Hohenheim gen. Paracelsus. Sämtliche Werke. Hg. von KARL SUDHOFF und KURT GOLDAMMER. München u.a. 1922-. [zitiert als ThvHSW].

THEOPHRAST VON HOHENHEIM, Das Buch von den Nymphen, Sylphen, Pygmaeen, Salamandern und den übrigen Geistern. Faksimile der Ausgabe Basel 1590. Übertragen und mit einem Nachwort versehen von GUNHILD PÖRKSEN. (Basilisken-Druck 10). Marburg 1996.

THÜRING VON RINGOLTINGEN, Melusine. Nach den Handschriften kritisch hg. von KARIN SCHNEIDER. (Texte des späten Mittelalters 9). Berlin 1958.

DERS., Melusine. In der Fassung des Buchs der Liebe (1587). Mit 22 Holzschnitten. Hg. von HANS-GERT ROLOFF. Stuttgart ^{2}1991. (Stuttgart 1969).

DERS., Melusine, in: Romane des 15. und 16. Jahrhunderts. Hg. von JAN-DIRK MÜLLER. (Bibliothek der Frühen Neuzeit I, 1). Frankfurt a.M. 1990 S. 9–174. [zitiert als ThvRM].

DERS., Melusine (1456). Hg. von ANDRÉ SCHNYDER und URSULA RAUTENBERG. 2 Bde. Wiesbaden 2006.

Tieck and Solger. The Complete Correspondence. Hg. von PERCY MATENKO. New York u.a. 1933.

TIECK, LUDWIG, Volksmährchen. Hg. von Peter Leberecht. 3 Bde. Berlin 1797.

DERS., Sehr wunderbare Historie von der Melusina. In drei Abtheilungen, in: DERS., Romantische Dichtungen. 2 Bde. Jena 1799–1800, Bd. 2. Jena 1800 S. 331–464.

DERS., Ludwig Tieck's Schriften. 28 Bde. Berlin 1829–1854.

DERS., Ludwig Tieck's nachgelassene Schriften. Auswahl und Nachlese. Hg. von RUDOLF KÖPKE. 2 Bde. Berlin 1974. (Leipzig 1855).

DERS., Schriften in zwölf Bänden. Hg. von MANFRED FRANK u.a. (Bibliothek deutscher Klassiker). Frankfurt a.M. 1985-.

VINCENTIUS BELLOVACENSIS, Speculum Quadruplex. Bd. 1: Speculum Naturale. Graz 1965. (Douai 1624).

VIVIS, JOHANN LUDWIG, Von Vnderweÿsung ayner Christlichen Frauwen [...] erklärt vnnd verteütscht: Durch Christopherum Brunonem. Augsburg, Stainer 1544.

DERS., Selected Works of Juan Luis Vivis. Hg. von CONSTANTINUS MATHEEUSSEN u.a. Bd. 6 und 7: De institutione feminae Christianae. Introduction, Critical Edition, Translation and Notes. Hg. von CHARLES FANTAZZI und CONSTANTINUS MATHEEUSSEN. Leiden 1996 und 1998.

WASSERMANN, JAKOB, Melusine. Ein Liebesroman. München 1896.

ZACHARIÄ, JUST FRIEDRICH WILHELM, Historia von der edlen und schönen Melusine, in: Zwey schöne Neue Mährlein als I. Von der schönen Melusine; einer Meerfey. II. Von einer untreuen Braut, die der Teufel hohlen sollen. Der liebenden Jugend, und dem ehrsamen Frauenzimmer zur beliebigen Kurzweil, in Rheime verfasst. Leipzig 1772 S. 1–42.

Darstellungen

AARNE, ANTTI/THOMPSON, STITH, The Types of the Folktale. Helsinki 1964.

ADAM, ALFRED, Der Teufel als Gottes Affe. Vorgeschichte eines Lutherwortes, in: Luther-Jahrbuch 28. 1961 S. 104–109.

AHRENDT-SCHULTE, INGRID, Hexenprozesse als Spiegel von Alltagskonflikten, in: Hexenverfolgung. Beiträge zur Forschung – unter besonderer Berücksichtigung des südwestdeutschen Raumes. Hg. von SÖNKE LORENZ und DIETER R. BAUER. (Quellen und Forschungen zur europäischen Ethnologie 15). Würzburg 1995 S. 347–358.

AKER, GUDRUN, Göttin, ‚Frouwe', ‚Übel Wîp'. Zur Konstituierung des neuzeitlichen Frauenbildes im sozialen und literarischen Konflikt, in: Gegenwart als kulturelles Erbe. Ein Beitrag der Germanistik zur Kulturwissenschaft deutschsprachiger Länder. Hg. von BERND THUM. (Publikationen der Gesellschaft für Interkulturelle Germanistik 2). München 1985 S. 85–122.

Allgemeine Deutsche Biographie. Hg. von der Historischen Commission bei der Königlichen Akademie der Wissenschaften. Leipzig 1875–1912.

Allgemeines Lexikon der bildenden Künstler von der Antike bis zur Gegenwart. Hg. von ULRICH THIEME und FELIX BECKER. München 1992. (Leipzig 1907-).

Altfranzösisches Wörterbuch. Tobler-Lommatzsch. Adolf Toblers nachgelassene Materialien, bearbeitet und hg. von ERHARD LOMMATZSCH. Wiesbaden 1925-.

ANDERSON, PAUL IRVING: Fontane forensic: Solving the *Ellernklipp* Mystery, in: Seminar. A Journal of Germanic Studies 41. 2005 S. 93–111.

ANDRIES, LISE, La Bibliothèque bleue au dix- huitième siècle: une tradition éditoriale. (Studies on Voltaire and the Eighteenth Century 270). Oxford 1989.

Androgynie. Vielfalt der Möglichkeiten Hg. von ULLA BOCK und DOROTHEE ALFERMANN. (Querelles. Jahrbuch für Frauenforschung 4). Stuttgart u. a. 1999.

AUGST, GERHARD, Sprachnorm und Sprachwandel. Vier Projekte zu diachroner Sprachbetrachtung. (Studienbücher zur Linguistik und Literaturwissenschaft). Wiesbaden 1977.

AURNHAMMER, ACHIM, Androgynie. Studien zu einem Motiv in der europäischen Literatur. (Literatur und Leben. N. F. 30). Köln u. a. 1986.

Ausführliches Lexikon der griechischen und römischen Mythologie. Hg. von WILHELM HEINRICH ROSCHER. 6. Bde. 4 Supplementbde. Hildesheim u. a. [3]1992/93. (Leipzig 1884–1937).

AUST, HUGO, Grenzerfahrungen. Grillparzers *Melusina*, das Volkstheater und Beethovens späte Musik, in: Nestroyana 12. 1992 S. 11–24.

BACKES, MARTINA, „[…] von dem nabel hinauff ein menschlich vnd hübsch weyblichs bilde / vnd von dem Nabel hin ab ein grosser langer wurm". Zur Illustrierung deutscher Melusinehandschriften des 15. Jahrhunderts, in: Literaturwissenschaftliches Jahrbuch. N. F. Im Auftrag der Görres-Gesellschaft 37. 1996 S. 67–88.

DIES., Fremde Historien. Untersuchungen zur Überlieferungs- und Rezeptionsgeschichte französischer Erzählstoffe im deutschen Spätmittelalter. (Hermaea. Germanistische Forschungen. N.F. 103). Tübingen 2004.

BADINTER, ELISABETH, Die Mutterliebe. Geschichte eines Gefühls vom 17. Jahrhunderts bis heute. München 1984.

BANCE, ALAN, Theodor Fontane. The Major Novels. Cambridge 1982.

BANGE, PETRONELLA, Frauen und Feste im Mittelalter: Kindbettfeiern, in: Feste und Feiern im Mittelalter. Paderborner Symposion des Mediävistenverbandes. Hg. von DETLEV ALTENBURG u. a. Sigmaringen 1991 S. 125–132.

BARNER, WILFRIED, Barockrhetorik. Untersuchungen zu ihren geschichtlichen Grundlagen. Tübingen ²2002.

BARNER, WILFRIED/DETKEN, ANKE/WÄSCHE, JÖRG, Einleitung, in: Texte zur modernen Mythentheorie. Hg. von WILFRIED BARNER, ANKE DETKEN und JÖRG WÄSCHE. Stuttgart 2003 S. 8–19.

BARTH, SUSANNE, Mädchenlektüren. Lesediskurse im 18. und 19. Jahrhundert. Frankfurt a. M. u. a. 2002.

BAUFELD, CHRISTA, Kleines frühneuhochdeutsches Wörterbuch. Lexik aus Dichtung und Fachliteratur des Frühneuhochdeutschen. Tübingen 1996.

BECHER, URSULA A. J., Lektürepräferenzen und Lesepraktiken von Frauen im 18. Jahrhundert, in: Lesekulturen im 18. Jahrhundert. Hg. von HANS ERICH BÖDEKER. (Aufklärung. Interdisziplinäres Jahrbuch zur Erforschung des 18. Jahrhunderts und seiner Wirkungsgeschichte 6, 1). Hamburg 1991 S. 27–41.

BECKER, SABINA, Literatur als „Psychographie". Entwürfe weiblicher Identität in Theodor Fontanes Romanen, in: „Realismus?" Zur deutschen Prosaliteratur des 19. Jahrhunderts. Hg. von NORBERT OELLERS und HARTMUT STEINECKE. (Zeitschrift für deutsche Philologie 120 (2001); Sonderheft). Berlin 2001 S. 90–110.

BECKER-CANTARINO, BARBARA, Der lange Weg zur Mündigkeit. Frau und Literatur (1500–1800). Stuttgart 1987.

BEHRINGER, WOLFGANG, „Erhob sich das ganze Land zu ihrer Ausrottung...". Hexenprozesse und Hexenverfolgungen in Europa, in: Hexenwelten. Magie und Imagination vom 16.–20. Jahrhundert. Hg. von RICHARD VAN DÜLMEN. Frankfurt a. M. 1987 S. 131–169 und S. 316f [Anm.].

DERS., Hexen. Glaube, Verfolgung, Vermarktung. München 1998.

BEJICK, URTE, Deutsche Humanistinnen, in: Geschichte der Mädchen- und Frauenbildung. Hg. von ELKE KLEINAU und CLAUDIA OPITZ. 2. Bde. Frankfurt a. M. 1996, Bd. 1: Vom Mittelalter bis zur Aufklärung S. 152–171.

BELLGARDT, MICHAEL, Melusine und ihre Schwestern. Mythische Wassergeschöpfe im literarischen Diskurs. Univ. Diss. Mannheim 1997.

BENNEWITZ, INGRID, Komplizinnen und Opfer der Macht. Die Rollen der Töchter im Roman der frühen Neuzeit (mit besonderer Berücksichtigung der „Melusine" des Thüring von Ringoltingen, in: The Graph of sex S. 225–245.

BENNEWITZ-BEHR, INGRID, Melusines Schwestern. Beobachtungen zu den Frauenfiguren im Prosaroman des 15. und 16. Jahrhunderts, in: Das Selbstverständnis der Germanistik. Aktuelle Diskussionen. Hg. von NORBERT OELLERS. (Vorträge des Germanistentags Berlin 1987, Bd. 1). Tübingen 1988 S. 291–300.

BENNHOLDT-THOMSEN, ANKE, Bilder statt Leben. Zu Fontanes *Oceane von Parceval*, in: Der schöne Schein der Kunst und seine Schatten. Festschrift für Rolf Peter Janz zum 60. Geburtstag. Hg. von HANS RICHARD BRITTNACHER und FABIAN STOERMER. Bielefeld 2000 S. 149–160.

BENZ, RICHARD, Geschichte und Ästhetik des deutschen Volksbuchs. Jena ²1924.

BENZENHÖFER, UDO, Hexenzeichen und Hexenwerke. Bemerkungen zur Hexenlehre des Theophrast von Hohenheim, in: Geschichte der Pharmazie 47, 1. 1995 S. 11 ff.

BERGER, GÜNTHER, Die Frau als Herrscherin und die *longue durée*: Versionen der Melusine des Jean d'Arras vom Spätmittelalter bis zur Frühen Neuzeit, in: Zeitschrift für Romanische Philologie 114. 1998 S. 199–209.

BERNDT, FRAUKE, Anamnesis. Studien zur Topik der Erinnerung in der erzählenden Literatur zwischen 1800 und 1900. (Moritz – Keller – Raabe). (Hermaea. Germanistische Forschungen. N.F. 89). Tübingen 1999.

BESCH, WERNER, Hierarchie und Höflichkeit in der deutschen Sprache, in: Brücken schlagen... Weit draußen auf eigenen Füßen. Festschrift für Fernand Hoffmann. Hg. von JOSEPH KOHNEN u.a. Frankfurt a.M. 1994 S.247–260.

BEYER, HILDEGARD, Die deutschen Volksbücher und ihr Lesepublikum. Univ. Diss. Frankfurt a.M. 1962.

BILDEN, HELGA, Geschlechterverhältnis und Individualität im gesellschaftlichen Umbruch, in: Verunsicherungen. Das Subjekt im gesellschaftlichen Wandel. Hg. von REINER KEUPP und HELGA BILDEN. (Münchner Universitätsschriften. Psychologie und Pädagogik). Göttingen 1989 S.19–46.

Bilderbogengeschichten. Märchen, Sagen, Abenteuer. Neu erzählt von Autoren unserer Zeit. Hg. von JOCHEN JUNG. München 1974.

BLOCH, RALPH HOWARD, Etymologies and Genealogies. A Literary Anthropology of the French Middle Ages. Chicago u.a. 1983.

DERS., Genealogy as a Medieval Mental Structure and Textual Form, in: La Littérature historiographique des origines. Teil I, Bd.1. Hg. von HANS ULRICH GUMBRECHT, URSULA LINK-HEER und PETER-MICHAEL SPANGENBERG. (Grundriß der romanischen Literaturen des Mittelalters XI/1). Heidelberg 1986 S.135–156.

BLÖCHLINGER, PETRA/ZEMP, GUIDO, Das Hexenbild des Paracelsus, in: Nova Acta Paracelsica. N.F. 8. 1994 S.3–32.

BLUMENBERG, HANS, Arbeit am Mythos. Frankfurt a.M. 1979.

BLÜMLEIN, KILIAN, Naturerfahrung und Welterkenntnis. Der Beitrag des Paracelsus zur Entwicklung des neuzeitlichen, naturwissenschaftlichen Denkens. (Europäische Hochschulschriften. Reihe XX: Philosophie 300). Frankfurt a.M. 1992.

BOCK, ULLA/ALFERMANN, DOROTHEE, Androgynie in der Diskussion: Auflösung der Geschlechterrollengrenzen oder Verschwinden der Geschlechter? – Eine Einleitung, in: Androgynie. Vielfalt der Möglichkeiten S.11–34.

BOLLÈME, GENEVIÈVE, La bibliothèque bleue. Littérature populaire en France du XVIIe au XIXe siècle. (Collection archives 44). Paris 1971.

BORCHMEYER, DIETER, Melusine oder die „ewig sieggewisse Macht" des Elementaren. Mörike und Wagner in einer Parallele Fontanes, in: „Sei Dichter, mir willkommen!". Studien zur deutschen Literatur von Lessing bis Jünger. Hg. von KLAUS GARBER und TERUAKI TAKAHASHI. (Europäische Kulturstudien 4). Köln u.a. 1995 S.169–181.

BORRIES, KURT, Grillparzer und die Oper, in: Deutsche Rundschau, Bd.196, Jg. 49. 1923 S.295–305.

BÖSCHENSTEIN, RENATE, Mythologie zur Bürgerzeit. Raabe – Wagner – Fontane, in: Jahrbuch der Raabe-Gesellschaft 1986 S.7–34.

Böse Frauen – Gute Frauen. Darstellungskonventionen in Texten und Bildern des Mittelalters und der Frühen Neuzeit. Hg. von ULRIKE GAEBEL und ERIKA KARTSCHOKE. (Literatur – Imagination – Realität 28). Trier 2001.

BOSSHART, ADELHEID, Theodor Fontanes historische Romane. Winterthur 1957.

BOVENSCHEN, SILVIA, Theodor Fontanes Frauen aus dem Meer. Auch ein Mythos der Weiblichkeit, in: Macht des Mythos – Ohnmacht der Vernunft?. Hg. von PETER KEMPER. Frankfurt a.M. 1989 S.359–383.

BRANDES, HELGA, Die Entstehung eines weiblichen Lesepublikums im 18.Jahrhundert. Von den Frauenzimmerbibliotheken zu den literarischen Damengesellschaften, in: Lesen und Schreiben im 17. und 18.Jahrhundert. Studien zu ihrer Bewertung in Deutschland, England, Frankreich. Hg. von PAUL GOETSCH. (Script Oralia 65). Tübingen 1994 S.125–133.

BRANDTSTETTER, ALOIS, Studien zur Rezeption der höfischen Epik im frühneuhochdeutschen Prosaroman. Frankfurt a.M. 1971.

Braun, Christina von, Die „Blutschande“. Wandlungen eines Begriffs. Vom Inzesttabu zu den Rassengesetzen, in: Dies., Die schamlose Schönheit des Vergangenen. Zum Verhältnis von Geschlecht und Geschichte. Frankfurt a. M. 1989 S. 81–111.

Dies., Fontanes Melusine-Gestalten, in: Fontane-Blätter 73. 2002 116–122.

Braun, Manuel, Ehe, Liebe, Freundschaft. Semantik der Vergesellschaftung im frühneuhochdeutschen Prosaroman. (Frühe Neuzeit 60). Tübingen 2001.

Brauneck, Manfred, Die Welt als Bühne. Die Geschichte des europäischen Theaters. Stuttgart u. a. 1993-.

Briegleb, Klaus, Fontanes Elementargeist. Die Preußin Melusine. Eine Vorstudie zum Stechlin, in: Theodor Fontane am Ende des Jahrhunderts, Bd. 2 S. 109–122.

Brinker-Gabler, Gisela, Poetisch-wissenschaftliche Mittelalter-Rezeption. (Göppinger Arbeiten zur Germanistik 309). Göppingen 1980.

Brummack, Jürgen, Zu Arnims ‚Melusinen-Fragment‘, in: Germanisch-Romanische Monatsschrift N. F. 17. 1967 S. 208 ff.

Brundage, James A., Law, Sex, and Christian Society in Medieval Europe. Chicago u. a. 1987.

Brunner, Horst/Straßner, Erich, Hans Sachs, in: Nürnberg – Geschichte einer europäischen Stadt. Unter Mitwirkung zahlreicher Fachgelehrter hg. von Gerhard Pfeiffer. München 1971 S. 207–211.

Bügner, Torsten/Wagner, Gerhard, Die Alten und die Jungen im Deutschen Reich. Literatursoziologische Anmerkungen zum Verhältnis der Generationen 1871–1918, in: Zeitschrift für Soziologie 20. 1991 S. 177–190.

Bumke, Joachim, Geschichte der deutschen Literatur im hohen Mittelalter. München [3]1996.

Ders., Höfische Kultur. Literatur und Gesellschaft im hohen Mittelalter. München [7]1994.

Burckhart, Marianne, „Die letzte Schuld des Lebens“: Grillparzers Sappho als Tragödie der dichtenden Frau, in: Monatshefte 74. 1982 S. 122–138.

Dies., Love, Creativity and Female Role: Grillparzer's Sappho and Staël's ‚Corinne‘. Between Art and Cultural Norm, in: Jahrbuch für Internationale Germanistik 16, 2. 1984 S. 128–164.

Bürgerinnen und Bürger. Geschlechterverhältnisse im 19. Jahrhundert. Zwölf Beiträge mit einem Vorwort von Jürgen Kocka. Hg. von Ute Frevert. (Kritische Studien zur Geschichtswissenschaft 77). Göttingen 1988.

Burghartz, Susanna, Hexenverfolgung als Frauenverfolgung?. Zur Gleichsetzung von Hexen und Frauen am Beispiel der Luzerner und Lausanner Hexenprozesse des 15. und 16. Jahrhunderts, in: Der Hexenstreit. Frauen in der frühneuzeitlichen Hexenverfolgung. Hg. von Claudia Opitz. (Frauen – Literatur – Geschichte). Freiburg u. a. 1996 S. 147–173.

Buschinger, Danielle, Zur Mittelalter-Rezeption bei Hans Sachs, in: Wissenschaftliche Beiträge der Ernst-Moritz-Arndt-Universität-Greifswald. Deutsche Literatur des Mittelalters 3: Deutsche Literatur des Spätmittelalters. Ergebnisse, Probleme und Perspektiven der Forschung. Hg. von der Sektion Germanistik, Kunst- und Musikwissenschaft. Direktor Wolfgang Spiewok. Greifswald 1986 S. 362–375.

Butler, Judith, Gender Trouble. Feminism and the Subversion of Identity. New York u. a. 1990.

Capitani, François de, Sozialstruktur und Mechanismen der Herrschaft in der spätmittelalterlichen Stadt Bern, in: Nürnberg und Bern. Zwei Reichsstädte und ihre Landgebiete. Hg. von Rudolf Endres. (Erlanger Forschungen. Reihe A: Geisteswissenschaften 4). Erlangen 1990 S. 39–48.

Cardanus, Hermann, Die Märchen des Clemens Brentano. Köln 1895.

Castle, Eduard, „Melusina“ von Grillparzer, in: Jahrbuch der Wiener Gesellschaft für Theaterforschung 1. 1944 S. 69–104.

CATHOLY, ECKEHARD, Das Deutsche Lustspiel, Bd. 1: Vom Mittelalter bis zum Ende der Barockzeit. Stuttgart 1969.

CLARK, STUART, Thinking with Demons. The Idea of Witchcraft in Early Modern Europe. Oxford 1997.

CLASSEN, ALBRECHT, Der verkannte Meister? Eine Schlüsselfigur des 16. Jahrhunderts im Kreuzfeuer der Kritik. Die Darstellung von Frauen im Werk von Hans Sachs, in: Études Germaniques 59. 2004 S. 5–39.

DERS., Love and Fear of the Foreign. Thüring von Ringoltingen's *Melusine* (1456). A Xenological Analysis, in: Daphnis 33. 2004 S. 97–122.

DERS., Women, Wives, and Marriage in the World of Hans Sachs, in: Daphnis 32. 2003 S. 491–521.

DERS., Geschlechts- und Ehebeziehungen im 15. Jahrhundert: Der Fall Melusine von Thüring von Ringoltingen. Eine sozial- und literarhistorische Studie aus mentalitätsgeschichtlicher Sicht, in: German Studies Review 17. 1994 S. 233–268.

CLIER-COLOMBANI, FRANÇOISE, La fée Mélusine au Moyen Âge. Images, Mythes et Symboles. Mit einem Vorwort von Jacques Le Goff. Paris 1991.

CRAMER, THOMAS, Geschichte der deutschen Literatur im späten Mittelalter. München ^{2}1995.

CURTIUS, ERNST ROBERT, Europäische Literatur und lateinisches Mittelalter. Bern u. a. ^{4}1963.

DAFFA, AGNI, Frauenbilder in den Romanen Stine und Mathilde Möhring. Untersuchungen zu Fontane. (Gießener Arbeiten zur neueren deutschen Literatur und Literaturwissenschaft 19). Frankfurt a. M. 1998.

DAMBACHER, EVA, Gustav Schwab. Eine Chronik, in: Gustav Schwab S. 3–16.

DANCE, PETER S., Animal Fakes and Frauds. Maidenhead 1976.

DANE, GESA, „Zeter und Mordio". Vergewaltigung in Literatur und Recht. Göttingen 2005.

DANIEL, BETTINA/FELIX, MYRIAM, Gott hat sein Ordnung dem Menschen befohlen. Paracelsus: Von der Ehe Ordnung und Eigenschaft. Eine Textanalyse, in: Nova Acta Paracelsica. N. F. 12. 1998 S. 21–50.

DASTON, LORRAINE/PARK, KATHERINE, Wonders and the Order of Nature. 1150–1750. New York 1998.

Daughters and Fathers. Hg. von LYNDA E. BOOSE und BETTY FLOWERS. Baltimore, Maryland u. a. 1989.

DAVIDSON, JANE P., Hexen in der nordeuropäischen Kunst. 1470–1750. Freren 1988.

DAXELMÜLLER, CHRISTOPH; Aberglaube, Hexenzauber, Höllenängste. Eine Geschichte der Magie. Zürich 1993.

DEMETZ, PETER, Formen des Realismus. Theodor Fontane. Kritische Untersuchungen. München 1964.

Der frauwen buoch. Versuche zu einer feministischen Mediävistik. Hg. von INGRID BENNEWITZ. (Göppinger Arbeiten zur Germanistik 517). Göppingen 1989.

DETERING, HEINRICH, Nachwort, in: Hans Christian Andersen. Sämtliche Märchen in zwei Bänden. Bd. 2. München 1996 S. 715–740.

Deutsche Bilderbogen für Jung und alt. Ein Gesamtverzeichnis der zwischen 1867 und 1873 erstmalig im Verlag Gustav Weise in Stuttgart herausgegebenen Bilderbogen. Für Sammler und Liebhaber populärer Druckgraphik. Erläutert und kommentiert von HANS STULA. Hannover 1980.

Die deutsche Literatur des Mittelalters. Begründet von Wolfgang Stammler. Fortgeführt von Karl Langosch. Zweite, völlig neu bearbeitete Auflage. 11 Bände. Hg. von KURT RUH u. a. (Veröffentlichungen der Kommission für deutsche Literatur des Mittelalters der Bayerischen Akademie der Wissenschaften). Berlin 1993–2000. [zitiert als VL].

DIEPGEN, PAUL, Paracelsus und das Problem der Frau, in: Nova Acta Paracelsica 8. 1957 S. 49–54.

DIETERLE, REGINA, Vater und Tochter. Erkundung einer erotisierten Beziehung in Leben und Werk Theodor Fontanes. (Zürcher Germanistische Studien 47). Bern u. a. 1996.

DIJKSTRA, BRAM, The Androgyne in Nineteenth-Century art and Literature, in: Comparative Literature 26. 1974 S. 62–73.

Drutenjagd in Franken. 16.–18. Jahrhundert. Katalog zur Wanderausstellung: Hexenverfolgung in Franken. Hg. von BIRKE GRIESSHAMMER. 3., vollständig überarbeitete und erweiterte Auflage. Nürnberg 1999.

DUDEN, BARBARA, Das schöne Eigentum. Zur Herausbildung des Bürgerlichen Frauenbildes an der Wende vom 18. zum 19. Jahrhundert, in: Kursbuch 47: Frauen. Hg. von KARL MARKUS MICHEL und HARALD WIESER. Berlin 1977 S. 125–140.

DIES., Die Frau ohne Unterleib: Zu Judith Butlers Entkörperung. Ein Zeitdokument, in: Feministische Studien 11. 1993 S. 24–33.

DÜLMEN, RICHARD VAN, Die Dienerin des Bösen. Zum Hexenbild in der frühen Neuzeit, in: Das Böse. Eine historische Phänomenologie des Unerklärlichen. Hg. von CARSTEN COLPE und WILHELM SCHMIDT-BIGGEMANN. Frankfurt a. M. ^{2}1993 S. 187–203.

DERS., Kultur und Alltag in der Frühen Neuzeit, Bd. 3: Religion, Magie, Aufklärung. 16.–18. Jahrhundert. München 1994.

DÜRR, HANS-PETER, Der Mythos vom Zivilisationsprozeß. Frankfurt a. M. 1988-.

Eheglück und Liebesjoch. Bilder von Liebe, Ehe und Familie in der Literatur des 15. und 16. Jahrhunderts. Hg. von MARIA E. MÜLLER. (Ergebnisse der Frauenforschung 14). Weinheim u. a. 1988.

EIBACH, JOACHIM, Das Haus: Zwischen öffentlicher Zugänglichkeit und geschützter Privatheit (16.–18. Jahrhundert), in: Zwischen Gotteshaus und Taverne. Öffentliche Räume in Spätmittelalter und Früher Neuzeit. Hg. von SUSANNE RAU und GERD SCHWERHOFF. Köln u. a. S. 183–205.

EICHLER, ULRIKE, Münchener Bilderbogen. (Oberbayerisches Archiv 99). München 1974.

EIS, GERHARD, Hohenheims Priamel von den Elementargeistern, in: DERS., Vor und nach Paracelsus. Untersuchungen über Hohenheims Traditionsverbundenheit und Nachrichten über seine Anhänger. (Medizin in Geschichte und Kultur 8). Stuttgart 1965 S. 45–50.

Encyclopedia of Cultural Anthropology. Hg. von DAVID LEVINSON und MELVIN EMBER. 4 Bde. New York 1996.

ENDRES, RUDOLF, Nürnberger Bildungswesen zur Zeit der Reformation, in: Mitteilungen des Vereins für Geschichte der Stadt Nürnberg 71. 1984 S. 109–128.

DERS., Sozial- und Bildungsstrukturen fränkischer Reichsstädte im Spätmittelalter und in der frühen Neuzeit, in: Literatur in der Stadt S. 37–72.

ENGELSING, ROLF, Analphabetentum und Lektüre. Zur Sozialgeschichte des Lesens in Deutschland zwischen feudaler und industrieller Gesellschaft. Stuttgart 1973.

ENGLISCH, ERNST, Die Ambivalenz in der Beurteilung sexueller Verhaltensweisen im Mittelalter, in: Privatisierung der Triebe? Sexualität in der frühen Neuzeit. Hg. von DANIELA ERLACH U. A. (Frühneuzeitstudien 1). Frankfurt a. M. 1994 S. 167–186.

ENZINGER, MORIZ, Franz Grillparzer und das Wiener Volkstheater, in: Grillparzer-Studien. Hg. von OSKAR KATANN. Wien 1924 S. 9–39.

Enzyklopädie des Märchens. Handwörterbuch zur historischen und vergleichenden Erzählforschung. Begründet von KURT RANKE. Hg. von ROLF WILHELM BREDNICH u. a. Berlin 1977– [zitiert als EM].

ERLER, GOTTHARD, „... daß das Kleine bestimmt sei, zu Großem zu führen“. Der unveröffentlichte Romanentwurf „Melusine von Cadoudal“, in: Fontane-Blätter 2. 1969 S. 4–9.

Ertzdorff, Xenja von, Die Fee als Ahnfrau. Zur „Melusine" des Thüring von Ringoltingen, in: Festschrift für Hans Eggers S. 428–457.

Etymologisches Wörterbuch des Deutschen. 2., ergänzte und verbesserte Auflage. Hg. von Wolfgang Pfeifer. 2 Bde. Berlin 1993.

Evangelisches Kirchenlexikon. Internationale theologische Enzyklopädie. Hg. von Erwin Fahlbusch u. a. Dritte Auflage (Neufassung). 5 Bde. Göttingen 1986–1997.

Fassbind-Eigenheer, Ruth, Undine oder Die nasse Grenze zwischen mir und mir. Ursprung und literarische Bearbeitungen eines Wasserfrauenmythos. Von Paracelsus über Friedrich de la Motte Fouqué zu Ingeborg Bachmann. (Stuttgarter Arbeiten zur Germanistik 291). Stuttgart 1994.

Fend, Mechthild, „Fräulein Rosa malt fast wie ein Mann". Rosa Bonheur und die Schwierigkeit, als Künstlerin androgyn zu sein, in: Androgynie. Vielfalt der Möglichkeiten S. 72–85.

Festschrift für Hans Eggers zum 65. Geburtstag. Hg. von Herbert Backes. (Beiträge zur Geschichte der deutschen Sprache und Literatur 94; Sonderheft). Tübingen 1972.

Festschrift Walter Haug und Burghart Wachinger. Hg. von Johannes Janota u. a. 2 Bde. Tübingen 1992.

Fildes, Valerie, Wet Nursing. A History from Antiquity to the Present. Oxford 1987.

Floeck, Oswald, Die Elementargeister bei Fouqué und anderen Dichtern der romantischen und nachromantischen Zeit. Heidelberg 1909.

Flood, John Lewis, Sigmund Feyerabends ‚Buch der Liebe' (1587), in: Liebe in der deutschen Literatur des Mittelalters. St. Andrews-Colloquium 1985. Hg. von Jeffrey Ashcrofft u. a. (Anglo-deutsches Kolloquium 9; Publications of the Institute of German Studies 40). Tübingen 1987 S. 204–220.

Ders., The Survival of German ‚Volksbücher'. 3 Studies in Bibliographie. 2 Bde. Univ. Diss. London 1980.

Franz Grillparzer 1791–1872. Katalog einer Ausstellung, gemeinsam veranstaltet vom Bundesministerium für Auswärtige Angelegenheiten und von der Dokumentationsstelle für neuere Österreichische Literatur in Wien. Wien 1992.

Frei, Norbert, Die Frau als Paradigma des Humanen. (Literatur in der Geschichte. Geschichte in der Literatur 3). Königstein, Ts. 1980.

Freise, Fridrun, Einleitung. Raumsemantik, Rezeptionssituation und imaginierte Instanz – Perspektiven auf vormoderne Öffentlichkeit und Privatheit, in: Offen und Verborgen. Vorstellungen und Praktiken des Öffentlichen und Privaten in Mittelalter und Früher Neuzeit. Hg. von Caroline Emmelius u. a. Göttingen 2004 S. 9–32.

Frenzel, Elisabeth, Motive der Weltliteratur. Ein Lexikon dichtungsgeschichtlicher Längsschnitte. 5., überarbeitete und ergänzte Auflage. Stuttgart 1999.

Dies., Stoffe der Weltliteratur. Ein Lexikon dichtungsgeschichtlicher Längsschnitte. 9., überarbeitete und erweiterte Auflage. Stuttgart 1998.

Frevert, Ute, „Mann und Weib, und Weib und Mann". Geschlechterdifferenzen in der Moderne. München 1995.

Dies., Bürgerliche Meisterdenker und das Geschlechterverhältnis. Konzepte, Erfahrungen, Visionen an der Wende vom 18. zum 19. Jahrhundert, in: Bürgerinnen und Bürger S. 17–49.

Friedrich, Gerhart, Ellernklipp. Literarische Anlehnungen Fontanes, in: Fontane-Blätter 51. 1991 S. 58–77.

Friedrichsmeyer, Sara, The Androgyne in Early German Romanticism. Friedrich Schlegel, Novalis and the Metaphysics of Love. (Stanford German Studies 18). Bern u. a. 1983.

Fromm, Hans, Doppelweg, in: Ders., Arbeiten zur deutschen Literatur des Mittelalters. Tübingen 1989 S. 122–136.

FRÜHWALD, WOLFGANG, Achim von Arnim und Clemens Brentano, in: Handbuch der deutschen Erzählung. Hg. von KARL KONRAD POLHEIM. Düsseldorf 1981 S. 145–158.

FURGER, ANDRES, Das Bild der Seele im Spiegel der Jahrtausende. Zürich 1997.

GARBER, KLAUS, Der Locus amoenus und der Locus terribilis. Bild und Funktion der Natur in der deutschen Schäfer- und Landlebendichtung des 17. Jahrhunderts. Köln u. a. 1974.

GEKLE, HANNA, Warum hat Freud die Verführungstheorie aufgegeben? Eine Auseinandersetzung mit seinen Kritikern, in: Handbuch sexueller Mißbrauch. Hg. von KATHARINA RUTSCHKY und REINHART WOLFF. Erweiterte Neuausgabe. Reinbek 1999 S. 218–238.

Genealogie als Denkform in Mittelalter und Früher Neuzeit. Hg. von KILIAN HECK und BERNARD JAHN. Tübingen 2000.

Genus. Zur Geschlechterdifferenz in den Kulturwissenschaften. Hg. von HADUMOD BUßMANN und RENATE HOF. Stuttgart 1995.

GEORGE, DAVID E. R., Deutsche Tragödientheorien vom Mittelalter bis zu Lessing. Texte und Kommentar. München 1972.

GEORGES, KARL ERNST, Ausführliches lateinisch-deutsches Handwörterbuch. 2 Bde. Darmstadt 1988. (Hannover u. a. ^{8}1913–1918).

GINZBURG, CARLO, Spurensicherung. Der Jäger entziffert die Fährte, Sherlock Holmes nimmt die Lupe, Freud liest Morelli – die Wissenschaft auf der Suche nach sich selbst, in: DERS., Spurensicherungen. Über verborgene Geschichte, Kunst und soziales Gedächtnis. Aus dem Italienischen von KARL FRIEDRICH HAUBER. Berlin 1983 S. 61–96.

GLIER, INGEBORG, Die „Dramen“ des Hans Sachs. Wandlungen des frühen deutschen Theaters, in: Dichtung. Sprache. Gesellschaft. Akten des IV. Internationalen Germanisten-Kongresses 1970 in Princeton. Hg. von VIKTOR LANGE und HANS-GERT ROLOFF. (Jahrbuch für Internationale Germanistik. Reihe A. Bd. 1). Frankfurt a. M. 1971 S. 235–242.

GOFFMANN, ERVING, Das Arrangement der Geschlechter, in: DERS., Interaktion und Geschlecht. Hg. und eingeleitet von HUBERT A. KNOBLAUCH. Mit einem Nachwort von HELGA KOTTHOFF. Frankfurt u. a. ^{2}2001 S. 105–194. (engl. 1977).

GOLDAMMER, KURT, Paracelsus in der deutschen Romantik. Eine Untersuchung zur Geschichte der Paracelsus-Rezeption und zu geistesgeschichtlichen Hintergründen der Romantik. Mit einem Anhang über die Entstehung und Entwicklung der Elementargeister-Vorstellung seit dem Mittelalter. (Salzburger Beiträge zur Paracelsus-Forschung 20). Wien 1980.

DERS., Paracelsus in neuen Horizonten. Gesammelte Aufsätze. Wien 1986.

DERS., Bemerkungen zur Struktur des Kosmos und der Materie bei Paracelsus, in: DERS., Paracelsus in neuen Horizonten S. 263–287.

DERS., Die Paracelsische Kosmologie und Materietheorie in ihrer wissenschaftsgeschichtlichen Stellung und Eigenart, in: DERS., Paracelsus in neuen Horizonten S. 288–320.

DERS., Magie bei Paracelsus. Mit besonderer Berücksichtigung des Begriffs einer „natürlichen Magie“, in: DERS., Paracelsus in neuen Horizonten S. 321–342.

GORDON, LINDA, Incest and Resistance: Patterns of Father-Daughter-Incest, 1880–1930, in: Social Problems 33. 1986 S. 253–267.

GÖSSMANN, ELISABETH, Glanz und Last der Tradition. Ein theologiegeschichtlicher Durchblick, in: Mann und Frau – Grundproblem theologischer Anthropologie. Hg. von THEODOR SCHNEIDER. (Quaestiones Disputatae). Freiburg u. a. 1989 S. 25–52.

GOTZKOWSKY, BODO, „Volksbücher“. Prosaromane, Renaissancenovellen, Versdichtungen und Schwankbücher. Bibliographie der deutschen Drucke. Teil 1: Drucke des 15 und 16. Jahrhunderts. (Bibliotheca Bibliographica Aureliana 125). Baden-Baden 1991.

DERS., „Volksbücher“. Prosaromane, Renaissancenovellen, Versdichtungen und Schwankbücher. Bibliographie der deutschen Drucke. Teil 2: Drucke des 17. Jahrhunderts. Mit Ergänzungen zu Band 1. (Bibliotheca Bibliographica Aurealiana 127). Baden-Baden 1994.

DERS., Einleitung, in: HANS WILHELM KIRCHHOF: Kleine Schriften. Kritische Ausgabe. Mit einer Bibliographie der „Wendunmuth"-Drucke. Hg. von BODO GOTZKOWSKY. (Bibliothek des Literarischen Vereins in Stuttgart 302). Stuttgart 1981 S. 1–19.

GRAEVENITZ, GERHART VON, Literaturwissenschaft als Kulturwissenschaft. Eine Erwiderung, in: Deutsche Vierteljahrsschrift für Literaturwissenschaft und Geistesgeschichte 73. 1999 S. 94–115.

GRANDSAIGNES D'HAUTERIVE, ROBERT, Dictionnaire d'Ancien Français. Moyen Âge et Renaissance. 2 Bde. Paris 1947.

GRÄTZ, MANFRED, Das Märchen in der deutschen Aufklärung. Vom Feenmärchen zum Volksmärchen. (Germanistische Abhandlungen 63). Stuttgart 1988.

GRAWE, CHRISTIAN, Ellernklipp. Nach einem Harzer Kirchenbuch, in: Fontane Handbuch. Hg. von CHRISTIAN GRAWE und HELMUTH NÜRNBERGER. Stuttgart 2000 S. 519–524.

GREENBLATT, STEPHEN, Fiction and Friction, in: DERS., Shakespearean Negotiations. The Circulation of Social Energy in Renaissance England. Oxford 1988, S. 66–93 und 175–185 [Anm.].

GRIMM, JACOB/GRIMM, WILHELM, Deutsches Wörterbuch. 33 Bde. München 1984. (Leipzig 1854–1971). [zitiert als Grimm].

GRIMM, JAKOB, Deutsche Grammatik. 4 Theile. 2. Ausgabe. Neuer vermehrter Abdruck. Besorgt durch Wilhelm Scherer, Gustav Roethe und Edward Schroeder. Berlin u. a. 1870–1898.

GROEBNER, VALENTIN, Außer Haus. Otto Brunner und die „alteuropäische Ökonomik", in: Geschichte in Wissenschaft und Unterricht 46. 1995 S. 69–80.

GRÜBEL, ISABEL, Die Hierarchie der Teufel. Studien zum christlichen Teufelsbild und zur Allegorisierung des Bösen in Theologie, Literatur und Kunst zwischen Frühmittelalter und Gegenreformation. (Kulturgeschichtliche Forschungen 13). München 1991.

Grundbegriffe der Soziologie Hg. von Bernhard Schäfers. Opladen 1986.

GUARDA, SYLVAIN, Theodor Fontanes „Neben"-werke. Grete Minde, Ellernklipp, Unterm Birnbaum, Quitt: ritualisierter Raubmord im Spiegelkreuz. Würzburg 2004.

GÜNTHER, VINCENT J., Das Symbol im erzählerischen Werk Fontanes. Bonn 1967.

Gustav Schwab. 1792–1850. Aus seinem Leben und Schaffen. Bearbeitet von Brigitte Schillbach und Eva Dambacher. (Marbacher Magazin 61). Marbach 1992.

GYNZ-REKOWSKI, GEORG VON, „Ellernklipp" und der Bäumler-Prozeß, in: Fontane-Blätter 28. 1978 S. 299–315.

HAAS, ALOIS M., Paracelsus der Theologe: Die Salzburger Anfänge 1924/25, in: Paracelsus und Salzburg. Vorträge bei den Internationalen Kongressen in Salzburg und Badgastein anläßlich des Paracelsus-Jahres 1993. Hg. von HEINZ DOPSCH und PETER F. KRAMML. (Mitteilungen der Gesellschaft für Salzburger Landeskunde. Ergänzungsband 14). Salzburg 1994 S. 369–382.

DERS., Vorstellungen von der Makrokosmos-Mikrokosmosbeziehung im Denken der Zeit vor Paracelsus, in: Nova Acta Paracelsica N. F. 6. 1991/92 S. 51–76.

HABERMAS, REBEKKA, Frauen und Männer des Bürgertums. Eine Familiengeschichte (1750–1850). (Bürgertum. Beiträge zur europäischen Gesellschaftsgeschichte 14). Göttingen 2000.

DIES., Geschlechtergeschichte und „anthropology of gender". Geschichte einer Begegnung, in: Historische Anthropologie 1. 1993 S. 485–509.

HAGL-CATLING, KARIN, Für eine Imagologie der Geschlechter. Franz Grillparzers Frauenbild im Widerspruch. Entwicklung und Anwendung eines theoretischen Gesamtkonzepts zur Analyse von Frauenbildern unter Berücksichtigung von kulturhistorischen und biographischen Aspekten anhand ausgewählter Beispiele. (Europäische Hochschulschriften. Reihe I: Deutsche Sprache und Literatur 1588). Frankfurt a. M. 1997.

Hałub, Marek, Das literarische Werk Gustav Schwabs. Wrocław 1993. (Germanica Wratislavensia 101; Acta Universitatis Wratislaviensis 1467).

Hamm, Berndt, „Ist das gut evangelisch?". Hans Sachs als Wortführer und Kritiker der Reformation, in: Luther. Zeitschrift der Luther-Gesellschaft 65. 1994 S. 125–140.

Ders., Sachs' Stellung als Handwerker und Autor in der Reformation Nürnbergs, in: Ders., Bürgertum und Glaube. Konturen der städtischen Reformation. Göttingen 1996 S. 181–231.

Handwörterbuch des deutschen Aberglaubens. Hg. von Hanns Bächtold-Stäubli. (Handwörterbücher zur deutschen Volkskunde. Abteilung 1: Aberglaube). Berlin u. a. 1927–1942. [zitiert als HDA].

Handwörterbuch zur deutschen Rechtsgeschichte. Hg. von Adalbert Erler und Ekkehard Kaufmann. Mitbegründet von Wolfgang Stammler. 5 Bde. Berlin 1971–1998. [zitiert als HRG].

Hannover, Irmela, Frauen mit roten Haaren. Berlin 2002.

Hans Sachs und Nürnberg. Bedingungen und Probleme reichsstädtischer Literatur. Hans Sachs zum 400. Todestag am 19. Januar 1976. Hg. von Horst Brunner, Gerhard Hirschmann und Fritz Schnellbögl. Nürnberg 1976.

Hansen, Joseph, Quellen und Untersuchungen zur Geschichte des Hexenwahns und der Hexenverfolgung im Mittelalter. Bonn 1901.

Ders., Joseph, Zauberwahn, Inquisition und Hexenprozeß im Mittelalter und die Entstehung der großen Hexenverfolgung. (Historische Bibliothek 12). München u. a. 1900.

Harf-Lancner, Laurence, Le Roman de Mélusine et le Roman de Geoffroy à la Grande Dent: les éditions imprimée de l'œuvre de Jean d'Arras, in: Bibliothèque d'Humanisme et Renaissance 50, 2. 1988 S. 349–366.

Dies., Les fées au Moyen Âge. Morgane et Melusine. La naissance des fées. (Nouvelle Bibliothéque du Moyen Âge 8). Paris 1984.

Dies., Littérature et politique: Jean de Berry, Léon de Lusignan et le Roman de Mélusine, in: Histoire et littérature au Moyen Âge. Actes du Colloque du Centre d'Etudes Médiévales de l'Université de Picardie (Amiens 20–24 mars) 1985. Hg. von Danielle Buschinger. (Göppinger Arbeiten zur Germanistik 546). Göppingen 1991 S. 161–171.

Harmening, Dieter, Hexenbilder des späten Mittelalters – Kombinatorische Topik und ethnographischer Befund, in: Der Hexenhammer. Entstehung und Umfeld des Malleus maleficarum von 1487. Hg. von Peter Segl. Köln u. a. 1988 S. 177–194.

Haug, Walter, Chrétien des Troyes ‚Erec'-Prolog und das arthurische Strukturmodell, in: Ders., Literaturtheorie im deutschen Mittelalter von den Anfängen bis zum Ende des 13. Jahrhunderts. 2., überarbeitete und erweiterte Auflage. Darmstadt 1992 S. 91–107.

Ders., Erwiderung auf die Erwiderung, in: Deutsche Vierteljahrsschrift für Literaturwissenschaft und Geistesgeschichte 73. 1999 S. 116–121.

Ders., Literaturwissenschaft als Kulturwissenschaft, in: Deutsche Vierteljahrsschrift für Literaturwissenschaft und Geistesgeschichte 73. 1999 S. 69–93.

Ders., O Fortuna. Eine historisch-semantische Skizze zur Einführung, in: Fortuna. Hg. von Walter Haug und Burghart Wachinger. (Fortuna vitrea 15). Tübingen 1995 S. 1–22.

Hausen, Karin, „... eine Ulme für das schwanke Efeu". Ehepaare im Bildungsbürgertum. Ideale und Wirklichkeiten im späten 18. und 19. Jahrhundert, in: Bürgerinnen und Bürger S. 85–117.

Dies., Die Polarisierung der „Geschlechtscharaktere" – Eine Spiegelung der Dissoziation von Erwerbs- und Familienleben, in: Sozialgeschichte der Familie in der Neuzeit Europas. Neue Forschungen. Hg. von Werner Conze. (Industrielle Welt 21). Stuttgart 1976 S. 363–393.

Haustein, Jörg, Martin Luthers Stellung zum Zauber- und Hexenwesen. (Münchener Kirchenhistorische Studien 2). Stuttgart u. a. 1986.

Ders., Zwischen Aberglaube und Wissenschaft. Zauberei und Hexen in der Sicht Martin Luthers, in: Martin Luther und der Bergbau im Mansfelder Land. Aufsätze. Hg. von Rosemarie Knape. Eisleben 2000 S. 327–337.

Haynes, Kenneth, Theodor Fontane. A Critical Study. London 1920.

Heidenreich, Bernd, Sophie von La Roche – eine Werkbiographie. (Frankfurter Hochschulschriften zur Sprachtheorie und Literaturästhetik 5). Frankfurt a. M. 1986.

Heidenreich, Joachim, Natura delectat. Zur Tradition des locus amoenus bei Eichendorff. (konstanzer dissertationen 62). Konstanz 1985.

Heimann, Heinz Dieter, Über Alltag und Ansehen der Frau im späten Mittelalter – oder: Vom Lob der Frau im Angesicht der Hexe, in: Frau und spätmittelalterlicher Alltag. Internationaler Kongress Krems an der Donau. 2. bis 5. Oktober 1984. Hg. von M. Heinrich Appelt. (Österreichische Akademie der Wissenschaften. Philosophisch-Historische Klasse. Sitzungsberichte 473; Veröffentlichungen des Instituts für mittelalterliche Realienkunde 9). Wien 1986 S. 243–282.

Heinz-Mohr, Gerd, Lexikon der Symbole, Bilder und Zeichen der christlichen Kunst. München [10]1988.

Heisig, Karl, Über den Ursprung der Melusinensage, in: Fabula 3. 1960 S. 170–181.

Heitz, Paul/Ritter, Friedrich, Versuch einer Zusammenstellung der deutschen Volksbücher des 15. und 16. Jahrhunderts nebst deren späteren Ausgaben und Literatur. Straßburg 1924.

Henze, Barbara, Kontinuität und Wandel des Eheverständnisses im Gefolge von Reformation und Katholischer Reform, in: „In Christo ist weder man noch weyb“. Frauen in der Zeit der Reformation und der katholischen Reformation. Hg. von Anne Conrad. (Katholisches Leben und Kirchenreform im Zeitalter der Glaubensspaltung). Münster 1999 S. 129–151.

Herman, Judith Lewis/Hirschman, Lisa, Father-Daughter-Incest. Cambridge, Mass. u. a. 1981.

Hetmann, Frederik, Die Reise in die Anderswelt. Feengeschichten und Feenglaube in Irland. Köln [2]1983.

Hexenwahn – Hexenverfolgung. Zeugnisse aus der Stadtbibliothek und dem Stadtarchiv Nürnberg. Katalog zur Ausstellung der Stadtbibliothek und des Stadtarchivs Nürnberg von Mitte Januar bis Ende April 1987. Hg. von Günther Thomann u. a. Nürnberg 1987.

Hilmes, Carola: Die Femme Fatale. Ein Weiblichkeitstypus in der nachromantischen Literatur. Stuttgart 1990.

Hilscher, Elke, Die Bilderbogen im 19. Jahrhundert. (Studien zur Publizistik). München 1977.

Hirsch, Mathias, Realer Inzest. Psychodynamik des sexuellen Mißbrauchs in der Familie. 2., überarbeitete Auflage. Berlin u. a. 1990.

Historische Inzestdiskurse. Hg. von Jutta Emig, Claudia Jarzebowski und Claudia Ulbrich. Königstein, Ts. 2003.

Hört ihr die Kinder weinen. Eine psychogenetische Geschichte der Kindheit. Hg. von Lloyd de-Mause. Frankfurt a. M. 1977. (New York 1974).

Hof, Renate, Die Grammatik der Geschlechter. Gender als Analysekategorie der Literaturwissenschaft. Frankfurt a. M. 1995.

Hoffrichter, Leo, Die ältesten französischen Bearbeitungen der Melusinensage. (Romanistische Arbeiten 12). Halle 1928.

Hofmiller, Josef, Die Bücher und wir. München 1950.

Holenstein Weidmann, Pia, *es pfeifen oder singen babst oder kaiser oder alle schwermer* oder *niemandt mag zwei herren dienen*. Hohenheims Traktate über die Ehe, in: Nova Acta Paracelsica. N.F. 14. 2000 S. 19–40.

Holzberg, Niklas, Die Tragedis und Comedis des Hans Sachs. Forschungssituation – Forschungsperspektiven, in: Hans Sachs und Nürnberg S. 105–136.

HOMMEN, TANJA, Sittlichkeitsverbrechen. Sexuelle Gewalt im Kaiserreich. (Geschichte und Geschlechter 28). Frankfurt a. M. u. a. ²1999.

HONEGGER, CLAUDIA, Die Ordnung der Geschlechter. Die Wissenschaften vom Menschen und das Weib. Frankfurt a. M. ²1992.

HORACEK, BLANKA, Die Rezeption mittelhochdeutscher Dichtung durch Franz Grillparzer, in: Die Österreichische Literatur. Eine Dokumentation ihrer literaturhistorischen Entwicklung. Hg. von HERBERT ZEMAN. Teil 2: Die Österreichische Literatur. Ihr Profil an der Wende vom 18. zum 19. Jahrhundert (1750–1839). Graz 1979 S. 735–772.

HORCH, HANS-OTTO, Ansichten des 19. Jahrhunderts. Theodor Fontanes Verhältnis zu Richard Wagner und dem Wagnerismus, in: Fontane-Blätter 6. 1986 S. 311–324.

HORST, SABINE, Jenseits des faden Alltags. Melusina, in: Gerettete Ordnung. Grillparzers Dramen. Hg. von BERNHARD BUDDE und ULRICH SCHMIDT. (Historisch-kritische Arbeiten zur deutschen Literatur 7). Frankfurt a. M. 1987 S. 182–202.

HOWE, PATRICIA, Fontane's ‚Ellernklipp' and the Theme of Adoption, in: Modern Language Review 79. 1984 S. 114–130.

HÜBSCHER, ARTHUR, Melusine, in: Schopenhauer-Jahrbuch 51. 1970 S. 153–164.

HUGE, WALTER, ‚Die Judenbuche' als Kriminalgeschichte. Das Problem von Erkenntnis und Urteil im Kriminalschema, in: Annette von Droste-Hülshoff. „Die Judenbuche". Neue Studien und Interpretationen. Hg. von WALTER HUGE und WINFRIED WOESLER. (Zeitschrift für deutsche Philologie 99. 1980; Sonderheft). Berlin 1980 S. 49–70.

HÜLK, WALBURGA, Melusine – Lusignan: Fiktive Genealogie im Namen der Mutter. Zum altfranzösischen Melusinenstoff, in: Sehnsucht und Sirene S. 35–48.

Incest and the Literary Imagination. Hg. von ELIZABETH BARNES. Gainesville, Florida u. a. 2002.

JACOB, MECHTHILD, Die Hexenlehre des Paracelsus und ihre Bedeutung für die modernen Hexenprozesse. Ein Beitrag zur Geschichte der Entwicklung des Hexenglaubens seit dem Mittelalter unter besonderer Berücksichtigung der Überlieferung aus dem Raum Gifhorn. Diss. masch. Göttingen 1959.

Якобсон, Роман, О художественном реализме; JAKOBSON, ROMAN, Über den Realismus in der Kunst, in: Texte der russischen Realisten. Hg. von JURIJ STRIEDTER. Bd. I: Texte zur allgemeinen Literaturtheorie und zur Theorie der Prosa. (Theorie und Geschichte der Literatur und der Schönen Künste. Texte und Abhandlungen 6, 1). München 1969 S. 372–391.

JAECKLE, ERWIN, Der Exodus der Elementargeister, in: Nova Acta Paracelsica. N. F. 1. 1987 S. 33–46.

JILG, WALTRAUT, „Hexe" und „Hexerei" als Kultur- und religionsgeschichtliches Phänomen, in: Teufelsglaube und Hexenprozesse. Hg. von GEORG SCHWAIGER. München 1991 S. 37–55.

JOLLES, CHARLOTTE, Theodor Fontane. 4., überarbeitete und erweiterte Auflage. Stuttgart u. a. 1993.

JUNK, ULRIKE, „So müssen Weiber sein." Zur Analyse eines Deutungsmusters von Weiblichkeit am Beispiel der „Melusine" des Thüring von Ringoltingen, in: Der frauwen buoch S. 327–352.

JÜRGENSEN, RENATE, Die deutschen Übersetzungen der ‚Astrée' des Honoré d'Urfé. Tübingen 1990.

KÄMMERER, ERNST WILHELM, Das Leib-Seele-Geist-Problem bei Paracelsus und einigen Autoren des 17. Jahrhunderts. (Kosmosophie 3). Wiesbaden 1971.

Karl Simrock. 1802–1878. Bonner Bürger, Dichter und Professor. Dokumentation einer Ausstellung. Bearbeitet von DORIS PINKWART. Bonn 1979.

KARTSCHOKE, ERIKA, Hans Sachs, in: Deutsche Dichter. Hg. von GUNTER E. GRIMM. 8 Bde. Stuttgart 1988ff, Bd. 2: Reformation, Renaissance und Barock. Stuttgart 1988 S. 63–77.

KASTINGER RILEY, HELENE M., Clemens Brentano. Stuttgart 1985.

KELLER, HILDEGARD ELISABETH, Berner Samstagsgeheimnisse. Die Vertikale als Erzählformel in der ‚Melusine', in: Beiträge zur Geschichte der deutschen Sprache und Literatur 127. 2005 S. 208–239.

KELLNER, BEATE, Aspekte der Genealogie in mittelalterlichen und neuzeitlichen Versionen der Melusinengeschichte, in: Genealogie als Denkform S. 13–37.

DIES., Melusinengeschichten im Mittelalter. Formen und Möglichkeiten ihrer diskursiven Vernetzung, in: Text und Kultur. Mittelalterliche Literatur 1150–1450. Hg. von URSULA PETERS. (Germanistische Symposien. Berichtsbände 23). Stuttgart u. a. 2001 S. 268–295.

DIES., Ursprung und Kontinuität. Studien zum genealogischen Wissen im Mittealter. München 2004.

KERCHNER, BRIGITTE, Ein öffentliches Geheimnis. Blutschande im 19. Jahrhundert, in: Historische Inzestdiskurse S. 247–276.

KIENING, CHRISTIAN, Anthropologische Zugänge zur mittelalterlichen Literatur. Konzepte. Ansätze, Perspektiven, in: Forschungsberichte zur Germanistischen Mediävistik. Hg. von HANS-JÜRGEN SCHIEWER. (Jahrbuch für internationale Germanistik C, 5/1). Bern u. a. 1996. S. 11–129.

KINDL, ULRIKE, Feenmärchen oder historische Sage?, in: Annali della Facoltà di Lingue e Letterature Straniere di Ca 'Foscari 23. 1984 S. 115–126.

Kindlers neues Literatur-Lexikon. Hg. von WALTER JENS und RUDOLF RADLER. 22 Bde. München 1988–1998.

KLEIN, DOROTHEA, Bildung und Belehrung. Untersuchungen zum Dramenwerk des Hans Sachs. (Stuttgarter Arbeiten zur Germanistik 197). Stuttgart 1988.

KLEIN, JÖRG, Inzest: Kulturelles Verbot und natürliche Scheu. Eine hundertjährige Diskussion. (Studien zur Sozialwissenschaft 102). Opladen 1991.

KLEINSCHMIDT, ERICH, Literatur und städtische Gemeinschaft. Aspekte einer literarischen Stadtkultur in der Frühen Neuzeit, in: Literatur in der Stadt S. 73–93.

KLINGER, JUDITH, Gespenstische Verwandtschaft. Melusine oder die unleserliche Natur des adligen Geschlechts, in: Historische Inzestdiskurse S. 46–85.

KLOTZ, VOLKER, Das europäische Kunstmärchen. Fünfundzwanzig Kapitel seiner Geschichte von der Renaissance bis zur Moderne. Dritte überarbeitete und erweiterte Auflage. München 2002.

KLUGE, GERHARD, Brentanos Fragment einer Erzählung aus der Französischen Revolution, in: Textkritik und Interpretation. Festschrift für Karl Konrad Polheim zum 60. Geburtstag. Hg. von HEIMO REINITZER. Bern u. a. 1987 S. 285–305.

DERS., Namen und Bilder. Ergänzungen zur Edition von Brentanos Erzählungen mit Motiven aus der französischen Revolution, in: Jahrbuch des Freien deutschen Hochstifts 1992 S. 205–212.

Kluge. Etymologisches Wörterbuch der deutschen Sprache. 23. erweiterte Auflage. Bearbeitet von ELMAR SEEBOLD. Berlin u. a. 1995.

KLUGSBERGER, THERESIA, Die Einbildungen der Melusinen-Figur in der Geschichte, in: Die Zeichen der Historie. Beiträge zu einer semiologischen Geschichtswissenschaft. Hg. von GEORG SCHMID. (Materialien zur historischen Sozialwissenschaft 5). Köln 1986 S. 116–127.

KNAPE, JOACHIM, ‚Historie' in Mittelalter und Früher Neuzeit. Begriffs- und Gattungsgeschichtliche Untersuchungen im interdisziplinären Kontext. (Saecula Spiritalia 10). Baden-Baden 1984.

KÖHLER-ZÜLCH, INES, Zum Puppenspiel: Der „Gestiefelte Kater" auf der Bühne sächsischer Wandermarionettentheater, in: Hören. Sagen. Lesen. Lernen. Bausteine zu einer Geschichte der kommunikativen Kultur. Festschrift für Rudolf Schenda zum 65. Geburtstag. Hg. von URSULA BRUNOLD BIGLER und HERMANN BAUSINGER. Bern u. a. 1995 S. 359–393.

KOHL, RICHARD, Das Melusinenmotiv, in: Niederdeutsche Zeitschrift für Volkskunde 11. 1933 S. 183–227.

KOHLER, JOSEF, Der Ursprung der Melusinensage. Eine ethnologische Untersuchung. Leipzig 1895.

KOLK, RAINER, Beschädigte Individualität. Untersuchungen zu den Romanen Theodor Fontanes. (Probleme der Dichtung 19). Heidelberg 1986.

KÖNNECKER, BARBARA, Die Ehemoral in den Fastnachtspielen von Hans Sachs. Zum Funktionswandel des Nürnberger Fastnachtspiels im 16. Jahrhundert, in: Hans Sachs und Nürnberg S. 219–244.

DIES., Hans Sachs. Stuttgart 1971.

KOZIELEK, GERHARD, Ideologische Aspekte der Mittelalter-Rezeption zu Beginn des 19. Jahrhunderts, in: Mittelalterrezeption. Hg. von PETER WAPNEWSKI. Stuttgart 1986 S. 119–132.

KRAUSE, HELMUT, Die Dramen des Hans Sachs. Untersuchungen zur Lehre und Technik. (Deutsche Sprache und Literatur 1). Berlin 1979.

KREUTZER, HANS JOACHIM, Der Mythos vom Volksbuch. Studien zur Wirkungsgeschichte des frühen deutschen Romans seit der Romantik. Stuttgart 1977.

KÜNZEL, CHRISTINE: Unzucht – Notzucht – Vergewaltigung. Definitionen und Deutungen sexueller Gewalt von der Aufklärung bis heute. Frankfurt a. M. 2003.

KUHN, HUGO, Dichtung und Welt im Mittelalter. Stuttgart 1959.

DERS., Erec, in: DERS., Dichtung und Welt im Mittelalter S. 133–150.

DERS., Parzival. Ein Versuch über Mythos, Glaube und Dichtung im Mittelalter, in: DERS., Dichtung und Welt im Mittelalter S. 151–180.

KUNSTMANN, HARTMUT H., Zauberwahn und Hexenprozeß in der Reichsstadt Nürnberg. (Nürnberger Werkstücke zur Stadt- und Landesgeschichte 1). Erlangen u. a. 1970.

LANGNER, MARIGRIT, Sophie von La Roche – die empfindsame Realistin. (Reihe Siegen. Beiträge zur Literatur-, Sprach- und Medienwissenschaft 126). Heidelberg 1995.

LANKHEIT, KLAUS, Einführung, in: Bilderbogen. Deutsche populäre Druckgraphik des 19. Jahrhunderts. Ausstellung 10. März bis 28. April 1974, Kunsthalle Bremen. Hg. vom Badischen Landesmuseum. Gesamtleitung ERNST PETRASCH. Karlsruhe 1973 S. 9–19.

LAQUEUR, THOMAS, Auf den Leib geschrieben. Die Inszenierung der Geschlechter von der Antike bis Freud. München 1992. (engl. Cambridge, Mass. 1990).

LAUER, REINHARD, Russischer Realismus, in: Europäischer Realismus. Hg. von REINHARD LAUER. (Neues Handbuch der Literaturwissenschaft 17). Wiesbaden 1980 S. 275–342.

LE GOFF, JACQUES, Melusine – Mutter und Urbarmacherin, in: DERS., Für ein anderes Mittelalter. Zeit, Arbeit und Kultur im Europa des 5.–15. Jahrhunderts. Frankfurt a. M. u. a. 1984 S. 147–174.

LE GOFF, JACQUES/LE ROY LADURIE, EMMANUEL, Mélusine maternelle et défricheuse, in: Annales. Économies. Société. Civilisations 26. 1971 S. 587–622.

LECOUTEUX, CLAUDE, Das Motiv der gestörten Mahrtenehe als Widerspiegelung der menschlichen Psyche, in: Vom Menschenbild im Märchen. Hg. von JÜRGEN JANNING u. a. (Veröffentlichungen der Europäischen Märchengesellschaft 1). Kassel 1980 S. 59–71.

DERS., Zur Entstehung der Melusinensage, in: Zeitschrift für deutsche Philologie 98. 1978 S. 73–84.

LÉGLU, CATHERINE, Nourishing Lineage in the Earliest French Versions of the Roman de Mélusine, in: Medium Aevum 74. 2005 S. 71–85.

LEGUAY, JEAN PIERRE: Ein Fall von Notzucht im Mittelalter: Die Vergewaltigung der Margot Simmonet, in: Die sexuelle Gewalt in der Geschichte. Hg. von ALAIN CORBIN. Berlin 1992 S. 11–28.

LEHMANN, EVELYN, Der Frankfurter Maler Victor Müller 1830–1871. Frankfurt a. M. 1976.

LEITICH, ANN TIZIA, Genie und Leidenschaft. Die Frauen und Grillparzer. Wien 1965.

LEXER, MATTHIAS, Mittelhochdeutsches Handwörterbuch. Zugleich als Supplement und alphabetischer Index zum mittelhochdeutschen Wörterbuch von Benecke-Müller-Zarncke. 3 Bde. Stuttgart 1974. (Leipzig 1872–1878). [zitiert als Lexer].

Lexikon der christlichen Ikonographie. Begründet von ENGELBERT KIRSCHBAUM. Hg. von WOLFGANG BRAUNFELS. 8 Bde. Freiburg i. Br. 1968–1976.

Lexikon des Mittelalters. Hg. von NORBERT ANGERMANN, ROBERT-HENRI BAUTIER und ROBERT AUTY. 9 Bde. 1 Registerbd. München u. a. 1980–1999.[zitiert als LexMa].

Lexikon für Theologie und Kirche. Begründet von MICHAEL BUCHBERGER. Hg. von WALTER KASPER u. a. 3., völlig neu bearbeitete Auflage. 11 Bde. Freiburg i. Br. 1993–2001. [zitiert als LTK].

Lexikon zur Soziologie. Hg. von WERNER FUCHS-HEINRITZ u. a. 3., völlig neu bearbeitete und erweiterte Auflage. Opladen 1994.

LIEBERTZ-GRÜN, URSULA, Das Spiel der Signifikanten in der ‚Melusine' des Thüring von Ringoltingen, in: Ordnung und Lust. Bilder von Liebe, Ehe und Sexualität in Spätmittelalter und früher Neuzeit. Hg. von HANS-JÜRGEN BACHORSKI. (Literatur – Imagination – Realität 1). Trier 1991 S. 211–229.

Literatur in der Stadt. Bedingungen und Beispiele städtischer Literatur des 15.–17. Jahrhunderts. Hg. von HORST BRUNNER. (Göppinger Arbeiten zur Germanistik 343). Göppingen 1982.

Literaturlexikon. Autoren und Werke deutscher Sprache. Hg. von WALTER KILLY. Gütersloh 1988 ff. [zitiert als Killy].

LORENZ, DAGMAR C. G., Frau und Weiblichkeit bei Grillparzer, in: Der Widerspenstigen Zähmung. Studien zu einer bezwungenen Weiblichkeit in der Literatur vom Mittelalter bis zur Gegenwart. Hg. von MONIKA JONAS UND SYLVIA WALLINGER. (Innsbrucker Beiträge zur Kulturwissenschaft. Germanistische Reihe 31). Innsbruck 1986 S. 201–216.

LÜHE, IRMELA VON DER, Die Frau als Naturwesen im Volksbuch von der ‚Melusine', in: Frauen und Wissenschaft. Beiträge zur Berliner Sommeruniversität für Frauen. Juli 1976. Hg. von der Gruppe Berliner Dozentinnen. Berlin 1977 S. 220–229.

DIES., Fremdheit und Moderne: Theodor Fontanes Novellenfragment Oceane von Parceval, in: „Die andere Stimme". Das Fremde in der Kultur der Moderne. FS für Klaus R. Scherpe zum 60. Geburtstag. Hg. von ALEXANDER HONOLD UND MARKUS KÖPPEN. (Literatur – Kultur – Geschlecht. Große Reihe 13). Köln u. a. 1999 S. 123–134.

LUNDT, BEA, Melusine und Merlin im Mittelalter. Entwürfe und Modelle weiblicher Existenz im Beziehungsdiskurs der Geschlechter. Ein Beitrag zur Historischen Erzählforschung. München 1991.

DIES., Schwestern der Melusine im 12. Jahrhundert. Aufbruchsphantasie und Beziehungsvielfalt in den Texten von Marie de France, Walter Map und Gervasius von Tilbury, in: Auf der Suche nach der Frau im Mittelalter. Fragen, Quellen, Antworten. Hg. von BEA LUNDT. München 1991 S. 233–253.

DIES., Thüring von Ringoltingen: „Melusine" 1467, in: DIES., Melusine und Merlin im Mittelalter S. 141–164.

MACDOUGALL, ELIZABETH B., The Sleeping Nymph: Origins of an Humanist Fountain Type, in: The Art Bulletin 57. 1975 S. 357–365.

MARTIN-CIVAT, PIERRE, La Mélusine, ses origines et son nom. Comment elle est devenue la mythique aieule des Lusignan. (Institut d' Histoire et d' Archéologie de Cognac et du Cognaçais, Mémoires 1). Cognac 1969.

MARTIN MCLAUGHLIN, MARY, Überlebende und Stellvertreter: Kinder und Eltern zwischen dem neunten und dreizehnten Jahrhundert, in: Hört ihr die Kinder weinen S. 147–262.

MATT, PETER VON, Liebesverrat. Die Treulosen in der Literatur. München 1989.

Mauz, Jörg, Ulrich Molitoris aus Konstanz (ca. 1442–1507). Leben und Schriften. Univ. Diss. Konstanz 1983.

Mayer, Paola, Melusine: The Romantic Appropriation of a Medieval Tale, in: Germanisch-Romanische Monatsschrift N. F. 52. 2002 S. 289–302.

Mayr, Daniela F./Mayr, Klaus O., Von der Kunst, Locken auf Glatzen zu drehen. Eine illustrierte Kulturgeschichte der menschlichen Haarpracht. Berlin 2003.

Medick, Hans, Weben und Überleben in Laichingen 1650–1900. Lokalgeschichte als Allgemeine Geschichte. 2., durchgesehene Auflage. (Veröffentlichungen des Max-Planck-Instituts für Geschichte 126). Göttingen 1997.

Medieval Folklore. An Encyclopedia of Myths, Legends, Tales, Beliefs and Customs. Hg. von Carl Lindahl, John McNamara und John Lindow. 2 Bde. Santa Barbara u. a. 2000.

Meiss, Millard, Sleep in Venice, in: Stil und Überlieferung in der Kunst des Abendlandes. Akten des 21. Internationalen Kongresses für Kunstgeschichte in Bonn 1964. Bd. 3. Berlin 1967 S. 271–279.

Melusine of Lusignan. Founding Fiction in late Medieval France. Hg. von Donald Maddox und Sara Sturm-Maddox. Athens, Georgia u. a. 1996.

Menke, Bettine, Fontanes Melusinen, in: Die Bilder der ‚neuen Frau' in der Moderne und den Modernisierungsprozessen des 20. Jahrhunderts. Tagungsband der Internationalen Tagung Gender-Forschung, 24.–28. März 1998, Wrocław (Polen). Hg. von Krystyna Gabryjelska, Mirosława Czarnecka und Christa Ebert. (Beihefte zum Orbis Linguarum 3). Wrocław 1998 S. 25–50.

Dies., The Figure of Melusine in Fontane's Texts: Images, Digressions, and Lacunae, in: The Germanic Review 79. 2004 S. 41–67.

Mertens, Volker, Melusinen, Undinen. Variationen des Mythos vom 12. bis 20. Jahrhundert, in: Festschrift Walter Haug und Burghart Wachinger, Bd. 1 S. 201–231.

Metzler Lexikon Literatur- und Kulturtheorie. Ansätze – Personen – Grundbegriffe. Hg. von Ansgar Nünning. Stuttgart u. a. 1998.

Midelfort, H. C. Eric, Witch-hunting in Southwestern Germany, 1562–1684. The Social and Intellectual Foundations. Stanford 1972.

Milde, Wolfgang, Das Bücherverzeichnis von Hans Sachs, in: Handwerker, Dichter, Stadtbürger. 500 Jahre Hans Sachs. Ausstellung in der Bibliotheca Augusta vom 19. November 1994 bis 29. Januar 1995. Hg. von Dieter Merzbacher. (Ausstellungskataloge der Herzog-August-Bibliothek 72). Wiesbaden 1994 S. 38–55.

Mittellateinisches Glossar. Hg. von Edwin Habel und Friedrich Gröbel. Paderborn u. a. ^{2}1989.

Möller-Christensen, Ivy York, Den gyldne Trekant. H. C. Andersens gennembrud i Tyskland 1831–1850 med tilhørende bibliografie. Odense 1992.

Moos, Peter von, Das Öffentliche und das Private im Mittelalter. Für einen kontrollierten Anachronismus, in: Das Öffentliche und Private in der Vormoderne. Hg. von Gert Melville und Peter von Moos. (Norm und Struktur 10). Köln u. a. 1998 S. 3–83.

Ders., Die Begriffe „öffentlich" und „privat" in der Geschichte und bei den Historikern, in: Saeculum 49. 1998 S. 161–192.

Moser, Hugo, Karl Simrock als Erneuerer mittelhochdeutscher Dichtung. Bemerkungen zu seinem Verfahren, in: Festschrift für Hans Eggers S. 458–483.

Ders., Karl Simrock. Universitätslehrer und Poet, Germanist und Erneuerer von „Volkspoesie" und älterer „Nationalliteratur". Ein Stück Literatur-, Bildungs- und Wissenschaftsgeschichte des 19. Jahrhunderts. (Philologische Studien und Quellen 82). Berlin 1976.

DERS., Zu Simrocks Erneuerungen deutscher Volksbücher, in: Festschrift für Matthias Zender. Studien zu Volkskultur, Sprache und Landesgeschichte. Hg. von EDITH ENNEN und GÜNTHER WIEGELMANN. 2 Bde. Bonn 1972, Bd. 2 S. 910–927.

MÜHLHERR, ANNA, Geschichte und Liebe im Melusinenroman, in: Positionen des Romans im späten Mittelalter. Hg. von WALTER HAUG und BURGHART WACHINGER. (Fortuna Vitrea 1). Tübingen 1991 S. 328–337.

MÜLLER, JAN-DIRK, Melusine in Bern. Zum Problem der ‚Verbürgerlichung' höfischer Epik im 15. Jahrhundert, in: Literatur – Publikum – Historischer Kontext. Hg. von GERT KAISER. Bern 1977 S. 29–77.

DERS., Nachwort, in: ThvRM S. 1012–1041.

DERS., Stellenkommentar, in: ThvRM S. 1041–1087.

DERS., Volksbuch/Prosaroman im 15./16. Jahrhundert – Perspektiven der Forschung, in: Internationales Archiv für Sozialgeschichte. Sonderheft 1: Forschungsreferate. Tübingen 1985 S. 1–122.

MÜLLER, MARIA E., Der Poet der Moralität. Untersuchungen zu Hans Sachs. Bern u. a. 1985.

MÜLLER-JAHNCKE, WOLF-DIETER, Makrokosmos und Mikrokosmos bei Paracelsus, in: Paracelsus. Das Werk – die Rezeption S. 59–66.

MÜLLER-SEIDEL, WALTER, Theodor Fontane. Soziale Romankunst in Deutschland. Stuttgart u. a. ³1994.

NADLER, JOSEF, Franz Grillparzer. Stuttgart u. a. ²1967.

NAUMANN, HANS, Grundzüge der Volkskunde. Leipzig 1922.

NAUMANN, WALTER, Franz Grillparzer. Vaduz 1948.

NAWAB, MONA EL, Ingeborg Bachmanns „Undine geht". Ein stoff- und motivgeschichtlicher Vergleich mit Friedrich de la Motte Fouqués „Undine" und Jean Giraudoux' „Ondine". Würzburg 1993.

NETZLE, HANS, Das Süddeutsche Wander-Marionettentheater. München 1938.

NEUREUTER, Hans P., Das Spiegelmotiv bei Clemens Brentano. Studien zum romantischen Ich-Bewußtsein. (Goethezeit 5). Frankfurt 1972.

New Historicism. Literaturgeschichte als Poetik der Kultur. Hg. von MORITZ BAßLER. Tübingen u. a. 1995.

NIEFANGER, DIRK, Barock. Stuttgart 2000.

NIELSEN, KARSTEN HVIDTFELT, Vermittlung und Rahmentechnik. Eine kritische Untersuchung der „Rheinmärchen" Brentanos, in: Orbis Litterarum. International Review of Literary Studies 27. 1972 S. 77–101.

NOWACK, MARIE, Die Melusinen-Sage, ihr mythischer Hintergrund, ihre Verwandtschaft mit anderen Sagenkreisen und ihre Stellung in der deutschen Literatur. Freiburg 1886.

NOWOTNY, OTTO, Paracelsus und das Hexenwesen, in: Österreichische Apotheker-Zeitung 41. 1987 S. 682–687.

NÜESCH-HÄFELIN, MAGDALENA, „ein subtil Fleisch", in: Nova Acta Paracelsica. N. F. 9. 1994 S. 33 ff.

NUSSER, PETER, Deutsche Literatur von 1500–1800. Lebensformen, Wertvorstellungen und literarische Entwicklungen. Stuttgart 2002.

OBERMAN, HEIKO AUGUSTINUS, Werden und Wertung der Reformation. Vom Wegestreit zum Glaubenskampf. Tübingen 1977.

OHL, HUBERT, Melusine als Mythologem bei Theodor Fontane, in: Fontane-Blätter 6. 1986 S. 426–440.

DERS., Melusine als Mythos bei Theodor Fontane, in: Mythos und Mythologie in der Literatur des 19. Jahrhunderts. Hg. von HELMUT KOOPMANN. Frankfurt 1979 S. 294–306.

DERS., Theodor Fontane, in: Handbuch der deutschen Erzählung. Hg. von KARL KONRAD POLHEIM. Düsseldorf 1981 S. 339–355.

OLBRICH, ULRIKE, „Das Märchen von der schönen Melusine“ (1868/69) – Moritz von Schwinds Vollendung der zyklischen Bilderzählung als Ausklang der Romantik. Weimar 2003.

OPITZ, CLAUDIA, Frauenalltag im Spätmittelalter (1250–1500), in: Geschichte der Frauen. Hg. von GEORGES DUBY und MICHELE PERROT. Bd. 2: Mittelalter. Hg. von CHRISTIANE KLAPISCH-ZUBER. Frankfurt a. M. 1993 S. 283–339.

DIES., Neue Wege der Sozialgeschichte. Ein kritischer Blick auf Otto Brunners Konzept des ‚ganzen Hauses‘, in: Geschichte und Gesellschaft 20. 1994 S. 89–98.

DIES., Vom Familienzwist zum sozialen Konflikt. Über adlige Eheschließungspraktiken im Hoch- und Spätmittelalter, in: Weiblichkeit in geschichtlicher Perspektive. Fallstudien und Reflexionen zu Grundproblemen der historischen Frauenforschung. Hg. von URSULA A. J. BECHER und JÖRN RÜSEN. Frankfurt a. M. 1988 S. 116–149.

OTTO, BEATE, Unterwasser-Literatur. Von Wasserfrauen und Wassermännern. (Epistemata. Würzburger Wissenschaftliche Schriften 348). Würzburg 2001.

Pädagogische Grundbegriffe. Hg. von DIETER LENZEN. 2 Bde. Reinbek bei Hamburg 1989. (Stuttgart 1984).

PAGEL, WALTER, Das medizinische Weltbild des Paracelsus. Seine Zusammenhänge mit Neuplatonismus und Gnosis. (Kosmosophie 1). Wiesbaden 1962.

PANZER, FRIEDRICH, Einleitung, in: Merlin und Seifrid de Ardemont von Albrecht von Scharfenberg S. LXXII–LXXX.

Paracelsus. Das Werk – die Rezeption. Beiträge des Symposiums zum 500. Geburtstag von Theophrastus Bombastus von Hohenheim, genannt Paracelsus (1493–1541) an der Universität Basel am 3. und 4. Dezember 1993. Hg. von VOLKER ZIMMERMANN. Stuttgart 1995.

PATAKI, ZITA ÁGOTA, Wechselbeziehungen zwischen Bild und Text am Beispiel von Lucas Cranachs ruhender Quellnymphe, in: Wissenswelten – Perspektiven der neuzeitlichen Informationskultur. Sommerakademie des Graduiertenkollegs „Wissensfelder der Neuzeit. Entstehung und Aufbau der europäischen Informationskultur“. 2.–6. September 2002, Augsburg. Hg. von WOLFGANG E. J. WEBER. (Mitteilungen des Instituts für Europäische Kulturgeschichte der Universität Augsburg. Sonderheft 2003). Augsburg 2003 S. 115–133.

PAULSEN, WOLFGANG, Im Banne der Melusine. Theodor Fontane und sein Werk. Bern u. a. 1988.

PETERS, PETER, Sozialisation als Denaturierung. Anmerkungen zum zivilisationskritischen Potential in Theodor Fontanes „Ellernklipp“, in: Literatur für Leser 14. 1991 S. 31–45.

PETERS, URSULA, Dynastengeschichte und Verwandtschaftsbilder. Die Adelsfamilie in der volkssprachigen Literatur des Mittelalters. Tübingen 1999.

DIES., Historische Anthropologie und mittelalterliche Literatur. Schwerpunkte einer interdisziplinären Forschungsdiskussion, in: Festschrift Walter Haug und Burghart Wachinger, Bd. 1 S. 63–86.

DIES., Literaturgeschichte als Mentalitätsgeschichte. Überlegungen zur Problematik einer neueren Forschungsrichtung, in: Germanistik – Forschungsstand und Perspektiven. Vorträge des deutschen Germanistentages 1984. Hg. von GEORG STÖTZEL. 2 Bde. Berlin u. a. 1985, Bd. 2 S. 179–198.

DIES., Zwischen New Historicism und Gender-Forschung. Neue Wege der älteren Germanistik, in: Deutsche Vierteljahrsschrift für Literaturwissenschaft und Geistesgeschichte 71. 1997 S. 363–396.

PFISTER, MANFRED, Das Drama. Theorie und Analyse. München [8]1994.

PINTO-MATHIEU, ELISABETH, Le Roman de Melusine de Coudrette et son adaptation allemande dans le roman en prose de Thüring von Ringoltingen. (Göppinger Arbeiten zur Germanistik 524). Göppingen 1990.

Plett, Bettina, Frauenbilder, Männerperspektiven und die fragwürdige Moral. Applikation und Demontage von Rollenbildern und Wertzuschreibungen in Fontanes Romanen, in: Fontane-Blätter 68. 1999 S. 118–129.

Politzer, Heinz, Fülle des Wohllauts (Fortsetzung): Melusina, in: Ders., Franz Grillparzer oder Das abgründige Biedermeier. Wien u. a. 1972 S. 151–164.

Pörksen, Gunhild, Die Bewohner der Elemente nach Paracelsus' Liber de Nymphis, in: Nova Acta Paracelsica. N. F. 6. 1991 S. 29–50.

Dies., Nachwort, in: Theophrast von Hohenheim: Das Buch von den Nymphen, Sylphen, Pygmaeen, Salamandern und den übrigen Geistern S. 77–102.

Dies., Zum Prolog des *Liber de Nymphis*, in: Nova Acta Paracelsica. N. F. 10. 1996 S. 77–88.

Praz, Mario, The Romantic Agony. Oxford ²1951.

Preisler, Horst L., Gesellige Kritik. Ludwig Tiecks kritische, essayistische und literarhistorische Schriften. (Stuttgarter Arbeiten zu Germanistik 262). Stuttgart 1992.

Radbruch, Gustav, Theodor Fontane oder Skepsis und Glaube. Leipzig 1945.

Rang, Brita, Zur Geschichte des dualistischen Denkens über Mann und Frau. Kritische Anmerkungen zu den Thesen von Karin Hausen zur Herausbildung der Geschlechtscharaktere im 18. und 19. Jahrhundert, in: Frauenmacht in der Geschichte. Beiträge des Historikerinnentreffens 1985 zur Frauengeschichtsforschung. Hg. von Jutta Dalhoff, Uschi Frey und Ingrid Schöll. (Geschichtsdidaktik. Studien. Materialien 41). Düsseldorf 1986 S. 194–204.

Ranke-Graves, Robert von, Griechische Mythologie. Quellen und Deutung. Autorisierte deutsche Übersetzung von Hugo Seinfeld unter Mitwirkung von Boris von Borresholm nach der im Jahre 1955 erschienenen amerikanischen Penguin-Ausgabe. Reinbek ¹³2000.

Rath, Wolfgang, Ludwig Tieck. Das vergessene Genie. Paderborn u. a. 1996.

Rau, Hans, Franz Grillparzer und sein Liebesleben. Berlin 1904.

Reallexikon der deutschen Literaturgeschichte. Begründet von Paul Merker und Wolfgang Stammler. Hg. von Werner Kohlschmidt u. a. 2. Auflage. 5 Bde. Berlin u. a. 1958–1988.

Reiber, Joachim, Von der Kunst der Begrenzung. Franz Grillparzer und die Oper, in: Jahrbuch des Wiener Goethe-Vereins 96. 1992 S. 137–149.

Reichart, Andrea, Alltagsleben im späten Mittelalter. Der Übergang zur frühen Neuzeit am Beispiel der Stadt Essen. (1400–1700). Durchgesehene, 2. Auflage. (Essener kulturhistorische Studien 1). Essen 1996.

Ribbat, Ernst, Ludwig Tieck. Studien zur Konzeption und Praxis romantischer Poesie. Kronenberg, Ts. 1978.

Richarz, Irmintraut, Das ökonomisch autarke „ganze Haus" – eine Legende?, in: Haushalt und Familie in Mittelalter und früher Neuzeit. Vorträge eines interdisziplinären Symposions vom 6.–9. Juni 1990 an der Rheinischen Friedrich-Wilhelm-Universität Bonn. Hg. von Trude Ehlert. Sigmaringen 1991 S. 269–279.

Riezler, Sigmund von, Geschichte der Hexenprozesse in Bayern. Stuttgart 1968. (Stuttgart 1896).

Roach, Eleanor, Einleitung, in: Couldrette, Le Roman de Mélusine ou Histoire de Lusignan S. 13–104.

Roebling, Irmgard, Nixe als Sohnphantasie. Zum Wasserfrauenmotiv bei Heyse, Raabe, Fontane, in: Sehnsucht und Sirene S. 145–203.

Roloff, Hans-Gert, Stilstudien zur deutschen Prosa im 15. Jahrhundert. (Literatur und Leben. N. F. 12). Köln u. a. 1970.

Ders., Nachwort, in: Thüring von Ringoltingen: Melusine. Stuttgart ²1991 S. 153–176.

Ders., Zur Spannung von ‚Text' und ‚Kontext' in der Mittleren deutschen Literatur, in: Text und Kontext S. 219–229.

ROPER, LYNDAL, The Holy Household. Women and Morals, in Reformation Augsburg. Oxford 1989.

DIES., Was There a Crisis in Gender Relations in Sixteenth-Century Germany?, in: DIES., Oedipus and the Devil. Witchcraft, Sexuality, and Religion in Early Modern Europe. London u. a. 1994 S. 37–52.

ROSS, JAMES BRUCE: Das Bürgerkind in den italienischen Stadtkulturen zwischen dem vierzehnten und dem frühen sechzehnten Jahrhundert, in: Hört ihr die Kinder weinen S. 263–325.

ROST, WOLFGANG E., Örtlichkeit und Schauplatz in Fontanes Werken. Berlin u. a. 1931.

RUBIN, GAYLE, The Traffic in Women: Notes on the Political Economy of sex, in: Towards an Anthropology of Women. Hg. von RAYNA REITER. New York 1975 S. 157–210.

RUH, KURT, Die ‚Melusine' des Thüring von Ringoltingen, in: Bayerische Akademie der Wissenschaften. Philosophisch-Historische Klasse. Sitzungsberichte. Jg. 1985, Heft 5 S. 5–24.

SCHÄFER, RENATE, Fontanes Melusine-Motiv, in: Euphorion 56. 1962 S. 69–104.

SCHANZE, HELMUT, „Es waren schöne, glänzende Zeiten...". Zur Genese des romantischen Mittelalterbildes, in: Studien zur deutschen Literatur des Mittelalters. Hg. von RUDOLF SCHÜTZEICHEL. Bonn 1979 S. 760–771.

SCHAUB, HORST/ZENKE, KARL G., Wörterbuch zur Pädagogik. München 1995.

SCHEFFEL, MICHAEL: Vom Mythos gezeichnet? Medea zwischen ‚Sexus' und ‚Gender' bei Euripides, Franz Grillparzer und Christa Wolf, in: Wirkendes Wort 53. 2003 S. 295–307.

SCHEIT, GERHART, Franz Grillparzer. Reinbek 1989.

DERS., Grillparzer und die deutschen Männer, in: Stichwort „Grillparzer". Hg. von HILDE HAIDER-PREGLER und EVELYN DEUTSCH-SCHREINER. (Grillparzer-Forum 1). Wien u. a. 1996 S. 51–58.

SCHENDA, RUDOLF, Volk ohne Buch. Studien zur Sozialgeschichte der populären Lesestoffe 1770–1910. (Studien zur Philosophie und Literatur des neunzehnten Jahrhunderts 5). Frankfurt a. M. 1970.

DERS., Die Lesestoffe der Kleinen Leute. Studien zur populären Literatur im 19. und 20. Jahrhundert. München 1976.

DERS., Alphabetisierung und Literarisierungsprozesse in Westeuropa im 18. und 19. Jahrhundert, in: Sozialer und kultureller Wandel in der ländlichen Welt des 18. Jahrhunderts. Hg. von ERNST HINRICHS und GÜNTER WIEGELMANN. (Wolfenbütteler Forschungen 19). Wolfenbüttel 1982 S. 1–42.

DERS., RUDOLF, Von Mund zu Ohr. Bausteine zu einer Kulturgeschichte volkstümlichen Erzählens in Europa. Göttingen 1993.

SCHERER, STEFAN, Witzige Spielgemälde. Tieck und das Drama der Romantik. (Quellen und Forschungen zur Literatur- und Kulturgeschichte 26). Berlin u. a. 2003.

SCHILD, KARL ADOLF, Die Bezeichnungen der deutschen Dramen von den Anfängen bis 1740. (Gießener Beiträge zur Deutschen Philologie 12). Gießen 1925.

SCHILLING, SILKE, Die Schlangenfrau. Über matriarchale Symbolik weiblicher Identität und ihre Aufhebung in Mythologie, Märchen, Sage und Literatur. (Frauen-Forschung 2). Frankfurt a. M. ^{2}1987.

SCHMALBRUCH, URSULA, Zum Melusine-Motiv in Fontanes Cécile, in: Text und Kontext 8. 1980 S. 127–144.

SCHMID, CHRISTOPH, Die Mittelalterrezeption des 18. Jahrhunderts zwischen Aufklärung und Romantik. Frankfurt a. M. 1979.

SCHMIDT, BURGHART, Über bildnerische Kunst als Topik des anschaulichen Denkens, in: Topik und Rhetorik. Ein interdisziplinäres Symposium. Hg. von THOMAS SCHIRREN und GERT UEDING. (Rhetorik-Forschungen 13). Tübingen 2000 S. 335–343.

SCHMITZ-EMANS, MONIKA, Vom Spiel mit dem Mythos. Zu Goethes Märchen „Die neue Melusine“, in: Goethe-Jahrbuch 105. 1988 S. 316–332.

SCHMOOK, REINHARD, „Gesunkenes Kulturgut – primitive Gemeinschaft“. Der Germanist Hans Naumann (1886–1951) in seiner Bedeutung für die Volkskunde. (Beiträge zur Volkskunde und Kulturanalyse 7). Wien 1993

SCHNEIDER, KARIN, Einführung, in: Thüring von Ringoltingen, Melusine. Berlin 1958 S. 7–35.

SCHNELL, RÜDIGER, Liebes- und Ehediskurs im 15. und 16. Jahrhundert, in: The Graph of sex S. 77–120.

DERS., Geschlechtergeschichte und Textwissenschaft. Eine Fallstudie zu mittelalterlichen und frühneuzeitlichen Ehepredigten, in: Text und Geschlecht. Mann und Frau in Eheschriften der frühen Neuzeit. Hg. von RÜDIGER SCHNELL. Frankfurt a. M. 1997 S. 145–175.

DERS., Geschlechtergeschichte, Diskursgeschichte und Literaturgeschichte. Eine Studie zu konkurrierenden Männerbildern in Mittelalter und Früher Neuzeit, in: Frühmittelalterliche Studien 32. 1998 S. 307–364.

SCHNELLER, KLAUS, Paracelsus: Von den Hexen und ihren Werken, in: Aus der Zeit der Verzweiflung. Zur Genese und Aktualität des Hexenbildes. Beiträge von GABRIELE BECKER, SILVIA BOVENSCHEN, HELMUT BRACKERT u. a. Frankfurt a. M. 1977 S. 240–258.

SCHOLZ WILLIAMS, GERHILD, Die dritte Kreatur: Das Frauenbild in den Schriften von Paracelsus (1491–1543), in: Der Frauwen buoch S. 353–371.

DIES., Magie entzaubert. Melusine, Paracelsus, Faustus, in: Entzauberung der Welt. Deutsche Literatur 1200–1500. Hg. von JAMES F. POAG und THOMAS C. FOX. Tübingen 1989 S. 53–71.

DIES., Frühmoderne Transgressionen: Sex und Magie in der Melusine und bei Paracelsus, in, Daphnis 20. 1991 S. 82–101.

DIES., Hexen und Herrschaft. Die Diskurse der Magie und Hexerei im frühneuzeitlichen Frankreich und Deutschland. Überarbeitete Ausgabe. Übersetzt von Christiane Bohnert. (Forschungen zur Geschichte der älteren Deutschen Literatur 22). München 1998. (engl. Ann Arbor 1995).

DIES., Magie und der Mythos der Bannverletzung. Mélusine de Lusignan von Jean d'Arras, in: DIES., Hexen und Herrschaft S. 37–59.

DIES., GERHILD, Magie und die Wissenschaft von Mann und Frau. Theophrastus Bombastus von Hohenheim, genannt Paracelsus, in: DIES., Hexen und Herrschaft S. 61–79.

SCHOLZ WILLIAMS, GERHILD, The Death of Love: Melusine (1392) and Dr. Faustus (1587), in: Love and Death in the Renaissance. Hg. von KENNETH R. BARTLETT, KONRAD EISENBICHLER und JANICE LIEDL. Ottawa 1991 S. 183–197.

SCHOLZ WILLIAMS, GERHILD/SCHWARZ, ALEXANDER, Existentielle Vergeblichkeit. Verträge in der Mélusine, im Eulenspiegel und im Dr. Faustus. (Philologische Studien und Quellen 179). Berlin 2003.

SCHOLZ, HANS, Theodor Fontane. München 1978.

SCHÖN, ERICH, Weibliches Lesen. Romanleserinnen im späten 18. Jahrhundert, in: Untersuchungen zum Roman von Frauen um 1800. Hg. von Helga Gallas und Magdalene Heuser. (Untersuchungen zur deutschen Literaturgeschichte 55). Tübingen 1990 S. 20–41.

SCHÖNDORF, KURT ERICH, Der Melusine-Stoff bei Thüring von Ringoltingen und Franz Grillparzer, in: Franz Grillparzer 1791–1991. Vorträge anläßlich einer Grillparzer-Gedenkfeier an der Universität Oslo 25. – 26. September 1991. Hg. von KURT ERICH SCHÖNDORF und ELSBETH WESSEL. (Osloer Beiträge zur Germanistik 15). Oslo 1993 S. 85–105.

SCHÖNHAAR, RAINER F., Novelle und Kriminalschema. Ein Strukturmodell deutscher Erzählkunst um 1800. Bad Homburg u. a. 1969.

SCHORBACH, KARL, Die Historie von der schönen Melusine, in: Zeitschrift für Bücherfreunde 1. 1897/98, Heft 1 S. 132–142.

Ders., Die Historie von der schönen Melusine, in: Zeitschrift für Bücherfreunde 9. 1905/06 S. 147 f.

Schott, Heinz, Magie - Glaube - Aberglaube: Zur „Philosophia Magna" des Paracelsus, in: Paracelsus und seine internationale Rezeption in der frühen Neuzeit. Beiträge zur Geschichte des Paracelsismus. Hg. von Heinz Schott und Ilona Zingner. Leiden u. a. 1998 S. 24–35.

Schultz, Hartwig, Clemens Brentano. Stuttgart 1999.

Schuster, Peter-Klaus, Theodor Fontane: Effi Briest - Ein Leben nach christlichen Bildern. Tübingen 1878.

Schwerhoff, Gerd, Rationalität im Wahn. Zum gelehrten Diskurs über die Hexen in der frühen Neuzeit, in: Saeculum 37. 1986 S. 45–82.

Scribner, Robert W., How many Could read?, in: Stadtbürgertum und Adel in der Reformation. Studien zur Sozialgeschichte der Reformation in England und Deutschland. Hg. von Wolfgang J. Mommsen. (Veröffentlichungen des Deutschen Historischen Instituts London 5). Stuttgart 1979 S. 44 f.

Sehnsucht und Sirene. Vierzehn Abhandlungen zu Wasserphantasien. Hg. von Irmgard Roebling. (Thetis 1). Pfaffenweiler 1992.

Seidlin, Oskar, Brentanos Melusinen, in: Euphorion 72. 1978 S. 369–399.

Ders., Melusine, in: Ders., Von erwachendem Bewußtsein und vom Sündenfall. Brentano - Schiller - Kleist - Goethe. Stuttgart 1979 S. 120–154.

Siegert, Reinhart, Zur Alphabetisierung in den deutschen Regionen am Ende des 18. Jahrhunderts. Methodische Überlegungen und inhaltliche Bausteine aus Quellenmaterial der ‚Volksaufklärung, in: Alphabetisierung und Literarisierung in Deutschland in der frühen Neuzeit. Hg. von Hans Erich Bödeker und Ernst Hinrichs. (Wolfenbütteler Studien zur Aufklärung 26). Tübingen 1999 S. 283–307.

Sittig, Claudius, „Was ernst an ihm ist, kann sie schon". *Die deutsche Literaturwissenschaft und der New Historicism aus der Neuen Welt*, in: Interkultureller Transfer und nationaler Eigensinn. Europäische und anglo-amerikanische Positionen der Kulturwissenschaften. Hg. von Rebekka Habermas und Rebekka von Mallinckrodt. Göttingen 2004 S. 87–106.

Škreb, Zdenko, Das Märchenspiel bei Grillparzer, in: Jahrbuch der Grillparzer-Gesellschaft. Dritte Folge 7. 1967 S. 37–53.

Ders., Das Göttliche bei Grillparzer, in: The German Quarterly 45. 1972 S. 620–628.

Ders., Grillparzer. Eine Einführung in das dramatische Werk. Kronberg 1976.

Spiegel, Gabrielle M., Maternity and Monstrosity: Reproductive Biology in the Roman de Mélusine, in: Melusine of Lusignan S. 100–124.

Dies., Geschichte, Historizität und die soziale Logik von mittelalterlichen Texten, in: Geschichte schreiben in der Postmoderne. Beiträge zur aktuellen Diskussion. Hg. von Christoph Conrad und Martina Kessel. Stuttgart 1994 S. 161–202.

Splett, Jochen, Althochdeutsches Wörterbuch. Analyse der Wortfamilienstrukturen des Althochdeutschen, zugleich Grundlegung einer zukünftigen Strukturgeschichte des deutschen Wortschatzes. 2 Bde. Berlin u. a. 1993.

Stauffer, Isabelle Gloria, Undines Sehnsucht nach der Seele. Über Paracelsus' Konzeption der Beseelung von Elementargeistern im *Liber de Nymphis, sylphis, pygmaeis et salamandris, et de caeteris spiritibus*, in: Nova Acta Paracelsica. N. F. 13. 1999 S. 49–100.

Stephan, Inge, „Das Natürliche hat es mir seit langem angetan." Zum Verhältnis von Frau und Natur in Fontanes Cécile, in: Natur und Natürlichkeit. Stationen des Grünen in der deutschen Literatur. Hg. von Reinhold Grimm und Jost Hermand. Königstein, Ts. 1981 S. 118–149.

Dies., „Die Musen gehören zu den himmlischen Gestalten, die Mann und Weib nicht kennen". Zur Androgynitätsauffassung in Kunst und Wissenschaft, in: Akten des VII. Internationalen

Germanistenkongresses Göttingen 1985: Kontroversen, alte und neue. Hg. von ALBRECHT SCHÖNE, Bd. 6: Frauensprache - Frauenliteratur? Für und Wider einer Psychoanalyse literarischer Werke. Hg. von INGE STEPHAN und CARL PIETZCKER. (Akten des VII. Internationalen Germanistenkongresses 6). Tübingen 1986 S. 119–126.

DIES., Weiblichkeit, Wasser und Tod, in: Weiblichkeit und Tod in der Literatur. Hg. von RENATE BERGER und INGE STEPHAN. Köln u. a. 1987 S. 117–139.

STOLT, BIRGIT, Die Sprachmischung in Luthers Tischreden. Studien zum Problem der Zweisprachigkeit. (Acta Universitas Stockholmiensis. Stockholmer Germanistische Forschungen 4). Stockholm 1964.

STÖRMER-CAYSA, UTA, Melusines Kinder bei Thüring von Ringoltingen, in: Beiträge zur Geschichte der deutschen Sprache und Literatur 121. 1999 S. 239–261.

STORZ, GERHARD, Schwäbische Romantik. Dichter und Dichterkreise im alten Württemberg. Stuttgart u. a. 1967.

STOUFF, LOUIS, Essai sur Mélusine. Roman du XIVe siècle par Jean d'Arras. (Publications de l'Université de Dijon 3). Dijon u. a. 1930.

STREBEL, JOSEF, Prolegomena zum Paracelsischen Buch über die Elementargeister, in: Nova Acta Paracelsica 2. 1945 S. 173–186.

STRIEDER, FRIEDRICH WILHELM, Grundlage zu einer Hessischen Gelehrten und Schriftsteller Geschichte. Seit der Reformation bis auf gegenwärtige Zeiten. 20 Bde. Kassel 1781–1863.

STROHSCHNEIDER-KOHRS, INGRID, Wirklichkeit und Erweis. Notizen zu einem Problem im Denken Grillparzers, in: Unterscheidung und Bewahrung. FS für Hermann Kunisch zum 60. Geburtstag. Hg. von KLAUS LAZAROWICZ UND WOLFGANG KRON. Berlin 1961 S. 363–380.

STUBY, ANNA MARIA, Liebe, Tod und Wasserfrau. Mythen des Weiblichen in der Literatur. (Kulturwissenschaftliche Studien zur deutschen Literatur 22). Wiesbaden 1992.

DIES., Vom Kommen und Gehen Undines. Ein feministischer Blick auf die Rezeptionsgeschichte des Wasserfrauenmythos, in: Feministische Studien 10, 1. 1992 S. 4–22.

STUPLICH, BRIGITTE, Zur Dramentechnik des Hans Sachs. (Arbeiten und Editionen zur Mittleren Deutschen Literatur. N. F. 5). Stuttgart-Bad Cannstadt 1998.

SUCHY, VIKTOR, Franz Grillparzers „Melusina", in: Jahrbuch der Grillparzer-Gesellschaft. Dritte Folge 7. 1967 S. 61–135.

TANZER, HARALD, Das Spiel mit dem Tabu. Theodor Fontanes erotische Kriminalgeschichte ‚Ellernklipp', in: Deutschunterricht 50, 4. 1998 S. 34–45.

Taschenbuch der Pädagogik. Hg. von HELMWART HIERDEIS und THEO HUG. 4., vollständig überarbeitete und erweiterte Auflage. 4 Bde. Hohengehren 1996.

TEUFERT, EVELINE, Notzucht und sexuelle Nötigung. Ein Beitrag zur Kriminologie und Kriminalistik der Sexualfreiheitsdelikte unter Berücksichtigung der Geschichte und der geltenden strafrechtlichen Regelung. (Kriminalwissenschaftliche Abhandlungen 14). Lübeck 1980.

Text und Kontext. Anleitung zur Lektüre deutscher Texte der frühen Neuzeit. Hg. von ALEXANDER SCHWARZ und LAURE ALPLANALP. (TAUSCH. Textanalyse in Universität und Schule 9). Bern. u. a. 1997.

The Graph of sex and the German text. Gendered Culture in Early Modern Germany 1500–1700. Hg. von LYNNE TATLOCK. (Chloe. Beihefte zum Daphnis 19). Amsterdam u. a. 1994.

The Oxford English Dictionary. Begründet von JAMES A. H. MURRY. Hg. von JOHN ANDREW SIMPSON und EDMUND S. C. WEINER. 20 Bde. Oxford [2]1989.

The Oxford Guide to Classical Mythology in the Arts, 1300–1990s. Hg. von JANE DAVIDSON REID und CHRIS ROHMANN. 2 Bde. New York u. a. 1993.

Theodor Fontane am Ende des Jahrhunderts. Hg. von HANNA DELF VON WOLZOGEN und HELMUTH NÜRNBERGER. Bd. 2: Sprache, Ich, Roman, Frau. Würzburg 2000.

Theodor Fontane und die bildende Kunst. Hg. von Claude Keisch, Peter-Klaus Schuster und Moritz Wullen. Berlin 1998.

Theologische Realenzyklopädie. Hg. von Gerhard Müller u.a. Berlin u.a. 1976-. [zitiert als TRE].

Thomalla, Ariane, Die ‚femme fragile'. Ein literarischer Frauentypus der Jahrhundertwende. Düsseldorf 1972.

Thomé, Horst, Autonomes Ich und ‚Inneres Ausland'. Studien über Realismus, Tiefenpsychologie und Psychiatrie in deutschen Erzähltexten (1848–1914). Tübingen 1993.

Thoss, Dagmar, Studien zum locus amoenus im Mittelalter. Wien 1972.

Thurnher, Eugen, Grillparzer und die altdeutsche Dichtung, in: Strukturen und Interpretationen. Studien zur deutschen Philologie gewidmet Blanka Horacek zum 60. Geburtstag. Hg. von Alfred Ebenbauer u.a. (Philologica Germanica 1) Wien 1974 S. 321–339.

Trepp, Anne-Charlott, Sanfte Männlichkeit und selbständige Weiblichkeit. Frauen und Männer im Hamburger Bürgertum zwischen 1770 und 1840. (Veröffentlichungen des Max-Planck-Instituts für Geschichte 123). Göttingen 1996.

Trippi, Peter, J[ohn] W[illiam] Waterhouse. London u.a. 2002.

Trüpel-Rüdel, Helga, Undine - eine motivgeschichtliche Untersuchung. Univ. Diss. Bremen 1987.

Veitschegger, Thomas, Das „Buch der Liebe" (1587). Ein Beitrag zur Buchs- und Verlagsgeschichte des 16. Jahrhunderts. Hamburg 1991.

Verführer. Schurken. Magier. Hg. von Ulrich Müller und Werner Wunderlich. (Mittelaltermythen 3). St. Gallen 2001.

Vietta, Silvio, Zur Differenz zwischen Tiecks und Wackenroders Kunsttheorie, in: Ludwig Tieck. Literaturprogramm und Lebensinszenierung im Kontext seiner Zeit. Hg. von Walter Schmitz. Tübingen 1996 S. 87–99.

Vivelo, Frank Robert, Anhang II: Bewertung von Inzesttheorien, in: Ders., Handbuch der Kulturanthropologie. Eine grundlegende Einführung. Hg. und mit einer Einleitung versehen von Justin Stagl. Stuttgart 1981. (engl. New York 1978) S. 284–307.

Viviani, Annalisa, Grillparzer-Kommentar. 2 Bde. München 1972f.

Vogel, Matthias, „Melusine... das läßt aber tief blicken." Studien zur Gestalt der Wasserfrau in dichterischen und künstlerischen Zeugnissen des 19. Jahrhunderts. (Europäische Hochschulschriften 101). Bern u.a. 1989.

Volkelt, Johannes, Die Psychologie der Liebe in Grillparzers Dramen, in: Jahrbuch der Grillparzer-Gesellschaft 19. 1910 S. 1–28.

Voss, Lieselotte, Literarische Präfiguration dargestellter Wirklichkeit bei Fontane. Zur Zitatstruktur seines Romanwerks. München 1985.

Wackernagel, Wilhelm, Das Glücksrad und die Kugel des Glücks, in: Zeitschrift für deutsches Alterthum 6. 1848 S. 134–149.

Wagner-Douglas, Immo, Alte Meister. Von der Bildersprache zum Sprachbild, in: Theodor Fontane und die bildende Kunst S. 231–251.

Walz, Herbert, Deutsche Literatur der Reformationszeit. Eine Einführung. Darmstadt 1988.

Wandel der Geschlechterbeziehungen zu Beginn der Neuzeit. Hg. von Heide Wunder und Christina Vanja. Frankfurt a.M. 1991.

Wandrey, Conrad, Theodor Fontane. München 1919.

Wartburg, Walter, Französisches etymologisches Wörterbuch. Eine Darstellung des galloromanischen Sprachschatzes. 14 Bde. Basel 1948–1961.

Weber, Lilo, ‚Fliegen und Zittern'. Hysterie in Texten von Theodor Fontane, Hedwig Dohm, Gabriele Reuter und Minna Kautsky. Bielefeld 1996.

Webster's new Encyclopedic Dictionary. New York 1995.

Weckel, Ulrike, Häuslichkeit und Öffentlichkeit. Die ersten deutschen Frauenzeitschriften im späten 18. Jahrhundert und ihr Publikum. (Studien und Texte zur Sozialgeschichte der Literatur 61). Tübingen 1998.

Weimann, Karl-Heinz, Paracelsus in der Weltliteratur, in: Germanisch-romanische Monatsschrift N. F. 11. 1961 S. 241–274.

Weiss-Sussex, Godela, Fontane und die englische Malerei: Die Briefe aus Manchester, in: Fontane-Blätter 75. 2003 S. 64–79.

Weller, Emil, Annalen der Poetischen National-Literatur der Deutschen im XVI. und XVII. Jahrhundert. Nach den Quellen bearbeitet. Bd. 2. Hildesheim 1964. (Freiburg i. Br. 1864).

Wermke, Michael, ‚Lass mich aufs Feld gehen und Ähren lesen, dem nach, vor dem ich Gnade finde'. Theodor Fontanes Roman ‚Ellernklipp' im Religionsunterricht. [http://www.rpi-loccum.de/literat.html (27.08. 2004)].

Whitaker, Paul K., The tragic artist in Grillparzer's „Melusina", in: Monatshefte 50, 2. 1958 S. 49–56.

Widmann, Hans, Aus der Geschichte des Reutlinger Druck- und Verlagswesens, in: Rückblick für die Zukunft. Berichte über Bücher, Buchhändler und Verleger zum 150. Geburtstag des Ensslin-Verlages. Hg. von Joachim Ulrich Hebsaker. Reutlingen 1968 S. 27–106.

Ders., Vom Buchwesen der alten Stadt Reutlingen, in: Archiv für Geschichte des Buchwesens 9. 1976 S. 449–490.

Wienker-Piepho, Sabine, Questing for Souls or Never Blame Supernatural Wives. The Stauffenberg-Poem, Clerk Colvil, Undine, Melusine and Other Waternymphs, in: Scandinavian Yearbook of Folklore 48. 1992 S. 91–104.

Wiesner-Hanks, Merry/Scholz Williams, Gerhild, Paracelsus über Geschlecht, Weisheit und die menschliche Natur, in: Geschlechterperspektiven. Forschungen zur frühen Neuzeit. Hg. von Heide Wunder und Gisela Engel. (Aktuelle Frauenforschung). Königstein, Ts. 1998 S. 301–312.

Willbern, David, Filia Oedipi: Father and Daughter in Freudian Theory, in: Daughters and Fathers S. 75–96.

Wingen-Trennhaus, Angelica, Die Quellen des Hans Sachs. Bibliotheksgeschichtliche Forschungen zum Nürnberg des 16. Jahrhundert, in: Hans Sachs im Schnittpunkt von Antike und Neuzeit. Akten des interdisziplinären Symposions vom 23./24. September 1994 in Nürnberg. Hg. von Stephan Füssel. (Pirckheimer Jahrbuch). Nürnberg 1995 S. 109–149.

Winkler, Markus, Mythisches Denken im poetischen Realismus. Dämonische Frauenfiguren bei Keller, Fontane und Storm, in: Begegnung mit dem ‚Fremden'. Grenzen – Traditionen – Vergleiche. Akten des VIII. Internationalen Germanisten-Kongresses. Tokyo 1990. Hg. von Eijirō Iwasaki. Bd. 11. Hg. von Yoshinari Shichiji. München 1991 S. 147–159.

Ders., Anna Maria Stuby: Liebe, Tod und Wasserfrau, in: Jahrbuch der Raabe-Gesellschaft 1993 S. 159–164.

Wittmann, Reinhard, Geschichte des deutschen Buchhandels. 2., durchgesehene Auflage. München 1999.

Wodianka, Stephanie, ‚(Un-)Männliches' und ‚(Un-)Weibliches: Das Spiel der Geschlechter in den Dramen Franz Grillparzers, in: Jahrbuch der Raabe-Gesellschaft 2003 S. 117–146.

Wolf-Cirian, Francis, Grillparzers Frauengestalten. Berlin 1908.

Wörterbuch der Pädagogik in drei Bänden. Hg. vom Willmann-Institut München – Wien. Freiburg u. a. 1977.

Wullen, Moritz, Englische Malerei. ‚Kosmopolitismus in der Kunst'. Fontane in England, in: Theodor Fontane und die bildende Kunst, S. 42–120.

Yates, William Edgar, The fair sex, in: Grillparzer und die europäische Tradition. Londoner Symposion 1986. Hg. von Robert Pichl u. a. Wien 1987 S. 71–83.

Zahnd, Urs Martin, Die Bildungsverhältnisse in den bernischen Ratsgeschlechtern im ausgehenden Mittelalter. Verbreitung, Charakter und Funktion der Bildung in der politischen Führungsschicht einer spätmittelalterlichen Stadt. (Schriften der Berner Burgerbibliothek). Bern 1979.

Zeller, Bernhard, Gustav Schwab im literarischen Leben seiner Zeit, in: Zeitschrift für Württembergische Landesgeschichte 20. 1961 S. 268–289.

Ziegeler, Wolfgang, Möglichkeiten der Kritik am Hexen- und Zauberwesen im ausgehenden Mittelalter. Zeitgenössische Stimmen und ihre soziale Zugehörigkeit. Köln u. a. 1973.

Ziegler, Edda, Die Zukunft der Melusinen. Weiblichkeitskonstruktionen in Fontanes Spätwerk, in: Theodor Fontane am Ende des Jahrhunderts, Bd. 2 S. 173–185.

Dies., Fremd auf dieser Welt. Das Aparte an Fontanes literarischen Heldinnen, in: Fontane und die Fremde. Fontane und Europa. Hg. von Konrad Ehlich. Würzburg 2002 S. 23–35.

Ziegler, Edda/Erler, Gotthard, Theodor Fontane. Lebensraum und Phantasiewelt. Eine Biographie. Berlin 1996.

Zimmermann, Volker, Paracelsus in der Dichtung, in: Paracelsus. Das Werk – die Rezeption S. 147–160.

Zybura, Marek, Ludwig Tieck als Übersetzer. Zur frühromantischen Idee einer „deutschen Weltliteratur“. (Beiträge zur neueren Literaturgeschichte. Dritte Folge 131). Heidelberg 1994.

Register

Kursiv gesetzte Seitenzahlen verweisen auf Nennungen ausschließlich in den Anmerkungen.

Personenregister

Sachregister